陈桥驿先生（1923—2015）

中国国家历史地理

陈桥驿全集

【第三卷】

陈桥驿 著

人民出版社

目　录

郦道元与《水经注》

序言 ……………………………………………………………… (2)

一、河流与人类文化 …………………………………………… (5)

　　河流的经济意义 …………………………………………… (5)

　　河流与古代文明 …………………………………………… (7)

　　河流与城市发展 …………………………………………… (8)

二、古书记载的河流 …………………………………………… (11)

　　《诗经》中的河流 ………………………………………… (11)

　　《山海经》与《禹贡》中的河流 ………………………… (12)

　　《说文解字》、《尔雅》和《汉书·地理志》中的河流 …… (13)

三、记载河流的古书 …………………………………………… (16)

　　失传的《水经》和《水经注》 …………………………… (16)

　　无名氏的《水经》 ………………………………………… (18)

四、郦道元与他的《水经注》 ………………………………… (21)

　　南北朝和北魏的历史背景 ………………………………… (21)

　　郦道元的出身和经历 ……………………………………… (24)

　　郦道元撰写《水经注》的动机与抱负 …………………… (26)

五、郦道元的治学方法 ………………………………………… (32)

　　广泛占有资料 ……………………………………………… (32)

　　谨慎分析资料 ……………………………………………………… (34)

　　勤勉的野外考察 …………………………………………………… (37)

　　求实的科学态度 …………………………………………………… (41)

六、《水经注》在地理学上的贡献 ………………………………………… (46)

　　自然地理学 ………………………………………………………… (46)

　　人文地理学 ………………………………………………………… (51)

七、《水经注》在地名学上的贡献 ………………………………………… (58)

　　《水经注》中丰富的地名资料 …………………………………… (58)

　　《水经注》中广泛的地名解释 …………………………………… (60)

八、《水经注》在文学、语言上的贡献 …………………………………… (64)

　　《水经注》的丰富语言 …………………………………………… (64)

　　《水经注》的生动描写 …………………………………………… (66)

九、《水经注》在其他学科上的贡献 ……………………………………… (69)

十、《水经注》的错误和学者对它的批评 ………………………………… (73)

十一、《水经注》的流传 …………………………………………………… (79)

　　《水经注》传抄和著名的抄本 …………………………………… (79)

　　雕板印刷和著名刻本 ……………………………………………… (81)

　　石印本、铅印本、影印本 ………………………………………… (85)

十二、历史上的郦学研究与学派 …………………………………………… (89)

　　《水经注》研究和郦学的形成 …………………………………… (89)

　　考据学派——基础学派 …………………………………………… (90)

　　词章学派——欣赏学派 …………………………………………… (92)

　　地理学派——实用学派 …………………………………………… (93)

十三、当代《水经注》研究概况 …………………………………………… (95)

　　中华人民共和国建国前后的《水经注》研究 …………………… (95)

　　港、台学者的《水经注》研究概况 ……………………………… (100)

　　国外学者的《水经注》研究概况 ………………………………… (105)

十四、学习郦道元,刷新郦学研究 ………………………………………… (110)

　　新版本《水经注》的编纂 ………………………………………… (110)

　　编纂《水经注》的节本和语译本 ………………………………… (114)

郦道元评传

第一章 郦道元生活的时代与地理大交流 ………………………………（118）
一、大时代 …………………………………………………………………（118）
二、北魏 ……………………………………………………………………（121）
三、地理大交流 ……………………………………………………………（127）

第二章 郦道元及其家世 ……………………………………………………（132）
一、郦氏家世 ………………………………………………………………（132）
二、郦道元 …………………………………………………………………（134）

第三章 爱国主义者 …………………………………………………………（138）
一、大一统思想 ……………………………………………………………（138）
二、"中国的自然之爱" ……………………………………………………（143）

第四章 地理学家 ……………………………………………………………（149）

第五章 "酷吏" …………………………………………………………………（156）

第六章 《水经注》中的郦道元思想 …………………………………………（163）
一、人定胜天 ………………………………………………………………（163）
二、不信鬼神 ………………………………………………………………（169）
三、鞭挞厚葬 ………………………………………………………………（172）
四、反对战争 ………………………………………………………………（174）
五、疾恶扬善 ………………………………………………………………（178）

第七章 郦道元的治学方法 …………………………………………………（182）
一、资料占有 ………………………………………………………………（182）
二、资料分析 ………………………………………………………………（188）
三、野外考察 ………………………………………………………………（192）

第八章 郦道元《水经注》的贡献 ……………………………………………（196）
一、总述 ……………………………………………………………………（196）
二、地理学 …………………………………………………………………（197）
三、人文地理学 ……………………………………………………………（204）
四、地名学 …………………………………………………………………（213）
五、语言学和文学 …………………………………………………………（219）
六、其他学科 ………………………………………………………………（225）

第九章　郦学——郦道元留给后世的财富 ·· （231）

　　一、郦学的形成与学派的发展 ·· （231）

　　二、近代以来的郦学研究 ·· （238）

　　三、港、台郦学研究 ·· （244）

　　四、国外郦学研究 ·· （250）

第十章　《水经注》的错误和学者的批评 ·· （258）

结语 ·· （264）

郦道元

一、绪论 ·· （268）

　　1. 郦氏家族 ·· （269）

　　2. 郦道元 ·· （274）

　　3.《水经》与《水经注》 ·· （282）

二、《水经注》与陆地水 ·· （291）

　　1. 河流 ·· （291）

　　2. 伏流与瀑布 ·· （295）

　　3. 湖泊 ·· （303）

　　4. 井、泉、温泉 ·· （308）

三、《水经注》与气候 ·· （317）

　　1. 气候与气候区域 ·· （317）

　　2. 灾害天气 ·· （321）

四、《水经注》与地貌 ·· （325）

　　1. 黄土地貌 ·· （326）

　　2. 沙漠地貌 ·· （327）

　　3. 高山丘陵地貌 ·· （328）

　　4. 峡谷地貌 ·· （333）

　　5. 河口海岸地貌 ·· （336）

五、《水经注》与生物 ·· （341）

　　1. 植物及其分布 ·· （341）

　　2. 动物及其分布 ·· （349）

六、《水经注》记载的黄河 ·· （356）

七、《水经注》记载的长江 …………………………………… （363）
八、《水经注》记载的其他河流 ……………………………… （370）
　1.淮河 ………………………………………………………… （371）
　2.海河 ………………………………………………………… （374）
　3.珠江 ………………………………………………………… （377）
　4.钱塘江 ……………………………………………………… （380）
九、郦道元的自然之爱 ……………………………………… （385）
　1.对祖国河山的生动描述 ………………………………… （385）
　2.认识自然、利用自然、改造自然 ………………………… （392）
十、结语 ……………………………………………………… （398）
　1.热爱自然、热爱祖国 …………………………………… （398）
　2.学习郦道元,深入自然研究 …………………………… （401）
后记 …………………………………………………………… （407）

水经注图

郦学概论（代序）（略。见第一卷《郦学新论——水经注研究之三·郦学概论》）……………
水经注图 …………………………………………………… （412）
原书丁取忠序 ……………………………………………… （414）
原书胡林翼序 ……………………………………………… （417）
古大河清河入海图 ………………………………………… （419）
东汉大河漯沁入海图 ……………………………………… （423）
　东汉大河漯沁入海图一 ………………………………… （423）
　东汉大河漯沁入海图二、三 …………………………… （424）
　东汉大河漯沁入海图四、五 …………………………… （426）
　东汉大河漯沁入海图六、七 …………………………… （427）
　东汉大河漯沁入海图八、九 …………………………… （429）
　东汉大河漯沁入海图十 ………………………………… （430）
　东汉大河漯沁入海图十一 ……………………………… （431）
　东汉大河漯沁入海图十二、十三 ……………………… （431）
　东汉大河漯沁入海图十四、十五 ……………………… （433）
　东汉大河漯沁入海图十六 ……………………………… （435）

漳水沛漯缩本图 ……………………………………………………（452）

漳水沛漯缩本图一、二 …………………………………………（452）

原武以上今河图 ……………………………………………………（456）

原武以上今河图一 ………………………………………………（456）

原武以上今河图二、三 …………………………………………（457）

原武以上今河图四、五 …………………………………………（458）

回疆河图缩本一、二 ………………………………………………（465）

汾浍涑文原公洞涡晋七水图 ……………………………………（469）

汾浍涑文原公洞涡晋七水图一 …………………………………（469）

汾浍涑文原公洞涡晋七水图二 …………………………………（470）

汾浍涑文原公洞涡晋七水图三 …………………………………（474）

沛湛瓠子三水图 ……………………………………………………（475）

沛湛瓠子三水图一 ………………………………………………（475）

沛湛瓠子三水图二 ………………………………………………（476）

沛湛瓠子三水图三 ………………………………………………（477）

沛湛瓠子三水图四 ………………………………………………（477）

沛湛瓠子三水图五 ………………………………………………（478）

沛湛瓠子三水图六 ………………………………………………（479）

沛湛瓠子三水图七 ………………………………………………（479）

清淇荡洹浊漳清漳图 ………………………………………………（488）

清淇荡洹浊漳清漳图一 …………………………………………（488）

清淇荡洹浊漳清漳图二 …………………………………………（489）

清淇荡洹浊漳清漳图三 …………………………………………（490）

清淇荡洹浊漳清漳图四 …………………………………………（491）

清淇荡洹浊漳清漳图五 …………………………………………（491）

清淇荡洹浊漳清漳图六 …………………………………………（492）

清淇荡洹浊漳清漳图七 …………………………………………（501）

清淇荡洹浊漳清漳图八 …………………………………………（501）

易滱圣巨马四水图 …………………………………………………（502）

易滱圣巨马四水图一 ……………………………………………（502）

易滱圣巨马四水图二 ……………………………………………（504）

易滱圣巨马四水图三 ……………………………………………（504）

易溰圣巨马四水图四 ……………………………………………………（510）

易溰圣巨马四水图五 ……………………………………………………（510）

灅灅余沽鲍丘濡五水图 …………………………………………………（511）

灅灅余沽鲍丘濡五水图一 ………………………………………………（511）

灅灅余沽鲍丘濡五水图二 ………………………………………………（512）

灅灅余沽鲍丘濡五水图三 ………………………………………………（513）

灅灅余沽鲍丘濡五水图四、五 …………………………………………（514）

灅灅余沽鲍丘濡五水图六 ………………………………………………（515）

大小辽水图 ………………………………………………………………（523）

大小辽水图一 ……………………………………………………………（523）

大小辽水图二 ……………………………………………………………（526）

浿水图 ……………………………………………………………………（527）

洛伊瀍涧縠甘六水图 ……………………………………………………（529）

洛伊瀍涧縠甘六水图一、二 ……………………………………………（529）

洛伊瀍涧縠甘六水图三、四 ……………………………………………（531）

漆沮滽渭四水图（补丰水附） …………………………………………（537）

漆沮滽渭四水图（补丰水附）一、二 …………………………………（537）

漆沮滽渭四水图（补丰水附）三、四 …………………………………（539）

漆沮滽渭四水图（补丰水附）五、六 …………………………………（540）

漆沮滽渭四水图（补丰水附）七 ………………………………………（548）

漾羌桓三水图 ……………………………………………………………（549）

漾羌桓三水图一 …………………………………………………………（549）

漾羌桓三水图二 …………………………………………………………（550）

漾羌桓三水图三 …………………………………………………………（551）

汝颍㶏瀙灈溵沅七水图 …………………………………………………（555）

汝颍㶏瀙灈溵沅七水图一、二 …………………………………………（555）

汝颍㶏瀙灈溵沅七水图三 ………………………………………………（560）

洧潩溟水图 ………………………………………………………………（561）

洧潩溟水图一 ……………………………………………………………（561）

洧潩溟水图二 ……………………………………………………………（564）

渠阴沟汳获睢五水图 ……………………………………………………（565）

渠阴沟汳获睢五水图一 …………………………………………………（565）

渠阴沟汴获睢五水图二、三 ························· (566)

渠阴沟汴获睢五水图四 ·························· (572)

汶泗沂洙沭五水图 ·························· (573)

汶泗沂洙沭五水图一 ·························· (573)

汶泗沂洙沭五水图二、三 ·························· (574)

汶泗沂洙沭五水图四、五 ·························· (576)

汶泗沂洙沭五水图六、七 ·························· (577)

巨洋淄汶潍胶图 ·························· (585)

巨洋淄汶潍胶图一、二 ·························· (585)

沔涔丹滏钩赣涓庐江白粉十水图(附滁水补) ·········· (591)

沔涔丹滏钩赣涓庐江白粉十水图(附滁水补)一、二 ······ (591)

沔涔丹滏钩赣涓庐江白粉十水图(附滁水补)三、四 ······ (592)

沔涔丹滏钩赣涓庐江白粉十水图(附滁水补)五、六 ······ (593)

沔涔丹滏钩赣涓庐江白粉十水图(附滁水补)七 ········· (595)

沔涔丹滏钩赣涓庐江白粉十水图(附滁水补)八 ········· (596)

沔涔丹滏钩赣涓庐江白粉十水图(附滁水补)九、十 ······ (596)

沔涔丹滏钩赣涓庐江白粉十水图(附滁水补)十一、十二 ··· (598)

湍洮淯三水图 ·························· (612)

湍洮淯三水图一、二 ·························· (612)

淮决沘泄肥施六水图 ·························· (617)

淮决沘泄肥施六水图一、二 ·························· (617)

淮决沘泄肥施六水图三、四 ·························· (618)

淮决沘泄肥施六水图五 ·························· (620)

江潜涪梓潼沮漳夏青衣延江夷油蕲十二水图 ·········· (626)

江潜涪梓潼沮漳夏青衣延江夷油蕲十二水图一 ········· (626)

江潜涪梓潼沮漳夏青衣延江夷油蕲十二水图二、三 ······ (627)

江潜涪梓潼沮漳夏青衣延江夷油蕲十二水图四、五 ······ (628)

江潜涪梓潼沮漳夏青衣延江夷油蕲十二水图六、七 ······ (628)

江潜涪梓潼沮漳夏青衣延江夷油蕲十二水图八、九 ······ (630)

江潜涪梓潼沮漳夏青衣延江夷油蕲十二水图十、十一 ···· (630)

江潜涪梓潼沮漳夏青衣延江夷油蕲十二水图十二、十三 ·· (632)

湘资沅涟漓溱洭深锺耒澧洣漉浏溪十五水图 ·········· (647)

　　湘资沅涟漓溱洭深锺耒澧浰漉浏浃十五水图一、二 ……………………………（647）
　　湘资沅涟漓溱洭深锺耒澧浰漉浏浃十五水图三 …………………………………（649）
　　湘资沅涟漓溱洭深锺耒澧浰漉浏浃十五水图四 …………………………………（649）
　　湘资沅涟漓溱洭深锺耒澧浰漉浏浃十五水图五、六 ……………………………（650）
渐江水图 ………………………………………………………………………………（658）
　　渐江水图一、二 ………………………………………………………………………（658）
存温叶榆浪斤江图 ……………………………………………………………………（662）
　　存温叶榆浪斤江图一、二 ……………………………………………………………（662）
　　存温叶榆浪斤江图三、四 ……………………………………………………………（664）
叶榆鬱水下流图（日南水无可考） …………………………………………………（671）
　　叶榆鬱水下流图（日南水无可考）一、二 …………………………………………（671）
　　叶榆鬱水下流图（日南水无可考）三 ………………………………………………（677）
　　叶榆鬱水下流图（日南水无可考）四 ………………………………………………（677）
　　叶榆鬱水下流图（日南水无可考）五 ………………………………………………（678）
若沫淹图（附延江夷水今水道） ……………………………………………………（679）
　　若沫淹图（附延江夷水今水道）一 …………………………………………………（679）
　　若沫淹图（附延江夷水今水道）二、三 ……………………………………………（679）
　　若沫淹图（附延江夷水今水道）四 …………………………………………………（684）
汉东莱胶东二郡国图 …………………………………………………………………（685）
补居延都野黑弱水图 …………………………………………………………………（688）
　　补居延都野黑弱水图一、二 …………………………………………………………（688）
补洛水图 ………………………………………………………………………………（693）
补泾水图 ………………………………………………………………………………（695）
补滏洺潇沱派滋五水图 ………………………………………………………………（698）
　　补滏洺潇沱派滋五水图一、二 ………………………………………………………（698）
长安城图 ………………………………………………………………………………（702）
洛阳城图 ………………………………………………………………………………（704）
补邺城图（漳水篇） …………………………………………………………………（706）
补睢阳城图（睢水篇） ………………………………………………………………（708）
成都桥图 ………………………………………………………………………………（710）
补建康图 ………………………………………………………………………………（712）
　　补建康图一、二 ………………………………………………………………………（712）

西汉郡国图 ·· （718）

　西汉郡国图一、二 ·· （718）

今涑水图 ·· （719）

　今涑水图一、二 ·· （719）

汪氏复校自记 ·· （723）

后记 ·· （724）

郦道元与《水经注》

序　言

　　中国是个历史悠久的文明古国,几千年来积累的古籍,多得不可计数,这是我们难以估价的文化遗产,《水经注》就是千千万万种古籍中的一种。

　　古人撰写的书籍,并不是都能流传下来的,特别是在雕板印刷开始以前,书籍流传的唯一途径是抄写,像《水经注》这样一部30多万字的大书,抄写一遍工作量很大,因此,这些古籍的传播,条件是十分困难的。但另一方面,一部书撰写和传抄出来以后,亡佚的机会却是很多的。政治上的原因当然是其中之一,秦始皇焚书坑儒,《乐经》从此就失传了,以后历代,每兴一次文字狱,都可以造成许多书籍的禁毁绝迹。但是由其他原因造成的古书亡佚,数量可能更为巨大。书籍从古以来都是用竹简、木片、绢布、纸张之类的原料作成的,它们对于水火蠹鱼的抵抗能力非常低。由于兵燹水火天灾人祸,由于贮藏中的虫鼠腐蚀,因此而遭到亡佚的书籍,在我们这样一个历史悠久的国家里,数量当然是难以估计的。

　　至今流传的大量古籍,特别是雕板印刷开始以前的古籍,它们之所以能够幸免于历史上的种种毁灭危机而存在,主要的原因不外乎两方面,一种是统治阶级的保护;另一种则是人民的需要。前者之中,"四书""五经"就是最好的例子。由于统治阶级的保护,它们在秦火以后能够复生,在东汉时代就被刻成石经,到了北宋雕板印刷大规模发展时,它们又是第一批从抄本成为刊本,首先获得大量流传的机会。属于后者的古籍,当然更是大量的,由于它们从各个方面为各阶层人民提供有用的知识和精神上的享受,因此,尽管绢布纸张都是很脆弱的东西,但它们却有坚强的生命力。人们不惮其劳地互相传抄,如饥如渴地倾心阅读,视同珍宝地承袭收藏。这中间,《水经注》就是最好的例子。

《水经注》写于南北朝时期,成书以后,经历了兵荒马乱的50多年,才得到隋王朝的收藏。又经过500多年,才第一次从抄本过渡到刊本。但是,当此书第一部刊本诞生的时候,它已经成为一部残缺错乱、不堪卒读的书籍了。又经过了7个多世纪,在许多郦学家的精心校勘以后,终于又基本上恢复了它的本来面目,成为一部今天我们可以顺利阅读的历史名著。

《水经注》为什么在经过如此颠簸曲折以后,仍然能够以基本完整的面貌流传至今?原因说来很简单,因为这是一部难得的好书。人们需要它、爱好它。唐朝著名诗人陆龟蒙曾说:"山经水疏不离身。"说明早在唐代,《水经注》已经受到人们的珍爱。宋朝苏轼在他的《寄周安孺茶诗》中,说:"嗟我乐何深,《水经》亦屡读。"说明由于此书的内容丰富,文字生动,像苏东坡这样的大文学家,也把诵读此书作为一种享受。清初的胡渭,在他的名著《禹贡锥指》例略中,也谈到读《水经注》的感受。他说:"至今读之,勃勃有生气。"清末著名学者王先谦在《合校水经注》的序言中,谈到他生平对《水经注》的重视,说:"余耽此三十年,足迹所至,必以自随。"王先谦显然把此书作为一本地理上的实用书籍,作为他30年中出外旅行时观察地理山川的指南。这些学者与《水经注》的关系可以说明,此书之所以能够历尽艰危而幸存,并且从残籍走向完璧,绝不是偶然的。

我在本书的正文中将要说明,我国历史上撰写的《水经》并不止一种,注《水经》的学者也不止一人,另外还有一些类似《水经注》的作品,如《新唐书·艺文志》著录的唐李吉甫《删水经》十卷,《元史·艺文志》著录的金蔡珪《补正水经》三卷等,成书年代都比《水经注》晚得多,但至今都早已不存。而现存的这类书籍,如明末黄宗羲的《今水经》1卷,清代齐召南的《水道提纲》28卷等,都不能与《水经注》相颉颃。所有这些,都说明了一个事实,即在我国古来一切有关河川水道的著作中,《水经注》显然是一部鹤立鸡群的不朽杰作。

《水经注》的作者郦道元,是一个世代服官于北魏的汉族知识分子,他僻处北国,足迹未到南方。在当年这种战争频仍、国土割裂的时代,竟能利用戎马之暇,写出这样一部巨著,而且内容如此丰富翔实,文字又如此生动多彩,真是令人兴叹。所以,明代朱谋㙔在其《水经注笺序》中,称此书为"六朝异书",而清代胡渭称:"郦道元博览奇书,掇其菁华以注《水经》,得从来所未有。"清代郦学家刘献廷竟赞扬此书为"宇宙未有之奇书"(《广阳杂记》卷四)。特别值得称道的是,作者身处分裂的中国,在半壁河山的北朝,却基本上以一个强大王朝即汉王朝的疆域来撰写他的著作,生动热情地描写和歌颂了祖国河山。尽管他所处的时代是一个南北对峙的战争时代,但在他的著作中,不仅细腻地描写了南朝河山,赞美了南朝事物,并且不回避使用南朝的年号(全书曾使用南朝年号数十次),表达了他希望看到一个统一的祖国的殷切心情。因此,郦道元既是一个博学多才的地理学家,也是一位心怀祖国的爱国主义者;《水经注》不仅是一部不朽的地理名著,并且也是一部伟大的爱国主义杰作。

我写作《郦道元与〈水经注〉》这本书,开始颇感踌躇,因为正史对郦道元的记载异常简单,《魏书·郦道元传》只有寥寥 309 个字,《北史·郦道元传》也只有 612 个字,其中还包括抄录《魏书》的 309 个字在内。经过多方搜索、反复揣摩以后,我才领悟到,正史立传历来是以官定人,而学识渊博、著述出众的优秀人物,由于官职低微或未入仕宦,泯泯然不见于正史者,所在多有。为此,要撰述郦道元这样的人物,显然不可能希冀于正史。而实际上,30 多万字的《水经注》不正记录了他的卓越学识,倾吐了他的深厚感情吗?正史上多少无所作为的帝王将相,史官为他们立传,动辄千言,而如今史籍浩瀚,他们除了偶然为历史学家所触及以外,其泯泯然不见于世正与庶民同。而郦道元官不过州郡,却以 30 多万言的不朽名著,给后代留下了他非凡的学识和丰富的爱国主义感情。有这样一部伟大的名著作为我叙述郦道元生平事迹和思想感情的依据,我何必舍本求末,去寻求那种一鳞半爪,实际上并不可靠的第二手资料呢?

当然,郦道元是一个 1400 多年以前的古人,《水经注》是一部 1400 多年以前的古书,都存在这样那样的缺点。用怎样的观点去看待这样的人物和著作,还在于今人。为此,我特也把《水经注》记载的错误和历来学者对它的批评,同样列为本书的专章,供读者参考。尽管这些缺点和错误绝不会遮掩这部历史名著的光彩,但是让读者了解这部名著的美中不足,必将提高我们阅读和利用此书的能力。历史是早已写好了的,我们没有可能去改造古人和古书,我们的唯一途径,是把古人和古书中值得我们学习的东西继承下来。

我等待着读者对我的批评。

陈桥驿

1985 年 6 月于杭州大学

一、河流与人类文化

河流的经济意义

河流是一种自然地理事物,它是沿地表线形低凹部分集中的经常性或周期性的水流,较大的称为河或江,较小的称为溪或涧。翻开陆地地形图来,不管是哪个地区,注记符号中最显眼的就是山脉与河流,山脉绵延挺拔,宛如人的骨骼;河流枝蔓广布,好像人的血脉。郦道元在《水经注序》中说:"天下之多者水也,浮天载地,高下无所不至,万物无所不润。"这句话,真是对河流重要性的最好概括。

现在人们都知道,河流具有重大的经济意义。一条河流经过全面整治、综合利用以后,从它身上获得的经济利益是很难估量的。我国幅员广大,河流众多,流域面积在100平方公里以上的河流有5万多条,总长度达42万余公里,这是我国宝贵的自然资源。中国最古老的文献,"四书""五经"之一的《礼记》上说:"今夫水,一勺之多,及其不测,電鼍蛟龙鱼鳖生焉,货财殖焉。"[①]说明古人老早看到了河流的巨大经济意义。

在河流的各种经济意义中,最重要和最广泛的是给水和灌溉。大家知道,水资源,或者说得更明白些,淡水资源,是世界上十分重要的一种自然资源。一个现代人,一天的生活中,包括直接的饮水和其他食物中的含水,以及洗涤、卫生等生活用水,每天至少需要淡水20公斤。那么,全世界48亿人口,一天至少需要淡水960亿公斤,就是9600万吨。这是一个很可观的数字,但是假使与农业、工业、交通运输业等所需的用水相比，却又是小巫见大巫了。其中需要量最大的是农业用水。为此，人们给这种巨量的淡水支出起了一个专门的名称，这就是"灌溉"。目前，全世界的灌溉面积大概占陆地总面积的1.5%，每年所需的灌溉用水大概占全世界地表径流总量的百分之五。也就是1700立方公里。估计到公元2000年，这个数字还将增加3倍。②所有这些需要的淡水，绝大部分都是由河流供应的。

河流在交通运输上有很大价值。因为除了必要的整治以外，航道基本上是自然形成的。它不像铁路、公路一样，需要很大的投资。而船舶的载重量却很大，运输效率很高，是一种十分廉价的运输手段。被称为我国大动脉的长江就是这样，可以搭载上千旅客的客轮和装载几千吨货物的货轮，能从上海直溯武汉，浅水轮从武汉上溯，可以通过葛洲坝船闸到达重庆。长江的许多支流都可以航行不同吨位的轮船，不能航行轮船的可以航行木船，不能航行木船的可以通行竹筏，甚至在最接近上源的湍急山溪中，还可以流放竹木。我国河流的通航里程达10万公里，在全国交通运输上具有重大意义。

河水并不是静止的，它总是不断地从上游源头向中、下游流动，最后由支流集中到干流，由干流注入海洋。一条河流，上、下游任意两处的水面高程差与相应的流程距离的比值叫做比降，比降愈大，水流愈急，这中间就潜藏着一种能量，即我们通常所称的水力资源，是重要的能源之一。它和煤炭、石油、天然气等一次性能源不同，可以反复使用。在使用中并不存在污染环境的问题，所以是一种十分理想的能源。人们选择流域中的峡谷地形，建造拦河水坝，使河流在水坝上下造成一个落差，用以发电。我国水力资源蕴藏丰富，可供开发利用的达三点七亿千瓦，居世界第一位。新中国成立以来，陆续完成的水电站如新安江水电站、龚嘴山水电站、刘家峡水电站、丹江口水电站等，都是利用河流发电的大型水电站，它们在我国的社会主义建设中，起了十分重要的作用。

河流，包括沿河的湖泊、水库等，都可以为人们提供大量的水产。松花江的大马哈鱼，长期来名闻遐迩，可惜现在已经成为稀物。长江和钱塘江的鲥鱼，黄河的鲤鱼，武汉的武昌鱼，松江的鲈鱼，太湖的银鱼，阳澄湖的肥蟹，都是脍炙人口的。此外还有大量的水生植物如莲藕、芡实、菱角、莼菜等，种类繁多，不胜枚举。

河流和湖泊还为人们提供旅游休息的场所，长江三峡的峰回流急，黄河禹门口的奔腾咆哮，富春江的山青水秀，漓江的景物如画，青海湖的蓝天碧水，鄱阳湖的浩渺无垠，太湖的波光帆影，西湖的妍丽妩媚，它们不仅以幽美的天然胜景吸引了四方游客，并且还因此发展了旅游业，创造了巨额的收入。

河流与古代文明

　　世界上最早发展起来的古代文明,几乎都与河流密切相关。尼罗河三角洲的古代埃及文明,两河流域(幼发拉底河和底格里斯河)的古代巴比伦文明,印度河和恒河流域的古代印度文明,黄河流域的古代中华文明,它们都是古代劳动人民在河流的哺育下发展起来的。

　　河流首先也是为这些地区的古代原始居民解决了灌溉问题。在埃及,尼罗河不仅便利于灌溉,而且,由于它的定期泛滥,每年从上游带来大量肥沃的淤泥,堆积在三角洲上,这正是替三角洲进行定期的施肥。两河流域也是一样,幼发拉底河和底格里斯河滋润了它们之间的一片新月形的肥沃土地,这就是著名的美索不达米亚平原(意谓两河间地)。此外,印度河、恒河、黄河也都以它们源源不断的流水,滋润了大片土地,让古代居民在这一带发展了农业和畜牧业,从而创造了灿烂的人类文明。

　　在交通运输方面,由于古代运输手段落后,河流就更显出了它的巨大优越性。现在人们都能在尼罗河畔看到硕大无朋的金字塔。这是古代埃及法老时代的建筑,其中最早的建成于公元前 27 世纪,距今已近 5000 年了。金字塔的建筑真是建筑史上的一个奇迹。以最大的胡夫金字塔为例,这座金字塔每边长约 232 米,高 146 米,共用巨石230 余万块。在金字塔附近一带,并不出产这种石材,石块是从远离这一带的尼罗河上游开采的。如此大量的石头,其中最大的每块重达 150 吨,假使没有尼罗河的水运,我们今天恐怕是不能在这个地区看到这种巍然屹立的建筑物的。

　　古人利用河水的浮力进行运输,因此作成了当时人力所不能达成的工作。在今天英国的埃姆兹伯利一带,存在一种建筑于公元前 1900 年到前 1400 年的称为石链的巨石建筑物。当年,大量巨石的搬运,无疑也依靠河流。1955 年,英国 B. B. C. 广播公司曾经为此做过一次实验,他们把建筑石链所需的等量石块,装载在并排相连的 3 只独木船里,出乎意料,这三只独木船只要一个人就可以推动。而把这些石块搬运到陆上以后,为了竖起石链外层的一块巨石,就需要 200 个人力。[③]由此可知,古人利用河流从事运输,因而建成了如今分布在世界各地的、标志古代人类文明的各式各样的巨石建筑物。

　　利用河水的落差来推动机械,以帮助人类工作的记载,当然较晚。《水经注》卷十六《穀水注》记载说:"(白超)垒侧旧有坞,故冶官所在,魏晋之日,引穀水为水冶,以经国用,遗迹尚存。"这里所说的水冶是什么? 据《后汉书·杜诗传》记载:"冶铸者为排以吹炭,令激水以鼓之也。"说明这是一种利用水力鼓风以进行冶铸的机器。由此可知,水力机械在中国河流上的出现,至少已有十七八个世纪了。

在水产养殖方而也是一样,考古学家在距今约5000年的新石器时代遗址良渚文化遗址中(今杭州西北的良渚镇一带),发掘了石制的网坠,[④]说明良渚人已在这一带纵横密布的河湖中从事捕捞,利用河湖中的天然水产资源。我国在春秋末期,就开始利用天然河湖进行鱼类养殖。越国(位于今钱塘江以南的浙东地区和部分钱塘江以北地区)大夫范蠡,曾经在这个地区的稠密河湖网中从事鱼类养殖,至今残存的《养鱼经》一书,据说就是他的作品。[⑤]《养鱼经》开头就说:"治生之法有五,水畜第一。"[⑥]说明利用河湖进行水产养殖,在春秋末期已有重要意义。

翻开地图来,纵横交错的河流,正像是一幅织锦上的经纬丝线,在这些丝线之上,开出了一朵朵古代文明的鲜花。

河流与城市发展

在地图上,我们还可以看到一种现象,就是一个城市往往伴随着一条河流。且别说中、小城市,许多大城市也都是这样:伦敦和太晤士河,巴黎和塞纳河,汉堡和易北河,华沙和维斯瓦河,开罗和尼罗河,纽约和哈得孙河,蒙特里尔和圣劳伦斯河,上海和长江,广州和珠江,天津和海河。这样的例子实在太多,举不胜举。

这种现象的形成,说明了现代城市对河流的依赖程度。河流不仅解决了上百万居民和许多工厂的给水,而且为城市准备了一条吞吐量巨大的天然的交通途径。许多城市如伦敦、汉堡等虽然并不靠海,但万吨巨轮都能乘潮从河口上溯进入城市。另外,像这样一类上百万人口、喧嚣繁闹的大城市里,河流常常为人们提供清醒头脑、休养身心的游憩地。哈尔滨的市民们喜爱到松花江上的太阳岛消磨一个夏天的假日,这是一种令人流连忘返的享受。我前几年到南美洲的巴西作地理考察,曾在赤道附近的大城市马瑙斯盘桓几天,在这里,紧张的考察生活加上酷热无风的赤道气候,实在使我喘不过气来。但是当我登上游艇,漂荡在浩渺的亚马逊河的时候,凉风拂面,浪花飞溅,纷歧的河心洲岛,原始的热带丛林,别致的印地安人村落,使我顿时心旷神怡,精神为之一振。要是没有亚马逊河这样一条宽广美丽的河流,对于近百万的马瑙斯市民们,简直是不可忍受的。

上面说的都是现代城市。历史上的城市又是怎样呢?情况也是一样,河流是历史城市形成和发展的重要自然条件。历史上的城市往往从一个聚落发展而成,古人建立聚落,首先必须解决水源,沙漠中的聚落往往选择井、泉等地下水丰富的地方;山地中的聚落常常靠近溪涧或山泉;而大部分古代聚落都坐落在给水方便的河岸湖滨。多大的水源发展多大的聚落,这就是大河沿岸在古代常常形成大型聚落并发展成为城市的重要原因。

古人也同样需要依靠河流进行运输，这在前面已经说过了。河流同时又是防御敌人入侵的天然屏障。据《史记·苏秦传》记载，在战国时代，"齐有清济、浊河可以为固，长城、钜防足以为塞"。这里的清济就是古代的济水，浊河就是黄河，长城和钜防，都是齐国的长城。足见河流的作用竟和长城一样。所有这些，都是古代城市为什么常常在河流沿岸形成和发展的原因。

关于古代城市与河流的关系，我国历史上著名的六大古都，是最好的例子。

六大古都中最早出现的是西安。西安坐落在"八百里秦川"即关中平原的中央，它的周围流贯着许多河流，即所谓"八水绕长安"。八水指的是泾、渭、灞、浐、沣、滈、潏、涝。古代长安正好位于这些河流的中央，形成了一个从西周以来特别是汉、唐两大盛世的都城。六大古都中的洛阳，是西周初期经过城址选择而兴建起来的城市。负责勘测这座城市的召公和周公，在洛水的支流涧水和瀍水一带进行踏勘，然后绘成地图，决定在伊、洛、涧、瀍四条河流之间兴建这座城市。洛阳成为东周以来的九朝首都。另一座古都开封，战国时期曾是魏国的首都，叫做大梁，它位于黄河、济水、淮河等几条大河之间。北宋也在此建都，称为东京城，城市有所扩大。当时，穿城而过的河流就有汴河、惠民河、五丈河、金水河等4条。有一幅从北宋流传至今的名画《清明上河图》，生动地描绘了东京城与汴河的关系。六大古都之一而至今仍是我国伟大首都的北京，位于北京小平原、南方大平原和北方山地之间，永定河、潮白河、北运河、拒马河等环绕着它的外围，而西山水源，又直接引入城内，形成了什刹海、北海和中南海等许多湖泊，为城市开辟了丰富的水源，奠定了这个都市的基础。此外，六大古都之一的南京，是秦淮河、金川河与长江汇合的地方，并且形成了莫愁湖、玄武湖等湖泊，秦淮河穿城而过，沿河一带就是六朝最繁华的地区。六大古都中建都时间最短的杭州，是江南运河与钱塘江的汇合处，又有西湖群山之水汇流而入西湖，形成了这样一个美丽的城市，宋朝学者陶谷说它是"地上天宫"。

从上述我国六大古都的形成和发展中，可以看到河流起了何等重要的作用。河流，它灌溉了大地，滋润了禾木，浮载了舟舶，培育了城市，为人类文明锦上添花。西汉的韩婴在他所著的《韩诗外传》一书中歌颂河流的重要性说："天地以成，群物以生，国家以宁，万事以平。"这四句话，真把河流的重要性概括尽致了。

注释：

① 《礼记·中庸》，见《礼记正义》卷五三。

② 中国科学院地理研究所气候变化组《气候变化若干问题》，科学出版社1977年版，第

86 页。

③ 三浦一郎等《巨大遗迹》,日本每日新闻社 1974 年版。

④ 陈桥驿主编《中国六大古都》,中国青年出版社 1983 年版,第 260 页。

⑤ 陈桥驿《绍兴地方文献考录》,浙江人民出版社 1983 年版,第 232 页。

⑥ 《齐民要术》卷六。

二、古书记载的河流

《诗经》中的河流

正是因为河流在人类文化中具有重要作用,我国古代的许多书籍都对河流有大量的记载。在我国最早的一部诗歌总集——《诗经》中,有关河流的描述就很不少。《诗经》共有305篇,它是今陕西、山西、河北、河南、山东等地流行的古代民歌,相传全书由孔子所删定。因为《诗经》是一部民歌集,《诗经》中对河流的种种描述,可以说明古代人民与河流的各种关系。

《诗经》中对河流的描述,首先当然是劳动人民利用河流来从事各种劳动。例如《魏风·伐檀》:"坎坎伐檀兮,寘之河之干兮"(伐檀叮当,放在河旁)。[①]生动地写出了伐木人在河边砍伐的形象。为什么要把伐下的檀木放在河边,当然是因为便于运输。《陈风·东门之池》:"东门之池,可以沤麻(东门护城河水旁,浸洗大麻好地方)。"清楚地描述了姑娘们在护城河边洗麻的情景。《豳风·九罭》:"九罭之鱼,鳟、鲂(渔网抛在河中央,网着鲜鱼鳟与鲂)。"记载了渔夫们在河中的捕捞活动。此外如《王风·葛藟》:"绵绵葛藟,在河之浒(长长的葡萄藤,在那水涯边上生)。"描写了河边岸畔的作物栽培,又如《陈风·泽陂》:"彼泽之陂,有蒲与荷(在那池塘清水涯,长着蒲草与荷花)。"则记载了河湖之中水生植物的种植。这样的例子,在《诗经》中是举不胜举的。

河流在交通上的意义,《诗经》中也有大量的记载。《邶风·柏舟》:"泛彼柏舟,亦泛其流(荡着小小柏木舟,随波上下泛中流)。"《卫风·河广》:"谁谓河广,一苇杭之(谁说黄河宽难渡,一条小船就过去)。"都是直接记载船舶在河流中的航行。另外如《鄘风·桑中》:"送我乎淇之上矣(淇水河畔把我送)。"《秦风·渭阳》:"我送舅氏,曰至渭阳(我给舅舅去送行,远送送到渭水滨)。"到淇水和渭水边,当是去登船的。

《诗经》的作者们,还记载了许多他们对水文和河流自然地理的观察。他们描写了我国许多大河的江宽水深。《周南·汉广》:"汉之广矣,不可永思;江之永矣,不可方思(茫茫汉水宽又广,要想游过难上难;滔滔长江远又长,小小木船难过往)。"《邶风·新台》:"河水浼浼(黄河滚滚浪滔滔)。"他们也描写了一些涓涓细流,如《郑风·扬之水》:"扬之水,不流束楚(那小河又浅又急,浮不起一束荆棘)。"同样一条河流,丰水季和枯水季的水文情况是很不相同的,《郑风·溱洧》和《郑风·褰裳》是最好的例子。《溱洧》说:"溱与洧,方涣涣兮(溱水流来洧水流,春来涨满那沙洲)。"但《褰裳》却说:"褰裳涉溱,……褰裳涉洧(撩起衣襟过溱水,……撩起衣襟过洧水)。"这些古代诗人并且还观察了不同河流的不同含沙量。《邶风·谷风》:"泾以渭浊(泾渭相比渭水浊)",即是其例。《召南·江有汜》的作者观察了长江中的许多自然地理现象:"江有汜(港汊)","江有渚(沙洲)","江有沱(支流)"。《魏风·汾沮洳》的作者则观察了汾水沿岸的沼泽地"彼汾沮洳"。

在《诗经》中,青年男女的爱情生活,往往也与河流联系在一起,书中的第一篇《周南·关雎》就是这样:"关关雎鸠,在河之洲,窈窕淑女,君子好逑(雌雄水鸟一声声,河心沙洲相对鸣,美丽娴淑好姑娘,让我向她诉爱情)。"

在《诗经》这部创作于2500年前的民歌中,对河流的大量描述和记载,反映了古代人民与河流的密切关系,以及他们对河流的高度关心。

《山海经》与《禹贡》中的河流

《诗经》的作者是一些古代的民间文学家,他们所描述的河流,不过是他们对河流的一些感性知识的记载。《山海经》和《禹贡》的作者,则是古代的地理学家,他们对河流的记载,已经从感性知识提高到理性知识。《山海经》并不是一个时期写成的,它的主要部分是《五藏山经》,大概是战国时代的作品。收入于《五藏山经》的河流,约有一百余条,其中有许多河名,现在已无法知道在何处。但另外有不少河流却是非常明确的,例如《西山经》说:"又西三百二十里曰嶓冢之山,汉水出焉,而东南流注于沔。"这里的沔水是汉水的古称,而嶓冢山的位置至今也是明确的。又如《西次二经》说:"又西百五十里曰高山,其上多银,其下多青碧、雄黄,其木多棪,其草多竹,泾水出焉,而东流注于渭。"这里,不仅写清了泾、渭二水的干支关系,并且把流域中的矿产和植物也作了记载。在《五藏山经》中,我国的主要河流如长江、黄河、汉水、泾水、渭水、淇水、漳水、洛水、睢水、汝水、澧水、沅水和主要湖泊如太湖、罗布泊等,都已经有了记载。

《禹贡》也是战国时代的作品,成书可能比《山海经》稍晚。和《山海经》的穿插了许多荒诞不经的神话相反,《禹贡》是一部写作严谨的地理著作。《禹贡》记载了包括江、淮、河、济所谓"四渎"在内的大约30条河流,又记载了包括今洞庭湖、鄱阳湖、太湖等九个大型湖泊。《禹贡》记载的河流湖泊,都是信而有征的。

作为一种古地理书,《禹贡》是我国区域地理著作的鼻祖,全书分9个区域,即所谓"《禹贡》九州"——冀、兖、青、徐、扬、荆、豫、梁、雍。在它描述每一个区域(州)的时候,一开始都先写这个区域的自然境界,因此,每一州开头就写河流。例如,长江下游南北一带地区,即今东南各省,在《禹贡》中是扬州的境域,《禹贡》记载扬州,开头一段就是五句话:

> 淮海唯扬州;彭蠡既猪,阳鸟攸居;三江既入,震泽底定。

这一段话,假使从现代自然地理学的角度进行语译,大概是:"淮河以南,海洋以西就是扬州;鄱阳湖早已形成,这里成为候鸟栖息的地方;许多河流分布在这个地区,还有一个太湖。"

仅仅五句话,就写了鄱阳湖、太湖两个大湖,淮河和长江三角洲的许多河流(即"三江","三"是多数的意思)。[②]《禹贡》的作者如此重视河流,并不是偶然的。《禹贡》是我国最古老的史书《尚书》中的一篇,是作者假托在夏禹治水以后撰写的,所以河流当然应该放在全书的首要地位。正是由于河流的重要性,所以才引起古人的高度重视。

《说文解字》、《尔雅》和《汉书·地理志》中的河流

上面写的《诗经》、《山海经》和《禹贡》,都是先秦时代的作品。到了汉代,人口增加,生产发展,人们与河流的关系较之先秦时代显得更为密切,人们对于河流的了解,也已越来越多了。因此,在这一时期中,古书对河流的记载,较之先秦时代更为丰富了。

前面提到的《诗经》,是一部古代的诗歌总集,而《山海经》和《禹贡》,都是古代的地理书。到了汉代,古书的种类和体裁也开始复杂起来,出现了我国最早的字典和词典。这里要说的《说文解字》就是我国的第一部字典,而《尔雅》则是我国最早的词典。

《说文解字》简称《说文》,为后汉永元十二年(100)许慎所创稿。他把当时使用

的汉字按部首编入此书,让使用者能够便于检查。此后,我国的许多字典,都是按它的格局和体例编纂的。此书卷十一上是水部,这里就收入了古时我国150多条河流的名称。因为书的性质是字典,所以对每一条河流的解释都很简单,但是却毫不含糊。例如黄河,就收在"河"字之下,《说文》解释:"河水出敦煌塞外昆仑山,发原注海。"长江则收在"江"字之下,《说文》解释:"江水出蜀郡湔氐徼外岷山,入海。"当然,《说文》解释的这两条大河的发源地都错误了,黄河拉得太远,把今塔里木河作了它的上源;长江又被大大缩短,把它的一条支流岷江作为它的上源。这些错误后来沿袭了很长一段时间。但是作为两条独立的大河,《说文》所写的它们的归宿是"注海"、"入海",这是很清楚的。至于河流的支流,《说文》的写法就不同,例如黄河的支流渭水,《说文》在"渭"字下解释说:"渭水出陇西首阳渭首亭南谷,东入河。"长江的支流湘水,则在"湘"字下解释说:"湘水出零陵阳海山,北入江。"《说文》对这两条支流的解释是完全正确的。

　　现在再说《尔雅》,《尔雅》编辑于汉朝初年,全书分3卷19篇,包括《释天》、《释地》、《释丘》、《释山》、《释水》、《释鸟》、《释兽》、《释草》、《释木》等内容。《尔雅》对河流的解释,主要在《释水》篇中。《尔雅》是偏重于河流的自然地理学研究的,所以它所收入的河流不多,但是它所记载的有关河流的自然地理学的各种概念,却是十分明确而毫不含糊的。例如,它记载全国的主要大河:"江淮河济为四渎,四渎者,发源注海者也。"这里明确提出,"四渎"就是独流入海的我国四大干流(济水古代在黄河以南,后来因黄河的不断改道而湮废)。而江、淮、河、济都是河流的专名,江是长江的专名,河是黄河的专名。[③]到后来,才把这两条最大河流的专名,借用作为一切河流的通名。这种借用的痕迹,现在仍然看得出来,黄河在北方,北方的河流就多借黄河的专名作为它们的通名,所以北方河流至今多数称"河",如海河、淮河、渭河、汾河,等等。长江在南方,南方河流就多借长江的专名作为它们的通名,所以南方河流至今多称"江",如钱塘江、闽江、汉江、湘江,等等。在《尔雅》的解释中,不仅每条河流都有它的专名,每条河流的支流,也都有规定的名称,不能互相混淆。例如,河的支流称为灉,江的支流称为沱,淮的支流称为浒,济的支流称为濋,颍的支流称为沙,汝的支流称为渍,等等。在以后郦道元撰写《水经注》时,还常常遵循《尔雅》的这种规范。水中的岛屿,也按其大小在《尔雅》中有不同的名称,大的岛屿称为洲,比洲小的称渚,比渚小的称沚,比沚小的称坻,人工填造的岛屿称潏。此外,《尔雅》还在河流的自然地理学方面,作了不少概念性的解释。除了《释水》这一篇中讲到河流以外,《释地》篇中还记载了当时全国的十大湖泊,即所谓"十薮"。这十大湖泊是鲁的大野,晋的大陆,秦的杨陓,宋的孟诸,楚的云梦,吴、越之间的具区,齐的海隅,燕的昭余祁,郑的圃田,周的焦护。现在,楚的云梦还残留着南部的洞庭湖和北部湖北省境内的许多小湖,吴、越之间的具区即今日的太湖。其余古代大湖,绝大部分都已经湮废了。

和《说文》、《尔雅》不同,《汉书·地理志》是一种地理书,我国历史学界推崇"二十四史",称为正史,而《汉书·地理志》是正史中的第一部地理志,所以历来享有很高地位。正因为它是一部地理书,是从《禹贡》这个传统发展起来的,它在卷首还把《禹贡》重抄了一遍。当然,它和《禹贡》仍不相同,其中最明显的区别是,《禹贡》是按照作者假设的自然区划来描述各地的地理概况,而《汉书·地理志》则是以西汉的行政区划来描述各地的地理概况。不过,对于在描述地理概况时,十分重视河流这一点,两书却是相同的。而且,汉代的人们对我国河流的知识已经远比先秦时代丰富,因此,《汉书·地理志》所记载的河流,比《禹贡》当然要详细得多。

在《禹贡》中,以扬州为例,有具体名称的河流,除了开头"淮海唯扬州"一句中的淮河,和结尾"沿于江海,达于淮泗"两句中的长江、泗水,一共只有3条。对于当时长江三角洲的许多河流,作者只笼统称为"三江",无法考定名称。但《汉书·地理志》就与此不同。《汉书·地理志》的会稽、丹阳、豫章3郡,是《禹贡》扬州范围内的主要部分(但境域比扬州小得多),《禹贡》在这个范围内只提出江、淮、泗三河和泛泛而指的"三江",但《汉书·地理志》在会稽、丹阳、豫章三郡内就提出了包括长江、淮河以及它们的重要支流如赣江、钱塘江等22条河流,超过《禹贡》五六倍。不仅如此,《汉书·地理志》在记载这个地区的河流时,还充分注意了这里的河流特征。因为这个地区是我国的东南丘陵地区,它形成一个许多河流独流入海的特殊水系,《汉书·地理志》的记载在这方面毫不含糊。它所记载的会稽郡"东入海"的小河就有五条,即萧山的潘水,上虞的柯水,慈溪的渠水,奉化的天门水,杭州的武林水,清楚地刻划了我国东南地区这个独特水系的重要特征。

注释:

① 本章中的《诗经》语译,大部分参照袁愈荌《诗经全译》,贵州人民出版社版。

② 历来学者多把"三江"解释成三条河流,并且因此臆造出一些并不存在的河流来。参阅拙著《〈水经·江水注〉研究》,载《杭州大学学报》哲学社会科学版,1984年第3期。

③ 这是历来传统的说法,参见孙仲明、赵苇航《长江与扬子江名称初考》,载《地名知识》1980年第3期。但也有少数人持不同见解,参见石泉《古文献中的"江"不是长江的专称》,载《文史》第6辑,中华书局1979年版。

三、记载河流的古书

失传的《水经》和《水经注》

由于河流对人类有非常密切的关系，所以古人非常重视它，而古书中因此对河流有许多描述和记载，前面已经举了上起先秦下到汉代的六种书的例子。这些古书，有的是民歌，有的是地理书，有的是字典，它们从各种不同的角度对河流进行了描述和记载，反映了古人对河流的认识。不过，在上述所有古书中，对河流的描述和记载，只占这些古书篇幅的一部分。换句话说，所有这些古书，都不是有关河流的专著。

随着人类社会的发展，人口增长，生产力提高，人类对河流的利用和改造有了很大进步，人类对河流的知识也相应有了增加。人们已经不能满足于以前那种像《禹贡》、《说文》、《汉书·地理志》之类的著述。于是，专门记载河流的著作开始出现。前面我们已经介绍了古书记载的河流，现在就要进一步谈谈记载河流的古书，也就是古人写作的、记载河流的专著。

顺便还要对河流的名称作一点解释。前面已经提及，在古代，每一条河流都有它的专名，河是黄河的专名，江是长江的专名。到后来，才把"河"、"江"两字，借用为一切河流的通名。那末，在古代，河流除了专名以外，有没有通名呢？有，当时河流的通名称为"水"，例如黄河就称"河水"，长江就称"江水"，其他如济水、淮水、渭水、湘水等，很少例外。

　　既然古人称河流为"水"，而中国古书又常常称"经"，因此，最早出现的记载河流的专著就叫《水经》。在中国古代的图书目录中，最早出现《水经》这部书名的是《隋书·经籍志》。不过，《隋书·经籍志》的著录非常含糊，它说："《水经》三卷，郭璞注。"又说："《水经》，四十卷，郦善长注（郦善长即郦道元，道元是他的名，善长是他的字）。"在这两条著录中，第一条"《水经》三卷，郭璞注"，因为此书早已亡佚，我们无法评论。第二条"《水经》四十卷，郦善长注"。无疑存在错误。因为四十卷是郦道元的《水经注》，并不是《水经》，显然把《水经》和《水经注》混为一谈了。《旧唐书·经籍志》也著录了《水经》，它说："《水经》三卷，郭璞撰。"又说："又四十卷，郦道元撰。"这个记载和《隋书·经籍志》一样，也是把郦道元的《水经注》和《水经》混淆了。不过，《隋书·经籍志》和《旧唐书·经籍志》的记载，虽然比较含糊，但其中有一点却是清楚的，就是古代曾经存在过两种《水经》和《水经注》，由不同作者撰写或作注。

　　后来《新唐书·艺文志》的记载就比较清楚了。它说："桑钦《水经》三卷，一作郭璞撰。郦道元注《水经》四十卷。"这里，《水经》和《水经注》得到了区别，但是对于《水经》的作者，却又出现了一个汉朝人桑钦。从此以后，历代的许多公私图书目录中，《水经》的撰者都写作桑钦。宋朝的《通志·艺文略》说："《水经》三卷，汉桑钦撰，郭璞注。《水经》四十卷，郦道元注。"

　　按照上述唐、宋各代的著录，则《水经》的撰者，或许是汉朝的桑钦，也或许是晋朝的郭璞。但是，郭璞撰《水经》的事，经过清朝初年一些学者仔细考订，已经被否定了。因为郭璞在他所注的《山海经》中，曾引用《水经》8处，假使他自己曾撰写《水经》，则又何必引用他人的著作，为此断定郭璞并未撰过《水经》。这样，《水经》应该是汉桑钦的作品了。

　　桑钦有没有撰过《水经》？或者是，桑钦确实撰过《水经》。但他的《水经》，是不是现在流行的《水经》，后来的学者也作过一番考证。桑钦是西汉成帝（公元前1世纪末叶）时代人，因此，他的著作在班固撰《汉书·地理志》时已经流行，被班固引用了6处。但这6处文字，都和今本《水经》不同。郦道元在他的《水经注序》中，也没有提到过桑钦。所以，桑钦如果确有著作《水经》，也绝非现在流行的《水经》。另外，《汉书·地理志》6处引用桑钦著作，用的是"桑钦言"、"桑钦所言"、"桑钦以为"等字样，并未写出《水经》书名。而郦道元在他的《水经注》中，却引了桑钦《地理志》。所以后来有人认为，《汉书·地理志》所引的"桑钦言"等，可能就是桑钦撰写的《地理志》。这样，桑钦就未必写过《水经》。当然，用这样的旁证来否定古人的著作或许也不妥当。因为《汉书·地理志》6处所引桑钦著作，内容是绛水、漯水、汶水、淮水、弱水、易水等6条河流，因此，桑钦撰写《水经》仍然很有可能，不宜轻易否定。当然，这部《水经》，现在早已失传了。

回过头来还得再提一提晋朝的郭璞，尽管他撰《水经》的事已被否定，但他是一个著名的地理学家，从现在尚存的他的著作如《山海经注》等来看，他对我国河流，确是很有研究的。因此，《隋书·经籍志》和《通志·艺文略》都说他作《水经注》的事，看来就无法否定了。因为他既然注了《山海经》，又注了《尔雅》、《穆天子传》等，是一个专门替古书作注的学者，则注《水经》也就十分可能了。郭璞所注的《水经》，大概就是上面所说的桑钦的《水经》。不幸的是和桑钦《水经》一样，也一起失传了。

无名氏的《水经》

假使上述汉桑钦撰《水经》，而晋郭璞作注都确有其事，那末，这是我国历史上第一种《水经》和《水经注》。可惜都已经失传。由于前面已经提到的河流，对于人类经济、文化等方面有十分重大的作用，因此，桑钦以后，学者为河流撰写专著的仍不乏人。现在流行的《水经》就是其中的一种。此外，历代撰写的这类专著还有不少，唐李吉甫撰《删水经》10卷，金蔡正甫撰《补正水经》3卷，虽然也都已亡佚，但按性质都是这类著作。明末清初的黄宗羲撰《今水经》1卷，清乾隆间齐召南撰《水道提纲》28卷，也都是记载我国河流的专著。当然，在现存的这类专著中，按撰写时间，当以《水经》为最早，而且，由于此书被郦道元作注，声名就因此而百倍了。

其实，这部《水经》的内容是相当简略的。全书不过1万多字。在《唐六典》一书中，曾经记载了这部《水经》的内容，说此书"引天下之水百三十七"，①现在因此书残缺，已仅存河流116条，每条河流都只是很简略地叙述它的发源、流程和归宿。此外就全不涉及。黄河的记载是全书最长的一篇，只用了578字。长江一篇，包括写在《沔水篇》内的长江下游部分在内，只用了418字。此外只有济水、浊漳水、渭水、沔水、淮水等各篇稍稍详细，其余多是寥寥数语。在前面已经提到的我国东南丘陵地区独流入海的许多河流之中，《水经》唯一记载的只有钱塘江一条，内容更为简单，全篇只说："渐江水出三天子都，北过余杭，东入于海。"一共只用了16个字，其简略于此可见一斑。

至于这部《水经》是何人所撰，因为原书没有留下作者姓氏，而郦道元所撰的《水经注序》中，也未曾提及，所以已经无法查考。对于此书的撰写年代，历来也有不同说法。清初人胡渭认为《水经》"创自东汉而魏晋人续成之，非一时一手作"。②《四库全书提要》根据《水经》中出现的地名作出了考证："观其涪水条中，称广汉已为广魏，则绝非汉时；钟水条中，称晋宁仍曰魏宁，则未及晋代。推文寻句，大抵三国时人。"把胡渭的说法和《四库全书提要》的说法合起来加以考虑，《水经》的著作年代，大概也就差不多了。

现在又有一种新的说法，认为《水经》与《水经注》都出于郦道元一人之手。这种说法是地理学家王成组教授在他的著作《中国地理学史》中提出的。他在该书中说：

> 对于传统观念假定郦氏限于为前人所著的《水经》加注，我们认为他的序文没有任何证实此点的迹象，各家的评论都不能确定它出于任何人之手。实际上书中的所谓《经》与《注》，可能都是郦氏一手所编成。[③]

这当然是王成组教授的一家之言，在我看来，这种事情实在是很难想象的。这是因为：

第一，郦道元虽然替《水经》作注，但他在注文中也常常指出《水经》的错误。关于这点，本书第五章《郦道元的治学方法》中将详细介绍。他常用"盖经误证也"一类的话，来指出并纠正经文的错误。在他的全部注文中，明确指出经文错误的，约有三十多处，不明指经文而实际上改正经文错误的为数更多。假使《水经》也是他的作品，他为什么不直接改正经文，而特地留着错误让自己来批判自己呢？例如，卷二十四《瓠子河》篇的经文说："（济渠）又东北至梁邹县西，分为二。"注文说："脉水寻梁邹，济无二流，盖经之误。"从这样的经文和注文来看，能出于一人之手吗？

第二，王成组教授在书中说：

> 从《水经注》的内在特征来衡量，《经》与《注》可能本是郦氏一家之言。他的原序从没有表示他在为任何别人的《经》作注，序中只说"窃以多暇空倾岁月，辄述水经布广前文。"……"前文"不一定是指本书的《经》文或《水经》，而可能是指《注》文中所引用的前代旧说。[④]

王成组教授所说的"他的原序从没有表示他在为任何别人的《经》作注"的话，当然是根据他的理解。在我看来，郦氏原序中为前人所撰的《水经》作注的意思，是非常明确的。他在原序中说：

> 昔《大禹记》著山海，周而不备；《地理志》其所录，简而不周；《尚书》、《本纪》与《职方》俱略；都赋[⑤]所述，裁不宣意；《水经》虽粗缀津绪，又阙旁通。

这段序文中，郦道元提出了许多前代的地理书的缺点，这些前代的地理书，包括《大禹记》、《地理志》、《尚书》（指《禹贡》）、《职方》等，而《水经》也是其中之一。郦道元在开头加上一个"昔"字，就是说明，下列地理书都是前代著作的意思。因此，王成组教授所引的原序中的"辄述水经"一语，正是郦氏为《水经》作注的意思。为什么要替《水经》作注？这就是他接着说的"布广前文"。这个"前文"当然指的是《水经》。因为《水经》的缺点如他所说是"虽粗缀津绪，又阙旁通"。"布广"显然就是使之"旁通"的意思。

　　郦道元为《水经》作注，他当时是否知道《水经》的作者，这件事，根据郦氏原序，还无法论定。或许是，这部《水经》的作者，在当时就已经佚名，所以郦氏没有写出作者的名氏；也或许是，《水经》的作者在当时是众所周知的，正和原序中同时提及的《地理志》、《禹贡》、《职方》等一样，所以用不着写出作者的名氏。不过从此以后，再没有任何资料提到过这部《水经》的作者，尽管有人作过许多考证，但像上述胡渭和《四库提要》那样，只是在成书年代上获得较为满意的成果。对于作者，历史上没有留下任何线索。时至今日，我们只好把它定为无名氏的作品。历史上许多作品，其中有许多是知名作者的作品，到后来都不免亡佚，而这部无名氏的《水经》，却幸获流传，这当然是与郦道元为它作注分不开的。

　　前面已经提到唐李吉甫作《删水经》10 卷，金蔡正甫作《补正水经》3 卷，它们的撰写时代都比《水经》要晚，而篇幅可能都比《水经》要大，但却都已中途亡佚，未获流传。撰写如此之早，篇幅又如此之小的《水经》，中途亡佚的可能性是很大的。正是因为郦道元替此书作注，依靠郦道元的声名和光辉，尽管稍有残缺，但基本上已让这部无名氏撰写的《水经》保存了下来。

注释：

① 《唐六典》卷七《工部·水部郎中》注。

② 《禹贡锥指·例略》。

③ 见《中国地理学史》上册，商务印书馆 1982 年版，第 150 页。

④ 见《中国地理学史》上册，商务印书馆 1982 年版，第 131 页。

⑤ 赋是一种从汉代形成的文章体裁，讲究音韵和文采，兼具诗歌和散文两者的特色。以这种文体描写古代城市的，统称都赋，班固的《两都赋》即是其例。《水经注》引及的都赋甚多，如徐幹的《齐都赋》、刘劭的《赵都赋》、庾杲之的《扬都赋注》、刘公幹的《鲁都赋》、左思的《蜀都赋》、扬子云的《蜀都赋》，等等。

四、郦道元与他的《水经注》

南北朝和北魏的历史背景

中华民族是由历史上许多民族融合而成的。早在春秋战国以前,汉族就已经成为一个文化发达的农耕民族,他们居住在华北的大部分地区。在这个地区以北,是一片广大的草原,草原上居住着后来陆续加入民族大家庭的许多游牧民族。他们之间,既有互相战争的历史,也有互相融合的历史。游牧民族逐水草为居,短兵轻骑,行动迅速,常常袭击定居农耕、行动迟缓的农耕民族。因此,从春秋列国开始,汉族就营造了许多长城,秦始皇又把这些长城连接起来。于是,长城就成了一条在中华民族之中,农耕民族与游牧民族之间的界线。在这条界线上,曾经有长期的战争历史,但是也有长期的融合历史。战国时代,赵武灵王胡服骑射,①就是一种民族融合的形式;以后,汉朝和匈奴之间的不断和亲,则是民族融合的另一种形式。不过,由于汉族的力量毕竟相当强大,游牧民族虽然经常侵扰,但却无法深入华北内地。同样,汉族虽然也屡次进军草原作战,像汉朝的卫青、霍去病等,并且曾经长驱直入,但在达到一定目的后,也就立刻引军南还。因此,双方的战争既不持久,而双方的融合也仅有不大的规模。这种情况到了晋朝才开始改变。

西晋后期,由于皇室的内讧,发生了所谓八王之乱的阋墙之战,汉族对北方游牧民族的防御力量削弱,不少游牧民族就开始进入华北,它们主要是匈奴、羯、氐、羌、鲜卑这五个游牧民族。这些游牧民族,分据华北各地,先后建立了许多国家,历史上称为"十六国"。晋朝被迫退居江南,就是东晋,形成了十六国与东晋南北对峙的局面,长达100余年,直到公元420年刘裕篡夺东晋帝位建立宋为止。

刘裕的宋取代了东晋,这就开始了位处江南的南朝。而华北的十六国,也先后为力量最大的拓跋魏所统一,这就形成了位处华北的北朝。这样,中国王朝更迭的历史,就从东晋、十六国时代,进入南北朝时期。南北朝经历了160多年,直到隋统一全国而结束。这中间,南朝经历了宋、齐、梁、陈四代,而北朝以魏建国最久,假使上溯到它的开国君主道武帝,则全长近150年。这是一个全国分裂相互混战的时代,但同时却也是一个民族大融合的时代。

北魏是鲜卑族的一支,有人认为鲜卑和西伯利亚是一词两译,原是流徙在今蒙古高原南北及兴安岭南北一带的一个游牧部落,后来出了一个名叫拓跋郁律的部落酋长,移居到东木根山(今内蒙古自治区集宁市东北)。以后,另一个部落酋长营建了他们的首都盛乐(今内蒙古自治区和林格尔以北)。到了道武皇帝拓跋珪时,已是公元4世纪的后期,他才迁都平城(今山西大同市郊东北)。部落在不断南迁的过程中,与汉族的接触越来越多,由于受汉族的影响,这个游牧部落逐渐定居下来,并且改变他们的生产和生活方式,从游牧向农耕过渡。拓跋珪做了23年皇帝,国家安定,生产逐渐发展,奠定了北魏不断强大的基础。

拓跋珪死后,由明元帝拓跋嗣即位。他在位15年,在他的后期,江南已经由刘宋取代了东晋,南北朝的形势正式形成。接着,一位具有雄才大略的皇帝,太武帝拓跋焘即北魏皇位。他在位的28年中,可以称得上是励精图治,欣欣向荣。他东征西讨,不断扩张领土。东晋以来的十六国的领土,除了四川的李成为刘宋所并外,其余大都入了他的版图。此外,他还要北御柔然族(东胡族的一支)的入侵,向南则发兵征讨刘宋,攻占洛阳和虎牢,并且亲率大军,长驱直入,于北魏太平真君十一年(刘宋元嘉二十七年,公元450年)进军到长江北岸的瓜步,于次年元旦在瓜步大集群臣,班爵行赏,使刘宋首都建康(今南京)惶恐万分。而他在大集群臣以后,却下令班师,浩浩荡荡地返回北方。刘宋名将沈庆之说:"佛狸(即拓跋焘)威震天下,控弦百万。"[②] 当时,西域诸国如龟兹、疏勒、乌孙、鄯善、焉耆、车师、粟特等都向北魏进贡,[③] 此外如高句丽、波斯等国,[④] 也都遣使修好。武功之盛,声威之远,由此可见。

除了武功以外,拓跋焘在文治方面,也有出色的成绩。他任用了一批贤能廉洁的官吏,如侍中古弼、张黎,中书侍郎高允,司空崔浩,司徒长孙道生等,其中许多是汉族知识分子。拓跋焘有一次出猎,获得麋鹿数千头,命令古弼发牛车500辆前去载运。但古弼不发,上表说,目前正是秋收季节,牛车必须用于秋收载运,以免损失收成。拓跋焘看了奏表说:"这真是社稷之臣。"⑤其从善如流如此。拓跋焘在位 28 年中的文治武功,为北魏扩展了广袤的版图,建立了强大的实力,而在这个过程中,拓跋魏就完成了它从游牧部落到农耕民族的过渡。他们与汉族杂处,相互融合,逐渐失去了他们原来的民族特点。

拓跋焘去世,在经过了文成帝拓跋濬和献文帝拓跋弘两个为时短促的皇帝以后,到了北魏延兴元年(刘宋泰始七年,公元 471 年),孝文帝拓跋宏即位。这是北魏历史上另一位有雄才大略的著名皇帝。他登位的时候还只有 5 岁,先由太后临朝称制。太和十四年(490),太后去世,拓跋宏就于次年亲政,当时还只有 24 岁。这真是一位青年英俊的国君,亲政以后,首先大力从事的是提高民族文化,努力改革长期来存在的游牧部落习气,广泛推行汉族的礼仪和习俗。他毅然废除部族遗留的发辫制,改行汉族束发为髻的形式。并且被服冠冕,一遵汉族体制。他又竭力推行汉族流行的所谓三代成法,开始祭尧、舜、禹、周公等汉族所崇敬的人物。谥孔子为"文圣尼父",⑥并在中书省悬设孔子像,亲自前往拜祭。他在一次南征中经过鲁城,特地进城祭拜孔子,重修那里的孔子陵墓,更建碑铭,拜孔氏两人、颜氏两人为官,并选孔子宗子 1 人,封为崇圣侯,叫他奉孔子祭祀。⑦这次南征还都以后,他就在首都设立国子太学和四门小学,又遴选了几位耆老长者,把他们封为国老庶老。同时在国内普求古代遗书,按汉族体制礼作乐,并按汉族通行的标准,修正度量衡制度。⑧

除此以外,拓跋宏还实现了北魏首都的南迁。在这件大事中,充分表现了他的雄心壮志。北魏自从道武帝拓跋珪把首都从盛乐迁到平城以后,到拓跋宏迁都以前,平城已建都达 100 年。平城是个偏僻的小地方,经过百年的建设,正如郦道元在《水经·灅水注》中所记载的,已经是个初具规模的国都了。当拓跋珪定都之初,北魏还是十六国中的一个小国,而百年以后,它已成为幅员广阔、实力雄厚的北朝大国,地理位置偏僻的平城,这时虽有很大发展,仍然无法适应形势的需要。但是因为建都已经百年,满朝王公大臣,已和这个城市有了千丝万缕的关系,迁都牵涉到一个庞大的既得利益集团的切身利害关系。所以当拓跋宏提出迁都主张时,立刻受到一大群人的反对。尚书于粟的话其实是代表了整个既得利益集团的。他说:"臣非为以代地(指平城)为胜伊洛(指洛阳)之美也。但自先帝以来,久居此地,百姓安之,一旦南迁,众情不乐。"⑨但拓跋宏的态度却十分坚决。真是燕雀岂知鸿鹄志,这位青年国君的抱负与那些只顾自己身家财产的王公大臣,是截然不同的。他说:"我方经营天下,有志混一,卿等儒生,不知大计。"东阳王拓跋丕还想用占卜的事来进行干扰,他说:"迁都大事,当询之卜筮。"拓跋宏驳斥他的这种谬论说:"昔周召圣贤,乃能卜宅,今无其人,卜之何益?且卜以决疑,不疑何卜? ……王者以四海为家,或南或北,何常之有,朕之远祖,世居北荒,平文皇帝始都东木根山,昭成皇帝更营盛乐,道武皇帝迁于平城,朕幸属残胜之运,而独不得迁乎!"⑩

拓跋宏终于在太和十八年(494)底把首都从平城迁到中原古都洛阳,并于太和二十年宣布改变民族的姓氏,把本民族语言的"拓跋",改为汉语的"元"。⑪从此,拓跋魏就称为元魏,他自己的姓名也从拓跋宏改为元宏。这是他"变夷为夏"的一种最坚决的措施,也是民族融合的一种最具体的证明。

迁都以后,雄心勃勃的拓跋宏调集大军,号称30万。他亲自统率,向寿阳一带进军。军事上虽然取得了不少胜利,但由于朝廷内部出现了以穆泰为首的保守势力的反叛,⑫加上宫闱之中又发生了后妃淫乱的家丑,⑬使拓跋宏无法全力指挥他的军事行动,而最后于太和二十三年(499),病死于谷塘源行军途中。

北魏失去了这样一位有雄才大略的明君,国势顿时发生很大变化。在军事上,多年来的优势迅速消失。宣武帝(元恪)正始四年(507)与南梁在淮水的一次战争中,适逢淮水暴涨,梁用小船火攻,魏军溺毙无数,淮水为之不流。梁军尾随追击,使魏军蒙受了伏尸40里、被掳5万人的惨败。⑭而接着,北部边疆的所谓六镇,也先后发生叛乱,使北魏处于南北受敌的困境之中。在内政上,昏庸淫逸的胡太后于孝明帝(元诩)熙平元年(516)临朝,朝政腐败,日甚一日,终至不可收拾。强盛一时的北魏,终于在梁中大通六年(534)分裂为西魏和东魏,最后相继灭亡。

郦道元的出身和经历

前面已经简单介绍了北魏这个鲜卑族建立的朝代,从开创、发展到衰落的过程。现在就要回过头来介绍本书的主角郦道元。郦道元和他的家族,正是经历了这个朝代的昌盛和衰落。

郦道元是涿州人(今河北省涿县),他的家乡称为郦亭,也叫郦村。这是一个自然风景十分优美的地方。郦道元在《水经·巨马水注》中特别写了一段文字描述他的家乡:

> 巨马水又东,郦亭沟水注之,水上承督亢沟水于逎县东,东南流,历紫渊东。余六世祖乐浪府君自涿之先贤乡爰宅其阴,西带巨川,东翼兹水,枝流津通,缠络墟圃,匪直田渔之赡可怀,信为游神之胜处也。

家乡的优美自然风景,陶冶了幼年的郦道元,他日后所表现的那种热爱自然界、热爱祖国河山的丰富感情,和上述《巨马水注》中所表达的热爱自己家乡的感情,是完全一致的,密切相关的。

　　前面已经提到,北魏之所以从一个小小的游牧部落,发展成为一个强盛的北朝大国,吸收汉族文化是其中的重要原因。北魏统治者所施行的各种使之富强的政策之中,重用汉族知识分子的政策,成为他们成功的关键。而郦道元和他的父祖,正是受到北魏重用的汉族知识分子。郦道元的曾祖父郦绍,原在鲜卑族的另一支派慕容部所建立的后燕任濮阳郡太守,当拓跋珪南征时,他以郡迎降,北魏任他以兖州监军的官职。郦道元的祖父郦嵩,曾任北魏天水郡太守。他的父亲郦范,得到北魏更大的重用。开始,他任给事东宫之职,这是一个侍候太子和教育太子的重要职位。等到太武帝的嫡孙拓跋濬(文成帝)即位后,就授他为男爵,接着又擢授子爵。以后由于他在北魏平定三齐(今山东省大部分地区)的战争中作过贡献,又任他为青州刺史,并晋为侯爵。接着又调回朝中,任以尚书右丞。当时已是拓跋宏在位的时代,他由于获得君主的宠信,再次以平东将军的头衔出任青州刺史,并晋封公爵,号称范阳公。在拓跋朝重用的许多汉族知识分子中,郦范也算得上是个重要人物了。

　　拓跋宏时代正是北魏的全盛时期,青州是个统辖 7 郡 33 县的大州。拓跋宏让郦范以这样显贵的爵位再次出任青州刺史,显然是有重要政治意义的。因为拓跋宏是有决心要统一中国的,因此他必须在进军以前建立一些南下的后方基地,所以郦范的这一次晋爵外调,是事关重要的。正在这个时候,我们从《水经·河水注》中看到,郦道元也已经踏入了仕途。《河水注》说:

　　　余以太和十八年,从高祖北巡,届于阴山之讲武台。……余以太和中为尚书郎,从高祖北巡,亲所径涉。

　　这些年头,正是拓跋宏改姓易服,迁都洛阳,准备南征统一中国的时候。拓跋宏的雄心壮志,郦范在军事上的精湛韬略,对郦道元必然是发生重大影响的。对于郦道元的一生经历,在《魏书》中只有一篇 309 字的简短传记。以后,《北史》中也有一篇传记,全文 612 字,包括抄录《魏书》的 309 字在内。这两篇传记都过于简略,没有记下他生平多少事迹。除此以外,历史上就没有关于郦道元的其他记载。因此,对于郦道元的一生,除了《魏书》和《北史》所提供的十分有限的材料外,我们必须从《水经注》一书中去探索。

　　郦道元出生于何年,《魏书》和《北史》都没有记载,所以现在已经无法考实。《水经·巨洋水注》说:"余总角之年,侍节东州。"这当然是指他父亲第一次出任青州刺史的时候。当时他在他父亲身边,正是他的"总角之年"。"总角"一词,历来没有精确的含义,《礼记·内则》中有"拂发总角"的话,是比喻童年的意思。郦范第一次出任青州刺史,约在拓跋宏延兴年间(471—476)。若假设延兴的最后一年郦道元为 5 岁,则他可能出生于公元 472 年。[15]

　　前面已经提到,郦道元一家,从他的曾祖辈起,就是北魏重用的汉族知识分子,特别是他的父亲,更是仕途坦荡,位列公侯。根据郦范于太和中再次出任青州刺史的事实,则当时身为范阳公的郦范,对于拓跋宏进军江南,统一中国的雄心壮志,必然早已十分清楚。而从小跟随父亲于任所的郦道元,在这方面必然也会承受父教,毫不含糊的。尽管拓跋魏不是汉族政权,但是从拓跋珪开始,已经逐渐抛弃了他们游牧民族的生产方式和生活习惯,基本上完成了民族的汉化过程。拓跋宏登位之初,他更进一步地在文化上完成了这个民族"变夷为夏"的各种改革。除了前述改姓易服以外,他还祀尧舜,尊孔孟,兴礼乐,改风俗,俨然以汉族自居。这时北魏户口增加,生产发展,出现了一片欣欣向荣的景象。而当时的南朝,政治腐败,篡夺相仍,早已为北朝所不齿。在这样的形势之下,拓跋宏远征南朝统一中国的雄心壮志,必然受到包括郦氏家族在内的汉族知识分子的拥护。郦道元生长于这种盛世明君时代,父辈的教育,加上目击当时举朝振奋,励精图治的蓬勃气象,这对他的一生,当然要发生深刻的影响。

　　郦道元于太和十八年(494)已经进入仕途,出任尚书郎的官职,当时他还是一个20多岁的年轻人。接着,他在父亲死后,承袭了郦范的封爵,封为永宁伯,并先后出任太尉掾、书侍御史、冀州镇东府长史、颍川太守、鲁阳太守、东荆州刺史、河南尹、黄门侍郎、侍中兼摄行台尚书、御史中尉等官职,最后于孝昌三年(527)在关右大使任上遇害,朝廷追赠为吏部尚书冀州刺史。按照前面他出生于公元472年的估计,则他被害之年当为55岁。

郦道元撰写《水经注》的动机与抱负

　　前面已经指出,历史上记载郦道元生平事迹的只有两种资料,即《魏书》和《北史》中的两篇传记,内容十分简单,它们简直就是郦道元担任各种官职的流水账。只是在最后提到郦道元的著作,关于这方面,两篇传记从内容到文字完全一样:"道元好学,历览奇书,撰《注水经》40卷,《本志》13篇,又为《七聘》及诸文,皆行于世。"现在,郦道元的著作都已亡佚,唯有《水经注》硕果仅存。这是我国文化史上的一件十分幸运的事。由于《水经注》的流传,不仅为我们在古籍目录中增添了这样一部光辉的巨著,而且正是因为此书的存在,我们得以由物及人,通过《水经注》来研究作者郦道元的生平。

　　我们首先要研究的是,郦道元出于什么动机,要撰写《水经注》这样一部巨著。翻开《水经注》来,第一篇就是他所写的原序。这里,有他关于这方面的几句话。他说:

　　　昔《大禹记》著山海,周而不备;《地理志》其所录,简而不周;《尚书》、《本纪》

与《职方》俱略;都赋所述,裁不宣意;《水经》虽粗缀津绪,又阙旁通。所谓各言其志,而罕能备其宣导者矣。

在这段文字中,作者提出了不少书名,其中有的(如《大禹记》)已经亡佚,其他一些如《地理志》(指《汉书·地理志》)、《尚书》(指《禹贡》)、《职方》等,都是古代的地理书,郦道元认为这些地理书的内容都过于简略。《水经》一书,专叙河流,虽然系统完整,但是却缺乏与其他地理事物的联系贯通。因此,他才选择《水经》作为底本,广加注疏,使能达到他所希望的"旁通"。也就是说,在记载河川水道时,还要与其他自然地理和人文地理现象进行广泛的联系。

原序中的这番话,当然可以认为是作者著述此书的一部分理出。但是如果我们涉猎全书,就可以进一步发现,作者撰写此书的动机,实际上还要比他在原序中所说的更为深远。郦道元是个北方人,他一生足迹未到南方。当他出生时,国家已经分裂了150多年,在一般人心目中,已经早就没有一个统一的国家的概念。但他却要撰写这样一部地理书,除了部分涉及域外以外,基本上以西汉王朝的疆域作为他的叙述范围。另外,他撰写此书,从其内容观察,显然并不完全如他在原序中所说的,是因为古代地理书过于简略,缺乏旁通。因为他的著作,除了确实补充了上述古代地理书,特别是《水经》在自然地理和人文地理上的不足,达到了他在原序中提出的所谓"旁通"以外,他还下了极深的工夫,花了很大的篇幅,描写各地的自然风景。他所描写的祖国各地的自然风景,有的是他童年生长和居住的地方,如前已提及的《巨马水注》和《巨洋水注》中,他都回忆和描写了那些他在幼年和童年时期的嬉游之地;有的是他任官后足迹所常到的地方,例如他在《河水注》中记载的蒙古草原、黄河壶口瀑布和三门峡等地。此外还有大量篇幅描写如长江三峡、沅水绿萝山、杭州灵隐山、庐山瀑布等他足迹绝未到达的地方。这些地方的自然风景,在他的笔下,也都表现得生动细腻,栩栩如生。在《水经注》以前的一切地理著作中,描写祖国自然风景的实在凤毛麟角,而郦道元却在这方面予以如此的重视。这只能说明他是如何地热爱祖国的大好河山。一个出生以来从未见过祖国统一的人,却要以历史上一个伟大王朝的疆域作为他的写作范围,这只能说明他是十分向往着能够看到一个统一的祖国。在南北朝这样一个时代里,国家分裂,山河破碎,战争频繁,人民流离,但郦道元却能写出这样一部把当时这个支离破碎的祖国融合成为一体的著作。而以如此美好的语言,歌颂祖国各地的自然环境。拓跋宏对他的臣下说:"我方经营天下,有志混一。"毅然以统一祖国作为他的责任。而郦道元则尽他毕生心血,把一个统一的祖国的锦绣河山,描绘在他的这部著作之中。由此可以说明,《水经注》是一部伟大的爱国主义著作,而作者郦道元则是一位值得崇敬的爱国主义者。

当然,郦道元之所以能够成为一位向往祖国统一的爱国主义者,并不是偶然的。他对于历史上曾经出现过的版图广大的王朝的概念,当然是从他的广泛阅读和父辈们的教育中得到的。但他之所以热望于这样一个广大而统一的祖国的出现,却很可能是受了这位具有雄才大略的国君拓跋宏的影响。前面已经提到,拓跋宏是有决心要统一祖国的,郦氏家族是他所器重的汉族知识分子,因此,他必然会将他的这种抱负告诉他们。前面也已经提到,当太和十五年他亲政以后,正是这位年轻的国君,从各方面进行准备,决心要实施他统一祖国的伟大理想。他一方面着手建立进攻南朝的后方基地,派郦范再度出任青州刺史;另一方面,当他的大军南下以前,当然要力谋巩固他的北方边疆的防务,因而于太和十八年亲自出巡六镇(位于北魏旧都平城以北,阴山以南的沃野、怀朔、武川、抚冥、柔玄、怀荒等六镇),直到阴山一带。这一次的边疆巡行,郦道元就是随行人员之一。当时,郦道元年齿甚幼,官秩很低,但却能入选为随行人员。这一方面固然说明了他对郦氏家族的信任;另一方面也正说明了郦道元的才华意气,深得拓跋宏的赏识。

可惜拓跋宏出师未捷身先死,使北魏丧失了这样一位有抱负的明君,这当然是非常不幸的巨变。从此,各种厄运纷至沓来,内忧外患使强盛一时的北魏江河日下,南征统一已经绝不可能,这对郦道元当然是一种痛心疾首的刺激。他眼看祖国统一无望,而锦绣河山,支离破碎,使人黯然神伤。因此,从这段时期开始,他潜心于《水经注》的撰写,通过著述来表达他热爱祖国河山和渴望祖国统一的胸怀。

《水经注》一书成于何时,历来有不同说法。但书中所出现的最后一个年代是延昌四年(515),而郦道元于孝昌三年(527)被害,所以此书的写成,必在这十余年时间之间。总之,是在郦道元在世的最后十多年时间之中。这正是胡太后临朝,朝政腐败至于不可收拾的时候。在这段时期中,郦道元运用他长期来读万卷书,行万里路所积累的资料,著述这样一部巨著,将他的全部爱国主义感情,倾注在这一著作之中,为后世留下了这样一部内容丰富、文字生动的爱国主义名著。

当然,拓跋宏的早逝和北魏国势的衰落,对郦道元的满腔壮志是一种莫大的打击。但是,郦道元绝不是一个失败主义者。在这样的处境之中,他写《水经注》,并不是消极地借写作以排遣愁怀。相反,是为了通过对祖国各地的自然环境和人文活动的细致而生动的描述,来表达他对祖国的无比热爱和满腔希望。关于这方面,我们可以从他的为官严格、公正、一丝不苟和不畏权豪的性格中得到证明。他在永平年代(508—511)担任鲁阳(今河南省鲁山附近)太守的时候,正是北魏在淮水之役中受到南梁的痛歼以后,而他在延昌四年(515)任东荆州(今河南省泌阳县一带)刺史之时,随即就遇到宣武帝(元恪)去世而胡太后临朝的变故,国势每况愈下。在这样的情况下,他却仍然不顾时势安危和个人得失,一方面采用"威猛为治"的武力手段,在危难中稳定地方秩序;另一方面则采用"表立黉序,崇劝学校"的文治方法,[16]在扰攘中提高地方文化。到了孝昌年间,正当南梁发兵北侵之时,北魏徐州刺史元法僧在彭城发动叛乱。在这样的紧急时刻,他以一介书生,毅然接受朝廷委任,指挥了这次平叛的军事行动。郦道元不畏权贵,为官清正,所以《魏书》和《北史》都说他"素有威猛之称,权豪始颇惮之"。汝南王元悦,是孝文帝拓跋宏的儿子,他嬖幸的小人邱念台,作恶多端,而邱念台则以元悦的王府作庇护所,以逃避法网。郦道元却不惮王室权威,设法把邱念台逮捕入狱。元悦急忙请求他的母亲,即当权的胡太后下敕赦免,而郦道元立即揭发他的罪恶,弹劾了汝南王元悦。其不避艰危,可以想见。他最后终于受到汝南王悦和城阳王徽等王室权贵的嫉害,他们怂恿胡太后派他为关右大使,到已有明显反状的雍州刺史萧宝夤处,以便借萧宝夤之手杀害他。郦道元置个人安危于度外,毅然衔命进入雍州,而终于在阴盘驿亭(今陕西省临潼县附近)遭到萧宝夤叛军包围,他和他的两个儿子及弟弟郦道峻,都被叛军杀害。

郦道元被围的阴盘驿亭,位于一座冈阜之上。当萧宝夤的部将郭子恢率叛军包围这位关右大使时,包围圈显然是逐渐缩小的,郦道元最后固守一个制高点,从地形上说,并不违背兵法原理,但致命的弱点就是水。据《北史·郦道元传》所载:"亭在冈上,常饮冈下之井。"说明在这座冈阜上是没有水源的,平时必须依靠冈下的水井取水。对于水的重要性,郦道元比任何人都清楚;对于井水在地下水位低落地区的价值,特别是在战争中生死攸关的价值,他更是充分理解的。他在《水经注》卷二《河水》经"其一源出于阗国南山,北流与葱岭所出河合,又东注蒲昌海"注中,曾记载了东汉与匈奴在西域疏勒城的一场恶战:

> 汉永平十八年,耿恭以戊己校尉,为匈奴左鹿蠡王所逼,恭以此城侧涧旁水,自金蒲迁居此城,匈奴又来攻之,雍绝涧水,恭于城中穿井,深一十五丈,不得水,吏士渴乏,筝马粪汁饮之。

水源被敌方所绝,而穿井不得水,官兵不得已以马尿为饮。这是郦道元亲自记载的故事。当然,这个故事发生在汉代,但在北魏当代,《水经注》中也有情况相似的记载,那就是北魏明元帝泰常八年(423)北魏攻占刘宋虎牢城的战役,事见卷五《河水》经"又东过成皋县北,济水从北来注之"注:

> 魏功北司州刺史毛祖德于虎牢,战经二百日,不克,城惟一井,井深四十丈,山势峻峭,不容防捍,潜作地道取井。余顷因公至彼,故往寻之,其穴处犹存。[17]

从上面这段注文中可见,郦道元不仅亲自记载了这个北魏当代的故事,并且还亲自凭吊了这个距他还不到百年的古战场。当年北魏军最后采用了以地道夺取毛祖德赖以坚守的水井,才攻破了虎牢城,郦道元目击了当年北魏军挖掘的地道。由此可知,他对于水源在战争中的无比重要性的认识,是不容怀疑的。但这一次,也是他生死关头的一次,他却驻守在一座没有水源的冈阜上,这显然是不得已的。因为虽然他以关右大使的头衔出行,但他所带的侍卫部队,怎能与当地拥兵谋乱的刺史相比,在众寡悬殊的情况下,他最后只好退守到这个没有水源的制高点上。他和当年虎牢城的毛祖德一样,终于因水源断绝而被害。据《北史·郦道元传》所载:"既被围,穿井十余丈,不得水,水尽力屈,贼遂逾墙而入。"

一个毕生研究河川水理,对水理充分精通而又撰述了如此名著《水经注》的人,最后竟会得到水尽丧生的结果,这真是历史的悲剧。

从以上叙述可知,郦道元的一生,前期正当北魏盛世,在明君拓跋宏的影响之下,他充满着使长期分裂的国家南北统一,使破碎的祖国河山重归完好的热烈希望;其后期则逢北魏衰落,但他却毫不气馁,不避艰危,在政事繁剧,戎马倥偬之余,倾注他热爱祖国河山的感情,撰写了这部杰出的爱国主义巨著《水经注》。1400多年以来,多少文人学士被这部伟大的爱国主义著作所激动。唐朝的著名诗人陆龟蒙写诗说:"山经水疏不离身。"他把这部爱国主义著作作为他随身常带的必读书;宋朝的著名文学家苏轼写诗说:"嗟我乐何深,《水经》亦屡读。"的确,诵读此书中的生动描写,印证我们面前的祖国大好河山,真是其乐无穷。祖国河山是百看不厌的,而《水经注》也是百读不厌的。直到今天,《水经注》仍然是一部重要的爱国主义教材,它对祖国河山的生动描写和热情赞美,无疑会激发人们对我们伟大祖国的锦绣河山的无比热爱。

注释:

　① 《史记·赵世家》,武灵王十九年。

　② 《通鉴》卷一二五《宋纪七》文帝元嘉二十七年。

　③ 《魏书》卷一〇二《西域传》。

　④ 《魏书》卷一〇〇《高句丽百济传》。

　⑤ 《魏书》卷二八《古弼传》。

　⑥ 《魏书》卷七《高祖纪下》。

　⑦ 《魏书》卷七《高祖纪下》。

　⑧ 《通鉴》卷一四〇《齐纪六》明帝建武二年:"戊午,魏改用长尺,大斗,其法依《汉志》为之。"

　⑨ 《通鉴》卷一四〇《齐纪五》明帝建武元年。

　⑩ 《通鉴》卷一四〇《齐纪五》明帝建武元年。

　⑪ 《魏书》卷七《高祖纪下》:"(太和)二十年春丁卯,诏改姓为元氏。"

⑫　《魏书》卷一五《穆泰传》。

⑬　指冯昭仪与中官高菩萨淫乱事,参见《通鉴》卷一四二《齐纪八》东昏侯永元元年。

⑭　《通鉴》卷一四六《梁纪二》武帝天监六年。

⑮　陈桥驿《爱国主义者郦道元与爱国主义著作〈水经注〉》,载《郑州大学学报》(哲学社会科学版),1984年第4期。

⑯　《北史·郦道元传》。

⑰　据《魏书》卷三《太宗纪》所载泰常八年:"夏四月丁卯,幸成皋城,观虎牢,而城内乏水,悬绠汲河,帝令连舰上施轒辒,绝其汲路,又穿地道以夺其井,……虎牢溃。"

五、郦道元的治学方法

广泛占有资料

《水经注》是一部牵涉极广的巨著,从地域范围说,除了基本上以西汉王朝的疆域作为其撰写对象外,还涉及当时的不少域外地区,包括今印度、中南半岛和朝鲜半岛的若干地区。从时间界限说,上起先秦,下到南北朝当代,上下两千多年。地域如此之广,时间如此之久,而其内容又是如此的丰富多彩。全书包括自然地理、人文地理、山川胜景、历史沿革、风俗习惯、人物掌故,等等。像这样一部 30 余万字的牵涉广泛的巨著,资料工作的艰巨性是可以想象的。作者所做的第一步工作,就是广泛占有资料。

为了此书的写作,作者到底占有了多少资料,现在已经很难估计。仅仅从《水经注》各篇列出的资料来看,总数就已超过 430 种。[①]把这 400 多种资料进行分类,主要约可分成 10 类。

一、经书:

就是我们通常所说的"四书""五经"。在中国古代,一向把它们奉为经典。郦道元在《水经注序》中说:"十二经通,尚或难言。"意思是,由于河流众多,加上支流旁渎,形成一个巨大的河流网,必须要有十分丰富的知识,才能把这个巨大的河流网写述清楚。即使读通了"十二经",也怕掌握不了这全部知识。这里所说的"十二经",包括哪十二部经书,历来说法不一。唐朝大和年间复刻的十二经是:《易》、《诗》、《书》、《周礼》、《仪礼》、《礼记》、《春秋左传》、《公羊传》、《穀梁传》、《论语》、《孝经》、《尔雅》。如以这十二部为准,则《水经注》中已经全部引到了。

二、诸子:

所谓诸子,是指从先秦到汉初的各派学者和他们的著作。《汉书·艺文志》说:"诸子十家",是指儒、道、阴阳、法、名、墨、纵横、杂、农、小说等10家。但若按他们的著作著录,则多达189家,共4324篇。所以通常又称"诸子百家"。《水经注》引及的诸子著作很多,如《老子》、《庄子》、《管子》、《墨子》、《吕氏春秋》等,不胜枚举。

三、历史:

清朝学者把自从《史记》以来到《明史》为止的二十四部历代史书称为正史,即我们通常所说的"二十四史"。认为这是最正规、最重要的历史著作。在郦道元的时代,正史还只有《史记》、《汉书》、《后汉书》、《三国志》、《宋书》等几种,这些在他的著作中当然已全部引及。此外,他还引用了正史以外的许多史籍。例如,西晋时在战国魏襄王墓中出土的大批竹简书,记载上起黄帝下到魏襄王的历史,即所谓《竹书纪年》。还有如《穆天子传》、《皇览》、《帝王世纪》、《吴越春秋》等许多古老史籍,也都是《水经注》的常引历史书。

四、地理:

《水经注》本身就是一部地理著作,所以它当然要引及大量地理书,包括《山海经》、《禹贡》、《职方》、《汉书·地理志》等地理名著,以及《十三州志》、《地理风俗记》、《晋书地道记》、《太康地记》等全国性或区域性的地理书。由于《水经注》的记载有部分已经涉及域外,所以它还引及像《扶南记》、《外国事》、《林邑记》等当时流行的外国地理书籍。

五、地图:

作为一本地理著作,《水经注》也参考了当时的许多地图,其中有全国范围的如《括地图》、《禹贡图》、《晋舆地图》等,也有区域性的如《督亢地图》、《关中图》等,还有涉及域外的如《外国图》等。

六、方志:

方志即地方志,它是我国历史上记载地方概况的综合性著作。它们有时十分接近于区域地理书,但内容往往包罗一个地方的各种事物,涉及项目比区域地理书要广泛得多。方志一名虽然在《周礼》中已经出现,[②]但把方志作为一种著作的体裁,却是从《水经注》正式开始的。即《渠水注》所说:"因其方志所叙,就记缠络焉。"《水经注》引用的方志极多,包括以后被公认为我国方志鼻祖的《越绝书》和《华阳国志》[③]等在内。清代学者陈运溶称誉《水经注》说:"郦注精博,集六朝地志之大成。"[④]说明六朝时代的方志,已经为此书引用无遗了。

七、传记:

在《水经注》写作过程中,作者还搜集了大量的人物传记资料。其中有汇编的传记如《逸民传》、《列仙传》、《文士传》、《汝南先贤传》、《竹林七贤传》等,也有个人的传记如《项羽传》、《东方朔传》、《汉献帝传》、《曹瞒传》等。

八、诗赋:

诗词歌赋等韵文,是郦道元写作《水经注》时经常引用的资料。《诗经》和《楚辞》曾在书中被大量引用,引用的诗歌还有汉武帝《秋风辞》、箕子《麦秀歌》。战国时荆轲的《易水歌》等,不胜枚举。由于从后汉以来,赋的体裁十分流行,因此,《水经注》所引的赋,为数更多,如《大河赋》、《江赋》、《五湖赋》、《东征赋》、《扬都赋》,等等。

九、书信:

在郦道元所占有的资料中,还包括不少古代书信。例如《诸葛亮与兄瑾书》、《孟达与诸葛亮书》、《朱超石与兄书》、《陆机与弟书》、《俞益期与韩康伯书》,等等。书信来自四方,因此而获得四方的珍贵资料。例如,《俞益期与韩康伯书》中所述,即是俞在中南半岛热带地区的目击资料,这样的资料,当然是十分可贵的。

十、辞书:

在《水经注》写作的过程中,作者也参考了不少当时流行的辞书。这中间,有我国历史上的第一部字典《说文解字》,也有我国历史上的第一部词典《尔雅》。此外还有《字林》、《小尔雅》、《难字尔雅》、《广雅》,等等。由于《水经注》的记载必然要涉及许多地名,为此,作者也参考了许多解释地名的辞书,例如《释名》、《春秋土地名》、《春秋释地》,等等。

另外还用了大量在以上这10类之外的文献资料,其中有的是至今仍受人重视的名著,如议论经国大计的汉桑弘羊《盐铁论》,探索自然界和社会哲理的汉王充《论衡》,介绍自然界物质知识的《博物志》和《神农本草》,等等。此外,郦道元还搜集国内外的金石碑刻,其中被列入《水经注》的就达350种左右。⑤他又搜集各地流行的歌谣、谚语,数量也很可观。《水经注》所引用的文献资料,真是应有尽有,丰富多彩!

如上所述,郦道元在他写作《水经注》的过程中,所占有的资料是何等广泛。这些资料至今已大部亡佚,因此,郦道元的辛勤工作,不仅大大丰富了《水经注》的内容,而且也替后世保留了许多古代资料。

谨慎分析资料

郦道元为了撰写《水经注》搜集了大量资料,反映在著作之中的,也就是从《水经注》的文献目录和金石目录中可以查出来的资料,只是他所占有的资料的一部分。他在使用这些资料以前要进行谨慎的分析,有的资料虽然使用,但在使用中作了分析批判;另外肯定会有许多资料,在经过分析以后,就没有被引用。因此可以断言,郦道元所占有的资料,比他在著作中引用的,在数量上要多得多。

《水经注》是以《水经》为底本而广征博引、详加注释的。因此,《水经》是郦道元必须经常作为依据而无法回避的资料。所以,《水经》的说法是否正确,是他在撰写此书中首先必须仔细分析的,他恰恰就是这样做了。在全部《水经注》中,郦道元明确指出《水经》的错误达 30 多处。在这样的场合里,他常常使用"盖经误征也"这样一句常用语。例如卷六《湛水》中,《水经》说:"(湛水)又东过毋辟邑南。"郦道元在注文中指出:"原经所注,斯乃溴川之所由,非湛水之间关也,乃经误证耳。"又如卷十四《濡水》中,《水经》说:"(濡水)又东南过海阳县西,南入于海。"郦道元在注文中说:"濡水于此南入海,不迳海阳县西,盖经误证耳。"这样的例子是很多的。有时候,他并不指出《水经》的错误,但实际上同样纠正了《水经》的错误。例如,卷六《原公水》中,《水经》说:"(原公水)又东入于汾。"郦道元在注文中则说:"(原公)水注文湖,不至汾也。"这里,"不至汾也"四字,是郦道元针对《水经》的错误而写的。

郦道元对《水经》进行分析,有时并不指出他分析的依据,但有时则很明确地说明,他是根据什么资料进行分析的。《水经注》卷十四《浿水》中,关于浿水流向的分析是一个很好的例子。《水经》说:"浿水出乐浪镂方县,东南过临浿县,东入于海"。浿水在什么地方? 我国古书中所说的浿水,有时指今朝鲜的清川江,有时又指今朝鲜的大同江。但不管是清川江或大同江,它们的流向都是一样的。郦道元根据我国其他古籍的记载,例如《史记·朝鲜列传》所说:"东走出塞,渡浿水"等,在注文中指出:"若浿水东流,无渡浿之理"。但是这毕竟仍是一种根据古籍记载的推理。要对《水经》记载的"东入海"的话予以否定,还必须进一步深入分析这项资料。郦道元在注文中继续说:"其地,今高句丽之国治,余访蕃使,言城在浿水之阳,其水西流,迳故乐浪朝鲜县,即乐浪郡治,汉武帝置,而西北流。……考之今古,于事差谬,盖经误证也。"由此可知,为了深入分析《水经》的资料,郦道元访问了当时从高句丽到北魏来的外交使节,然后根据这位"蕃使"的目击记录,论定《水经》的记载是错误的。

在分析《水经》的资料时,有时候,郦道元还寻根究底,查出《水经》的错误是从哪里来的。这样,他实际上还对《水经》以外的其他文献资料,也进行了分析。上面所说的《浿水》一篇就是这样。在这一篇中,《水经》的主要错误,是说错了浿水这条河流的流向。我国的大河,多数流向都是自西向东的,但朝鲜半岛上的大河,多数流向却是自东向西的。有些学者,坐井观天,又不仔细分析资料,或许就是造成这种错误的原因。

　　经过郦道元的谨慎查核，才知道这种错误并不始于《水经》，早在《水经》以前，我国已经存在这种错误。所以注文一开始就指出："许慎云：浿水出镂方，东入海；一曰出浿水县；《十三州志》曰：浿水县在乐浪东北，镂方县在郡东。"这就说明，早在汉代许慎的《说文解字》中就已经出现了这种错误。而在《水经》以后，北魏人阚骃所著的《十三州志》中，也和《水经》一样，重复了这种错误。郦道元经过仔细分析，指出了《水经》的错误，其实也就纠正了长期来许多文献中存在的这种错误。

　　对《水经》资料进行分析，同时比较和分析其他许多文献资料，然后鉴定各种资料的正误得失。这种方法在《水经注》中是不胜枚举的。例如，在卷八《济水》中，《水经》说："（济水）又东北过甲下邑，入于河。"郦道元在注文中说：

　　　　济水东北至甲下邑南，东历琅槐县故城北，《地理风俗记》曰：博昌东北八十里，有琅槐故县也。《山海经》曰：济水绝巨野，注渤海，入齐琅槐东北者也。又东北，河水枝津注之。《水经》以为入河，非也。斯乃河水注济，非济入河。又东北入海。郭景纯曰：济自荥阳至乐安博昌入海，今河竭，济仍不绝。经言入河。二说并失。然河水于济、漯之北别流注海，今所辍流者惟漯水耳。郭或以为济注之，实非也。寻经脉水，不如《山经》之为密矣。

　　这一段写的是济水与黄河的关系问题。郦道元分析比较的资料，除了《水经》所说："（济水）又东北过甲下邑，入于河"以外，还有两种，即《山海经·海内东经》所说："（济水）绝巨野（泽），注渤海，入齐琅槐东北。"郭璞（景纯）《山海经注》所说："济自荥阳至乐安博昌入海，今河绝，济水仍流不竭。"

　　这里所说的济水，是古代黄河以南的一条著名河流，《尔雅》所说："江、河、淮、济为四渎"，济水是四渎之一。以后逐渐湮废，到了南宋，连河名也不存在了。但在郦道元的时代，济水还是一条大河，其流路是应该记载清楚的。由于济水和黄河在这片平原地区支流纷歧，水道错杂，因而造成许多错误。《水经》与《山海经注》都认为济水是注入黄河的。经过郦道元仔细分析资料以后，他最后断定《水经》和《山海经注》是"二说并失"。《水经》之失，是在于它搞错了黄河干流和支流的关系，实际上并不是济水注入黄河，而是黄河的一条支流注入济水。这就是郦道元所说的："（济水）又东北，河水枝津注之。《水经》以为入河，非也。斯乃河水注济，非济入河。"《山海经注》之失，是在于它弄错了黄河与漯水的关系。郭璞的意思是，济水是注入黄河的，由于河水枯竭而济水不绝，所以济水存而河水失。其不知枯竭的是漯水而不是黄河，黄河并不注入济水。这就是郦道元所说的："然河水于济、漯之北别流注海，今所辍流者惟漯水耳。郭或以为济注之，实非也。"对于这些资料比较的结果，郦道元最后认为最严密的还是《山海经》，因为《山海经·海内东经》的说法如注文所引的，完全没有错误。

当然,郦道元所进行的大量资料分析工作,是在《水经》以外的其他许多资料之中进行的,下面我们举一个关于陕城(今三门峡市附近)黄河河段的比较有趣的例子。在卷四《河水》,《水经》"又东过陕县北"之下,郦道元的注文说:

> 河南,即陕城也。……戴延之云:城南倚山原,北临黄河,悬水百余仞,临之者,咸悚惕焉。西北带河,水涌起方数十丈,有物居水中。父老云:铜翁仲所没处。又云:石虎载经于此沈没,二物并存,水所以涌,所未详也。或云:翁仲头髻常出,水之涨减,恒与水齐,晋军当至,髻不复出,今惟见水异耳,嗟嗟有声,声闻数里。

这段记载中关于铜翁仲的故事,是从一本戴延之的著作《西征记》中引来的。戴延之从这一带父老中听到的传说,认为黄河在这个河段中的急流汹涌,是因为有铜翁仲没入水中。铜翁仲是怎么一回事? 郦道元接着在注文中作了解释:

> 按秦始皇二十六年,长狄十二见于临洮,长五丈余,以为善祥,铸金人十二以象之,各重二十四万斤,坐之门宫之前,谓之金狄。皆铭其胸云:皇帝二十六年,初兼天下以为郡县,正法律,同度量,大人来见临洮,身长五丈,足六尺,李斯书也。故卫恒《叙篆》曰:秦之李斯,号为工篆,诸山碑及铜人铭,皆斯书也。汉自阿房徙之未央宫前,俗谓之翁仲矣。地皇二年,王莽梦铜人泣,恶之。念铜人铭有皇帝初兼天下文,使尚方工镌灭所梦铜人膺文。后董卓毁其九为钱,其在者三。魏明帝欲徙之洛阳,重不可胜,至霸水西停之。《汉晋春秋》曰:或言金狄泣,故留之。石虎取置邺宫,符坚又徙之长安,毁二为钱。其一未至而符坚乱,百姓推置陕北河中,于是金狄灭。

尽管铜人的重量较大,难道就足以像岩礁那样地在河床中引起汹涌的急流吗? 假使铜人不足以引起这个河段的急流,那么,又是什么其他原因呢? 郦道元在分析了各种资料以后,最后写出了他的意见:

> 余以为鸿河巨渎,故应不为细梗踬湍;长津硕浪,无宜以微物屯流。斯水之所以涛波者,盖《史记》所云:魏文侯二十六年,虢山崩。壅河所致耳。

郦道元的分析是很有道理的,对于滔滔黄河来说,一个铜人推入水中,只不过是"细梗""微物"而已,是决不可能引起长时间的急流的。山崩壅河,或者说是一种大规模的滑坡现象,才能造成这样的结果。这里,我们可以看到,郦道元分析资料下了多大的功夫。

勤勉的野外考察

在郦道元撰写《水经注》所运用的各种方法之中,最突出的特色是他的勤勉的野外工作。他自己在《水经注序》指出了他的写作方法是"访渎搜渠，缉而缀之"。真是一点不假。在《水经注》以前，我国已经有了许多地理著作，其中有不少也至今流传。但是要在一部地理著作中，集中如此大量的野外工作成果，《水经注》无疑是我国有史以来的第一部。郦道元从事野外工作的勤勉精神，是地理学者的好榜样。

对于郦道元从事野外地理工作的事，最近又有一种新的说法，即王成组教授在他的《中国地理学史》上册中所提出的：

> 郦氏在原序中所提到的"访渎搜渠"，根本上只是缀集资料的纸上谈兵，并非亲自去访问察看。同一序中，他先已经说明"余少无寻山之趣，长违问津之性"，并没有爱好野外旅行的意味。

王著还在这一段下做了一条脚注，指出全书只有卷十二《巨马水注》中记载他家乡的一段，亦即本书前面《郦道元的出身和经历》一节中所引的一段，"记述亲见的情况，最是明确"。

我不敢苟同这种把"访渎搜渠"理解为"缀集资料的纸上谈兵"的意见。我在下面所列举的关于郦道元勤勉于野外考察的例子，其实只是他的"访渎搜渠"中的很小一部分，但已经足以说明《水经注》中野外工作的丰硕成果了。其中卷二十六《淄水注》中关于营丘的一段，无疑是他少年时代野外工作的记忆。因此，原序中"余少无寻山之趣，长违问津之性"的话，只能当作他的自谦之词，正和他在原序中所说的其他许多自谦之词如"识绝深经"、"独学无闻"等一样。古人在他们的著述序跋中贬损自己的所在多有，怎能以此否定他实际上充满全书的野外工作成果。至于说全书只有卷十二《巨马水注》中的一段，才算得上"记述亲见的情况，最是明确"。恐怕也嫌片面。我在下面第八章《〈水经注〉在文学、语言上的贡献》中所引的关于郦道元曾经多次观察的壶口瀑布的一段描述，无疑也是十分生动翔实的目击记载。史念海教授由于也曾多次在这里从事野外工作，所以对郦道元的这一段描述感受很深。他说："这完全是壶口的一幅素描，到现在也还是这样，到过壶口的人一定会感到这话说得真切。"⑥史念海教授的话一点不错，我曾于1981年与一些地理学者考察了这个瀑布，我们随带《水经注》，在瀑布现场进行对照，除了瀑布的位置由于一千多年来河流的溯源侵蚀而移动外，其余的一切，《水经注》描述真是惟妙惟肖。应该指出，在全书中，这样生动真实的目击记载是相当多的，绝不只《巨马水注》一处。

郦道元从他的少年时代开始，就悉心观察他周围的野外地理事物。他的父亲郦范任官青州刺史，他年幼随父于任所，因此，他对那个地区的地理概况，不论是山川城邑、草木景物等，都是十分熟悉，了如指掌的。他少年时代在这个地区的野外工作成果，在《水经注》中有许多反映。卷二十六《淄水注》中关于营丘的描述，就是一个很好的例子。注文说：

> 余按营陵城南无水，惟城北有一水，世谓之白狼水。水西出丹山，俗谓之凡山也。东北流，由《尔雅》出前左之文，不得以为营丘矣。营丘者，山名也。……今临淄城中有丘，在小城内，周回三百步，高九丈，北降丈五，淄水出其前，故有营丘之名，与《尔雅》相符。

这里，郦道元在营丘这个小小冈阜上所做的野外考察工作，是令人佩服的，不仅是位置、周围长度和高度都有精确的测算，连小丘南北坡的高度差异也不轻易放过，可见他在野外地理工作中的细致踏实。这是他少年时代野外考察工作的例子。

郦道元在其青年时代就进入仕途，其中有好几年，他跟随北魏国君拓跋宏到各处巡狩。特别是在今内蒙古阴山一带的多次跋涉，使他获得大量野外考察的成果。其中有许多也反映在他的著作之中。在卷三《河水注》中，他记载了许多古代游牧民族的岩画，注文说：

> 河水又东北历石崖山西，去北地五百里，山石之上，自然有文，尽若虎马之状，粲然成著，类似图焉，故亦谓之画石山也。

注文又说：

> （河水）东流迳石迹阜西，是阜破石之文，悉有鹿马之迹，故纳斯称焉。

《水经注》记载的阴山岩画，近年来已被内蒙古的文物考古工作者所发现。在阴山山脉西段的狼山地区，西起阿拉善左旗，中经磴口县、潮格旗，东至乌拉特中后联合旗，东西长约300公里，南北宽约40至70公里，在深山幽谷和峭丽的山巅上，已找到了1000多幅各种内容的岩画。[⑦]这一次内蒙古文物考古工作者对阴山地区古代岩画的考察，是根据《水经注》提供的线索进行的，而结果获得成功。郦道元在野外工作中播下的种子，在1400年后的今天结出了丰硕的果实。

在阴山地区，郦道元还通过野外工作，记录了这一带的自然植被概况。卷三《河水注》说：

> 余以太和十八年，从高祖北巡，届于阴山之讲武台。……自台西出南上山，山无树木，惟童阜耳。

他在这次旅行中，沿途考察山川沙漠，并以他实地考察的结果，纠正了过去某些文献的错误。注文说：

> 河水南迳马阴山西，《汉书音义》曰：阳山在河北，阴山在河南。谓是山也。而即实不在河南。《史记音义》曰：五原安阳县北有马阴山。今山在县北。育阴山在河南，又传疑之。非也。余按南河、北河及安阳县以南，悉沙阜耳，无他异山。故《广志》曰：朔方郡北移沙七所。而无山以拟之，是义志之僻也。

这里,他以亲眼看到的事实,纠正了《汉书音义》等书的错误。

此后,他年齿渐长,如前面已经指出的,曾先后到冀州(今冀南鲁北地区)、颍州(今河南省长葛县附近)、鲁阳、东荆州等地。他不仅在他任官的当地,并且也在旅途往返之中,进行认真的野外地理考察。把考察所得成果,写入他的著作之中。他任官东荆州刺史时,州治在比阳县城(今河南省泌阳县城附近)。他考察县城一带的山川地理,并且纠正《水经》的错误。在卷二十九《比水》,《水经》"比水出比阳东北太胡山,东南流过其县南,泄水从南来注之"之下,他说:

> 经云:泄水从南来注之。然比阳无泄水,盖误引寿春之泚泄耳。余以延昌四年,蒙除东荆州刺史,州治比阳县故城,城南有蔡水,出南磐石山,故亦曰磐石川,西北流注于此,非泄水也。

他在旅途之中,也同样不辞辛劳地从事野外地理考察工作,并且同样以其考察成果纠正其他文献的错误。卷二十五《泗水》,《水经》"泗水出鲁卞县北山"之下,郦道元说:

> 《地理志》曰:出济阴乘氏县。又云:出卞县北。经言北山,皆为非矣。《山海经》曰:泗水出鲁东北。余昔因公事,沿历徐沇,路迳洙泗,因令寻其源流。水出卞县故城东南桃墟西北。

对于泗水的源头,上列几种文献都不相同。《汉书·地理志》说它发源于乘氏县(今山东省菏泽县附近),《水经》说它发源于卞县(今山东省泗水县东)北山,《山海经》说它发源于鲁(今山东省曲阜县一带)东北。郦道元在他的一次旅行途中,考察了这条河流的上源,以他亲眼所见的事实,纠正了各种文献中长期来以讹传讹的错误。

郦道元的野外地理考察工作,并不是简单的沿途观察,而是与地图对照、文献查阅、父老访问等方法结合进行的,这是一整套科学的野外工作方法。因此,他所获得的野外考察成果,大都确实可靠,具有很高的价值。他在考察濡水(滹沱河支流)沿岸的一些古代墓葬时,就采用了访问和文献查阅的方法。卷十一《易水注》说:

> 濡水又东迳武阳城西北,……其水侧有数陵坟高壮,望若青丘,询之古老,访之史籍,并无文证。以私情求之,当是燕都之前故坟也。

他在担任鲁阳太守的时期,还结合地图、方志,进行了野外地理考察工作,查勘淮河支流汝水的发源情况。卷二十一《汝水注》说:

> 余以永平中,蒙除鲁阳太守。会上台下列山川图,以方志参差,遂令寻其源流,此等既非学徒,难以取悉,既在迳见,不容不述。

从上面所举的几个例子可以看到,郦道元的野外地理考察工作,是非常勤勉认真的。可惜他生在一个南北分裂、干戈扰攘的时期,而他所憧憬的全国统一的局面,要到他死后半个多世纪才获实现。因此,虽然他毕生重视野外地理考察工作,但是他足迹所能到达的,却限于北魏势力所及的范围。包括长江在内的南方许多河流,他只好完全求之于文献资料。清初的《水经注》专家刘献廷说:"予尝谓郦善长天人,其注《水经》,妙绝古今。北方诸水,毫发不失,而江、淮、汉、沔之间,便多纰缪。郦北人,南方诸水,非其目及也。"《水经注》所记载的南方河流中,确实存在不少错误。尽管这些错误对这部历时十四个世纪的名著来说是次要的。但是假使郦道元在当年能够亲眼看到南方各地的山河风景,可以设想,今天我们读到的《水经注》,必将更为生动、准确。

求实的科学态度

前面已经介绍了郦道元撰写《水经注》的过程,关于占有资料、分析资料和野外地理考察工作的种种情况。此外,他在研究和著述工作中的实事求是的科学态度,也特别值得我们赞赏和学习。关于他的科学态度,我们可以从下列几个方面加以说明:

第一,郦道元是一个勤勉好学,博学多才的人。《魏书·郦道元传》称赞他:"道元好学,历览奇书。"后世学者在这方面也多有赞美之词,例如清沈德潜称他"读万卷书"[8],清刘献廷说他"博极群书,识周天壤"[9]等。但是,对于郦道元自己来说,他在做学问的态度上,却是十分谦虚的。他在《水经注序》中指出,要写好这部著作,"十二经通,尚或难言"。而他自己又自谦是一个"独学无闻"的人。因此,在他的著作之中,凡是无法深究的问题,他总是首先指出自己知识的不足。例如,卷一《河水注》中关于昆仑山的问题。他说:"数说不同,道阻且长,经纪绵褫,水陆路殊,径复不同,浅见未闻,非所详究。"卷十三《瀁水注》中关于涿水的流向问题。他说:"涿水又东北迳祚亭北而东北入瀁水,亦云涿水枝分入匈奴者,谓之涿邪水,地理潜显,难以究昭,非所知也。"卷十六《漆水注》中关于说法纷纭的漆水发源问题。他说:"今说互出,考之经史,各有所据,识浅见浮,无以辨之矣。"

对于某些他和前人之间的分歧,他只是客观地写出事实,并不自以为是,轻率地否定前人的意见。卷三十一《清水注》中关于张平子墓碑的问题,就是一个很好的例子。郦道元在野外考察中很重视各地的碑刻,因为碑刻往往是当时当地人所立,最能说明问题。《清水注》中的张平子墓碑,是他在野外考察中亲自查访的,其所亲见,与前人的说法不同,但他还是如实地记载现场实况,并不随意否定前人的记载。注文说:

（洱）水北有张平子墓,墓之东侧,坟有平子碑,文字悉是古文,篆额是崔瑗之辞。盛弘之、郭仲产并云:夏侯孝若为郡,薄其文,复刊碑阴为铭。然碑阴二铭,乃是崔子玉及陈翕耳,而非孝若,悉是隶字,二首并存,尝无毁坏。又言墓次有二碑,今惟见一碑。或是余夏景驿途,疲而莫究矣。

这里所说的盛弘之和郭仲产,是指他们两人的著作,他们两人都写过《荆州记》。但对于张平子墓碑的记载和郦道元的目击有出入。对于他们的著作中说"墓次有二碑",而郦道元却只见一碑的事,郦道元以"或是余夏景驿途,疲而莫究矣"来解释。他在著作中的这种虚怀若谷的态度,是值得我们学习的。

第二,郦道元在他的《水经注序》中还特别指出,由于全国河流众多,情况复杂,而他的见闻有限,所以不可能把《水经注》写得完备无缺。他说:"其所不知,盖阙如也。"这就是他在著作中所表现的,知之为知之,不知为不知,宁缺毋滥的科学态度。

前面已经提到,由于郦道元足迹未到南方,因而造成《水经注》记载的南方河流的不少错误。其实,对于我国南方河流的许多以讹传讹的说法,在《水经注》以前的地理著作如《汉书·地理志》、《说文解字》、《水经》等书中,就已经开始。对《禹贡》"三江"的牵强附会,就是一个典型的例子。《禹贡·扬州》中说:"三江既入。"《禹贡》中又说:"东汇泽为彭蠡,东为北江,入于海。""过九江,至于东陵,东迤北会于江,东为中江,入于海"。出现了"北江"和"中江"两个地名。这里的北江与中江,一方面是地理概念模糊,所指何水,是否确有其水,都不明确;另一方面是,这个北江与中江,与"三江既入"的三江是否有关,亦未可定。但《禹贡》是经书,后世学者,由于对经书的崇敬和对南方地理概况的模糊,因此就把北江、中江和自行臆造的南江,凑为"三江"之数。《尚书》郑玄注:"三江分于彭蠡为三孔,东入海。"《汉书·地理志》颜师古注:"三江,谓北江、中江、南江也。"都属于这类错误。其实,《禹贡》三江的"三"字,很可能是泛指多数的意思,并非一定是个实数,也正和《禹贡》中出现的"九河既导"的"九河","九江孔殷"的"九江"一样,"九"字也同样是泛指多数之意。

《汉书·地理志》是现存文献中最早用北、中、南三江解释《禹贡》三江的古籍。它在会稽郡下出现了"南江在南,东入海"和"(北)江在北,东入海"的话,在丹阳郡下又出现了"中江出西南,东至阳羡入海"的话。比《汉书·地理志》稍晚的《说文解字》也这样,它在"浙"字下说:"江水东至会稽山阴为浙江",误将浙江(今钱塘江)作为长江下游的一条支流。《水经》当然也承袭这种错误。它在卷二十九《沔水》叙述长江下游河道时说:"沔与江合流,又东过彭蠡泽,又东北出居巢县南,又东过牛渚县南,又东至石城县,分为二:其一东北流;其二又过毗陵县北,为北江。又东至会稽余姚县,东入于海。"郦道元为《水经》作注,在这方面当然也不免重蹈前人的错误。但在另一方面,他显然已经明白,在中国南方的平原地区,地势平展,河川纷歧,过去那些北方学者写的著作,必然有不符合实际的情况。因此,他在卷二十九《沔水注》中谈了三江等情况后,最后又加了一段能使人受到启发的话。他说:

但东南地卑,万流所凑,涛湖泛决,触地成川,枝津交渠,世家分疄,故川旧渎,难以取悉,虽麤依县地,缉综所缠,亦未必一得其实也。

这一段话,不仅写出了南方河网平原的地理景观,同时也写出了他的知之为知之,不知为不知的科学态度。

第三,郦道元的科学态度,还表现在他坚持事实反对迷信方面。在科学落后,迷信流行的古代,郦道元撰写如此一部巨著,在他所接触的大量资料中,会有许多以讹传讹、道听途说和荒诞不经的神奇鬼怪。前面所举的关于铜翁仲造成黄河急流的传说,即是其例。而郦道元引用《史记》记载的山崩壅河来解释这种现象,也就表现了他在这方面的科学精神。尽管由于时代的限制,在全部注文中,难免夹杂了一些这方面的糟粕,但郦道元的科学态度,确实已经在这方面减少了许多不良的东西。卷十九《渭水注》中作者引用了一个故事,注文说:

《汉武帝故事》曰:帝崩后,见形谓陵令薛平曰:吾虽失势,犹为汝君,奈何令吏卒上吾陵磨刀剑乎?自今以后,可禁之。平顿首谢,因不见,推问陵傍,果有方石,可以为砺,吏卒常盗磨刀剑,霍光欲斩之。张安世曰:神道茫昧,不宜为法。乃止。

"神道茫昧,不宜为法"。这虽然是郦道元引的张安世的话,其实正是他自己不信神鬼的科学精神。

第四,《水经注》是一部30多万字的巨著,全书牵涉广泛,书中出现的各式各样人事景物不计其数。但在郦道元的笔下,这许多人事景物,都不是客观主义的。作者对他们的是非褒贬,从来毫不含糊。郦道元的这种是非分明的科学态度,使《水经注》成为一部对后世有教育意义的著作。例如,《水经注》当然要记载水利工程。但历史上有兴修水利的人物事迹,也有毁坏水利的人物事迹,每逢这类记载,郦道元都是认真对待的。卷三十《淮水注》中关于慎阳县一带的湖陂的记载,就是如此。注文说:

慎水又东流,结为燋陂,陂水又东南流,为上慎陂,又东为中慎陂,又东南为下慎陂,皆与鸿郄陂水散流,其陂首受淮川,左结鸿陂,汉成帝时,翟方进奏毁之。建武中,汝南太守邓晨欲修复之,知许伟君晓知水脉,召与议之。伟君言,成帝用方进言毁之,寻而梦上天,天帝怒曰:何敢败我濯龙渊?是后民失其利。时有童谣曰:败我陂,翟子威,反乎覆,陂当复,明府兴,复废业。童谣之言,将有征矣。遂署都水掾,起塘四百余里,百姓得其利。

在上述记载中,虽然作者所采用的资料只不过是一些天帝之言和童谣之类的东西,但对于毁湖和复湖这两件事,褒贬毁誉,却是十分明确的。

《水经注》记载了许多古代的陵墓,其中有的陵墓具有宏大的规模和豪华的建筑。

但郦道元绝不因为它们的宏大规模和豪华建筑而记载它们,它反对这种祸国殃民的厚葬制度,《水经注》记载这些陵墓,正是为了揭露和鞭挞这种制度。例如卷十九《渭水注》记载的秦始皇陵。注文说:

> 池水西北流,迳始皇冢北。秦始皇大兴厚葬,营建冢圹于丽戎之山。……斩山凿石,下锢三泉,以铜为椁,旁行周回三十余里。上画天文星宿之象,下以水银为四渎、百川、五岳、九州,具地理之势。宫观百官,奇器珍宝,充满其中,令匠作机弩,有所穿近,辄射之。以人鱼膏为灯烛,取其不灭者久之。后宫无子者,皆使殉葬甚众。坟高五丈,周回五里余,作者七十万人积年方成,而周章百万之师已至其下,乃使章邯领作者以御难,弗能禁。项羽入关发之,以三十万人、三十日,运物不能穷。关东盗贼,销椁取铜,牧人寻羊烧之,火延九十日不能灭。

上面这一段文字,与其说是记载秦始皇陵,毋宁说是对秦始皇暴政的控诉。同卷又记载了汉成帝陵。注文说:

> 汉成帝建始二年,造延陵为初陵,以为非吉,于霸曲亭南更营之。鸿嘉元年,于新丰戏乡为昌陵县,以奉初陵。永始元年,诏以昌陵卑下,客土疏恶,不可为万岁居,其罢陵作,令吏民反,故徙将作大匠解万年燉煌。《关中记》曰:昌陵在霸城东二十里,取土东山,与粟同价,所费巨万,积年无成。

"取土东山,与粟同价"。这是郦道元记载这个陵墓的最紧要之处,也是他揭露这种祸国殃民的厚葬制度最深刻之处,是他对这种罪恶制度的愤怒痛斥。在另外一些场合里,作者也采用讽刺的笔法,揶揄了这种制度。卷二十九《湍水注》中的张詹墓,就是最好的例子。注文说:

> 碑之西,有魏征南军司张詹墓,墓有碑,碑背刊云:白楸之棺,易朽之裳,铜铁不入,丹器不藏,嗟矣后人,幸勿我伤。自后古坟旧冢,莫不夷毁,而是墓至元嘉初尚不见发。六年大水,蛮饥,始被发掘。初开,金银铜锡之器,朱漆雕刻之饰,烂然有二朱漆棺,棺前垂竹帘,隐以金钉。墓不甚高,而内极宽大。虚设白楸之言,空负黄金之实,虽意锢南山,宁同寿乎?

郦道元的这种爱憎分明的科学态度,为这部不朽的名著增加了光彩。

注释:

① 据郑德坤《水经注引书考》(载《厦门大学图书馆报》1935 年第 2、3 两期),《水经注》引用图书,"凡四百三十六种,其中今存者九十一种,辑存者百四十九种,引存者百二十七种,而今亡者六十九种"。

② 《周礼》:"外史掌书外令,掌四方之志。"

③ (清)洪亮吉《澄城县志序》:"一方之志,始于《越绝》,后有常璩《华阳国志》。"

④ 《荆州记序》,见《麓山精舍丛书》。

⑤ 陈桥驿《水经注·金石录序》,载《山西大学学报》(哲学社会科学版),1984 年第 4 期。

⑥ 《历史时期黄河在中游的下切》,载《河山集》二集,三联书店 1981 年版,第 174 页。

⑦ 盖山林《举世罕见的珍贵古代民族文物——绵延二万一千平方公里的阴山岩画》,载《内蒙古社会科学》1980 年第 2 期。

⑧ 《水经注集释订讹序》。

⑨ 《广阳杂记》卷四。

六、《水经注》在地理学上的贡献

自然地理学

《水经注》当然是一部包罗宏富的著作,现在许多学科都利用它进行各种研究;不同专业的学者、都对它发生兴趣,从它那里挖掘自己需要的资料。但是,从此书记载的主要内容来说,它毕竟还是一部地理著作,而它的主要贡献,首先也在地理学方面。

地理学包括自然地理学和人文地理学两大门类,让我们先来看看《水经注》对于自然地理学的贡献。

顾名思义,《水经注》研究的主要对象是河流,因此,它在自然地理学上的贡献,首先在河流水文方面。《唐六典》说:"桑钦《水经》所引天下之水百三十七,江河在焉;郦善长注《水经》,引其支流一千二百五十二。"所以,单单从数量上说,此书记载的河流就多达1000多条。对于这1000多条河流,《水经注》大都记载了它们的发源、流程与归宿。这些记载,都能紧紧地扣住这些河流的自然地理特点,绝不是千篇一律。以清水(今卫河)、沁水(今沁河)、淇水(今淇河)三条河流为例,它们都是发源于太行山南麓或西麓的一般小河,《水经注》把它们编入卷九。对于这种同一地区的一般河流,注文仍能很清楚地描述了它们的不同上源。清水的上源是:

> 黑山在(脩武)县北白鹿山东,清水所出也。水上承诸陂散泉,积以成川。

这说明清水是由太行山南麓的一些陂池和泉水为水源的河流,其源地很可能是山麓的一块地下水丰富的小盆地。对于另一条沁水的发源,注文说:

> 沁水即涅水也,或言出榖远县羊头山世靡谷,三源奇注,迳泻一隍,又南会三水,历落出左右近溪,参差翼注之也。

这段注文清楚地说明,沁水的上源大概是太行山西麓一片比较宽广的冲积扇,因此,河流的上源拥有许多支流。对于最后一条淇水的发源,注文说:

> 《山海经》曰:淇水出沮洳山,水出山侧,颓波漰注,冲激横山。山上合下开,可减六七十步,巨石磥砢,交积隍涧,倾澜漇荡,势同雷转,激水散氛,暧若雾合。

从注文中可见,淇水的发源与清水、沁水都不相同,淇水的源地地形复杂,其水源由瀑布急流形成。从上述三条并不出名的河流的发源地的描述中,可见郦道元对于河流发源地的研究,是十分认真的。这对我们研究历史自然地理和现代河流水文等方面,都具有重要意义。

《水经注》记载了各条河流从源地开始的整个流程中,沿途的河床宽度、滩濑、瀑布、急流等情况,其中有的描述得非常细致。例如卷三十三《江水注》中,对岷江上游各河段的河床宽度的描述,就是这样。注文说:

> 两山相对,其形如阙,谓之天彭门,亦曰天彭阙,江水自此已上微弱,所谓发源滥觞者也。

这是作者描述的岷江最上游的情况,接着,注文就从天彭阙按流程逐段进行描述。注文继续说:

> 江水自天彭阙东迳汶关而历氐道县北,……自白马岭回行二十余里至龙涸,又八十里至蚕陵县,又南下六十里至石镜,又六十余里而至北部,始百许步。又两百四十余里至汶山故郡,乃广二百余步。又西南百八十里至湿坂,江稍大矣。

在上述注文中,岷江从上游发源起,每个河段的长度和宽度都写得清楚明白,以这样的古代自然地理资料,与现代情况来比较,则这一河段在历史时期的变化,就可以了如指掌了。

在河流流程中,峡谷和滩濑等,都是河川自然地理的重要研究对象。《水经注》中这方面的内容也相当丰富。不仅是重要的峡谷,如黄河的孟门、龙门、三门诸峡,洛水的伊阙,长江的三峡,珠江(卷三十七《浪水注》)的高要峡,湘江的空泠峡等,书中都有非常详细的描述,即使是并不出名的峡谷,作者也不曾疏忽,全书记载的峡谷将近300处之多。此外,在河川自然地理的研究中,滩濑对于研究河床变化具有重要意义,而《水经注》在这方面也提供了大量资料,单单在卷四十《渐江水注》一篇中,就提到滩濑60余处。

瀑布在河川自然地理研究中也有重要价值,它不仅是河床岩石构造和岩性变化的重要依据,同时也是河流溯源侵蚀的显著标志。《水经注》在这方面提供的资料尤为丰富。虽然,形成瀑布的原因是多种多样的,火山爆发引起的熔岩堰塞,地震引起的岩石崩坍、滑坡,以及冰川作用形成的悬谷等,都可以造成瀑布现象。但是,多数巨大的瀑布,都是由河流的溯源侵蚀而形成。在河流溯源侵蚀的过程中,由于遇到坚硬的岩层而造成落差,因而就生成瀑布。为此,我们通过古今瀑布位置的变化,就可以计算出河流溯源侵蚀的速度。《水经注》全书共记载了瀑布六十多处,不仅位置准确,还记载了其中不少瀑布的高度。因此,利用此书记载的瀑布位置,经过同今天的位置对照,往往可以精确地计算出瀑布后退的速度,从而算出河流溯源侵蚀的速度。我国著名历史地理学家史念海教授,曾经根据《水经注》记载的壶口瀑布的位置,与唐《元和郡县志》记载的位置对比,然后再和现在的壶口瀑布位置对比,计算的结果是,从北魏孝昌三年(527)起到唐元和八年(813)之间的286年中,瀑布每年平均退缩5.1米;从唐元和八年到现在的1100多年中,瀑布每年平均退缩3.3米。

在河床中形成瀑布的这种坚硬岩层,地貌学上称为造瀑层。有时候,在同一区位上,造瀑层漫长延伸,于是就造成通过造瀑层的许多河流,在同一区位上都出现瀑布,形成一条瀑布线。以美国东部为例,从阿巴拉契亚山有许多独流入海的小河,如康涅狄格河、哈得孙河、特拉华河、萨斯奎哈纳河、波托马克河、詹姆斯河等,它们都是发源后东流注入大西洋的。由于在阿巴拉契亚山脉以东,南北伸展着一条坚硬的造瀑层,因此,每条河流都在大体相同的区位上出现瀑布。当欧洲人开始向新大陆移民时,这条瀑布线曾经为那些初期移民提供了动力资源。许多工场和作坊,纷纷在这条瀑布线上开设起来,形成了这一带的早期繁荣。像这样一类由于造瀑层延长而形成瀑布线的情况,《水经注》中也常有记载。例如卷十七《渭水注》中,就记载了一条与渭水支流略阳川水平行的造瀑层,这条造瀑层使注入略阳川水的几条支流,在同一区位上形成了瀑布线。注文说:

> (略阳)川水西得白杨泉,又西得蒲谷水,又西得蒲谷西川,又西得龙尾溪水,与渭谷水合,俱出南山,飞清北入川水。

上面这段注文中的"飞清"一词,就是指的瀑布,下面关于《水经注》在文学、语言上的贡献一节中还要提到。由于造瀑层东西横亘,使白杨泉、蒲谷水、蒲谷西水、龙尾溪水等四条河流,在同一区位上都出现瀑布。这样的造瀑层和瀑布线,也出现于西汉水(今嘉陵江上游),卷二十《漾水注》中记载了这一现象,注文说:

> 西汉水又西南流,……右得高望谷水,次西得西溪水,次西得黄花谷水,咸出北山,飞波南入西汉水。

　　这段注文中的"飞波"一词,同样也指瀑布,这条瀑布线是东北、西南走向的,使高望谷水、西溪水、黄花谷水等三条河流,在同一区位上出现瀑布。

　　除了上述在河流流程中对于峡谷、滩濑和瀑布的记载以外,《水经注》对于河流尾闾即沿海平原的地理概况,也有细致的描写。卷五《河水注》中关于黄河尾闾马常坈一带的描述,就是一个例子。注文说:

> 又东北为马常坈,坈东西八十里,南北三十里,乱河枝流而入于海。……河盛则通津委海,水耗则微涓细流。

　　上文写的马常坈,是河口三角洲的一片季节性积水洼地,在黄河洪水期的时候,这片洼地成为一个茫茫大湖,与海直接沟通,但到了黄河枯水季,就成为一片"微涓细流"的河口沼泽。《水经注》的描述,真是十分逼真。

　　《水经注》对于河流的记载,除了上述有关河流的地貌现象外,在河流水文方面,诸如河流的含沙量、水位、流速、冰期等各方面,也都有详细的描述。以黄河为例,黄河河水的含沙量是世界罕见的,在这方面,《水经注》有一项著名的记录,即卷一《河水注》所说的:"河水浊,清澄一石水,六斗泥。"又如河流水位,有些河流的枯水位、一般水位和洪水位都有记载。卷五《河水注》记载黄河支流白鹿水的水位,说:"水深三丈余,……若夏水洪泛,水深五丈。"就是一个很好的例子。对于北方河流的冰期,《水经注》中也常有所反映。卷一《河水注》中说到黄河"寒则冰厚数丈",这是对冰层厚度的记载;卷五《河水注》中说到"常以十二月采冰于河津之隘",这就是对黄河冰期的记载。

　　除了河流以外,《水经注》还记载了许多湖泊,总数超过五百处。这中间有大量的淡水湖,如洞庭湖、彭蠡(今鄱阳湖)、太湖以及如今已经湮废了的北方大湖,如巨野泽(在今山东省境内)、圃田泽(在今河南省境内),等等。也有许多咸水湖,如蒲昌海(今罗布泊)、居延海,等等。《水经注》记载的湖泊,在湖泊地貌和湖泊水文等方面,都提供了许多资料。例如,湖泊形成以后,在地质循环和生物循环的过程中,总是不断淤浅,甚至全部湮废。这个过程,在自然地理学上称为湖泊的沼泽化现象。《水经注》在这方面的记载,有时相当详细。卷二十二《渠水注》对于圃田泽的描述,就是一个很好的例子。圃田泽位于今河南省中牟县以西,是古代的一个著名大湖。当郦道元记载这个湖泊时,湖泊的范围,即自然地理学上的湖盆,还相当可观。注文说它:"西限长城,东极官渡,北佩渠水,东西四十许里,南北二十许里。"其面积比古代虽已缩小,但估计尚在200平方公里以上。不过整个湖盆当时已经不是全部蓄水,而是分割成为许多小湖,即注文所谓:"上下二十四浦,津流径通,渊潭相接,各有名焉:有大渐、小渐、大灰、小灰、义鲁、练秋、大白杨、小白杨、散吓、禺中、羊圈……,浦水盛则北注,渠溢则南播。"这种由大到小,由整体到分散,是湖泊沼泽化过程中的常见现象。《水经注》在这方面的翔实记载,为后世研究这个古代大湖的湮废过程,提供了极有价值的资料。

《水经注》所大量描述的河流和湖泊,在自然地理学上统称地表水。地表水以外,《水经注》也记载了许多有关地下水的资料,主要是泉和井。全书记载了泉水几百处,其中包括不少温泉。在温度没有计量标准的古代,郦道元用"冬温夏冷"、"冬夏常温"、"炎热"、"沸涌"、"可烂鸡豚"等级别,来记载不同温泉的水温。这样的记载,即使到今天也仍然具有意义。《水经注》记载了分布于全国各地的井,并且记录了它们的深度,例如卷一《河水注》中的疏勒井,深 15 丈;卷四《河水注》中的虎牢城井,深 40 丈等。这对我们了解古代各地的地下水位,是很有价值的资料。

如上所述,对于地表水和地下水的各种记载,当然是《水经注》在自然地理学方面的重点,但此外有关一般自然地理学上的问题,全书也有很多的资料。其中,对于喀斯特地貌的记载和描述,就是很重要的方面。卷三十一《涢水注》中描述的大洪山的喀斯特地貌,即是其例。注文说:

> (大洪)山下有石门,夹鄣层峻岩,高皆数百许仞,入石门,又得钟乳穴,穴上素崖壁立,非人迹所及,穴中多钟乳,凝膏下垂,望齐冰雪,微津细液,滴沥不断,幽穴潜远,行者不极穷深。

上述注文所描述的石灰岩溶洞,是非常真切的。我国历史上后来出了位描述喀斯特地貌的著名旅行家,就是明朝末年的徐霞客。徐霞客对于喀斯特地貌的描述,当然比郦道元更胜一筹,这中间徐霞客有机会深入我国喀斯特地貌最发育的西南地区亲自考察,当然是一个重要原因。但另一方面也不能忽视,郦道元的著作毕竟要比徐霞客早整整 11 个世纪。

在自然地理学方面,《水经注》中还拥有大量植物地理和动物地理的资料,这对研究历史时期我国各地动植物的分布及其变迁,具有重要价值。全书记载的植物品种多达 140 余种,而且在它们的地理分布方面也记载得相当清楚。包括在我国占最大优势的温带森林和亚热带森林,并涉及西北干燥地区的草原和荒漠植被。卷二《河水注》记载今新疆罗布泊一带的荒漠植被,说:"土地沙卤少田,仰谷旁国,国多玉,多葭苇、柽柳、胡桐、白草,国在东垂,当白龙堆,乏水草"。直到今天,这记载对于该地区仍是十分逼真的。

《水经注》还记载了我国南方以及今中南半岛地区的动植物和自然景观。卷三十六《温水注》记载古代林邑国(今柬埔寨一带)的热带森林,说:"林棘荒蔓,榛梗冥郁,藤盘笙秀,参错际天。"卷三十七《叶榆河注》记载古代交趾(今越南北部)的热带森林景观,说:"林深巨薮,犀象所聚。"卷三十六《温水注》记载九真郡咸驩(今越南荣市以北地区)的原始生物景观,更为生动翔实。注文说:"咸驩属九真,咸驩已南,獐麂满冈,鸣咆命畴,警啸眇野,孔雀飞翔,蔽山笼日。"真把热带景观,写得惟妙惟肖。

天然植物按照南北气候条件的不同,而在地理分布出现这种南北递变的规律性,这在自然地理学上称为纬度地带性现象。除此以外,由于地形高度不同,植物分布也同样具有规律性的差异,在自然地理学上称为垂直地带性现象。这种植物分布的垂直地带性现象,在《水经注》中同样有所记载。卷四十《浙江水注》记载的秦望山的植物分布,即是其例。注文说:"自平地取山顶七里,悬隥孤危,径路险绝。……扳萝扪葛,然后能升,山上无甚高木,当由地迥多风所致。"

《水经注》在自然地理学方面提供的资料是丰富多彩的,给我们今天研究自然地理学,特别是研究历史自然地理学带来了很大的便利。

人文地理学

在人文地理学的各个分支中,《水经注》的贡献首先在经济地理学方面。而其中有关农田水利的资料,具有很重要的地位,由于《水经注》主要是一部记载河流的地理书,所以它有大量篇幅涉及农田水利。在现代经济地理学中,这些都是属于农业地理研究的对象。《水经注》记载的农田水利工程不胜枚举,其中灌溉效益在千顷以上的,就有卷二十六《潍水注》的百尺水堨,卷二十八《沔水注》的白起渠,卷二十九《湍水注》的六门陂,卷三十一《洧水注》的豫章大陂,卷三十三《江水注》的湔溲等,而灌溉效益在万顷以上的则有卷十四《鲍丘水注》的车箱渠,卷十六《沮水注》的郑渠,卷三十一《潕水注》的马仁陂,卷三十三《江水注》的成都西江,卷四十《浙江水注》的长湖等。

《水经注》记载的农田水利工程,内容完整而详尽,对于我们今天研究地区经济发展史和水利史等,也都具有重要的价值。下面我们举一个车箱渠的例子。卷十四《鲍丘水注》说:

> 鲍丘水入潞,通得潞河之称矣。高梁水注之,水首受㶟水于戾陵堰,水北有梁山,山有燕刺王旦之陵,故以戾陵名堰。水自堰枝分,东径梁山南,又东北径刘靖碑北,其词云:魏使持节都督河北道诸军事征北将军建城乡侯沛国刘靖,字文恭,登梁山以观源流,相㶟水以度形势,嘉武安之通渠,羡秦民之殷富,乃使帐下丁鸿,督军士千人,以嘉平二年,立遏于水,导高梁河,造戾陵堨,开车箱渠。其遏表云:高梁河水者,出自并州潞河之别源也,长岸峻固,直截中流,积石笼以为主遏,高一丈,东西长三十丈,南北广七十余步,依北岸立水门,门广四丈,立水十丈,山水暴发,则乘遏东下,平流守常,则自门北入,灌田岁二千顷,凡所封地,百余万亩。至景元三年辛酉,诏书以民食转广,陆废不赡,遣谒者樊晨更制水门,限田千顷,刻地

四千三百一十六顷,出给郡县,改定田五千九百三十顷。水流乘车箱渠,自蓟西北径昌平东,尽渔阳潞县。凡所润含,四五百里,所灌田万有余顷。高下孔齐,原隰底平,疏之斯溉,决之斯散,导渠口以为涛门,洒滮池以为甘泽,施加于当时,敷被于后世。晋元康四年,君少子骁骑将军平乡侯弘,受命持节监幽州诸军事,领护乌丸校尉宁朔将军,遏立积三十六载,至五年夏六月,洪水暴发,毁损四分之三,剩北岸七十余丈,上渠车箱,所在漫溢,追惟前立遏之勋,亲临山川,指授规略,命司马关内侯逄恽,内外将士二千人,起长岸,立石渠,修主遏,治水门,门广四丈,立水五尺,兴复载利,通塞之宜,准遵旧制,凡用功四万有余焉。诸部王侯,不召而自至,缊负而事者,盖数千人,《诗》载经始勿亟,《易》称民忘其劳,斯之谓乎。于是二府文武之士,感秦国思郑渠之绩,魏人置豹祀之义,乃追慕仁政,追述成功。元康五年十月十一日,刊石立表,以纪勋烈,并纪遏制度,永为后式焉。

上述文字由于主要是一块碑刻中的话,讲究文字的工整雅致,读起来比较困难,但它所记载的这个水利工程,却是十分完整的。第一,它清楚地说明了灅水(今永定河)干支流在这一带的地理形势;第二,它说明了工程的主要结构和灌溉效益;第三,它记载了历次工程的领导人和施工人数。根据这项记载,我们可以把车箱渠画成一幅明确的简图。这个工程的位置就在今天北京的西郊,它和历史上北京的发展有重要关系。

此外,《水经注》所记载的农田水利工程,比较重要的还有很多,如卷十六《沮水注》中的郑渠:"溉泽卤之地四万余顷,皆亩一钟,关中沃野,无复凶年。"卷三十三《江水注》中的都安大堰:"水旱从人,不知饥馑,沃野千里,世号陆海,谓之天府也。"其他一般的农田水利工程,更是不胜枚举。

在《水经注》有关农业地理的记载中,也记载了汉代在今新疆地区所经营的屯田。例如,卷三《河水注》所描述的伊循城屯田,楼兰屯田、莎车屯田、轮台屯田、连城屯田、渠犁屯田,等等。这些屯田不仅在军事上有重要意义,而同时也说明了当时西域境内绿洲农业的发展和分布概况。

此外,《水经注》有关这方面的记载中,还有各地耕作制度的资料。卷三十六《温水注》中甚至还记载了古代林邑国的耕作制度。注文说:

> 知耕以来,六百余年,火耨耕艺,法与华同。名白田,种白谷,七月火作,十月登熟;名赤田,种赤谷,十二月作,四月登熟。所谓两熟之稻也。

这里,注文把林邑国一年两熟的耕作制度,包括耕作、作物品种和收获的季节月令等,都记得清楚明白,所以资料是很有价值的。

在郦道元的时代,工业还处于很落后的手工业阶段,分布不多,规模不大,但尽管如此,《水经注》记载的工业地理资料,内容仍然相当完整。从手工业的部门说,全书记载的包括采矿、冶金、机器、纺织、造纸、食品等,可称完备。在郦道元的时代,各种矿物在工业上已具重要地位。《水经注》记载了能源矿物中的煤炭、石油、天然气,金属矿物中的金、银、铜、铁、锡、汞,非金属矿物中的雄黄、硫磺、盐、石墨、云母、石英、玉、石材等。对于它们的地理分布和用途等方面,都有介绍。下面举一个关于石油的例子。卷三《河水注》说:

> 故言高奴县有洧水,肥可燃,水上有肥,可接取用之。《博物志》称酒泉延寿县南山出泉水,大如筥,注地为沟,水有肥如肉汁,取著器中,始黄后黑,如凝膏,燃极明,与膏无异,膏车及水碓缸甚佳,彼方人谓之石漆。水肥亦所在有之,非止高奴县洧水也。

这项材料记载了今陕北和河西走廊等地的石油分布情况,并描述了这种矿物的性状和用途。除了石油以外,此书记载许多矿物,如卷三十三《江水注》所载蜀中的天然气,卷三十八《湘水注》所载萌渚岭的锡矿等,都提到这些矿物的应用,这些都是很有价值的资料。

《水经注》又记载了许多地区的冶金工业,其中卷二《河水注》所载今新疆地区的一处冶金工业,可为代表。注文说:

> 屈茨北二百里有山,夜则火光,昼日但烟,人取此山石炭,冶此山铁,恒充三十六国用。

这项记载不仅叙述了冶金工业的原料和燃料地,并且还记载了产品的市场,是一项完整的工业地理资料。

《水经注》虽然是一部完成于6世纪初期的古典地理著作,但其中却已经有了机器制造和应用的记载。卷十六《榖水注》中的水冶,即是其例。这种水力机器在前面《河流与古代文明》一节中已经介绍,并且引用了《后汉书·杜诗传》的解释作了说明,这里不再赘述。到了元代,王祯在他所著的《农书》中,再次提到这种机器(王祯称为水排),说明这种水力机器,曾在我国一些河流应用了很长时期。

《水经注》在交通运输地理方面,也有大量记载。首先当然是水运,全书记载的河渠水道,绝大部分涉及航运。在前面自然地理学部分所提及的峡谷、滩濑等,常被作为航运的条件加以评价。例如,卷四《河水注》记载黄河自砥柱山以下:"合有十九滩,水流迅急,势同三峡,破害舟船,自古所患。"卷三十九《耒水注》记载耒水自汝城县以下30里中有14濑,卷四十《浙江水注》记载今钱塘江从寿昌到建德80里中有12濑等,都是航行的障碍。河流水位的季节变化,也常常与航行条件同时提出,例如卷二十五《泗水注》所述:"泗水冬春浅涩,常排沙通道。"全书像这样一类的记载是很多的。

对于天然河流的航行,当然是全书十分关心的问题。例如卷三十五《江水注》中记载了当时长江中游的航行,已经出现了"载坐直之士三千人"的大型船舶。卷五《河水注》记载"魏尚书仆射杜畿,以帝将幸许试楼船。"说明黄河中游在历史上也曾经试航过这种称为"楼船"的巨舶。天然河流以外,《水经注》也记载了许多运河,其中特别有价值的是卷八《济水注》记载的古代黄淮间的运河。注文说:

> 偃王治国,仁义著闻,欲舟行上国,乃沟通陈、蔡之间,得朱弓矢以得天瑞,遂因名为号,自称徐偃王,江淮诸侯服从者三十六国。

上文所叙述的虽然是一种传说,但它却说明了相当重要的问题。徐偃王这个传说中的人物,其时代约在西周穆王之世,时当西周中叶。所谓"沟通陈、蔡之间",正是古代黄、淮之间的鸿沟水系。这种传说反映了早在公元前约9世纪前后,黄、淮之间已经存在沟通这两个水系的河道,这就比有记载的这个地区的运河开凿早了4个世纪。

尽管《水经注》的内容以河川为主,但郦道元在交通运输上的记载并不忽视陆路。全书记载了各种各样的陆路,有国际上的交通要道,如卷一《河水注》的葱岭天竺道:"度葱岭,已入北天竺境,于此顺岭西南行十五日,其道艰阻,崖岸险绝。"又同卷所载的林杨、金陈步道:"林杨国去金陈国,步道二千里,车马行,无水道。"此外还有卷二《河水注》的大月氏、大宛、康居道,卷三《河水注》的窳浑出鸡鹿塞道,等等。国内的著名陆道也无不收入,例如卷四《河水注》的函谷关洞道,卷八《济水注》的太行南路,卷二十七《沔水注》的汉中谷道,卷三十九《庐江水注》的南岭大道,等等。

另外还记载了许多险要的道路,例如卷二十七《沔水注》中描述的秦、蜀之间的栈道。注文说:

> 褒水西北出衙岭山,东南迳大石门,历故栈道下谷,所谓千梁无柱也。《诸葛亮与兄瑾书》云:前赵子龙退军,烧坏赤崖以北阁道,缘谷百余里,其阁梁一头入山腹,其一头立柱子水中,今水大而急,不得安柱,此其穷极不可张也。

注文还描述了我国西南地区的那种十分险峻的山道。卷二十六《若水注》说:

> 堂琅县西北行,上高山,羊肠绳屈八百余里,或攀而升,或绳索相牵而上,缘涉者若将阶天。

这样的道路真是一种十分险峻的羊肠小道,在这种道路上旅行的艰苦情况,注文还做了形象地说明:

> 庲降贾子,左担七里。

庲降是当时的建宁郡治,约在今云南省曲靖附近,从庲降到那里去的商贩,由于道路险窄,有时在连续七里的行程中,只能用左肩挑担,不得换肩。这样的道路,通常称"左担路",当然是其险无比的了。

由于大量的水陆道路在注文中出现,这就必然要牵涉水陆道路的交错地点,于是注文中同时也出现了大量的桥梁和津渡。全书记载的桥梁达100座左右,包括石拱桥、木桥、木石混合结构桥、索桥、浮桥,等等。其中有的桥梁十分宏大,例如卷十九《渭水注》记载的秦渭桥。注文说:

> 秦始皇作离宫于渭水南北……南有长乐宫,北有咸阳宫,欲通二宫之间,故造此桥,广六丈,南北三百八十步,六十八间,七百五十柱,百二十二梁。

"南北三百八十步",按秦制一步为六尺,则全长合今七百六十米,即使从今天的眼光来看,也不失为一座大桥。记载中还有一些建筑讲究的石拱桥,卷十六《穀水注》的旅人桥,即是其例。注文说:

> (旅人)桥去洛阳宫六、七里,下圆以通水,可受大舫过也。

这里描述的是一座净空很大的石拱桥,于此可见古代桥梁建筑的技术风格之一斑。

和桥梁一样,《水经注》所记载的津渡,也近一百处。其中有许多历史上著名的渡口,例如卷四《河水注》中的孟门津和采桑津,卷十《浊漳水注》中的薄落津,卷二十二《渠水注》中的官渡,卷三十二《施水注》中的逍遥津,等等。卷三十六《温水注》中还记载了一处海渡。注文说:

> 王氏《交广春秋》曰:朱崖、儋耳二郡,与交州俱开,皆汉武帝所置,大海中南极之外,对合浦徐闻县,清朗无风之日,径望朱崖州,如菌廪大,从徐闻对渡,北风举帆,一日一夜而至。周回二千余里,径度八百里,人民可十万余家。

上文所说的徐闻、朱崖州渡,即今日的琼州海峡,朱崖州就是海南岛。

除了上述农业、工业和交通运输业地理以外,《水经注》拥有大量有关城市地理的资料。全书记有县级城市和其他城邑共2800座,古都180座,其中对某些古都的记载特别详细,例如卷十九《渭水注》中记载的秦汉故都长安,举凡城门、城郭、街衢、宫殿、园苑等,无不一一记载。卷十六《穀水注》中记载的洛阳,是郦道元目击的北魏当代首都,他花了7000多字的篇幅,详细地描述了这个都城。此外如卷十三《㶟水注》中记载的平城,是北魏的旧都,记载也非常详细。又如卷十《浊漳水注》记载了所谓"五都"(洛阳、谯、许、长安、邺),卷三十三《江水注》记载了所谓三都(新都、成都、广都)等,都是很有价值的历史城市地理资料。

《水经注》不仅记载了国内的城市,并且还记载了部分国外的城市。例如卷一《河水注》中记载了许多今印度河流域的古代国都,如波罗奈城、巴连弗邑、王舍新城、瞻婆国城等,其中有的国都具有很大的规模。例如波罗奈国国都波罗奈城,就是其中之一。卷三十一《温水注》中记载了古代林邑国的重要都城,其中之一是林邑国的军事重镇区粟城;另一处是林邑国国都典冲城,都记载得十分详细。郦道元记载这两个城市的资料,是从一本叫做《林邑记》的古籍中引来的,而《林邑记》早已亡佚。《水经注》对这两个城市的记载,已经是今天研究古代林邑城市的唯一文字依据,所以极为宝贵。

除了古都、城邑等以外,小于城邑的聚落,《水经注》也都大量记入,包括镇、乡、亭、里、聚、村、墟、戍、坞、堡等十类,总数约有 1000 处。这些当然都是较小的聚落,其中有不少现在已经消失,但是它们在我们的某些研究工作中,有时能起很大的作用。为此,作为历史聚落地理的研究对象,这些古代聚落仍然具有重要意义。

在人口与民族地理方面,《水经注》也有许多重要的资料。郦道元的时代,正是国家战乱,人口流动频繁的时代,《水经注》反映了不少当时人口迁徙的情况。卷三十五《江水注》所载:"咸和中,寇难南逼,户口南渡,因置斯郡于涂口。"这是指的东晋时代我国第一次人口大迁徙的情况。当时,大量北人南迁,在南方建立与他们原籍同名的郡县,即所谓侨郡、侨县。注文所说的"置斯郡于涂口",指的即是东晋时在涂口所置的汝南侨郡。《水经注》也提供了有关当时的少数民族的资料,全书提到的少数民族为数甚多,如匈奴、犬戎、羯、于越、骆越、五溪蛮、三苗、马流、雕题、文狼等,不胜枚举。《水经注》不仅记载了他们的分布和活动,有时还记载了他们的语言和风俗习惯等,这些都是非常可贵的。

在人文地理学各分支中,《水经注》的记载还涉及大量军事地理资料。《水经注》的军事地理资料,一个方面是把曾经在战场上起过重要作用的自然地理与人文地理因素如山岳、关隘、河川、桥梁、津渡、道路、聚落、仓库等,在军事上进行评价。例如卷二十《漾水注》中的剑阁。注文说:

(清水)又东南迳小剑戍北,西去大剑三十里,连山绝险,飞阁通衢,故谓之剑阁也。《张载铭》曰:一人守险,万夫越趄,信然。

又如卷三《河水注》中记载的高阙。注文说:

(河水)东迳高阙南,《史记》赵武灵王既袭胡服,自代并阴山下至高阙为塞,山下有长城,长城之际,连山刺天,其山中断,两岸双阙,善能云举,望若阙焉。即状表目,故有高阙之名也。自阙北出荒中,阙口有城,跨山结局,谓之高阙戍。自古迄今,常置重捍,以防塞道。

除了对这些地理事物从军事上进行评价外,《水经注》有关军事地理记载的另一个方面,就是描述历史上的重要战争。全书记载的北魏以前的大小战役,共达三百次之多。其中有的战役描述得非常生动详细,例如卷十七《渭水注》记载的诸葛亮对陈仓城的进攻。注文说:

(陈仓)县有陈仓山,……魏明帝遣将军太原郝昭筑陈仓城成,诸葛亮围之,亮使昭乡人靳亮说之,不下,亮以数万攻昭千余人,以云梯冲车,地道逼射,昭以火射连石拒之,亮不利而还。

这一段陈仓城战役写得非常完整,由于城堡建立在形势险要的陈仓山上,守御甚为有利,诸葛亮以数十倍的兵力,使用了云梯、冲车等当时的先进武器,并且挖掘了地道,但仍然无法攻下这座城堡。对于蜀方进攻所以失利的原因,注文中引用了诸葛亮写给他兄弟诸葛瑾信中的话:"山崖绝险,溪水纵横,难用行军。"诸葛亮的分析看来是正确的。

另外一场发生于长江三峡地区的蜀刘备与吴陆逊的战争,也描写得有声有色。卷三十四《江水注》说:

> 江水又东迳石门滩,滩北岸有山,山上合下开,洞达东西,缘江步路所由。刘备为陆逊所破,走迳此门,追者甚急,备乃烧铠断遭,孙桓为逊前驱,奋不顾命,斩上夔道,截其要径,备逾山越险,仅乃得免。

这段记载把发生于这个险要地区的敌我双方的殊死战斗,写得淋漓尽致。败者固然施尽一切阻敌自保的手段,如"烧铠断道","逾山越险",而胜者也尽其一切可能"奋不顾命,斩上夔道,截其要径"。战斗的激烈可以想见。

最后,在现代人文地理学领域中,旅游地理学是一门新兴的学科,但是1400年前写成的《水经注》,却已为我们积累了大量旅游地理的资料。前面早已指出,郦道元由于他强烈的爱国主义思想,在著作中曾对祖国各地的河山风景,作了大量生动的描写,此外,他又对各地的名胜古迹,宫殿楼阁、祠庙寺院、塔台园苑等,作了详尽的记载。所以《水经注》不仅是我国古代游记的典范,而且在开发现代旅游资源、复原古代名胜古迹等方面,也都具有重要价值。

七、《水经注》在地名学上的贡献

《水经注》中丰富的地名资料

地名学是一门研究地名的学科,它研究地名的形成、发展和变迁,以及地方命名的原则和地方得名的渊源。在我国,早在西汉成书的《穀梁传》中,就提出了为后世广泛使用的地方命名原则之一:"水北为阳,山南为阳。"这就是说,聚落(或城市)位于山岳以南或河流北岸者,命名为阳,如衡阳、浏阳等;反过来说,位于山岳以北或河流南岸者,命名为阴,如华阴、淮阴等。另一本成书于先秦而到后汉重加整理的《越绝书》中,也提出了"因事名之"的地方命名原则。例如秦望山,是因为秦始皇攀登此山望海这件事而得名;郑国渠,则是由于郑国开凿这条河渠的事实而得名。这一切都说明,地名研究在我国发轫甚早。

在人类活动的早期,由于生产力水平很低,人口不多,人的流动性也很小,因此地名是很少的。但以后随着生产的发展和人口的增加,人们的活动范围扩大,地名也就不断增加。成书于战国时代的《禹贡》,前面已经介绍过了,是我国古代的一部地理名著,此书叙述范围虽然包括九州,但全书出现的地名只有 130 余处。《山海经》的成书年代比较复杂,其中《五藏山经》的成书可能比《禹贡》要早,但另外的部分如《海内经》和《大荒经》,都是秦以后到汉的作品,所以涉及地名就多达 1300 余处。此后,最重要的地理著作是《汉书·地理志》,记有地名 4500 多处。但所有这些地理古籍,与

《水经注》相比,在地名数量上都望尘莫及。《水经注》中记载各类地名,为数约在2万处上下。作为一部地理书,拥有如此大量地名,确是前所未有的。《水经注》里记载的大量地名,成为后世地名学研究的重要资料。

《水经注》是以叙述河流为主的一部地理著作,因此,河流地名是各类地名中数量最大的。前面已经引用过《唐六典》所说的关于《水经》所引天下之水"百三十七",而《水经注》"引其支流一千二百五十二"的话。但《水经注》记载的河流地名,实际上比《唐六典》所说的要大得多,约占全书所载地名的20%。

我们知道,凡是一个地名,往往由专名与通名两部分组成。例如北京市、昌平县、太行山、永定河,这里北京、昌平、太行、永定都是专名,而市、县、山、河都是通名。在《水经注》记载的河流地名中,单单通名就有河、水、江、川、渎、津、渠、溪、涧、沟、流、究等多种。而各种通名,又往往有它们的地域关系,例如河在古代是黄河的专名,江在古代是长江的专名,这些专名后来都被作为通名使用。所以北方河流多称河,南方河流多称江,西南山区的河流在古代常常称究,人工开凿的河流大多称渠,等等。这些都是从地名学研究河流首先必须具备的知识。

上面说到,《水经注》记载的全部河流,包括支干流在内,总数为1000多条,但全书河流地名的总数,竟达4000左右。主要原因是,每一条河流往往有许多旁名别称。在地名学上称为一地多名。《水经注》记载了许多河流的旁名别称,从地名学研究的角度来说,这些都是很重要的资料。以黄河为例,这条北方大河,按不同习惯、地区和段落,在《水经注》中就有河水、河、大河、黄河、浊河、逢留河、上河、孟津河等许多不同的名称。当然,黄河是一条全国性的大河,这样的大河有一些旁名别称是难免的。但较小的河流也常常有许多别名,卷二十六《巨洋水注》中的巨洋水,可以为例,巨洋水就是今㳽河,是山东半岛上的一条南北流向、独流入渤海的小河。注文说:"巨洋水,即《国语》所谓具水矣,袁宏之谓之巨昧,王韶之以为巨蔑,亦或曰胸洑,皆一水也。"像这样一条小河,却也有巨洋水、具水、巨昧、巨蔑、胸洑5个名称,河流地名中的一地多名现象,于此可见。

在地名学研究中,除了一地多名以外,另外还有一种异地同名的现象,而《水经注》在这方面也提供了大量资料。从河流地名来说,这种现象就叫异河同名。通过《水经注》进行研究,可知河流地名中最容易发生异河同名现象的是以方位词命名的河流,如南水、北水、上河、下河,等等。以卷二十《漾水注》为例,在此一篇中,共有冠以方位词"南"的河流2条,冠以方位词"西"的河流7条,冠以方位词"东"和"北"的河流各6条,造成了大量的异地同名现象。另一种容易造成异河同名现象的是以色泽命名的河流,如黄水、白水、清河、浊河,等等。以卷一《河水注》到卷五《河水注》的5

篇为例,这5篇之中,共有以黑为名的河流5条,以白为名的河流4条,以赤或丹为名的河流4条,以黄为名的河流3条。

以上所举的一河多名和异河同名现象,只是一地多名和异地同名现象在河流地名中的表现。在其他地名中的情况也是一样,例如,在山岳地名中同样存在一山多名和异山同名的现象,而在泉水地名中也同样存在一泉多名和异泉同名的现象。《水经注》中众多的地名,为地名学的研究提供了丰富的资料。

《水经注》中广泛的地名解释

前面已经提到中国古籍中所记载的一些地方命名原则,这实际上就是我国早期的地名学研究。地方命名的原则,直接关系到地名渊源的解释,而传统的中国地名学,主要的内容就是地名解释。我国古籍中最早涉及地方命名原则的,是上面提到的《穀梁传》和《越绝书》等,但以上两书在这方面的阐述都比较简单。到了《水经注》,对地方命名的原则,就开始全面化和系统化。《水经注》卷二《河水注》中所阐述的郡的命名原则,即是其例。注文说:

> 《汉官》曰,秦用李斯议,分天下为三十六郡。凡郡,或以列国,陈、鲁、吴、齐是也;或以旧邑,长沙、丹阳是也;或以山凌,太山、山阳是也;或以川原,西河、河东是也;或以所出,金城城下得金,酒泉泉味如酒,豫章樟树生庭,雁门雁之所育是也;或以号令,禹合诸侯,大计东冶之山,因名会稽是也。

地方命名的原则当然重要,但是到底还是一个总的原则,不可能代替具体的地名解释。因此,以后的不少地理书,开始负担起解释地名的任务。在我国古籍中,最早解释地名的是《汉书·地理志》,例如它在京兆尹下解释地名华阴,说:"太华山在南",这就是以《穀梁传》"水北为阳,山南为阳"原则命名的地名。又如它在敦煌郡、敦煌县下解释地名瓜州,说:"地生美瓜",这就是以《越绝书》"因事名之"的原则命名的地名。《汉书·地理志》虽然树立了解释地名的楷模,但所解释的地名毕竟很少,全书地名被解释的不过四十多处。从此以后,不少地理书都增加了解释地名的内容。在现存古籍中,像前已提及的《越绝书》和《华阳国志》等,都曾经对若干地名做了解释。还有另外一些对地名做过解释的古籍,现在已经失传。晋京相璠编纂的《春秋土地名》一书,是我国第一部专门解释地名的地名词典,可惜也早已亡佚。在所有这些解释地名的古代地理书中,解释地名数量最大的无疑是《水经注》,它所解释的地名共有2400多处,是它以前的一切地理书所不可比拟的。

《水经注》的地名解释,不仅数量大,而且内容丰富多彩。把它所解释的2400多处地名,按性质归纳整理一下,发现它所解释的地名,大概可以分成24类。现在把这24类地名列成一表,每类举几个地名,并选出其中一个,写出《水经注》所解释的内容。全表如下:

地名类别	地名举例	地名解释举例
人物地名	项羽堆(《济水注》)、白起台(《沁水注》)、石勒城(《汾水注》)、子胥渎(《沔水注》)。	卷七《济水注》:"羽还广武,为高坛,置太公其上,曰:汉不下,吾烹之。高祖不听,将害之。项伯曰:为天下者不顾家,但益怨耳。羽从之。今名其坛曰项羽堆。"
史迹地名	黄巾固(《济水注》)、薄落津(《浊漳水注》)、磨笄山(《㶟水注》)、万人散(《渠水注》)。	卷二十二《渠水注》:"东郡太守翟义兴兵讨莽,莽遣奋威将军孙建击之于圉北,义师大败,尸积万数,血流溢道,号其处为万人散。"
故国地名	胡城(《颍水注》)、上庸郡(《沔水注》)、鄟聚(《㶟水注》)、叶榆县(《叶榆河注》)。	卷二十二《颍水注》:"颍水又东南迳胡城东,故胡子国也。"
部族地名	倭城(《大辽水注》)、平襄县(《渭水注》)、僰道县(《江水注》)、文狼究(《温水注》)。	卷三十三《江水注》:"(僰道)县,本僰人居之。"
方言及外来语地名	半达钵愁(《河水注》)、唐述山(《河水注》)、侯莫干城(《汾水注》)、五泄(《浙江水注》)、阿步干鲜卑山(《河水注》)、薄骨律镇(《河水注》)。	卷一《河水注》:"菩萨于瓶沙随楼那果园中住一日,日暮便去半达钵愁宿。半达,晋言白也;钵愁,晋言山也。"
动物地名	雁门(《河水注》)、神蛇戍(《漾水注》)、猪兰桥(《沔水注》)、吊鸟山(《叶榆河注》)。	卷三十七《叶榆河注》:"众鸟千百为群,其会鸣呼啁哳,每岁七八月至,十六七日则止,一岁六至。……俗言凤凰死于此山,故众鸟来吊。"
植物地名	榆林塞(《河水注》)、蘽桑河(《㶟水注》)、香陉山(《鲍丘水注》)、菊水(《湍水注》)。	卷二十九《湍水注》:"(菊)水出西北石涧芳菊溪,……源旁悉生菊草,潭涧滋液,极成甘美。"
矿物地名	仓谷(《清水注》)、玉石山(《圣水注》)、北井县(《江水注》)、锡方(《湘水注》)。	卷三十八《湘水注》:"其山多锡,亦谓之锡方矣。"

续表

地名类别	地名举例	地名解释举例
地形地名	平原郡(《河水注》)、平皋城(《济水注》)、一合坞(《洛水注》)、高平山(《泗水注》)。	卷五《河水注》:"原,博平也,故曰平原矣。"
土壤地名	沙州(《河水注》)、斥漳(《浊漳水注》)。	卷十《浊漳水注》:"其国斥卤,故曰斥漳。"
天候地名	风山(《河水注》)、风穴(《灉水注》)、伏凌山(《鲍丘水注》)、风井山(《夷水注》)。	卷十四《鲍丘水注》:"山高峻,岩障寒深,阴崖积雪,凝冰夏结,事同《离骚》峨峨之咏,故世人因以名山也。"
色泽地名	白水(《漾水注》)、墨山(《丹水注》)、白盐崖(《江水注》)、赤濑(《浙江水注》)。	卷二十《漾水注》:"白水西北出于临洮县西南西倾山,水色白浊。"
音响地名	磊磊水(《沁水注》)、岚谷(《沔水注》)、石钟山(《水经注佚文》)。	卷九《沁水注》:"又南与磊磊水合,水出东北巨骏山,乘高泻浪,触石流响,世人因声以纳称。"
方位地名	河北县(《河水注》)、南鄩(《洛水注》)、丙穴(《沔水注》)、北井(《江水注》)。	卷二十七《沔水注》:"穴响丙,故曰丙穴。"
阴阳地名	淇阳城(《淇水注》)、蒙阴水(《沂水注》)、朝阳县(《白水注》)、营阳郡(《湘水注》)。	卷三十八《湘水注》:"(营阳郡)在营水之阳,故以名郡矣。"
形象地名	灵鹫山(《河水注》)、鸡翅洪(《洭水注》)、明月池(《沔水注》)、石匮山(《浙江水注》)。	卷二十七《沔水注》:"池东有明月池,状如偃月。"
比喻地名	剑阁(《漾水注》)、黄金戍(《沔水注》)、铁城(《沔水注》)、腾沸山(《淯水注》)。	卷二十《漾水注》:"连山绝险,飞阁通衢,故谓之剑阁。"
相关地名	金城河(《河水注》)、安民亭(《济水注》)、马溺水(《㴔水注》)、春陵乡(《湘水注》)。	卷二《河水注》:"河至金城县,谓之金城河,随地为名也。"
对称地名	北舆县(《河水注》)、内黄县(《淇水注》)、小成固(《沔水注》)、南新市(《涢水注》)。	卷三《河水注》:"又西屈迳北舆县故城南,按《地理志》,五原有南舆县,王莽之南利也,故此加北。"

续表

地名类别	地名举例	地名解释举例
数字地名	四渎(《河水注》)、十二崿(《淇水注》)、九渡水(《澧水注》)、五岭(《湘水注》)。	卷三十七《澧水注》:"(九渡)水自下历溪曲折,逶迤倾注,行者间关,每生塞沂,山水之号,盖因事生焉。"
词义地名	景山(《济水注》)、鲸滩(《沔水注》)、栋山(《浙江水注》)、敦煌(《水经注佚文》)。	《水经注佚文》:"应劭《地理风俗记》曰:敦煌,敦,大也;煌,盛也。"
复合地名	郏鄏(《穀水注》)、牂柯水(《温水注》)、赣县(《赣水注》)。	卷三十六《温水注》:"东迳牂柯郡且兰县,谓之牂柯水。……牂、柯,亦江中两山名也。"
神话地名	马邑(《灅水注》)、陈宝鸡鸣祠(《渭水注》)、逃石(《溱水注》)、怪山(《浙江水注》)。	卷四十《浙江水注》:"本琅邪郡之东武县山也,飞来徙此,压杀数百家。《吴越春秋》称,怪山者,东武海中山也,一名自来山,百姓怪之,号曰怪山。"
传讹地名	寒号城(《圣水注》)、树亭川(《渭水注》)、寡妇水(《汝水注》)千令洲(《沔水注》)。	卷二十一《汝水注》:"迳贾复城北,复南,击郾所筑也。俗语讹谬,谓之寡妇城,水曰寡妇水。"

　　《水经注》以后,地名渊源的研究,几乎成为我国一切地理书中的必有项目,积累至今,我们在地名渊源解释中,已经拥有了巨量的资料,为我国地名学的研究奠定了基础。

八、《水经注》在文学、语言上的贡献

《水经注》的丰富语言

《水经注》当然是一部学术著作,而并不是一部文学著作,但是郦道元撰写此书,除了占有大量资料,使此书具有十分丰富的学术内容外,他也同时重视语言文字的运用,使全书写得生动活泼,趣味盎然,在文学上也有很高价值。

《水经注》在文学上的价值,首先是它的语言丰富。在我国历史上,郦道元历来被认为是描写风景的能手。他描写风景的特点之一,是语言新颖,不用前人的套语滥调。例如,按《水经注》的内容,必然要描写河流上源的许多清澈的溪泉。关于这方面,郦道元的描写手法就显得高人一筹,他在卷二十二《洧水注》中使用了"鱼若空悬"的词句,在卷三十七《澧水注》中又使用了"分沙漏石"的词句。郦道元创作的这类新颖词句,后来一直被人们所模仿。唐朝的大文学家柳宗元,在他著名的《永州八记》中描写溪泉的清澈时,说:"潭中鱼可百许头,皆若空游而无所依。"这其实就是郦道元早已使用过的语言。

《水经注》在语言上的另一个特点是多变。因为尽管是十分生动的语青,但在经过多次使用以后,也会使人感到枯燥刻板。因此,郦道元经常注意语言的变化。即使同一性质的事物,他在描写时也努力做到语言上的推陈出新,使读者有新鲜生动之感。例如瀑布,这是《水经注》经常描写的事物,郦道元并不一成不变地使用瀑布这个词汇,在全书中,他所使用的、作为瀑布同义词的词汇,还有"泷"、"洪"、"悬流"、"悬水"、"悬涛"、"悬泉"、"悬涧"、"悬波"、"颓波"、"飞清"等许多。语言变化,真是层出不穷。

《水经注》语言所以特别丰富生动,一个很重要的原因,是郦道元善于吸取群众的语言。民歌谚语,多是经过千锤百炼的群众语言,郦道元用这样的语言来充实自己的著作,真是事半功倍。例如,郦道元是坚决反对和谴责秦始皇的暴政的。对于秦始皇修筑长城的事,卷三《河水注》中说了这样的话:

> (秦)始皇三十三年,起自临洮,东暨辽海,西并阴山,筑长城及开南越地。昼警夜作,民劳怨苦。故杨泉《物理论》曰:秦始皇使蒙恬筑长城,死者相属,民歌曰:生男慎勿举,生女哺用铺,不见长城下,尸骸相支柱。其冤痛如此矣。

当然,对于秦始皇这个大暴君,郦道元的评价或许还不够全面。但是,要揭露这个暴君的残酷无道,利用上述民歌,就比写多少声讨的文章都能见效。

《水经注》经常要描写各种河川航道,在这方面,郦道元往往利用当地的渔歌和船谣,这就使他的著作生色不少。在卷三十四《江水注》中,描写在长江江道弯曲的河段行舟时,说:

> 江水又东迳黄牛山下,有滩名曰黄牛滩,南岸重岭叠起,最外高崖间有石,色如人负刀牵牛,人黑牛黄,成就分明,既人迹所绝,莫得究焉。此岩既高,加以江水迂回,虽途迳信宿,犹望见此物,故行者谣曰:朝发黄牛,暮宿黄牛,三朝三暮,黄牛如故。言水路纡深,回望如一矣。

如上文,黄牛一谣,虽然短短4句,但以之描写山高江曲,真是绝妙好文,千古不移! 在卷三十八《湘水注》,郦道元又引用当地渔歌:"帆随湘转,望衡九面",来描写江道的曲折。当然,不管江道弯曲到如何程度,要能见到衡山的九面,总是不可能的,这只是一种文学的夸张。此外,为了描写太白山(终南山)的高峻,卷十八《渭水注》引用了当地俗谚:"武功太白,去天三百。"为了描写汉水上游某些山间盆地的聚落稠密,卷二十《漾水注》引用了古谚:"南犿北犿,万有余家。"这样的例子,在全书中不胜枚举。歌谣谚语的引用,大大增加了《水经注》的感染力,使此书倍增光彩。

《水经注》的语言运用,还有一个重要的特色,就是作者不回避外来语言。例如,卷二《河水注》中记及的"阿步干鲜卑山",就是一个鲜卑语地名。清初的著名郦学家全祖望,曾经考证这个地名。他说:

> 阿步干,鲜卑语也。慕容廆思其兄吐谷浑,因作阿干之歌,盖胡俗称其兄曰阿步干。阿干,阿步干之省也。今兰州阿干山谷、阿干河、阿干城、阿干堡、金人置阿干县,皆以阿干之歌得名。

由此可知,阿步干在鲜卑语中是"兄"的意思。这类外来词语在《水经注》中很多,卷三《河水注》中的薄骨律镇也是一例,注文说:

> 河水又北,薄骨律镇城在河渚上,赫连果城也,桑果余林,仍列洲上,但语出戎方,不究城名。

这里所说的"语出戎方",指的是赫连勃勃,即十六国时期夏的建立者,他属于匈奴的铁弗部。因此,薄骨律镇可能是一种匈奴语系的地名。有时候,作者不采用地名中外对照的办法。卷一《河水注》的灵鹫山,就是一例。注文说:

> 罗阅祇国有灵鹫山,胡语云:耆阇崛山。

由此可知,"灵鹫"就是胡语"耆阇崛"的汉译。但所谓胡语,究竟是什么民族的语言,仍不清楚。其中也有中外对照而语言来源可以调查清楚的。卷一《河水注》的半达钵愁,即是其例。注文说:

> 菩萨于瓶沙随楼那果园中住一日,日暮便去半达钵愁宿。半达,晋言白也;钵愁,晋言山也。自山北去瓶沙国十里。

这里,半达钵愁的汉译就是白山,而半达钵愁也已经查明,就是梵语 Punda Vasu。梵语是《水经注》中常见的外来语,像卷一《河水注》中僧伽蓝(寺院)、吉贝(木棉)、由旬或由巡(古代印度的一种长度单位)等,都是梵语的音译。由于作者对外国语没有成见,因而使《水经注》的语言,显得更为丰富多彩。

《水经注》的生动描写

《水经注》的描写,特别是对于自然风景的描写,历来享有很高声誉。明末清初的学者张岱说:"古人记山水,太上郦道元,其次柳子厚,近时则袁中郎。"[①]这里,柳子厚就是唐朝的柳宗元,袁中郎则是明朝的著名文学家袁宏道。的确,郦道元的描写技巧,是有他的独到之处的。他的描写技巧,首先就是重视真实性,他深深懂得,对事物的描写,真实就是生动的基础。这也是他十分重视野外实地考察的原因之一。以黄河孟门瀑布为例,孟门即龙门峡谷的上口,这是北魏旧都平城与新都洛阳之间的必经之地,郦道元从太和十八年起,曾多次往返于平城和洛阳之间,这个瀑布是他多次亲自考察的。他对瀑布的描写十分真实,因而也显得非常生动。卷四《河水注》说:

> 孟门,即龙门之上口也,实为河之巨阸,兼孟门津之名矣。此石经始禹凿,河中漱广,夹岸崇深,倾崖返捍,巨石临危,若坠复倚。古人有言,水非石凿而能入石,信哉。其中水流交冲,素气云浮,往来遥观者,常若雾露沾人,窥深悸魄,其水尚崩浪万寻,悬流千丈,浑洪赑怒,鼓若山腾,濬波颓叠,迄于下口。方知慎子下龙

门流浮竹,非驷马之追也。

上文描写的孟门瀑布,现在称为壶口瀑布。郦道元描写这个瀑布,至今已过了1400多年,前面已近提到,瀑布的位置也已有了相当大的移动。但凡是到过壶口的人都觉得,现在的壶口瀑布与郦道元所描写的,真是一模一样,何等的逼真,何等的生动。这一段描写,称得上是千古文章。

但是前面已经指出,在郦道元的时代,国家分裂,南北梗阻,他虽然重视真实,但这种真实不可能完全得之于他的实地考察,在许多他足迹未到之地,必须借助于文献资料。他选择资料是十分严格的,他所采用的资料,大多是人们亲眼目击的资料,而不是辗转相传的资料,也就是我们今天所说的第一手资料。这样,尽管他描写的事物不是自己所见,却仍能保持真实。《水经注》中长江三峡的描写,是最突出的例子。郦道元深知长江三峡在中国河流中的重要地位,他必须尽最大努力,在《水经注》里写好这一部分。为此,他选择了曾任宜都太守的袁山松的著作。他以袁山松目击记载的《宜都山水记》为主,参考其他资料,终于成功地对三峡进行了生动的描写。卷三十四《江水注》中有一段文字,不仅是《水经注》中最生动真实的描写之一,也是历来描写长江三峡脍炙人口的文章。注文说:

> 自三峡七百里中,两岸连山,略无阙处,重岩叠嶂,隐天蔽日,自非停午夜分,不见曦月。至于夏水襄陵,沿泝阻绝,或王命急宣,有时朝发白帝,暮到江陵,其间千二百里,虽乘奔御风,不以疾也。春冬之时,则素湍绿潭,回清倒影。绝巘多生怪柏,悬泉瀑布,飞漱其间,清荣峻茂,良多趣味。每至晴初霜旦,林寒涧肃,常有高猿长啸,属引凄异,空谷传响,哀转久绝。故渔者歌曰:巴东三峡巫峡长,猿鸣三声泪沾裳。

以上孟门瀑布和三峡两段文章,都是《水经注》真实地描写自然风景的例子。这种真实的基础,有的是郦道元自己的亲身实践,有的则是他人的亲身实践。在这种真实的基础上,加以文学的夸张和渲染。这样的描写,既没有脱离事物的本来面貌,却又能使事物表现得更栩栩如生。

除了真实性以外,郦道元也常常注意,使写作富于故事性。故事性不仅可以吸引读者,提高兴趣,而故事的本身,又具有褒贬人物,表达作者意愿的作用。所以郦道元总是不遗余力地搜罗各种故事,穿插在他的著作之中。例如,卷十九《渭水注》中,在记到虎圈这个地名时,注文引用了一个生动的故事:

> 霸水又北迳秦虎圈东,《列士传》曰:秦昭王会魏王,魏王不行,使朱亥奉璧一双。秦王大怒,置朱亥虎圈中,亥瞋目视虎,眦裂血出溅虎,虎不敢动,即是处也。

这样的故事,可令举座皆惊。朱亥,当然是作者所赞赏时一位英雄。

同卷中，为了解释戏水这个地名，作者又引用了一个故事。注文说：

> 渭水又东，戏水注之。……昔周幽王悦褒姒，姒不笑，王乃击鼓举烽，以征诸侯，请侯至，无寇，褒姒乃笑，王甚悦之。及犬戎至，王又举烽以征诸侯，诸侯不至，遂败幽王于戏水之上，身死于丽山之北。

这个故事的意义，和郦道元为什么要在著作中穿插这样的故事，都是显而易见的。在全部《水经注》中，这样的故事多得不胜枚举，这不仅增添了著作的趣味，并且大大提高了《水经注》的文学价值。

此外，郦道元还使用其他许多文学手法以提高他描写事物的生动性和感染力。卷十五《洛水注》中对鹈鹕山的描写，即是其例。注文说：

> （黄亭溪）水出鹈鹕山，山有二峰，峻极于天，高崖云举，亢石无阶，猿徒丧其捷巧，鼯族谢其轻工。及其长霄冒岭，层霞冠峰，方乃就辨优劣耳，故有大小鹈鹕之名矣。

"猿徒丧其捷巧，鼯族谢其轻工"，用这样生动的语言来烘托山的高峻，真是别出心裁。这种种修辞手法在《永经注》里是常用的。

概括的手法，也是郦道元所常用的文学技巧。这种手法的运用，使《水经注》文字简洁，内容精炼。例如：卷十九《渭水注》记载秦阿房宫，以此宫之大，如要详细描写，或许要写一大块文章。但作者抓住要领，突出其中的"可坐万人，下可建五丈旗"一语。"可坐万人"，说明建筑的庞大；"下可建五丈旗"，说明建筑的崇高。真是高度的概括。又如同卷记载汉武帝建造的建章宫，对于这座奢华的巨大宫殿，注文不作冗复的叙述，只是指出："建章宫，汉武帝造，周二十余里，千门万户。""周二十余里，千门万户"。这两句话，概括了这座巨大建筑中的多少宫殿室宇，亭台楼阁，园苑庭榭。

《水经注》在文学上取得的成就，对我们来说是一种重要的启发。它告诉我们：枯燥、刻板，并不是学术著作不可避免的特点，学术著作是可以写得生动活泼，甚至富有文学价值的。当然，这就要求我们的科学家们也能学一点文学，讲究一些写作技巧。这方面，1400 多年以前的郦道元，已经为我们作出了榜样。

注释：

① 《跋寓山注二则》，载《琅嬛文集》卷五。

九、《水经注》在其他学科上的贡献

《水经注》除了在地理学、地名学和文学等几个方面作出了重要的贡献外,在其他许多学科,如历史学、考古学、金石学、语言学等方面,也都提供了有用的资料,作出了贡献。

首先是历史学。《水经注》虽然是一部地理书,但是它也拥有大量的历史资料,在历史学的研究中很有价值。可以举一个例子,中国从汉朝起,封建帝王除了将土地分封给自己的子孙外,同时也分封一部分土地给统治阶级中的其他各色代表人物,这种分封的地区一般称为侯国。侯国是十分不稳定的,由于统治集团内部的倾轧斗争,受封者随时可能得咎罢黜,因而时封时废,变化频繁,历代史籍往往疏于记载,但《水经注》在这方面记载得比较完整。清代的著名史学家钱大昕,就是根据《水经注》的记载,对历史上的侯国作了详细的研究。他在《潜研堂答问》一书中说:"汉初功臣侯者百四十余人,其封邑所在,班孟坚已不能言之,郦道元注《水经》,始考得十之六七。"①班孟坚就是班固,是《汉书》的作者。班固在《汉书》中对这些侯国已经无法完整地载入,但郦道元却考证出十之六七。《水经注》在这方面的史料价值,甚至超过了著名的《汉书》。

《汉书》是二十四史中的一部,在我国通常称为正史。《水经注》不仅在侯国的记载中弥补了正史的不足,在其他一些方面,也可补正史的不足。以县一级行政区划为例,《水经注》的记载,就弥补了另一部著名的正史《晋书》的不足。《晋书》修于唐朝,是唐太宗亲自主持修纂的。但《晋书·地理志》记载的县名并不完整。《水经注》记载的明确属于晋代建立的县中，至少有4处不见于《晋书·地理志》，这就是卷三十五《江水注》中的沌阳县，卷三十六《沫水注》中的护龙县，卷三十七《澧水注》中的溧阳县和卷三十九《赣水注》中的豫宁县。这4个县，在《水经注》中，都记有建置的年代。清代学者毕沅根据《水经注》等书的记载，撰写了《晋书地理志新补正》一书，他在此书序中说："撰《晋书》者，王隐、虞预、臧荣绪、谢灵运、干宝诸家，其王隐《晋书地道记》及不著姓氏《晋书地理志》与《晋地记》，见于郦道元《水经注》，类皆搜采广博，十倍今书。"《水经注》在这方面的价值，于此可见。

在科学技术史方面，《水经注》也可提供许多有用的资料，尤其是水利史的资料。《水经注》记载的水利工程，远起先秦，如楚相孙叔敖修造芍陂（卷三十二《肥水注》），魏邺令西门豹的引漳灌溉工程（卷十《浊漳水注》）等，以后如秦李冰修建的都安大堰（卷三十三《江水注》），汉长湖（卷四十《浙江水注》）等。至于魏晋南北朝的水利工程，为数就更多，前面已经举过一些例子。《水经注》对于这些水利工程的记载十分详细，举凡工程的主要结构、工程效益、修建过程等，都有详细记载，这对今天研究水利史是很有价值的史料。

《水经注》记载了大量不同性质、不同时代、不同风格和不同建造技巧的古建筑。因此，在我国建筑史的研究中具有重要意义。《水经注》记载的古代宫殿，如卷十九《渭水注》中的阿房宫、建章宫、未央宫等，当然都是名闻遐迩的宏大建筑，即使是一般建筑，也是各具风格，很有值得研究之处，例如卷十三《漯水注》中记载的北魏首都平城的白台。注文说：

　　台甚高广，台基四周列壁，阁道自内而升，国之图箓秘籍，悉积其中。

由此可知，白台是北魏朝廷的档案库，它的建筑特色是："台基四周列壁，阁道自内而升"。因为是档案库，阁道自内而升，不仅安全，并且升登也很方便，而台基四周列壁，除了从档案库的安全考虑外，还可以增加台在外观上的雄伟。

卷二十八《沔水注》记载了南北朝初期建于郢城的大暑台："秀宇层明，通望周博，游者登之，以畅远情。"说明此台的设计者非常重视台的视野，即所谓"通望周博"。这又是一座别具风格的建筑物。

《水经注》对我国的古代的园林建筑有大量记载。像卷十六《穀水注》中的芳林园和华林园，注文都有细致的描述，举凡园林的结构布局，园林内部的土石山水、亭台楼阁都叙述得十分明白，对研究我国古代的造园艺术，具有重要的价值。

甚至对一般的祠庙寺观，《水经注》也常从建筑物的角度进行记载。卷十四《鲍丘水注》记载的土垠县观鸡水畔的观鸡寺，即是其例。注文说：

(观鸡)水东有观鸡寺,寺内起大堂,甚高广,可容千僧,下悉结石为之,上加涂墍,基内疏通,枝经脉散,基侧室外,四出炊火,炎势内流,一堂尽温,盖以此土寒严,霜气肃猛,出家沙门,率皆贫薄,施主虑阙道业,故崇斯构,是以志道者多栖托焉。

这个观鸡寺,其建筑不仅拥有可容千僧的大堂,又具有适于低温地区的这种特殊的取暖保温结构,确是我国古代建筑中的卓越创造。诸如上述的例子,在《水经注》全书中不胜枚举,这些都是我国建筑史研究中的有用资料。

《水经注》的许多记载,对今日考古学的研究也很有裨益。近年来,我国的考古事业有了很大发展,获得了许多可喜的成果。其中有不少成果的取得,是利用了《水经注》所提供的资料。只要举一个例子就可以说明这方面的情况。《水经注》记载了我国古代的许多名塔建筑,其中最壮丽伟大的,要算北魏建筑的洛阳永宁寺九层浮图。卷十六《榖水注》说:

水西有永宁寺,熙平时始创也,作九层浮图,浮图基方十四丈,自金露槃下至地四十九丈,取法代都七级而又高广之,虽二京之盛,五都之富,利刹灵图,未有若斯之构。

这座浮图建于北魏熙平元年(516),到永熙三年(534)就被大火烧毁,其存在时间还不到二十年。所以除了郦道元目击记载以外,其他记载很少,而且多是第二手材料。中国科学院考古研究所洛阳工作队,根据《水经注》记载的资料,对洛阳城进行了考古发掘,在1973年发表了《汉魏洛阳城初步勘查》一文(载于《考古》1973年第4期),记述考古成果。文章说:

永宁寺九层浮图塔基位于寺院正中,今残存高大夯土台基,残高约八米左右,塔基平面呈方形,分三层而上,顶上两层在今地面上屹立可见。底层夯基近方形,东西约一〇一米,南北约九八米,基高约二·一米;中层夯基面积小,呈正方形,东西、南北各长五〇米,高约三·六米;顶层台基系用土坯垒砌,呈正方形,面积约有十米见方,残高二·二米。这与《水经注》所载永宁寺浮图下基方十四丈面积相近。

这项资料,一方面说明了《水经注》记载的翔实可靠;另一方面也说明《水经注》资料对考古学的意义。

《水经注》是我国第一部比较系统而完整的著录我国古代金石碑刻的著作,为金石学的研究提供了大量资料。全书记载的各种金石碑刻达350种左右,其内容包括河川、水利、山岳、交通、城邑、经界、地名、建筑、经籍、历史、人物、祠庙、陵墓,等等。[②]《水经注》记载的金石碑刻,事实上就是一部从上古到北魏的金石录。在《水经注》以前,我国没有专门研究金石碑刻的著作,在《水经注》以后,我国研究金石的著作以北宋欧阳修的《集古录》、南宋赵明诚的《金石录》为著名。这些后来的金石著作,虽然搜集的数量比《水经注》大得多,但是在时间上要比《水经注》晚500年以上,郦道元所目击的金石碑刻,到那时不仅早已损毁,就是拓本也多未流传。所以,《水经注》所著录的古代金石碑刻,在这些后来的《金石录》中,大部均不存在。例如有关河川水利的金石碑刻,《水经注》著录的从上古到北魏,至少有20种,但《集古录》和《金石录》在同一时期都没有这一类金石碑刻的著录,可见《水经注》所搜集的金石碑刻在金石学研究中的重要意义。

《水经注》的资料,在语言学研究中也很有裨益。前面已经指出,郦道元在他的著作中并不回避外来语言,因而全书中出现了许多外来语如半达钵愁、僧伽蓝、由旬③等,为我们今天研究这些古代外来语提供了方便。另外,《水经注》在记载国内各地事物时,也不回避各地方言,因此,我们可以从此书中研究古代方言和语言的分布情况。例如卷四十《渐江水注》中记载五泄瀑布时说:

> (浦阳)江水导源乌伤县,东迳诸暨县与泄溪合,溪广数丈,中道有两高山夹溪,造云壁立,凡有五泄⋯⋯此是瀑布,土人号为泄也。

这里,注文就今浙东某些地区把瀑布称为"泄"的方言,作了解释。此外,如《河水注》等所载今华北沿海一带,常有一些称为"坈"的地名,如《河水注》的曹阳坈、马常坈、落里坈,《济水注》的深坈,《淄水注》的皮丘坈,《胶水注》的盐坈,等等。坈是什么?《山东通志》载明:"齐人谓湖曰坈。"④原来坈是山东一带的方言,即湖泊之意。这样的例子,书中是很多的。这些都是《水经注》可以为我们在语言学研究中提供的资料。

此外,《水经注》在我们对民族、宗教、艺术等许多方面的研究工作中,都能作出它的贡献,这里就不再一一赘述了。

注释:

① 《潜研堂答问》卷九。

② 陈桥驿《水经注·金石录序》,载《郑州大学学报》(哲学社会科学版),1984年第4期。

③ 半达钵愁(Punda Vasu),解释见前。僧伽蓝(Samgharama),亦译僧伽蓝摩或僧伽罗摩,在梵语中原为园林之意,以后被引申作为寺院。由旬(Yogana),亦译由巡,梵语中的一种度量单位。《翻译名义集》卷三:"由旬三别,大者八十里,中者六十里,下者四十里,谓中边山川不同,致行里不等。"

④ 光绪《山东通志》卷三二《疆域志第三·博兴县》。

十、《水经注》的错误和学者对它的批评

上面列举了《水经注》一书在各方面的贡献，这当然不等于说在它的记载中就没有错误。一部 1400 多年前的著作，描述的地区如此之大，涉及的资料又如此之多，错误当然是在所难免的。

上面也已经引述了许多古人对《水经注》的好评，同样也不等于对此书没有批评。对于一部古书，尽管是一部不朽名著，由于成书甚早，作者在此书上所作大量河川地理的研究，只是根据他当时的条件和认识水平。以后，条件改变了，人们对地理环境的认识水平有了提高，后来的学者发现了前人的错误，因而提出批评，这是必然的事，也是很正常的事。

历史上最早对《水经注》提出批评意见的，大概是唐代的杜佑。他是从黄河发源和黄河重源的问题上，对郦道元提出批评的。当然，杜佑批评的首先是《水经》，但郦道元为《水经》作注，却没有改正《水经》在这个问题上的错误，所以他同时也批评了《水经注》。他说：

> 《水经》所云，河出昆仑者，宜出于《禹本纪》、《山海经》；所云，南入葱岭及出于阗南山者，出于《汉书·西域传》。而郦道元都不详正……自葱岭之北，其《本纪》灼然荒唐，撰《经》者取以为准的。班固云：言九州山川者，《尚书》近之矣。诚为恰当。其后《汉书·西域传》云：河水一源出葱岭，一源出于阗，合流东注蒲昌海，皆以潜流地下，南出积石为中国河云。比《禹纪》、《山经》犹较附近，终是

纰缪。[①]

杜佑批评这个错误的文字很长,不能一一抄录,其中对郦注的指责,使用了"殊为诡诞,全无凭据"的话。这恐怕是历来对此书最严厉的批评了。

要说这个错误的造成,其来历实在相当悠久。昆仑山原来是一座古代传说中的山岳,并无具体的地理位置,它的地理位置,是在西汉时代加以确定的。据《史记·大宛列传》所载:"汉使穷河源,河源出于阗,其山多玉石,采来,天子案古图书,名河所出山曰昆仑山。"这里的汉使是张骞,天子则是汉武帝。其实,张骞当年在这座被汉武帝定为昆仑山的山下所发现的河源,乃是塔里木河支流之一的和田河的上源。这件事不仅张冠李戴,而且还替错误的黄河重源的说法种下了根子。因为以后人们随即发现,黄河发源于积石山,与蒲昌海(即今罗布泊)相去很远。但由于河出昆仑的先入之见,于是又臆造了黄河从蒲昌海潜入地下,又从积石山冒出来的说法,这就是长期来讹传的黄河重源。

其实,当年张骞的这个发现,与他同时的司马迁就并不十分相信。在《大宛列传》的末尾,司马迁写了几句称为"赞"的话,他说:"今自张骞使大夏之后也,穷河源,恶睹《本纪》所谓昆仑者乎?故言九州山川,《尚书》近之矣,至《禹本纪》、《山海经》所有怪物,余不敢言之也。"司马迁的话告诉我们,前面所谓"天子案古图书",指的就是《禹本纪》和《山海经》,《禹本纪》早已亡佚,我们只能从《大宛列传赞》看到司马迁所引的一句:"《禹本纪》言:河出昆仑,昆仑高二千五百余里,日月所相避隐为光明也。"单看这一句,则杜佑说它"灼然荒唐",就不算过分。错误由来已久,《水经》承袭了这个错误,郦道元由于没有对《水经》的这种错误加以"详正",所以也受到了严厉的批评。当然,在郦道元的时代,要能认识黄河重源的错误是困难的。直到清代,像胡渭、[②]董祐诚[③]这样著名的地理学家,尚且对这种说法坚信不疑,何况在1000多年以前呢。

对于我国古代西北部的地理概况,《水经注》记载中出现的错误,当然还不仅是黄河重源。卷一《河水注》中所描述的今新疆、帕米尔以及印度北部的一些河流,包括印度河和恒河上源在内,也存在不少错误。明代的周婴曾在这方面提出过批评,他说:"皆蹑法显之行踪,想恒流之洞浟,其间水陆未辨,道里难明,所计差池,厥类亦众。"[④]这段评论的意思,是指《水经注》在这个地区的描述,都是抄的《法显传》(即《佛国记》),并且造成了许多错误。当然,错误确实是不少的。不久以前,章巽教授曾经发表一篇题为《〈水经注〉和〈法显传〉》的文章,[⑤]指出了《水经注》在这方面的不少错误。不过,周婴所谓"皆蹑法显之行踪"的话,或许稍赚片面。因为《水经注》记载这个地区,所引的资料,计有《释氏西域记》、《广志》、《外国事》等10种,《法显传》只是其中之一。而且注文中引及《释氏西域记》的达15处,引及《法显传》的只有8处,[⑥]说明

《法显传》在他的参考文献中，还不算最重要的。当然，周婴与杜佑不同，他指出《水经注》错误的同时，也充分肯定了此书的成就："括地脉川，绅奇珍异，六合之外，宛在目中，三竺之流，如濚足下，神州地志，斯为最瓌矣"。[⑦]

对于我国的北部，郦道元足迹甚广，因此《水经注》对这个地区的记载，素为历来学者所称道。前面已经提到过清代郦学家刘献廷的评论："北方诸水，毫发不失，而江、淮、汉、沔之间，便多纰缪。"刘献廷的评论当然有他的依据，郦注中北方诸水的记载远远优于南方诸水，这也是众所共见的事实。但北方的范围甚大，河川众多，郦注所载也未必完全无误。兹以卷十四《濡水》一篇为例，在经文"濡水从塞外来，东南过辽西令支县北"注中，注文对濡水发源的记载，即是一个明显的错误。注文说：

濡水出御夷镇东南，其水二源双引，夹山西北流，出山，合成一川。

对此，殿本加案语说：

案濡水即今滦河，源出巴延屯图占尔山，名都尔本诺尔，西北至茂罕和硕，三道河始东会之，道元当时未经亲履其地，遂以夹山来会之三道河为滦河正源，殊属失实。

在同一经文之下，还有一段关于三藏水的注文说：

濡水又东南流，武列水入焉，其水三川派合，西源右为溪水，亦曰西藏水，……西藏水又西南流，东藏水注之，水出东溪，一曰东藏水，西南流，出谷，与中藏水合，水导源中溪，南流出谷，南注东藏水，故目其川曰三藏川，水曰三藏水。东藏水又南，右入西藏水。

对此，殿本加案语说：

案西藏水，即今之固都尔呼河，先合中藏水，即今之茅沟河，次合东藏水，即今之赛音河，郦氏叙东藏水于中藏水之前，以为东溪、西溪合流，而与西源会，殊乖川流之次。……道元之附会耳食，显然无疑。

在《濡水》一篇中，除了上述两处河道记载的错误外，还可以再找出另一处性质不同的错误。在经"又东南过海阳县西，南入于海"注中，有一段关于管仲和齐桓公征孤竹的故事。注文说：

又按《管子》，齐桓公二十年，征孤竹，未至卑耳之溪十里，阒然止，瞠然视，援弓将射，引而未发。谓左右曰：见前乎？左右对曰：不见。公曰：寡人见长尺而人物具焉，冠，右袪衣，走马前，岂有人若此乎？管仲对曰：臣闻岂山之神有偷儿，长尺人物具，霸王之君兴，则岂山之神见，且走马前。袪衣，示前有水；右袪衣，示从右方涉也。至卑耳之溪，有赞水者，从左方涉，其深及冠；右方涉，其深至膝。已涉大济，桓公拜曰：仲父之圣至此，寡人之抵罪也久矣。今自孤竹南出，则巨海矣，而沧海之中,山望多矣,然卑耳之川若赞溪者,亦不知所在也。昔在汉世,海水波襄,吞食地广,当同碣石苞沦洪波也。

前面指出的两处错误,都是河川水道上的错误,属于地理学的错误。而后面的这个错误,则是郦道元对古代文字理解的错误,因而引出了这条实际上并不存在的赞水或赞溪来。郦道元因为找不到这条河流,因而认为它已于汉代沦入海中。他的这一错误,造成了后世学者的以讹传讹。宋程大昌也把赞水作为一条河流,[⑧]清赵一清认为赞水是辟耳山的拘夏溪,[⑨]清胡渭则认为赞水在乐亭县西南。[⑩]这些学者各执一端,都希望能找到这条名为赞水或赞溪的河流,但结果都是徒劳。这个由郦道元开端的错误,一直延续到晚清,才由孙诒让加以纠正,原来是郦道元误解了赞水这个词汇的意义。孙诒让说:

> 案上引《管子》,齐桓公至卑耳之溪,有赞水者,从左方涉,其深及冠;右方涉,其深至膝。文见《小问》篇。房注云:赞水,谓赞引渡水者,是彼水即指卑耳溪水,赞者,谓导赞知津之人,诏桓公从右方涉耳,非卑耳之旁,别有溪水名赞者也。郦氏殆误会其恉。[⑪]

从上述《濡水》一篇的错误中,可以说明,《水经注》记载的北方诸水中,错误也是常见的。刘献廷所说的"北方诸水,毫发不失",未免夸大。对于一部1000多年前撰述的古地理书,用"毫发不失"的要求来衡量,也是不现实的。

至于南方的河流,由于郦道元足迹未到,完全依靠文献资料进行撰述,错误就更多了,而且与北方河流的错误不同。像上面指出的《濡水注》中的错误,应该说是较小的错误,在北方主要河流或河流的主干上,错误是不多的。但南方河流则不然,在许多错误之中,也有主要河流和河流主干上的错误。关于这方面,黄宗羲在《今水经序》中说得非常具体。他说:"余越人也,以越水证之,以曹娥江为浦阳江,以姚江为大江之奇分,苕水出山阴县,具区在余姚县,沔水至余姚入海,皆错误之大者。"

的确,在南方诸水中,尽管郦道元在资料的鉴别中也下过一番工夫,但是由于不少文献出于北方学者之手,这些学者对南方的山川地理,本来就并不清楚,鲁鱼亥豕,所在多有。郦道元无法一一核实,因而又把这类错误流传了下来。前面已经提到的关于《禹贡》三江的曲解,即是其例。卷三十九《庐江水》中的错误,也是这种以讹传讹的例子。这一篇中,只有一句经文:"庐江水出三天子都北,过彭泽县西,北入于江。"这条经文的来源,显然是根据《山海经·海内东经》:"庐江出三天子都,入江彭泽西,一曰天子鄣。"郦道元为《庐江水》作注,写了大约1300字的文章,描述有关庐山的各种风光,并写下"望九江而眺钟、彭焉"的话(指石钟山和彭蠡泽,即今鄱阳湖),按地理位置,显然是在今长江以南的鄱阳湖西边。但今天在这个地区根本找不到一条可与庐江水相当的河流,使得以后的学者为此而煞费考证工夫。清末郦学家杨守敬,认为这条《水经注》称为庐江水的河流,当是今安徽省境内的长江支流清弋江。[12]但清弋江距庐山 300 多公里,江口根本没有像庐山一类的高山,即使有,也无法在这里远眺"钟、彭"。十分明显,庐江水其实是一条牵强附会的河流。

最后,历来学者对《水经注》批评较多的另一方面,是郦道元在资料选择和撰述中的嗜奇引博。在前面第五章《郦道元的治学方法》中,曾经提到他并不迷信鬼神的话,这当然是他的优点。但在另外一面,他对于资料的选择和文字的撰述,确实存在不同程度猎奇的倾向。明代郦学家杨慎在他的《水经序》中指出:"若郦氏注衍为四十卷,厌其枝蔓太繁,颇无关涉,首注河水两字,泛引佛经怪诞之说,几数千言,亦赘已。"清代的著名郦学家全祖望,在他为赵一清《水经注释》所撰的序言中也说:"乃以过于嗜奇,称繁引博。"另一清代学者凌扬藻则说:"但嗜奇博,读者眩焉。"[13]当然,这些学者提出的批评,还可以继续商榷。但由于郦道元的猎奇倾向而影响了资料的选择,这方面是举得出例子的。

卷三十九《赣水》经"又北过南昌县西"注中,曾对建成县的燃石矿作了记载。对于这种矿物,南朝宋雷次宗在《豫章记》中作了清楚的记载:"县有葛乡,有石炭二顷,可燃以炊。"对于我国境内的煤炭资源的记载,以及"石炭"这一科学名称的使用,《豫章记》是现存最早的资料,这是我在早年已经指出的。[14]郦道元是否看到《豫章记》这种文献呢?显然是看到的。因为在《赣水注》中,注文曾两次提及雷次宗,同卷《庐江水注》中,也引用了《豫章记》,说明这是他作注时的常用文献之一。但是,《水经注》在记载建成县的这种矿物时,却偏偏不用《豫章记》而用了《异物志》的说法:"《异物志》曰:石色黄白而理疏,以水灌之,便热;以鼎著其上,炊足以熟。置之则冷,灌之则热,如此无穷。"

用现在的尺度来衡量,《豫章记》对煤炭的科学描述,当然比《异物志》牵强附会的说法要好得多。但是由于前者看来平淡无奇,而后者则是一种奇谈怪闻,因而郦道元采用了后者。

如上所述,说明像《水经注》这样的一部历史名著,毕竟也存在不少错误和缺点,历来也曾有不少学者对它提出过这样那样的批评。让今天的读者了解这方面的事实,实在也是很有必要的。当然,古人议论此书的错误,材料都是分散的,而现在我把这些材料集中起来了。不过分散也好,集中也好,所有这些错误和缺点,对于这部历史名著所取得的成就来说,都是瑕不掩瑜的。

注释：

① 《通典》卷一七四《州郡四》。

② 《禹贡锥指》卷一三(上)。

③ 《水经注图说残稿》卷一。

④ 《析郫》,载《卮林》卷一。

⑤ 《中华文史论丛》1984 年第 3 辑。

⑥ 陈桥驿《水经注记载的南亚地理》,载《南亚研究》1983 年第 4 期。

⑦ 《析郫》。

⑧ 《禹贡论》(上)卷一四。

⑨ 《水经注释》卷一四《濡水注》,赵一清释。

⑩ 《禹贡锥指》卷十一(上)。

⑪ 《扎迻十二卷》卷三。

⑫ 《山海经、汉志、水经注庐江异同答问》,载《晦明轩稿》上册。

⑬ 《蠡勺编》卷二一。

⑭ 陈桥驿《世界煤炭地理》,商务印书馆 1960 年版,第 1 页。

十一、《水经注》的流传

《水经注》传抄和著名的抄本

《水经注》完成于1400多年以前,当时,雕板印刷尚未出现,一切书籍的流行都要通过传抄。《水经注》当然也是依靠传抄而流传下来的。但30多万字的著作,从头到尾抄写一遍,要花很多时间,因此,传抄是一件很不容易的工作。而且抄录这样长的文字,中间一定会有许多抄错的地方。所以,辗转传抄的结果,书籍一定会发生越来越多的错误。

《水经注》写成以后不久,郦道元就遇害,当时这部著作有几部抄本,也不得而知。那时候,北魏的国势已经大大衰落,从郦道元死后到隋王朝统一的半个多世纪中,北方战火蔓延,北魏首都洛阳曾经几次遭到兵灾,焚烧殆尽,但《水经注》的为数不多的抄本,能够渡过成书以后的这一段最危险的时期,真是一个奇迹。

隋统一中国后,《水经注》的抄本被朝廷保藏起来,成为国家的藏书。所以《隋书·经籍志》中有《水经注》一书的著录,卷数是40卷。也就是说,这是《水经注》完整无缺的本子。唐王朝取代了隋王朝后,这种传抄的《水经注》本子,就成为唐朝的国家藏书,所以《旧唐书·经籍志》和《新唐书·艺文志》,都有此书的著录,卷数仍为40卷,仍是此书的足本。从唐朝经五代直到北宋初期,《水经注》的抄本,还是完整无损地代代相传,成为历朝的国家藏书。

　　为什么说,从北魏成书到北宋初年,《水经注》的传抄本一直是完整无缺的? 上面所举的几种正史经籍志的著录都是 40 卷,这不是唯一的理由。因为此书残缺以后,经过拼凑,仍然号称 40 卷。所以全书完整与否,不能单看卷数。北宋以前的《水经注》抄本未曾残缺的重要原因,还应从内容去考察。因为从隋、唐到北宋,朝廷都编过一些类似今天百科全书的称为"类书"的著作,如隋代的《北堂书抄》、唐代的《初学记》和宋初的《太平御览》等。另外,朝廷还组织一些人集体撰写地理书,如唐代的《元和郡县志》,宋初的《太平寰宇记》等。在这些书中,引用了大量《水经注》的文字,而在这些引文中,我们发现有许多是今本《水经注》所没有的。例如,这些类书和地理书上的引文中有《水经注》里泾水、滹沱水、(北)洛水等的卷篇,但这些卷篇在今本《水经注》里已经不见了。由此可以证明,《水经注》到宋初时的抄本,还是足本。

　　《水经注》是从什么时候发现残缺的? 那是在北宋景祐年间(1034—1038)。当时,北宋朝廷的藏书库称为崇文院,崇文院在景祐年间整理藏书,编了一个图书目录,称为《崇文总目》。在这个《崇文总目》中,《水经注》被著录为 35 卷。从这个时候起,北宋以前的那些类书和地理书上所引的泾水、滹沱水、(北)洛水等卷篇就不见了。

　　当然,景祐以前的完整本子也好,景祐以后的残缺本子也好,这些本子都是抄本,而且都为朝廷所有,一般人是不容易见到的。《水经注》的抄本,何时从朝廷传抄到民间? 可能是在唐朝的后期。因为在这以前,没有一个一般的知识分子在他的著作中提到《水经注》。但唐朝后期的诗人陆龟蒙,在诗中有"山经水疏不离身"的话,说明这时一般的知识分子已经可以读到《水经注》了,抄本必定已流传到了民间。到了北宋,此书在民间的流传可能已较广泛。著名文学家苏轼写诗说:"嗟我乐何深,《水经》亦屡读。"苏东坡的话是不假的,他不仅以读《水经注》为乐,而且在他的文章中也引用了《水经注》的内容。在他著名的《石钟山记》一文中,就引了一整段《水经注》的文字。[①]但苏东坡所引的这段文字,在今本《水经注》中也找不到,说明他所收藏的这个抄本,或许也是足本。

　　在《水经注》互相传抄的阶段里,收藏此书抄本的人是各式各样的。有的是藏书家,他们获得抄本的目的就是收藏,尽管有些藏书家本身也很有学问,但是他们收藏的书很多,所以不大可能对他们所收藏的大量抄本进行校勘。也有一些是冒充斯文的人,这些人藏书是为了装饰门面。他们不学无术,胸无点墨,书籍到了他们家里,就注定要与蠹鱼为伍,最后破烂毁损。但毕竟也有一些藏书家,如上述陆龟蒙和苏东坡,他们都是著名的学者,书籍到了他们手上,不仅常常阅读,而且不断地进行校勘。这些人手上的抄本,最后很可能成为价值连城的善本。

　　可惜,《水经注》宋代抄本,现在早已不见踪影。从宋代抄本中抄出的本子,现在也已绝无所闻。元代也没有抄本流传,明初纂修《永乐大典》,《水经注》也抄录在内,这个抄本一直流传下来,我们称它为《永乐大典》本。这是我们已知的现存最早的《水经注》抄本。民国以后,这个抄本影印出版,所以大家都能看到了。此外,在明代,还有一些郦学家的私人抄本,比较著名的有柳大中的影宋校本和赵琦美的三校本等,后来也都已失传。不过,清朝有学者把他们抄本中的主要校勘成果又辗转抄录出来,孙潜抄本就是其中之一。此外,北京图书馆还收藏着明抄本两部,一部是稽瑞楼藏,从宋元写刊本中抄出,有清何焯、顾广圻等校跋。另一部是海盐朱希祖旧藏,也是从宋本抄出,②有王国维、章炳麟等校跋。王国维在为此书作跋中,曾对此书备加推崇:"今日郦书旧本,不得不推此本为第一矣。"③天津人民图书馆也藏有一部明抄残本,称为《练湖书院抄本》,仅存卷二十一到二十四,卷二十九到四十,共 16 卷。这些都是今日尚可见到的著名明抄本。

在清代的《水经注》抄本中,最著名的是天津人民图书馆所藏的《小山堂五校钞本》。这是一部完整无缺的清抄本,卷首有"戊午夏钞篁庵病翁五校毕漫志于首"题字,戊午是乾隆三年(1738),故是全祖望 33 岁时的作品。正文以外,批注甚多,要旨与赵一清《水经注释》完全符合,所以批注出于赵一清之手可以无疑。这部抄本实熔清代著名郦学家全祖望和赵一清两人业绩于一炉,确是郦学遗产中的瓌宝。④

由于清代距现时不远,所以除了抄本以外,甚至还有一部稿本留存。这就是南京图书馆所藏的沈钦韩《水经注疏证》。⑤此书原为西安图书馆于 1948 年所发现,原藏西安,以后不知如何转移到南京。⑥沈钦韩字文起,生于乾隆四十年(1775),卒于道光十二年(1882 年),是著名的历史学家和地理学家。其书取法殿本和赵一清《水经注释》,在佚文辑录和疑难疏证等方面都有独到之处。此书又有抄本两部:一藏北京图书馆,一藏上海图书馆。

以上所述,是《水经注》抄本传抄和流传的大概情况,现存抄本不论是完整的或是残损的,都是前辈郦学家的成果,对今后的郦学研究都有重要的意义,是郦学史上的重要财富,所以必须妥为保藏,并加以整理、影印或排印,使之不再受到损失。

雕板印刷和著名刻本

印刷术是我们祖国的伟大发明之一。早在公元 9 世纪初期,雕板印刷品已经成为商品,在社会上出售。唐代著名诗人元稹在越州(今绍兴)任官时,亲眼看到乡村学校中用雕板印刷品进行教学。⑦当然,在雕板印刷发展的初期,成本必然相当高昂,因此,要印刷大部头著作,恐怕还有一定困难。所以它的大规模发展,一直要到北宋中叶。

根据记载,宋真宗于景德二年(1005)五月到国子监书库查阅。他询问祭酒邢昺,书库藏有多少书版?邢昺回答说,国初不到4000,现在已有10余万,经史等书已经大体完备。说明雕板印刷在北宋初期还相当落后,国家书库中只有雕板4000块,4000块也就是4000张,合8000页。如以50页为一卷计算,则当时朝廷官版的刊印书籍不过160卷。真宗时代,官刊书籍才迅速增加,但像《孟子》这样的重要书籍,也要到此时才雕板付印。⑧因此,可以设想,《水经注》一书的刊印,不会早于北宋中期。

现在知道,《水经注》的第一种刊本是成都府学宫刊本,但这个刊本雕板刊印的具体年代却不得而知。不过《水经注》的第二种刊本刊于北宋元祐二年(1087)。按这样的估计,成都府学宫刊本不会比元祐刊本早得太多,最早也不过是熙宁(1068—1077)或元丰(1078—1085)年代的产物。现在,成都府学宫刊本早已亡佚,只能从其他评论中知道这是一种内容不佳的刊本,全书只有30卷,缺佚很多,而且经注混淆(即经文和注文混杂不分),错误很多。元祐二年刊本也已经亡佚,不过明朝有一位刻书家吴琯,他以这种刊本为底本所刻的《水经注》,现在仍然存在。所以我们还可以通过吴琯刊本,了解元祐刊本的大概面貌。现在,北京图书馆还保存着一部残缺不全的南宋刊本,尽管所存已不到全书的1/3,⑨但这是我们可以看到的唯一一部宋版《水经注》,所以十分珍贵。

明朝以后,雕板印刷有了很大的发展,刊本很多。至今尚有流传的明代刊本,有嘉靖十三年(1534)的黄省曾刊本和前面已经提到的万历十三年(1585)的吴琯刊本等。其中最著名的刊本是万历四十三年(1615)由朱谋㙔校勘的《水经注笺》。这是《水经注》刊本史上的名本之一。由于朱谋㙔在校勘上花了极大的精力,改正了历来沿袭的许多错误。清初著名学者顾炎武曾经推崇此书为"三百年来一部书"。⑩在《水经注笺》的基础上,清初的许多郦学家,进一步认真校勘,仔细修订,出现了不少优秀刊本。特别是在乾隆年代郦学研究进入全盛时期以后,先后刊印了两种超越前代一切刊本的佳本,其中一本是赵一清所校勘,于乾隆十九年(1754)刊印的《水经注释》。此书,按清代著名学者、《合校本水经注》的编者王先谦的评价,是赵一清"数十年考订苦心"的杰作。⑪

范希曾在《书目答问补正》卷二中著录此书说:

　　《水经注释》四十卷,《刊误》十二卷。赵一清。原刻本。[补]乾隆十九年赵氏家刻,乾隆五十一年毕沅开封刻本,光绪间四明张寿荣花雨楼刻本,光绪间会稽章寿康刻本。

范希曾所提供的这项资料,在郦学研究史上具有重要价值。为什么重要?因为它牵涉郦学界的一场大论战。即戴震是否抄袭了赵一清的问题。这场论战的简单经过是这样的:戴震于乾隆三十八年(1773)奉召入四库馆主持《水经注》整订工作,次年(1774)完成武英殿本即官本《水经注》。赵一清的《水经注释》成书于乾隆十九年,比戴书早二十年。但人们普遍看到的赵书刻本,是乾隆五十一年(1786)由毕沅作序的开封刻本。这个本子比殿本要晚十二年。当这个本子问世以后,人们才发现,殿本无论在体例上和内容上,与赵本实在十分近似。于是,当时的著名学者如魏源[12]、张穆[13]等,纷纷撰文揭发,指出戴震抄袭了赵书。因为当《四库全书》开馆之时,浙江巡抚曾经呈进了赵书抄本,这是有案可查的事。但另一方面,戴震的学生如段玉裁等,则袒护他们的老师。而且,由于赵书的乾隆五十一年刻本在雕板前,曾经经过梁履绳等人整订,当时殿本早已出版,因此,段玉裁又反过来指责梁履绳在整订赵书时,抄袭了殿本,出现了赵书袭戴的说法。这场论战一直赓续到民国以后。当然,绝大多数学者都站在赵一清一边,认为戴书袭赵无疑。像王国维,甚至对戴震使用了十分严厉的词句[14]。也有少数学者站在戴震一边,代表人物就是胡适。胡适在其后半生,学术研究的主要精力放在《水经注》,其目的十分明确,就是为了替戴震辩诬。

从道德的准则来说,不管谁抄谁,抄袭总是可耻的行为,是应该受到后世指责的。但抄袭毕竟是个别小人的事,犯不着大动干戈。而戴、赵相袭一案,竟至于牵动整个郦学界,并且持续了长久时间,影响了郦学研究的正常发展。论战之中,明显地出现了意气用事、小题大做的情况。因此,这样的事实不宜在以后的郦学界延续下去,所以本书不拟详细介绍和评述此事。

我在这里重提此事,只是为了指出一点,就是在长期的论战之中,论战双方对于赵书最早刻本的看法,却是完全相同的。双方都认为,赵书的最早刻本,是乾隆五十一年的开封刻本。指责戴震的一方,也只说戴震在四库馆看了赵书抄本。袒护戴震的一方,像胡适这样,经过多方搜求,特地写了一篇《跋赵一清〈水经注释〉抄刻本四种》[15]的文章,论定赵书的最早刻本也是乾隆五十一年的初修刻本。

现在,根据范希曾提供的资料,赵书在乾隆十九年,即在开封刻本的32年以前,也就是戴震殿本的20年以前,已经有了家刻本。范希曾的《书目答问补正》,是补正张之洞在光绪二年(1876)刊行的《书目答问》一书的,此书在当时流行甚广,影响很大。但张之洞在此书卷首的《略例》中说:“近人撰述,成而未刊,刊而未见者尚多。”范希曾撰《补正》,补入了1200余种,赵书乾隆十九年家刻本即是其中之一。范是一位治学严谨的学者,应该说,他的《补正》是可靠的。[16]为什么许多学者都不曾看到这部最早的赵氏家刻本?原因很简单,因为赵一清是一位寒士,资力有限,当时的印数一定很少,古书刻本因此而不为人见的例子很多,在郦注刻本之中,这样的例子也不是没有。赵一清在《水经注释附录》中,也曾经提到过一种刻本:“近年真州又重镂板,颇称工致,然窃朱篆为己有,中多删节,尤乖旨趣,俗学疑焉。"赵一清把这种剽窃朱谋㙔《水经注笺》的真州刻本,说得清清楚楚,说明是他亲眼目睹无疑。但从此以后,不仅没有人再看到过这种版本,也没有任何书刊著录或提到过这种版本。想来也是由于印数不多,不久就亡佚了。范希曾的《书目答问补正》的情况也正相同,此书直到1931年才由南京国学图书馆刊行,国学图书馆不是一个出版机构,印数当然很少。当时,老一辈的论战者如杨守敬、王国维等已经物故,而稍晚的论战者如孟森、胡适、钟凤年等,都因此书印数很少而未见到,所以没有在论战中引用这项资料。其实,对于这场论战来说,赵书乾隆十九年刻本的肯定,可能具有关键性的意义。因为现在可以这样说,在殿本刊行前20年,另一种与20年后的殿本在体例和内容上十分近似的《水经注释》,已经刊行问世。这样,这场论战对于戴震或许就更是致命的了。

我简单地叙述此事,绝对不是要旧事重提,再次挑起这场论战。我是十分反对这场论战扩大到如此地步的。因为既然谈《水经注》的刻本,对于这一种长期来不为人所知的《水经注释》乾隆十九年刻本,当然应该提出来让大家知道和重视。乾隆年代是我国郦学史上叱咤风云的时代,全祖望、赵一清、戴震是这个时代的重要代表人物。此3人都有他们校勘的《水经注》版本。但是在过去,人们都认为殿本是3人的刻本中最早刊行的,现在应该这样说,早在殿本刊行以前20年,赵一清的《水经注释》已经刊行了。

《水经注释》刊行以后,接着刊行的是武英殿聚珍本,即所谓殿本或官本,[17]由于这是戴震在四库馆官修的书,所以具有优越的条件。他可以看到其他学者看不到的一切朝廷内库藏书,特别是《永乐大典》本《水经注》。撇开上面简单介绍过的论战,就事论事地说,殿本确实是历来所有刻本中最好的版本。因为此书是《四库全书》中的一种,所以《四库全书提要》对它有一段评价:"凡补其缺漏者二千一百二十八字,删其妄增者一千四百四十八字,正其臆改者三千七百一十五字,神明焕然,顿还旧观。"这当然不是戴震一个人的功劳,而是从宋、明以来许许多多郦学家特别是朱谋㙔、赵一清等人辛勤劳动的成果。

继殿本以后刊行的另一种郦注刻本,是全祖望的《七校本水经注》。全祖望的家族是一个郦学世家,他的祖上全元立、全天叙、全吾骐,三世以来都从事《水经注》的校勘。有一本称为《双韭山房校本》的家传旧本。全氏一生之中,校此书共达七次,作出了不少贡献。但他的成果一直到他死后多年才得刊行,这就是光绪十四年(1888)由薛福成付刊的《七校本》。这个本子在付刊以前,曾经经过秀才王梓材校订,可惜的是,王梓材竟以当时早已出版的殿本与之对勘,在不少地方用殿本的成果修改了《七校本》却又不作说明。王梓材的这种欲益反损的行为,后来被人们核对出来,影响了这部刻本的声誉,甚至被林颐山斥为伪造。[⑬]对于古籍的校勘者来说,这是一次值得记取的教训。

在郦学史上,《水经注》的最后一种刻本,是王先谦的《合校本水经注》,刊行于光绪十八年(1892)。王先谦也是一位著名的郦学家,他生平外出旅行,必定随带《水经注》,用以考察各地山川,这就是他在《合校本序》中所说的:"余耽此三十年,足迹所至,必以自随。"为了熔各家名本于一炉,他以殿本为底本,把朱谋㙔的《水经注笺》、赵一清的《水经注释》以及孙星衍等校本的成果收入在内,凡是这些本子与殿本有不同的,均补刊在殿本文下,读者得此一书,可以兼知各种名本的校勘成果,收事半功倍之效。所以这是一种受人欢迎的佳本。

石印本、铅印本、影印本

书籍从传抄到雕板印刷,当然是一种飞跃的进步。因为抄一部书,要花很大的精力和很多的时间,而且所得无非是一部书。雕板印刷虽然在雕刻阶段也要花许多时间,并且还要较多的资金。但一旦雕刻完成,一次就可以印上百部、上千部,效率比传抄不知要大多少倍。而且,传抄的书,有必要每一部都进行校对,才能减少错误。刊本只要在原版上校对一次,印刷出来就能无误,可以提高书籍的质量。随着印刷技术的进步,雕板印刷又发展为活字印刷,效率当然更为提高。

清代后期,欧洲在18世纪末年出现的石版印刷技术[⑲]传入中国,就是我们通常所称的石印。这是一种利用水油相拒原理的印刷术,以天然的多微孔的石印石作为版材,用脂肪性的转写墨直接把文字和图画缮写或描绘在石面上,经过一定的处理以后,就可以印刷在纸上。与雕板印刷相比,这种印刷技术就要节省得多。它不需要大批木料和雕工,只要由书写技术的人直接写在石版上就行。而且印制迅速,成品清晰,也都可超过一般的木板书。于是,石印书籍在这时就大批出现,当然也包括《水经注》在内。光绪二十年(1894)长沙宝华书局石印的巾箱本《合校水经注》,即是其中之一。石版印刷唯一不及雕板印刷的地方,是雕板印刷在一次印完后,木板可以保藏起来,到书籍售完时继续再印。但石印是书写在石版上的,一次印毕后,石板还要继续再用,所以就随即磨去,无法保藏,第二次印刷时还要重新再写。这种缺点,以后就由铅字印刷加以解决。

铅印是至今流行的、大家所熟悉的印刷技术。由于在印制过程中需要通过铅字的排植然后制版,所以铅印本通常又称排印本。铅印本在印制前制成纸型,可以长期保存,不仅比石印本更为省事,而且印刷质量也高得多。我国在30年代曾经出版过几种铅印本《水经注》：一种是商务印书馆出版的《四部丛刊》本，系由殿本排印而成；另一种是中华书局出版的《四部备要》本，系由合校本排印而成。这两种铅印本《水经注》的出版，对此书在我国的流行，发生了很大的影响。另外还有两种铅印本：一种是商务印书馆的《国学基本丛书》本，也是以殿本为底本，用旧式标点分开句读，40卷分装上下两册。另一种由世界书局出版，将殿本加以旧式标点，四十卷合装一册。后面两种在印刷、校对等方面当然不及前面两种，但在此书的普及方面，也起了很大的作用。

从印刷技术的发展历史来看，即使到今天，铅印还是最经济便利和广泛使用的书刊印刷手段。把一部抄本或原稿本排制成铅印本，通过排字和几次校对，可以毫无错误地把抄本或原稿本的内容，在铅印本上反映出来，不仅清晰美观，而且大大缩减了抄本或原稿本的体积和重量，既减轻了读者的经济负担，又便于运输、寄递和收藏，这是一举数得的事情。

但是这中间也存在一个问题，在一般情况下，一叠普通的原稿或一种寻常的抄本，要把它们排制成为铅印本，当然是简单易行的事。但是假使是一部有价值的原稿本或抄本，即我们通常所说的善本，经过许多藏书家的收藏和学者的阅读，不仅是卷内卷外加满了各种有考据价值的藏书印记，而且在字里行间、天头地脚，都写满了不少学者的批注，甚至在正文之中，也有许多涂抹勾乙。今天津市人民图书馆所珍藏的一部《小山堂五校抄本水经注》，就是这样的一种善本。这样的书，假使要通过铅字排印的方法来保持书籍的原貌，那是不可能办到的。因此，长期以来，一些著名的稿本和抄本，只好收藏在善本书库里供极少数学者阅读，广大读者是无缘问津的了。

不过，随着印刷业的进步，由于照相技术在印刷业中应用，像这种过去无法设想的事，后来居然也变得可以做到了。把原稿一页一页地拍成照片，然后拿照片制版，印成书籍，这种书籍就和原稿丝毫无异，这就是影印本。前面已经提到，我们所知现存的最早《水经注》抄本，就是明初的《永乐大典》本。《永乐大典》是按韵目编纂的，全部《水经注》被抄录在这部大典的卷一一一二七到卷一一一四二之中。乾隆年间，戴震在四库全书馆修订《水经注》，就把朝廷所藏的这个本子，拿出来参校。那时候，除了戴震以外，任何一位郦学家都看不到此书，因为这是朝廷所藏的一部孤本。由于这个原因，在前面提及的戴、赵相袭的大论战中，《永乐大典》本也成为论战双方的焦点之一。戴震有恃于此书为他一人所独见，就把其他本子包括赵一清《水经注释》等的参校成果，统统归之于《大典本》。而另一方的学者，则认为这是戴震的谎言，其中有的学者如叶浩吾、杨守敬等，甚至认为《大典本》并不存在。[20]1922年以后，一些学者编纂《续古逸丛书》，也把《永乐大典》本《水经注》包括在内。为了保持此书的原貌，因而采用了影印的方法，于1935年在商务印书馆出版。这样，《永乐大典》本《水经注》，就成了有史以来《水经注》的第一部影印本。因为《大典本》的公之于众，戴震与此书的关系就得到了澄清。郦学家熊会贞对此作了评论，他说："据《提要》，戴概从《大典本》。实不尽然，多从《大典》，或自订。"[21]这就证明，戴震把一切校勘成果都归功于《大典本》，显然是夸大的。但另外一些郦学家关于《大典本》并不存在的话，无疑也是意气用事的。近人于大成评论说："不意二百年后，《大典》竟自中秘散在人间，又不意《大典》残缺之余，《水经注》之书独全，于是东原掠美东潜者，其迹无所遁形，此则不惟《大典》资于校勘之用，且足以辨章学术，考镜源流，解决学术史上之争端矣"。[22]由此可见，《永乐大典》本《水经注》的影印问世，在我国郦学史上是一件重要的大事。

除了这部影印本以外，新中国成立以后，中国科学院又让科学出版社出版了另一部规模巨大的《水经注》影印本。这就是杨守敬、熊会贞合撰的《水经注疏》。杨守敬是一位清朝末年的地理学家，他毕生从事《水经注》的研究工作。以他的学生熊会贞为助手，为《水经注》作疏，到民国初年就完成了长达120万字的《水经注疏》初稿。大于《水经注》4倍。由于觉得内容还不够完善，他在1915年逝世时遗言熊会贞继续他的事业，一定要完成此书的修订和出版。熊会贞在他老师的嘱咐下，又继续努力了22年。在他于1936年逝世前夕，《水经注疏》已经经过了六七次的校勘，全稿并经过六次改写，终于基本上完成了一个最后的定稿本。十分不幸的是，这部花费了巨大劳动而完成的稿本，竟被人私自盗卖，至今不知下落。熊会贞因受到如此严重的打击，悲惨地于1936年自缢身亡。[23]不过，他在最后定稿以前，曾陆续有几部抄本抄出。熊氏死后，这些他早年的抄本尚有流传。新中国成立以后，中国科学院以巨款从一位藏书家手中购得这样一部抄本，由科学出版社于1957年影印出版。这就是我国出版的第二部《水经注》影印本。熊会贞留下的他早年的另一部抄本，辗转迁移，收藏在台湾省。1971年也由台北中华书局影印出版，这就成为我国的第三部《水经注》影印本。虽然这两部《水经注疏》影印本，都并非杨、熊《水经注疏》的最后定稿本，但是它们都保持着熊会贞早年抄本的面貌。它们对我国今后的郦学研究，必将作出贡献。

注释：

① 这段文字是："下临深潭，微风鼓浪，水石相搏，声如洪钟。"见《苏东坡全集》卷三九。

② 陈桥驿《论水经注的版本》，载《中华文史论丛》1979年第3辑。

③ 《明抄本水经注跋》，载《观堂集林》卷一二。

④ 陈桥驿《小山堂抄本全谢山五校水经注》，载《杭州大学学报》哲学社会科学版，1981年第4期。

⑤　段熙仲《沈钦韩水经注疏证稿本概述》，载《中华文史论丛》1979 年第 3 辑。

⑥　郑德坤、吴天任《水经注研究史料汇编》下册，台北艺文印书馆 1984 年版，第 477 页。

⑦　《白氏长庆集序》，载《元氏长庆集》卷五一。

⑧　毛春翔《古书版本常谈》，中华书局 1965 年版，第 24 页。

⑨　仅存卷五至八，十六至十九，三十四、三十八至四十，共 12 卷，其中首尾完整的只有 10 卷。

⑩　清阎若璩《古文尚书疏证》卷六（下）。

⑪　《合校本水经注序》。

⑫　《书赵校水经注后》，载《胡适手稿》第五集，台北"中央研究院"胡适纪念馆 1969 年发行。

⑬　《赵戴水经注校案》，载《胡适手稿》第五集。

⑭　《聚珍本戴校水经注跋》（载《观堂集林》卷十二）："凡此等学问上可忌可耻之事，东原胥为之而不顾。"

⑮　《胡适手稿》第四集，台北"中央研究院"胡适纪念馆 1968 年发行。

⑯　除《书目答问补正》外，早于《补正》的清莫友芝《邵亭知见传本书目》也有著录："水经注释四十卷，刊误十卷，附录一卷，赵一清，乾隆十九年赵氏刻本，赵氏板后归振绮堂汪氏。"通行的《邵亭知见传本书目》是民国七年上海扫叶山房的石印本，恐亦未为胡适等人所留意。因为假使胡适知道这些书中的著录，他一定会根据著录去追索此书；追索无着，他也一定会写文章指出这些著录的错误。但他的文章中从无一言及之。

⑰　有人称此书为戴本，这是错误的。在戴震进四库馆以前，原来已有他自己校勘的本子，即后来由孔继涵整理付刻的《微波榭本水经注》，这才是戴本。这个本子与殿本在体例和内容上，有很大的差距。

⑱　王先谦《合校本水经注序》。

⑲　石版印刷为布拉格人逊纳菲尔德（Alois Senefelder 1771—1834）于 1798 年发明。

⑳　胡适遗稿《水经注校本的研究》，载《中华义史论丛》1979 年第 2 辑。

㉑　据熊会贞手书《十三页》，载《杨熊合撰水经疏》卷首，台北中华书局 1971 年影印版。

㉒　《永乐大典与大典学》，载《理选楼论学稿》，台北学生书局 1979 年版。

㉓　陈桥驿《关于水经注疏不同版本及其来历的探讨》，载《中华文史论丛》1984 年第 3 辑。

十二、历史上的郦学研究与学派

《水经注》研究和郦学的形成

前面已经指出,《水经注》是一部包罗各种学问的古代地理名著,因而历来有大批学者对它进行研究。人们把包罗在该书中的各种学问,概括为一个简单的总称"郦学",就跟人们研究《红楼梦》而把它称为"红学"一样。当然,郦学的渊源要比红学早1000多年。而且它包罗宏富,使得郦学的内容十分丰富多彩。近千年来,在许多郦学家的努力下,郦学研究有了很多成果,使郦学获得迅速的繁荣和壮大。

早在隋唐时代,人们对《水经注》的研究已经开始。当然,初期的研究是比较肤浅的,主要是剪辑《水经注》的各种资料。有的把这些资料进行分门别类,收入各种类书,如前已提及的隋的《北堂书钞》,唐的《初学记》,宋的《太平御览》等;有的则摘取《水经注》中的片言只语,作为其他书文的解释,例如唐司马贞作《史记索隐》,章怀太子(李贤)注《后汉书》等,都曾用《水经注》的词句作注。有的把《水经注》的资料按地区分类,作为各种地理书的材料,例如前已指出的唐的《元和郡县志》、宋的《太平寰宇记》,等等。所有这些,虽然也都属于《水经注》研究,但研究的内容限于《水经注》的现成词句,研究的方法也不过是各取所需,剪辑这些词句而已。像这种初级的《水经注》研究,对扩大《水经注》一书的社会影响当然具有作用,但对《水经注》这部著作的本身,却是无所考证,无所发明的。

北宋以后,《水经注》的研究有了发展。经礼部郎中蔡珪(正甫)撰写《补正水经》3卷,这是学者深入研究《水经注》的开始。《补正水经》早已亡佚,幸亏元代刊印此书时,有两位元代学者欧阳元[①]和苏天爵[②]为此书写了序言和跋尾,而这序言和跋尾却至今犹存,使我们可以借此大体了解此书内容,知道此书对《水经注》多所补正,特别是对于我国南方的河流。当时曾有人以此书为准,校正《水经注》的错误。由此可知,蔡珪的研究已经跳出隋唐学者寻文摘句的窠臼,而开始对《水经注》这部著作本身进行研究。在以后许多学者对《水经注》所作的大量校勘、疏证、补遗、纠谬的工作中,蔡珪迈出了第一步,在郦学研究史中,是具有重要意义的。

考据学派——基础学派

从明代起,《水经注》的研究开始盛行,许多学者根据宋代流传的刊本和抄本从事此书的校勘和注疏工作。《水经注》从它的成书直到北宋后期,在五个半世纪以上的时间里,一直依靠辗转传抄获得流传。在辗转传抄的过程中,发生了许多以讹传讹的错误。不仅是错误、脱漏和整卷、整篇的亡佚,而且由于传抄者贪图方便,往往不遵照原书的体例抄写,这样就使经文和注文夹杂在一起,造成通常所说的经注混淆的局面。北宋后期刊本出现,但是由于前面已经提到的,最早的刊本如成都府学宫刊本和元祐二年刊本,其底本都不是很好的抄本,所以这些刊本也同样错误百出,不经过仔细校勘考订,这样的抄本和刊本,实在是无法阅读的。

明代有不少郦学家从事校勘工作,其中有的郦学家尽毕生精力工作,获得了优异的成绩。但是因为在那时候,要把一部书进行雕板印刷,必须有很多资金,一般知识分子是无力承担的。结果是他们辛勤劳动的成果,仍然只是一部抄本,抄本一旦毁损遗失,他们的毕生辛苦也就化为乌有。前面提到的柳大中影宋校本和赵琦美三校本等,结果都未曾刊行,最后终于亡佚。也有一些郦学家,他们毕生辛勤的成果,被幸运地传抄和保存了下来,前面提到的北京图书馆所藏两部明抄本,即一部清何焯、顾广圻校阅的明抄本,和另一部王国维、章炳麟校阅的明抄本,天津人民图书馆收藏一部称为练湖书院抄本的残缺明抄本,都是侥幸留存的明抄本的例子。

郦学家的校勘考订成果,最后能够雕板印刷而成书的,其影响当然要比一部抄本大得多,特别是那种在校勘和考订中获得极大成就的刊本。在明朝一代中,这样的郦学家和这样的成果,无疑就是前面指出的朱谋㙔和他的刊本《水经注笺》。朱谋㙔在分清经注、改正错漏等方面下了大量工夫,并且做了不少注释,使这部当时已经不堪卒读的古书,渐趋通畅可读,使后来的郦学家从此有了一种可以作为研究依据的版本。

清代著名郦学家赵一清和戴震,开始时都是以《水经注笺》为底本,从事他们的研究工作的,以后才有了他们各自的版本。杨守敬、熊会贞撰写《水经注疏》,尽管当时社会上最流行和评价最高的是戴震的官本,但他们却以《水经注笺》为底本。熊会贞曾经强调他的书以《水经注笺》为底本的重要意义。他说:"必如此,全书方有主义。"③由此可见朱谋㙔的研究及其成果,在后世郦学研究中具有十分深远的影响,所以朱谋㙔不愧为我国郦学研究中的第一个学派——考据学派的创始人。

朱谋㙔在郦学研究中所创立的这个学派,进入清代以后出现了鼎盛的局面。这一时期的郦学家和研究成果极多,无法一一列举。其中有些学者在此书校勘和考据上,是花了极大工夫的。例如康熙年代的学者何焯,于1694年年初校此书,到1718年才完成他的著作《何焯校本水经注》(未刊行,只存抄本),真是尽了他的毕生精力(何焯死于1722年)。另一雍正年代的郦学家沈炳巽,于1725年年初校此书,到1731年才完成他的工作,这就是以后获得刊行的《水经注集释订讹》。进入乾隆年代以后,考据学派有了更大的发展,出现了一个登峰造极的局面。当时的郦学家和研究成果如雨后春笋,而其中最著名的是全祖望、赵一清和戴震3家。全祖望如前已指出的,出身于一个郦学家家庭,他的祖上,数代都是郦学家。他积累祖上的研究成果,毕生对《水经注》做了7次校勘,而在分清经、注的考订上,贡献最大。赵一清是全祖望的好友,他毕生致力于郦学研究,并且与全祖望相互切磋,至今流传着他们两人之间关于郦学研究的往来书札。他的著作就是前已提到的《水经注释》。此书是当时在郦学研究领域中开出的一枝奇葩,至今仍是《水经注》的佳本之一。戴震是唯一有机会进入四库馆参与《四库全书》编纂的郦学家。他在进入四库馆以前,已经有了他自己考订的《水经注》;进入四库馆以后,由于能够看到《永乐大典》本《水经注》,和其他的一些稀见版本和抄本,于是他参照这些稀见之本,一反他原来考订的定本,编纂成前已提及的官本《水经注》。由于他占有了以前的许多郦学家的成果,因此殿本《水经注》至今仍然是此书的最佳版本。

全、赵、戴3家以后,考据学派从此就没有出现过像乾隆年代那样的兴旺局面。《水经注》由于多年来的辗转传抄而造成的大量错误,自从朱谋㙔开创这个学派以来,多少考据学派的郦学家,以他们的辛勤工作,使此书从残缺不全、错误连篇,逐渐地接近于完璧,为后世郦学家及广大读者创造了利用此书,进行各种研究的良好条件。因此,考据学派是郦学研究中的基础学派,它为郦学研究做了许多基础工作。考据学派最后提供了全祖望的《七校水经注》、赵一清的《水经注释》、戴震的殿本《水经注》等前所未有的佳本。但是,从各方面的要求来看,这些《水经注》佳本,仍然还不能满足郦学研究的需要,错漏之处也还仍然存在,有待进一步改进。为此,这个学派虽然已经取得了辉煌的成果，但却并未完成他们的历史任务，在今后的郦学研究中，校勘、考据等工作量还很不小，所以这个学派今后绝不会"英雄无用武之地"。

词章学派——欣赏学派

《水经注》是一部学术著作，但前面提到，它在文学上也有重要价值，自古以来，文人学士欣赏《水经注》中出神入化的描写，和优美雅致的文笔的不乏其人。前面已经引用唐末诗人陆龟蒙和宋代大文豪苏东坡的诗句，说明对于此书从文学角度进行欣赏，实在由来已久。明朝有个著名学者杨慎，花工夫把《水经注》的文笔佳处，即清刘献廷所说的"片言只语，妙绝古今"④的许多描写，摘录成为一编，供吟诵欣赏之用。⑤明朝另外还有一个郦学家朱之臣，把《水经注》在词章上特别出色的卷篇，摘成一书，名为《水经注删》，北京图书馆还藏有此书刊本。说明到了明朝，从文学角度对《水经注》的词章和写作技巧进行研究和欣赏，已经非常普遍。最后，万历年代的著名郦学家钟惺和谭元春两人，终于完成和创立了郦学研究中的这个词章学派。钟和谭都是当时有影响的文学家和诗人，由于两人都是竟陵（今湖北省钟祥县一带）人，他们的文学风格，被称为"竟陵体"，声名不下于以著名文学家袁宏道为首的"公安体"。《明史·文苑传》说："钟、谭之名满天下。"他们的声名可见一斑。词章学派不重视《水经注》在学术上的价值，主要是研究和欣赏它的优美辞藻和写作技巧。谭元春说："予之所得于郦注者，自空濛萧瑟之外，真无一物，而独喜善长读万卷书，行尽天下山水，囚捉幽异，掬弄光彩，归于一绪。"⑥由此可知，他认为《水经注》除了词章以外，就"空无一物"，因为他是按他的兴趣和素养去研究和欣赏《水经注》的。尽管他的看法十分片面，但这并不影响其他学派对《水经注》研究。相反，各个学派用各种绝不相同的观点去研究《水经注》，是有利于繁荣郦学的。钟惺和谭元春以《水经注笺》为底本，对各卷各篇品词评句，任意发挥。在历来评论《水经注》词章的学者中，他们提出了最系统和最完整的见解。他们的研究成果，在明崇祯二年（1629）刊印，这就是现在收藏在北京图书馆的明版钟惺、谭元春评点本《水经注》。

词章学派按其性质，是郦学研究中的欣赏学派。《水经注》由于在文学上有很高的造诣，因此，对此书词章上的欣赏，无论在陶冶人民性情，丰富人民精神生活以及培养后学的文学技巧等方面，都有非常重要的价值。在《水经注》不少卷篇中，郦道元采用了游记的体裁进行写作。从现代旅游业的观点来评价，我国古代的游记，特别是像《水经注》这样语言生动、描写深刻、范围广阔的游记，是我们非常宝贵的旅游资源。郦学研究中的词章学派，以他们在文学上的深厚素养，对《水经注》这部优美的游记和文学作品加以评点,真是画龙点睛,对后学有很大启发。所以,今后郦学研究中的这个学派,仍将是大有可为的。

地理学派——实用学派

自从清初以来,郦学研究中的另一个学派,即地理学派,已经逐渐酝酿成熟,在郦学界显露头角。明末清初的学者黄宗羲(梨洲),在郦学研究中批判了考据学派的不务实际的流弊,说:"朱鬱仪(即朱谋㙔)《水经注笺》,毛举一、二传写之误,无所发明"。[⑦]这里,他所说的"发明",是指在地理学上的发明。他又批判词章学派的知识浅薄,说:"今世读是书者,大抵钟伯敬(即钟惺)其人,则简朴之诮,有所不辞尔。"[⑧]这话最后两句的意思是:人们说他知识浅薄,这是恰如其分的。黄宗羲曾经指出《水经注》中南方河流记载的不少错误,为了弥补这些错误,他编写了《今水经》一卷。书中先列表简示全国水道,然后按北水(淮水以北)、南水的次序,简单地描述了全国的重要河流。《今水经》虽然过于简单,说不上什么学术价值,但是这是从地理学角度从事郦学研究的成果。

清初的另一位郦学家刘献廷,显然以词章学派的研究风行一时为不满。他说:"《水经注》千年以来无人能读,纵有读而叹其佳者,亦只赏其词句,为游记诗赋中用耳。"[⑨]不管他的评论是否也嫌片面,但他提倡重视《水经注》一书在地理学上的作用,无疑是很正确的。另外一位清代学者陈运溶,又指出:"近世为《水经》之学者,又皆校正字句,无所发明。"[⑩]他的话当然是指考据学派的,话虽有失公允,但他对《水经注》研究应该加强地理学内容的希望,却也是无可非议的。这些都说明,郦学研究中的地理学派,在清代已经逐渐抬头。

地理学派中的另一些先驱人物,把《水经注》研究与地图结合起来,尝试绘制《水经注图》。前面提到的刘献廷的一个好友黄仪,是清代郦学家中最早联系地图的学者之一,曾按《水经注》每水绘一图,并考证两岸支流,一并绘入图内。赵一清在撰写他的《水经注释》时,还看到过黄仪所绘的这套《水经注图》。赵一清称赞此图"精美绝伦"。[⑪]可惜此图早已亡佚,我们现在无法看到了。黄仪以后,清代的另外两个学者董祐诚和汪士铎,也都绘制过《水经注图》,前者称为《水经注图说》,后者称为《水经注图》。不过前者未曾撰绘完竣,后者则比较粗陋,学术价值不高。直到光绪三十年(1904),杨守敬和他的学生熊会贞,在完成了郦学研究的重要成果《水经注疏》初稿的同时,编绘了《水经注图》1套,全图8册,采用古今对照、朱墨套印的形式,于光绪三十一年(1905)刊行。这是我国郦学研究史上第一种比较完整的《水经注图》。杨、熊两人都是对地理学有精湛研究的学者,而《水经注疏》初稿的完成和《水经注图》的编绘,都标志郦学研究中的地理学派已经成熟,而杨守敬和熊会贞,正是这个后起的地理学派的代表人物。

地理学派在我国郦学研究的3个学派中,虽然成熟较晚,但是因为它是郦学研究中的实用学派,所以具有极强的生命力和远大的前途。前面已经指出,《水经注》本身是一部地理著作,有丰富的自然地理学和人文地理学内容,它为我们在地理学研究上提供了充分的资料。从近年来我国历史地理学界的研究来看,这方面的例子不胜枚举。有的学者根据《水经注》的记载,研究壶口瀑布的位置迁移,成功地推算了黄河这一河段溯源侵蚀的速度。[12]有的学者根据《河水注》、《淄水注》、《濡水注》、《鲍丘水注》等资料,研究古代海岸的变迁,也获得了令人满意的成果。[13]有的学者根据《浪水注》研究古代广州城市的发展,由于注文内关于"水坭陵"的记载,而获得古番禺(广州的前身)最早居民聚落的所在在。[14]所有这些例子,都说明按地理学方向进行郦学研究,将有美好的前景。数百年来,郦学研究中的考据学派通过他们辛勤的劳动,已为地理学派的崛起和发展奠定了基础,如同考据学派在乾隆年代盛极一时一样,今后,郦学研究中的地理学派,也必然会出现一个全盛的局面。

注释:

① 《补正水经序》,载《国朝文类》卷三六。

② 《补正水经跋》,赵一清《水经注释附录》引《滋溪文集》。

③ 熊会贞手书《十三页》,载《杨熊台撰水经注疏》卷首,台北中华书局1971年影印版。

④ 《广阳杂记》卷四。

⑤ 《丹铅杂录》卷七。

⑥ 钟惺、谭元春评点本《水经注》"谭序"。

⑦⑧ 《今水经序》。

⑨ 《广阳杂记》卷四。

⑩ 《荆州记序》,载《麓山精舍丛书》。

⑪ 《水经注释》卷首参见书目。

⑫ 史念海《河山集二集》,三联书店1982年版,第175页。

⑬ 谭其骧等主编《中国自然地理·历史自然地理》第五章,《历史时期的海岸变迁》(此章为陈吉余所撰)。

⑭ 吴壮达《水经注的"水坭陵"问题》,载《华南师院学报》(自然科学版),1980年第2期。

十三、当代《水经注》研究概况

中华人民共和国建国前后的《水经注》研究

前面已经指出,乾隆年代,是我国郦学研究非常兴旺发达的时代,从此以后,我国郦学界一直没有出现过像那个时代那样的鼎盛局面。这中间当然有不少原因。第一,乾隆年代出现了全(祖望)、赵(一清)、戴(震)3位著名的郦学家,他们都是考据学派的权威。他们集中精力于郦注的考据,最后获得了像殿本这样的卓越成果。殿本的问世,意味着考据学派的登峰造极。此后,考据学派很难再创造出像乾隆年代那样的盛况。第二,因此,殿本问世以后,郦学研究的重心无疑要向地理学派转移,地理学派有远大的发展前途,肯定也可以创造出乾隆年代的全盛局面。问题是,郦学界的地理学派虽也在不断壮大,但至今还不足以与考据学派全盛时期的全、赵、戴相比,还有待继续发展。第三,由于郦学界不幸发生了戴、赵相袭的论战,因而分散了许多学者的精力,削弱了郦学研究的力量。自从乾隆四十五年(1780)孙沣鼎在《武英殿校本水经注跋》中提到:"吾友朱上舍文藻①自四库总裁王少宰②所归,为予言:此书参用同里赵一清校本,然戴太史无一言及之。"戴袭赵书的议论实际上已经开始。等到道光年间魏源、张穆等先后撰文揭发,于是论战大开,不仅使考据学派的郦学家投入了这场论战,连杨守敬这样的地理学派郦学家也不免介入,因而影响了他们的正常研究。另一位著名的郦学家胡适,花了晚年的几乎全部精力,投身于这场论战,而他对于郦学本身,建树实在不足称道。正如近人汪宗衍所说:"惟近人胡适之晚年专力治郦书版本,极力为东原洗删剿袭,撰有论文函札七十余篇,凡数十万言,耗二十余年精力,为兹枝节问题,虽曰求是,实于郦书何干?"③

由于以上的这些主要原因,影响了我国的郦学研究,郦学研究的蓬勃发展,有待于我国郦学界的进一步努力。

前面已经提到,光绪十八年的《合校本水经注》是汇集了郦注各种名本的杰作。《合校本》可以认为是乾隆年代郦学大发展的一个总结。但此后由于论战正酣,郦学界虽然文章和函札不断,但大部分都是有关论战的,并不涉及郦学本身。以刚才提到的杨守敬为例,他本来潜心于他的巨著《水经注疏》,但是由于加入了论战,在许多场合之中,都把实际上属于郦学史上的枝节问题,与他正规的郦学研究相混杂。他在《水经注疏要删》自序中说:"赵之袭戴在身后,臧获隐匿,何得归狱主人? 戴之袭赵在当躬,千百宿赃,实证昭然,不能为攘夺者护曲。"他在《水经注疏要删》凡例中又说:"戴之袭赵,则昭然若揭,今观王氏《合校本》,虽百喙不能为之解者。"另一位著名的历史学家兼郦学家孟森,发表了不少郦学论文,内容几乎全是有关于戴、赵一案。他花费了许多精力,调查《永乐大典》为戴震所刮补涂改的情况。④此外还有许多学者如余嘉锡、梁启超、郑德坤、钟凤年甚至国外郦学家如日本的森鹿三等,也都介入论战,花精力撰写这类论文。因此,在这段时期,论战几乎代替了正常的郦学研究,现在看来,这确是郦学界的一件不幸的事。

当然,也有一些郦学家继续从事郦学本身的研究,发表了一些成果,例如范文澜的《水经注写景文抄》(北平朴社 1929 年版),丁山的《郦学考序目》,⑤岑仲勉的《(水经注)卷一笺校》,⑥郑德坤的《水经注引得》,⑦贺次君的《水经注的经支流目》,⑧任启珊的《水经注异闻录》,⑨汪辟疆的《明清两代整理(水经注)之总成绩》。⑩这中间,特别值得称道的是熊会贞,他在其业师杨守敬逝世后,继续《水经注疏》的编撰工作达 20 余年,"无间寒暑,志在必成",⑪"书凡六、七校,稿经六易"。⑫他在研究中采取现实主义的态度,撇开历史上纠缠不休的戴、赵相袭的旧事,继承杨氏地理学派的衣钵,把主要的精力放在充实疏文的地理学内容方面。同时,在新的科学思潮的启发下,正视旧郦学研究中的落后一面,而力求刷新郦学研究的内容和方向。⑬虽然他惨淡经营的最后定稿不幸被人私卖而至今不知下落,他也竟因此而自裁弃世,⑭但他所留下的几种抄本,仍然闪烁着他在郦学研究中的光彩,成为我国郦学研究史上的珍贵遗产。

中华人民共和国建立以后,郦学研究继续获得发展,而首先值得提出的,是杨守敬、熊会贞合撰的《水经注疏》的早年抄本之一,于 1957 年由北京科学出版社影印出版。尽管此书的出版稍嫌匆促,因为这个抄本在当年抄成后就未经熊会贞校对,以致出版后发现错误千出。但钟凤年老先生从此书出版之日起,即致力于此书的校勘工作,经过20几年的努力,终于校出了错误2400余处,撰成《水经注疏勘误》专文,基本上勘正了这个北京影印本的错误,在一定程度上弥补了这个影印本的缺陷。当然,由于底本经过熊会贞一再修改的台北影印本的出版,钟凤年先生的辛勤劳动未免可惜,但这是由于海峡两岸的学术界消息不通所致,对于流传在国内各地的北京影印本来说,《水经注疏勘误》应该仍是具有价值的。在北京影印本出版以后,侯仁之教授主编《中国古代地理名著选读》,又以《合校本》为底本,选入了《灅水》、《鲍丘水》、《渭水》3篇,广加注释,并配以地图,受到各方的重视。我鉴于《水经注》研究中的地理学派已由杨守敬、熊会贞开其端,今后的郦学研究自应努力向地理学方向发展,所以也撰写了《〈水经注〉的地理学资料与地理学方法》[15]一文,作为在这方面从事研究的尝试。

当郦学研究正在获得发展的时候,国内发生了众所共知的"十年动乱"。在这场灾难之中,郦学界也和其他学术界一样,受到了严重的摧残和迫害。直到"四人帮"粉碎以后,郦学研究才又开始获得较大的发展。自从1978年以来,从各个方面研究《水经注》的成果,一时大量地涌现出来,改变了沉寂多年的情况。几年来,郦学研究出现了可喜的现象,按照已经发表的论文来看,包罗的方面很多,已经初步形成了一种研究的热潮。对郦注作全面介绍的文章,有曹尔琴的《郦道元和〈水经注〉》[16]和张大可的《水经注》[17]等文,这类作品,即使对郦学界以外的广大读者,也有推广介绍的作用。

对于郦道元的出生年份和籍贯,在前人论述的基础上,也出现了一系列各抒己见的文章,辛志贤的《郦道元籍贯考辨》、[18]赵永复的《郦道元生年考》、[19]刘荣庆的《郦道元遇难地小考》[20]等,都属于这一类。这中间,郦氏故乡和受害地址,历来虽有争论而意见基本一致,进一步进行论证,当然仍有裨于郦学研究。对于郦氏生年,历来各家论证甚多,其实都属于假设。许多学者都凭卷二十六《巨洋水注》中"余总角之年,侍节东川"一语,而"总角"一词,在古代并无确切的数量概念。因此,讨论这个问题,仍然不免假设,但由于在论证时,总要旁涉许多其他问题,所以讨论也仍然是有益的。

论述郦道元思想的论文也有不少发表,《郦道元思想初探》[21]一文,对郦道元的长期不为人注意的,甚至被误解的许多积极的思想倾向和进步哲学观点,进行了阐述;《爱国主义者郦道元与爱国主义著作〈水经注〉》[22]一文,则从郦氏在南北分裂的环境中,却以祖国统一的思想撰写此书,并且热情地赞美祖国各地山水,论述了郦道元的爱国主义思想,并且强调《水经注》一书不仅在学术上有重要价值,作为一部宣传爱国主义思想的读物,也值得推广评介。

对于《水经注》本身的研究,这一时期也有较大的发展,复旦大学的章巽教授所撰《〈水经注〉和〈法显传〉》一文,是他长期研究的心得。全文纠正了《水经注》对今新疆境内到印度河、恒河流域这个地区描述中的许多错误之处。另外,《水经注所记水数考》[23]及《水经注究竟记述多少条水》[24]等文,都仔细检核了郦注记载河川湖陂等水体,计算了全书记载的实数。《水经江水注研究》[25]一文,是作者在日本讲学时的讲稿,是专门对郦注记载的一条大河所作的研究。作者的另一篇论文《论郦学研究及其学派的形成与发展》,[26]也是在日本讲学时的讲稿。

随着地理学派在郦学研究中的壮大,这一时期中,从地理学角度对《水经注》进行研究的成果,有了很大的增加。其中如《我国古代湖泊的湮废及其经验教训》、[27]《水经注记载的植物地理》[28]等文,主要是从历史自然地理的角度对郦注进行研究。另外一些论文如《水经注记载的兵要地理》[29]、《水经注记载的城市地理》[30]、《水经注记载的农田》[31]等文,都是从历史人文地理的角度对郦注进行研究,此外,《水经注与内蒙古古地理》[32][33]及《水经注记载的南亚地理》[34]等,则是从区域历史地理的角度,对郦注进行研究。

有关《水经注》版本的研究,在前人研究的基础上,这一时期发表的论文,在横向扩展和纵向深入方面,也获得了可喜的成绩。钟凤年先生是这一时期继续发表研究成果的老一辈郦学家之一。他在《社会科学战线》1979年第2期发表的《评我所见的各本〈水经注〉》,对残宋本、大典本、合校本、注疏本等20种版本,进行比较和剖析,广征博引,对这些版本的是非优劣评述无遗。另一位郦学前辈南京师范大学的段熙仲教授所撰《沈钦韩〈水经注疏证〉稿本概述》一文,详细地论述了这部从清代流传至今的唯一的郦注稿本,让绝大部分无缘读到这部稿本的郦学界同仁,也能窥见这部著名稿本的一斑。吴泽教授的《王国维与〈水经注校〉》[35]一文,不仅详细介绍了王国维在《水经注》研究中的业绩,同时,还讨论了明、清以来的许多郦注版本。《中华文史论丛》1979年第2辑发表了胡适遗稿《〈水经注〉校本的研究》,内容包括《再跋戴震自定水经的"附考"》等8篇文字。尽管这几篇文章的主旨,仍然是为了开脱戴震袭赵的罪责,又尽管这8篇文章早已收入于台湾省"中央研究院"胡适纪念馆发行的《胡适手稿》之中,[36]但由于国内郦学界大部分读不到台湾省出版的《胡适手稿》,因此,虽是重复发表.也仍然不无意义。我在郦注版本方面,近年来也发表了几篇论文:《论〈水经注〉的佚文》,[37]论述了现存的郦注佚文的不同性质,并提出了如何区别对待,把它们归入郦注的主张。《论〈水经注〉的版本》[38]和《小山堂钞本全谢山五校水经注》[39]两文,都是对郦注版本的一般议论,目的都是在评述《水经注》各种版本的基础上,能够集中郦学界的力量,编纂出一部更为理想的郦注新版本。至于这种新版本的内容要求,我在《编纂〈水经注〉新版本刍议》[40]一文中,有较详的论述。

这一时期有关郦注版本的另一项收获,是王国维校勘的《水经注校》,于1985年在上海人民出版社出版。这是新中国成立以后在我国大陆出版的除了影印本《水经注疏》以外的第二种《水经注》版本。王国维是我国近代著名的历史学家和郦学家,他所发表的有关郦学研究的一系列论文,收在《观堂集林》卷十二之中。前面已经提到,北京图书馆目前尚收藏着他和章炳麟等校勘的一部明抄本,但这一本与北京图书馆所藏明抄本不同,是以明朱谋㙔《水经注笺》为底本,经他与残宋本、大典本、明黄省曾本、吴琯本、明抄本、殿本等诸名本校勘的版本,王国维除了在正文内作了许多校勘和注疏外一还在版框上下作了不少批注,卷首有吴泽教授的《前言》,也很有助于对此书的了解。这一版本的出版,无疑是近年来郦学界的一件大事。

　　在郦学书评方面,这一时期主要有《评森鹿三主译〈水经注(抄)〉》,[41]及《评台北中华书局影印本〈杨熊合撰水经注疏〉》[42]两文。我评介此两书的主要目的,还是为了让国内无法读到此两书的绝大部分郦学界同仁能够了解我国大陆以外的郦学研究的概况。由于学术界消息隔膜,有些郦学家在研究中重复别人早已完成的工作,而浪费了许多精力。前面已经提到钟凤年先生潜心于《水经注疏》北京影印本的勘误20余年,但实际上此书的错误在台北影印本中早已由熊会贞自己做了修订。当然,在钟氏校勘的头十年中,台北本尚未出版,所以重复劳动是不可避免的。但段熙仲教授在接受校勘北京本任务之时,台北本实际上已经出版了数年,段氏竟在一无所知的情况下埋头苦干,虽然成绩斐然,但绝大部分都重复了台北本的内容。我自己在这方面也有过教训,段熙仲教授校勘的北京本《水经注疏》,最后由我复校,并完成把台北本的成果归入北京本的工作。我采用了两个版本逐字逐句对勘的方法,花费了大量时间和精力。但实际上,在香港执教的郦学家吴天任教授,已在其著作《杨惺吾先生年谱》中,[43]把台北、北京两个版本的字句差异,逐条对勘清楚。我以半年以上日夜辛勤所从事的,实际上是一举手之劳就可获得的东西。这说明在海内外郦学界之间互通消息的重要性。在郦学研究的评介中,王国忠发表于《中国史研究动态》1984年第11期的《近年来〈水经注〉研究述略》一文很值得重视。他综合近年来我国郦学研究的成果,加以归纳和分析,勾画出这一时期中我国郦学界的概貌和动态。这样的工作当然需要花费不少时间和精力,但对总结和推动这个领域研究工作的发展,却很有作用。我在这一节中叙述的不少内容,就参照了他的这篇评论。

　　最近几年以来,在全国范围内开展了地名普查工作,从而促进了地名学这门学科的发展。因为《水经注》一书拥有大量地名和地名来源的解释,因此,郦学界也就加强了在郦学领域中的地名研究。刘盛佳所撰的《我国古代地名学的杰作——〈水经注〉》[44]一文,就是这方面的代表。当然,按照刘文的结论,"《水经注》是一部以地名学为主的地理著作",未免强调过甚。但对于郦注与地名学密切关系的论述,此文还是甚有作用的。我也就这个问题连续发表过几篇论文,如《论地名学及其发展》、⑤《水经注与地名学》、⑥《水经注地名错误举例》、⑥《水经注记载的一地多名》⑧等,都是以郦注地名为基础,阐述若干地名学的原理,意在为郦学研究及地名学的发展起一点推波助澜的作用。不过像吕以春所说的:"陈桥驿对《水经注》地名学的成果研究,就成为他毕生从事《水经注》研究的三大内容之一"⑩的话,恐怕是愧不敢当的。

以上列述的,是近年来我国专文发表或专著出版的《水经注》研究成果的一部分。至于在其他一些著作中引述郦注,或把《水经注》作为专章讨论的,也很不少。例如,王成组教授的《中国地理学史》上册,武汉水电学院和水电科学院合编的《中国水利史稿》上册等。此外还有不少辞书和手册之类,也常常把《水经注》一书作为专条解释,例子很多,不一一列举。

利用《水经注》的记载,作为各门科学如历史学、地理学、考古学、民族学、碑版学、文学、语言学等的研究数据的,为数当然更多。前面提到的如壶口瀑布、海岸变迁和广州古代建城等的研究,都是在历史地理学研究中借助于郦注的例子。而用《水经注》记载的资料追索古代的阴山岩画,则是郦注在考古、文物上的贡献。此外如根据郦注资料研究我国温泉的利用历史,⑩整理郦注记载的金石碑刻,以提供一个北魏所见的金石目录⑪等,也都是把《水经注》资料提供给有关学科研究的工作,诸如此类的例子,是不胜枚举的。

综上所述,说明近年来我国的《水经注》研究已经有了较大的发展,希望郦学界再接再厉,迎来一个郦学研究的高潮。

港、台学者的《水经注》研究概况

中国香港和台湾省这些年来在《水经注》的研究方面,成绩也颇可观,已经发表和出版了一批重要的研究成果。

在香港方面,郦学界以郑德坤、吴天任两位教授为代表人物。两人都是我国著名的郦学家,早在30年代,郑德坤已经编成了《水经注引得》一书,在当时北平的哈佛燕京社出版,至今国内不少图书馆尚有收藏。郑氏于1951年从香港到英国剑桥大学讲学,临行时曾将他历年所撰《水经注》著述的稿本多种,交与吴天任收藏参考。其中《水经注引书考》和《水经注故事钞》2种,经吴氏整理后,于1974年在台湾省台北艺文印书馆出版。前者考证郦注所引书目,共436,其中今存者91种,辑存者149种,引存者127种,亡佚者39种,以上各书,郑氏均经考其著述流略,作者卷帙。此书卷首有郑氏于1936年在厦门大学执教时所作序言。《水经注故事钞》系抄录《水经注》记载的各类故事,计分神仙鬼怪、帝王传说、名人故事、战争故事、动物故事、灵验感应、义侠孝弟、异族故事、佛教传说、祈雨故事、德政故事、名山古迹等12类,每类各有子目,全书共505目。此书各文早于1942年在《华文学报》刊出,后于1963年由东南亚研究所重刊,最后才由艺文印书馆出版,卷首有吴天任所写的序言。

郑德坤的另一稿本《水经注研究史料初编》,由吴天任编入《水经注研究史料汇编》上册,于1984年由台北艺文印书馆出版。卷首有郑氏于1935年在厦门大学所写序例,全编收入郦学史料共78篇,包括宋、元、明、清各代所有《水经注》版本的评述以及历来有关郦注研究的重要著作,如储皖峰的《水经注碑录附考》,范文澜的《水经注写景文抄》,森鹿三的《水经注所引文献之研究》,熊会贞的《关于水经注疏之通信》等,这些都是早期《水经注》研究中具有重要价值的文献。

郑氏关于郦学研究的另外一些论著,收入于1980年香港中文大学出版社出版的中国文化研究所、中国考古学术研究中心集刊之一,即郑氏所著的《中国历史地理论文集》中,包括《水经注考》、《禹贡川泽变迁考》、《水经注引得序》、《水经注书目录》、《水经注赵戴公案之判决》等文,所有这些论文,都是郑氏在30年代的著作。

以上所列的郑氏从70年代到80年代重版的《水经注》著作,都是他的旧作。现在我们看到的他的唯一新作,是他于1984年写于香港中文大学的短文《重编水经注图总图跋》。收入于吴天任纂辑的《水经注研究史料汇编》下册,由于此文之撰,我们得知郑氏曾在30年代初期,以杨守敬《水经注图》旧例,重新编绘了《水经注图》。其图分总图和分图两种,分图已在哈佛燕京社遗失,而总图由于在当时曾复绘一幅藏在郑氏身边,所以至今尚存。郑氏在文末云:“今吴君增编《水经注研究史料汇编》,拟将此图影印制版于卷首,与若干《水经注》版本并列。”但现在我们所见到的《水经注研究史料汇编》之中,并无此总图及若干《水经注》版本的影印插页,恐为出版者所省略,殊属可惜。

寓港郦学家中著述最多的是吴天任教授。他潜心郦学研究,数十年于兹,所以成绩卓著。他于1974年在台北艺文印书馆出版了他的郦学巨著《杨惺吾先生年谱》。这部460余页的大书,包括3个部分的内容,搜罗堪称宏富。第一部分为《杨惺吾先生年谱》,从杨出生之年(道光十九年,1830年)起,按年记述有关事迹,旁征博引,资料十分详尽细致。值得称许的是,吴氏所编此年谱,并不拘泥于我国历来人物年谱的传统格局,而是有他独特的创新。如在民国四年(1915)杨氏物故以后,年谱并未中辍,而是从“先生卒后一年”(1916年)起,择郦学研究中有重大事件发生的年份赓续作谱,直到1971年《杨熊合撰水经注疏》在台北中华书局影印出版为止,其间吴氏一共续记了18个年份。其中较重要的有:“先生卒后三年”(1918):“日人小川琢治著《水经及水经注》一书";"先生卒后二十年"(1935):"《永乐大典》本《水经注》,本年由商务印书馆涵芬楼影印出版";"先生卒后二十五年"(1940):"汪辟疆《明清两代整理水经注之总成绩》,刊于渝版《时事新报》学灯第六十九至七十期";"先生卒后四十二年"(1957):"科学出版社将存贮于大陆之《水经注疏》清写本影印出版,是为全疏正式问世之始";"先生卒后五十一年"(1966):"胡适之遗著《胡适手稿》第一集出版,由中央研究院胡适纪念馆发行";"先生卒后五十六年"(1971):"台北中华书局商借中央图书馆藏《水经注疏》最后修订本影印出版,定名为《杨熊合撰水经注疏》。"

吴氏续记的杨守敬死后郦学界发生的大事中,当然并非全无错误和遗漏,例如在"先生卒后十五年"(1930)的记载中说道:"日人森鹿三,欲得先生之《水经注疏》稿,以熊崮芝复审将成,四月,遣松浦嘉三郎走武昌求之,不获,又两谒,许以重金,乞写副,崮芝以大夫无域外之交,固拒之,卒不为夺。"这段文字吴氏系从汪辟疆所撰《杨守敬、熊会贞合传》中录入,与事实并不相符。事实是,森鹿三当年曾从熊会贞处获得了《水经注疏》抄本一部,现藏京都大学人文科学研究所。我在日本讲学期间,曾目睹此书,其始末已在拙作《关于水经注疏不同版本及其来历的探讨》一文中详叙。又如"先生卒后二十一年"(1936)下的记载:"五月二十五日申时,熊崮芝卒于武昌西卷棚十一号住宅,年七十八,子心赤。卒前以《水经注疏》稿付其弟子枝江李子魁,手写补疏遗言,嘱续整理之业,而助未竟之功。"这中间,关于"卒前以《水经注疏》稿付其弟子枝江李子魁,手写补疏遗言,嘱续整理之业"云云,乃是李子魁的一面之词,不仅"遗言"字样为李所妄加,而且他为了自己的目的,大肆窜改熊氏所写的内容。此种情况,现在已基本查清,在拙作《关于水经注疏不同版本及其来历的探讨》及《熊会贞郦学思想的发展》等文中,有所阐明。另外,由于吴氏对杨守敬孙子杨勉之私售《水经注疏》定稿本,和熊氏因此自裁的经过,尚不甚了解,所以把台北中华书局影印《杨熊合撰水经注疏》称为"最后修订本"。其实,熊会贞在杨守敬死后继续《水经注疏》撰述,二十余年中"稿经六易"。今北京影印本和台北影印本的底本,都是熊氏"六易"过程中的弃稿。当然,台北本的底本因为抄成后一直留在熊身边,曾得到熊的不断修改和补充,直到熊最后决定另立新稿而放弃此稿为止。所有这些,拙作《关于水经注疏不同版本及其来历的探讨》一文中,均已作了较详的说明。

吴氏续记中的最大遗漏,是杨守敬死后49年到55年(1964—1970)。这期间,日本著名郦学家森鹿三主持了京都大学人文科学研究所的《水经注疏》订补研究班。这个研究班在订补《水经注疏》的基础上,出版了日译节本《水经注(抄)》。这是《水经注》的第一种比较完整的外文译本,其翻译主持人又和熊会贞有过交往,因此,这是一件郦学界的大事,是应该写入《年谱》的。

　　吴氏此书的第二部分,是《水经注疏清写本与最后修订本校记》。前者指的是北京本,后者指的是台北本。在熊氏"稿经六易"的过程中,台北本的底本,与被杨勉之私售的最后定稿本最为接近,所以台北本当然要比早期抄录的北京本完善得多。关于这方面的问题,我在拙作《评台北中华书局影印本杨熊合撰水经注疏》和《熊会贞郦学思想的发展》等文中,已有较详细说解。吴氏将此两本的字句差异,逐一对照排比,此事是花了极大精力的。对于国内难得读到台北本的多数读者,得此一编,就等于获得了十八巨册的台北影印本,所以也是很有贡献的。

　　吴氏此书的第三部分,是《杨惺吾先生著述及辑刻图书表》。杨氏毕生力学,著述宏富,学者历来有所考录,吴氏此表,当是集其大成。不过吴氏在此表卷首《小引》中指出,对于前人在这方面的考证,吴氏尚未见到朱士嘉的《杨守敬著述考》,王重民的《杨惺吾先生著述考》,以及日本学者冈井慎的《杨惺吾先生著述考补正》等文,则内容或许尚有遗漏,再版时,如能与上述各书参校一次,此表能更臻完备。

　　此书卷首的影印插页,也丰富多彩,值得称道。包括杨守敬遗像,杨守敬手书楹联、手札及其他墨迹多种,又有叶遐庵致作者吴天任讨论《水经注》的手札 3 件,此外还有《水经注疏》北京影印本、台北影印本各数页,以及熊会贞手书整理《水经注疏》的意见。所有这些,在我国郦学研究史中,都有重要价值。

　　吴天任教授在《水经注》研究中的另一重要著述,是 1984 年台北艺文印书馆出版的《水经注研究史料汇编》。此书分上、下两册,上册已在前面有关郑德坤教授的著述中作过介绍,系郑氏所纂辑;下册为吴氏纂辑,其内容多于上册达两倍半以上。吴氏在此编中收录了郦学史料共 178 篇,包括著名郦学家杨守敬、熊会贞、森鹿三、孟森、郑德坤、汪辟疆、钟凤年、胡适等的论文和往来信札等,大陆近年来发表的郦学论述如段熙仲教授的论文和我的拙作等,也多被收入,可谓集其大成。还有吴氏本人的论文八篇,其中《水经注疏最后订本易水、滱水篇中列举全赵戴校字相同之例证》、《清代学者整订水经注之贡献与全赵戴案之由来》、《胡适手稿论水经注全赵戴案质疑》3 篇,都是功力甚巨而过去未曾发表过的论著,所以弥感珍贵。

　　现在再来看看台湾省近年来的《水经注》研究概况。这中间,最重要的成果之一,当然是《杨熊合撰水经注疏》于 1971 年在台北中华书局的影印出版。由于熊会贞当年的最后定稿本被私售,而至今不知下落,所以台北本的底本,是熊氏"稿经六易"过程中最接近其最后定稿本的本子。它代表了我们当今可以看到的杨、熊郦学研究的最后成果,因此,此书影印出版,在郦学研究史上的重要意义不言而喻。

　　台湾省在郦学研究中的另一重要成果,是《胡适手稿》第一集至第六集从 1966 年—1969 年的相继出版。胡适是我国著名的郦学家之一,而此六集的内容,几乎全是他有关郦学的论文、书礼和序跋。其中第一集是戴震部分,主要内容是《戴震未见赵一清〈水经注释〉的十组证据》,用以证明戴震绝未袭赵。第二集是全祖望部分,主要是为了证明王梓材在《七校本水经注》中的作伪。第三集包括全祖望的一部分和赵一清的一部分,内容主要有两方面:一是论述天津图书馆所藏的全氏《五校本水经注》;二是论证赵一清之子赵戴元委托梁氏兄弟(梁履绳、梁玉绳)整理《水经注释》时,梁氏兄弟参校了四库本,因此,赵书袭戴是可以肯定的。第四集是《水经注版本考》,考证了不少宋、明版本。第五集是关于自张穆至孟森几家对戴震的指控的评论。第六集是与洪煨莲、杨联升讨论本案往来的书信,以及继续讨论本案的最后杂文和信札。五、六两集的主要内容,都是为了论证历史上所有关于戴书袭赵的指摘,都是没有根据的。

台湾省的另一治郦学者费海玑。于 1980 年在台北商务印书馆出版《胡适著作研究论文集》,对《胡适手稿》各集作了内容提要,以便于读者阅读。此外,他还以《胡适与水经注》为题讲学,阐述胡适在《水经注》研究中的成就。

不过,胡适在《水经注》研究中的方法、观点和成就,在港、台郦学界之间,看法是很不一致的。以上述费海玑为例,他不仅在观点上与胡适完全一致,而且对胡适是推崇备至的。另一位治郦学者水建彤,在《水经注与胡适》一文中,也对胡适的研究大加赞扬。他说:"胡适离开祖国,抱着一本《水经注》,胡适还是胡适,五四精神不死。"但吴天任的看法就很不相同,他对费海玑《胡适著作研究论文集》的评价是:"至费氏之胡氏著作研究论文,除对胡氏于先生(案指杨守敬)之丑诋恶骂,加以推波助澜外,于胡氏更阿谀备至,至推为台湾圣人,尤为识者齿冷。"另一位治郦学者汪宗衍,在其《赵戴水经注案小记》一文中,说:"惟近人胡适之晚年专力治郦书版本,极力为东原洗刷剿袭,……盖以乡谊故耶。"还有一位在台的老学者杨家骆,在《水经注四本异同举例》(《学粹》1962 年第 4 卷第 5 期)一书中,也力陈胡适祖戴之不当。他说:"凡戴异于赵,亦多阴本子赵氏校释之说,则戴之不忠于《大典》而复袭于赵,固至显然也。"对于胡适《水经注》研究的得失成败,这里就不再赘述了。

除了以上评介的一些以外,港、台学者撰写的有关《水经注》的论述还有不少。例如梅应运的《读史余沈——论水经有图》,[52]以《水经注》郦序中"寻图访迹"一语,论证《水经》原来有图。于大成的《永乐大典与大典学——论水经注案》[53]一文,以《大典》在戴震袭赵一案中所起的证据作用,认为《大典》不特有利于校勘,且为解决辨章学术考镜源流之书。司马恭的《杨守敬的水经注疏》[54]一文,论述杨、熊二氏撰述此书的情况。林明波的《六十年来水经注之研究》,[55]综述近 60 年来诸家治郦学的成绩,全书分 15 个部分,材料至为详尽。此外,在前述《胡适手稿》第六集中所收入的洪业、杨联陞两人从 1950 年至 1955 年之间与胡适讨论郦注的往返通信,也都是郦学研究的历史文献。

国外学者的《水经注》研究概况

　　清代末期,西欧的汉学家已经开始他们对《水经注》的研究。法国汉学家沙畹(Edouard Chavannes)在其所著《魏略所见之西域诸国考》一文中,将《水经注》卷二《河水注》译成法文,作为该文的附录[56]这是《水经注》译成外文的嚆矢。另外一些汉学家,他们从各方面考证《水经注》的成书年代。伯希和(Paul Pelliot)在其《交广印度两道考》一书中说道:"六世纪初年撰之《水经注》。"[57]费琅(G. Ferrand)在其《昆仑及南海古代航行考》一书中指出:"527年,郦道元撰《水经注》。"[58]又有一些汉学家,则利用《水经注》记载的丰富资料,从事今越南沿海的历史地理学的研究。例如,法国汉学家马伯乐(Henri Maspero),仔细地研究了卷三十六《温水注》的内容,论证说:"《水经注》卷三十六所志六世纪初年之林邑都城,得为十世纪之因陀罗补罗"。[59]鄂卢梭(L. Aurousseau)在其著作《占城史料补遗》中,认为:"前此所提出之区粟城在承天府西南,同林邑古都在茶荞,两种假定,可以互相证明,迄今尚未见到何种反证。……不过要作此种研究,必须将《水经注》三十六卷之文,连同其注释详加鉴别,其结果时常可以阐明细节。"[60]英国著名科学史专家李约瑟(Joseph Needham),在其名著《中国科学技术史》中,也把《水经注》列为常用参考书。他认为《水经注》一书,是"地理学的广泛描述"。[61]这种论断是符合实际的。

　　在日本,学者对《水经注》的研究,已有较长的时间。早在1918年,著名汉学家小川琢治就撰写了《水经及水经注》一文,对此书作了全面的介绍,于该年在《艺文》第9、第9两期上发表。接着,森鹿三在《东方学报》连续发表了一系列郦学研究成果。宫崎市定则于1934年在《史学杂志》45卷7期发表了《水经注二题》的论文。和西欧汉学家一样,足立喜六也考证了郦注成书年代,他在《法显传考证》一书中论证说:"故知法显之书,成于义熙九年归至建康迄翌年甲寅之间,……《法显传》撰述后,约在百十年之后,北魏郦道元所著之《水经注》卷一、卷二辄引之。"[62]日本学者根据《水经注》资料来研究各种学术的,历来非常普遍,例如著名汉学家藤田丰八在其《西域研究》[63]一书中,对于扞泥城、伊循城以及焉支与祁连的研究等,都把《水经注》的记载,作为重要依据。

　　前面已经提到法国汉学家首先把少量郦注译成外文的事,《北京图书馆文献》第15辑(1983年3月)曾经刊载了一篇吴晓铃写的《书胡适跋芝加哥大学藏的赵一清水经注释后》的文章。该文提到:"我于四十年代在印度孟加拉邦的国际大学中国学院任教时,曾和汉学家师觉月博士(Dr. Prabodh Chandra Bagchi)合作翻译过《永乐大典》本《水经注》。"胡晓铃的文章因为过于简单,我们无从知道,当年他与师觉月博士合译的大典本郦注,是译成英语抑或印地语,全书最后是否译成出版,或者是译完了全书的哪些部分。现在我们所能看到的、比较完整的《水经注》外文译本,是日本汉学家的成果,这就是已故京都大学名誉教授、著名郦学家森鹿三所主持的译本。

森鹿三毕生从事郦学研究,早在 1931 年,就发表了第一篇郦学论文《水经注所引之法显传》。[64]以后他继续发表了《关于戴校水经注》、[65][66]《关于十道志所引之水经注》[67]、《关于最近的水经注研究——特别谈郑德坤的成绩》。[68]二次世界大战以后,他供职日本著名的汉学中心——京都大学人文科学研究所,三次出任该所所长,又发表了《郦道元传略》、[69]《水经注所引之史籍》、[70]《杨熊二氏的水经注疏》[71]等论文。早在第二次世界大战以前,森鹿三就在熊会贞处获得了《水经注疏》抄本一部。[72]如前已提到的,他以这部抄本为基础,于 1964 年 4 月到 1970 年 3 月,在京都大学人文科学研究所举办了一个《水经注疏》订补研究班,网罗了全国郦学家和他的学生,从事郦学研究,每周由他亲自主持一次会读,对《河水》、《汝水》、《泗水》、《沂水》、《洙水》、《沔水》、《淮水》、《江水》等篇,进行了讨论和分析。经过这样细致深入的数年集体研究,森鹿三又领导了《水经注》的翻译工作。翻译的过程是非常认真慎重的,以《河水注》五卷为例,首先由森鹿三和其他译者进行对原文的集体钻研和反复讨论,然后由大阪大学的日原利国教授译成日语古文,最后再由藤善真澄和胜村哲也二教授译成现代日语。《河水注》以外的其余部分,主要由另一位著名郦学家,京都大学名誉教授日比野丈夫所译。森鹿三本人还在译本的卷末写了详细的《水经注解释》一文,介绍郦学的主要渊源。最后终于在 1974 年出版了这部日译节本《水经注(抄)》。尽管并不是一部全译本,内容只有《水经注》全书的四分之一,但已经可算是此书历来第一部比较完整的外文译本了。而且译文信达,注释详尽。我国科学史专家胡道静先生,曾在他的《谈古籍普查和情报》[73]一文中,称道这个译本的完善。我也为这个译本撰写了《评森鹿三主译〈水经注(抄)〉》一文,充分肯定了译本的成就,同时也求全责备,提出了几点意见。[74]

森鹿三于 1980 年去世。为了纪念他一生在郦学研究中的卓越贡献,奈良女子大学教授、森鹿三的高足船越昭生,特地撰写了《森鹿三先生和水经注研究》一文,在 1981 年《地理》第 3 期发表。[75]由于森鹿三等老一辈郦学家的创导,日本的《水经注》研究,至今仍然很有可观。而且影响已经逐渐扩大,日本文部省教科书调查官山口荣,也连续撰写了两篇题为《胡适与水经注研究》的论文,先后于 1981 年及 1984 年发表。[76]而在日本大学之中,《水经注》已经作为课程进行讲授。森鹿三的高足之一、关西大学藤善真澄教授,即在该校历史系开设了《水经·江水注》的专题课程。我也于 1983 年应关西大学之聘,去日本为该校大学院(研究生院)讲授了《水经注研究概况》和《水经江水注研究》等课程。1985 年,我又再次应聘去日本,继续在该国从事《水经注》的讲学和研究。对于我国来说,虽然唐祖培教授曾于 1946 年至 1947 年间,在湖北师范学院史地系开没过《水经注疏》研究的课程,成为我国大学讲授《水经注》课程的创始。[17]但此后即告中辍,至今还未闻有其他大学开设这类课程的。《水经注》不仅是我国古代的地理名著,同时也是一部爱国主义读物。日本大学既已开设了郦学研究的课程,在我国大学有关各系,如历史、地理、旅游、中文等系,实在也有开设这类课程的必要。

注释:

① 朱文藻,号朗斋,杭州仁和人,是《浙江采集遗书总录》的编纂者之一,四库开馆后,浙江曾呈进书籍 4500 余种,《浙江采集遗书总录》中的《水经注释叙录》,就出于朱之手。

② 即四库副总裁王杰,陕西韩城人,乾隆辛巳状元,官吏部侍郎,故称少宰。

③ 载吴天任纂辑《水经注研究史料汇编》下册,台北艺文印书馆 1984 年。

④ 《商务影印永乐大典水经已经戴东原刮补涂改弊端隐没不存记》,载天津《益世报》《读书周刊》,1936 年 11 月 12 日。

⑤ 《中央研究院历史语言研究所集刊》第 3 卷第 3 期,1932 年。

⑥ 广州《圣心》第 2 期,1933 年。

⑦ 北平哈佛燕京社,1934 年版。

⑧ 《禹贡半月刊》第 2 卷第 8、10 期,1934 年;又第 3 卷第 1、2、7、11 期,1935 年。

⑨ 上海启智书局,1935 年版。

⑩ 重庆《时事新报》学灯副刊第 69—70 期,1940 年。

⑪ 熊会贞《关于水经注之通信》,载《禹贡半月刊》第 6 卷第 6 期,1935 年。

⑫ 刘禺生《述杨氏水经注疏》,载《世载堂杂忆》,中华书局 1962 年版。

⑬ 陈桥驿《熊会贞郦学思想的发展》,载《中华文史论丛》1985 年第 2 辑。

⑭ 陈桥驿《关于水经注疏不同版本及其来历的探讨》,载《中华文史论丛》1984 年第 3 辑。

⑮ 载《杭州大学学报》(自然科学版),1964 年第 2 期。

⑯ 《西北大学学报》1978 年第 3 期。

⑰ 《文史知识》1981 年第 6 期。

⑱ 《山西师院学报》1982 年第 2 期。

⑲ 《复旦大学学报》历史地理增刊 1980 年。

⑳ 《人文杂志》1982 年第 4 期。

㉑ 《辽宁大学学报》1983 年第 2 期。

㉒　《郑州大学学报》1984 年第 4 期。

㉓　《北京师范大学学报》1981 年第 3 期。

㉔　《历史地理》1982 年第 2 辑。

㉕　《杭州大学学报》1984 年第 3 期。

㉖　《历史研究》1983 年第 6 期。

㉗　《历史地理》1982 年第 2 辑。

㉘　《中国历史地理论丛》1985 年第 2 辑。

㉙　《杭州大学学报》1980 年第 2 期。

㉚　《中国历史地理论丛》1981 年第 1 辑。

㉛　《中国农史》1982 年第 1 期。

㉜　原题如此，但古地理（palaeogeography）是指第四纪及其以前的地理，与历史地理的概念截然不同，该书论述的时间不过距今 1500 年，故古地理当是历史地理之误。

㉝　《实践》1980 年第 12 期。

㉞　《南亚研究》1983 年第 4 期。

㉟　《学术月刊》1982 年第 11 期。

㊱　这 8 篇文章在《胡适手稿》中分别列入：《再跋戴震自定水经的"附考"》，《手稿》第一集，1966 年版；《全祖望、戴震改定水经各水次第的对照表》，《手稿》第一集；《戴震自定水经一卷的现存两本》，《手稿》第一集；《跋杨守敬论〈水经注〉案的手札两封》，《手稿》第五集，1969 年版；《记赵一清的〈水经注〉的第一次写定本》，《手稿》第三集，1968 年版；《跋奉化孙锵原校的薛福成董沛刻的全氏七校水经注》，《手稿》第二集，1968 年版；《戴震校〈水经注〉最早引起的猜疑》，《手稿》第一集；《关于〈水经注〉版本的书札》，《手稿》第三集。

㊲　《杭州大学学报》1978 年第 3 期。

㊳　《中华文史论丛》1979 年第 3 辑。

㊴　《杭州大学学报》1981 年第 4 期。

㊵　《古籍论丛》，福建人民出版社 1982 年版。

㊶　《杭州大学学报》1981 年第 4 期。

㊷　《杭州大学学报》1983 年第 1 期。

㊸　台北艺文印书馆 1974 年版。

㊹　《华中师院学报》1983 年第 1 期。

㊺　《中国历史地理论丛》1981 年第一辑。

㊻　《地名知识》1979 年第 2、3 期。

㊼　《地名知识》1980 年第 4 期。

㊽　《地名知识》1981 年第 2 期。

㊾　吕以春《陈桥驿论地名学》，《地名知识》1985 年第 2 期。

㊿　《中国温泉利用史略》，载《百科知识》1982 年第 2 期。

(51)　《水经注金石录序》,载《山西大学学报》1984 年第 4 期。

(52)　香港新亚书院《新亚双月刊》1969 年第 12 卷第 2 期。

(53)　《理选楼论学稿》,台北学生书局 1978 年版。

(54)　香港《大公报》艺林版,1960 年 11 月 20 日。

(55)　台北正中书局 1974 年版。

(56)　郑德坤《水经注研究史料汇编》上册,台北艺文印书馆 1984 年版,第 194 页。

(57)　商务印书馆译本第 48 页。

(58)　商务印书馆译本第 3 页。

(59)　《宋初越南半岛诸国考》,载冯承钧译《西域南海史地考证一编》,中华书局版。

(60)　冯承钧译《西域南海史地考证二编》,中华书局版。

(61)　Science and Civilisation in China Vol. 1, p. 259.

(62)　中译本(何健民、张小柳合译)上编,《序说》,第 3—4 页,国立编译馆 1937 年版。

(63)　中译本,杨鍊译,商务印书馆版。

(64)　载京都《东方学报》第 1 册。

(65)　京都《东方学报》第 3 册,1934 年。

(66)　此文有中译本,郑德坤译,载 1936 年《地学杂志》第 1、第 2、第 3 期。

(67)　京都《东方学报》第 4 册,1936 年。

(68)　京都《东方学报》第 7 册,1941 年。

(69)　《东方史研究》6 卷 2 期,1950 年。

(70)　《羽田博士颂寿纪念东洋史论丛》,1958 年。

(71)　《书报》7 月号,1970 年。

(72)　陈桥驿《关于水经注疏不同版本及其来历的探讨》,载《中华文史论丛》1984 年第 3 辑。

(73)　《历史研究》1982 年第 4 期。

(74)　《杭州大学学报》(哲学社会科学版),1981 年第 4 期。

(75)　此文由乐祖谋译成中文,发表于《历史地理》1983 年第 3 辑。

(76)　前者发表于佐藤博士还历纪念,《中国水利史论集》,东京国书刊行会出版;后者发表于佐藤博士退官纪念,《中国水利史论丛》,东京国书刊行会出版。

(77)　见《唐祖培复吴天任函》,载《水经注研究史料汇编》下册。

十四、学习郦道元，刷新郦学研究

新版本《水经注》的编纂

前面早已提到，郦道元是一位值得尊敬的爱国主义者，而《水经注》则是一部爱国主义著作。郦道元早在1400多年以前，由于热爱祖国河山，盼望祖国统一的无比热忱，因而以一个他所绝未见过的强大祖国——西汉王朝的疆域，作为他叙述的大致范围。他尽心竭力，通过多少年艰苦劳动，写出了这样一部不朽的历史名著，为我国的历史文化宝库增添了光芒！

但是，这部巨著在初期辗转传抄的过程中，造成了许多以讹传讹的错漏，到了北宋，朝廷所藏本竟也缺佚了五卷，幸赖考据学派的长期努力，终于获得了像《七校水经注》、《水经注释》和殿本《水经注》这样的丰硕成果，大体上恢复了此书的原来面貌。而上述各本在注疏上的不足，又有后来居上的《水经注疏》得以弥补。先辈学者的努力，使这部伟大的历史名著得以补残修缺，为我们学习和利用此书创造了方便的条件。

不过，《水经注》毕竟是一部用1400多年以前的语言写作的古籍，虽然经过考据学派的努力，但最后一部考证精核的版本，即戴震的殿本《水经注》，刊印至今也已经超过了两个半世纪。《水经注疏》的两种影印本，先后在北京和台北出版，可惜都不是熊会贞最后的定本。以北京科学出版社影印本为例，经学者再次校勘，发现错误百出。时至今日，再来评价近代的各种版本，都有许多不足之处。为了让需要利用《水经注》

的各类科学工作者阅读此书时方便，为了让广大读者都能够诵读这部爱国主义著作，编纂一部新版本《水经注》实在很有必要。

我们需要怎样的《水经注》新版本呢？当然绝对不是另起炉灶，写一部与郦道元的原著无关的书，而是相反，新版本《水经注》必须比过去一切版本更完整无讹地恢复《水经注》的原貌。而在这个基础上，再发挥近代郦学考据、词章、地理三个学派的研究精华，使新版本既新又全，出类拔萃。

我们究竟需要怎样的新版本呢？一部能够表现现代水平的新版本《水经注》，应该具有下列五个方面的特点。

第一是统一的体例。郦道元治学非常严谨，撰写十分认真，他在写作《水经注》以前，对全书的文字体例，是下过极大工夫的。关于这方面，以前的学者已经作过研究。例如，《四库全书提要》所指出的："至于经文语句，诸本悉多混淆，今考验旧本，得其端绪：凡水道所经之地，《经》则云过，《注》则云迳；《经》则统举都会，《注》则兼及繁碎地名；凡一水之名，《经》则首句标明，后不重举，《注》则文多旁涉，必重举其名以更端；凡书内郡县，《经》则但举当时之名，《注》则兼考故城之实。"《四库提要》的作者，经过对《经》和《注》的反复推敲和比较，得到了上述所谓"端绪"，《水经注》的写作体例，其严密性可见一斑。但是，由于长期来的辗转传抄，造成了体例上的极大混乱，虽然经过朱、全、赵、戴等各家仔细考订，至今在体例上的错误仍然不少。例如《四库提要》所说："《经》则云过，《注》则云迳。"官本本身就没有完全遵循。卷二《河水注》说："湟水又东迳赤城北，而东入经戎峡口。"卷八《洛水注》说："济水又经薄姑城北。"卷二十九《沔水注》说："江水又经官仓。"卷三十八《湘水注》说："即经所谓经下隽者也。"以上各例中的"经"字，按《四库提要》都应改作"迳"字。《湘水注》例则既可作"迳"，也可作"过"。而官本却都作"经"，这就是官本的体例错误。以上不过是举一个例子，像这样一类文字体例的错误，在新版本中都要加以改正。

此外，在书写体例方面，也有许多地方值得研究。在分清经注方面，考据学派已经为我们做了许多工作，这个问题基本上得到解决。那末，在新版本中，经文和注文应采用什么书写形式？旧版本一般是经文自成一行，注文则另起一行，较注文低一格书写。只有《永乐大典》本《水经注》，经文和注文不分行，但经文字体放大。在新版本中，经文和注文的书写可以吸取上述两种写法，不仅分行书写，而且经文与注文可以采用不同字体，使更能一目了然。

注文是全书的核心，是全书的主要部分。在注文的书写方面，新式标点当然是必需的。对于过去各学者所提出和各种版本所采用的注文写法，应该如何继承和扬弃，也很值得研究。例如，清全祖望提出，他所见到的他祖上收藏的版本，注文采用双行夹写,注中有注的写法。赵一清的《水经注释》,注文采用大小两种不同字体交错的形式,凡事涉河川的用大字,不涉河川的用小字。清代后期的另一著名版本即王先谦的《合校水经注》,即全盘继承了赵一清的书写体例。新中国成立后,科学出版社于1959年出版《中国地理名著选读》一书,其中所选入的《水经注》部分,也继承了这种体例。但历史上也有提出反对这种注文书写体例的,前已提到的清陈运溶就是其中之一。他在他所编的《荆州记》序言中,评论这种书写体例说:"赵一清尤觉妄诞"。所以,到底新版本的注文采用什么书写体例,这是头等重要的大事,还应仔细研究,从长计议。

第二是正确的文字。《水经注》经过考据学派几百年来殚精竭力的校勘考订,改正了大量传抄中的错误。但是,前面早已指出,考据学派的工作,并没有结束。现在看来,注文中存在的明显错误,还不是个别的。这些错误有待我们继续努力,不断改正,使新版本在这方面能够更臻完美。下面举两个例子:

卷三十八《溱水注》说:

> (泷水)又与云水合,水出县北汤泉,汤源沸涌,浩气云浮,以腥物投之,俄顷即热。

这里,"俄顷即热"的"热"字,在《水经注》的有些版本原来作"熟"字,戴震的官本把它改成"然"字。"热"和"熟"虽然一字之差,但区别却是很大的。就人体的感觉来说,摄氏五十度的水就感到"热",到摄氏六七十度就感到"灼热"了。但食物要达到"熟",一般需要摄氏一百度的温度。关于《水经注》记载的云水汤泉的事,比《水经注》成书更早的,即南朝刘宋的刘义庆写的《幽明录》一书中也曾提及。《幽明录》写云水汤泉的这段话;被宋朝的《太平御览》引了下来,所以我们还可以读到,这段话说:

> 始兴云水,源有汤泉,每至霜雪,见其上蒸气高数十丈,生物投之,须臾便熟。[1]

《幽明录》的记载,很可能就是《水经注》的资料来源。这里,我们可以看到,辗转传抄的结果,把"生物"误成"腥物",把"熟"误成"热"。这样的错误,在新版本里当然应该改过来。

又如卷十八《渭水注》中记载太一山温泉,说:

> 可治百病,世清则疾愈,世浊则无验。

这一段记载,我们现在看到的各种版本的《水经注》,都是一样的。但解释却很困难。温泉治疾与"世清"、"世浊"之间又有什么关系呢?这个问题终于在太一山温泉所在地的文献,即康熙《陇州志》中找到了答案。康熙《陇州志》在记载这个温泉时,也引了《水经注》,注文说:

> 然水清则愈,浊则无验。[2]

《陇州志》所引的这种《水经注》本子,现在当然无法找到了。因为自从戴震的官本刊行以后，许多别的本子都加速消亡。但是，从字义和科学性方面来看，《陇州志》所引本的"水"，较之目前流行本的"世"，显然要好得多。像这样的情形，既然有本可据，在新版本中，"世"就应该改为"水"。

第三是完整的内容。前面已经指出，《水经注》是一部残缺的古籍。朝廷藏本到北宋就缺佚了五卷，私家传抄本的缺佚当然更多。用什么方法把这些缺佚的内容尽可能写进新版本去？可以用辑佚的方法。当《水经注》尚未缺佚的时候，或者是虽已缺佚，但缺佚比后来要少的时候，其他著作（如前面已经提及的类书和地理书等）引用《水经注》的文句，这些文句中，有的是现在的版本中所没有的。这样的文句，我们就称它为《水经注》的佚文。古书所引的《水经注》佚文，当然并非句句完全可靠，所以还必须进行鉴别。有些佚文是完全可靠的，把这样的佚文插入现在的注文，注文就成为完璧。例如，《读史方舆纪要》所引的《水经注》佚文，"荆水迳其下，亦谓之龙台水"[③]一句，显然就是卷二十六《潍水注》所缺佚的。《潍水注》说："潍水又北迳平昌县故城东，荆水注之。……城之东南角有台，台下有井，与荆水通，物坠于井，则取之荆水，昔常有龙出入其中，故世亦谓之龙台城也。荆水又东北流，注于潍。"这里，《读史方舆纪要》的佚文，若插入"故世亦谓之龙台城也"之下，则原句就完整了。我们现在所发现的《水经注》佚文中，像这一类的佚文，是不少的。在新版本中，必须尽可能把《水经注》佚文物归原主。使新版本在内容的完整方面超过以前的一切版本。

第四是科学的注疏。郦道元是一个很重视实践的人，在他为《水经》作注的过程中，曾经"访渎搜渠"，做了大量的野外考察工作。但后世替《水经注》作注的人，却往往专事引经据典，从书本到书本，在工作方法上反而比郦道元倒退了。当然，书本也常常是前人的实践成果，因此，新版本不应排斥从书本中引来的注疏。但是，时至今日，历史地理学和考古学等学科已经获得比以往丰富得多的成果，而这些学科所采用的方法，也已经有了新的发展。在这样的情况下，单靠从书本到书本的注疏方法，显然是落后于形势了。现在，许多新的科学技术方法，都可以帮助我们在新版本《水经注》的注疏上大放异彩。例如，《水经注》记载的古河道、古湖泊等，以及它们在北魏以后的变迁，我们可以根据航空照片和卫星照片加以探索；《水经注》所记载的我国各地在北魏以前的自然环境，可以利用放射性碳素测定绝对年龄、热释光年代测定、孢粉分析和沉积物分析等方法，加以复原。此外，历史地理学和考古学等学科，近年来所获得的大量科研成果，也都是新版本《水经注》的注疏源泉。例如，前面已经提到，卷十六《穀水注》中记载的洛阳永宁寺九层浮图，现在已经进行了考古发掘，并且和《水经注》的记载作了对照，证明了《水经注》记载的正确性。用这样的资料为《水经注》作注，较之那些泛泛的引经据典，当然要好得多了。

第五是详细的地图。《水经注》新版本当然应该有一套与之配合的《水经注图》。正如杨守敬、熊会贞的《水经注图》，与他们的《水经注疏》相配合一样。当然，我们现在编绘的《水经注图》是有经纬网和比例尺的新式地图，与杨守敬时代的旧式方格地图，是完全不同的。我国著名历史地理学家谭其骧教授，近年来主持编绘了一套《中国历史地图集》，在国内外具有很大影响。新式的《水经注图》，应该按照《中国历史地图集》的方法和形式来绘制。这是一件工程浩大的工作，但是也是一件很有价值的工作。作为一部新版本《水经注》，这也是十分必需的。

编纂《水经注》的节本和语译本

《水经注》是一部伟大的爱国主义著作，它除了作为学术界的研究对象和参考文献以外，对于广大的一般读者，也具有进行爱国主义教育的重要作用。因此，对这部巨著进行一些节选、语译等工作，使其内容更容易为一般读者所理解和接受，是很有现实意义的。

历史上的郦学家节选《水经注》的，并非没有例子。前面已经提到的明朝的朱之臣，从《水经注》的词章出发，按文学欣赏的观点，节选了此书。至于古今游记之类的书中，节选《水经注》的一篇或一段的，那更是由来已久，不胜枚举。

现在我们也很有必要编纂一种较好的《水经注》节本，篇幅以占全书的 1/4 到 1/5 为适宜，节本当然不是供专家阅读的，它让广大的一般读者欣赏《水经注》的生动描写和优美文章。它既是一本群众性的爱国主义读物，也可以作为中学生在地理、历史和语文等学科上的补充读物。所谓节本，顾名思义，当然是节选全书中的若干卷篇，至于每一篇中可否再酌情加以删节，使减少一些艰深难懂和不适当的语句，只要删节得法，这也是可以考虑的当然，节选不同于改写，凡是被选入的卷篇、段落或字句，都必须忠于原著，是不能轻易改动的。

除了节本以外，我们也很需要一种《水经注》的现代汉语译本。把《水经注》翻译成为另外一种语言，这也并不是新鲜事。前面已经指出，早在 1905 年，法国的汉学家沙畹，就翻译此书的少量卷篇为法语，发表在当年法国的东方学杂志《通报》上。日本的著名郦学家，京都大学名誉教授森鹿三，毕生从事于《水经注》研究，曾于 1964 年到 1970 年间在京都大学举办了一个《水经注疏》订补研究班，结果于 1974 年出版了由他主持的《水经注》日文节译本《水经注（抄）》。说明对于这样历史悠久的世界名著，翻译之事，也是由来已久。不过现在我们要做的工作，并不是把《水经注》翻译成为外文，而是把这部用一千四百多年以前的古代汉语所写的巨著，翻译成为现代汉语。使广大不熟悉古代汉语的读者,也可以通畅顺利地阅读这样一部伟大的古代名著,欣赏此书的生动描写和优美文章,从而激发他们的爱国主义热情。这无疑是一件极有意义的工作。当然,要把这样一部具有高度写作技巧和丰富内容而却是用古代汉语写作的巨著,用现代汉语翻译,在翻译中又必须忠于原著,保持原著中的生动语言和爱国主义热忱,这是一件十分困难的工作,必须有一些知识渊博、感情丰富而又有高度语言素养的译者,才能出色地完成这项任务。

上面说到,把《水经注》翻译成为现代汉语,确实有很大的难度。但是,由于这是一部可以在广大读者中发生重大影响的古代名著,它在激发广大读者热爱我们伟大祖国的感情方面,是具有重要作用的。因此,工作虽然困难,却是极有价值的。在翻译上,前面介绍的森鹿三主持节本《水经注(抄)》日译的过程和方法,对我们或许是一种有益的启发。由于要把此书的古代汉语译成现代日语,不但要克服语言不通的困难,而且要克服时代不同的困难,所以日本译者的翻译过程,确实是相当艰苦的。但他们翻译《河水注》五卷的方法,是首先集体钻研原文,把原文中的一字一句都彻底弄清,然后由精通古代日语的日原利国教授将郦注的古代汉语译成古代日语,作为一种过渡。最后由藤善真澄、胜村哲也二教授,译成现代日语。和日本郦学家翻译此书的复杂、艰难的过程相比,我们译古为今的工作虽然也有困难,但总要比日本郦学家的工作方便得多。只要认真努力,是一定会获得成功的。一部生动、流畅而又完全忠于原著的现代汉语本《水经注》,或现代汉语节本《水经注》,是迟早会到达广大读者手上的。

让广大读者都能读到《水经注》,让广大读者都来学习郦道元的爱国主义精神。

注释:

① 《太平御览》卷七九《地部》引《幽明录》。

② 康熙《陇州志》卷一《方舆》。

③ 《读史方舆纪要》卷三五《山东》六。

原著上海人民出版社 1987 年版

郦道元评传

第一章　郦道元生活的时代与地理大交流

一、大时代

　　中国历史从秦一统嬗递到两汉。秦开创了汉民族的广大版图,两汉继承并发展了秦的版图,汉民族的势力趋于鼎盛。两汉是一个漫长的时代,从公元前3世纪之末,延续到公元后3世纪。这中间尽管有许多曲折复杂的过程,但汉民族的广大版图和一统天下的盛势,在这四百多年中已经得到确立。

　　秦开拓了汉民族的南疆,汉不仅巩固了南疆,并且开拓了西疆和东疆。至于北疆,秦采用了严密防范的方法。万里长城是一条草原游牧民族不得逾越的界线,当然,汉族同样也很难越此雷池一步。两汉在西北建置了金城、武威、西海、张掖、酒泉、敦煌各郡,并置西域都护府,把汉族势力伸张到今新疆。在这方面,大大超越了秦的功业。但对于北疆的开拓,却并无多少建树。这很可能就是这条万里长城的限制。对于古代开拓北疆的事业来说,万里长城开始是地理上的限制,后来成为传统观念的限制。对于汉族的不少有志于北荒的领袖们,这条以夯土堆叠起来的人为界限,不仅束缚了他们的手脚,而且束缚了他们的抱负和思想。这实在是一件十分不幸的事。当然,对于匈奴,西汉毕竟比秦多有一点作为,曾经进行了几次征讨,并且采用过和亲一类的睦邻政策。但是和它对西疆的功绩相比,实在微不足道。

　　两汉以后是魏晋南北朝,从秦代以来的民族和版图的格局,至此发生了巨大的变化,这就是历史上所谓的"五胡乱华"。从秦一统以来到西汉王朝发展到了顶峰的这一个汉民族建立的版图广袤的大国,由于晋室南渡而一分为二。从此经历了 260 余年,南方仍然是汉族人的领域,而北方(包括四川),许多少数民族先后登台,建立了所谓"五胡十六国"。这是一个干戈扰攘、生灵涂炭的时代,但同时也是一个各方交流、民族融合的时代。

　　早在先秦时代,从事农业的汉民族,其农事活动,土地利用,耕作方法,已经达到了"五亩之宅,树之以桑"[①]的程度。春秋战国之际,列国内部和列国之间,都修筑了广狭不等的道路以利交通。一般的交通利用马或驴拉的小车,即所谓辎轩。[②]在军事行动时,则使用几匹马拖拉的战车,战车中站着头戴铁盔,身披铁甲,手执长矛的武士。"伯也执殳,为王前驱"。[③]就是这种在战车上为君王效命的武士。国家的军事实力,即以车乘的数量作为标准。"万乘之君"就算当时实力雄厚的大国。

　　以上说的是汉民族的情况。但当时北方草原上的许多游牧民族,其文化水平和发展程度完全不能和汉民族相比。他们在生产和生活方式上,与汉族也大不相同。他们不从事定居农业,没有固定的居地,而是逐水草而移动他们的帐幕。"围韝毳幕以御风雨,羶肉酪浆以充饥渴"。[④]他们并无占据汉族土地的愿望,因为屋宇和耕地对他们没有意义。但汉族的粮食、财物和人口,却是他们所需要的。特别是在遇着严寒、干旱和其他殃及草地、牲畜的自然灾害时,为了维护部落的生存,他们常常以侵入汉族境内,掠夺汉族的物资来拯救自己。他们在马背上奔驰,穿着紧身衣服,用弓箭作武器,轻装快骑,对汉族采用抢了就走,打了就跑的方法。汉族所有的行动迂缓的战车和负担沉重的武士,对他们这种来去像一阵风似的战术,实在毫无办法。早在西周之末,周幽王曾因犬戎的快速入侵而败亡。从春秋以至战国,凡是与漠南草原毗邻的列国,都把对游牧民族的防御,作为生死攸关的头等大事,而主要的方法,就是用人工修筑一道赖以防守的城垣,即人们称为"长城"的工事。战国的燕、赵、韩、魏、秦等列国,都为自己修筑了这种长城,而秦始皇又花费了庞大的人力和物力,把这些战国的长城连接起来,并加以增修和巩固。《水经·河水注》所记:"始皇令太子扶苏与蒙恬筑长城,起自临洮,至于碣石。"即后来人们所称的"万里长城"。《水经·河水注》又引杨泉《物理论》说:"秦始皇使蒙恬筑长城,死者相属,民歌曰:生男慎勿举,生女哺用脯,不见长城下,尸骸相支拄。"为了防御北方游牧民族的入侵,秦始皇所花的代价确是骇人听闻的。

　　秦始皇当然是个武功卓著的皇帝,他降服六国,进军东南沿海和岭南,直至今中南半岛,敉平所谓"百越"之地。但这是对于中国内部和南疆而言。对于中国的北疆,看来历史还应该对他作不同的评价。他修筑"尸骸相支拄"的长城,残暴达于极点,而智勇实属末流。他以长城阻遏北方的游牧民族,实际上暴露了他对汉族北疆的最低愿望。所以从他对汉族北疆的开拓和经营来说,他是一个眼光短浅,缺乏战略思想的弱者。他用千千万万生命的代价,为汉族修建了这样一条畏缩不前的北方疆界。假使没有后世的民族交流、融合和汉武帝、成吉思汗、努尔哈赤等中华民族中的杰出人物,则我国的北疆将会成为怎样一种状况,人们或许不难想象。

对于秦始皇在北疆开拓、经营上的不智不勇和缺乏战略思想,当然不是与他的后人如汉武帝、成吉思汗、努尔哈赤等相比,而是和他的前人,也就是本书必须提及的一个伟大人物,战国的赵武灵王相比。赵武灵王是一位汉族的国君,赵国的疆界与游牧民族毗连,对于这些轻装、强悍、快速和出没无常的草原骑马民族,他有过长期的周旋经验和细致深刻的观察研究。这位眼光远大,见识卓著的汉族杰出领袖,于其在位的19年(前307)便断然决定:"胡服骑射以教百姓。"⑤

这的确是一个令人大吃一惊的措施。据靳生禾先生《赵武灵王评传》⑥所述,当时曾受到朝野人士的竭力反对。守旧派以公子成、赵文、赵造、周绍、赵俊、赵燕、牛赞等为首,或公开反对,或称疾不朝。他们以举国上下反对胡服骑射之民意相要挟。他们提出:"服奇者志淫,俗辟者乱民,是以莅国者不袭奇辟之服,中国不近蛮夷之行,非所以教民而成礼者也。"但赵武灵王一一予以驳斥,他说:"古今不同俗,何古之法?帝王不相袭,何礼之循?"又说:"圣人利身之谓服,便事之谓教,进退之谓节,衣服之制,所以齐常民,非所以论贤者也。"由于赵武灵王的真知灼见和深谋远虑,终于说服了许多反对者,使他的这种惊人改革,获得朝野一致的赞同。

当然,他同时也重视长城的修建。《水经·河水注》说:"赵武灵王既袭胡服,自代并阴山下,至高阙为塞。山下有长城。"赵武灵王的长城和秦始皇的长城很不相同,不仅在地理位置上比秦长城要偏北得多,特别是他修筑长城在战略思想上具有远大的见识。《水经注》所谓:"赵武灵王既袭胡服",这就是说,他修建长城是在"既袭胡服"的前提之下进行的。赵武灵王胡服骑射以后,不久即击溃盘踞漠南、长期为患的游牧民族林胡、楼烦、东胡,即所谓"三胡"。在大片游牧地区设置云中、雁门、代三郡。从内地移民实边,从事垦殖。⑦《水经·河水注》引《竹书纪年》:"魏襄王十七年,邯郸命吏大夫奴迁于九原,又命将军大夫适子、戍吏皆貉服矣。"说明一大批由大夫和将军率领去到九原(今包头市以西的内蒙古后套地区)实边屯垦的人,官民一体,也都是穿着胡服(貉服)的。赵武灵王在这样的开拓过程中修建长城,尽管这条长城也具有阻遏外敌的功能,但是它绝不束缚自己前进的脚步。赵武灵王长城与秦始皇长城在战略思想上的根本区别,在于它不是汉族疆界的终点,而是向北开拓的基线。

赵武灵王的确不愧为战国一代中的一位有雄才大略的国君。可惜他的事业后继无人,包括秦始皇在内,在对付草原骑马民族和开拓北部疆域的事业上,都是那样地目光短浅,优柔寡断,以致贻误了许多开拓疆域的机会。否则的话,元代的岭北行省和辽阳行省的局面,⑧可能在汉代就已经出现。我们历史上的北疆,在成吉思汗以前多少个世纪,就早已面临了北冰洋。

现在需要论述对于本书至关重要的一个戏剧性的历史掌故。前面指出,在公元前307年,一位汉族的著名国君赵武灵王,他甘愿冒天下之大不韪,放弃祖宗历代的传统服式,自己带头,并且要他的子民一起穿上人们所不齿的奇形怪状的夷狄服装。但事隔8个世纪,来自塞北草原的骑马民族的一支,鲜卑族的著名国君拓跋宏,于北魏太和十八年(494)正式下诏:"禁士民胡服。"⑨前面已经提及,赵武灵王是后继无人,"胡服骑射"这种革命措施,在汉族中得不到同情和推广。以秦始皇为代表的汉族统治者,确信只要有一条坚固的长城,加上几个烽火墩、头戴铁盔、身披铁甲、手执长矛的汉族武士,是可以站在战车上杀退那些草原夷狄的。现在,历史完全证明,这一条"尸骸相支拄"的长城,根本挡不住草原人。而草原人中的一支鲜卑族,不仅越过长城到了中原,而且在汉族的古都洛阳颁布命令,要拓跋氏的子民一起脱掉祖宗传下来的胡服,穿上被征服地的,在他们看来也是奇形怪状的汉服。一位汉族领袖要汉人穿上胡服,而另一位胡人领袖又要胡人穿上汉服,这真是一出历史喜剧,或许也可以说是历史对人们的揶揄。

由于赵武灵王是历史上的一位著名人物,也由于他命令汉人穿上胡服有确实年代可记;同样,由于拓跋宏(北魏孝文帝)也是一位历史名人,而他命令胡人脱去胡服的年代也确切可记。因此,我把中国历史上这件戏剧性的掌故用这两个年代确定下来。在这一段戏剧性的时代中,中国境内的许多民族发生了接触、交流和融合的过程。这个过程是错综复杂的,这中间有战争,有和亲,有商品贸易,有文化交流,有一族对另一族的统治,有另一族对一族的反抗,等等。然后终于出现民族的融合,伟大的中华民族终于形成。

这是魏晋南北朝这个历史时代的大背景,任何研究这个时代的政治、经济、军事、文化,以及这个时代中一切人物的思想、业绩等,都必须充分了解这种时代背景。

二、北魏

"五胡乱华"是指的匈奴、羯、氐、羌、鲜卑五个游牧民族。这五个民族中的匈奴和鲜卑,原来都在北方塞外,他们都是跨越了秦始皇的这条万里长城进入华北的。这些游牧民族在华北等地建立了所谓"十六国",于是晋室被追南迁,在中国境域中,出现了东晋和十六国南北对峙的局面,这种局面延续了100多年。

公元420年,刘裕篡夺了东晋称帝,这就是刘宋,是南朝的第一个朝代。与此同时,北方的十六国,绝大多数也先后为其中力量最大的拓跋魏所兼并,这就是所谓北朝,北魏就是北朝的第一个朝代。这样就出现了中国历史上的南北朝时代。

北魏是鲜卑人建立的朝代。鲜卑一名,大概就是西伯利亚(Siberia)的古译,所以他的起源,很可能就在今西伯利亚地区。北魏孝文帝拓跋宏曾经说:"朕之远祖,世居北荒",[⑩]可以为证。这是一个较大的游牧部族,在两晋南北朝时,鲜卑族有慕容、乞伏、秃发、宇文、拓跋等部落,先后在今华北和西北等地建立政权,如慕容氏先后建立的前燕、西燕、后燕,乞伏氏建立的西秦,秃发氏建立的南凉以及宇文氏建立的北周等。其中以拓跋氏建立的北魏,版图最大,国势最盛,时间也最久。

建立北魏的拓跋鲜卑,开始流徙于蒙古高原南北及兴安岭南北一带。到了部族酋长拓跋郁律(太祖平文帝)时移居到东木根山(今内蒙古自治区集宁市东北)。以后,另一部族酋长拓跋什翼犍(昭成帝)营建了他们的首都盛乐(今内蒙古自治区和林格尔以北)。《魏书·帝纪》在太祖道武帝(拓跋硅)以前,载列了27代没有传记的帝王名氏,第一代是成帝,名拓跋毛。据《魏书·帝纪》所说:"统国三十六,大姓九十九。"也不过是氏族而已。从拓跋毛以后的第十五代是拓跋力微,魏人尊他为神元帝,从此以后,才有信史。不过直到第二十七代拓跋什翼犍,情况仍不甚明了。游牧部族逐水草而居,尽管是部族酋长的驻地,但流动性仍然很大,所以像东木根山和盛乐等地名,其地理位置其实并不十分确实,不过是约略言之而已。

这个部族要到公元4世纪后期,情况才比较明确,当时是北魏道武帝拓跋硅在位的时代。这是一位有见识和才略的部族领袖,他把首都从盛乐南迁到平城(今山西省大同市郊东北),部族开始从游牧过渡到农耕。平城是一个在汉初就存在的古老城邑,汉高祖曾经在这里被冒顿单于围困了7天。拓跋硅迁都到此以后,当然经过一番修整和扩建。《水经·漯水注》相当详细地记载了当年平城的城市建设及其规模,这里拥有宫殿、寺庙和许多其他建筑物。由此可见,北魏的生产方式到这时已经以农耕为主,游牧部族是不可能有如此固定和规模较大的首都的。当然,由于拓跋硅在平城作帝达23年,拓跋鲜卑从游牧到农耕的过渡以及平城的城市建设,可能是在这23年中逐步完成的。

早在拓跋硅迁都以前,鲜卑族移入平城及其附近各地定居的人数看来不少。他们或许早已放弃游牧,从事农耕,这其实也是北魏南迁的群众基础。《水经注》在《河水》、《汾水》、《漯水》等各篇记下了今山西省境内的许多非汉语地名,如太卤(即太原)、大浴真山、贷敢水、可不埿城、契吴亭、浩亹袁河等,不胜枚举。郦道元记载地名,素有解释地名的习惯,对于这个地区的这类无法解释的地名,他一般加上"北俗谓之"4字,有时甚至加上"狄语音讹"一语。郦道元称为"北俗",指的是他所居住的华北以北的地方,实际上就是塞外草原。当然,今山西省一带是古代许多少数民族角逐之地,郦道元的所谓"北俗",也并不一定就是鲜卑。由于鲜卑语和其他曾经在这一带居住过的游牧民族如匈奴等的语言都早已消亡,无可核实,我们无法区别这些地名是鲜卑语地名抑是其他民族语言地名。但拓跋鲜卑族人流入这一带为时甚早,这大概是可以肯定的。

拓跋珪以后即位的是拓跋嗣,即北魏明元帝,在位共15年,这期间,大江以南,刘宋取代了东晋,南北朝的形势从此形成。拓跋嗣以后,一位有雄才大略的人物拓跋焘,即北魏太武帝继承了王位,北魏进一步走向繁荣昌盛。他在位长达28年,文治武功,都很有可观。北魏虽然僻居雁北,但是已经俨然成为一个规模完备的大朝廷。在武功方面,他东征西讨,不断扩张领土,当年与东晋并存的所谓"十六国"之中,除了巴蜀的李成为刘宋所并以外,其余大都纳入了他的版图。他南与刘宋作战,攻占了著名的古都洛阳和形势险要的虎牢。他于北魏太平真君十一年(刘宋元嘉二十七年,450年),亲率大军,长驱南下,直达长江北岸的瓜步,并于次年(451)在瓜步山上大集群臣,班爵行赏。这其实就是向南朝显示他的武力,使刘宋首都建康(今南京)大为震惊,而他在大集群臣以后,或许是自己认为攻占和统治全国的准备尚未充分,在向南朝示威的目的达到以后,即下令班师,全军北返。对于南朝来说,他的这一次军事行动,的确达到了他威慑的目的。刘宋名将沈庆之不胜惶恐地说:"佛狸(按指拓跋焘)威震天下,控弦百万。"[①]南朝素以正统的大朝廷自居,如今说出这样的话来,实在是说明了当时的形势。

另外,在拓跋鲜卑内迁并过渡为农耕民族的同时,另一支草原游牧民族柔然族,又名蠕蠕,原来附属于拓跋部,4世纪中叶,在今鄂尔浑河和土拉河流域从事游牧活动,北魏南迁后,它进居到阴山一带。从此在漠南成为北魏的腹背之患,情况如同拓跋鲜卑没有内迁以前对汉族的关系一样。为了安定北疆,拓跋焘在漠南,东起濡源,西到五原阴山,共3000里,设置了武川、抚冥、怀朔、怀荒、柔玄、御夷等六个军镇,即所谓北魏六镇,驻军防守,遏制了柔然的骚扰和入侵。于是北起漠南,南到淮河,都在北魏的统治之下。北魏的声威,至此已经甚盛,当时的西域诸国如龟兹、疏勒、乌孙、鄯善、焉耆、车师、粟特等,都遣使进贡。此外如东方的高句丽和西方的波斯等国,也都遣使修好。武功之盛,声威之远,于此可见一斑。

拓跋焘虽然是一个出自游牧民族的国君,但他也重视文治,注意政治廉明,悉心治理他的国家。他任用了一批贤能廉洁的官吏,如侍中古弼、张黎,中书侍郎高允,司空崔浩,司徒长孙道生等,其中许多是汉族知识分子。从《魏书·古弼传》所记的一件事实中可以证明,拓跋焘是如何以身作则,从善如流的:

> 世祖大阅将校,猎于河西,弼留守。诏以肥马给骑人。弼给弱者。世祖大怒曰:尖头奴敢裁量朕也,朕还台先斩此奴。弼头尖,世祖常名之曰笔头,是以时人呼为笔公。弼属官惶怖惧诛,弼告之曰:吾以为事君使畋猎不适盘游,其罪小也;不备不虞,使戎寇恣逸,其罪大也。今北狄孔炽,南虏未灭,狡焉之志,窥伺边境,是吾忧也。故选肥马备军实,为不虞之远虑,苟使国家有利,吾何避死乎? 明主可以理于此,自吾罪,非卿等之咎。世祖闻而叹曰:有臣如此,国之宝也。……后车驾畋于山北,大获麋鹿数千头,诏尚书发车牛五百乘以运之。世祖寻谓从者曰:笔公必不与我,汝辈不如马运之速,遂还。行百余里而弼表至曰:今秋谷悬黄,麻菽布野,猪鹿窃食,鸟雁侵费,风波所耗,朝夕三倍,乞赐矜缓,使得收载。世祖谓左右曰:笔公果如朕所卜,可谓社稷之臣。

《古弼传》所记的这一掌故,除了说明拓跋焘的英明以外,同时也说明了,到了拓跋焘在位的时候,北魏已经"秋谷悬黄,麻菽布野",成为一个农耕民族了。这当然是鲜卑人长期以来和汉人共处的结果。这是一种少数民族汉化的过程,也是民族融合的过程。关于这方面,在以下对孝文帝拓跋宏的评述中还要提到。

拓跋焘为北魏的发展奠定了坚实的基础,他去世后,经过了文成帝拓跋濬和献文帝拓跋弘两帝的短促时期,到了北魏延兴元年(刘宋泰始七年,471年),孝文帝拓跋宏即位,这是北魏历史上另一位有雄才大略的著名国君。他登位时还只有5岁,先由太后临朝称制,太和十四年(490),太后去世,拓跋宏就于次年亲政,当时他年仅25岁,正是青年英俊,意气风发的时候。他亲政以后,立刻励精图治,大力进行了许多革新,使北魏在拓跋焘建立的基础上,获得进一步的发展。他的政策,首先是提高民族文化,努力改革作为一个游牧民族长期以来存在的游牧习气,广泛推行汉族的礼仪和习俗,加速了拓跋鲜卑的汉化过程。他毅然废除从游牧民族遗留下来的发辫制,改行汉族当时通行的束发为髻的发式。被服冠冕,也一遵汉族体制。他又竭力推行汉族尊重的所谓三代成法,开始祭祀尧、舜、禹、周公等汉族人民崇敬的人物,谥孔子为"文圣尼父",并命令中书省设孔子像,他亲自带头前往祭拜。有一次南征途中经过鲁城(今曲阜),特地进城祭拜孔子,重修那里的孔子陵墓,更建碑铭,拜孔氏四人、颜氏两人为官,并选孔子宗子一人,封为崇圣侯,令其奉孔祭祀。这次南征还都以后,就在首都设立国子太学和四门小学,又遴选了几位耆老长者,将他们封为国老庶老。同时在国内普求古代遗书,按汉族体制制礼作乐,并按当时汉族通行的标准,修正度量衡制度。⑫自从拓跋焘任用许多汉族知识分子以来,早已卓著成效的北魏汉化,至此业已完成。

　　在拓跋焘的时代,虽然版图已经拓宽,军力已经强大,但他在南下到达瓜州以后,仍然引军北返。我们当然很难剖析拓跋焘当时为什么作出这个决定,但是一个非常明显的事实是,尽管北朝军力强大,但是在经济实力,文化水平等许多方面,无疑仍然落后于南朝,而这种差距并不是短期中可以赶上去的。因此,拓跋焘的南征,或许具有以攻为守的意义,让他在这一次威慑行动以后,可以免受南朝的进攻,使他能致力于北魏的内部建设。所以,拓跋焘虽然展示力量于南朝,但当时并非有志于南朝。对拓跋焘的进军和退军作这样的估计或许有些道理。他是在太平真君十年(刘宋元嘉二十七年,450年)冬季才发动这次进攻的。就在这一年秋季,宋文帝还派沈庆之、王玄谟等将领进军黄河边上的碻磝(今山东省茌平县以东黄河南岸),并且围攻滑台(今河南省滑县东),虽然围攻了200多天未能攻下,但碻磝这个渡口,一直要到太平真君十二年初才为北魏军收复,这说明刘宋也还有一些军事力量。

　　现在,拓跋宏的情况就大不相同,他是一个有抱负、有远见的人物。北魏由于多年来的惨淡经营和汉化的完成,国家的经济实力和文化水平均已大大提高。当拓跋焘南迁之初,北魏还是"十六国"中最小的国家,但经过这百年来的发展变迁,北魏已经成为一个无可争议的北朝大国。中国南北分裂,到此已经一百七十余年,他心存大志,把一统全国作为己任。他曾经豪迈地说过:"吾方经营天下,期于混一。"[13]这就明白地表示了他的抱负。

　　和拓跋焘从盛乐南迁到平城一样,拓跋宏亲政之初,就下决心再一次南迁,把首都从平城迁到洛阳去。他深深知道,"经营天下"的事,是不可能在平城这样一个地处雁北的偏僻城邑中运筹策划的。而洛阳是东周以来的中原名都,尽管"洛阳处天下之中"[14]的话出自北宋,但人们早已看到了这种事实,这是一个帝王之都。现在,洛阳早已收入了北魏的皇舆,对于"期于混一"的君王,这是一个定都的良机,是绝不能失之等闲的。但是他的这种计划遇到了很大的阻力,不要说安土重迁是人们的一般心理,特别是由于平城建都已经上百年,王公贵族和整个北魏的既得利益集团,在这里购置产业,建造宅第,布置势力。平城已经成了他们的安乐窝,当然不愿意长途跋涉,远迁到人地生疏的洛阳去。所以,当拓跋宏一旦宣布了迁都的决定以后,立刻遭到了满朝官员的反对。尚书于果的话其实是代表了整个既得利益集团的,他说:"臣非为代地(按指平城)为胜伊洛(按指洛阳)之美也,但自先帝以来,久居此地,百姓安之,一旦南迁,众情不乐。"[15]平阳公拓跋丕想必读过《尚书·洛诰》之类的汉族经书,他指出:"迁都大事,当询之卜筮"。[16]此外还有许多反对的意见。对这位年轻的国君,实在是一次严峻的挑战和考验。

　　但是拓跋宏是个胸有成竹的人,他绝对不会因既得利益集团的种种干扰而动摇他的迁都决心,对于于果之流的阻挠,他说:"吾方经营天下,期于混一,卿等儒生,不知大计。"[17]对于"卜筮"一类的言论,他的答复更铿锵有理:"昔周召圣贤,乃能卜宅,今无其人,卜之何益?且卜以决疑,不疑何卜?"他又说:"王者以四海为家,或南或北,何常之有?朕之远祖,世居北荒,平文皇帝始都东木根山,昭成皇帝更营盛乐,道武皇帝迁于平城,朕幸属残胜之运,而独不得迁乎?"[18]

拓跋宏终于在太和十八年(494)把首都从平城迁到洛阳,就在这一年,他正式下诏:"禁士民胡服。"如同7个世纪以前赵武灵王的"胡服骑射"一样,这也是一个令人大吃一惊的变革,而且历史对人们真是一种嘲弄,和战国时代一样,朝野士民又一次群情哗然。并州刺史新兴公拓跋丕就是守旧派中的著名一员,据《通鉴》卷一四一所记:"及朝臣皆变衣冠,朱衣满坐,而丕独胡服其间。"民间也是一样,《通鉴》卷一四〇记及了拓跋宏在洛阳责问留守之官:"朕望见妇女犹服夹领小袖,卿等何为不遵前诏?皆谢罪。"甚至直到太和二十三年(499),元宏从平城回到洛阳,他问任城王元澄:"'朕离京以来,旧俗少变不?'对曰:'圣化日新'。帝曰:'朕入城,见车上妇人犹戴帽,著小袄,何谓日新?'对曰:'著者少,不著者多。'帝曰:'任成,此何言也,必欲使满城尽著邪!'澄与留守官皆免冠谢。"[19]在中国历史上,穿上"胡服"和脱掉"胡服"都曾经是一种困难的历程。

太和二十年(496),拓跋宏宣布改变祖宗传下来的民族姓氏,把鲜卑语的"拓跋"改为汉语的"元"。[20]从此,拓跋魏就被后世的史家称为元魏。其实这也是他早已有了打算的事,在这以前,他曾于太和十九年六月下诏:"不得为北俗之语于朝廷,违者免所居官。"[21]至于为什么把"拓跋"改为"元",他的诏令上说得很明白:"北人谓土为拓,后为跋。魏之先出于黄帝,以土德王,故为拓跋氏。夫土者,黄中之色,万物之元也;宜改姓元氏。"从此,他自己带头称为元宏,王族中不论辈分大小,封爵高低,他们的名氏均去"拓跋"加"元"。北魏还有另外一些胡姓,也一律议改,据《通鉴》一四〇所记:拔拔氏改长孙氏,达奚氏改奚氏,乙旃氏改叔孙氏,丘穆陵氏改穆氏,步六孤氏改陆氏,贺赖氏改贺氏,独孤氏改刘氏,贺楼氏改楼氏,勿忸于氏改于氏,尉迟氏改尉氏,不胜枚举。

这是元宏变夷为夏政策中的最后一项措施,北魏至此已经达到了全盘的汉化。其实,北魏的汉化因为见诸历史的确凿记载,所以过程清楚。而其他在这一段时期进入华北的游牧民族,也都同样地或早或晚地发展着这种过程,这种过程,就是民族融合的过程。

元宏在迁都以后,和其他许多改革工作齐头并进的,还有十分重要的"期于混一"的南征大业。他调集大军,由他自己统率,向寿阳(今安徽省寿县)一带进军。据《魏书·高祖纪》所记,太和十九年春正月,"车驾济淮,二月甲辰,幸八公山。"《通鉴》说这支大军,"众号三十万,铁骑弥望"。[22]在军事上,元宏取得了不少胜利,但不幸的是在朝廷内部却变生肘腋,使他猝不及防,穷于应付。首先是朝廷中穆泰为首的保守势力的反叛。穆泰原是北魏名臣穆崇之后,以功臣之孙而为拓跋氏驸马,历任要职,却顽固不愿迁都。据《魏书·穆泰传》,他勾结定州刺史陆叡,安乐侯元隆,鲁郡侯元业,骁骑将军元超,彭城镇将元拔等多人,阴谋叛乱。元宏不得不遣任城王元澄,出兵敉平了这场叛乱。另外是后妃淫乱的宫闱丑闻,[23]使他心力交瘁。由于这些变故的接踵发生,元宏受到了很大的打击,这位壮志凌云的明君,竟不幸在他 33 岁之年,病死于谷塘源的行军途中。

元宏之死,成为北魏历史上的一个重要转折点,蒸蒸日上的北魏,从此走向下坡。而八年以后,宣武帝元恪正始四年(梁天监六年,507 年),北魏与梁在淮水的一战,成为北魏在军事上一蹶不振的开始。这次战役中,由于淮水暴涨,梁军乘舰登岸击魏,魏军丢弃器甲,相争投水而死,淮水为之不流,缘淮百余里尸骸枕藉,梁军生擒魏军 5 万余人,收其军粮器械,积如山岳,牛马驴骡不可胜计。[24]这次惨败以后,北疆的所谓六镇,也先后发生叛乱。使北魏处于腹背受敌的困境。在内政上,昏庸淫泆的胡太后于孝明帝元诩熙平元年(516)临朝,朝政腐败,日甚一日,终至不可收拾。强盛一时的北魏,终于在孝武帝元修永熙三年(534)分裂成西魏和东魏两个小朝廷,最后也都相继灭亡。

三、地理大交流

郦道元是一位官宦家庭出身的北魏王朝的官员。《魏书》将他列入《酷吏传》,这当然是《魏书》撰者魏收对他的一种诽谤,后世已有评论,留待以下再说。但他显然不属"儒林"、"文苑"之流,不算一个学者。他在南北朝这个干戈扰攘的时代里为官终身,毕生戎马,所以绝不是一个闭门读书,研究学问,专心著述的人。但他却居然写出了《水经注》这样一部不朽的地理名著。在中国历史上,《水经》和《水经注》就各有两种。[25]在此以后,记载河流的书籍还有不少,唐李吉甫的《删水经》,金蔡珪的《补正水经》,明末黄宗羲的《今水经》,清齐召南的《水道提纲》等,不胜枚举。这类著作,或存或佚,都不能与郦道元的《水经注》相颉颃。《水经注》当然不是一部能够一气呵成的著作,是郦道元日积月累的著述成果。在当时那种兵荒马乱的日子里,他竟有这样的心情坚持撰写此书,不仅终于写成,而且获得如此辉煌的成绩,这当然是由许多原因促成的,而首先必须提出的则是"地理大交流"这个历史过程。

　　前面已经叙述了魏晋南北朝这个时代的历史背景。中国从4世纪初期起,开始了一场规模很大的混乱,牵涉广大集团的人群在自然地理环境和人文地理环境上的深刻变异。假使我们把15世纪初期以后的时期中,人们对于新航路和新大陆的探索称为"地理大发现",那么,从4世纪初期到6世纪后期之间,这种发生在中国境内的巨大人群所经历的地理变异,应该被称为"地理大交流"。

　　前面已经提到,由于赵武灵王的战略思想后继无人,而秦始皇花了惊人代价所建造起来的所谓万里长城,毕竟阻挡不了始于4世纪初期的这场巨变,大群生活在北方草原的游牧民族,一个部落接着一个部落,轻易地跨过了这道"尸骸相支拄"的夯土建筑物,相继进入华北和中原。他们放弃了"天苍苍,野茫茫"的自然地理环境和"风吹草低见牛羊"的游牧生活,而定居到这片对他们来说是完全陌生的土地上从事农业活动。同样,原来居住在这个地区的汉族,也就被迫大批南迁,放弃了他们世代定居的这片干燥坦荡的小麦杂粮区,迁移到低洼潮湿的江南稻作区。因此,不论在中国的北方或南方,数量巨大的人群,都面临着新的自然地理环境和人文地理环境。在这场地理大交流中,直接参加交流的人们,新、旧地理环境构成了他们现实生活和思想上的强烈对比,空前地扩大了他们的眼界和丰富了他们的地理知识。对于那些没有直接参加交流的人们,他们有的是留恋故土,宁愿冒恶劣的处境而安土重迁;有的则是直接参加交流者的后代,这些人,尽管没有地理大交流的实践经验,但他们同样从他们的亲属和父老那里,获得他们的故土和新领地的地理知识。

　　地理大交流的结果是大批地理学家和地理著作的出现。和中国早期的地理学家及地理著作不同,早期的地理著作如《山海经》、《禹贡》、《穆天子传》等,作者虽然都有一定的资料基础,但其间包括了大量的假设和想象。这类早期的地理学家,在实践经验方面,显然是相当薄弱的。现在,规模巨大的地理大交流,为许多地理学家提供了直接或间接的实践机会。因此,这一时期的地理学家和地理著作,不仅在地理资料上左右逢源,而他们之中,多数都直接或间接地参加了这次地理大交流,他们的作品中反映了大量的实践结果。这是前代地理学家和地理著作所无法比拟的。

　　早在西晋末年,荀绰就撰写了《九州记》,比他稍晚的乐资,则撰写了《九州志》。接着,王隐在东晋初年又撰写了《晋地道记》。这些在当时都属于全国地理著作。从此以后,北方和南方的地理学家和地理著作风起云涌,美不胜收。在北方,阚骃的《十三州志》,佚名的《大魏诸州记》,陆恭之的《后魏舆地图风土记》等,不胜枚举;在南方,刘宋何承天和徐爰,不约而同地都撰写了《州郡志》,此外齐刘澄之的《永初山水记》,梁吴均的《十三州记》,陈顾野王的《舆地志》等,也都是全国地理著作。除了全国地理著作以外,还有为数更多的区域地理著作,它们就是通常所称的"六朝地志",其中绝大部分都是东晋及其以后的著作。正是这一大批地理学家和地理著作,标志着这个地理大交流时代的时代特色。

在这个时代中,人们地理学思想的活跃,还不仅表现在地理著作的大量出现。在其他许多非地理作品中,同样可以看到人们对自然环境和地理景观的真挚感情和由于这种感情所激发出来的丰富多彩的描述。

著名的《敕勒歌》就是从北魏先前的语言鲜卑语翻译过来的民歌,歌词说:

敕勒川,阴山下,天似穹庐,笼盖四野。天苍苍,野茫茫,风吹草低见牛羊。[26]

《与陈伯之书》是南梁军队中的一位幕僚丘迟所写的一封敦促身在北朝的将军归降的书信,其中有一段生动的地理描述:

暮春三月,江南草长,杂花生树,群莺乱飞。[27]

以上所引都是这个时代的作品,但都不是地理作品。前者所描述的是北方草原的自然景色,后者所描述的是江南水乡的暮春风光。何等的真切,何等的生动,不是身处其境的人,是绝对写不出这样惟妙惟肖的文字来的。这就是这个时期中人们地理学思想特别活跃的特征。从政治上说,这个时代是中国的混乱的时代;但是从地理学思想史来说,这个时代是中国的光荣时代。

在整个地理大交流时代中,在所有这些知识丰富的地理学家中,最最杰出的,无疑是北魏的郦道元,而他所撰写的不朽名著《水经注》,正是这个时代的一切地理著作中登峰造极的作品。

关于上述郦道元及其名著《水经注》在地理学史上的地位,是我在1988年9月出版的《地理学报》(第45卷第3期)中的《郦道元生平考》一文中提出的。此文始撰于1986年,但是后来发现这种观点具有国际性,并不是我一个人的看法。日本广岛大学名誉教授,年逾八旬的日本著名地理学家米仓二郎先生,于1988年7月28日给我的一封信中,也有论述郦道元的一段(原信是用英文写的):

我认为郦道元是中世纪时代世界上最伟大的地理学家。这是欧洲历史上的所谓黑暗时代,当时的欧洲,就连一个杰出的地理学家也没有,从全球的观点看来,地理学史不能不提到郦道元。我希望你一定要用英文写一篇有关郦道元的论文,在某种地理刊物发表。[28]

米仓先生把郦道元在地理学史上的地位提到这样的高度,说明国际地理学界对郦道元及其名著《水经注》的重视。1989年冬季,我又一次去日本讲学,在广岛大学任客座教授。米仓先生热情地邀请我们夫妇到他家中作客。我把我发表在英国出版的《地理学家研究》第十二卷上的《郦道元》[29]一文的抽印本送给他,他在席间再一次强调了郦道元在地理学史上的崇高地位。他说"郦道元和他的杰出名著《水经注》,不仅是你们中国人的光荣,也是国际地理学史上的光荣"。

前面已经提及,郦道元毕生服官于北魏王朝,在当时,他并不是一个专门著述的学者,但是现在,历史对他的评价,根本不考虑他上任去东荆州作刺史时是什么排场,也绝不计较他任黄门侍郎是几品官位。历史对他的评价主要着重于《水经注》,他因《水经注》这一名著,成为中世纪世界上最著名的地理学家。

郦道元为什么能在地理学上达到如此的造诣?这首先当然是因为他所处的时代,正是地理大交流的时代。是这个时代,触动了他的地理学思想和实践。他在《水经注序》中说:"访渎搜渠,缉而缀之。"全书记载了许多他在野外考察中亲眼目击的成果,说明他和这个时代的许多地理学家一样,有着大量的直接实践的经验。但是,《水经注》的记载遍及全国,而且远涉域外,当时国家南北分裂,郦道元足迹未达南方,凡是他所未经之地,他所依靠的是他人撰述的文献,也就是间接的实践资料。他在《水经注》注明所引的他人著述,为数超过四百三十种,实际上当然远远超过此数。他所引用的他人著述,大部分也都是地理大交流时代的成果。清陈运溶在《荆州记序》中说:"郦注精博,集六朝地志之大成。"㉚假设没有在这一时期涌现出来的大量"六朝地志",《水经注》也就无法得到如此卓越的成就。所有这一切说明,地理大交流这个伟大时代,对于郦道元其人其书,具有何等重要的意义。

注释:

① 《孟子·梁惠王上》。

② (汉)应劭《风俗通义序》(《百子全书》本):"周秦常以岁八月,遣𫐉轩之使,求异代方言。"

③ 《诗·卫风·伯兮》。

④ 《(李陵)与苏武书》,载(清)严可均辑《全上古三代秦汉六朝文·全汉文》卷二八。

⑤ 《史记·赵世家》,赵武灵王十九年:"今吾将胡服骑射以教百姓。"

⑥ 山西人民出版社1990年版。

⑦ 均见《史记·匈奴传》。

⑧ 岭北行省见《元史·地理志一》,辽阳行省见《元史·地理志二》,二行省具体辖境见《中国历史地图集》第七册。

⑨ 《魏书·高祖纪》又《北史·北魏孝文帝纪》:"壬寅、革衣服之制。"《通鉴》卷一三九《齐纪五》,明帝建武元年:"魏主欲变易旧风,诏禁士民胡服。"

⑩ 《通鉴》卷一三九《齐纪五》,明帝建武元年。

⑪ 《通鉴》卷一二五《宋纪七》,文帝元嘉二十七年。

⑫ 均见《魏书·高祖纪》及《通鉴》卷一四〇《齐纪六》,明帝建武二年。

⑬　《通鉴》卷一三八《齐纪四》,武帝永明十一年。

⑭　李格非《洛阳名园记》(《学津讨原》第七集)。

⑮　《通鉴》卷一三九《齐纪五》,明帝建武元年。

⑯　《通鉴》卷一三九《齐纪五》,明帝建武元年。

⑰　《通鉴》卷一三八《齐纪四》,武帝永明十一年。

⑱　《通鉴》卷一三九《齐纪五》,明帝建武元年。

⑲　《通鉴》卷一四二《齐纪八》,东昏侯永元元年。

⑳　《魏书·高祖纪》。

㉑　《通鉴》卷一四〇《齐纪六》,明帝建武二年。

㉒　《通鉴》卷一四〇《齐纪六》,明帝建武二年。

㉓　《魏书·孝王幽皇后传》。

㉔　《梁书·曹景宗传》。

㉕　据《隋书·经籍志》、《旧唐书·经籍志》、《新唐书·艺文志》、《通志·艺文略》四书著录,《水经》与《水经注》各有两种:一种是《水经》三卷,(汉)桑钦撰,晋郭璞注;另一种是三国佚名撰,北魏郦道元注,四十卷。前者经注均亡佚。

㉖　《乐府诗集》卷八六《杂歌谣辞》。

㉗　《文选》卷四三。

㉘　此信已见拙撰《地理学思想史序》。刘盛佳著《地理学思想史》,华中师范大学出版社 1991 年版。

㉙　参见第二章第二节。

㉚　收于《麓山精舍丛书》。

第二章　郦道元及其家世

一、郦氏家世

　　上面论述的魏晋南北朝和北魏的历史概况,这中间,特别是这一时代的民族交流,民族融合的过程,以及北魏一朝由盛转衰的过程,都是这个时代的重要时代背景。评介这个时代中任何一个人物及其思想和行历,都离不开这种时代背景的影响。现在,我们开始转入本书的主题。首先由郦道元的家族说起,从郦氏家族中,同样可以看到这个时代所给他们的强烈影响。

　　郦氏家族世居华北,在两晋间北方草原游牧民族大批南移的时候,这个汉人家族安土重迁,留居华北,并且服官于这些游牧民族所建立的政权。郦道元的曾祖父郦绍,原在鲜卑族的另一支派慕容氏所建立的后燕任濮阳太守,当北魏道武帝拓跋珪南征时,慕容氏败亡,他以郡迎降,北魏以他为兖州监军。前面已经提及北魏重用汉族知识分子的情况,郦氏家族或许正是北魏重用的。郦道元的祖父郦嵩,官至天水太守。[①]

　　郦道元的父亲郦范,或许是郦氏家族平步青云的起点。他服官于明元帝拓跋嗣泰常年代(416—423),任给事东宫。这是一个侍候太子和教育太子的重要职位。把这样一个职位交给一位汉族知识分子,说明"变夷为夏"早就是北魏王室的既定政策。而这个职位在汉族知识分子中落到郦氏家族身上,说明这个家族受到了北魏王室的高度信任。事情确实发展得很顺利,拓跋焘践位以后,对于他的老师,立刻赐予恩封:

"太武践阼,追录前朝旧勋,赐爵永宁男。"②等到拓跋焘去世,他又一次获得加封:"以奉礼郎奉迁太武、景穆神主于太庙,晋爵为子。"献文帝拓跋弘皇兴年代(467—471),他任征南大将军慕容白曜司马,在平定三齐的过程中立下了功劳,"遂表为青州刺史,晋爵为侯,加冠军将军。"此后,他调回朝廷,任官尚书右丞。但不久以后,"除平东将军青州刺史,假范阳公。"这已是孝文帝拓跋宏在位的时候。郦范一生,从拓跋嗣到拓跋宏在位的时候,服官50年左右,经历了5位国君,从一个没有爵位的给事东宫,最后获得了外姓功臣的最高爵位——范阳公。在拓跋鲜卑朝廷中,郦范已经成为一位宠臣和重臣,从他一生平步青云的经历中,可以看到汉族知识分子在北魏朝廷中的重要地位。在朝廷之中,汉族和鲜卑已经可以平起平坐,而在庶民之间,民族的隔阂,或许也早已不复存在。这就是从郦氏家族所反映的这一时期的民族融合过程。

郦范在献文帝拓跋弘皇兴年代,就曾因慕容白曜的推荐当过青州刺史。现在,他受了朝廷晋封的最高爵位,挂了平东将军的头衔,再次出任青州刺史。所以这不是一般的调遣,而是具有重要政治意义的。拓跋宏的时代,正是北魏的鼎盛时代,青州(州治在今山东省青州市)是个统辖7郡33县的大州,郦范以显贵的爵位膺此重任,这显然是拓跋宏"吾方经营天下,期于混一"这个远大计划中的一个组成部分。青州从地理位置来说,对于进军江南,虽非首当其冲,却是后方基地,具有重要的战略意义。郦范这一次出任此处是重作冯妇,让一位熟悉此州情况而又是朝廷充分信任的大臣前往主宰此州,无疑是一个极有见地的任命。正在拓跋宏计划南征,而郦范受命重主青州之时,他的儿子郦道元也开始踏入仕途。《水经·河水注》记及此事:"余以太和十八年,从高祖北巡,届于阴山之讲武台……余以太和中为尚书郎,从高祖北巡。"这个时候,郦范想必已经老耄,但郦氏家族中的年轻一代继续得到北魏王室的信任。郦道元所说的太和十八年,正是拓跋宏把首都从平城南迁到洛阳的一年,拓跋鲜卑的汉化已经接近完成,就在这一年,郦道元作为郦氏家族中的一个年轻成员进入仕途,虽然官不过尚书郎,但是能够用为拓跋宏的近臣随侍北巡,说明了郦氏家族为北魏王室所倚重的程度。自从太和十四年拓跋宏亲政以来,这位年轻君王所推行的一系列大刀阔斧的改革,确实振奋人心。他把首都从上百年的祖宗基地迁到遥远的汉族名都洛阳,这是一件牵动千百家王公大臣的惊人措施,但是对于一些有雄心,有抱负的人,从偏城小邑平城骤然来到洛阳这个通都大邑,让他们大开眼界。郦道元在这样一个关键时刻踏入仕途,作为拓跋宏身边的近臣,他必然受到极大的鼓舞而对北魏的一统事业充满信心。在这样一个时代背景下,长期在这样一个家族中接受熏陶教育的郦道元,欣逢这样一位有雄才大略的明君拓跋宏,确是如鱼得水,使他的一生事业得到一个美好的开头。兹依据胡适《论赵一清的水经注释稿本的最后状态》,③将郦氏家族世系列出如下:

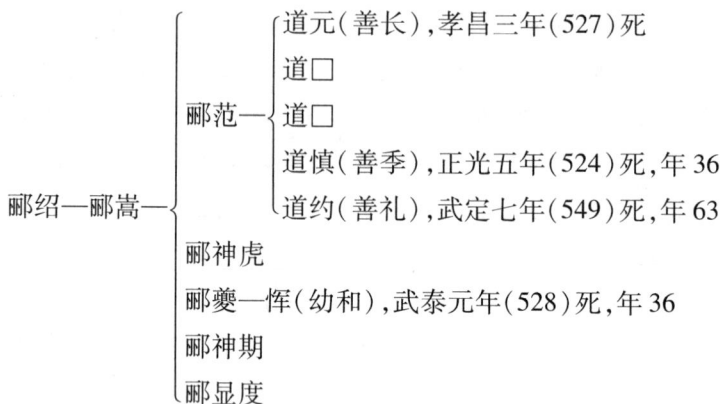

```
                      ┌ 道元(善长),孝昌三年(527)死
                      │ 道□
               郦范─┤ 道□
                      │ 道慎(善季),正光五年(524)死,年 36
                      └ 道约(善礼),武定七年(549)死,年 63
郦绍─郦嵩─┤ 郦神虎
               │ 郦夒─恽(幼和),武泰元年(528)死,年 36
               │ 郦神期
               └ 郦显度
```

二、郦道元

郦道元(? —527),字善长,范阳涿州人。家乡所在,地名称为郦亭。清孙承泽在《春明梦余录》卷六十四说:"郦亭在涿州南二十里,为郦道元故居。"清涿州郡在今河北省涿县,说明直到清代,郦亭这个小村落的地理位置仍然明确。我国古籍中记及郦道元籍贯的就是两部正史,《魏书》和《北史》,但这两部正史的记载却是模糊和错误的。《魏书·郦道元传》称郦道元"范阳人也"。范阳是个郡名,郡下有 7 县:涿、固安、范阳、苌乡、方城、容城、遒。所以这条记载是模糊的。《北史·郦道元传》称郦道元"范阳涿鹿人"。涿鹿确实是个县名,在两汉,涿鹿是上谷郡的属县;在晋代,涿鹿是广宁郡的属县;在北魏,范阳郡下没有涿鹿县。所以这条记载是错误的。而且还必须说明,不管是两汉的涿鹿县或是晋代的涿鹿县,其地理位置都在桑乾河(《水经注》称为灅水)流域;而涿州,则在拒马河(《水经注》称为巨马水)流域。此两河之间,隔了一系列分水岭,这是不能含糊的。由于《魏书》的模糊和《北史》的错误,直到今天还引起不少人的误会。例如四川人民出版社 1980 年出版的《中国文学家辞典》和内蒙古人民出版社 1982 年出版的《文学家手册》等工具书中,在郦道元这一条下,都说他是今河北省涿鹿县人。有人或许会提出,上面所引《春明梦余录》的记载是否可靠,因为孙承泽是清朝人,上距郦氏 1000 多年,其所记也不一定确实。现在看来,最无可争辩的当然是郦道元自己的记载。《水经·巨马水注》说:

> 巨马水又东,郦亭沟水注之。水上承督亢沟水于遒县东,东南流,历紫渊东,余六世祖乐浪府君,自涿之先贤乡爱宅其阴。

这段记载中提出的地名如巨马水、郦亭沟水、遒县等,都是今拒马河流域的地理实体,郦亭沟水当然就是流经郦氏家乡郦亭的这条小河,这是信而有征的。郦道元家乡在今河北省涿县,这是没有疑问的。

上面说到由于《魏书》的含糊和《北史》的错误,我特地在河北省出版的《史志文丛》1989 年 3 月号上发表了一篇题为《郦道元的家乡》的拙文。因为这个问题,曾在河北省引起过争论。涿鹿县地名办公室的一位先生,曾于 1984 年年初写信给我,引了不少文献,举了许多例子,用以论证郦道元是涿鹿人而不是涿县人。在他们所引及的文献中,我才知道,这种错误甚至已经写入了前面指出的一些记载文学家的工具书中。则这种错误还将以讹传讹地扩散开去。

涿鹿县地名办公室的那位先生在信中告诉我,经过他的研究,北魏范阳郡属县中漏列涿鹿县,县治在今涿鹿县东南的矾山,就是郦道元的家乡。我在复信中告诉他,对于北魏范阳郡在《魏书·地形志》是否漏列涿鹿县,他的说法虽无确实根据,但我不愿轻率地否定他,因为在正史地理志中漏列县名的确实存在。但是我指出:“从北魏到今天 1000 多年,行政区划的频繁变化不知已经几度? 但自然地理的变化却是十分微小的。矾山的地理位置虽然在今涿鹿县东南,但它滨北沙河(季节河),属于桑乾—永定河流域,这个流域与拒马河流域之间,有超过海拔 2000 米的灵山等分水岭,行政区划再变,流域却是变不了的。郦道元既然清清楚楚地写明了他的家乡在拒马河流域,怎能与桑乾—永定河流域相混淆呢?”我在拙文中同时也敦促河北省的地方志机构:“中国历来的习惯,正史无传或正史传记简略的知名人物,总是由地方志来补充正史的不足。郦道元是河北人,这是河北的光荣,但也是河北的责任。在有关省、县地方志中,如何替这位伟大人物写上一篇详细的传记,在这次修志高潮中,无疑是一个重要的任务。”现在,我希望能够在河北省和涿县的志书中看到对郦道元家乡的实地考察报告,让我们知道巨马水、督亢沟水、郦亭沟水和紫渊等自然地理实体,在这 1000 多年中有些什么变化。

另外一个问题是郦道元的出生年代问题。关于他的生年,学者曾发表过许多不同的意见。例如《水经注疏》,杨守敬在《巨洋水注》“余总角之年,侍节东州”下疏云:“考道元孝昌三年遇害,年四十二,……是生于太和九年(485)。”赵贞信《郦道元生卒年考》(《禹贡半月刊》第 7 卷,第 1、2、3 合期,1937 年)认为可能生于和平六年(465)或延兴二年(472)。日人森鹿三《郦道元传略》(《东洋史研究》第 6 卷第 2 号,1950年),认为生于皇兴三年(469)。段熙仲《水经注六论》,[④]认为生于皇兴三年,与森鹿三同。我在拙著《爱国主义者郦道元与爱国主义著作水经注》[⑤]一文中,也曾推算郦氏生年,认为生于延兴二年,与赵贞信的说法之一同。此外还可以举出一些例子。所有这些学者对郦氏生年的推算,其主要依据,都是《水经·巨洋水注》中的一句话:“余总角之年,侍节东州。"这里的所谓"侍节东州",是指他父亲出任青州刺史之时。郦范第一次出任青州刺史时在献文帝皇兴年间,第二次出任在拓跋宏尚未亲政的延兴年间,这当然是可以推算的。但问题却在"总角之年"一句。"总角"一词,最早见于《诗经》和《礼记》,《诗·卫风·氓》:"总角之宴,言笑晏晏",《诗·齐风·甫田》:"婉兮娈兮,总角丱兮。"《郑笺》作"收发结之"。《礼记·内则》:"男女未冠笄者,鸡初鸣,咸盥漱、栉、纚、拂髦、总角、衿缨。"《郑笺》:"总角,聚两髦也。"为此,除了"男女未冠笄"这一笼统的概念外,"总角"一词,没有具体的数值意义,无非泛指童年而已。所以历来各家推论,虽然大同小异,相去不远,但其实都并不可靠。

从《水经注》的记载中,我们知道郦道元在太和十八年进入仕途。当然,我们并不能排除他实际上的入宦年龄比此稍早的可能性,但差数估计不会很大。尚书郎是一种职位低微的小官,在《魏书·官氏志》中还排不上位置。这也是我们估计他初入仕途的理由之一。由于他出身官宦世家,他的父亲是获得朝廷所赐外姓最高爵位的重臣。因此,他在这方面的优势当然是不言而喻的。他父亲死后,他继父亲的爵位,被封为永宁伯。⑥

郦道元一生在北魏王朝担任过许多官职,由于元宏的中道崩殂和北魏国势的陡落,他的仕途当然受到影响。不过虽然说不上坦荡,却也凭着自己的能力获得不少次升迁。他历任太尉掾、治书侍御史、冀州镇东府长史、颍川太守、鲁阳太守、东荆州刺史、河南尹、黄门侍郎、侍中兼摄行台尚书、御史中尉等官职。按《魏书·官氏志》,他最后的几项官职,如河南尹、御史中尉等,均入第三品,所以他已经属于北魏王朝的高级官吏了。最后他于孝昌三年(527)在关右大使任上遇难。朝廷追赠他吏部尚书冀州刺史。

郦道元的毕生行历,在《魏书》和《北史》中均列传记载。但《魏书·郦道元传》全文只有309字,《北史·郦道元传》也只有612字,包括抄录《魏书》的309字在内。除了《魏书》和《北史》这两篇本传以外,历代以来没有任何记载郦道元行历和郦氏家属的资料。因此,除了上述二传外,只有日本郦学家京都大学教授森鹿三撰写过一篇《郦道元传略》,发表于1941年《东洋史研究》第6卷第2号,内容也较简略。对郦道元所撰《水经注》一书,历代学者评述注疏,不下千万言,但撰者郦道元本人,传记寥落,实在甚不相称。⑦其实,在30余万字的《水经注》中,不仅记录了郦道元的毕生遭际,而且也包含了他的感情和思想。这是后世对郦道元一生的各个方面进行评述的最有价值的资料。《水经注》当然是一部以记载河流和其他自然地理和人文地理为主的地理书。但是由于郦道元曾经倾注他的全部感情在这部不朽名著之中,因此,从思想感情的高度来说,这是他的一部自传,一部境界很高的自传。对这部自传进行细致深入的剖析,郦道元的生平业绩和思想感情,都可以和盘托出。当然,这样的工作,具有极大的难度,我所作的尝试,其成效如何,只能让读者来鉴定了。

注释:

　①② 　均见《北史·郦道元传》。

　③ 　见《胡适手稿》第三集下册。赵一清认为道元有一弟名道峻,参见第五章。

　④ 　点校排印本《水经注疏》,江苏古籍出版社 1989 年版。

　⑤ 　《水经注研究二集》,山西人民出版社 1987 年版。

　⑥ 　《北史·郦道元传》。

　⑦ 　我曾经写过 3 篇介绍郦道元生平行历的文字:《爱国主义者郦道元与爱国主义著作水经注》,载《郑州大学学报》(哲学社会科学版)1984 年第 4 期(收入《水经注研究二集》,山西人民出版社 1987 年版);《郦道元生平考》,载《地理学报》,1988 年第 3 期;Li Daoyuan,fl. c. 500. AD,Geographers:Biobibliographical Studies,Vol. 12 1988,Mansell,J. W. Arrowsmith,Ltd,Bristol,Great Britain.

第三章　爱国主义者

一、大一统思想

　　前面已经述及,自从秦始皇一统以来,两汉是一个国势鼎盛的时代。但从此以后,国家出现动乱,终至南北分裂,人民流离。在战祸连绵,兵荒马乱的日子里,有识之士,当然会向往两汉时代的那种版图广袤,国势强盛,人民安居乐业的情况,而且希望有朝一日,让这个天下大势分久必合,再度出现像两汉那样的大一统局面。这种思想是这个时代的必然产物,郦道元就是其中一个非常突出的例子。

　　郦道元生在南北分离的时代,他是一个爱国主义者,他的爱国主义思想,首先表现在大一统思想。大一统思想是什么? 杨向奎教授在其著作《大一统与儒家思想》①一书中对此作了精辟的解释。杨先生指出:"'大一统'的思想,三千年来浸润着我国人民的思想感情,这是一种凝聚力,这种力量的渊泉,不是狭隘的民族观念,而是内容丰富,包括有政治经济文化各种要素在内的实体,而文化的要素更占有重要地位。'华夏文明'照耀在天地间,使我国人民具有自豪感与自信心,因而是无比的精神力量。"

　　从郦氏家族的渊源来看郦道元,他出身于一个世代官宦的家族,在当时,这样的家族,当然属于书香门第。他从小所受的教育是儒家的正统教育,这大概是没有疑问的。从《水经注》所引的文献中经常出现的四书五经以及他在注文中对尧舜孔孟等人的推崇,可以窥及他所受的教育。所以大一统思想在他身上原来就是根深蒂固的。而他眼前存在的已有二百年的南北分裂,就更促使他这种思想的发展。当他的青少年时代,正是北魏励精图治,国势蒸蒸日上的时候,而南朝则处于篡夺频仍,朝政腐败,国势凌夷的时候。他的父辈受到北魏朝廷的重用,而拓跋氏变夷为夏的各种改革,都促使他产生由元魏一统天下的思想。拓跋焘挥军南下,势如破竹,直抵长江北岸,这是不久以前的事情,郦道元当然知道。现在,胸怀大志的元宏亲政,正在从各方面进行准备,决心要实施他入侵南朝,统一全国的大业。在挥师南下以前,为了巩固北方的防务,因而于太和十八年亲自出巡六镇,直到阴山一带。这一次边疆巡行,郦道元就是随行人员之一,当时他年齿甚幼,官秩很低,但却能入选为随行人员,这一方面固然说明了郦氏家族所受到的信任。另一方面也说明了郦道元的才华意气深得拓跋朝廷的赏识。所有这一切,郦道元当然心领神会。他显然希望,两个世纪的南北分裂,将由元宏这位英明的国君来结束,两汉以来的大一统国家又将出现。

郦道元所以能够成为一个向往祖国统一的爱国主义者,并不是偶然的。他对历史上曾经出现过的版图广大的王朝的概念,如上所述,当然是从他的广泛阅读和父辈的教育中得到的。但是他之所以向往这样一个广大而统一的祖国的再次出现,却是受了北魏王朝励精图治的几位国君如拓跋焘特别是元宏的影响。不过他没有料到元宏的中道崩殂,也没有料到国势就从此一蹶不振。他眼看祖国统一无日,而锦绣河山支离破碎。就是从这个时期开始,他潜心于《水经注》的撰写,通过著述以寄托他热爱祖国和渴望祖国统一的胸怀。

《水经注》一书成于何时,历来说法不一,但它是郦道元后期之作,却是没有疑问的。贺昌群在北京科学出版社影印《水经注疏》卷首的《说明》中,认为此书成于延昌、正光间(512—525);岑仲勉在《水经注卷一笺校》[②]中,认为此书成于延昌、孝昌间(512—527);日本郦学家森鹿三认为此书成于延昌、神龟到正光五年的 10 年之中(512—524)。[③]按《水经注》全书中出现的最后一个有具体计数的年代是延昌四年(515),[④]不过在这个年份以后,尚有几个虽未计数却仍可查核的较延昌四年更晚的年份。例如卷三十《淮水》经"又东过钟离县北"注:"淮水又东迳浮山,山北对巉石山,梁氏天监中,立堰于二山之间,逆天地之心,乖民神之望,自然水溃坏矣。"这里,作为南朝年号的梁天监,始于 502 年,终于 519 年,长达 17 年,似乎难以捉摸。但注文所述浮山堰的成败过程,在《梁书·康绚传》中却确然可考,此堰成于梁天监十三年(北魏延昌三年),溃于天监十五年八月,时当北魏熙平元年。郦注既然记及此堰的"溃坏",则事涉熙平元年,这个年份较《水经注》的延昌四年晚了一年。又卷十六《穀水》经"又东过河南县北,东南入于洛"注:"水西有永宁寺,熙平中始创也"。按北魏熙平是 516 年—518 年,此条或又晚于《淮水注》的熙平元年。又卷二十六《沭水》经"又南过阳都

县,东入于沂"注:"魏正光中,齐王之镇徐州也,立大堨,遏水西流。"按正光是 520
年—525 年,距郦氏被害已不到 10 年。

所有这些,都证明《水经注》撰写于郦道元的后期,正是胡太后临朝,朝政腐败至
于不可挽回之时。北朝的兴盛时期已经过去,而南朝也处于一种奢靡腐败,苟且偷安
的局面之中,郦道元显然明白,在他的有生之年,一个版图广大的统一祖国是不可能出
现了。但他并不是一个失败主义者,尽管事不可为,他把这种希望寄托于撰述,潜心写
作,把他的全部爱国主义感情倾注在《水经注》这样一部巨著之中。

当郦道元出生之日,国家分裂已经超过一个半世纪,除了干戈扰攘以外,他毕生从
来没有看到过统一的国家。但是他著述《水经注》却以西汉王朝的版图为基础,这就
是他心目中的大一统,是他的爱国主义思想的精髓所在。有人认为《水经注》叙述的
空间范围是由《水经》决定的。这话其实不对,因为选《水经》作注,乃是郦道元自己的
决定,是他的祖国一统思想的反映。何况《水经》简列河川源流,并不包罗西汉版图,
例如朱崖、儋耳二郡(今海南岛),因与《水经》所述河流无涉,并不载入《水经》,但郦
道元却并不轻易放过,以之附于《温水注》的记载之中,而且写得非常详细:

> 朱崖、儋耳二郡,与交州俱开,皆汉武帝所置,大海中,南极之外,对合浦徐闻
> 县,清朗无风之日,遥望朱崖州,如囷廪大,从徐闻对渡,北风举帆,一日一夜而至,
> 周迴二千余里,径度八百里,人民可十万余家,皆殊种异类,被发雕身,而女多姣
> 好,白皙、长发、美鬓、犬羊相聚,不服德教。

一个足迹绝未南下的北人,对于这两个在遥远的南方大海中的、建置短暂的西汉
属郡,竟叙述得如此详细,这只能说明他如何地向往历史上出现过的那繁荣昌盛的大
一统局面。

前面已经提及,郦道元原来把这种大一统的局面,寄希望于汉化了的北魏王朝,但
是在元宏去世以后,急转直下的形势,使他在这方面的希望成为泡影。因此,在《水经
注》的撰述中,在这方面已经没有明显的政治倾向。要说政治倾向,当然也可以说有,
那就是他通过此书的撰述,诚挚而热情地表达了他的祖国大一统愿望。在当时,南北
存在着两个敌对的王朝,尽管他自始至终一直服官并且忠诚于北朝,但是在《水经注》
的文字中,毫无这种思想感情的流露。虽然南北分裂的现实不容改变,但他的著作绝
不以南北为鸿沟。甚至在许多地方使用南朝的年号。他的这一举动,竟使清初的郦学
家为之愕然。

清初郦学家全祖望曾向另一郦学家沈炳巽借阅其《水经注集释订讹》稿本,事后
撰有《沈氏水经注校本跋》一文,⑤文中就述及南朝年号之事。卷三《河水》经"又东过
云中桢陵县南,又东过沙南县北,从县东屈南,过沙陵县西"注中有"其水东南流,过武

川镇城,城以景明中筑"一语。沈炳巽在稿本中把"景明"错忆作"景平",沈氏在此注云:"景明是宋少帝年号。"全祖望看出了沈氏的错讹,加注说:"愚谓非也,善长岂用南朝之年乎?"可惜这两位学者到死也没有把这件事情弄明白,沈炳巽当然是记忆的偶误,他看到的"景明"这个年号,其实是北魏世祖的年号,但他误作宋少帝的年号(景平),让他大吃一惊,全祖望在吃惊之余,悟到了沈氏的错误,才理应正当地指出:"善长岂用南朝之年乎?"对他们来说,这种吃惊是毫不足怪的,就在他们以前不久,庄廷鑨纂《明书》,正因使用了"隆武"、"永历"等南明年号,竟至于合族受戮,牵连无计。他们怎能想得到,郦道元却真真实实地在《水经注》中使用了不少南朝年号呢?

或许可以说沈炳巽、全祖望两人的读书都不算很仔细。当然,在这方面也找得到原谅他们的理由,康熙年代的这场文字狱,吓得他们连想都不敢想一想。沈炳巽误忆作宋少帝年号的这个"景平",后来确实在卷三十五《江水》经"湘水从南来注之"注中出现:

> 南对龙穴洲,沙阳洲之下尾也,洲里有驾部口,宋景平二年,迎文帝于江陵,法驾顿此,因以为名。

这里的宋少帝年号"景平"是当真的,估计他们两位都被庄廷鑨的案子吓丧了胆,做梦都想不到身为北朝命官的郦道元当真在他的著作中使用南朝年号。其实,我说他们两位读书不仔细也不算过分,因为郦氏使用的南朝年号实在不少。全书第一个南朝年号在卷五《河水》经"又东过茌平县西"注中出现:

> 宋元嘉二十七年,以王玄谟为宁朔将军,前锋入河,平碻磝,守之。

元嘉二十七年(450)时当北魏太平真君十一年,正是拓跋焘挥大军长驱南下到达长江北岸的这一年,郦道元竟在这一年的另一场碻磝之战中用了南朝年号,真是不可思议。卷五以后,从卷六到卷二十七,没有发现南朝年号,但从卷二十八《沔水》起,南朝年号一时大量出现,卷二十八《沔水》,卷二十九《湍水》,各有"元嘉"年号,卷三十《淮水》有梁"天监"年号,卷三十二《肥水》有宋"泰始"、宋"元徽"、齐"建元"、齐"永明"年号,卷三十五《江水》有宋"元嘉"、宋"景平"、宋"泰始"年号,卷三十六《温水》有宋"元嘉"年号,卷三十八《湘水》有宋"元嘉"年号,卷三十九《赣水》有宋"景平"年号。而且往往在一卷中反复使用,例如《江水注》中出现"元嘉"年号三次,《温水注》中出现"元嘉"年号四次。

郦道元如此频繁地在《水经注》中使用南朝年号,应该作怎样的解释呢?郦氏世居北方,与南朝绝无联系。郦氏祖辈如前所述,历代服官于北朝,与南朝绝无瓜葛。郦氏家族包括他本人,受北魏王朝倚重已如前述,郦道元在其遇难前两年即孝昌元年,南梁遣将北侵,北魏王族元法僧在彭城反叛,他以一个文职官员,受朝廷紧急任命,指挥了这次平叛的军事行动。所以他忠于北朝的耿耿之心是绝无可疑的。但是,他却在《水经注》中使用南朝年号十五次。从南朝年号出现的卷次来看,全书四十卷之中,卷二十八以前出现一次,以后出现十四次。因此我认为卷五《河水注》中的"元嘉"年号,是郦道元在以后修改全稿时补上去的。因为在他的著作中使用南朝年号的决定,显然是他撰述的后期作出的,所以南朝年号集中出现在卷二十八以后,假使没有卷五《河水注》的这一"元嘉"年号,我们或许可以用这样的设想来考虑郦道元的用意,即北方河流用北朝年号,南方河流用南朝年号。郦氏在匆匆整理全稿时,或许也发现了这一点,因此在卷五《河水注》中插入了前面指出的一小段。这一小段从内容到文字,都明显是后来外加的,因为乍看这几句话,好像是刘宋人的写作而不是北魏人的写作,他不用"陷碻磝"而用"平碻磝"。假使北魏人读了这样的文字,将会有什么感受。其实碻磝之战,刘宋算不得什么胜利。王玄谟在这年七月攻入碻磝,十月就败退,而且败得十分狼狈,据《通鉴》卷一二五所记:

> 魏主渡河,众号百万,辒鼓之声,震动天地。玄谟惧,退走,魏追击之,死者万余人,麾下散亡略尽,委弃军资器械山积。

这年十二月,拓跋焘大军终于到达瓜步,与南朝首都隔江相望,以致"建康震惧,民皆荷担而立,……王公以下子弟皆从役。"⑥这就是这一年从七月到十二月半年之中(此年闰十月)的军事情况。这年十一月,拓跋焘在进攻彭城(今徐州)时,曾派他的尚书李孝伯到南门见刘宋沛郡太守张畅,李孝伯问张畅:"王玄谟亦常才耳,南国何意作如此任使,以致奔败,自入此境七百余里,主人竟不能一相拒逆。"⑦被北魏不齿的王玄谟,在郦道元笔下,却加上南朝年号,把他写得像一位英雄。由此可以说明,元嘉二十七年,王玄谟"前锋入河,平碻磝"这一段,是郦道元完成全稿以后加上去的。

　　郦道元在北魏入宦之时,刘宋被萧齐篡夺已有 10 年左右。而元宏开始南进之时,又正是南齐东昏侯登位之年,这个在当太子时就"不好学,唯嬉戏无度"的顽劣少年,在即位以后,又"不与朝士相接,专亲信宦官及左右御刀、应敕等",⑧是个十足的昏庸小人。这个君臣腐败,篡夺频仍的南朝,为郦氏所不齿,当然毫无疑问。但元宏死后,北魏形势陡变,而萧齐随即为萧梁所篡夺,萧梁篡位后五年,北魏就遇到淮水战役的惨败。从此,年复一年,岁月迁延,南朝固然不足成大器,北朝却也一蹶不振,郦道元完全明白,在祖国大一统的事业上,南北两朝都已无所作为。北朝既已无力征服南朝,南北对峙的局面,在他有生之年,已经成为定局。则南北两朝年号的并存,就成为一种客观事实,因此,回避南朝年号不仅已无必要,而且作为一部传至其人的著作,特别是他倾注了全部感情于这部著作之中,向望一个统一的大帝国的出现,他更应南北兼顾,不忘他毕生未能亲履的南方半壁河山。这或许是他南北年号并用的原因。当然,他的这种思想是随着南北形势的变迁而逐渐形成的。因此,南朝年号在他著作中的使用实始于卷二十八,而卷五王玄谟一段,显然是后来再加的。当他加写这一段时,距碻磝之战已经七八十年。南朝也已两度易主,早已成为历史,他自然更可不必回避了。

由此可见,郦道元的大一统思想,显然有两个阶段。开始,他满怀信心,一个版图广大的帝国,将在北魏君主元宏手上出现。但是到后来,严酷的事实,使他不得不承认南北并存的天下大局。当然,如上面已经指出的,他并不是一个失败主义者,他深信,如同西汉王朝那样的大一统局面,总有一天能够到来。这种思想转变的过程,也就是南朝年号从卷二十八起一时大量出现的过程。郦道元是做得正确的,假使《水经注》的撰写是按他的早期思想而以北尊南卑作为基础,毫无疑问,此书就不可能取得如此巨大的成就。

二、"中国的自然之爱"

美国学者亨利·G.施瓦茨(Henry G. Schwarz)在其所撰《徐霞客与他的早年旅行》[⑨]一书中,以"中国的自然之爱"(The Chinese Love of Nature)一语,来描述明代旅行家徐霞客的为人。真是深得要领。所以密西根大学教授李祈在她所著《徐霞客旅游日记》[⑩]一书中,第一章就采用了施瓦茨的"中国的自然之爱"作为标题,章内介绍了不少我国历史上热爱大自然的人,如谢灵运、柳宗元、陶潜、李白等文学家和诗人。读了他们的文章,我也有感于中,特地写了一篇《郦道元与徐霞客》[⑪]的文章,着重说明,徐霞客在许多方面继承了郦道元,郦道元也是一位十分热爱中国大自然的人。对祖国大自然的无比热爱,这是除了大一统思想以外,郦道元爱国主义思想的另一重要内涵。

前面已经述及郦道元的家乡在范阳郡、涿县的郦亭。从他的一生行历来看,他在家乡的时间是很短促的。但是他对家乡的自然风景却充满了热爱。卷十二《巨马水》经"又东南过容城县北"注云:

> 巨马水又东,郦亭沟水注之。水上承督亢沟水于逎县东,东南流,历紫渊东。余六世祖乐浪府君,自涿之先贤乡爱宅其阴,西带巨川,东翼兹水,枝流津通,缠络墟圃,匪直田园之瞻可怀,信为游神之胜处也。

除了家乡以外,他童年随着他父亲奔走四方,所到之处,他以后都回忆当地的美好自然环境,写在他的注文里。例如卷二十六《巨洋水》经"又北过临朐县东"注中,就记下了他随父到青州临朐所见的美好风光:

> 巨洋水自朱虚北入临朐县,熏冶泉水注之。水出西溪,飞泉侧濑于穷坎之下,泉溪之上,源麓之侧,有一祠,目为冶泉祠,……水色澄明而清冷特异,渊无潜石,

浅镂沙文,中有古坛,参差相对,后人微加功饰,以为嬉游之处,南北邃岸凌空,疏木交合。先公以太和中作镇海岱,余总角之年,侍节东州,至若炎夏火流,闲居倦想,提琴命友,嬉娱永日,桂笋寻波,轻林委浪,琴歌既洽,欢情亦畅,是焉栖寄,实可凭衿。小东有一湖,佳饶鲜笋,匪直芳齐芍药,实亦洁并飞鳞。其水东北流入巨洋,谓之熏冶泉。

熏冶泉一带是他"总角之年"旧游,当年恐怕还写不出这样的文章,这是他几十年后的回忆。但令人十分吃惊的是,他对这一带的山川风物,记忆得何等清楚,描写得何等细腻。不是一个充满了自然之爱的人,是不可能写出如此生动美好的篇章来的。

明朝有个词章派的郦学家朱子臣,他编撰了一本称为《水经注删》[12]的郦书,专门评论郦注词章。其书多半是并不切中要害的词句品评,有的评语还暴露了他的幼稚无知,[13]所以没有什么可取之处。但在郦氏描写熏冶泉这一段中,却写出了几句不同凡响的评语。他说:"山水朋友,性命文章,是名士本色,叙得矜重。""是名士本色"一语,说明他确实读过不少古人描写山水的著作,正如前面提及的密西根大学的李祈在《中国的自然之爱》的标题下所介绍的许多人物。他把这些名士的"本色",归结为"山水朋友,性命文章"一语,也还算差强人意,这实际上就是包括郦道元在内的这些"名士"的自然之爱。

明末清初学者张岱在其《跋寓山注二则》[14]一文中曾经说过:"古人记山水,太上郦道元,其次柳子厚,近时则袁中郎。"郦道元以描写山水著名,这当然是古今学者所公认的。张岱笔下在这方面次于郦道元的另外两人,是柳子厚(宗元)和袁中郎(宏道),他们两人都是富有"中国的自然之爱"的学者。柳宗元(773—819)是著名的唐宋八大家之一,当然是文章高手。但是张岱所说的是"记山水"。柳宗元所写的山水文章,主要就是《永州八记》。这是他因王叔文党事被贬为永州司马时在永州(今湖南零陵)所写,文章短小简练,文笔清丽,历来名重一时,脍炙人口。袁宏道(1568—1610)是明朝后期的文学流派公安派(袁是湖北公安人)的代表人物,所以也是一位文坛名流,而且还是一位旅游家。《明史·袁宏道传》说他与其兄宗道、弟中道都是公安派学者,"宦游京师,多交四方名士,足迹半天下"。所以在他的诗文集《袁中郎全集》四十卷中,有不少游记。有人把他的游记从全集中抽出,编成《袁中郎游记》[15]一种,也很受人欢迎。这里需要指出的是,不论柳宗元还是袁宏道,他们的游记文章,都是身历其境之作。柳宗元生当唐德宗、宪宗两朝,虽非盛唐之世,但唐朝毕竟版图广大,声威远播,是一个泱泱大国。袁宏道生当明朝晚期,国力虽逊而尚未穷蹙,边疆纵有不宁,而长城以内,仍是明土,袁氏昆仲行旅所及,莫非皇舆。所以柳、袁两人之世,均属承平已久,而皇朝一统。他们眼目所见,足履所及,心上所思,笔上所述,无不在皇舆域内。他们用文字表达的对中国的自然之爱，都是中国的土地。所以他们在这方面性情舒坦，了无芥蒂。但郦道元与他们完全不同，当他出生之日，国家分裂已有一个半世纪，干戈扰攘，人民流离。他立身于半壁河山，而心怀一统的祖国。在如此处境之下，同样是一个满腔"中国的自然之爱"的学者，同样借文字表达了这种感情。但是与柳宗元、袁宏道不同，他必须在许多问题上面对现实。例如，他要描写的祖国山川，是他立身的半壁河山以内，抑是在此半壁河山以外；是他亲身经历，亲眼目击，抑是他无法亲见，必须借助于其他文献；用北朝年号，抑是用南朝年号。如此等等，都使他煞费苦心。在这样的景况之下，他对祖国山川的描写，仍被张岱誉为三位高手之中的"太上"。文穷而后工，或许就是这个道理。从这里也给我们一种启发，这就是，郦道元的所以能够在祖国自然风光和描写中登峰造极，一方面固然是由于他的高度写作技巧；另一方面更是由于他对祖国河川的无比热爱。

郦道元的确是把他的全部感情倾注在《水经注》的撰写之中，凡是他足迹所到之处，由于他的悉心考察和热情观赏，因此，他的描述，不仅如清初著名郦学家刘献廷所说的"毫发不失"，[16]而且更是活龙活现，栩栩如生。对于他未能亲履其地的那些著名山水胜景，他也无不搜集大量文献，细心选择，着意描摹，所以能够写出细致生动、令人百读不厌的文章。全部《水经注》中，描写山水的锦绣文章当然俯拾即是，但历来传诵的千古杰作，主要有两篇。民国以来，常常被选入中学甚至大学的国文课文，作为青年人欣赏和学习的范文。这两篇，一篇是记述黄河孟门瀑布的，另一篇是记述长江三峡的。这两处，孟门位于北魏旧都平城以南，新都洛阳以北，是他常经之地；而长江三峡，位在南朝腹地之中，他足迹所未履，但这两处河山胜景，在《水经注》中都是前无古人，后无来者的绝作。

孟门瀑布一篇，全文不过131字，在卷四《河水》经"又南过河东北屈县西"注下：

孟门，即龙门之上口也。实为河之巨院，兼孟门津之名矣。此石经始禹凿，河中漱广，夹岸崇深，倾崖返捍，巨石临危，若坠复倚，古之人有言，水非石凿，而能入石，信哉。其中水流交冲，素气云浮，往来遥观者，常若雾露沾人，窥深悸魄。其水尚崩浪万寻，悬流千丈，浑洪赑怒，鼓若山腾，濬波颓迭，迄于下口。方知慎子下龙门，流浮竹，非驷马之追也。

孟门瀑布就是今天的壶口瀑布，位于陕西省宜川县之东，山西省吉县以西的黄河上，由于两岸山势紧逼，黄河河床从200米—300米在此骤然紧缩到30米—50米，形如壶口倒悬，所以今称壶口。水流从30米高处倾泻而下，形成注文所描述的人间奇观。著名历史地理学家史念海教授在其著作《历史时期黄河中游的下切》[17]一文中评论这段文章说："这完全是壶口的一幅素描，到现在还是这样，到过壶口的人，一定会感到这话说得亲切。"我算是一个到过壶口的人,我完全同意史念海教授的评论。

《水经注》描写长江三峡的篇幅很多,从卷三十三《江水》经"又东过鱼复县南,夷水出焉"注:"江水又东迳广溪峡,斯乃三峡之首也"一句开始,以后在卷三十四《江水》经"又东过夷陵县南"注:"江水又东迳西陵峡,……所谓三峡,此其一也"一句以下而终。其中最著名的一段千古文章在卷三十四《江水》经"又东过巫县南,盐水从县东南流注之"注下:

> 自三峡七百里中,两岸连山,略无阙处,重岩叠嶂,隐天蔽日,自非停午夜分,不见曦月,至于夏水襄陵,沿泝阻绝,或王命急宣,有时朝发白帝,暮到江陵,其间千二百里,虽乘奔御风,不以疾也。春冬之时,则素湍绿潭,迴清倒影,绝巘多生怪柏,悬泉瀑布,飞漱其间,清荣峻茂,良多趣味。每至晴初霜旦,林寒涧肃,常有高猿长啸,属引凄异,空谷传响,哀转久绝。故渔者歌曰:巴东三峡巫峡长,猿鸣三声泪沾裳。

这段文章共 155 字,历来为人所传诵,唐李白的著名七绝《早发白帝城》:"朝辞白帝彩云间,千里江陵一日还,两岸猿声啼不住,轻舟已过万重山。"实际上就是这一段文章的缩写。[18]我也有幸从重庆乘江轮顺江东下,欣赏了三峡胜景,除了没有猴子以外,其他一切景观,与《水经注》上所描写的真是毫厘不差。若用史念海教授对壶口瀑布的话来说:"这完全是三峡的一幅素描。"

郦道元没有到过三峡,因为三峡位于南朝荆州的巴东(今四川省奉节县一带)、建平(今四川省巫山县一带)、宜都(今湖北省宜昌市一带)三郡境内,而北魏的势力,只及于今秦岭和淮河一线。现在有些编书的人说郦道元亲履其地,[19]实在是很大的误会。当因卷三十四《江水》经"又东过夷陵县南"注下,有一句"及余来践跻此境"的话,才造成这种误会。前面已经提到,郦道元对于他足迹未到的山川胜地,总是搜集大量资料,经过他的仔细选择,认真体会,然后引用原文,或是加以修润改写。所以虽然他并非亲见,但文字仍然十分生动。对于声名甚著的长江三峡,郦道元当然把它作为他表达"中国的自然之爱"的重点。他精选了许多有关这个山水胜境的文献,特别是亲眼目睹者的写作。其中最重要的就是曾任宜都太守的东晋人袁山松所撰的《宜都山川记》(或作《宜都记》)。郦道元常在注文中指出,"袁山松曰"、"山松言"或"《宜都记》曰",可以为证。前面提及的卷三十四《江水》经"又东过夷陵县南"注中,有一段话说:"山松言,常闻峡中水疾,书记及口传,悉以临惧相戒,曾无称有山水之美也。及余来践跻此境,既至欣然,始信耳闻之不如亲见矣。其迭崿秀峰,奇构异形,固难以辞叙,林木萧森,离离蔚蔚,乃在霞气之表,仰瞩俯映,弥习弥佳,流连信宿,不觉忘返,目所履历,未尝有也。既自欣得此奇观,山水有灵,亦当惊知己于千古矣。"这段话,当然是《宜都记》中的话,当年袁山松在宜都当太守,才有机会在这里"流连信宿",而"耳闻不如亲见"的话,正是袁山松的话,把它移到郦道元身上,真是张冠李戴。

但是上面所引的那一篇描写长江三峡的千古杰作,显然并不是《宜都记》的原文,而是郦道元根据《宜都记》和其他一些文献改写的。[20]袁山松的原文,在经"又东过夷陵县南"注中,郦道元曾经引过几段:

> 袁山松曰:自蜀至此五千余里,下水五日,上水百日也。

> 《宜都记》曰:自黄牛滩东入西陵界,至峡口百许里,山水纡曲,而两岸高山重障,非日中夜半,不见日月。

> 袁山松言:江北多连山,登之望江南诸山,数十百重,莫识其名,高者千仞,多奇形导势,自非烟霁雨霁,不辨见此远山矣。余尝往返十许过,正可再见远峰耳。

以上3段,加上前已引述的"及余来践跻此境"的一段,都是郦道元《长江三峡》这一篇杰作的资料来源。诸如"两岸连山,略无阙处","停午夜分,不见曦月","朝发白帝,暮到江陵"。如与袁山松的这几段文章加以对比,都可以看出《水经注》在袁文的基础上加工的痕迹。当然,郦道元的加工是成功的。应该说,他的这一篇已经超过了"耳闻不如亲见"的袁山松。对于长江三峡,《水经注》的确立下了千秋功勋。它不仅让早已亡佚的《宜都山川记》,借《江水》一篇而留下了吉光片羽,而且还为三峡胜景,写出这样一篇千古文章。对于郦道元来说,尽管他没有目击现场,但是他的成就,实在已经超过了他亲履其地的孟门瀑布。用什么理由来解释他在山川描写中的非凡成就,除了文字技巧以外,主要应归功于他的感情,他对于祖国的自然之爱的真挚感情。正是因为他把这种真挚的感情倾注在祖国河山之上,感情凝聚,使他能够从心神深处领会袁山松和其他一些目击三峡者的著作,从而写出超过他们的文章。

注释:

① 中国友谊出版公司1989年版。

② 《圣心》第2期,1933年,又收入于《中外史地考证》上册,中华书局1962年版。

③ 《郦道元传略》,《东洋史研究》第6卷第2号,1941年。

④ 卷二九《比水》经"比水出比阳东北太胡山,东南流过其县南,泄水从南来注之"注:"余以延昌四年,蒙除东荆州刺史。"

⑤ 《全氏七校水经注附录》。

⑥⑦ 《通鉴》卷一二五《宋纪七》文帝元嘉二十七年。

⑧ 《通鉴》卷一四二《齐纪八》东昏侯永元元年。

⑨ Bellingham, Washington, Program in East Asian Studies, Western Washington State College, Occasional Paper No.3,1971.

⑩　The Chinese University of Hong Kong,1974.

⑪　载《徐霞客研究文集》,江苏教育出版社 1986 年版,又收入于《水经注研究二集》。又另一种收入于《读水经注札记之四》,载《明报月刊》,1990 年 11 月号。

⑫　北京图书馆善本部藏有明刊本。

⑬　卷三六《温水》经"东北入于郁"注"昆仑单舸"下,朱子臣评:"舸名新。"按"昆仑"是南洋人族名,朱竟认为是船名。

⑭　《琅嬛文集》卷五。

⑮　中国图书馆出版部 1936 年版。

⑯　《广阳杂记》卷四。

⑰　《河山集二集》,三联书店 1982 年版。

⑱　《中国古代山水诗鉴赏辞典》(江苏古籍出版社 1989 年版)在李白此诗下抄录了这段注文,并云:"李白这首诗,都从《水经注》脱胎而来。"

⑲　《地学史话》(上海科技出版社 1979 年版)中有《郦道元和水经注》一篇,在此篇的《耳闻不如亲见》小标题下有这样一段话:"郦道元久闻长江三峡之名,决定亲自去看一看。他不辞艰险,长途跋涉来到了三峡。"此文之下,还画了一幅郦道元在三峡考察河流的素描。

⑳　这一段文字,《御览》卷五三作刘宋盛弘之《荆州记》录入,按盛撰《荆州记》卷三一《淯水注》曾引及,但郦氏在《江水注》中未言盛书,《御览》作盛书录入,于事可疑。

第四章　地理学家

按照大一统思想和对祖国大自然的无比热爱评价,郦道元当然是一个爱国主义者。但是,从全部《水经注》来看,他显然是一个地理学家,而且正如前面所指出的,他是"地理大交流"时代中最杰出的地理学家。日本地理学界元老米仓教授的评价更为崇高:"中世纪时代世界上最伟大的地理学家。"但是应该看到,不管郦道元的地理知识如何渊博,他在地理学上的造诣如何精深,他同样是在"地理大交流"的潮流之中锻炼出来的,没有这一场波及全国的"地理大交流",没有在这场大交流中比他早诞生的一大批前辈地理学家和他们的著作,则郦道元在地理学上的成就和《水经注》的撰述,都是很难想象的。

郦氏撰《水经注》注文内明确指名引用的文献共达 480 种,其中地理类为 109 种。[①]在这 109 种地理文献之中,魏晋南北朝以前的仅有 20 种,而魏晋南北朝,也就是"地理大交流"开始以后的达 89 种。这就说明了地理大交流时代的地理学著述对于郦氏撰述的影响。

我在为刘盛佳先生的专著《地理学思想史》[②]一书的序言中,特别指出了:"地理大交流"促使人们的地理学思想空前活跃,"地理学思想空前活跃的结果,是大量地理著作的出现。这些地理著作和先秦时代的地理著作如《山海经》、《禹贡》、《穆天子传》等很不相同,他们摆脱了先秦作者漫无边际的想象和假设的陋习,而以他们的直接或间接的实践经验作为他们写作的依据,使中国第一次出现了许多记载翔实,描述生动的地理著作"。我在这篇序言中批判了一些先秦的地理著作,指出了这些作者的"漫无边际的想象和假设的陋习"。但郦道元不仅不满于先秦地理著作,甚至对魏晋南北朝以前的地理著作都表示了他的批评意见。他在《水经注序》中指出:

> 昔《大禹记》著山海,周而不备;《地理志》其所录,简而不周;《尚书》、《本纪》与《职方》俱略;都赋所述,裁不宣意;《水经》虽粗缀津绪,又阙旁通。所谓各言其志,而罕能备其宣导者矣。

这里,郦道元所批评的如《大禹记》、《本纪》(俱已亡佚)、《尚书》(当指《禹贡》)、《职方》等,都是先秦地理著作,郦氏说它们"周而不备"、"俱略",这当然是人所共见的。但他同时也批评了《汉书·地理志》:"简而不周"。对于此书,郦道元的评价和我们今天的评价很不相同。我们今天推崇此书,认为这是我国沿革地理的嚆矢,它所记录的汉代郡县沿革,是很宝贵的资料。但郦氏所在的时代和我们不同,今天我们如果没有《汉书·地理志》的记录,我们已经无法把当时这许多郡县的沿革变迁进行考实,但郦氏所在的时代不同,在他看来,这些资料并不困难。事实也的确如此,《水经注》曾经对《汉书·地理志》的沿革记录作了不少纠谬和补充。我在拙著《水经注记载的行政区划》③一文中已经详述。例如对汉代分封的侯国,《水经注》的记载就远超过《汉书·地理志》。清钱大昕为此指出:"汉初功臣侯者百四十余人,其封邑所在,班孟坚已不能言之,郦道元注《水经》,始考得十之六七。"④由此可见,"简而不周"的话,从郦氏来说,不算过分。

郦氏序言中指为"裁不宣意"的"都赋",是当时流行的一种文字体裁,属于韵文。例如汉扬子云的《蜀都赋》,晋左思的《齐都赋》等,《水经注》指名引用的这类"都赋"共有13篇,加上性质相同的如《东京赋》、《西京赋》和性质相似的如《五湖赋》、《江赋》、《大河赋》等,一共有19篇,文字的内容都是记载当时的大都会以及著名的河山。按内容属于地理文章,但按体裁则属于诗赋。因为《水经注》引用的其他诗赋甚多,所以在我所编辑的《水经注文献录》中,把它们列入"诗赋类"。这中间,除了汉扬雄(子云)的《蜀都赋》、张衡的《南都赋》等外,多数都是魏晋南北朝的作品,像《扬都赋注》,是南朝齐庾杲之所撰,是《水经注》时代的当代作品。这类"都赋",文章单薄,加上音韵的限制,所以常常叙事简略,而且词不达意,郦氏的批评"裁不宣意",是恰如其分的。

郦道元最后批评的是他为之作注的《水经》。对于郦道元来说,《水经》算不上什么很古的书籍。据戴震在其所校的武英殿本《水经注》的《校上案语》中的考证:"观其涪水条中,称广汉已为广魏,则绝非汉时;钟水条中,称晋宁仍曰魏宁,则未及晋代。推寻文句,大抵三国时人。"杨守敬在其《水经注疏凡例》中进一步考证:"在淇水入河,至建安十九年,曹操始遏淇水东入白沟,而经明云东过内黄县为白沟,此又魏人作经之切证。又刘璋分巴郡,置巴东、巴西郡,而夷水、漾水,经文不称巴郡。蜀先主置汉嘉郡,涪陵郡,而若水,延江水,经文不称汉嘉、涪陵。他如吴省沙羡县,而经仍称江夏沙羡。吴置始安郡于始安,而经仍称零陵始安,盖以敌国所改之制,故外之。此又魏人作经,不下逮晋代之证也。"由此可以肯定,这一篇不著作者名氏的《水经》,是三国魏人的著作。郦道元对它的批评,并不像以上诸书那样地一笔抹杀,而是加了一句低调的褒语:"虽粗缀津绪。"当然,缺点仍然是主要的:"又阙旁通。"

把郦道元对他以前的这些地理著作所作的批评,诸如"周而不备"、"简而不周",特别是对《水经》的"又阙旁通"等加以研究,可以窥及他的地理学思想。

我在前面曾经引用米仓二郎教授的评论,当郦道元成为地理学家的时候,正当欧洲的黑暗时代,那时候的欧洲,用米仓教授的话来说:"就连一个杰出地理学家也没有。"但是,我在为刘盛佳先生所写的序言中仍然指出:

> 当然,历史的车轮是不断前进的。欧洲从十一世纪以后结束了它的黑暗时代,接着就迎来了资本主义的萌芽和发展,从而促成了新航路的探索而发生了"地理大发现"的伟大场面。在世界地理学思想史上,另一个波澜壮阔的飞跃时代终于在欧洲出现。而像洪堡(Alexander Von Humboldt)和李特尔(Karl Ritter)这样划时代的地理学家在这个时代中应运而生。就是这些地理学家,他们把古典的地理学,引向现代科学的地理学。他们在地理学思想史上的崇高地位,当然是值得大书特书的。

科学史的确是一门饶有兴味的学问。郦道元是"地理大交流"后期的人物,在他著书立说过了13个世纪以后,时当"地理大发现"的后期,地理学史上出了上述洪堡和李特尔这样的杰出人物。我们把郦道元和洪堡、李特尔在地理学思想上加以对比,我们所发现的事实,真是令人不可思议。

美国学者普雷斯顿·詹姆斯(Preston E. James, 1899——　)在其所撰《地理学思想史》[⑤]一书中,曾引用了一段美国著名地理学家哈特向(Hartshorne Richard, 1899——　)的话:

> 许多学者称洪堡和李特尔是近代地理学的奠基人,但也有充足理由把他们看作是古典地理学的掘墓人。洪堡和李特尔运用地理大发现所带来的大量新资料,各自按他们自己的方法,汇合成了综合性巨著。

洪堡和李特尔的业绩出现在欧洲,他们是依靠"地理大发现"所造就的非凡人物;现在,从洪堡和李特尔的时代倒数十三个世纪,依靠"地理大交流"所造就的非凡人物郦道元,他也是用"地理大交流"所带来的大量新资料,按他自己的方法汇合成了综合性的巨著——《水经注》。如今我们完全可以确信,按照历史的评价和现实意义,用"地理大交流"所带来的大量新资料撰成的《水经注》,完全不逊于用"地理大发现"所带来的大量新资料撰成的诸如《宇宙》、《中部亚洲》、《新大陆热带地区旅行记》（以上洪堡著）、《地学通论——它同自然和人类历史的关系》（李特尔著）等著作。众所周知，洪堡的地理学思想，是把自然界看作一个巨大的整体，而在这个整体之中，各种自然现象，有其相互之间的内在联系。李特尔的地理学思想，是在区域地理研究中强调各种地理现象的因果关系。郦道元批评《禹贡》、《职方》等著作过于简略，批评《汉书·地理志》简单地罗列现象而资料并不完备，批评《水经》只有单一地理要素的叙述而缺乏与其他地理要素之间的相互联系。由此可见，郦道元的地理学思想，特别着重地理学的综合性。他反对《汉书·地理志》那种沿革嬗递的简单罗列，也反对《水经》那种水道流程的简单罗列，而提出"旁通"的地理学思想。"旁通"就是综合性，就是各地理要素之间的相互联系。在这种地理学思想的指导下，他为《水经》作注，使全书成为一部以河流为纲的区域地理研究巨著。每一条河流按其干支流流域的分布形成若干区域，每一个区域都是自然地理和人文地理的综合体。他用他得自"地理大交流"以来的大量新资料，尽可能详细地对每个区域进行描述。他用实际措施改变被他批评过的那些古代地理书的简单罗列。例如卷十九《渭水》经"又东过华阴县北"注中，他仍然用《汉书·地理志》的材料说明华阴县的沿革："《春秋》之阴晋也，秦惠文王五年，改曰宁秦，汉高帝八年，更名华阴，王莽之华坛也。"但是他用更多的篇幅描述渭水的支流洛水，也写了华山和其他山岳。华山是篇内重点，描述了它的高度和形状，以及附近的其他山岳、河流，山上的泉水及其流向，山上的树木，等等。此外还记下了华山的地名渊源，祠庙碑刻，人物历史和其他掌故，字数超过《汉书·地理志》十余倍。从这条经文下的这篇注文之中，可以看到郦道元作注的基本方法和他的地理学思想。他显然是以渭水这条河流为纲，把经文所叙"（渭水）又东过华阴县北"这个地区作为他描述的区域范围，也就是以华阴县为核心的包括渭水、洛水流域和华山这一带。在这个区域范围中，他详细地把自然景观和人文景观作了综合性的描述。尽管这个地区是他足迹亲履之地，但是他仍然参阅了许多文献，在这一篇500多字的注文中，指名引用的文献达八种，而其中四种，即"阚骃"（指阚骃的《十三州志》）、《曹瞒传》、《西征记》、《述征记》，都是"地理大交流"的产品。则"地理大交流"对他的地理学思想和著述的关系不言而喻，情况与"地理大发现"对于洪堡和李特尔一样。

按照哈特向的说法，洪堡和李特尔是古典地理学的掘墓人。那么，在洪堡和李特尔以前十三个世纪，在中国的特殊环境里，郦道元结束了虚构地理学的时代，而开创了一个崭新的写实地理学的时代。

中国的古代地理学，确实存在过一个虚构时代，这个时代主要在先秦，但其影响却直到两汉。虚构地理学的作品如《山海经》、《穆天子传》和《禹贡》等，它们都是很有价值的作品,因为它们不同于《格列佛游记》。这些著作有虚有实,从虚构的部分来看,其荒诞不经并不亚于格列佛所见的"小人"和"大人"。但是这些荒诞的事物,却是落实在相当可靠的地理基础之上的。《穆天子传》就是一个例子,此书所载的故事情节当然是荒谬的。周穆王西征会见西王母,对于这个西王母,《穆天子传》记载的是个能吟歌应对、彬彬有礼的人。但《山海经·西山经》却把她描写成为是一个"其状如人,豹尾虎齿而音啸"的怪物。而周穆王的旅程,在其十三年(前989)闰二月初十才"绝漳水",也就是从今河北省南部出发,即同年十一月十四日,就"天子饮于溽水之上","六师之人毕至于旷原","勒七萃之士于羽琌之上"。据顾实《穆天子传西征今地考》[6]"溽水"是今苏联高加索地区的库拉河,"旷原"则包有今南俄大平原及东欧大平原,而"羽琌"则是今波兰的华沙一带。从今河北南部到波兰华沙,直线距离就超过1万公里,周穆王却只花9个月时间就能到达。但是比一比写实地理学的作品,以清初图理琛的《异域录》[7]为例,此书记载的是他的一次真实的旅行。他于康熙五十二年(1713)正月十六日,从楚库柏兴(今苏联贝加尔湖以东的乌兰乌特附近)出发,于当年十一月十六日到达萨拉托夫,整整走了10个月,行程大概只有周穆王的一半。所以《穆天子传》记载的周穆王的这次旅行及其与西王母的高峰会晤,当然是虚构的。但旅程中出现的许多地名却是实在的。除了上面指出的顾实以外,如丁谦的《穆天子传地理考证》,[8]檀萃的《穆天子传注疏》,[9]翟云升的《复校穆天子传》,[10]岑仲勉的《穆天子西征地理概测》[11]等,都已有所考证。虚构这个故事的作者,显然在当时的中西交通上作过一番调查研究,从当时北方的游牧民族传说,战争被俘的兵民以及其他迁徙的部族等之中,获悉了中国以西的一些地理概况。这中间当然也夹杂着一些似是而非的东西。例如《穆天子传》卷二,"先王之所谓县圃。"这个"县圃",《楚辞·天问》及《淮南子·地形训》也都作"县圃",但《水经·河水注》作"玄圃":"昆仑之山三级,下曰樊桐,一名板桐;二曰玄圃,一名阆风;上曰层城,一名天庭,是为太帝之居。"从这类描述中,"县圃"和"玄圃"当然是荒诞不经的传说,但是若把眼光转向西方,就会发现,"县圃"和"玄圃"很可能就是古代巴比伦王尼布甲尼撒(Nebuchadnezzar)的"悬园"(Hanging Garden),或者也称为空中花园。《穆天子传》的作者所写的正是他从西方人口中获得的这项资料,顾颉刚和童书业曾以此推论古代东西交通的发达。[12]也说明了《穆天子传》虽属虚构但仍然具有价值。

《山海经》的虚构比较明显,不必赘述。《禹贡》当然是一部很有价值的地理文献,它所描述的"九州"的自然景观和人文景观,不仅表现了地理学的综合,而且非常符合实际。但是它毕竟是一部虚构的地理作品。它的虚构在于时代,这位作者把他在公元前3世纪能够了解到的黄河和长江流域的地理概况,上溯十七八个世纪,把它们归之于在当时也不过是一种传说的"禹敷土，随山刊木，奠高山大川"的时代。这等于今天有人把一部现代作品作为后汉的古籍一样荒唐。《禹贡》是《尚书》中的一篇，而《职方》则是《周礼·夏官大司马》中的一篇，其虚构性质和《禹贡》一样。

　　上面说到这种先秦的虚构地理学，直到两汉仍有很大的影响。就以《汉书·地理志》为例。此书当然并非虚构，但它在卷首却把《禹贡》和《职方》全录在内。中国古代的这种虚构地理学作品及其撰写方法，甚至直到"地理大交流"的时代，当写实地理学开始抬头的时代，仍然在地理学的发展中起着不小的作用。这就是郦道元在《水经注序》中指出的："今寻图访颐者，极聆州域之说，而涉土游方者，寡能达其津照，纵仿佛前闻，不能不犹深屏营也。"他当然是反对这种虚构学派的，所以他说："默室求深，闭舟问远，故亦难矣。"应该看到，在"地理大交流"的整个时代中，在《水经注》以前，已经出现了写实的地理著作，这些地理学家，尽管他们的著作是写实的，是他们直接或间接的实践成果，但是谁也不曾在他们的著作中阐明自己的工作方法。他们中的大多数，或许还没有意识到以往的那些虚构作品的缺陷。是郦道元第一个在《水经注序》中提出了他的研究和著述方法："脉其枝流之吐纳，诊其沿路之所躔，访渎搜渠，缉而缀之。"在中国地学史上，我们实在应该把他的这几句话看作是"写实地理学宣言"。

　　郦道元是一位杰出的古代地理学家，他是写实地理学的开创者，他强调地理学研究中的实践，提倡区域地理研究中的综合观点。他以高度的敏感和极大的努力，将"地理大交流"过程中出现的大量新资料，撰写成为中国地学史上的不朽名著《水经注》。和十三个世纪以后的洪堡及李特尔相比，虽然在科学发展的阶段上不可同日而语，但是他们的地理学思想却是如此的接近，这是一种巧合，抑是科学发展史上的必然规律？看来还可以研究。

注释：

① 《水经注文献录》，载《水经注研究二集》。

② 华中师范大学出版社 1991 年版。

③ 《水经注研究》，天津古籍出版社 1985 年版。

④ 《潜研堂答问》卷九。

⑤ 中译本，李旭旦译，商务印书馆 1982 年版。

⑥ 《国学丛刊》第 1 卷第 4 期，1923 年。

⑦ 《丛书集成》初编本。

⑧ 《浙江图书馆丛书》第 2 集（刊于《地学杂志》第 6 卷第 7—11 期，1915 年）。

⑨ 郭璞注，檀萃疏，《碧琳琅馆丛书》乙部。

⑩　《五经岁徧斋校书》。

⑪　《中山大学学报》(社会科学版),1957 年第 2 期。

⑫　《汉代以前中国人的世界观念与域外交通的故事》,载《中国古代地理学考证论文集》,中华书局 1962 年版。

第五章 "酷吏"

前已指出,郦道元是一位爱国主义者,也是一位地理学家。这是我们现代的评论。郦道元遇难于北魏孝昌三年,他死后 27 年,与他同时代的魏收,于北齐天保五年(554)修成了《魏书》。在《魏书》中,郦道元被收入于《酷吏传》,他成为一个"酷吏"。这是事关重要的问题,必须在这里论述一下。

郦道元在北魏,承其先人余荫和他自己的能力,担任了不少官职已如上述。由于处身于一个干戈扰攘的乱世之中,他做官的方法,大概就是《魏书·郦道元传》所说的"威猛为治",也就是《北史·郦道元传》所说的"威猛为政"。乱世用重典,这或许就是他的吏治思想。当然,这种思想是随着当时的政治形势、社会情况而发展的。当他年轻时代初入仕途作尚书郎时,他随侍拓跋宏北巡六镇,当时北魏国势正盛,社会安谧,他满怀追随魏帝一统全国的愿望。既非乱世,何用重典? 他当时显然不会想到他日后必须借"威猛"才能服官于北朝。但随着元宏中道崩殂,北魏国势陡然衰落,而且从此一蹶不振,宣武帝正始四年又蒙受淮水之战的惨败。孝明帝元诩时,胡太后临朝,朝政腐败,至于不可收拾,而南梁频频北犯,塞外六镇又一再告急。北魏内部离心日著,社会扰攘,人心浮动。他服官于这样的时代,"威猛为治",其实就是当时社会情况的反映。他于永平年代出任鲁阳太守,正值淮水惨败以后,鲁阳(今河南省鲁阳县北)有许多少数民族,当时,社会情况的不稳可以想见,而正是由于他的"威猛",才稍获安宁。据《北史》所记:"山蛮伏其威名,不敢为寇。"其实,郦道元的"威猛",也只是他在当时的社会情况下的一种不得已的手段。从他的家庭出身和个人素养,他仍然希望让鲁阳这个偏僻穷困,文化落后地区的人民得到教育和提高。这就是《北史》记载的他在鲁阳的治绩:"道元表立黉序,崇劝学校。诏曰:鲁阳本以蛮人,不立大学,今可听之,以成良守文翁之化。"看来朝廷是赞赏他的治绩的。或许也正因为此,他得以一个郡守在延昌四年擢升为刺史。按《魏书·官氏志》,鲁阳不过是个下郡,郡守是第六品官,东荆州(今河南省泌阳县一带)或许也只是个下州,但官位已是第四品了。他到东荆州任刺史后,和他在鲁阳当郡守时一样,据《北史》记载,仍然"威猛为政"。终于使当地的少数民族不堪忍受,而"蛮人诣阙,讼其刻峻"。于是受到了朝廷"免官"的处置。不过在事实上,朝廷免去他东荆州刺史的官职,无非是缓和一下民族间的矛盾,他接着内调为河南尹,按《官氏志》,这已经是第三品官。从官位的上升,可以说明,他的"威猛"不仅没有违背朝廷的法度和利益,也并未达到受社会道德谴责的程度。而从另一方面看,这种"威猛",表示了他的果断和勇敢。正因为此,郦道元常常被朝廷临危授命,去完成一种紧急的和艰难的任务。见于其本传的就有三次,第一次是在六镇报乱前夕,据《北史》所载:"诏道元持节兼黄门侍郎,驰驿与大都督李崇筹议置立、裁减、去留。"事在正光之末(524—525)。这里值得注意的是"持节"一语,从晋代以来,朝廷在对大臣临危授命时,往往加以"使持节"、"持节"、"假节"的权力。《晋书·职官志》说:"'使持节'为上,'持节'次之,'假节'为下。'使持节'得杀二千石以下;'持节'杀无官位人,若军事,得与'使持节'同;'假节',唯军事,得杀犯军令者。"这次郦道元的授命,或许可以视同军事,权力实同于"使持节"。但是由于朝廷的措施已晚,"会诸镇叛,不果而还。"第二次临危授命在孝昌元年(525),据《北史》所载:"孝昌初,梁遣将扬州刺史元法僧又于彭城反叛,诏道元持节,兼侍中,摄行台尚书,节度诸军事,依仆射李平故事。军至涡阳,败退,道元追讨,多所斩获。"这一次临危授命,除了"持节"以外,并且还要"依仆射李平故事"。据《魏书·李平传》:"冀州刺史京兆王愉反于信都,以平为使持节都督,北讨诸军事镇北将军,行冀州事以讨之。"说明所谓"李平故事",实际上就是朝廷在非常时刻任命一位文官指挥一场战争的先例。京兆王愉是皇上的元弟,又是坐镇北疆的封疆大吏,其反叛朝廷,关系非同小可,所以朝廷采用这样的紧急措施,以求平叛军事的迅速奏效。郦道元这次的受命也正是这样,元法僧是北魏宗室,曾任魏光禄大夫,当时是使持节都督徐州诸军事,徐州刺史,是北魏南疆的封疆大吏。所以朝廷引"李平故事",断然临危授命,让郦道元持节节度诸军,一举击溃元法僧,他走投无路,终于投奔南梁。第三次临危授命即是雍州刺史萧宝夤反状暴露,朝廷命他为关右大使深入险境。虽然这次授命可能是他的政敌的陷害阴谋,而他终于在这次使命中蒙难。但事情的本身仍然可以说明郦道元具有这种出生入死,赴汤蹈火的果断和勇敢的品质。

由于当时的政治形势和社会情况,郦道元为官采用"威猛为治"的方法,清代郦学家赵一清对此已有所议论。但《魏书》撰者,竟把他列入《酷吏传》,实在是极不公正之举。

清乾隆间编纂《四库全书》,诏定二十四史为"正史","正史"在我国是权威的史书。但其实"正史"存在许多缺陷。例如,"正史"从《汉书》立《酷吏》、《佞幸》两传以后,《后汉书》、《魏书》、《北齐书》、《北史》、《隋书》、《两唐书》、《金史》等均立《酷吏传》;而《宋书》、《南齐书》、《北齐书》、《南史》、《北史》、《宋史》、《金史》、《明史》等均立《佞幸传》。读"正史"和用"正史"的人,已经习以为常,却并不追究,既立《酷吏传》和《佞幸传》,为什么不立《暴君纪》和《昏君纪》? 在我国历史上,酷吏和佞幸当然很多,但暴君和昏君何尝会少? 而且暴君和昏君给人民造成的灾难,又岂是酷吏和佞幸可比。这实在是"正史"的极不公正之处。不过这是节外的议论,因为《酷吏传》已经成为"正史"中的现实,现在需要查究的是《魏书·酷吏传》,是否存在什么问题。

《魏书·酷吏传》共收入酷吏9人:于洛侯、胡泥、李洪之、高遵、张赦提、羊祉、崔暹、郦道元、谷楷。这中间,大部分确实是酷吏,譬如于洛侯:

> 百姓王陇客刺杀民王羌奴、王愈两人,依律,罪死而已。洛侯生拔陇客舌,刺其本,并刺胸腹二十余疮,陇客不堪苦痛,随刀战动,乃立四柱,磔其手足,命将绝,始斩其首,支解四体,分悬道路,见之者无不伤楚,阖州震惊,人怀怨愤。

又如张赦提:

> 斩人首,射其口,刺入脐,引肠绕树而共射之,以为戏笑,其为酷暴如此。

此外如胡泥,"刑罚酷滥",李洪之"酷暴",羊祉"天性残忍",高遵"严暴非理,杀害甚多"。这些人,有的因为暴虐而受到朝廷的诛灭,如于洛侯、李洪之、高遵、张赦提,均被朝廷"赐死";有的因为丑名昭彰,受到社会的唾弃,如羊祉,"所经之处,人号天狗";谷楷"以暴虐为名,时人号曰瞎虎"。《酷吏传》中列名的人,还有另外一个特点,就是贪赃受贿,如胡泥,"受纳货贿",李洪之"受赃狼藉",高遵"争求货利",崔暹"盗用官瓦,赃污狼藉"。残酷与贪婪,历来就是一对孪生弟兄,例子甚多,不胜枚举。

《魏书》撰者魏收在《酷吏传》卷末"史臣曰"下说:"于洛侯等为恶不同,同归于酷,肆其毒螫,多行残忍,残人肌肤,同诸木石,轻人性命,甚于刍狗,长恶不悛,鲜有不及。故或身婴罪戮,或忧患值陨,异途皆毙,各其宜也。凡百君子,以为有天道矣。"从上列几个酷吏的残酷事迹,从魏收的"史臣曰"云云,把郦道元列入《酷吏传》,实在令人诧异。因为在《魏书·郦道元传》中,涉及他一生为官中最严重的过失只是在东荆州刺史任上,"威猛为治,民诣阙讼其刻峻,坐免官。"对于此事,前面已引记载较详的

《北史》作了说明。不管是《北史》的"蛮人诣阙"或《魏书》的"民诣阙",他们所控告的无非是"刻峻",这和"威猛"并无二致。至于如何"刻峻"、"威猛",却无具体内容。至于《酷吏传》中许多人涉及的贪赃受贿,与郦道元更是绝不相干,因为《魏书》承认他"秉法清勤"。《酷吏传》中多人受到朝廷的"赐死",而郦道元不仅官位上升,殉职以后又得到朝廷的追赠。这些都是《魏书》自相矛盾而无法解释的。《魏书·郦道元传》记述郦氏为政严猛最重要的一段是:

> 道元素有严猛之称,司州牧汝南王悦,嬖近左右丘念,常与卧起,及选州官,多由于念。念匿于悦第,时还其家。道收念付狱,悦启灵太后请全之,敕赦之,道元遂尽其命,因以劾悦。是时雍州刺史萧宝夤反状稍露,悦等讽朝廷遣为关右大使,遂为宝夤所害,死于阴盘驿亭。

从这段文字中可见,道元的"严猛之称",很可能是从一些为非作歹的皇亲国戚口中所传播出来的。因为在这"素有严猛之称"一句之下,实际上是写出了一个郦道元与王室中的一些坏人斗争的故事。汝南王元悦是孝文帝元宏的儿子,也就是当时在北魏当政的胡太后的儿子(但非胡太后所出)。这是一个心理变态的王室纨绔,据《魏书·孝文五王传》:"又绝房中而更好男色。"他最后投奔南梁萧衍,下场可耻。丘念是个仗元悦之势而无恶不作的男妓,但郦道元不管他有亲王的庇护,断然逮捕了他,汝南王求他母亲下敕赦免,郦道元坚决将丘念处死,并以此弹劾汝南王。这正是说明了郦道元的为官刚正,疾恶如仇,他不惧权贵,甚至皇亲。元悦无可奈何,只好另施阴谋诡计,怂恿胡太后把郦道元投入虎穴,借叛臣萧宝夤以置郦氏于死地。参与这次阴谋的除元悦以外,据《北史》所载,还有另一王室成员:"侍中城阳王徽,素忌道元。"元徽是孝文帝元宏的侄子,是元悦的堂兄弟。他之所以"素忌道元",从《北齐书·宋游道传》中可以找到端倪:

> 魏广阳王深北伐,请为铠曹;及为定州刺史,又以为府佐。广阳为葛荣所杀,元徽诬其降贼,收录妻子。游道为诉得释,与广阳王子迎丧返葬。中尉郦善长,嘉其气节,引为殿中侍御史。台中语曰:见贼能讨宋游道。

这就说明城阳王元徽也是一个王室坏蛋。被他捏造降敌的广阳王元琛,是元宏的堂兄弟,也就是他的堂叔父。由于宋游道的敢于说明事实真相,元琛获得昭雪,元徽当然怀恨在心。而郦道元却认为宋游道气节可嘉,委以官职,元徽于是就迁怒于郦,这就是他"素忌道元"的来由。

这里就值得研究,为什么像郦道元这样的人物,竟被《魏书》列入《酷吏传》。赵一清在其《水经注释》所附《北史》本传中,曾有一段案语:

> 《魏书》列传,高谦之专意经史,与袁翻、常景、郦道元之徒,成称欤旧。按道

元立身行己,自有本末,不幸生于乱世,而大节无亏,即其持法严峻,亦由拓跋朝淫污阘冗,救敝扶衰使然,何至列之《酷吏传》耶,恐素与魏收嫌怨,才名相轧故耶?知人论世,必有取于余言也。

赵一清首举高谦、袁翻、常景诸人,这是为了证明郦道元所结交过从的人,都是些正派学者,这些人的行历,都是从《魏书》和《北史》可以取得证明的。但他所说的:"恐素与魏收嫌怨,才名相轧故耶"的话,却是他的猜测之词,从"正史"得不到可以直接证明的材料,我们只好设法寻求旁证。

《魏书》是北齐魏收所撰,魏收在北魏孝庄帝永安三年(530)任官北主客郎中,并奉命撰修国史,当时年已26岁,所以他和郦道元是同时代人。魏收在北魏当代就开始撰修国史,获得资料十分方便。以后唐李延寿撰《北史》,也利用了《魏书》的不少资料。前面已经指出《魏书·郦道元传》只有309字,而《北史·郦道元传》为612字。但此612字,包括全录《魏书》的309字在内。所以《北史》对郦道元的记叙中,有303字是李延寿自己搜集的资料。现在我们比较一下《北史》和《魏书》的差别。

首先,《魏书·郦道元传》是《酷吏传》中的一篇,但《北史》则不然。《北史》也有《酷吏传》,但所列出只有于洛侯、胡泥、李洪之、张赦提、崔暹5人与《魏书》相同,郦道元不在《酷吏传》之内。

第二,《北史》中有五段对郦道元来说至关重要的评论,《魏书》都付缺如。这五段话是:

一、"景明中为冀州镇东府长史,……道元行事三年,为政严酷,吏人畏之,奸盗逃于他境。"

二、"后试守鲁阳郡,道元表立黉序,崇劝学校。诏曰:鲁阳本以蛮人,不立大学,今可听之,以成良守文翁之化。道元在郡,山蛮伏其威名,不敢为寇。"

三、"道元素有威猛之称,权豪始颇惮之"。

四、"道元与其弟道峻,二子俱被害。道元瞋目叱贼,厉声而死。"

五、"事平丧还,赠吏部尚书、冀州刺史,安定县男。"

从上列五段内容来看,则《北史》当然不能把这一位人物列入《酷吏传》。根据这五段,再加上《北史》抄录《魏书》即郦道元收杀丘念并弹劾元悦的一段,则郦道元虽然"威猛为治",但他的"威猛",是在这个乱世社会中的必要措施。特别是对于那些为非作歹的皇亲国戚,高官子弟,他毫不留情,无所畏惧。这样的一位官吏,应该说是一个清官,一个好官,怎能列入酷吏?是不是《北史》撰者特别厚爱于郦道元?看来也并非如此。《北史》成于公元7世纪中叶,较《魏书》晚一个世纪。撰者李延寿所能搜集的资料,在魏收来说,当时都在他手边。但假使魏收也把《北史》的这5段文字写在传内,则此传当然无法再归于《酷吏》。李延寿作为一个史官,他补入魏收有意未写的重要史料,无非尽他的职责。可以证明他并不独厚于郦道元的实据是,因为他全录《魏书》内容,却疏忽了在他自己补入的内容和抄录《魏书》内容之间的显著矛盾。李延寿补入了魏收不写的"道元与弟道峻,[①]二子俱被害"一段,却又照录《魏书》"然兄弟不能笃睦,又多嫌忌,时论薄之"一段。赵一清在《北史》此段下案说:"案此亦仍《魏书》之旧而未经裁削者,观其有从死之弟,则非不能笃睦可知。"

《魏书·郦道元传》中没有把《北史》的第四、五两段话写入,另外一个明显的原因是,因为假使他写上这两段,他在《酷吏传》卷末"史臣曰"中的几句含血喷人的话就将不攻自破。"史臣曰"中说:"故或身婴罪戮,或忧悲值陷,异途皆毙,各其宜也。"不错,《酷吏传》中的于洛侯、李洪之、高遵、张赦提,确实"身婴罪戮"。郦道元是为朝廷殉命,死得慷慨激烈,受到朝廷追赠的命吏。而《魏书》却只写了"悦等讽朝廷遣为关右大使,遂为宝夤所害,死于阴盘驿亭"寥寥数字,而在"史臣曰"中,竟以"异途皆毙"一语把郦道元推向于洛侯、张赦提之流,用心不可谓不深。

从这样的推究中,或许可以得出,赵一清所作的"恐素与魏收嫌怨,才名相轧故耶"的判断,并不是没有根据的。我无意否定二十四史中的一部,即《魏书》的史学价值。尽管历来有许多人说过贬低《魏书》的话,但平心而论,特别是从后世来看,作为一部史书,它不仅具有价值,而且具有自己的特色。但是由于涉及把郦道元莫须有地列入《酷吏传》的问题,所以不得不把魏收的其人其书说明一下。

魏收当然是个有才华的人,《北齐书·魏收传》对他的评价是:"收硕学人才,然性褊,不能达命体道。"他平素的处世为人,《北齐书》也有一段介绍:"收既轻疾好声乐,善胡舞,文宣末,数于东山与诸优为猕猴与狗斗,帝宠狎之。"这段话十分深入地刻划了此人的内心与外貌。当然,从其人其书两者来说,我们现在需要判断的,后者显然比前者要紧。从《魏书》来说,魏收撰成此书,当时就有人以此书书名谐音,称为"秽史"。直到清朝修《四库全书》之时,《四库提要》仍说:"收以此书,为世所诟厉,号为秽史。"近人段熙仲教授在其所撰《水经注六论》[②]中也说:"魏收秽史,入道元于《酷吏传》。"当然,这些批评都未涉及内容。《北齐书·魏收传》记载魏收撰此书的掌故甚多,可以录出一段:

> 所引史官,恐其凌逼,唯取学流先相依附者,房延祐、辛元植、睦元让,虽昿涉朝位,并非史才;刁柔、裴昂之以儒业见知,全不堪编辑;高孝干以左道求进。修史诸人,祖宗、姻戚,多被书录,饰以美言。收性颇急不能平,夙有怨者,多没其善。

从这段话中可以看到,以魏收为主编的这个《魏书》编委会中收容的是怎样一批角色。特别是这位掌褒贬大权的主编,《北齐书》引他自己常说的几句话,事情就十分

明白:

> 每言:何物小子,敢共魏收作色,举之则使上天,按之当使入地。

魏收当然没有想到,百年以后,还会有人出来撰修《北史》,不该"上天"的还得拉下来,不该"入地"的,也要拉上去。

从魏收及其写作班子撰修《魏书》的这件事实中,我们也可以从中吸取教训,后朝为前朝修国史,首先当然是遴选人才。"在齐太史简,在晋董狐笔",[③]前贤早已有训,不必赘述。在时间上来说,当以相隔较远为宜。唐太宗主编《晋书》,不仅因为皇帝当主编,具有权威性;特别是因为从晋到唐,时隔两个多世纪,中间换过几个朝代,唐朝人可以客观地评论晋朝历史。或许有人认为,后朝接着为前朝修史,前朝资料俱在,收拾容易。但是为什么李延寿在100多年后撰《北史》,而《郦道元传》中的上述5段材料,当代的魏收却偏偏不收呢?且不说像魏收这样的一个玩猴摸狗的人,真真的正人君子,因为时代接近,直接间接,千丝万缕的恩怨关系,包括后朝的御意和其他社会影响,对于束缚修史者的手脚,蒙蔽修史者的眼睛,作用是很大的。

郦道元当然不是酷吏,绝不应列入《酷吏传》。魏收可以把他看作"何物小子",但李延寿却在百年以后把魏收贪没的材料公之于世。赵一清在1200多年以后又为郦道元仗义执言。这件事,给人们一种启发,有权有势者,要想除掉一个人,打倒一个人,在当时确是易如反掌。但是即使是最有权力的人,对于历史,他是无权的。历史无情,是非功罪,后世自有公论。

注释:

① 《北史》在"道"字下书一"阙"字。赵一清《水经注释》卷首录《北史》,在此处按云:"按史文阙一字,从《魏书》及本史参验,当是道峻。"

② 附录于《水经注疏》卷下,江苏古籍出版社1989年版。

③ 文天祥《正气歌》。

第六章 《水经注》中的郦道元思想

一、人定胜天

前面已经指出,《水经注》其实就是郦道元的自传。从这部自传中,我们可以研究郦道元的思想。前面论述的,他的大一统思想和"中国的自然之爱"的思想,也都是他在《水经注》中所表达的。当然,除此以外,他在此书中所表达的思想还有许多方面。

前面也已经提及,《水经注》是一部以水道为纲的区域地理著作。在每一个区域中,他都重视了自然地理和人文地理的综合性。但是由于区域的划分上,往往是按照河流流域作标准的,所以在注文中涉及的所有自然地理要素中,首先就是河流。作为一部地理著作,不可避免地要研究人地关系,也就是人与自然界的关系。对于《水经注》这部特殊的地理著作,首先是人与水的关系。从郦道元在此书中对于人与水的关系的处理中,我们不仅可以窥测他的地理学思想,同时也可以看到他的自然观和世界观。

在整个自然界,郦道元把水的重要性提到极高的位置,这或许就是他选《水经》作注的原因之一。他在《水经注序》引《玄中记》说:"天下之多者,水也,浮天载地,高下无所不至,万物无所不润。"所以在郦注全书中,充满了人类利用水的篇章。由于古代是个农业社会,郦道元所看上眼的"万物无所不润",主要还在于农业,因而全书记载了大量的农田水利工程。

　　陂湖是古代农田水利工程的主要内容,也是《水经注》描述人与水的关系的重要部分。一般的陂湖,全书中当然比比皆是,而位置清楚,面积详悉的大型陂湖,全书也在20处以上。例如卷二十四《睢水注》的涚陂:"南北百余里,东西四十里";卷三十二《肥水注》的芍陂:"陂周百二十余里";卷四十《渐江水注》的长湖:"湖广五里,东西百三十里"。其中芍陂是我国淮河流域最早的大型水利工程;长湖即鉴湖,是我国东南地区最早的大型水利工程。仅从水利史资料的角度来说,这些记载也是非常宝贵的。

　　陂湖以外,《水经注》非常重视河渠水利工程,包括堤、塘、堰、竭等等,记载得十分仔细完备。特别是大型水利工程,例如卷十四《鲍丘水》经"又东过潞县西"注中记载的魏刘靖于嘉平二年(250)修建的车箱渠:

　　　　高梁河水者,出自并州,潞河之别源也。长岸峻固,直截中流,积石笼以为主遏,高一丈,东西长三十丈,南北广七十余步,依北岸立水门,门广四丈,立水十丈。山水暴发,则乘遏东下,平流守常,则自门北入,灌田岁二千顷。

　　这个工程到了魏景元三年(262),又由樊晨加以扩建,延长车箱渠,迳昌平县到达潞县,又一次提高了灌溉效益,达到:"凡所含润,四、五百里,所灌田万有余顷,高下孔齐,原隰底平,疏之斯溉,决之斯散,导渠口以为涛门,洒滮池以为甘泽,施加于当时,敷被于后世。"

　　卷十六《沮水注》记载的郑渠,是关中地区历史上著名的农田水利工程。注云:

　　　　沮水东注郑渠,昔韩欲令秦无东伐,使水工郑国间秦凿泾引水,谓之郑渠。渠首上承泾水于中山西邸瓠口,所谓瓠中也,《尔雅》以为周焦穫矣。为渠并北山,东注洛三百余里,欲以溉田。中作而觉,秦欲杀郑国,郑国曰:始臣为间,然渠亦秦之利。卒使就渠,渠成而用注填阏之水,溉泽卤之地四万余顷,皆亩一钟,关中沃野,无复凶年,秦以富强,卒并诸侯,命曰郑渠。

　　卷三十三《江水》经"岷山在蜀郡氏道县,大江所出,东南过其县北"注云:

　　　　李冰作大堰于此,壅江作堋,堋有左右口,谓之湔堋。江入郫江,捡江以行舟。《益州记》曰:江至都安,堰其右,捡其左,其正流遂东,郫江之右也,因山颓水,坐致竹木,以溉诸郡。又穿羊摩江、灌江,西于玉女房下白沙邮,作三石人立水中,刻要江神,水竭不至足,盛不没肩。是以蜀人旱则借以为溉,雨则不遏其流。故记曰:水旱从人,不知饥馑,沃野千里,世号陆海,谓之天府也。邮在堰上,俗谓之都安大堰,又谓之金堤。

　　从上述两处人与水的关系中,一处是:"溉泽卤之地四万余顷,皆亩一钟,关中沃野,无复凶年,秦以富强。"另一处是:"水旱从人,不知饥馑,沃野千里,世号陆海,谓之天府也。"的确都是《水经注序》所说的"万物无所不润"的极好例子。在《水经注》记载的许多农田水利工程中,灌溉效益超过万顷的有上述车箱渠、郑渠、都安大堰、长湖和卷三十一《沔水注》的马仁陂五处,超过千顷的则有卷二十八《沔水注》的白起渠,卷二十九《湍水注》的六门陂,卷三十一《淯水注》的豫章大陂,卷三十三《江水注》的湔渼,卷三十七《沅水注》的涔坪屯等多处。

由于陂湖的水利价值,《水经注》在这方面的记载确实不遗余力。全注记载的各种陂湖达到 560 处左右,除了上面列举的多处大型陂湖外,郦道元甚不愿放过那些实际上面积很小的陂湖,这主要就是因为他十分重视人与水体的关系。例如卷十五《伊水注》的慎望陂,面积不过十方里,但注文也指出:"陂方十里,佳饶鱼苇。"最发人深思的是卷十一《滱水注》中面积只有几方里的阳城淀,但郦氏却从这个小小陂湖与人们之间的关系着眼,写了一段优美的文章:

> (博水)又东迳阳城县,散为泽渚。渚水潴涨,方广数里,匪直蒲荀是丰,实亦偏饶菱藕,至若娈婉丱童及弱年崽子,或单舟采菱,或迭舸折芰,长歌阳春,爰深绿水,掇拾者不言疲,谣咏者自流响,于是行旅过瞩,亦有慰于羁望矣,世谓之为阳城淀也。

这一段描写一个小小陂湖中的人与水关系,是何等的密切和谐。这其实是郦道元写出了他自己对水体的认识,写出了他对自然界这种"高下无所不至"的水体的真实感情。正是因为这种认识和感情,因此,凡是历来兴修水利的,他就赞赏歌颂,漠视甚至破坏水利的,他就抨击诅咒。也可以用陂湖方面的材料举个例子。卷三十《淮水》经"又东过新息县南"注云:

> 慎水又东流,积为燋陂,陂水又东南流,为上慎陂,又东为中慎陂,又东为下慎陂,皆与鸿郤陂水散流。其陂首受淮川,左结鸿陂。汉成帝时,翟方进奏毁之。建武中,汝南太守邓晨欲修复之,知许伟君晓知水脉,召与议之,伟君曰:成帝用方进言毁之,寻而梦上天,天帝怒曰:何敢败我濯龙渊? 是后民失其利。时有童谣曰:败我陂,翟子威,反乎覆,陂当复,明府兴,复废业。童谣之言,将有征矣。遂署都水掾,起塘四百余里,百姓得其利。

在这段文字里,虽然郦氏引用的不过是一些"天帝"和"童谣"之言,但对于毁陂和复陂这两件事,褒贬毁誉,是十分明确的。充分说明了郦氏对人与水体关系的正确认识和他对于河川陂湖的深厚感情。古代也有人利用河湖水体的变化无常和人们的愚昧而诈骗百姓,敛财害人的。这当然是郦道元所绝不能容忍的。所以他在注文中也记下了这类故事。西门豹治邺即是其中众所周知的一个。卷十《浊漳水》经"又东出山,过邺县西"注云:

> 漳水又北迳祭陌西,战国之世,俗妇为河伯取妇,祭于此陌。魏文侯时,西门

豹为邺令,约诸三老曰:为河伯取妇,幸来告知,吾欲送女。皆曰:诺。至时,三老、廷掾赋敛百姓,取钱百万。巫觋行里中,有好女者,祝当为河伯妇,以钱三万聘女,沐浴脂粉如嫁状。豹往会之,三老、巫、掾与民咸集赴观。巫妪年七十,从十女弟子。豹呼妇视之,以为非妙,令巫妪入报河伯,投巫于河中。有顷曰:何久也,又令三弟子及三老入白,并投于河。豹磬折曰:三老不来,奈何? 复欲使廷掾、豪长趣之,皆叩头流血,乞不为河伯取妇。

这段故事,其实是从《史记·日者传》中节录改写的。《日者传》最后几句是:"西门豹即发民凿12渠,引河水灌田,田皆溉。"但《水经注》不同于《史记》,郦道元需要进一步搜索资料,把自从西门豹以来的漳水利用都写入注文。所以注文在写完河伯取妇这一段后,他不再抄录《日者传》,而是写下了更为完整的一段:

昔魏文侯以西门豹为邺令也,引漳以溉邺,民赖其用。其后至魏襄王,以史起为邺令,又堰漳水以溉邺田,咸成沃壤,百姓歌之。魏武王又堨漳水,迴流东注,号天井堰,二十里中,作十二墱,相去三百步,令互相灌注。一源分为十二流,皆悬水门。陆氏《邺中记》云:水所溉之处,名曰堰陵泽。故左思《魏都赋》谓:墱流十二,同源异口者也。

在郦道元心目中,像西门豹和史起等人物,都是值得尊敬的榜样。因为他们正确处理人与水的关系,把漳水的水害转为水利。对于人与水的关系,郦道元当然是充分而全面地理解的。"万物无所不润"的水体,在某种情况下也可能使人望而生畏,这就是水灾。在全部《水经注》中,郦氏记录了许多水灾。其中有年代和灾情可查的重大水灾,从周定王五年(前602)到北魏太和四年(480),一共记载了19次,其中有的水灾规模极大,如卷十五《伊水注》记载的三国魏黄初四年(223)六月二十四日洪水:"大水出,举高四丈五尺。"卷十六《穀水注》记载的前凉太始七年(361)六月二十三日洪水:"大水进暴,出常流上三丈。"西汉元封二年(前109)黄河和瓠子河的水灾,连汉武帝也亲临现场,忧心忡忡,束手无策,卷二十四《瓠子河》经"瓠子河出东郡濮阳县北河"注云:

上自万里沙还,临决河,沈白马玉璧,令郡臣将军以下皆负薪填决河。上悯功之不成,乃作歌曰:瓠子决兮将奈何? 浩浩洋洋虑殚为河。殚为河兮地不宁,功无已时兮吾山平,吾山平兮巨野溢,鱼沸郁兮柏冬日,正道弛兮离常流,蛟龙骋兮放远游,归旧川兮神哉沛,不封禅兮安知外,皇谓河公兮何不仁,泛滥不止兮愁吾人。

除了上述河川决口,洪水泛滥的灾害以外,《水经注》中还记载了许多在战争中以水代兵的事件。如卷二十八《沔水》经"又南过宜城县东,夷水出自房陵,东流注之"注中记载的战国白起引西山长谷水攻楚之战:"水溃城东北角,百姓随水流,死于城东者

数十万,城东皆臭。"卷三十一《溳水注》记载的东汉初年昆阳之战:"会大雨如注,溳川
盛溢,虎豹皆股战,士卒争赴,溺死者以万数,水为不流。"卷三十二《梓潼水》经"又西
南至小广魏南,入于垫江"注中记载的岑彭与公孙述沈水之战:"大破岑军,斩首溺水
者万余人,水为浊流。"所以郦道元在卷六《浍水》经"浍水出河东绛县东浍交东高山"
注中引《史记》所载智伯的话,说明水在某种情况下的可怕和危害程度:

> 《史记》称,智伯率韩、魏引水灌晋阳,不没者三版。智氏曰:吾始不知水可以
> 亡人国,今乃知之,汾水可以浸安邑,晋水可以浸平阳。

从这些注文中可以看到,郦道元对于人与水的关系,是经过全面和深入研究的。
"万物无所不润",还有赖于人们如何正确和有效的利用。而"浮天载地,高下无所不
至"的话,郦氏也懂得其中有极大的地区差别。有些地区,如他在卷二十九《沔水》经
"又东至会稽余姚县,东入于海"注中所说:"东南地卑,万流所凑,涛湖泛决,触地成
川。"但也有些地区,河湖非常缺乏。在全书之中,凡是缺乏地表水的地方,郦氏就转
移其注意力于地下水,泉水、井水,都是他记载的重要内容。全书记载的泉水(包括温
泉)达二百四十处左右,而井水的记载,往往注意到井的深度,例如卷十九《渭水》经
"又东过华阴县北"注中记载的长城以北平原上的井:"长城北有平原,广数百里,民井
汲巢居,井深五十尺。"又如卷二十五《泗水》经"西南过鲁县北"注中记载的曲阜武子
台附近的大井:"台西百步有大井,广三丈,深十余丈。"像这类井所在的地区,都是地
下水位很低的地区。郦道元十分清楚,在人与水的关系中,井水在某种情况下可能是
生命攸关的。卷二《河水》经"北河又东北流,分为二水,其一源出于阗国南山,北流与
葱岭所出河合,又东注蒲昌海"注中所记载的疏勒城凿井的故事即是其例:

> 汉永平十八年,耿恭以戊己校尉,为匈奴左鹿蠡王所逼,恭以此城测涧旁水,
> 自金浦迁居此城。匈奴又来攻之,壅涧绝水。恭于城中穿井,深一十五丈,不得
> 水,吏士渴乏,笮马粪汁饮之。

在疏勒城这种地下水位极低的沙漠地带,深凿到十五丈尚未得水,结果官兵只有
饮马粪汁,其狼狈可见。在郦道元所在的北魏,也有这方面的例子。卷五《河水》经
"又东过成皋县北,济水从北来注之"注中,记载了北魏进攻虎牢城(位于今河南省郑
州市西北黄河南岸)的故事:

> 魏攻北司州刺史毛祖德于虎牢,战经二百日,不克。城惟一井,井深四十丈,
> 山势峻峭,不容防捍,潜作地道取井。余顷因公至彼,故往寻之,其穴处犹存。

这里所说的"潜作地道取井",据《通鉴》卷一一九,营阳王景平元年所记:"魏人作
地道以泄虎牢城中井。"说明北魏利用地形,在这深达四十丈的井的底部挖一地道,使
井水泄干,以断城内唯一水源。毛祖德坚守虎牢城达二百日,最后却因合城所赖的唯

一深井被北魏所泄,终至城破兵溃。《宋书·索虏传》还记载了井水泄干后,守城官兵的渴乏之状:

> 二十一日,虏作地道偷城内井,井深四十丈,山势峻峭,不可得防,至期二十三日,人马渴乏饥疫,体皆干燥,被创者不复出血,虏因急攻,遂克虎牢。

虎牢城之战发生于北魏泰常八年(423),距郦道元之时不及百年,郦氏借公事之便,亲自去看了北魏当年所掘的地道,"穴处犹存"。井水在战争中具有生死攸关的意义,郦道元对此当然是铭记在心的。

在历史上,不管是兴修水利或抗拒水灾,有时都要付出极大的代价,对于这一点,郦道元显然是了如指掌的。他在注文中写入的有关这方面的记载,有时颇具传奇色彩,例如卷二《河水》经"其一源出于阗国南山,北流与葱岭所出河合,又东注蒲昌海"注中的一个故事:

> 敦煌索劢,字彦义,有才略,刺史毛奕表行贰师将军,将酒泉、敦煌兵千人,至楼兰屯田。起白屋,召鄯善、焉耆、龟兹三国兵各千,横断注滨河,河断之日,水奋势激,波陵冒堤。劢厉声曰:王尊建节,河堤不溢,王霸精诚,呼沱不流,水德神明,古今一也。劢躬祷祀,水犹未减,乃列阵被杖,鼓噪讙叫,且刺且射,大战三日,水乃回减。灌浸沃衍,胡人称神。大田三年,积粟百万,威服外国。

在这个故事中提到的"王尊建节,河堤不溢"的事,在卷五《河水》经"又东北过卫县南,又东北过濮阳县北,瓠子河出焉"注中,有详细的叙述:

> 粤在汉世,河决金堤,涿郡王尊,自徐州刺史迁东郡太守,河水盛溢,泛浸瓠子,金堤决坏,尊躬率民吏,投沈白马,祈水神河伯,亲执圭璧,请身填堤,庐居其上,民吏皆走,尊立不动,而水波齐足而至,公私壮其勇节。

在上述两段注文中,索劢的"列阵被杖,鼓噪讙叫,且刺且射,大战三日。"王尊的"请身填堤,庐居其上"。看去都是传奇故事,但其实都是带头治水的人所使用的一种方法,目的是为了鼓舞众人的士气,以达到治平洪水的目的。不管是索劢也好,王尊也好,他们除了注文中的传奇举动外,必然都还有一套修治水利的具体方法,只是没有记载罢了。假使没有兴修水利,则"大田三年,积粟百万"的事又将如何理解?两个故事中的核心人物索劢和王尊,他们的真正可贵之处,在于他们懂得人与水的正确关系。他们有信心,洪水是可以被制服的,至于他们所使用的这种传奇式的方法,在科学知识落后的古代,有时也能起很大的作用。我国历史上以后修治水利的领导人物,也有模仿这种方法的。五代十国时代,吴越王钱镠射潮的故事,就是很典型的例子。

钱镠在后梁开平四年(910)八月,因为钱塘江涌潮逼近杭州城垣,命强弩手射潮,以压制涌潮的波涛。首先记载此事的北宋孙光宪的《北梦琐言》,说奉命射潮的有"精卒万人"，但稍晚的《吴越备史·铁箭考》，说"募强弩五百人"。钱塘江边地狭，万人是站不下的，当以《吴越备史》的记载较为可靠。射潮的事，或许不是假的，用强弩手去和钱塘江怒潮作战，这正和索劢"且刺且射，大战三日"一样，这是钱镠兴修水利的一种方法。真正能够捍卫杭州城垣的，是他当时正在积极从事的海塘的修筑。《通鉴》卷二六七《后梁纪》二太祖开平四年（910）所记："吴越王镠修筑捍海石塘。"胡三省注："今杭州城外滨浙江皆有石塘，上起六和塔，下抵艮山门外，皆钱氏所筑。"钱塘江怒潮，其实是用"捍海石塘"挡住的。不过在那个时代，在筑塘的同时，用几百个强弩手向滚滚怒潮猛射一通，能够起到激励人心，鼓舞士气的作用。特别是对于那些正在施工筑塘的工人，这一措施大大有助于增强他们的工作信心。

清代学者凌扬藻曾经批评郦道元"但嗜奇博，读者眩焉。"①《水经注》记载中或许确实存在这种倾向，这里暂且不论。但像索劢和王尊一类的故事，不能认为郦氏追求"奇博"。因为郦道元是一个充分理解人与水的关系的人，他一定懂得索劢和王尊使用这种方法的目的。在古代，他把这类传奇故事收入他的著作之中，并非没有作用，因为后来的治水者仍然需要效法，钱镠就是一个例子。

我们说郦道元是一个充分理解人与水的关系的人，除了上面叙述的以外，还可以举出他在这个问题上的一句名言，这句名言不仅说明了他对人与水的关系的正确认识，同时也是他对人和自然界的关系的正确认识，是一种人定胜天的思想，代表了他的自然观和世界观的一个方面。这句名言在卷十二《巨马水》经"又东南过容城县北"注中：

> （巨马水）又东，督亢沟水注之，水上承涞水于涞谷，引之则长津委注，遏之则微川辍流。水德含和，变通在我。

一部《水经注》，记载了多少人与水的关系！"水德含和，变通在我"。这是郦道元在这个问题上的总结。

二、不信鬼神

在《水经注》的记载中，有许许多多涉及鬼神的故事，也有情节十分荒诞的。郦道元引用这些鬼神故事，如前面提及的《淮水注》："寻而梦上天，天帝怒曰：何敢败我濯龙渊？"其实是为了用这类鬼神故事达到他在某些问题上要表达的目的。当然，在另外一些场合，也可能是为了增加注文的故事性和趣味性。而其实，他不仅不信鬼神，而且凡是遇着以鬼神故事混淆重要的事实时，他往往要通过深入的研究和考证，澄清荒诞的鬼神故事，揭露事物的真相。这中间，被他辨明的关于铜翁仲的传说即是其中之一。

卷四《河水》经"又东过陕县北"注中,有一个关于铜翁仲没入黄河中的故事,注云:

> 河南,即陕城也,昔周召分伯,以此城为东、西之别,东城即虢邑之上阳也,虢仲之所都,为南虢,三虢,此其一焉。其大城中有小城,故焦国也,武王以封神农之后于此。王莽更名黄眉矣。戴延之云:城南倚山原,北临黄河,悬水百余仞,临之者咸悚惕焉。西北带河,水涌起方数十丈,有物居水中,父老云,铜翁仲所没处。又云,石虎载经于此沈没,二物并存,水所以涌,所未详也。或云,翁仲头髻常出,水之涨减,恒与水齐,晋军当至,髻不复出,今惟见水异耳,嗟嗟有声,声闻数里。

这里,注文所述的铜翁仲,即是《史记·秦始皇本纪》中记载的:"收天下兵,聚之咸阳,销以为钟,镶金人十二,各重千石,置廷宫中。"《正义》引《汉书·五行志》:"时大人见临洮长五丈,足履六尺,皆夷狄服,凡十二人。故销兵器,铸而象之,所谓金狄也。"此事,卷四《河水注》所记,比《史记》和《正义》更为详细:

> 按秦始皇二十六年,长狄十二见于临洮,长五丈余,以为善祥,铸金人十二以象之,各重二十四万斤,坐之宫门之前,谓之金狄,皆铭其胸云:皇帝二十六年,初兼天下,以为郡县,正法律,同度量,大人来见临洮,身长五尺,足六尺,李斯书也。故卫恒《叙篆》曰:秦之李斯,号为工篆,诸山碑及铜人铭,皆斯书也。汉自阿房徙之未央宫前,俗谓之翁仲矣。地皇二年,王莽梦铜人泣,恶之,念铜人铭有皇帝初兼天下文,使尚方工镌灭所梦铜人膺文。后董卓毁其九为钱。其在者三,魏明帝欲徙之洛阳,重不可胜,至霸水西停之。《汉晋春秋》曰:或言金狄泣,故留之,石虎取置邺宫,苻坚又徙之长安,毁二为钱,其一未至而苻坚乱,百姓推置陕北河中,于是金狄灭。

以上记载的,除了秦始皇在咸阳铸十二金人见于正史外,其余大多是牵强附会的传说。"石虎取置邺宫,苻坚又徙之长安"。每个金人据记载重达一百多吨,从长安到邺宫一千多里,即使用今天的交通工具运输,也有极大困难,何况古代。这个传说最后又归结到黄河急流,由于有铜翁仲落入此处河中,而使这里"水涌起方数十丈",而且"嗟嗟有声,声闻数里"。说得有声有色。

但是郦道元显然绝不妄信这种无稽之谈。他虽然搜罗这些传说把它们写入注文,但其实他是胸有成竹的。他写入这些牵强附会的材料,或许正是因为他对此已经作了深入的考证研究,有了他自己的结论。他说:

> 余以为鸿河巨渎,故应不为细梗踬湍;长津硕浪,无宜以微物屯流。斯水之所

以涛波者,盖《史记》所云,魏文侯二十六年,虢山崩,壅河所致耳。

郦道元所引的数据见于《史记·魏世家》:"(魏文侯)二十六年,虢山崩,壅河。"《正义》引《括地志》云:"虢山在陕州陕县西二里,临黄河,今临河有冈阜,似是颓山之余也。"郦道元的说法,显然是信而有征的。但戴延之(《西征记》撰者)却只凭道听途说,连《史记》这样的权威著作都未曾查阅一下,宜有此误。当然,在古代这个充满牛鬼蛇神的传奇故事的社会里,戴延之记下了这种荒谬传说并不足怪,因为在当时,像郦道元这样具有科学思想而又愿意寻根究底的人,毕竟是少数。

铜翁仲的事情发生在黄河,不仅历史上有权威的文献可以查考,而且郦道元也能亲自到那里考察,要获得正确的结论,还不是十分困难。而对于那些文献缺乏,又是他足迹所不能到达的地区,对于那些地区所流行的神怪故事,郦道元也同样抱怀疑的态度。钱塘江的涌潮所引起的潮神的故事即是其例。卷四十《渐江水注》经"北过余杭,东入于海"注云:

> 县东有定、包诸山,皆西临浙江。水流于两山之间,江川急浚兼涛,水昼夜再来,来应时刻,常以月晦及望尤大,至二月、八月最高,峨峨二丈有余。《吴越春秋》以为子胥、文种之神也。昔子胥亮于吴,而浮尸于江,吴人怜之,立祠于江上,名曰胥山。《吴录》云:胥山在太湖边,去江不百里,故曰江上。文种诚于越,而伏剑于山阴,越人哀之,葬于重山,文种既葬一年,子胥从海上负种俱去,游夫江海,故潮水前扬波者,伍子胥;后重水者,大夫种。是以枚乘曰:涛无记焉。然海水上潮,江水逆流,似神而非,干是处焉。

涌潮是一种特殊的自然现象,郦道元身居内陆,从未看到过这种自然现象。但在上述注文中引及了枚乘,即枚乘所撰《七发·观涛》。在这篇文章里,把海涛(即涌潮)描写得骇人听闻。在没有科学知识的古代,看到这种情景,当然不免要涉及荒诞。对于这样一种"海水上潮,江水逆流"的奇异现象,郦道元当然也无法作出科学的解释,但是他绝不相信《吴越春秋》所谓伍子胥、文种之说,而是简单地说出他的看法:"似神而非。""似神而非",意思就是说,事情确实神奇,但并不是伍子胥和文种所引起。由于他没有目击过这种现象,也找不到记载这种现象的可靠文献,所以他无法像批判铜翁仲那样说出一番道理。但对于伍子胥和文种与这种自然现象的关系,他显然是不屑议论的。所以就简单地用"似神而非"四字结束这个荒诞的故事。

有人认为郦道元之所以不信伍子胥和文种与涌潮的关系,是受了王充《论衡》的影响。因为《论衡·书虚篇》中有一段有关这个问题的话:

> 传书言,吴王夫差杀伍子胥,煮之于镬,乃以鸱夷橐投之于江。子胥恚恨,驱水为涛,以溺杀人。今时会稽、丹徒大江,钱唐浙江,皆立子胥之庙,盖欲以慰其恨

心,止其猛涛也。夫言吴王杀子胥,投之于江,实也;言其恨恚,驱水为涛者,虚也。

《书虚篇》中在上述文字以后,还有一大段约900字的文章,用以证明子胥恚恨而为涛的无稽。在全部郦注中,卷五《河水》经"又东过平县北,湛水从北来注之"注中,曾引及《论衡》一次。说明郦道元确实是读过《论衡》的。不过在《浙江水注》中,他没有引及《论衡》的话,可能是因为他认为涌潮无关乎子胥、文种,这是理所当然,用不着引述《论衡》;也可能是他认为《论衡》虽然驳斥了涌潮与子胥、文种的关系。但毕竟没有讲出涌潮的道理,所以他无须引用。因此,他在《浙江水注》对涌潮所作"似神而非"的结论,是否受到《论衡》的影响,这里无法肯定。王充的不信鬼神在《论衡》中表达得十分清楚。《论死篇》说:"死而精气灭。"《订鬼篇》则说:"凡天地之间有鬼,非人死精神为之也,皆人思念存想之所致也。"王充现在被普遍认为是一位唯物主义哲学家。对于郦道元,我不必牵扯这类称号,也不必动用"无神论"之类的哲学名词,但是在不信鬼神这一点上,他和王充是相似的。当然,《论衡》与《水经注》是性质截然不同的两种著作,在表达不信鬼神的方式上显然不同,前者都用王充自己作为第一人称表达意见。《论衡》引用了许多古人古书,但却很少写出具体的书名,往往用"传书言"3个字表达。但《水经注》却不同,它所引用的大量书籍,都写出书名甚至作者姓名。与王充习惯用第一人称表达自己的意见迥异,郦道元常常借古人古书表达自己的意见。例如卷十九《渭水》经"又东过霸陵县北,霸水从县西北流注之"注云:

> 《汉武帝故事》曰:(汉武)帝崩后见形,谓陵令薛平曰:吾虽失势,犹为汝君,奈何令吏卒上吾陵磨刀剑乎? 自今以后,可禁之。平顿首谢,因不见。推问陵旁,果有方石,可以为砺,吏卒常盗磨刀剑。霍光欲斩之,张安世曰:神道茫昧,不宜为法,乃止。

这里,"神道茫昧,不宜为法"这句话,虽然是从《汉武帝故事》中引及的张安世所说的话,但郦道元却以此表达了他自己的意见。

三、鞭挞厚葬

在古代,与鬼神信奉有密切关系的另一事物是厚葬。人类历史上,在这方面登峰造极的当然是古代埃及的法老,金字塔和木乃伊,都是最生动的见证。在中国,第一位可以与法老相当的大概就是秦始皇。《史记·秦始皇本纪》有"遣徐市(《正义》引《括地志》作徐福)发童男女数千人入海求仙人"的记载,这其实与他的大建陵墓是同一事物的两面。

卷十九《渭水》经"又东过霸陵县北,霸水从县西北流注之"注云:

渭水右迳新丰县故城北,东与鱼池水会,水出丽山东北,本导源北流,后秦始皇葬于山北,水过而曲行,东注北转,始皇造陵,取土其地,汙深水积成池,谓之鱼池也。在秦皇陵东北五里,周围四里,池水西北流,迳始皇冢北。秦始皇大兴厚葬,营建冢圹于丽戎之山,一名蓝田,其阴多金,其阳多玉,始皇贪其美名,因而葬焉。斩山凿石,下锢三泉,以铜为椁,旁行周回三十余里,上画天文星宿之象,下以水银为四渎、百川、五岳、九州,具地理之势。宫观百官,奇器珍宝,充满其中。令匠作机弩,有所穿近,辄射之。以人鱼膏为灯烛,取其不灭者久之。后宫无子者,皆使殉葬甚众。坟高五丈,周回五里余,作者七十万人,积年方成。而周章百万之师,已至其下,乃使章邯领作者以御难,弗能禁。项羽入关,发之,以三十万人三十日运物不能穷。关东盗贼,销椁取铜,牧人寻羊烧之,火延九十日不能灭。

在这段注文中,郦道元并不以第一人称对秦始皇作什么指责,但事实上却是对这个大暴君及其厚葬作了最无情的鞭挞。他首先指出了"秦始皇大兴厚葬"。然后描述了这座陵墓的巨大工程和规模,谴责了"后宫无子者,皆使殉葬甚众"的残酷制度,揭露了"作者七十万人,积年方成"的惊人耗费。最后以"周章百万之师,已至其下"一段,写尽了这座陵墓的下场,而这一段的最后几句:"以三十万人,三十日运物不能穷,关东盗贼,销椁取铜,牧人寻羊烧之,火延九十日不能灭。"这是对厚葬制度怒斥以后的嘲笑。

在同卷同条经文下,还有另一处罪恶滔天的汉成帝昌陵,注文说:

汉成帝建始二年,造延陵为初陵,以为非吉,于霸曲亭南更营之。鸿嘉元年,于新丰戏乡为昌陵县,以奉初陵。永始元年,诏以昌陵卑下,客土疏恶,不可为万岁居,其罢陵作,令吏民返,故徙将作大匠解万年燉煌。《关中记》曰:昌陵在霸城东二十里,取土东山,与粟同价,所费巨万,积年无成。

在这段注文中,郦道元引用了《关中记》的话来鞭挞这座没有造成的陵墓,即"取土东山,与粟同价,所费巨万,积年无成。"郦道元同样没有以第一人称说过一句什么话,但实际上他对这种罪恶的厚葬制度,不仅作了无情的鞭挞,而且进行了沉痛的控诉。

卷二十二《洧水》经"洧水出河南密县西南马领山"注中描述的一座坟墓,墓主无非是一个郡守,但墓的气派却非同小可,注云:

(绥水)东南流,迳汉弘农太守张伯雅墓,茔域四周,垒石为垣,隅阿相降,列于绥水之阴,庚门表二石阙,夹封石兽于阙下。冢前有石庙,列植三碑,碑云:德字伯雅,河南密人也。碑侧树两石人,有数石柱及诸石兽矣。旧引绥水南入茔域,而为池沼。沼在丑地,皆蟾蜍吐水,石隍承溜池之南,又建石楼、石庙,前又翼列诸兽。但物谢时沦,凋毁殆尽,夫富而非义,比之浮云,况复此乎? 王孙、士安,斯为达矣。

张伯雅从墓碑上仅知其名叫张德,是个名不见经传的小人物,为官也不过州郡,却造得起如此规模的大坟墓。郦道元把这座坟墓描述得如此详细,显然是有用意的,是为了更有力地揭露这个为官不仁而死求排场的匹夫,"富而非义,比之浮云,况复此乎"? 说尽了古往今来的无耻厚葬者的结局。而他所表扬的杨王孙和皇甫谧(士安),正是提倡薄葬的典范。

《汉书·杨王孙传》:"及病且终,令其子曰:吾欲赢葬,以反吾真。……夫厚葬诚无益于死者,而俗人竞以相高,靡财单币,腐之地下。"《晋书·皇甫谧传》:"今生不得保七尺躯,死何故隔一棺之土? ……故桓司马石椁不如速朽,季孙玙璠比之暴骸;文公厚葬,《春秋》以为华元不臣;杨王孙亲土,《汉书》以为贤于秦始皇。"

这一次,郦道元以第一人称斥责了这个"富而非义"的厚葬者,并且通过对杨王孙和皇甫谧的表扬表达了他提倡薄葬的意见。

在历史上,许多帝王将相大张旗鼓地厚葬,但也有些自以为更聪明的人,则是悄悄地厚葬。卷二十九《湍水》经"湍水出郦县北芬山,南流过其县东,又南过冠军县东"注中的张詹墓,就是这样的一个例子。注云:

> 水西有汉太尉长史邑人张敏碑,碑之西有魏征南军司张詹墓。墓有碑,碑背刊云:白楸之棺,易朽之裳,铜铁不入,丹器不藏,嗟矣后人,幸勿我伤。自后古坟旧冢,莫不夷毁,而是墓至元嘉初尚不见发。六年大水,蛮饥,始被发掘。说者言:初开,金银铜锡之器,朱漆雕刻之饰烂然,有二朱漆棺,棺前垂竹簾,隐以金钉。墓不甚高,而内极宽大。虚设白楸之言,空负黄金之实,虽意锢南山,宁同寿乎?

这段注文的最后四句,也是郦道元自己说的话,是他对这个不老实的厚葬者的揭发和揶揄。从这几句话中,我们可以看到郦道元对这种厚葬制度从内心发出来的厌恶与愤怒。

四、反对战争

郦道元出生在一个南北分裂,战争频仍的时代,他自己毕生戎马,身为文官而奉命征战。但是他绝对不是一个好战的人。

在年轻时代,郦道元确实憧憬过战争,他随侍拓跋宏巡视北方六镇,这是北魏的武力遏制外族入侵的北部边疆。特别是当首都南迁,拓跋宏统率大军南下之时,他无疑是期待着在一场与南朝的浴血战争中大显身手。按《北史·郦道元传》的记载,他一生中直接参与的战争有两次,一次是前面已经叙述的,孝昌元年受朝廷的紧急命令讨伐元法僧之战,结果是取得"多所斩获"的胜利。郦道元直接参与的另一次战争,也就是他在阴盘驿亭受害的一次。据《北史·郦道元传》:"时雍州刺史萧宝夤反状稍露,侍中城阳王徽,素忌道元,因讽朝廷遣为关右大使。宝夤虑道元图己,遣其行台郎中郭子帙,围道元于阴盘驿亭。亭在冈上,常食冈下之井,既被围,穿井十余丈不得水,水尽力屈,贼遂逾墙而入,道元与弟道峻、二子俱被害。"郦道元在这一次遭遇战中被围绝水,终至被害,当然不能归咎于他指挥战争的错误,因为他以关右大使身份深入雍州,随身所带的侍卫部队一定不多,在寡不敌众的情况下,占据一个制高点,当然是一种利于坚守的措施。可惜他的军力薄弱,不可能把冈下的水井固守在内,而在这个地下水位很低的西北地区,在冈上又无法穿井得水。其实,对于水源的重要性,特别是井在战争中的生死攸关的价值,郦道元是十分清楚的。在《水经注》卷二《河水》、卷五《河水》等篇中,郦氏对井与战争的关系作过生动的描述,并且还亲自去察看了虎牢城的现场。因此,他在阴盘驿亭的失败,绝不是他部署和指挥的过失,这是非常显然的。

以上对郦道元直接参与的两次战争的叙述,并不是为了想论证郦氏有什么军事天才,或者是个沙场名将。而是为了说明,在郦氏那个时代,全国处于分裂和扰攘的环境之中,战争是一件习以为常的事。《北史·郦道元传》所说的"道元素有威猛之称",《魏书·郦道元传》所说的"威猛为治",除了前面指出的乱世用重典的吏治思想以外,战争环境或许也促成了他的这种性格。正因如此,在他所撰的《水经注》中,除了以大量篇幅记述河川山岳,描述祖国的美丽自然风景外,同样也有很大的篇幅,记载历代出现的战争。在全部注文中,这两种内容实在是非常矛盾的,一处写的是青山绿水,奇峰怪石,千姿百态,景色宜人;另一边写的却是烽火狼烟,刀光剑影,杀人盈万,血流丹川。历来的郦学家,考据学派潜心于分别经注,考证字句;词章学派流连于囚捉幽异,掬弄光彩;地理学派着意于沿革递变,城邑兴废。他们没有人注意到《水经注》内容中的这种和谐的自然之美和残酷的兵灾战祸的尖锐对比。把这样两种毫不协调的内容糅合在一卷一篇甚至同一条经文之下,这或许就是郦道元本人从思想抱负到文学艺术的不同凡响之处。

历史上有一类靠战争起家,对战争具有嗜好的人,这类人唯恐天下不乱,他们把自己的身价地位,建筑在破坏社会的安宁和对他人的掠夺之上,他们沉湎于权力和物欲,当然无法理解祖国河山的锦绣多姿和大自然的艳丽可爱。这类人在战争中飞黄腾达,但他们中的多数最后都在战争中毁灭。历史上又有另一类人,他们钟情于祖国的秀丽河山,对大自然充满热爱,但是在战祸连绵,举国扰攘的时代里,他们无法面对现实,也没有能力适应那个冷酷的时代,他们中的一些人遁迹山林,与世隔绝,另一些人则疾世佯狂,潦倒一生。

但郦道元在这方面显然具有他与众不同的特质,他绝对不是上面所说的前一类人,下面将会说明,他十分憎恶战争;他当然也完全不是后一类人,因为他实际上戎马一生,并不害怕战争。他年轻时代确实憧憬于一场和南朝之间的血战,这是事实。他所寄希望于这场战争的,是通过这场战争,结束二百年来南北分裂的局面,从而出现一个版图广大,势力强盛的大一统的中国,实现他毕生的抱负和理想。他所直接参与的两次战争,都属于临危授命,是他所不得不接受的。其中最后这一次关右大使任上的深入腹地众寡悬殊之战,使他终于和这个时代的许多官民一样,在战争中遭到毁灭。他青年时代希冀于元魏的强盛,以收取南齐版图,完成一统。而最后竟死于一个叛逃的南齐王族萧宝夤之手,真是一个历史的悲剧。

现在再来看看《水经注》中对于历史上的战争的记载,从而可以略知郦道元对于战争的态度。前面已指出此书有大量篇幅记载战争,全书四十卷,除了卷一《河水》外,各卷都有有关战争的记载。除了传说中的黄帝与蚩尤战争于涿鹿之野,尧的丹水之战以及汤伐桀、武王伐纣等战争,不能确定具体年份外,从秦庄公元年(前821)到梁武帝天监四年(505)的1300多年之间,《水经注》记载有战争的年份共达341年。由于有的年份发生几次战争,加上不同卷篇中重复记载的某一次战争,因此,在这341年中,注文记及的战争共达587条。其中年份清楚的有243条,另外344条,注文虽未明确写出事情发生的年份,但由于叙事有据,我从诸如《春秋》、《左传》、《竹书纪年》、《通鉴》以及正史的有关帝纪和列传等资料中查定年份。我曾就郦注记载的战争,编成了一个《水经注军事年表》。②

《水经注》记载了北魏以前的几乎所有著名的战争,如秦、赵的长平之战(卷九《清水注》、《沁水注》),袁绍与曹操的官渡之战(卷五《河水注》、卷二十二《渠注》),曹操与孙权、刘备的赤壁之战(卷三十五《江水注》),孙权与张辽的逍遥津之战(卷三十二《施水注》),前秦苻坚与东晋谢玄的淝水之战(卷三十二《淝水注》)等,注文称得上详细完备。

《水经注》记载历代战争,除了史书上著名的战争以外,还有两类为郦氏所重视的战争。一类是战争此起彼伏,持续年代甚久的,这类战争对于国计民生的损伤严重,所以引起他的注意。在《水经注》记载的几百年战争过程中,持续时间达5年以上的有6次之多,其中持续时间最长的一次竟达15年之久,情况如下表所列:

公历纪元	中国纪元	持续年数
前 618 年—前 614 年	周顷王元年—四年	5
前 565 年—前 561 年	周灵王七年—十一年	5
前 209 年—前 202 年	秦二世元年—汉高祖五年	8
公元 22 年—29 年	王莽地皇三年—汉光武帝建武五年	8
32 年—36 年	汉光武帝建武八年—十二年	5
187 年—201 年	汉灵帝中平四年—汉献帝建安六年	15

　　郦道元所特别重视的另一类战争是规模极大,杀伤极众的战争。其中杀伤盈万的恶战,他往往用许多篇幅,详细地记载战争过程和杀伤情况。如魏襄王十二年(前307),"秦武王以甘茂为左丞相,……茂请约魏以攻韩,斩首六万"(卷十五《洛水注》),楚襄王元年(前298),"秦出武关,斩众五万"(卷二十《丹水注》),秦昭襄王二十八年(前279),"白起攻楚,引西山长谷水,……百姓随水流,死于城东者数十万,城东皆臭"(卷二八《沔水注》),秦昭襄王三十三年(前274),"白起攻魏,拔华阳,走芒卯,斩首十五万"(卷二二《洧水注》),秦昭襄王四十七年(前260),"秦使左庶长王齮攻韩,取上党,上党民走赵,赵军长平,使廉颇为将,后遣马服君之子赵括代之,秦密使武安君白起攻之,括四十万众降起,起坑之于此"(卷九《沁水注》),赵王迁元年(前235),"秦破赵将扈辄于武隧,斩首十万"(卷十《浊漳水注》),王莽初始元年(8),"东郡太守翟义兴兵讨莽,莽遣奋威将军孙建击之于圉北,义师大败,积尸数万,血流溢道"(卷二二《渠注》),淮阳王更始元年(36),"岑彭与臧宫,自江州从涪水上,公孙述令延岑盛兵于沈水,宫左步右骑,夹船而进,势动山谷,大破岑军,斩首溺水者万余人,水为浊流"(卷三二《梓潼水注》),汉献帝初平二年(191),"黄巾三十万人入渤海,公孙瓒破之于东光界,追奔是水,斩首三万,血流丹水"(卷九《淇水注》)。从上述这类造成大量杀伤和流血的战争中,谁都会对战争的残酷性深恶痛绝。

　　郦道元的确是通过对这类兵燹连年,血腥遍野的残酷战争的描述来表达他对于战争的憎恶的。例如卷二十二《渠》经"又东南迳汝南新阳县北"注中,他记载了一次疯狂的大屠杀:

　　《晋阳秋》称,晋太傅东海王越之东奔也,石勒追之,焚尸于此。数十万众敛手受害,勒纵骑围射,尸积如山。

　　对于这种骇人听闻的战争和杀戮,郦道元除了照录事实外,却一言不发。其实,这是表达了他的一种欲诉无言,欲哭无泪的沉痛心情。因为在另外某些残酷的战争和屠杀中,郦道元有时也忍不住抨击,但是他语言虽然深刻,却很简单。例如卷五《河水》

经"又东北过高唐县东"注中对于袁绍的抨击：

> （漯）水自城东北迳东武县故城南，……臧洪为东郡太守，治此。曹操围张超于雍丘，洪以情义，请袁绍救之，不许，洪与绍绝。绍围洪，城中无食，洪呼吏士曰：洪于大义，不得不死，诸君无事，空与此祸。众泣曰：何忍舍明府也。男女八千余人，相枕而死。洪不屈，绍杀洪。邑人陈容为丞，谓曰：宁与臧洪同日死，不与将军同日生。绍又杀之，士为叹伤。

卷二十五《泗水》经"又东南过下邳县西"注中，他又抨击了曹操的残暴：

> 初平四年，曹操攻徐州，拔取虑、睢陵、夏丘等县。以其父避难被害于此，屠其男女十万，泗水为之不流，自是数县人无行迹，亦为暴矣。

卷三十四《江水》经"又东过江陵县南"注中，他也抨击了杜预：

> 杜元凯之攻江陵也，人以瓠系狗颈示之，元凯病瘿故也。及城陷，杀城中老小，血流沾足，论者以此薄之。

在上述几条注文中，郦道元用"士为叹伤"，"亦为暴矣"，"论者以此薄之"等简单却又沉重的语言，抨击了这类残酷的战争和屠杀。从这里可以窥及，郦道元虽然毕生戎马，生长在一个战祸频仍的时代，虽然也直接参加和指挥过战争，但是他实际上是反对战争的，特别是那种滥肆杀戮，殃及无辜的战争。

五、疾恶扬善

《水经注》当然是一部地理书，但书中述事论人的内容很多。前面已经提到郦道元常常借引用他人他书来表达自己的思想，但是由于全书的篇幅甚大，当然也有不少以第一人称说话的。不管是借古人古书发挥，还是他自己表达意见，都有一个明显的基本立场，这就是疾恶扬善。

《水经注》作为一部河流水道的专著，一定要涉及大量与水利有关的事和人。正如前面所指出的，郦道元歌颂了许多水利工程如郑渠、都安大堰、车箱渠、天井堰、芍陂、六门陂、长湖等等，也赞扬这些水利工程的主持人如郑国、李冰、刘靖、西门豹、邓晨等等，而像翟子威这类破坏水利的人，当然是他所诅咒的。不过值得指出的是，从郦道元分辨善恶的标准上，可以看出他所受儒家教育的深刻影响。例如对兴修水利这件事，他论人论事，并不以水利工程的成败为唯一标准。《春秋繁露》所谓："仁人者正其道不谋其利，修其理不急其功。"看来他对此是服膺不失的。卷六《汾水》经"汾水出太原汾阳县北管涔山"注中，有一个很好的例子，注云：

> 汉永平中，治呼沱、石臼河。按司马彪《郡国志》，常山南行唐县有石臼谷，盖

资承呼沱之水，转山东之漕，自都虑至羊肠仓，将凭汾水以漕太原，用实秦、晋。苦
役连年，转运所经，凡三百八十九隘，死者无算。拜邓训为谒者，监护水功。训隐
括知其难，立具言肃宗，肃宗从之，全活数千人，和熹邓后之立，叔父陔以为积善所
致也。

这里说明的是汾水与呼沱河之间的一条运河，开凿这一条运河，羊肠仓的积谷就
便于外运，特别是使太原这些大城市可通漕运。但是由于地形的崎岖，工程十分困难，
以致苦役连年，死者无算。最后由邓训奏停了这个工程。工程没有成功，但"全活数
千人"。郦道元在《水经注》中曾以很大的篇幅赞赏各种水利工程。也包括运河开凿
工程，即使是非常艰难的工程，例如卷二十《漾水》经"漾水出陇西氐道县嶓冢山，东至
武都沮县为汉水"注中的两当溪疏凿工程。注云：

> 故道水南入东益州之广业郡，与沮水枝津合，谓之两当溪水。水上承武都沮
> 县之沮水渎，西南流，注于两当溪。虞诩为郡，漕谷布在沮，从沮县至下辨，山道险
> 绝，水中多石，舟车不通，驴马负运，僦五致一。诩乃于沮受僦，直约自致之，即将
> 吏民按行，皆烧石榼木，开漕船道，水运通利，岁省万计，以其僦廪与吏士，年四十
> 余万也。

"烧石榼木，开漕船道。"其工程不可谓不难，但郦道元还是赞美了虞诩和他的艰
巨工程："以其僦廪与吏士，年四十余万也。"而上述呼沱河与汾水之间的运河工程，因
邓训奏准肃宗而中止，郦道元却借邓陔之口，赞扬了邓训的"积善"。由此可知，郦道
元述事论人，是非善恶，褒贬抑扬，有他自己的严格标准，这种标准，深受他从小受到的
儒家教育的影响。

郦道元自己从青年时代起就进入仕途，毕生为官，对于为官的善恶标准，他当然更
心中有数。郦氏本人为官的种种，前面已有论述，这里只是从《水经注》记载的内容
中，看看他在这方面是怎样述事论人的。

卷二《河水》经"又南过赤城东，又南过定襄桐过县西"。注云：

> 《东观记》曰：郭伋，字细侯，为并州牧，前在州，素有恩德，老小相携道路，行
> 部到西河美稷，数百小儿各骑竹马迎拜。伋问：儿曹何自远来？曰：闻使君到，喜，
> 故迎。伋谢而发去，诸儿复送郭外，问：使君何日还？伋计日告之。及还，先期一
> 日，念小儿，即止野亭，须期至乃往。

这是郦道元表扬为官的信用，即使对于一群小儿，也是一样。郭伋对小儿尚且如
此讲信用，其为政也就可想而知。郦道元考究吏治，常常愿意从小儿中进行观察。因
为小儿天真，不说假话，容易获得实情。另一个例子也是一样，卷二十二《渠》经"渠出
荥阳北河，东南过中牟县之北"注云：

汉和帝时,右扶风鲁恭,字仲康,以太尉掾迁中牟令。政专德化,不任刑罚,吏民敬信,蝗不入境。河南尹袁安疑不实,使部掾肥亲按行之,恭随亲行阡陌,坐桑树下,雉止其旁,有小儿,亲曰:儿何不击雉? 曰:将雏。亲起曰:虫不入境,一异;化及鸟兽,二异;竖子怀仁,三异。久留非优贤,请还。是年嘉禾生县庭,安美其治,以状上之,征博士侍中。车驾每出,恭常陪乘,上顾问民政,无所隐讳,故台中遗爱,自古祠享来今矣。

上述郭伋和鲁恭,都是郦道元赞扬的古代好官,也就是所谓循吏。而这两位循吏,郦氏都是通过小儿以表达了他的赞美。此外,郦道元有时也通过老年人来赞扬循吏,因为老年人饱经风霜,深通世故,因此,老年人出面赞扬,往往出于真正的感情流露。郦道元选择这样的事例,其用心或许在此。卷四十《浙江水》经"北过余杭,东入于海"注云:

汉世刘宠为郡,有政绩,将解任去治,此溪父老,人持百钱出送,宠各受一文。然山栖遯逸之士,谷隐不羁之民,有道则见,物以感远为贵,荷钱致意,故受者以一钱为荣,岂藉费也,义重故耳。

这个故事,也见于《后汉书·刘宠传》,内容相似,但有些细节,可补郦注之不足,《后汉书》云:

宠简除烦苛,禁察非法,郡中大化。征为将作大匠,山阴县有五、六老叟,龙眉皓发,自若耶山谷间出,人赍百钱以送宠,宠劳之曰:父老何自苦? 对曰:山谷鄙生,未尝识郡朝,它守时,吏发求民间,至夜不绝,狗吠竟夕,民不得安。自明府下车以来,狗不夜吠,民不见吏,年老值此圣明,今闻当见弃去,故自扶奉送。宠曰:吾政何能及公言耶? 勤苦父老为人,选一大钱受之。

据山阴县历来地方志的记载,刘宠受父老一文大钱之处,后来名其地为"钱清",直到今天,这个地名仍未改变,百姓还在这里建了一座"一钱亭",用来表彰这位值得景仰的太守。我在拙撰《浙江地名趣话序》[③]中指出:

钱清这个地名,它所包含的教育意义,是何等的深刻动人,近年来,社会上出现的种种现象,更使我常常思考这个地名。每当我经过这个地方,总要请驾驶员稍停片刻,让我凭吊这里的江河村舍,真是溯昔抚今,百感交集。小小一个地名,经历了二千年的漫长岁月,至今仍然这样地令人起敬。这正说明,对于是非善恶,人民心中有数,只要是真正为民造福的,用不着长篇大论,两个字的地名就具有这样的威力。

从刘宠这个例子可见,当年感动了这些"龙眉皓发"的老年人而为郦道元所赞扬的这位值提尊敬的父母官,现在仍然受人尊敬。而他的行为事迹,也仍然具有现实意义。由此而得到的启发是,时代相隔虽已邈远,社会性质虽已大变,但是有一类道德准则,却是颠扑不破的。郦道元赞扬的清官循吏,也正和他赞扬的水利专家一样,应该永远受到后世的敬仰。

在《水经注》中,郦道元除了在如上所述的例子中扬善以外,他也同样地议论了不少坏人坏事。他是一个疾恶如仇的人,坏人坏事在他的笔下所受到的谴责,也是十分严厉的。而且他还常常运用他的写作技巧,把性质类似的人物和事件写入不同的注文之中,善恶分明,让人共见。例如卷二十六《淄水》经"东北过临淄县东"注云:

> 《战国策》曰:田单为齐相,过淄水,有老人涉而出,不能行,坐沙中,单乃解裘于斯水之上也。

又卷九《淇水》经"淇水出河内隆虑县西大号山"注云:

> 一水出朝歌城西北,东南流,老人晨将渡水而呻吟难济。纣问其故,左右曰:老者髓不实,故晨寒也。纣乃于此斩胫而视髓也。

上述两段注文,记的都是在河流渡口的两位老人,而田单与纣两人,前者是如何地善良可嘉,后者又是如何地残暴可憎。郦道元虽然不置一词,但他的疾恶扬善的深意,却表现得非常分明。

对于郦道元的疾恶如仇,这里还可以再举一个例子。卷三十一《滍水》经"滍水出南阳鲁阳县西之尧山"注云:

> (滍)水南有汉中常侍长乐太仆州苞(按《后汉书》作州辅)冢,冢前有碑基,西枕冈城,开四门,门有两石兽,坟倾墓毁,碑兽沦移。人有掘出一兽,犹不破,甚高壮,头去地减一丈许,作制甚工,左膊上刻作"辟邪"字,门表堑上起石桥,历时不毁,其碑云:六帝四后,是谘是诹。盖仕自安帝,没于桓后。于时阉阉擅权,五侯暴世,割剥公私,以事生死。夫封者表有德,碑者颂有功,自非此徒,何用许为? 石至千春,不若速朽,苞墓万古,只彰诮辱。呜呼,愚亦甚矣。

"石至千春,不若速朽,苞墓万古,只彰诮辱。呜呼,愚亦甚矣"。郦道元在注文中一般不常用自己的语言褒贬善恶。这一次,他大概确实是忍不住了。这几句话,把州苞(辅)这个匹夫民贼的无耻和愚蠢说得淋漓尽致。

注释:

① 《蠹勺编》卷二一。
② 《郦学新论——水经注研究之三》,山西人民出版社1992年版。
③ 《地名知识》1990年第4期。

第七章　郦道元的治学方法

一、资料占有

从《水经注》一书的成就来看，郦道元无疑是一位学识渊博的人，他必然有一套成熟的治学方法。但在这方面，由于《魏书》和《北史》都只有"道元好学，历览奇书"8个字的记载。《魏书》和《北史》虽然都记载了郦道元的著作："撰《水经注》四十卷，《本志》十三篇，又为《七聘》及诸文，皆行于世。"但除了《水经注》以外，其他著述均已亡佚，因此，对于他的治学方法，我们仍然只能从《水经注》一书中进行研究。

《水经注》是一部牵涉极广的巨著，从地域范围说，除了基本上以西汉王朝的疆域作为其撰写对象外，还涉及当时的不少域外地区，包括今印度、中南半岛和朝鲜半岛的若干地区。从时间界限说，上起先秦，下到南北朝当代，上下2000多年。地域如此之广，时间如此之久，而其内容又如此的丰富多彩。全书包括自然地理，人文地理，山川胜景，历史沿革，风俗习惯，人物掌故等等。像这样一部30余万字的牵涉广泛的巨著①，资料工作的艰巨性是可以想象的，作者的第一步工作，就是广泛地占有资料。

为了此书的撰述，郦道元到底占有了多少资料，现在已经很难估计。从《水经注》各篇列出名称的文献进行统计，历来也曾经出现过几种不同的数字。明嘉靖黄省曾校本《水经注》卷首所列为164种；上海人民出版社1984年排印出版的王国维校明刊本卷首所列为169种；中华书局1960年出版的马念祖编《水经注等八种古籍引用书目汇编》所列《水经注》引书共 375 种;科学出版社 1963 年出版侯仁之主编的《中国地理学简史》一书中,有"《水经注》注文所引用的书籍多至 430 种"之语,侯仁之所引的这个数字,很可能是从哈佛燕京学社 1934 年出版的郑德坤《水经注引得》一书得来。郑氏在该书序言中说:"(《水经注》)明本载郦氏引用书目只能百余种,余考郦氏引用凡 437 种,因作《水经注引书考》"。

继郑德坤之后,我也仔细地整理了《水经注》列名引用的文献,计得 480 种。编成《水经注文献录》一种。在郑氏《水经注引书考》中,若干碑铭也包括在内,我则另外又整理此书所引碑铭,计得 357 种,另编《水经注金石录》一种。[②] 从两种拙编合计,《水经注》列名引用的文献和金石资料,共达 834 种。兹将所引文献 480 种分成 25 类,列表如下:

类别	文献种数	类别	文献种数
地理	109	博物	4
历史	63	宫室	4
人物	32	谱牒	4
图籍	13	书信	19
论说	10	职官制度	12
杂文	8	传奇	13
诗赋	115	谶纬	24
经书	11	工具书	15
子书	18	其他	6

以上合计共 480 种。

在上述 18 类之中,地理类文献不仅对《水经注》的撰写至关重要,而且从这一类文献资料的广泛搜集,大量占有的情况中,也可以看出郦道元在资料工作方面所付出的巨大劳动。《水经注》是一部地理书,地理类资料是撰写此书的基本资料。当时雕板印刷尚未兴起,一切文献资料的取得,都必须通过传抄,而地理类的文献资料比其他各类更有难处,这是因为地理类文献资料包括全国地理和区域地理两类,前者比较集中,后者则非常分散,搜集十分困难。另外一重困难是前面已经提及的,地理类文献资料从时间上说也可分成两类,一类是古典地理文献如《山海经》、《禹贡》、《职方》等等,都是流传已久的作品,获得当然甚易,但另一类是随着"地理大交流"而出现的,在当时都属于新著,这些新著分散在全国各地,它们却都是生动真实和内容丰富的。从下列简表中,我们可以看到郦道元所搜集的地理类文献资料的完备程度。这是他治学的一种重要方法,也是他所以写得成这样一部杰出的地理著作的重要基础。

《水经注》引用的地理类文献资料

类别		文献名称
全国地理	汉及汉以前	山海经(山经、西次四经、中山经、海外西经、大荒西经)、大禹记、禹贡、职方、穆天子传③、桑钦地理志、汉书地理志、地说、奏土论、地理风俗记、风俗通。
	汉以后	山海经注、三州论、晋书地道记、晋书地理志、太康地记、风土记、九州记、袁山松郡国志、十三州记、十三州志、永初山水记、地理书、地记、魏土地记、春秋土地名、春秋释地。
区域地理	中原	中州记、洛阳记、洛阳地记、邺中记、嵩高记、陈留志、陈留风俗传、河南十二县境簿。
	关中	三辅黄图、三辅决录注、关中记、秦州记、三秦记。
	冀晋	冀州风土记、中山记、赵记、上党记。
	西北	沙州记、西河旧事、凉土异物志、昆仑说、汉书西域传、后汉西域传、释氏西域记。
	东部	齐记、邹山记、徐州地理志。
	东南	越绝、吴录地理志、吴地记、钱唐记、会稽记、山居记、东阳记、南康记、豫章旧志、豫章记、庐山记、寻阳记、江东旧事。
	楚汉	武昌记、江水记、襄阳记、宜都记、荆州记、汉水记、汉中记、湘州记、湘中记。
	巴蜀	华阳国志、华阳记、本蜀论、巴蜀志、宜都记。④
	岭南	王氏交广春秋、广州记、始兴记、罗浮山记、南裔异物志。
域外地理		法显传、佛国记、外国事、交州外域记、南越志、扶南志、扶南传、林邑记。

　　必须说明的是,在上列区域地理类文献中,除了极少数几种如《越绝》、《汉书西域传》、《后汉西域传》等以外,绝大部分都是"地理大交流"时代的作品。

　　除了地理类以外,郦道元所占有的资料中,还有许多很珍贵的文献,例如,郦道元很重视地图,他撰写《水经注》,常常与地图相核对。在全部注文中例子甚多,如卷二十一《汝水》经"汝水出河南梁县勉乡西天息山"注:"余以永平中蒙除鲁阳太守,会上台下列

山川图,以方志参差,遂令寻其源流,此等既非学徒,难以取悉,既在迳见,不容不述。"卷
二十二《洧水》经"又东南过新汲县北"注:"洧水又东南迳桐丘城,……京相璠曰:郑地
也。今图无而城见存,西南去许昌故城可三十五里,俗名之曰堤。"卷二十四《瓠子河》经
"又东北过廪丘县为濮水"注:"今雷首山西枕大河,校之图纬,于事为允。"正是由于地图
和地理的密切关系,所以如上所述,他在工作和著作中常常查阅地图。他搜集和引用的
不少地图,如晋裴秀的《禹贡图》和《晋舆地图》,都是我国地图学史上的著名地图。

　　在郦道元占有的资料中,还有一类十分难得的是书信。因为书信不同于其他文
献,搜集和传抄,都是十分困难的。但是书信寄递于远方,各方事物,都是书信寄发者
所亲见,所以这是十分真实的资料。郦氏在注文中引用的书信,如诸葛亮与别人的往
返书信,其中有不少涉及诸葛亮屯兵与曹魏对抗的地区情况,如河流、栈道等等,都是
其他文献中所无法获致的资料,又如俞益期致韩康伯的书信,俞是一个名不见经传的
普通文人,他远走扶南,信中描述了他在扶南所见的许多地理概况,这是公元5世纪的
今中南半岛的目击记载,实在是不可多得的珍贵文献。

　　郦道元在《水经注》中引及的357种碑碣,也是当时他所占有的宝贵资料。兹将这
些碑碣中有关水利的部分表列如下,借此可见他所占有的有关水利的资料的重要价值。

《水经注·金石录》中有关水利的碑碣

名称	卷篇	碑碣内容
荥口石门碑	卷七《济水》经"与河合流,又东过成皋县北,又东过荥阳县北,又东至砾溪南,东出过荥泽北"注	"济水又东合荥渎,渎首受河水,有石门,谓之荥口石门也。而地形殊异,盖故荥播所导,自此始也。门南际河,有故碑云:惟阳嘉三年二月丁丑,使河堤谒者王诲,既达河川,遹荒庶土,往大河冲塞,侵啮金堤,以竹笼石,葺土而为堨,坏隤无已,功消亿万,请以滨河郡徒,凿山采石以为障,功业既就,徭役用息,未详诏书,许诲立功府卿,规基经始,诏策加命,迁在沇州,乃简朱轩授使司马登,令缵茂前绪,称遂休功,登以伊、洛合注大河,南则缘山,东过大伾,回流北岸,其势郁懻,涛怒湍急激疾,一有决溢,弥原淹野,蚁孔之变,害起不测。盖自姬氏之所常蹙,昔崇鲧所不能治,我二宗之所勌劳于是。乃跋涉躬亲,经之营之,比率百姓,议之于臣,伐石三谷,水匠致治,立激岸侧,以捍鸿波,随听庆赐说以劝之,川无滞越,水土通演,役未逾年,而功程有毕,斯乃元勋之嘉课,上德之弘表也。昔禹修九道,书录其功;后稷躬稼,诗列于雅。夫不惮劳谦之勤,夙兴厥职,充国惠民,安得湮没而不章焉。故遂刊石记功,垂示于后。其辞云云,使河堤谒者山阳东缗司马登,字伯志;代东莱曲城王诲,字孟坚,河内太守宋城向豹,字伯尹;丞汝南邓方,字德山,怀令刘丞,字季意;河堤掾匠等造。陈留浚仪边韶,字孝先颂。石铭岁远,字多沦缺,其所灭,盖阙如也。"

续表

名称	卷篇	碑碣内容
沁水石门铭	卷九《沁水》经"又南出山,过沁县北"注	"堰五里以外,方石可得四万余枚,臣以为累方石为门,若天旸旱,增堰进水;若天霖雨,陂泽充溢,则闭防断水。空渠衍劳,足以成河,云雨由人,经国之谋,暂劳永逸,圣王所许,愿陛下特出臣表,勅大司农府给人工,勿使稽延,以赞时要。臣孚言,诏书所许,于是夹岸累石,结以为门,用伐木门枋,故石门旧有枋口之称矣。溉田顷亩之数,间二岁之功,事见石门侧铭矣。"
漳河神坛碑	卷十《浊漳水》经"又东北过曲周县东,又东北过钜鹿县东"注	"(漳水)又迳铜马祠东,汉光武庙也。……庙侧有碑,述河内修武县张导,字景明,以建和三年为钜鹿太守,漳津泛滥,土不稼穑,导披按地图,与丞彭参、掾马道嵩等,原其逆顺,揆其表里,修防通渎,以正水路,功绩有成,民用嘉赖。题云:漳河神坛碑。而俗老耆儒,犹揭斯庙为铜马刘神寺。是碑顷因震裂,余半不可复识矣。"
车箱渠刘靖碑	卷十四《鲍丘水》经"又南过潞县西"注	"鲍丘水入潞,通得潞河之称矣。高梁水注之。水首受灅水于戾陵堰,水北有梁山,山有燕刺王旦之陵,故以戾陵名堰。水自堰枝分,东迳梁山南,又东北迳刘靖碑北。其词云:魏使持节都督河北道诸军事征北将军建成乡侯刘靖,字文恭,登梁山以观源流,相灅水以度形势,嘉武安之通渠,羡秦民之殷富。乃使帐下丁鸿,督军士千人,以嘉平二年,立遏于水,导高梁河,造戾陵遏,开车箱渠。其遏表云:高梁河水者,出自并州,潞河之别源也。长岸峻固,直截中流,积石笼以为主遏,高一丈,东西长三十丈,南北广七十余步。依北岸立水门,门广四丈,立水十丈。山水暴发,则乘遏东下,平流守常,则自北门入,灌田岁二千顷。凡所封地,百余万亩。至景元三年辛酉,诏书以民食转广,陆废不赡,遣谒者樊晨更制水门,限田千顷,刻地四千三百一十六顷,出给郡县,改定田五千九百三十顷。水流乘车箱渠,自蓟西北迳昌平,东尽渔阳潞县,凡所润含,四、五百里,所灌田万有余顷。高下孔齐,原隰底平,疏之斯溉,决之斯散,导渠口以为涛门,洒滮池以为甘泽,施加于当时,敷被于后世。晋元康四年,君少子骁骑将军平乡侯弘,受命使持节监幽州诸军事,领护乌丸校尉宁朔将军,遏立积三十六载,至五年夏六月,洪水暴出,毁损四分之三,剩北岸七十余丈,上渠车箱,所在漫溢,追惟前立遏之勋,亲临山川指授规略,命司马关内侯逄恽,内外将士二千人,起长岸,立石渠,修主遏,治水门,门广四丈,立水五尺,兴复载利通塞之宜,准尊旧制,凡用功四万有余焉。诸部王侯,不召而自至,褷负而事者,盖数千人。诗载经始勿亟,易称民忘其劳,斯之谓乎。于是二府文武之士,感秦国思郑渠之绩,魏人置豹祀之义,乃遐慕仁政,追述成功。元康五年十月十一日,刊石立表,以纪勋烈,并记遏制度,永为后式焉。事见其碑辞。"

续表

名称	卷篇	碑碣内容
伊阙左壁石铭	卷十五《伊水》经"又东过伊阙中"注	"伊水又北入伊阙，昔大禹疏以通水，两山相对，望之若阙，伊水历其间北流，故谓之伊阙矣。……东岩西岭，并镜石开轩，高蔑架峰。西侧灵岩下，泉流东注，入于伊水。傅毅《反都赋》曰：因龙门以畅化，开伊阙以达聪也。阙左壁有石铭云：黄初四年六月二十四日辛巳，大出水，举高四丈五尺，齐此已下，盖记水之涨减也。"
千金堨石人腹上刻勒	卷十六《穀水》经"又东过河南县北，东南入于洛"注	"河南县城东十里有千金堨，《洛阳记》曰：千金堨归堰穀水，魏时更修此堰，谓之千金堨。积石为堨，开沟渠五所，谓之五龙渠，渠上立堨，堨之东首立一石人，石人腹上刻勒云：太和五年二月八日庚戌，造作此堨，更开沟渠，此水冲渠上，其水助其坚也。必经年历世，是故部立石人以记之云尔。盖魏明帝修王、张政绩也。堨是都水使者陈协所造。"
千金堨石人西胁下刻勒	续上注	《语林》曰：陈协数进阮步兵酒，后文王欲修九龙堰，阮举协，文王用之。"掘地得古承水铜龙六枚，堰遂成。水历堨东注，谓之千金渠。逮于晋世，大水暴注，沟渎泄坏，又广功焉。石人东胁下文云：太始七年六月二十三日，大水进瀑，出常流上三丈，荡坏二堨，五龙泄水，南注泻下，加岁久漱啮，每涝即坏，历载消弃大功，今故无令遏，更于西开泄，名曰代龙渠，地形正平，诚得为泄至理。千金不与水势激争，无缘当坏，由其卑下，水得踰上漱啮故也。今增高千金于旧一丈四尺，五龙自然必历世无患。若五龙岁久复坏，可转于西更开二堨、二渠。合用二十三万五千六百九十八功，以其年十月二十三日起作，功重人少，到八年四月二十日毕。代龙渠即九龙渠也。后张方入洛，破千金堨。永嘉初，汝阴太守李矩、汝南太守袁孚修之，以利漕运，公私赖之。"
千金堨石人西胁下刻勒	续上注	"水积年渠堨颓毁，石砌殆尽，遗基见存，朝廷太和中修复故堨。按千金揭石人西胁下文云：若沟渠久疏，深引水者当于河南城北，石碛西，更开渠北出，使首狐丘，故沟东下，因岁易就碛坚，便时事业已讫，然后见之。加边方多事，人力苦少，又渠堨新成，未患于水，是以不敢预修通之。若于后当复兴工者，宜就西碛，故书之于右，以遗后贤矣。虽石碛沦败，故迹可凭，准之于文。"
鸿池陂铭	卷十六《穀水》经"又东过河南县北，东南入于洛"注	"穀水又东注鸿池陂，……故李尤《鸿池陂铭》曰：鸿泽之陂，圣王所规，开源东注，出自城池也。"
青陂碑	卷二十一《汝水》经"又东南过平舆县南"注	"汝水又东南与青陂合。……侧陂南有青陂庙，庙前有陂，汉灵帝建宁三年，新蔡长河南缑氏李，言上请修复青陂，司徒臣训，尚书臣袭，奏可洛阳宫，于青陂东塘南树碑，碑称：青陂在县坤地，源起桐柏淮川别流，入于潺湲，迳新息墙陂，衍入褒信界，灌溉五百余顷。"

续表

名称	卷篇	碑碣内容
褒水石门碑	卷二十七《沔水》经"沔水出武都沮县东狼谷中"注	"褒水又东南历小石门,门穿山通道,六丈有余。刻石言:汉明帝永平中,司隶校尉犍为杨厥之所开。"
六门碑	卷二十九《湍水》经"湍水出郦县北芬山,南流过其县东,又南过冠军县东"注	"湍水迳穰县,为六门陂。汉孝元之世,南阳太守邵信臣以建昭五年,断湍水,立穰西石堨。至元始五年,更开三门为六门,故号六门堨也。溉穰、新野、昆阳三县五千余顷。汉末毁废,遂不修理。晋太康三年,镇南将军杜预,复更开广,利加于民,今废不修矣。六门侧又有六门碑,是部曲主安阳亭侯邓达等以太康五年立。"
六门碑	卷三十一《淯水》经"又南过新野县西"注	"昔在晋世,杜预继信臣之业,复六门陂,遏六门之水,下结二十九陂,诸陂散流,咸入朝水,事见六门碑。"
李冰大堰六字碑	卷三十三《江水》经"岷山在蜀郡氏道县,大江所出,东南过其县北"注	"江水又历都安县,县有桃关,汉武帝祠,李冰作大堰于此,立碑六字曰:深淘滩,浅包堨,堨者,壅江作堋,堋有左右口,谓之湔堋。"按此处"立碑六字曰:深淘滩,浅包堨。堨者"13字为今本《水经注》所无,参见《水经注佚文》(《水经注研究》,天津古籍出版社1985年版)。
三石人刻要	续上注	"《益州记》曰:江至都安,堰其右,捡其左,其正流遂东,郫江之右也。因山颓水,坐致竹木,以溉诸郡。又穿羊摩江、灌江,西于玉女房下白沙邮,作三石人立水中,刻要江神,水竭不至足,盛不没肩。是以蜀人旱则借为溉,雨则不遏其流。故记曰:水旱从人,不知饥馑,沃野千里,世号陆海,谓之天府也。"

作为一个学者,当然每个人都有一套自己的治学方法,但其中必然无可或缺的是占有资料,这其实是做学问的第一步,没有这一步,学问必然无法登堂入室,上面列举的郦道元在《水经注》里列名引用的文献资料,只是他所占有的资料中的一小部分,但从这一小部分中,我们可窥一斑而知全貌。他的成功,绝不是偶然的。

二、资料分析

前面说到占有资料是做学问的第一步。在占有大量资料以后,必须妥善地运用这些资料。这中间,最重要的方法是对资料进行分析,去伪存真,去芜存精。郦道元在这方面是下了极大工夫的。所以前面指出,郦道元所占有的资料,比他在《水经注》中引用的,在数量上要多得多。因为有更多的资料,在经过他分析以后,都没有写入注文中去。

《水经注》是以《水经》为底本而广征博引,详加注释的。因此,《水经》是郦道元必须经常作为依据而无法回避的资料。所以《水经》的说法是否正确,是他在撰写此书中首先必须仔细研究的,他恰恰就是这样做了。在全部《水经注》中,郦道元明确指正《水经》的错误达三十多处。在这样的场合里,他常常使用"盖经误证也"这样一句常用语,例如在卷六《湛水》中,《水经》说:"(湛水)又东过毋辟邑南。"郦道元在注文中指出:"原经所注,斯乃淏川之所由,非湛水之间关也。是乃经之误证耳。"又如卷十四《濡水》中,《水经》说:"(濡水)又东南过海阳县西,南入于海。"郦道元在注文中说:"濡水于此南入海,不迳海阳县西,盖经误证耳。"这样的例子是很多的。有时候,他并不指出《水经》的错误,但实际上同样纠正了《水经》的错误。例如卷六《原公水》中,《水经》说:"(原公水)又东入于汾。"郦道元在注文中则说:"(原公)水注文湖,不至汾也。"这里,"不至汾也"四字,是郦道元针对《水经》的错误而写的。

郦道元对《水经》进行分析,有时并不指出他分析的依据,但有时则很明确地说明,他是根据什么资料进行分析的。《水经注》卷十四《浿水》篇中,关于浿水流向的分析是一个很好的例子。《水经》说:"浿水出乐浪镂方县,东南过临浿县,东入于海。"浿水在什么地方? 我国古籍所说的浿水,有时指今朝鲜的清川江,有时指今朝鲜的大同江。这当然是因为古人对远离中原的朝鲜地理疏昧的缘故。但不管是清川江或大同江,它们的流向都是一样的。郦道元根据我国其他古籍的记载,例如《史记·朝鲜列传》所说:"东走出塞,渡浿水"等,在注文中指出:"若浿水东流,无渡浿之理。"但这毕竟仍是一种根据古籍记载的推理。要对《水经》记载的"东入海"的话予以否定,还必须进一步深入分析这项资料。郦道元在注文中继续说:"其地,今高句丽之国治,余访蕃使,言城在浿水之阳,其水西流,迳故乐浪朝鲜县,即乐浪郡治,汉武帝置,而西北流。……考之今古,于事差谬,盖经误证也。"由此可知,为了深入分析《水经》的资料,郦道元访问了当时从高句丽到北魏来的外交使节,然后根据这位"蕃使"的目击记录,论定《水经》的记载是错误的。

在分析《水经》的资料时,有时候,郦道元还寻根究底,查出《水经》的错误是从哪里来的。这样,他实际上还对《水经》以外的其他文献资料,也进行了分析。上面所说的《浿水》一篇就是这样。在这一篇中,《水经》的主要错误,是说错了浿水这条河流的流向。我国的大河,多数流向都是自西向东的,但朝鲜半岛上的大河,多数流向却是自东向西的。有些学者,坐井观天,又不仔细分析资料,或许就是造成错误的原因。经过郦道元的仔细查核,才知道这种错误并不始于《水经》,早在《水经》以前,我国已经存在这种错误。所以注文一开始就指出："许慎云:浿水出镂方,东入海;一曰浿水出县;《十三州志》曰:浿水县在乐浪东北,镂方县在郡东。"这就说明,早在汉代,许慎的《说文解字》中就已经出现了这种错误。而在《水经》以后,北魏人阚骃所撰的《十三州志》中,也和《水经》一样,重复了这种错误。郦道元经过仔细分析,指出了《水经》的错误,其实也就纠正了长期以来许多文献资料存在的这种错误。

对《水经》资料进行分析,同时也比较分析其他许多文献资料,然后鉴定各种资料的正误得失。这种方法在《水经注》中是不胜枚举的。例如卷八《济水》经"(济水)又东北过甲下邑,入于河"注中,郦道元就是这样做了。注云:

> 济水东北至甲下邑南,东历琅槐县故城北。《地理风俗记》曰:博昌东北八十里,有琅槐故县也。《山海经》曰:济水绝巨野,注渤海,入齐琅槐东北者也。又东北,河水枝津注之。《水经》以为入河,非也。斯乃河水注济,非济入河。又东北入海。郭景纯曰:自荥阳至乐安博昌入海,今河竭,济仍不绝。经言入河。二说并失。然河水于济、漯之北别流注海,今所辍流者惟漯水耳。郭或以为济注之,实非也。寻经脉水,不如《山海经》之为密矣。

这一段写的是济水与黄河的关系问题。郦道元分析比较的资料,除了《水经》所说:"(济水)又东北过甲下邑,入于河"以外,另外还有两种,即《山海经·海内东经》所说:"(济水)绝巨野(泽),注渤海,入齐琅槐东北。"郭璞(景纯)《山海经注》所说:"济自荥阳至乐安博昌入海,今河竭,济水仍流不绝。"

这里所说的济水,是古代黄河以南的一条著名河流,《尔雅》所说:"江、淮、河、济为四渎。"济水是"四渎"之一。以后逐渐湮废,到了南宋,连河名也不存在了。但在郦道元的时代,济水还是一条大河,其流路是应该记载清楚的。由于济水和黄河在这片平原地区支流纷歧,水道复杂,因而造成许多错误。《水经》与《山海经注》都认为济水是注入黄河的。经过郦道元仔细分析资料以后,他最后断定《水经》和《山海经注》是"二说并失"。《水经》之失,是在于它搞错了黄河干流和支流的关系,实际上并不是济水注入黄河,而是黄河的一条支流注入济水。这就是郦道元所说的:"(济水)又东北,河水枝津注之。《水经》以为入河,斯乃河水注济,非济入河。"《山海经注》之失,是在于它弄错了黄河与漯水的关系。郭璞的意思是,济水是注入黄河的,由于河水枯竭而济水不绝,所以济水存而河水失。但他不知枯竭的是漯水而不是黄河,黄河并不注入济水。这就是郦道元所说的:"然河水于济、漯之北别流注海,今所辍流者惟漯水耳。郭或以为济注之,实非也。"根据这些资料比较的结果,郦道元最后认为最严密的还是《山海经》,因为《山海经·海内东经》的说法如注文所引的,完全没有错误。

除了分析资料纠正《水经》的错误以外,郦道元也同时对《水经》以外的其他地理

书的错误进行纠谬。例如卷十四《濡水》经"濡水从塞外来,东过辽西令支县北"注云:

庾杲之注《扬都赋》言,卢龙山在平冈城北,殊为孟浪,远失事实。余按卢龙
东越清陉,至凡城二百许里,自凡城东北趣平冈故城可百八十里,向黄龙则五百
里。故陈寿《魏志》,田畴引军出卢龙塞,堑山湮谷,五百余里,迳白檀,历平冈,登
白狼,望柳城。平冈在卢龙东北远矣,而仲初言在南,非也。

这一段注文,郦道元以陈寿《三国志·魏志》的记载,纠正了庾杲之注《扬都赋》的
错误。这是郦道元用一种文献资料纠正另一种文献资料的例子。又如卷十八《渭水》
经"又东过武功县北"注云:

(雍水)南流迳胡城东,俗名也。盖秦穆公之故居,所谓祈年宫也。孝公又谓
之为橐泉宫。按《地理志》曰:在雍。崔骃曰⑤:穆公冢在橐泉宫祈年观下。《皇
览》⑥亦言是矣。刘向曰⑦:穆公葬无丘垄处也。《史记》曰:穆公之卒,从死者百
七十七人,良臣子车氏、奄息、仲行、钺虎,亦在从死之中,秦人哀之,为赋《黄雀》
也。余谓崔骃及《皇览》,谬志也。惠公、孝公,并是穆公之后,继世之君矣,子孙
无由起宫于祖宗之坟陵矣,以是推之,知二证之非实也。

这里,郦氏用"子孙无由起宫于祖宗之坟陵矣"的推论,证明崔骃和《皇览》的说法
不足为信。而从旁肯定了刘向所说的"穆公葬无丘垄处也"。又如卷三十一《滪水
注》云:

滪水又东迳滪阳城北。……余按滪阳城在滪水南,然则此城正应为滪阴城,
而有滪阳之名者,明在南犹有滪水,故此城以阳为名矣。

这里,郦道元虽然没有指出他根据什么资料以纠正滪阳城的地理位置。因为《穀
梁》僖公二十八年有"水北为阳,山南为阳"一语,这在古人是众所皆知的。既然滪水
经过城北,所以此城应为滪阴城。

在全部《水经注》中,可以看到郦道元分析资料的许多细节。他常常用"余考诸地
说","余按群书"等字句,表达他分析资料的过程。当然,由于他所撰述的地域范围甚
广,资料又十分浩瀚,经过他的分析以后,并不一定能获得他认为满意的结论。在这种
场合下,他也常常写出事情的原委,而不作结论。例如卷十六《漆水注》云:

长安西有渠,谓之漆渠。班固《地理志》云:漆水在漆县西。阚骃《十三州志》
又云:漆水出漆县西,北至岐山,东入渭。今有水出杜阳县岐山北漆溪,谓之漆渠,
西南流注岐水。但川土奇异,今说互出,考之经史,各有所据,识浅见浮,无以辨
之矣。

"识浅见浮",当然是他的一种谦逊,但知之谓知之,不知谓不知。他仍是受儒家
教育的影响。在另外一种情况下,他并不同意某一古人古书对某种地理事物的考证,

他自己虽然查核过许多资料,有他一定的看法,但也并不能完全肯定,只能说出一个大概情况。在这样的场合下,他不轻易否定他人的说法,但也把自己的意见加以说明。例如卷二十九《沔水》经"又东至会稽余姚县,东入于海"注云:

> 郭景纯曰:三江者,岷江、松江、浙江也。[8]然浙江出南蛮中,不与岷江同。……故子胥曰:吴越之国,三江环之,民无所移矣。但江南地卑,万流所凑,涛湖泛决,触地成川,枝津交渠,世家分薄,故川旧渎,难以取悉,虽麤依县地,缉综所缠,亦未必一得其实也。

郭璞把蜀中的岷江拉扯到东南地区的"三江"之中,郦氏虽然不同意此说,但他只用"浙江出南蛮中,不与岷江同"一语提出他的怀疑,却没有像前述批评庾杲之卢龙山或崔骃、《皇览》秦穆公冢那样斩钉截铁的语言。因为对于东南地区的水乡泽国,他既没有亲临目击,而可以参考的文献资料也不如北方那样丰富,因此,他说话就相当谨慎,表现了他审问慎思的治学态度。其实,他所提出的东南地区河湖网的总貌,却是非常符合实际的。

三、野外考察

现代地理学家把他们的研究工作分成两大部分,即室内工作与野外工作。甚至在地理系学习的学生,他们的学习内容,也包括课堂教学和野外实习两大部分。前面已经提到郦道元的工作方法,资料占有和资料分析,都属于室内工作。作为一个地理学家,还有一部分工作必须在野外进行,这就是野外考察,也就是郦道元在《水经注序》中所指出的:"脉其枝流之吐纳,诊其沿途之所躔,访渎搜渠,缉而缀之。"野外考察是郦道元治学方法中的重要部分,也是《水经注》获得如此辉煌成就的重要原因。在《水经注》以前,我国已经有了不少地理著作,但这些著作,多半缺乏野外考察的基础。在"地理大交流"的时代,在《水经注》成书的前前后后,前面已经提及,各种地理著作风起云涌。这些地理著作当然和古代不同,它们之中有不少具有第一手或第二手的资料,包括野外考察的成果在内。但是这中间也找不出一部地理著作,集中如此大量的野外工作成果而可以与《水经注》相颉颃的。郦道元从事野外考察工作的治学方法和勤勉精神,是后世地理学者的极好榜样。

郦道元从他的少年时代开始,就悉心观察他周围的野外地理事物。他的父亲郦范任官青州刺史,他年幼随父于任所,因此,他对那个地区的地理概况,不论是山川城邑,还是草木景物等,都是十分熟悉,了如指掌的。他青少年时代在这个地区的野外工作成果,在《水经注》中有许多反映。卷二十六《淄水》经"东北过临淄县东"注中关于营

丘的描述,就是其中一个很好的例子。注云:

> 余按营陵城南无水,惟城北有一水,世谓之白狼水。水西出丹山,俗谓之凡山也。东北流,由《尔雅》出前左之文,不得以为营丘矣。营丘者,山名也。……今临淄城中有丘,在小城内,周围三百步,高九丈,北降丈五,淄水出其前,故有营丘之名,与《尔雅》相符。

这里,郦道元在营丘这个小小冈阜上所做的野外考察工作,是令人佩服的。不仅是位置、周围长度和高度都有精确的测算,连小丘南北坡的高度差异也不轻易放过。可见他在野外地理工作中的细致踏实。这是他青少年时代的野外考察工作的例子。

郦道元在其进入仕途以后,其中有好几年,他跟随北魏国君拓跋宏到各处巡狩。特别是在今内蒙古阴山一带的多次跋涉,使他获得大量野外考察成果。其中有许多也反映在他的著作之中。卷三《河水》经“又北过北地富平县西”注中,他记载了许多他在旅途中发现的古代游牧民族的岩画,注云:

> 河水又东北历石崖山西,去北地五百里,山石之上,自然有文,尽若虎马之状,粲然成著,类似图焉,故亦谓之画石山也。

在同卷经“至河目县西”注中又说:

> (河水)东流迳石迹阜西,是阜破石之文,悉有鹿马之迹,故纳斯称焉。

《水经注》记载的阴山岩画,近年以来已被内蒙古的文物考古工作者所发现。在阴山山脉西段的狼山地区,西起阿拉善左旗,中经磴口县、潮格旗,东至乌拉特中后联合旗,东西长约 300 公里,南北宽约 40 公里至 70 公里,在深山幽谷和峭丽的山巅上,已找到了 1000 多幅各种内容的岩画。[⑨]这一次内蒙古文物考古工作者对阴山地区古代岩画的考察,是根据《水经注》提供的线索进行的,而结果获得成功。郦道元在野外工作中播下的种子,在 1400 多年后的今天结出了丰硕的果实。

在阴山地区,郦道元还通过野外工作,记录了这一带的自然植被概况。卷三《河水》经“又东过云中桢陵县南,又东过沙南县北,从县东屈南,过沙陵县西”注云:

> 余以太和十八年,从高祖北巡,届于阴山之讲武台。……自台西出南上山,山无树木,惟童阜耳。

他在这次旅行中,沿途考察山川沙漠,并以他实地考察的结果,纠正了过去某些文献的错误。同卷经“至河目县西”注云:

> 河水又南迳马阴山西,《汉书音义》曰:阳山在河北,阴山在河南。谓是山也。而即实不在河南。《史记音义》曰:五原安阳县北有马阴山。今山在县北,言阴山在河南,又传疑之,非也。余按南河、北河及安阳县以南,悉沙阜耳,无佗异山。故《广志》曰:朔方郡北移沙七所。而无山以拟之,是义、志之僻也。

　　这里,他以亲眼看到的事实,纠正了《汉书音义》和《广志》的错误。

　　此后,他年齿增长,如前面已经指出的,曾先后到冀州(今冀南鲁北一带)、颍州(今河南省长葛县附近)、鲁阳、东荆州等地任官。他不仅在任官的当地,并且也在旅途往返之中,进行认真的野外地理考察。把考察所得的成果,写入他的著作之中,他任官东荆州刺史时,州治在比阳县城(今河南省泌阳县城附近)。他考察县城一带的山川地理,并且纠正了《水经》的错误。在卷二十九《比水》经"比水出比阳东北太胡山,东南流过其县南,泄水从南来注之"注下,他提出了他在刺史任上的野外考察成果,注云:

　　　　经云,泄水从南来注之。然比阳无泄水,盖误引寿春之㴲泄耳。余以延昌四年,蒙除东荆州刺史,州治比阳县故城,城南有蔡水,出南磐石山,故亦曰磐石川,西北流注于比,非泄水也。

　　他在舟车劳顿的旅程之中,也同样不辞辛劳地从事野外地理考察工作,并且同样地以其考察成果纠正其他文献的错误。卷二十五《泗水》经"泗水出鲁卞县北山"注云:

　　　　《地理志》曰:出济阴乘氏县。又云:出卞县北。经言北山,皆为非矣。《山海经》曰:泗水出鲁东北。余昔因公事,沿历徐沇,路迳洙泗,因令寻其源流,水出卞县故城东南桃墟西北。

　　对于泗水的源头,上列几种文献都不相同。《汉书·地理志》说它发源于乘氏县(今山东省菏泽县附近),《水经》说它发源于卞县(今山东省泗水县附近)北山,《山海经》说它发源于鲁(今山东省曲阜县一带)东北。郦道元在他的一次旅行途中,考察了这条河流的上源,以他亲眼所见的事实,纠正了各种文献中长期来以讹传讹的错误。

　　郦道元的野外地理考察工作,并不是简单地沿途浏览,而是与地图对照,文献查阅,父老访问等方法结合进行的,这是一整套科学的野外工作方法。因此,他所获得的野外考察成果,大都确实可靠,具有很高的价值。他在考察濡水(滹沱河支流)沿岸的一些古代墓葬时,就采用了访问和文献查阅相结合的方法。卷十一《易水》经"东过范阳县南,又东过容城县南"注云:

　　　　濡水又东迳武阳城西北,……其水侧有数陵坟高壮,望若青丘。询之古老,访之史籍,并无文证,以私情求之,当是燕都前古坟也。或言燕之坟茔,斯不然矣。

　　他在担任鲁阳太守的时期,还结合地图、方志,进行了他的野外地理考察工作,查勘淮河支流汝水的发源情况。卷二十一《汝水》经"汝水出河南梁县勉乡西天息山"注云:

　　　　余以永平中,蒙除鲁阳太守。会上台下列山川图,以方志参差,遂令寻其源流,此等既非学徒,难以取悉,既在迳见,不容不述。

　　从下面的一个例子中,我们可以看到,他甚至在盛夏酷暑季节,旅途之中仍然不顾疲劳,进行野外考察。卷三十一《淯水》经"淯水出弘农卢氏县支离山,东南过南阳西鄂县西北,又东过宛县南"注云:

> (洱)水北有张平子墓,墓之东,侧坟有平子碑,文字悉是古文,篆额是崔瑗之辞。盛弘之、郭仲产并云:夏侯孝若为郡,薄其文,复刊碑阴为铭。然碑阴二铭乃是崔子玉及陈翕耳,而非孝若,悉是隶字,二首并存,尝无毁坏。又言墓次有二碑,今惟见一碑。或是余夏景驿途,疲而莫究矣。

　　从上面列举的几个例子可以看到,郦道元野外地理考察工作,是非常勤勉认真的。可惜他生在一个南北分裂,干戈扰攘的时代,而他所憧憬的全国一统的局面,要到他死后半个多世纪才获实现。因此,虽然他毕生重视野外地理考察工作,但他的足迹所能到达的,却限于北魏势力所及的范围,包括长江在内的南方许多河流,他只好完全求之于文献资料。清初郦学家刘献廷说:"予尝谓郦善长天人,其注《水经》,妙绝古今。北方诸水,毫发不失,而江、淮、汉、沔之间,便多纰缪。郦北人,南方诸水,非其目及也。"[⑩]《水经注》所记载的南方河流中,确实存在不少错误。尽管这些错误对于这部撰成于14个世纪以前的古代名著来说,实属瑕不掩瑜。但是假使郦道元在当年能够亲眼看到南方各地的山河风景,可以设想,今天我们读到的《水经注》,必将更为生动完美。

注释:

① 胡适《所谓先世之遗闻其实都是谢山先生自己的见解》(《胡适手稿》二集中册):"《水经注》本文约有三十四万五千字。"

② 《水经注研究二集》。

③ 《穆天子传》是《汲冢书》的一种,发现于晋代,但其实是先秦古籍。

④ 宜都郡地跨今四川、湖北两省,故在楚汉与巴蜀两处,均列入此书。

⑤ 此处"崔骃曰",崔骃所著何书,无法考实。

⑥ 《皇览》为三国魏人王象、缪袭所撰。

⑦ 刘向所撰书在《水经注》中引及的有《列仙传》、《列士传》、《列女传》、《别录》、《洪范五行传》、《晏子春秋序》、《说苑》七种,此处"刘向曰"所指何书,不得而知。

⑧ 晋郭璞注《山海经》及《尔雅》,但此处郦引"三江"郭说,不见于上述二书。按《隋书·经籍志》:"《水经》三卷,郭璞撰。"此书早已亡佚,此说可能在此书之中。

⑨ 盖山林《举世罕见的珍贵古代民族文物——绵延二万一千平方公里的阴山岩画》,《内蒙古社会科学》1980年第2期。

⑩ 《广阳杂记》卷三。

第八章 郦道元《水经注》的贡献

一、总述

　　《水经注》是一部不朽的地理名著,它对后世当然具有重大贡献。前面已经论述的,郦道元的大一统思想和"中国的自然之爱"的爱国主义精神,以及他的人定胜天,不信鬼神,鞭挞厚葬,反对战争,疾恶扬善等思想和他的治学方法,其实都是《水经注》对后世的贡献。但具体地说来,《水经注》对后世的贡献,主要有下列八个方面。

　　第一,"地理大交流"时代是我国地理学人才辈出和地理著作大量涌现的时代,是我国地理学史上一个不同凡响的时代,而《水经注》是这个时代的一切地理著作,即所谓"六朝地志"中的代表作,是我国地理学史上一个重要时代的最重要的著作。

　　第二,《水经注》是我国地理学史上最著名的河流水文地理著作。在郦注以前,虽然《新唐书·艺文志》著录过郭璞注汉桑钦《水经》3卷,但其书早已亡佚,而且卷帙短小,内容简陋可以想见。在郦注以后,唐李吉甫作《删水经》10卷,金蔡珪作《补正水经》3卷,也都已失传。现在尚存的有清初黄宗羲的《今水经》1卷,内容寥落;乾隆间齐召南的《水道提纲》28卷,体例刻板。都无法与郦注相比。因此,《水经注》是我国地理学史上无出其右的河流水文地理名著。

　　第三,《水经注》不仅是一部河流水文地理名著,同时也是一部以河流为纲的区域地理名著。它以西汉王朝的版图为基础,若干地区并兼及域外,对如此广大的地域范围内的许多重要河流及其流域,进行综合性的描述,内容包括自然地理和人文地理。所以英国著名的科学史专家李约瑟认为,《水经注》是"地理学的广泛描述"。[①]在中国地理学史上,全国性的区域地理著作虽然可以上溯到《禹贡》,但《禹贡》如前所述属于虚构地理学的作品,而且篇幅短小,内容简单,完全不能与《水经注》相比。

第四,《水经注》以前的地理著作,都没有实地考察的基础。而郦道元提倡"访渎搜渠",所以在注文中包括了他的大量野外实地考察的成果。以实地考察的成果撰写地理书,这虽然是"地理大交流"时代涌现出来的许多地理书的共同特色,但是由于《水经注》是这个时代的一切地理著作中的翘楚,而它所收录的野外考察成果也确实最为丰富,为它书所不及,因此,野外实地考察与地理著作的撰写相结合,《水经注》实开其端。

第五,区域地理著作,内容容易刻板化,近人称此为"地理八股"。其实这种情况并不始于今日。如《禹贡》各州,《汉书·地理志》各郡县,所写也都是千篇一律的东西。以后如《元和郡县图志》、《太平寰宇记》、《元丰九域志》之类,都不能跳出这一窠臼。但《水经注》描写每条河流流域,却是文字生动,内容多变,使人百读不厌。这是区域地理著作在我国地理学史上的一个突出例子。

第六,《水经注》不仅是一部地理学著作,同时也是一部地名学著作。[②]它搜集了北魏及其以前的大量地名,包括中国境内的非汉语地名和域外地名,对其中的不少地名的渊源进行了解释。在我国,虽然早于《水经注》的文献如《榖梁传》、《越绝书》和《汉书·地理志》等都已经对地名作了解释,但是在数量上完全不能与《水经注》相比。从《水经注》开始。地名学才具备了完整的概念。

第七,《水经注》不仅是一部具有高度学术价值的地理学专著,同时也是一部感情丰富,具有强大感染力的爱国主义读物。全书在字里行间,充满了作者的大一统思想和"中国的自然之爱"。它用生动优美的文字描写祖国河山,把当时南北阻绝,支离破碎的国土写得一团锦绣,表现了强大的民族凝聚力。

第八,一本书形成一门学问的事,不仅在地理学史上,在其他科学史上,例子也是很少的。《水经注》正是由于它的包罗宏富,牵涉广泛,才形成郦学这门内容浩瀚的学问,而且从明代以来,获得很大的发展,即使从我国的全部科学史来说,《水经注》在这方面也是值得自豪的。

二、地理学

(一)自然地理学

《水经注》当然是一部包罗宏富的著作,现在有许多学科都利用它进行各种研究;

不同专业的学者,都对它发生兴趣,从它那里挖掘自己需要的资料。但是从此书记载的主要内容来说,它毕竟是一部地理著作。它的主要贡献,首先也在地理学方面。

地理学是一门综合性的科学,它包括自然地理学和人文地理学两大门类,让我们首先看一看《水经注》对于自然地理学的贡献。

顾名思义,《水经注》研究的主要对象是河流,因此,它在自然地理学上的贡献,首先在河流水文方面。《唐六典》卷七,工部、水部郎中注云:"桑钦《水经》所引天下之水百三十七,江河在焉。郦善长注《水经》,引其枝流一千二百五十二。"所以,单单从数量上说,此书记载的河流就达一千多条。对于这一千多条河流,《水经注》大都记载了它们的发源、流程与归宿。这些记载,都能紧紧地扣住这些河流的自然地理特点,绝不是千篇一律。以清水(今卫河)、沁水(今沁河)、淇水(今淇河)三条河流为例,它们都是发源于太行山南麓或西麓的一般小河。《水经注》把它们编入卷九。对于这种同一地区的一般河流,注文仍能很清楚地描述出它们的不同上源。卷九《清水》经"清水出河内修武县之北黑山"注中,注文描写了清水的上源:

> 黑山在(修武)县北白鹿山东,清水所出也。水上承诸陂散泉,积以成川。

这说明清水是以太行山南麓的一些陂池和泉水为水源的河流,其源地很可能是山麓的一块地下水丰富的小盆地。卷九《沁水》经"沁水出上党涅县谒戾山"注中,注文描写了沁水的上源:

> 沁水即涅水也。或言出谷远县羊头山世靡谷,三源奇注,迳泻一隍,又南会三水,历落出左右近溪,参差翼注之也。

这段注文清楚地说明,沁水的上源大概是太行山西麓一片比较宽广的冲积扇,因此,河流的上源拥有许多支流。卷九《淇水》经"淇水出河内隆虑县西大号山"注中,注文描写了淇水的上源:

> 《山海经》曰:淇水出沮洳山,水出山侧,颓波渀注,冲激横山。山上合下开,可减六、七十步,巨石磥砢,交积隍涧,倾澜漭荡,势同雷转,激水散氛,暖若雾合。

从注文中可见,淇水的发源与清水、沁水都不同。淇水的源地地形复杂,其水源由瀑布急流形成。从上述三条并不出名的河流的发源地的描述中,可见郦道元对于河流发源地的研究,是十分认真的。这对我们研究历史自然地理和现代河流水文等方面,都具有重要意义。

《水经注》记载了各种河流从源地开始的整个流程中,沿途的河床宽度、滩濑、瀑布、急流等情况,其中有的描述得非常细致。例如卷三十三《江水》经"岷山在蜀郡氐道县,大江所出,东南过其县北"注中,对岷江上游各河段的河床宽度的描述。注云:

> 两山相对,其形如阙,谓之天彭门,亦曰天彭阙,江水自此已上微弱,所谓发源

滥觞者也。

这是作者描述的岷江最上游的情况。接着,注文就从天彭阙按流程逐段进行描述。注文续云:

> 江水自天彭阙东迳汶关而历氐道县北,……自白马岭回行二十余里至龙涸,又八十里至蚕陵县,又南下六十里至石镜,又六十里而至北部,始百许步。又西百二十余里至汶山故郡,乃广二百余步。又西南百八十里至湿坂,江稍大矣。

在上述注文中,岷江自上游发源起,每个河段的长度和宽度都写得清楚明白,以这样的古代自然地理资料,与现代情况作比较,则这一河段在历史上的变化,就可以了如指掌了。

在河流流程中,峡谷和滩濑等,都是河川自然地理的重要研究对象。《水经注》在这方面的内容也相当丰富。不仅是重要的峡谷,如黄河的孟门、龙门、三门诸峡,洛水的伊阙,长江的三峡,珠江(卷三十七《泿水注》)的高要峡,湘江的空泠峡等,注文中都有非常详细的描述。即使并不出名的峡谷,作者也不曾疏忽,全书记载的峡谷将近300处之多。此外,在河川自然地理的研究中,滩濑对于研究河床变化具有重要意义,而《水经注》在这方面也提供了大量资料,仅仅在卷四十《浙江水注》一篇之中,就提到滩濑60余处。

瀑布在河川自然地理研究中也有重要价值,它不仅是河床岩石构造和岩性变化的重要依据,同时也是河流溯源侵蚀的显著标志。《水经注》在这方面提供的资料尤为丰富。虽然,形成瀑布的原因是多种多样的,火山爆发引起的熔岩堰塞,地震引起的岩石崩塌,滑坡,以及冰川作用形成的悬岩等,都可以造成瀑布现象。但是,多数巨大的瀑布,都是由于河流的溯源侵蚀而形成。在河流溯源侵蚀的过程中,由于遇到坚硬的岩层而造成落差,因此就生成瀑布。为此,我们通过古今瀑布的位置移动,就可以计算出河流溯源侵蚀的速度。《水经注》全书共记载了瀑布60多处,不仅地理位置准确,还记载了其中不少瀑布的高度。因此,利用此书记载的瀑布位置,经过同今天的瀑布位置的对照,往往可以精确地算出河流溯源侵蚀的速度。我国著名历史地理学家史念海教授,曾根据《水经注》记载的孟门瀑布(今壶口瀑布)的位置,与唐《元和郡县图志》记载的位置对比,计算的结果是,从北魏孝昌三年(527)起到唐元和八年(813)之间的286年中,瀑布每年平均退缩5.1米;从唐元和八年到现在的1100多年中,瀑布每年平均退缩3.3米。[③]

在河床中形成瀑布的这种坚硬岩层,地貌学上称为造瀑层。有时候,在同一区位上,造瀑层漫长延伸,于是就造成通过造瀑层的许多河流,在同一区位上都出现瀑布,形成一条跨越若干条河流的瀑布线。以美国东部为例,从阿巴拉契亚山(Appalachian

Mts.）发源东流入大西洋的许多小河，如康涅狄格河（Connecticut R.）、哈得孙河（Hadson R.）、特拉华河（Delaware R.）、萨斯奎哈纳河（Susguehanna R.）、波托马克河（Potomac R.）、詹姆斯河（James R.）等，它们发源后东流，由于在阿巴拉契亚山脉以东，南北伸展着一条坚硬的造瀑层，因此，上述每条河流，都在大体相同的区位上出现瀑布。当欧洲人开始向新大陆移民之初，这条瀑布线曾经为那些最早的移民提供了动力资源，许多工厂和作坊，纷纷在这条瀑布线上开设起来，形成了这一带的早期繁荣。像这样一类由于造瀑层延伸而形成瀑布线的情况，《水经注》中也常有记载。例如卷十七《渭水》经"又东过冀县北"注中，就记载了一条与渭水支流略阳川水平行的造瀑层，这条造瀑层使注入略阳川水的几条支流，在同一区位上形成了瀑布线。注云：

> （略阳）川水西得白杨泉，又西得蒲谷水，又西得蒲谷西川，又西得龙尾溪水，与渭谷水合，俱出南山，飞清北入川水。

上面这段注文中的"飞清"一词，就是指的瀑布，将在下文《水经注》在文学和语言方面的贡献中再作说明。由于造瀑层的东西横亘，使白杨泉、蒲谷水、蒲谷西川、龙尾溪水等4条河流，在同一区位上都出现瀑布。这样的造瀑层和瀑布线，也出现于西汉水（今嘉陵江上游），卷二十《漾水》经"漾水出陇西氐道县嶓冢山，东至武都沮县为汉水"注云：

> 西汉水又西南流，……右得高望谷水，次西得西溪水，次西得黄花谷水，咸出北山，飞波南入西汉水。

这段注文中的"飞波"一词，同样也指瀑布。这条瀑布线是东北、西南走向的，使高望谷水、西溪水、黄花谷水等三条河流，在同一区位上出现瀑布。

除了上述在河流流程中对于峡谷、滩濑和瀑布的记载以外，《水经注》对于河流尾闾即沿海平原的地理概况，也有细致的描写。卷五《河水》经"又东北过高唐县东"注中关于黄河尾闾马常坑一带的描述即是其例。注云：

> 又东北为马常坑，坑东西八十里，南北三十里，乱河枝流而入于海。……河盛则通津委海，水耗则微涓细流。

上文写的马常坑，是河口三角洲的一片季节性积水洼地。在黄河洪水期时候，这片洼地成为一片茫茫大湖，与海直接沟通。但到了黄河的枯水季，就成为一片"微涓细流"的河口沼泽。《水经注》的描述，真是十分逼真。

《水经注》对于河流的记载，除了上述有关河流的地貌现象外，在河流水文方面，诸如河流的含沙量、水位、流速、冰期等重要的水文要素，也多有详细的记载。以黄河为例，黄河河水的含沙量是世界罕见的，在这方面，《水经注》有一项著名的记录。即卷一《河水》经"出其东北陬"注中提出的："河水浊，清澄一石水，六斗泥。"对于河流的水位,《水经注》记下了不少河流的枯水位、一般水位和洪水位。例如在卷五《河水》经"又东北过黎阳县南"注中,就记下了黄河下游的支流白鹿渊水的一般水位和洪水位的差距。注云:

> 又东为白鹿渊水,南北三百步,东西千余步,深三丈余,其水冬清而夏浊,渟而不流,若夏水洪泛,水深五丈,方乃通注。

对于我国北方河流的冰期,《水经注》也常有记载。卷一《河水》经"出其东北陬"注中记载黄河"寒则冰厚数丈",这就是冰层的厚度。又卷五《河水》经"又东过平县北,湛水从北来注之"注中记载了黄河中可以采冰的几个河段:"常以十二月,采冰于河津之隘,峡石之阿,北阴之中。"上述三个河段中在夏历十二月的采冰,规模甚大,据郦注所记:"朝廷又置冰室于斯阜,室有冰井"。这是朝廷用以贮藏的采凿。对于说明这个河段的冰层厚度和积蓄量,也很有意义。

除了河流以外,《水经注》还记载了许多湖泊,总数超过五百处。这中间有大量的淡水湖,如洞庭湖、彭蠡(今鄱阳湖)、太湖以及如今已经湮废的北方大湖,如巨野泽(在今山东省境内)、圃田泽(在今河南省境内)等等。也有许多咸水湖,如蒲昌海(今罗布泊)、居延海等等。《水经注》记载的湖泊,在湖泊地貌和湖泊水文等方面,都提供了许多资料。例如,湖泊形成以后,在地质循环和生物循环的过程中,总是不断淤浅,甚至全部湮废。这个过程,在自然地理学上称为湖泊的沼泽化现象。《水经注》在这方面的记载,称得上相当详细。卷二十二《渠》经"渠出荥阳北河,东南过中牟县之北"注中,清楚地描述了圃田泽的湮废过程。注云:

> (圃田)泽在中牟县西,西限长城,东极官渡,北佩渠水,东西四十许里,南北二十许里,中有沙冈,上下二十四浦,津流迳通,渊潭相接,各有名焉:有大渐、小渐、大灰、小灰、义鲁、练秋、大白杨、小白杨、散赫、禹中、羊圈、大鹄、小鹄、龙泽、蜜罗、大哀、小哀、大长、小长、大缩、小缩、伯丘、大盖、牛眼等。浦水盛则北注,渠溢则南播。

圃田泽原来是个中原大湖,在《诗经》已见记载。但是由于湖泊的沼泽化现象,到了北魏,这个大湖已经分成 24 个小湖。注文所说的"中有沙冈","沙冈"就是沼泽化的产物。湖泊的这种由大到小,由整体到分散的过程,具体地说明了圃田泽的湮废经历。《水经注》在这方面的翔实记载,为后世研究湖泊沼泽化的过程,提供了很有价值的数据。

上述河流和湖泊,在自然地理学中统称地表水,除了地表水以外,《水经注》也记载了许多有关地下水的资料,主要是泉和井。全书记载了泉水 200 多处,温泉 38 处。在温度没有计量标准的古代,郦道元用"冬温夏冷"、"冬夏常温"、"炎热"、"沸涌"、

"可烰鸡豚"等级别,来记载不同温泉的水温。《水经注》记载了分布于全国各地的井,并且记及了它们的深度。前面已经提及,如卷二《河水注》所记的疏勒城井,"深一十五丈"。卷四《河水注》所记的虎牢城井,"深四十丈"。均是其例。这对我们了解古代各地的地下水位,是很有价值的资料。

如上所述,对于地表水和地下水的各种记载,当然是这部以河流为主的地理书在自然地理学方面的描述重点。但此外有关一般自然地理学上的问题,全书也拥有许多资料。其中,对于喀斯特地貌的记载和描述,就是很重要的方面。卷三十一《涓水》经"涓水出蔡阳县"注云:

> (大洪)山下有石门,夹郭层峻,岩高皆数百许仞。入石门,又得钟乳穴,穴上素崖壁立,非人迹所及,穴中多钟乳,凝膏下垂,望齐冰雪,微津细液,滴沥不断,出穴潜远,行者不极穷深。

这段注文所描述的石灰岩溶洞是非常真切的。我国历史上后来出了一位描述喀斯特地貌的著名旅行家,就是明朝的徐霞客。他对于喀斯特地貌的描述,当然比郦道元更胜一筹。这中间,徐霞客有机会深入我国喀斯特地貌发育最好的西南地区亲自考察,当然是一个重要原因。但是另一方面也不能忽视,郦道元的著作毕竟要比《徐霞客游记》早整整 11 个世纪。

在自然地理学方面,《水经注》还拥有大量植物地理学和动物地理学的资料。这对研究历史时期我国各地动植物的分布及其变迁,具有重要价值。全书记载的植物品种多达 140 余种,而且在地理分布方面也记载得相当清楚。包括在我国占最大优势的温带森林和亚热带森林,并涉及西北干燥地区的草原和荒漠植被。卷二《河水》经"其一源出于阗国南山,北流与葱岭所出河合,又东注蒲昌海"注中记载了今新疆罗布泊一带的荒漠植被,注文说:"土地沙卤少田,仰谷旁国,国出玉,多葭苇,柽柳,胡桐,白草。国在东垂,当白龙堆,乏水草。"直到今天,这项记载对于该地区仍是十分逼真的。

《水经注》还记载了我国南方以及今中南半岛地区的动植物和自然景观。卷三十六《温水》经"东北入于郁"注中记载了古代林邑国(今柬埔寨一带)的热带森林,注云:"林棘荒蔓,榛梗冥郁,藤盘笙秀,参错际天。"卷三十七《叶榆河》经"过交趾卷冷县北,分为五水,络交趾郡中,至南界复合为三水,东入海"注中,记载了古代交趾(今越南北部)的热带森林景观。注文说:"林深巨薮,犀象所聚"。卷三十六《温水》经"东北入于郁"注中记载的九真郡咸驩(今越南荣市以北地区)的原始生物景观,更为生动翔实。注云:"《林邑记》曰:外越纪粟,望都纪粟。出浦阳,渡便州,至典由,渡故县,至咸驩。咸驩属九真,咸驩已南,獐麇满冈,鸣咆命畴,警啸聒野,孔雀飞翔,蔽日笼山。"真把热带的自然景观,写得惟妙惟肖。

天然植物按照南北气候条件的不同，在地理分布上出现这种南北递变的规律性，这在自然地理学上称为纬度地带性现象。除此以外，由于地形高度不同，植物从低处到高处，其分布也同样存在规律性的差异，在自然地理学上称为垂直地带性现象。这种现象也同样为《水经注》所记载。卷四十《浙江水》经"北过余杭，东入于海"注中记载的秦望山，就是其中一例，注云："自平地取山顶七里，悬磴孤危，径路险绝。……扳萝扪葛，然后能升，山上无甚高木，当由地迥多风所致。"

《水经注》记载了我国的许多古代动物，而且地区明确。其中有的动物在地理分布上如今已有很大变化，也有些动物则已在我国境内绝迹，所以郦注的记载对于研究动物地理和古今动物地理分布的变迁很有裨益。卷二十八《沔水》经"又东过中庐县东，维水自房陵县维山东流注之"注中记载的"水虎"，即是一个很好的例子，注云：

　　沔水又南与疏水合，水出中庐县西南，东流至邔县北界，东入沔水，谓之疏口也。水中有物如三、四岁小儿，鳞甲如鲮鲤，射之不可入，七、八月中，好在碛上自曝，勿头似虎，掌爪常没水中，出勿头，小儿不知，欲取弄戏，便杀人。或曰，人有生得者，摘其皋厌，可小小使，名为水虎者也。

按《山海经·中山经》："伊水出焉，而东流注于洛。有兽焉，其名曰马腹，其状如人面虎身，其音如婴儿，是食人。"清郝懿行案："《刀剑录》云：汉章帝建初八年，铸一金剑，令投伊水中，以厌人膝之怪。……《荆州记》云：陵水中有物，如马甲，如鲮鲤，不可入。七、八月中，好在碛上自曝，膝头如虎掌爪，小儿不知，欲取弄戏，便杀人。或曰，生得者取其鼻厌，可小小便，名为水卢。"

郦道元记载这种"水虎"，其地理位置在今汉水襄阳与宜城之间的河段中，注文中的疏口，当在今小河镇附近。这个地区南北朝时代属南朝所有，郦道元足迹所不能到。他的记载，分明是引的《荆州记》，其中如"水虎"、"水卢"、"可小小使"、"可小小便"、"皋厌"、"鼻厌"等，都是传抄之误。其所记载的动物，显然就是扬子鳄（Alligator sinensis）。记载之中，除了"便杀人"一语不符事实外，其余各项，说的都是扬子鳄无疑。我在拙作《读水经注札记》[④]中曾经指出："扬子鳄虽然是食肉爬虫类动物，但并不是猛兽，平日只吃鱼、蛙、鼠等小动物，不像马来鳄那样凶猛，吞食大动物甚至人。注文中说'小儿不知，欲取弄戏，便杀人'。可能是因为小儿在沙滩上弄戏它，不慎落水中，使它得到杀人的罪名"。

如上所述，在汉章帝建初八年（83），伊水中还有许多扬子鳄。但到了北魏，郦道元在《水经·伊水注》中，已经没有记及这种动物。而南边的汉水中却还存在，时至今日，《沔水注》中记及的襄阳、宜城一带，这种动物也已绝迹。今天，扬子鳄分布最多的地区，是安徽省的清弋江流域和江苏、浙江二省间的太湖流域。我们把《刀剑录》、《荆州记》、《水经注》等几种文献对照一下,就可以看到在过去两千多年时间里,扬子鳄的分布地区逐渐向东南缩小,不仅地区缩小,数量也大大减少。这就是我们今天必须对这种动物进行保护的原因。

卷三十七《浪水》经"其一又东过县东,南入于海"注中,注文又记载了另外一种动物。注云:

> 建安中,吴遣步骘为交州,骘到南海,见土地形势,观尉佗旧治处,负山带海,博敞渺目,高则桑土,下则沃衍,林麓鸟兽,于何不有?海怪鱼鳖,鼋鼍鲜鳄,珍怪异物,千种万类,不可胜记。

这里的"鼋鼍鲜鳄"一语,"鼍"就是扬子鳄。《诗·大雅·灵台》:"鼍鼓逢逢",孔颖达疏:"鼍如蜥蜴,长六七尺。"古人用其皮制鼓,所以称为"鼍鼓"。步骘是淮阴人,曾服官于吴,所以长江流域的鼍,也就是《沔水注》的"水虎",他一定是见过的。初到南方,在珠江流域骤然见到形状似鼍而身躯比鼍大得多的鳄,或许就不能分辨清楚,所以笼统地称该地有"鼋鼍鲜鳄"。其实,西晋的张华在其《博物志》卷九中曾清楚地指出:"南海有鳄鱼,状似鼍。"说明鼍与鳄,只是形状相似,并非一种动物。步骘不及见到张华的书,所以他的说法就比较含糊。步骘所说的鳄,显然就是马来鳄(Crocodilus porosus)。直到唐朝韩愈在潮州当刺史时,这种动物还很多。这是一种凶猛的食肉动物,所以韩愈特地写了一篇《祭鳄鱼文》,要这种动物:"其率丑类,南徙于海。"现在,《浪水注》记载的马来鳄早已在广东沿海绝迹。从全世界来说,也已经成为一种珍稀动物了。

《水经注》在自然地理学方面提供的资料是丰富多彩的,给我们今天研究自然地理学,特别是历史自然地理带来了很大的便利。

三、人文地理学

在人文地理学的各个分支中,《水经注》的贡献首先在经济地理学方面。而其中有关农田水利的资料,具有很重要的地位。由于《水经注》主要是一部记载河流的地理书,所以它有大量的篇幅涉及农田水利。在现代经济地理学中,这些都是属于农业地理学研究的对象。《水经注》记载的农田水利工程不胜枚举。其中灌溉效益显著的如郑渠、都安大堰、车箱渠、白起渠、马仁陂、芍陂、长湖等等均已见前述。《水经注》记载的农田水利工程,内容完整而详尽,对于我们今天研究地区经济发展和水利史等,也都具有重要的价值。有关这方面的材料,在前面论述郦道元人定胜天的思想以及《水经注金石录》中有关水利碑碣部分,已有详细的介绍,这里不再赘述。

在《水经注》有关农业地理的记载中,相当详细地列述了汉代在今新疆地区所经营的屯田。例如,卷二《河水》经"其一源出于阗国南山,北流与葱岭所出河合,又东注蒲昌海"注云:"(敦薨之水)又西南流,迳连城别注,裂以为田。桑弘羊曰:臣愚以为连城以西,可遣屯田,以威西国。"按桑弘羊(前152—前80)在汉武帝时代任治粟都尉,领大司农。在桓宽编撰的《盐铁论》一书中,主要就是他在汉昭帝元始六年(81)的一次全国性的盐铁会议中的发言。他是一位杰出的农业家和经济学家,他建议屯田的地区,即今新疆的焉耆、库尔勒、尉犁一带,其真知灼见,令人叹服。郦注在这条经文下记载的这个地区的汉代屯田,有伊循城屯田、楼兰屯田、莎车屯田、轮台屯田、渠犁屯田等等。并且记载了前已叙述的索劢在这里兴修水利,屯田积粟的故事。"大田三年,积粟百万,威服外国"。这其实就是桑弘羊的思想。

此外,《水经注》有关这方面的记载中,还包括各地耕作制度的资料。卷三十六《温水》经"东北入于郁"注云:

> 知耕以来,六百余年,火耨耕艺,法与华同。名白田,种白谷,七月火作,十月登熟;名赤田,种赤谷,十二月作,四月登熟,所谓两熟之稻也。

这里,注文把林邑国一年两熟的耕作制度,包括耕作、作物品种和收获季节月令等,都记得清楚明白,所以资料是很有价值的。

在郦道元的时代,工业还处于很落后的手工业阶段,分布不多,规模不大。但尽管如此,《水经注》记载的工业地理资料,内容仍然相当完整。从手工业的部门说,全书记载的包括采矿、冶金、机器、纺织、造纸、食品等,可称门类完备。在郦道元的时代,各种矿物在工业中已具有重要地位。《水经注》记载了能源矿物中的煤炭、石油、天然气,金属矿物中的金、银、铜、铁、锡、汞,非金属矿物中的雄黄、硫磺、盐、石墨、云母、石英、玉、石材等。对于它们的地理分布和用途等方面,都有介绍。下面举一个关于石油的例子。卷三《河水》经"又南过上郡高奴县东"注云:

> 故言高奴县有洧水,肥可蘸,水上有肥,可接取用之。《博物志》称酒泉延寿县南山出泉水,大如筥,注地为沟,水有肥如肉汁,取著器中,始黄后黑,如凝膏,然极明,与膏无异,膏车及水碓缸甚佳,彼方人谓之石漆。水肥亦所在有之,非止高奴县洧水也。

这项材料记载了今陕北和河西走廊等地的石油分布情况,并描述了这种矿物的性状和当时的用途。除了石油以外,其他如卷三十三《江水》经"又东过鱼复县南,夷水出焉"注中记载的蜀中天然气,卷三十八《湘水》经"又东北过泉陵县西"注中记载萌渚岭锡矿等,也都是较有价值的资料。

《水经注》记载了许多地区的冶金工业。其中卷二《河水》经"其一源出于阗国南

山,北流与葱岭所出河合,又东注蒲昌海"注中记载的今新疆地区的一处冶金工业,是一个很典型的例子。注云:

> 释氏《西域记》曰:屈茨北二百里有山,夜则火光,昼日但烟,人取此山石炭,冶此山铁,恒充三十六国用。故郭义恭《广志》云:龟兹能铸冶。

这项记载不仅叙述了冶金工业的原料和燃料地,并且还记载了产品的市场,是一项完整的工业地理资料。

《水经注》虽然是一部6世纪初期的古代地理著作,但书内却已经有了机器制造和应用的记载。卷十六《穀水》经"又东过河南县北,东南入于洛"注云:

> 穀水又迳白超垒南,垒侧旧有坞,故冶官所在,魏晋之日,引穀水为水冶,遗迹尚存。

在这段注文里,值得注意的就是水冶,水冶称得上是我国古代的一种机器。据元王祯《农书》,水冶即水排,后汉杜诗始作。[5]《后汉书·杜诗传》注云:"冶铸者为排以吹炭,令激水以鼓之也。"《三国志·魏书·韩暨传》以为水排始于韩暨。所谓:"旧时冶,作马排,每一熟石用马百匹。更作人排,又费功力,暨乃因长流为水排,计其利益,三倍于前。"所以这是一种利用水力鼓风进行冶铸的机器。魏晋时代在穀水上使用的这种水冶,到北魏时虽然已仅存遗迹,但郦道元仍然把它写入注文。郦道元没有料到在他死后不过十几年,高隆之在漳水支流洹水流域又造起这种机器。据《北齐书》及《北史》两书的《高隆之传》并记:"以漳水近于帝城,起长堤以防汛溢之患,又凿渠引漳水周流城郭,造治碾硙,并有利于时。"这里的"碾硙",即是与上述"水冶"相似的一种利用水力的机器。"水冶"用以鼓风。"碾硙"顾名思义,或许是用于研磨。高隆之服官于北魏,后来又入仕于东魏和北齐。从"漳水近于帝城"一语中,可见"碾硙"是东魏都邺以后的事,其事当在元象元年(538)以后。从"凿渠引漳水周流城郭"一语中,可知他修造碾硙当在邺都城边的洹水之上。明嘉靖《彰德府志》卷一(宁波天一阁藏)安阳县水冶条,肯定了洹水上的这种水冶:"周围四十步,在县西四十里。《旧经》曰:后魏时引水鼓炉名水冶,仆射高隆之监造,深一尺,阔一步。"《彰德府志》所说的"后魏"恐怕是"东魏"之误,因为后魏都城在洛阳,东魏才迁到邺城来。可惜郦道元来不及看到高隆之的这种创造,否则,《水经·洹水注》中一定能留下详细的记载。

在所有手工业部门中,记载最多的是制盐工业。在古代,盐是国计民生中的头等大事,这可能就是郦注特别重视的原因。郦注记载的制盐工业,包括海盐、池盐、井盐、岩盐等。其地域范围东起沿海,西及域外。

卷一《河水》经"屈从其东南流,入渤海"注中记载了域外地区,即古代印度河上源一带的岩盐。注云:

山西有大水，名新头河。……有石盐，白如水精，大段则破而用之。康泰曰：安息、月氏、天竺至伽那调御，皆仰此盐。

这段注文把这个地区岩盐分布的地理位置、采掘方法和运销范围都记得十分清楚。

卷三十三《江水》经"又东过鱼复县南，夷水出焉"注中，记载了南浦侨县和朐忍县两地的井盐采制工业。注云：

（汤溪水）南流历县，翼带盐井一百所，巴川资以自给。粒大者方寸，中央隆起，形如张缴。故因名之曰缴子盐，有不成者，形亦必方，异于常盐矣。王隐《晋书·地道记》曰：入汤口四十三里，有石煮以为盐，石大者如升，小如拳，煮之水竭盐成，盖蜀火井之伦，水火相得乃佳矣。

这里，注文把产区位置，盐井数量，产品性状，供销范围以及用天然气作燃料和制作过程，都作了记载。

卷六《涑水》经"又西南过安邑县西"注中，记载了古代中原地区最重要的盐池即安邑盐池的制盐情况。注云：

《地理志》曰：盐池在安邑西南。许慎谓之盬。长五十一里，广七里，周百一十六里，从盐省古声。吕忱曰：夙沙初作煮海盐，河东盐池谓之盬。今池水东西七十里，南北十七里，紫色澄浮，潭而不流。水出石盐，自然印成，朝取夕复，终无减损。惟山水暴至，雨澍潢潦奔泆，则盐池用耗。故公私共堨水径，防其淫滥，谓之盐水，亦谓之堨水。《山海经》谓之盐贩之泽也。

这里，注文不仅记载了盐池的自然概况和制盐过程，并且还把《汉书·地理志》和《说文解字》等记载的汉代盐池与北魏当代的盐池，在面积大小等方面作了对比，这样的资料，当然是珍贵的。

对于沿海盐场的分布和采制情况，《水经注》记载得更为普遍。例如卷九《淇水》经"又东北过漂榆邑，入于海"注中记载了渤海沿岸高城县和漂榆一带的盐场。注云：

清河又东迳漂榆邑故城南，俗谓之角飞城。《赵记》云：石勒使王述煮盐于角飞，即城异名矣。《魏土地记》曰：高城县东北百里，北尽漂榆，东临巨海，民咸煮海水，借盐为业，即此城也。

《水经注》记载的盐矿和盐场多达20余处，以上仅仅是略举数例而已。

《水经注》在交通运输地理方面，也有大量记载。首先当然是水运，全书记载的河渠水道，绝大部分涉及航运。在前面自然地理学部分所提及的峡谷、滩濑等，常被作为航运的条件加以评价。例如，卷四《河水》经"又东过砥柱间"注中，记载了黄河自砥柱山以下："合有十九滩，水流迅急，势同三峡，破害舟船，自古所患。"卷三十九《耒水》经

"耒水出桂阳郴县南山"注中,记载了耒水自汝城县以下三十里中有十四濑:"濆流奔急,竹节相次,亦为行旅游涉之艰难也。"卷四十《浙江水》经"浙江水出三天子都"注中记及浙江的航行:"浙江又东迳寿昌县南,自建德至此八十里中,有十二濑,濑皆峻险,行旅所难。"此外,河流水位的季节变化,也常常与航行条件同时提出,例如卷二十五《泗水》经"又东南过吕县南"注云:"泗水又东南流,丁溪水注之,溪水上承泗水于吕县,东南流,北带广隰,山高而注于泗川。泗水冬春浅涩,常排沙通道,是以行者多从此溪。即陆机《行思赋》所云:乘丁水之捷岸,排泗川之积沙者也。"全书中像这样一类的记载,是很多的。

对于天然河流的航行,当然是全书十分关心的问题。例如卷三十五《江水》经"鄂县北"注中记载了当时长江中游的航行,已经出现了"载坐直之士三千人"的大型船舶。卷五《河水》经"又东过平县北,湛水从北来注之"注中,记载了"魏尚书仆射杜畿,以帝将幸许试楼船"。说明黄河中游在三国时代曾经作过航行大型船舶的尝试。当然,尝试没有成功,郦注只简单地说了一句:"覆于陶河。"《三国志·魏书·杜畿传》说:"受诏作御楼船于陶河,试船遇风没。"这里的陶河,也就是孟津,在今河南省孟县以南。

《水经注》也记载了许多运河,其中特别具有价值的是卷八《济水》经"又东南过徐县北"注中记载的古代黄淮间的运河。注云:

　　偃王治国,仁义著闻,欲舟行上国,乃沟通陈、蔡之间。得朱弓矢,以得天瑞,遂因名为号,自称徐偃王,江、淮诸侯服从者三十六国。

上文叙述的是一种传说,但却说明了相当重要的问题。徐偃王是个传说中的人物,其时约在西周穆王之世,时当西周中叶,其时估计在公元前10世纪之初。所谓"沟通陈、蔡之间",正是古代黄淮之间鸿沟水系。这种传说反映了这样一种事实,即黄、淮之间所存在的沟通这两个水系的河道,比这个地区见诸历史记载的运河开凿可能还要早四五个世纪。

尽管《水经注》的内容以河川为主,但郦道元在交通运输方面的记载并不忽视陆路。全书记载了各种类型的道路,有国际上的交通要道,如卷一《河水》经"屈从其东南流,入渤海"注中的葱岭、天竺道:"度葱岭,已入北天竺境,于此顺岭西南行十五日,其道艰阻,崖岸险绝,其山惟石,壁立千仞,临之目眩,欲进则投足无所,下有水,名新头河。昔人有凿石通路施倚梯者,凡度七百梯,度已,蹑悬绠过河。河两岸,相去咸八十步,九译所绝,汉之张骞、甘英皆不至也。"又同卷同条经文下的林杨、金陈道:"竺枝《扶南记》曰:林杨国去金陈国,步道二千里,车马行,无水道。"此外如卷三《河水》经"又北过朔方临戎县西"注中记载的窳浑出鸡鹿塞道,卷三十六《温水》经"东北入于郁"注中记载的彭龙、区粟通迳和扶南、林邑步道等,也都是我国古代与域外交通的国际道路。至于国内的著名陆道也无不收入,例如卷四《河水》经"又南至华阴潼关,渭水从西来注之"注中记载的函谷关道:"邃岸天高,空谷幽深,涧道之峡,车不方轨,号曰天险。"卷二十七《沔水》经"又东过成固县南,又东过魏兴安阳县南,涔水出自旱山北注之"注中记载的通关势,是一条沟通关中与汉中之间的重要道路。注云:

> 壻水南历壻乡溪,出山东南流,迳通关势南,山高百余丈,山有匈奴城,方五里,浚堑三重,高祖北定三秦,萧何守汉中,欲修北道通关中,故名为通关势。

《水经注》也记载了许多险要的道路,例如卷二十七《沔水》经"沔水出武都沮县东狼谷中"注中描述的秦、蜀间的栈道。注云:

> (褒)水西北出衙岭山,东南迳大石门,历故栈道下谷,俗谓千梁无柱也。诸葛亮《与兄瑾书》云:前赵子龙退军,烧毁赤崖以北阁道。缘谷百余里,其阁梁一头入山腹,其一头立柱于大水中,今水大而急,不得安柱,此其穷极,不可强也。

注文还描述了我国西南多山地区的十分险峻的山道。卷三十六《若水》经"又东北至犍为朱提县西,为泸江水"注云:

> (朱提)郡西南二百里得所绾堂琅县,西北行,上高山,羊肠绳屈八十余里,或攀木而升,或绳索相牵而上,缘陟者若将阶天。故袁休明《巴蜀志》云:高山嵯峨,岩石磊落,倾侧萦迴,下临峭壑,行者扳缘,牵援绳索。三蜀之人,及南中诸郡,以为至险。

在同一条经文之下,还描述了从朱提到僰道之间水陆交通的艰难。注云:

> 自朱提至僰道有水步道,水道有黑水、羊官水,至险难,三津之阻,行者苦之。故俗为之语曰:楢溪赤水,盘蛇七曲,盘羊乌栊,气与天通,看都濩泚,住柱呼伊,庲降贾子,左担七里。又有牛叩头、马搏颊坂,其艰险如此也。

这里所说的"庲降贾子,左担七里",这样的道路,古代称为左担道。庲降是当时的建宁郡治,约在今云南省曲靖县附近。从庲降到那里去的商贩,由于山道险窄,有时在连续七里的行程中,只能用左肩挑担,不得换肩,其险峻可以想见。

由于大量的水陆道路在注文中出现,这就必然要牵涉水陆道路的交错地点,于是注文中同时也出现了大量的桥梁和津渡。全书记载的桥梁、津渡近200处。

《水经注》记载的桥梁,包括石拱桥、木桥、木石混合桥、索桥、浮桥等等,其中有的桥梁十分宏大,例如卷十九《渭水》经"又东过长安县北"注中记载的秦渭桥。注云:

> 秦始皇作离宫于渭水南北,……南有长乐宫,北有咸阳宫,欲通二宫之间,故造此桥,广六丈,南北三百八十步,六十八间,七百五十柱,百二十二梁。

"南北三百八十步"。按秦制一步为6尺(1尺合今23.1厘米),周制1尺约为21

厘米,汉制1尺约为23厘米则全长约合今500米。即使从今天的眼光来看,也不失为一座大桥。记载中还有一些建筑讲究的石拱桥,卷十六《穀水》经"又东过河南县北,东南入于洛"注中的旅人桥即是其例,注云:

> (旅人)桥去洛阳宫六、七里,下圆以通水,可受大舫过也。

"可受大舫过也",说明这是一座净空很大的石拱桥。于此也可见古代桥梁建筑的技术风格于一斑。

在《水经注》记载的津渡之中,有不少历史上著名渡口。例如卷四《河水》经"又东过河东北屈县西"注中的孟门津和采桑津,卷五《河水》经"又东过平县北,湛水从北来注之"注中的孟津,卷十《浊漳水》经"又东出山,过邺县西"注中的薄落津,卷二十二《渠》经"渠出荥阳北河,东南过中牟县之北"注中的官渡,卷三十二《施水》经"施水亦从广阳乡肥水别,东南入于湖"注中的逍遥津等等。像官渡和逍遥津,在历史上都曾发生过著名的战役。

在《水经注》全书记载的津渡中,也记及一处海渡,卷三十六《温水》经"东北入于郁"注:

> 王氏《交广春秋》曰:朱崖、儋耳二郡,与交州俱开,皆汉武帝所置。大海中南极之外,对合浦徐闻县。……从徐闻对渡,北风举帆,一日一夜而至。

上文所记的徐闻、朱崖渡,即今日的琼州海峡,朱崖州就是海南岛。

农业地理、工业地理和交通运输业地理,是经济地理学最主要的三个分支,从以上所列举的《水经注》在这些方面的大量记载中,可见《水经注》在经济地理学领域中的丰富资料,对于我们研究历史经济地理学,郦注确实作出了重要的贡献。

除了经济地理学以外,人文地理学的另一重要分支学科是城市地理学。《水经注》在这方面的记载也称得上丰富多彩。全书记载的县级城市和其他城邑共2800余座,古都180余座。其中对某些古都的记载特别详细,例如卷十九《渭水》经"又东过长安县北"注中记载的秦、汉故都长安,举凡城门、城郭、街衢、宫殿、园苑等,无不一一记载。卷十六《穀水》经"又东过河南县北,东南入于洛"注中记载的洛阳,是郦道元目击的北魏当代的首都,他竟用7000多字的篇幅,详细地描述了这座都城。在全部《水经》的每一句经文以后,这是最长一篇注文。此外,如卷十三《漯水》经"漯水出雁门阴馆县,东北过代郡桑乾县南"注中记载的平城,是北魏的旧都,描述也非常详细。又如卷十《浊漳水》经"又东出山,过邺县西"注中记了所谓五都:"魏因汉祚,复都洛阳,以谯为先人本国,许昌为汉之所居,长安为西京之遗迹,邺为王业之本基,故号五都也。"卷三十三《江水》经"又东过江阳县南,洛水从三危山,东过广魏洛县南,东南注之"注中记载了所谓三都:"洛水又南迳新都县,蜀有三都,谓成都、广都,此其一焉。"

所有这些,都是很有价值的历史城市地理资料。

《水经注》不仅记载了国内的城市,并且还记载了部分国外城市。例如卷一《河水》经"屈从其东南流,入渤海"注中,记载了许多今印度河、恒河流域的古代国都,如波罗奈城、巴连弗邑、王舍新城、瞻婆国城等,其中有的都城具有很大的规模。卷三十六《温水》经"东北入于郁"注中,记载了古代林邑国的重要都城,包括军事要地区粟城和国都典冲城,均位于今越南中部沿海地带,注文把这两座城市的地理位置、山川形势、城垣建筑、城市规模等,描述得细致无遗。郦道元对这两个域外城市的长篇记载,是从《林邑记》抄录的,现在《林邑记》早已亡佚,因此,《水经注》的记载,已经成为孤本,是今天我们研究这两个中南半岛古代城市的唯一文字资料,所以极为宝贵。

除了古都、城邑等以外,小于城邑的聚落,包括镇、乡、亭、里、聚、村、墟、戍、坞、堡等十类,《水经注》也有大量记载,总数约有1000处。这些当然都是较小的聚落,其中有不少现在已经消失,但是它们在我们的某些研究工作中,有时能起很大的作用,作为历史聚落地理研究的对象,这些古代聚落,仍然具有重要的意义。

在人口与民族地理方面,《水经注》也有不少重要的资料。郦道元的时代,正是国家战乱,人口流动频繁的时代,《水经注》反映了许多当时人口迁徙的情况。卷三十五《江水》经"湘水从南来注之"注云:"(涂水)西北流迳汝南侨郡故城南,咸和中,寇难南逼,户口南渡,因置斯郡,治于涂口"。这段注文,实际上就是我提出的"地理大交流"的过程。东晋咸和(326—334)确实是"地理大交流"的全盛时代,南迁的汉人,常常在南方建立与他们原籍同名的郡县,这就是这一时期侨郡、县大量出现的原因,注文所说的汝南侨郡即是其中之一。汝南郡治原在上蔡(今河南省上蔡县西南),辖境在今河南省境内的颍河与淮河之间,则当时在涂口(今武昌西南的长江南岸)建立的汝南侨郡,其居民主要来自今河南上蔡一带。

《水经注》提供了许多有关少数民族的资料,注文中记及的少数民族有匈奴、犬戎、羯、于越、骆越、五溪蛮、三苗、马流、雕题、文狼等,不胜枚举。《水经注》不仅记载了他们的分布和活动,有时还记载了他们的语言和风俗习惯,包括他们与汉族之间的关系,这些也都是非常可贵的资料。

在人文地理学各分支中,《水经注》的记载还涉及大量军事地理资料,这中间的一个方面,是把曾经在战场起过重要作用的自然地理要素和人文地理要素如河川、山岳、关隘、桥梁、津渡、道路、聚落、仓库等,在军事上进行评价。例如卷二十《漾水》经"又东南至广魏白水县西,又东南至葭萌县,东北与羌水合"注中描述的剑阁。注云:

(清水)又东南迳小剑戍北,西去大剑三十里。连山绝险,飞阁通衢,故谓之剑阁也。张载《铭》曰:一人守险,万夫趑趄,信然。故李特至剑阁而叹曰:刘氏有如此地而面缚于人,岂不奴才也。

又如卷三《河水》经"屈从县北东流"注中描述的高阙。注云:

> 《史记》,赵武灵王既袭胡服,自代并阴山下,至高阙为塞。山下有长城,连山
> 刺天。其山中断,两岸双阙,善能云举,望若阙焉。即状表目,故有高阙之名焉。
> 自阙北出荒中,阙口有城,跨山结局,谓之高阙戍,自古迄今,常置重捍,以防塞道。

除了上述对这些地理事物从军事上作评价以外,《水经注》有关军事地理记载的另一个方面,就是描述历史上的重要战争。前面已经提及,《水经注》记载了历史上发生的许多战争。对于有些战役,注文描述得十分详细。而且常常与战场的山川地形相联系,所以具有重要的军事地理价值。卷十七《渭水》经"又东过陈仓县西"注中,记载了诸葛亮对陈仓城的进攻和失利过程。注云:

> (陈仓)县有陈仓山,……魏明帝遣将军太原郝昭筑陈仓城,成。诸葛亮围
> 之。亮使昭乡人靳祥说之,不下。亮以数万攻昭千余人,以云梯、冲车,地道逼射
> 昭,昭以火射连石拒之。亮不利而还。

在明人罗贯中的《三国演义》中,描写了许多诸葛亮与司马懿在战场上斗智的故事,在罗贯中的笔下,诸葛无疑胜过司马。《水经注》中也记载了多次诸葛与司马的战争,诸葛其实常常失利。所以我在拙著《读水经注札记之四》中指出:"从《水经注》的记载评论此两人,司马或许高诸葛一筹。说得稳妥一点,也只是棋逢敌手。"⑥例如在上述注文记载的陈仓城战役中,魏方实际上也是司马懿指挥的。由于陈仓城建立在形势险要的陈仓山上,守御甚为有利,诸葛亮以数十倍的兵力,使用了云梯、冲车等当时的先进武器,并且挖掘了地道,但仍然无法攻下这座城堡。对于蜀方进攻所以失利的原因,注文中引用诸葛亮致其兄弟诸葛瑾的信中说:"山崖绝险,溪水纵横,难用行军。"诸葛亮的这话,其实就是军事地理的分析,看来是正确的。

卷三十四《江水》经"又东迳巫县南,盐水从县东南流注之"注,记载了一次发生于长江三峡地区蜀刘备与吴陆逊之间的战役,也描写得有声有色。注云:

> 江水又东迳石门滩,滩北岸有山,山上合下开,洞达东西,缘江步路所由。刘
> 备为陆逊所破,走迳此门。追者甚急,备乃烧铠断道。孙桓为逊前驱,奋不顾命,
> 斩上夔道,截其要径。备逾山越险,仅乃得免。

这段记载把发生于这个险要地区的敌我双方的殊死战斗,写得淋漓尽致。败者固然施尽一切阻敌的自保的手段,如"烧铠断道","逾山越险",而胜者也尽其一切可能,"奋不顾命,斩上夔道,截其要径"。战斗的激烈,宛如亲睹。而整段战役的记载又和石门滩北岸的这种险峻万状的山川形势紧密结合,的确是不可多得的历史军事地理资料。

最后,在现代人文地理学领域中,旅游地理学是一门新兴的学科,但1400多年前写成的《水经注》,却已为我们积累了大量旅游地理的资料。前面已经论述了关于郦道元的"中国的自然之爱"。他在注文中对祖国各地的河山风景,作了大量生动的描写。此外,他又对各地的名胜古迹,宫殿楼阁,祠庙寺院,塔台园苑等,作了详尽的记载。所以《水经注》不仅是我国古代游记的典范,而且在开发现代旅游资源,复原古代名胜古迹等方面,也都具有重要价值。

四、地名学

地名学是一门研究地名的学科,它研究地名的形成、发展和变迁,以及地方命名的原则和得名的渊源。在我国,早在西汉成书的《穀梁传》[⑦]中,就提出了为后世广泛使用的地方命名原则之一:"水北为阳,山南为阳。"这就是说,聚落(或城邑)位于山岳以南或河流北岸者,命名为阳,如衡阳、浏阳等;位于山岳以北或河流南岸者,命名为阴,如华阴、淮阴等。另一本成书于先秦而到后汉重加整理的《越绝书》[⑧]中,也提出了"因事名之"[⑨]的地方命名原则。例如卷四十《浙江水》经"北过余杭,东入于海"注中的"秦望山",注云:"秦始皇登之,以望南海。"又如卷十九《渭水》经"又东过霸陵县北,霸水从县西北流注之"注中的"霸水",注云:"古曰滋水矣,秦穆公霸世,更名滋水为霸水,以显霸功。"所有这些例子,都说明地名研究在我国发轫甚早。

在人类活动的早期,由于生产力水平很低,人口不多,人的流动性也很小,因此地名是很少的。但以后随着生产力的发展和人口的增加,人们的活动范围扩大,地名也就不断增加。成书于战国时代的《禹贡》,前面已经介绍,是我国古代的一部虚构派地理名著。《禹贡》的虚构在于时代,书中的地名却是实有的,不过全书地名为数很少,不过130处。《山海经》的成书年代比较复杂,其中《五藏山经》的成书,可能早于《禹贡》,但另外的部分如《海内经》和《大荒经》都是秦以后到汉的作品。所以涉及地名就达1300余处。此后最重要的地理著作是《汉书·地理志》,记有地名4500多处。但所有这些古地理书,与《水经注》相比,在地名数量上都是望尘莫及。《水经注》记载的各类地名,为数约在两万处上下。作为一部地理书,拥有如此大量地名,确是前所未有的。《水经注》记载的大量地名,成为后世地名学研究的重要资料。

《水经注》是一部以叙述河流为主的地理著作,因此,河流地名是各类地名中数量最大的。前面已经提到《唐六典》所谓《水经》所引天下之水137,而《水经注》引其支流1252。但《水经注》记载的河流地名,实际上比《唐六典》大得多,约占全书所载地名的20%。

我们知道,凡是一个地名,往往由专名和通名两部分构成。例如北京市、昌平县、太行山、永定河,这里的北京、昌平、太行、永定都是专名,而市、县、山、河则是通名。在《水经注》记载的河流地名中,单单通名就有河、水、江、川、渎、津、溪、涧、沟、流、究等多种。而各种通名,往往有它们的地域习惯。例如"河"在古代是黄河的专名,"江"在古代是长江的专名。这些专名后来都被作为通名使用。所以北方河流多称"河",而南方河流多称"江"。西南山区的河流多称"究",人工开凿的河流多称"渠",等等。这些都是从《水经注》研究地名学首先必须具备的知识。

上面说到,《水经注》记载的全部河流,包括干支流在内,总数为一千多条,但全书河流地名的总数竟达四千左右。主要原因是,每一条河流往往有许多旁名别称,在地名学上称一地多名。《水经注》记载了许多河流的旁名别称,从地名学研究的角度来说,这些都是很重要的资料。以黄河为例,这条北方大河,按不同习惯、地区和段落,在《水经注》中就有河水、河、大河、黄河、浊河、逢留河、上河、孟津河等许多不同名称。当然,黄河是一条全国性的大河,这样的大河有一些旁名别称是难免的。但较小的河流也常常有许多别名,卷二十六《巨洋水》经"巨洋水出朱虚县泰山,北过其县西"注中列举了巨洋水的别名:"巨洋水,即《国语》所谓具水矣,袁宏谓之巨昧,王韶之以为巨蔑,亦或曰朐㳽,皆一水也"。像这样一条小河,却也有巨洋水、具水、巨昧、巨蔑、朐㳽 5 个名称,河流地名中的一地多名现象,于此可见。

在地名学的研究中,除了一地多名以外,还有一种异地同名的现象,而《水经注》在这方面也提供了大量资料。从河流地名来说,这种现象就叫异河同名。通过《水经注》进行研究,可知河流地名中最容易发生异河同名现象的是方位词命名的河流。如南水、北水、上河、下河等等。以卷二十《漾水注》一篇为例,在此一篇中,共有冠以方位词"南"的河流 2 条,冠以方位词"西"的河流 7 条,冠以方位词"东"和"北"的河流各 6 条,造成了大量异地同名的现象。另一种容易造成异河同名现象的是以色泽命名的河流,如黄水、白水、清河、浊河等等。以卷一《河水注》到卷五《河水注》的 5 篇为例,5 篇之中,共有以"黑"为名的河流 5 条,以"白"为名的河流 4 条,以"赤"或"丹"为名的河流 4 条,以"黄"为名的河流 3 条。

以上所举的一河多名和异河同名现象,只是一地多名和异地同名现象在河流地名中的表现。在其他地名中也是一样。例如,在山岳地名中,同样存在一山多名和异山同名的现象,而泉水地名中也同样存在一泉多名和异泉同名的现象。《水经注》中众多的地名,为地名学的研究提供了丰富的资料。

前面已经提到中国古籍中所记载的一些地方命名原则,这实际上就是我国早期的地名学研究。地方命名的原则,直接关系到地名渊源的解释,而传统的中国地名学,主

要的内容就是地名解释。我国古籍中最早涉及地方命名原则的,是上面已经提到的
《穀梁传》和《越绝书》等。但上述两书在这方面的阐述都比较简单。到了《水经注》,
对地方命名的原则,就开始全面化和系统化。卷二《河水》经"又东入塞,过敦煌、酒
泉、张掖郡南"注云:

> 应劭《地理风俗记》曰:敦煌(殿本在此下案云:此当有脱文)、酒泉,其水甘若
> 酒味故也;张掖,言张国臂掖,以威羌狄。……《汉官》曰:秦用李斯议,分天下为
> 36 郡。凡郡,或以列国,陈、鲁、齐、吴是也;或以旧邑,长沙、丹阳是也;或以山陵,
> 太山、山阳是也;或以川原,西河、河东是也;或以所出,金城城下得金,酒泉泉味如
> 酒,豫章樟树生庭,雁门雁之所育是也;或以号令,禹合诸侯,大计东冶之山,因名
> 会稽是也。

以上列举的,特别引《汉官》的一段,所说其实就是我国郡名的命名原则。虽然秦
按这个原则为郡命名时,郡数只有 36,而到了汉代,郡国之数就超过 100。到了南北
朝,刘宋的郡国超过 300,萧齐的郡国更超过 400,而郦道元所在的北魏,郡国竟超过
600。数量虽然大为增加,但命名的原则却并无变化。

地方命名的原则当然重要,但是到底还是一个总的原则,不可能代替具体的地名
解释。因此,以后的不少地理书,开始负担起解释地名的任务。在我国古籍中,最早解
释地名的是《越绝书》和《汉书·地理志》。对于前者,我在拙撰《点校本越绝书序》[⑩]
中曾经提出:"我国的传统地名学以地名渊源的解释为主流。《汉书·地理志》有 40
余处地名解释,曾被认为是我国地名学研究的嚆矢。其实,《越绝书》成书早于《汉
志》,而其中地名渊源解释超过 30 处,前面已经提及的练塘、[⑪]朱余[⑫]等条均是其例,
所以此书在地名学研究中的意义,并不下于《汉书·地理志》。"至于《汉书·地理
志》它所作的地名渊源解释,如在京兆尹下解释华阴:"太华山在南"。这就是《穀梁
传》"水北为阳,山南为阳"的命名原则。又如在敦煌县下解释瓜州:"地生美瓜。"
这就是《越绝书》"因事名之"的命名原则。《汉书·地理志》以后,不少地理书都增
加了解释地名的内容。到了晋代,京相璠编纂的《春秋土地名》一书,其实就是《春
秋》一书的地名词典,可惜早已亡佚。在所有这些解释地名的古代地理书中,解释
地名数量最大的无疑是《水经注》,它所解释的地名共有 2400 多处,是它以前的一
切地理书所不可比拟的。

《水经注》的地名解释,不仅数量大,而且内容丰富多彩。把它所解释的 2400 多
处地名,按其性质归纳整理一下,大概可以分成 24 类。现在把这 24 类地名列成一表,
每类举几个地名,并选出其中一个,写出《水经注》所解释的内容。全表如下:

地名类别	地名举例	地名解释举例
人物地名	项羽堆(《济水注》)、白起台(《沁水注》)、石勒城(《汾水注》)、子胥渎(《沔水注》)。	卷七《济水》经"与河合流,又东过成皋县北,又东过荥阳县北,又东至砾溪南,东出过荥泽北"注:"羽还广武,为高坛,置太公其上,曰:汉不下。吾烹之。高祖不听,将害之。项伯曰:为天下者不顾家,但益怨耳。羽从之。今名其坛曰项羽堆。"
史迹地名	黄巾固(《济水注》)、薄落津(《浊漳水注》)、磨笄山(《漯水注》)、万人散(《渠注》)。	卷二十二《渠》经"又屈南至扶沟县北"注:"王莽之篡也,东郡太守翟义兴兵讨莽,莽遣奋威将军孙建击之于圉北,义师大败,尸积万数,血流溢道,号其处为万人散。"
故国地名	胡城(《颍水注》)、上庸郡(《沔水注》)、鄅聚(《淯水注》)、叶榆县(《叶榆河注》)。	卷二十二《颍水》经"又东南至新阳县北、滇蕗渠水从西北来注之"注:"颍水又东迳胡城东,故胡子国也。"
部族地名	倭城(《大辽水注》)、平襄县(《渭水注》)、僰道县(《江水注》)、文狼究(《温水注》)。	卷三十三《江水》经"又东南过僰道县北,若水、淹水合从西来注之;又东,渚水北流注之"注:"(僰道)县,本僰人居之。"
方言及外来语地名	半达钵愁(《河水注》)、唐述山(《河水注》)、五泄(《渐江水注》)、阿步干鲜卑山(《河水注》)。	卷一《河水》经"屈从其东南流,入渤海"注:"菩萨于瓶沙随楼那果园中住一日,日暮便去半达钵愁宿。半达,晋言白也;钵愁,晋言山也。"
动物地名	雁门(《河水注》)、神蛇戍(《漾水注》)、猪兰桥(《沔水注》)、弔鸟山(《叶榆河注》)。	卷三十七《叶榆河》经"益州叶榆河,出其县北界,屈从县东北流"注:"众鸟千百为群,其会鸣呼啁哳,每岁七八月至,十六七日则止,一岁六至。……俗言凤凰死于此山,故众鸟来吊。"
植物地名	榆林塞(《河水注》)、蘽桑河(《漯水注》)、香陉山(《鲍丘水注》)、菊水(《湍水注》)。	卷二十九《湍水》经"湍水出郦县北芬山,南流过其县东,又南过冠军县东"注:"(菊)水出西北石涧山芳菊溪,……源旁悉生菊草,潭涧滋液,极成甘美。"
矿物地名	仓谷(《清水注》)、玉石山(《圣水注》)、北井县(《江水注》)、锡方(《湘水注》)。	卷三十八《湘水》经"又东北过泉陵县西"注:"其山多锡,亦谓之锡方矣。"

续表

地名类别	地名举例	地名解释举例
地形地名	平原郡（《河水注》）、平皋城（《济水注》）、一合坞（《洛水注》）、高平山（《泗水注》）。	卷五《河水》经"又东北过杨虚县东，商河出焉"注："《地理风俗记》曰：原，博平也，故曰平原矣。"
土壤地名	沙州（《河水注》）、斥漳（《浊漳水注》）。	卷十《浊漳水》经"又东北过斥漳县南"注："应劭曰：其国斥卤，故曰斥漳。"
天候地名	风山（《河水注》）、风穴（《灢水注》）、伏凌山（《鲍丘水注》）、风井山（《夷水注》）。	卷十四《鲍丘水》经"鲍丘水从塞外来，南过渔阳县东"注："山高峻，岩障寒深，阴崖积雪，凝冰夏结，事同《离骚》峨峨之咏，世人因以名山也。"
色泽地名	白水（《漾水注》）、墨山（《丹水注》）、白盐崖（《江水注》）、赤濑（《渐江水注》）。	卷二十《漾水》经"又东南至广魏白水县西，又东南至葭萌县，东北与羌水合"注"白水西北出于临洮县西南西倾山，水色白浊。"
音响地名	磊磊水（《沁水注》）、岚谷（《沔水注》）、石钟山（《水经注佚文》）。	卷九《沁水》经"南过谷远县东，又南过陭氏县东"注："（沁水）又南与磊磊水合，水出东北巨骏山，乘高泻浪，触石流响，世人因声以纳称。"
方位地名	河北县（《河水注》）、南郭（《洛水注》）、丙穴（《沔水注》）、北井（《江水注》）。	卷二十七《沔水》经"沔水出武都沮县东狼谷中"注："褒水又东南得丙水口，水上承丙穴，穴出嘉鱼，常以三月出，十月入。……穴口向丙，故曰丙穴。"
阴阳地名	淇阳城（《淇水注》）、蒙阴水（《沂水注》）、朝阳县（《白水注》）、营阳县（《湘水注》）。	卷三十八《湘水》经"又东北过泉陵县西"注："营水又东北迳营浦县南，营阳郡治也。……在营水之阳，故以名郡矣。"
形象地名	灵鹫山（《河水注》）、鸡翅洪（《洭水注》）、明月池（《沔水注》）、石匮山（《渐江水注》）。	卷二十七《沔水》经"又东过成固县南，又东过魏兴安阳县南，涔水出自旱山北注之"注："（壻水）北有七女池，池东有明月池，状如偃月。"
比喻地名	剑阁（《漾水注》）、黄金戍（《沔水注》）、铁城（《沔水注》）、腾沸山（《淯水注》）。	卷二十《漾水》经"又东南至广魏白水县西，又东南至葭萌县，东北与羌水合"注："连山绝险，飞阁通衢，故谓之剑阁。"

续表

地名类别	地名举例	地名解释举例
相关地名	金城河(《河水注》)、安民亭(《济水注》)、马溺水(《浪水注》)、春陵乡(《湘水注》)。	卷二《河水》经"又东过金城允吾县北"注:"河至金城县,谓之金城河,随地为名也。"
对称地名	北舆县(《河水注》)、内黄县(《淇水注》)、小成固(《沔水注》)、南新市(《涢水注》)。	卷三《河水》经"又东过云中桢陵县南,又东过沙南县北,从县东屈南,过沙陵县西"注:"(武泉)水南流又西屈,迳北舆县故城南,按《地理志》,五原有南舆县,王莽之南利也,故此加北。"
数字地名	四渎(《河水注》)、十二崿(《淇水注》)、九渡水(《澧水注》)、五岭(《湘水注》)。	卷三十七《澧水》经"又东过零阳县之北"注:"澧水又东,九渡水注之。…水自下历溪,曲折逶迤倾注,行者间关,每所褰沂,山水之号,亦因事生也。"
词义地名	景山(《济水注》)、鲸滩(《沔水注》)、栋山(《浙江水注》)、敦煌(《水经注佚文》)。	《水经注佚文》:"应劭《地理风俗记》曰:敦煌,敦,大也;煌,盛也。"
复合地名	郏鄏(《榖水注》)、牂柯水(《温水注》)、赣县(《赣水注》)。	卷三十六《温水》经"东北入于郁"注:"牂柯,亦江中两山名也。"
神话地名	马邑(《灅水注》)、陈宝鸡鸣祠(《渭水注》)、逃石(《溱水注》)、怪山(《浙江水注》)。	卷四十《浙江水》经"北过余杭,东入于海"注:"本琅邪郡之东武海中山也,飞来徙此,压杀数百家。《吴越春秋》称,怪山者,东武海中山也,一名自来山,百姓怪之,号曰怪山。"
传讹地名	寒号城(《圣水注》)、树亭川(《渭水注》)、寡妇水(《汝水注》)、千令洲(《江水注》)。	卷二十一《汝水》经"又东南过颍川郏县南"注:"迳贾复城北复南,击郾所筑也。俗语讹谬,谓之寡妇城,水曰寡妇水。"

　　《水经注》以后,地名渊源的研究,几乎成为我国一切地理书中的必有项目,而且常常引用《水经注》的成果。经过长期的积累,我们在地名渊源的解释中,已经拥有了大量的资料。而《水经注》在这方面贡献是特别卓著的。

五、语言学和文学

《水经注》当然是一部学术著作,而并不是一部文学著作。但是郦道元撰写此书,除了占有大量资料,使此书具有十分丰富的学术内容外,也同时重视语言文字的运用,使全书写得生动活泼,趣味盎然,在语言学和文学上也有很高价值。

郦道元撰写《水经注》,他所运用的语言是十分丰富的。在我国历史上,郦氏历来被称为描写风景的能手。他描写风景的特点之一,就是语言新颖,不用前人的套语滥调。例如,按《水经注》的内容,必然要描写河流上源的许多清澈的溪泉。关于这方面,郦道元的描写手法就显得高人一筹。他在卷二十二《洧水》经"又东南过长社县北"注中描写滧泉的清澈:"俯视游鱼,类若空悬矣"。卷三十七《澧水》经"澧水出武陵充县西,历山东过其县南"注中描写茹水的清澈:"水色清澈,漏石分沙。"前面已经提及明末清初学者张岱所说的:"太上郦道元,其次柳子厚"的话。柳宗元在其著名的《永州八记》中有一篇《至小丘西小石潭记》,这里也描写了潭水的清澈:"潭中鱼可百许头,皆若空游而无所依。""皆若空游而无所依",实在就是从郦氏的"鱼若空悬"一语中得来的。我曾经评论过郦、柳之间这一掌故。我说:

> 当然,前代的学问和经验,总是由后代继承而不断发展的。柳宗元在写景技巧上吸取郦道元之长,是很自然的事。张岱所说的"太上"和"其次",看来并无不当之处。[13]

《水经注》在语言运用上的另一个特点是多变。因为尽管是十分生动的语言,但在经过多次使用以后,也会使人感到枯燥刻板,因此,郦道元经常注意语言的变化。即使同一性质的事物,他在描写时也努力做到语言上的推陈出新,使读者有新鲜生动之感。例如瀑布,这是《水经注》经常描写的事物,但郦道元并不一成不变地使用瀑布这个词汇。在全书中,他所使用的,作为瀑布同义词的词汇,还有"泷"、"洪"、"悬流"、"悬水"、"悬涛"、"悬泉"、"悬涧"、"悬波"、"颓波"、"飞清"等等,语言变化,真是层出不穷。

《水经注》语言所以特别生动丰富,一个很重要的原因,是郦道元善于吸取群众的语言。郦道元用这样的语言来充实自己的著作,真是事半功倍。例如,郦道元是坚决反对和谴责秦始皇的暴政的。前面已经引述了卷三《河水》经"屈东过九原县南"注中杨泉《物理论》所引的一段民歌:"生男慎勿举,生女哺用铺,不见长城下,尸骸相支拄。"郦道元在这段民歌以后,用自己的语言只说了一句:"其冤痛如此矣。"因为他懂得,要揭露这个大暴君的残酷无道,利用上述民歌,比写多少声讨的文章都能感人心弦。

《水经注》经常要描写各种河川航道,在这方面,郦道元往往利用当地的渔歌和船谣,这就使他的著作生色不少。在卷三十四《江水》经"又东过夷陵县南"注中,在描写

长江三峡中礁石参差,河道曲折的河段时,他写道:

> 江水又东迳黄牛山下,有滩名曰黄牛滩,南岸重岭迭起,最外高崖间有石,色如人负刀牵牛,人黑牛黄,成就分明。既人迹所绝,莫得究焉。此岩既高,加以江湍纡迴,虽途经信宿,犹望见此物。故行者谣曰:朝发黄牛,暮宿黄牛,三朝三暮,黄牛如故。言水路纡深,迴望如一矣。

如上文,黄牛一谣,虽然短短四句,但以之描写山高江曲,真是绝妙好文,千古不移。在卷三十八《湘水》经"又东北过重安县东,又东北过酃县西,承水从东南来注之"注中,运用渔歌描写了湘水的曲折。注云:

> 自长沙至北,江湘七百里中,有九向九背。故渔者歌曰:帆随湘转,望衡九面。

当然,不管江道曲折到何种程度,要看到衡山的九面,总是不可能的。但渔歌是一种民间文学,这是民间文学所采用的夸张手法,也是民间文学的语言精华。郦道元吸取了这样的语言精华,丰富了他的著作。在《水经注》全书中,郦道元吸取的这种民间语言是很多的。例如卷十八《渭水》经"又东过武功县北"注中,为了描写秦岭之高,注文采用了俗谚:"武功太白,去天三百。"又如卷十九《渭水》经"又东,丰水从南来注之"注中,注文又利用老百姓的歌谣,鞭挞祸国殃民的王氏五侯。注云:

> 前汉之末,王氏五侯大治地宅,引沄水入长安城。故百姓歌之曰:五侯初起,曲阳最怒,坏决高都,竟连五杜,土山渐台,像西白虎。

像上述这许多歌谣谚语的运用,大大丰富了《水经注》的语言,增加了注文的感染力,使此书倍增光彩。

《水经注》的语言运用,还有一个重要的特色,就是郦道元不回避外来语言。例如卷二《河水》经"又东过金城允吾县北"注中记及的阿步干鲜卑山,就是一个鲜卑语地名。前面提到北魏国君拓跋宏曾下令禁止在朝廷中说鲜卑语。在这一点上,郦道元的看法或许和拓跋宏不同,在他撰写的《水经注》中,不仅保留了鲜卑语,而且也保留其他许多少数民族的语言。上述阿步干鲜卑山这个地名,清初郦学家全祖望曾在他的《七校水经注》中作了考证。他说:

> 阿步干,鲜卑语也。慕容廆思其兄吐谷浑,因作阿干之歌,盖胡俗称其兄曰阿步干。阿干,阿步干之省也。今兰州阿干山谷、阿干河、阿干城、阿干堡、金人置阿干县,皆以阿干之歌得名。

由此可知,阿步干在鲜卑语中是"兄"的意思。这类外来语在《水经注》中很多,卷三《河水》经"又北过北地富平县西"注中的薄骨律镇也是一例。注云:

> 河水又北,薄骨律镇城在河渚上,赫连果城也,桑果余林,仍列洲上,但语出戎方,不究城名。

　　这里所说的"语出戎方",指的是赫连勃勃,即十六国时期的夏的建立者,他属于匈奴的铁弗部。因此,薄骨律镇可能是一种匈奴语系的地名。郦道元所在的时代,正是"地理大交流"的时代,从北方草原进入华北的许多操不同语言的民族,他们有的把自己原有的地名带到新领地,这情况与华北汉人到江南建立侨郡、侨县一样;有的则以自己的语言在新领地命名地名。由于民族复杂,语言复杂,所以地名也很复杂。在北魏当代,这些地名已经难以解释,郦道元只好把这些无法解释的地名,笼统地称为"北俗谓之"。郦氏自己世居华北,他所说的"北俗",当然指的华北以北。郦道元把这些地名记录下来,也就是把许多民族的语言保存了下来。真是功德不浅。仅在卷三《河水》经"又南过赤城东,又南过定襄桐过县西"这样一条经文之下,主要在今山西省境内,注文用"北俗谓之"一语记录的民族语言地名就有很多,如下表所列:

山岳	河川	城邑	其他
大浴真山	大浴真水	北右突城	契吴亭
敢贷山	敢贷水	可不渥城	仓鹤陉
乌伏真山	可不渥水	昆新城	大谷北堆
吐文山	吐文水	故樊迴城	
	太罗水	太罗城	
	灾豆浑水		
	大谷北水		
	诰升衮水		
	树颓水		

　　《水经注》在卷二《河水注》一篇中,记载了古代西域这个民族众多、语言纷歧的地区,郦注记载的这些地名,现在成为这个民族和语言历史博物馆的见证。凡是研究古代西域,都必须研究《水经注》记载的西域地名。正如我在新疆大学苏北海教授所撰《西域历史地理》[⑭]一书序中所指出的:"我从《西域历史地理》一书中又一次看到了地名学与历史地理学之间的密切关系,在此书不少专题的讨论中,地名学好像是一把钥匙,它能解决其中的许多关键问题。"

　　在古代西域包括甘肃一带,历来流行的语言有佉卢语、维吾尔语、粟特语、吐火罗语(包括焉耆语和龟兹语)、梵语、波斯语等。例如佉卢语(Kharasthi),原来是一种印度俗语(Prakrid),流行于古代印度西北部。但它在公元3—4世纪,即印度的贵霜王朝时期,曾在今新疆塔里木盆地流行,斯坦因(M. A. Stein)曾在南疆尼雅遗址(今民丰县境)获得大量佉卢文书。卷二《河水》经"其一源出于阗国南山,北流与葱岭所出河合,又东注蒲昌海"注中记载的地名如精绝(Cad'ota)、子合(Cukupa)等,就都是佉卢语。而至今仍然存在的疏勒一名,维吾尔语作 Qasǧar,但一说来自佉卢语的 Kharostra,一说来自粟特语的 Sogdag,犹待进一步研究。但是《水经注》所记载的这个地区的另外一些外来语地名,却是十分容易找到语言根据的,例如在前面有关地名解释的列表中"方言及外来语地名"中的半达钵愁。《水经注》对这个地名的解释:"半达,晋言白也;钵愁,晋言山也"。完全正确,因为它实在就是梵语白山(Punda Vasu)一词的音译。

　　从地理分布来说,语言并不是固定不变的,使用某种语言的人群发生了迁移现象,语言也随着迁移。而语言迁移最清楚的标志之一就是地名。例如,在春秋战国甚至更远古的时代,今浙东一带是越族聚居的地区,流行越语,当时的地名当然也都是越语地名。秦始皇占领这个地区以后,越族被迫流散。辗转播迁到今西南地区,即所谓百越。随着语言的迁移,地名也同时迁移。浙东的越语地名,最常见的用词是"无"、"句"、"朱"、"乌"、"余"等。现在,我们从《水经注》记载的东南地区河流如沔水、浙江水等篇与西南地区的河流如温水、叶榆河、若水等篇相比较,可以清楚地看出这种地名迁移也就是语言迁移的现象。

含"无"、"毋"的地名

东南地区		西南地区	
沔水注	无锡县	若水注	小会无、会无、会无县
浙江水注	无余国、句无、句无县	存水注	毋敛水
		温水注	无变、无劳究、无劳湖、毋掇县、毋单县、毋敛县、毋血水。
		叶榆河注	无切县

含"句"的地名

东南地区		西南地区	
沔水注	句章、句章县、句余、句余山、句余县	若水注	乌句山
		温水句	句町县、句町国
浙江水注	句无、句无县、句章县	叶榆河注	句漏县

含"乌"的地名

东南地区		西南地区	
沔水注	乌上城	若水注	驹山、乌枕
浙江水注	乌程县、乌伤县		

含"朱"的地名

东南地区		西南地区	
浙江水注	朱室、朱室坞	桓水注	朱提郡
		若水注	朱提山、朱提县、朱提郡
		温水注	朱崖、朱崖州、朱崖郡、朱涯水、朱吾浦、朱吾县
		叶榆河注	朱戴县

含"姑"的地名

东南地区		西南地区	
沔水注	姑孰县	若水注	姑复县
浙江水注	姑蔑	淹水注	姑复县
		叶榆河注	姑复县

含"余"的地名

东南地区		西南地区	
沔水注	余杭县、余姚县、余暨县	叶榆河注	余发县
浙江水注	余杭县、余衍县、余发溪、余暨县、余干大溪、三余		

以上所列的都是《水经注》记载的少数民族和外来语地名。除了地名以外,《水经注》还记入了不少少数民族和外来语的一般词汇。例如所述古代越族聚居的浙东地区,卷四十《浙江水》经"北过余杭,东入于海"注中记载五洩瀑布:"此是瀑布,土人号为洩也。"现在这一带除五洩瀑布作为一个名胜存在外,再也无人称瀑布为"洩"了。所以"洩"很可能就是古代越语。在卷一《河水》经"屈从其东南流,入渤海"注中,注文中有不少梵语。例如:"王田去宫一据,据者,晋言十里也。"这个"据"是梵语据栌舍(krōsa)的省译,是古代印度流行的一种度量单位。卷一《河水注》中还有一个古代印度的度量单位:"维邪离国去王舍城五十由旬",又"渡河南下一由巡"。这里的"由旬"和"由巡",都是梵语 Yodjana 的音译。由旬(由巡)的解释比较复杂,说法较多,以艾德尔所说为是。[15]此卷注文中又说:"河边左右,有二十僧伽蓝。""僧伽蓝"是梵语 Sangharama 的省译。其意译就是寺院。此外,注文中提到:"或人覆以数重吉贝。""吉贝"一词,《水经注》当然来自梵语。但其实原始于马来语 Kapog,意译就是木棉。从这些例子可见,郦道元撰写《水经注》,并不回避方言和外来语。这不仅丰富了他的写作语言;从今天来看,使此书在语言学研究中也具有很大价值。

除了语言学以外,《水经注》在文学上的意义也是众所公认的。前面已经介绍了郦道元描写自然风景的著名两段,即《河水注》中的孟门瀑布和《江水注》中的长江三峡。这两段都是《水经注》真实地描写自然风景的例子。这种真实的基础,有的是郦道元自己的亲身实践,有的则是他人的亲身实践。在这种真实的基础上,加以文学的夸张和渲染。这样的描写,既没有脱离事物的本来面貌,又能使事物表现得更栩栩如生。

除了真实性以外,郦道元也常常注意使写作富于故事性。故事性不仅可以吸引读者,提高兴趣;而故事的本身,又具有褒贬人物.表达作者意愿的作用。所以郦道元总是不遗余力地搜罗各种故事,穿插在他的著作之中。例如卷十九《渭水》经"又东过霸陵县北,霸水从县西北流注之"注中记及虎圈这个地名时,注文引述了一个生动的故事:

> 霸水又迳秦虎圈东,《列士传》曰:秦昭王会魏王,魏王不行,使朱亥奉璧一双。秦王大怒,置朱亥虎圈中,亥瞋目视虎,眦裂血出溅虎,虎不敢动,即是处也。

这样的故事,真正有声有色,可使一座皆惊。朱亥,当然是作者所要赞赏的一位英雄。

在同卷同条注文下,为了解释戏水这个地名,作者又引述了一个故事。注云:

> 渭水又东,……戏水注之。……昔周幽王悦褒姒,姒不笑,王乃击鼓举烽,以征诸侯,诸侯至,无寇,褒姒乃笑,王甚悦之。及犬戎至,王又举烽以征诸侯,诸侯不至,遂败幽王于戏水之上,身死于丽山之北。

这个故事的意义,和郦道元为什么要在他的著作中穿插这样的故事,都是显而易见的。在全部《水经注》中,这样的故事多得不胜枚举。故事当然具有警世劝人的意义,但是也增添了著作的趣味,并且大大提高了《水经注》的文学价值。

此外,郦道元还使用其他许多文学手法以提高他描写事物的生动性和感染力。卷十五《洛水》经"东北过卢氏县南"注中对鹈鹕山的描写即是其例。注云:

> (黄亭溪)水出鹈鹕山,山有二峰,峻极于天,高崖云举,亢石天阶,猿徒丧其捷巧,鼯族谢其轻工。及其长霄冒岭,层霞冠峰,方乃就辨优劣耳,故有大小鹈鹕之名矣。

"猿徒丧其捷巧,鼯族谢其轻工",用这样的生动语言来烘托山的高峻,真是别出心裁。这种修辞手法在《水经注》里是常用的。

概括的手法,也是郦道元所常用的文学技巧。这种手法的运用,使《水经注》文字简洁,内容精炼。例如卷十九《渭水》经"又东,丰水从南来注之"注中记载的秦阿房宫。以此宫之大,如要详细描写,就需要大块文章,好像后来杜牧所写的《阿房宫赋》一样。但郦道元抓住要领,突出其中的"可坐万人,下可建五丈旗",说明建筑的庞大和崇高,真是高度的概括。在同卷同条经文下的记载汉武帝建造的建章宫,对于这座奢华的巨大宫殿,注文也不作冗复的描述,只是指出:"建章宫,汉武帝造,周二十余里,千门万户"。"周二十余里,千门万户",这两句话,概括了这座占了如此地面的巨大建筑中的多少宫殿室宇,亭台楼阁,园苑庭榭。

《水经注》在语言学和文学上所取得的成就,当然是郦道元对后世的重大贡献,而且对我们来说,也是一种重要的启发。枯燥、刻板,并不是学术著作不可避免的特点,学术著作是可以写得生动活泼,甚至富有文学价值的。当然,这就要求我们的科学家们也能学一点文学,讲究一些写作技巧。在这方面,一千四百多年前的郦道元已经为我们作出了榜样。

六、其他学科

《水经注》除了在地理学、地名学、语言学和文学等几个方面作出了重要的贡献外,在其他许多学科,如历史学、考古学、金石学、碑版学、文献学等方面,也都提供了有用的资料,作出了贡献。

首先是历史学。《水经注》虽然是一部地理书,但是它也拥有大量的历史资料,在历史学的研究中很有价值。可以举一个例子,中国从汉朝起,封建帝王除了将土地分封给自己的子孙外,同时也分封一部分土地给将相大臣中的各色代表人物,这种分封的地区一般称为侯国。侯国是十分不稳定的,由于士大夫官僚集因内部的倾轧斗争,受封者随时可能得咎罢黜,因而时封时废,变化频仍,历代史籍往往疏于记载,但《水经注》在这方面显然比其他史籍记载得完整。清代的著名史学家钱大昕,就是根据《水经注》的记载,对历史上的侯国作了详细的研究。他在其所撰《潜研堂答问》卷九中说:"汉初功臣侯者百四十余人,其封邑所在,班孟坚已不能言之,郦道元注《水经》,始考得十之六七。"这里说明,由于侯国建置的极不稳定,班固(孟坚)在撰《汉书》时就已经无法考实,但郦道元在其后4个多世纪,却考证出了十之六七,说明了郦氏用功之勤,也说明了《水经注》在这方面的史料价值竟超过《汉书》。

钱大昕所发现的关于《水经注》在侯国记载上超过《汉书》的这个事实,在史学上具有重要意义。因为历代以来,学者们以正史为权威,特别是像《汉书》这样的正史,不少人认作经典。他们常常习惯于据正史以批评它书。据正史以校勘它书。当然,一般说来,以正史为圭臬,或许不致造成多大偏差。但是假使不加区别地迷信正史,其结果就会适得其反。《水经注》也还有在其他方面超过正史的例子。

上面说到在侯国的建置兴废中,《水经注》的记载超过《汉书》。其实在行政区划中,不仅是侯国,即使是相对稳定的郡、县,《水经注》的记载,也有可以校勘正史之误的。例如卷二十八《沔水》经"又东过牛渚县南,又东至石城县"。在这条经文之下,戴

震在殿本中云："案牛渚乃山名,非县名。"赵一清在注释本中说得更清楚:"牛渚圻名,
汉未尝置县也。"杨守敬在注疏本中说:"《通典》,当涂县有牛渚圻,《地理通释》十二
引《舆地志》,牛渚山北谓之采石。"这些学者的见解,主要是,第一,因为《汉书·地理
志》和《后汉书·郡国志》均不载牛渚县,所以他们说:"汉未尝置县也";第二,因为
《通典》和《舆地志》等书都有牛渚圻或牛渚山的记载,所以他们认为《水经》的牛渚县
是牛渚圻或牛渚山之误。

郦道元撰《水经注》,凡是《水经》有讹,他在注文中必加以纠正。在上述这条经文
之下,郦道元所作的注文是:

> 经所谓石城县者,即宣城郡之石城县也。牛渚在姑孰、乌江两县界中,于石城
> 东北减五百许里,安得迳牛渚而方届石城也。盖经之误也。

这里,郦道元确实纠正了《水经》的错误,但他所纠正的,只是牛渚县的位置,并不
是牛渚县的建置。为了纠正牛渚县的位置,他提出了姑孰、乌江这两个县名。而其中
的姑孰县,恰恰也是《汉书·地理志》和《后汉书·郡国志》所不载的。《水经》所书的
县名中,上述《两汉志》不载的尚多,如卷十四《沔水篇》中的临沔县,卷四十《禹贡山水
泽地篇》中的金兰县等均是其例。这些县名,郦氏不仅不在注文中纠谬,而且有时还
加以肯定。以金兰县为例,卷三十二《决水》经"又北过安丰县东"注云:"其水导源庐
江金兰县西北东陵乡大苏山,即淮水也。"这里,这个《两汉志》所不载,其实也是《晋
书·地理志》、《宋书·州郡志》、《南齐书·州郡志》所不载的金兰县,郦道元不仅说出
它所属的庐江郡,还说出了它所属的东陵乡,言之凿凿,说明这个县是存在的。那么,
同样为上述五志所不载的牛渚县和姑孰县,我们也没有理由否定它们的建置。

学者们认为牛渚是山名,牛渚山或牛渚圻(矶)是存在的。牛渚圻首见于唐《通
典》,但比《通典》早得多的《越绝书》卷八,已记下了秦始皇到会稽的路程:"道度牛
渚,奏东安,东安,今富春,丹阳,溧阳,郫故,余杭,轲亭南,东奏槿头,道度诸暨,大
越。"上述路程中的地名,一望而知,都是城邑。则牛渚作为一个城邑,在先秦即已存
在。到了三国时代,据《吴书·全琮传》:"得精兵万人,出屯牛渚",则牛渚已是一个可
以屯兵万人的重镇。《通鉴地理通解》卷十二云:"孙皓时,以何植为牛渚督。"这是全
琮在此屯兵万人的旁证。到了东晋,牛渚就升格为一个侨州的州治,《通鉴》卷一百
《晋纪》二十二,穆帝永和十一年"镇寿春"胡三省注云:

> 南渡初,祖逖以豫州刺史,治谯城;永昌四年,祖约退屯寿春;成帝成和四年,
> 庾亮以豫州刺史,治芜湖;咸康四年,毛宝以豫州刺史,治邾城;六年,庾翼以豫州
> 刺史,治芜湖;永和元年,赵胤以豫州刺史,治牛渚。

上文清楚说明,牛渚在公元4世纪中期曾经作为豫州这个侨州的州治。豫州这个

侨州是数经播迁的,但曾经作过州治的谯、芜湖、邾三地,都是见于《两汉志》的县名。则牛渚县为《两汉志》所遗漏,大概可以无疑。

用《水经注》校勘《汉书》,不仅县名可得补正,比县名少得多的郡名也能校补,例如,卷二十二《渠》经"其一者,东南过陈县北"注云:

> (陈县)城内有汉相王君造四县邸碑,文字剥缺,不可悉识,其略曰:惟兹陈国,故曰淮阳郡云云。

如上文,则淮阳在汉代曾经建郡,但《汉书·地理志》仅列淮阳国,无此郡名。又如卷二十四《睢水》经"又东过相县南,屈从城北东流,当萧县南入于陂"注云:

> 相县,故宋地也;秦始皇二十二年,以为泗水郡;汉高帝四年,改曰沛郡,治此;汉武帝元狩六年,封南越桂林监居翁为侯国,曰湘成也;王莽更名。郡曰吾符、县曰吾符亭。

这里,郦道元把相县数百年来的历史沿革,地名变迁,写得完整明白,一目了然。如和《汉书·地理志》对比一下,相县之下,只有"莽曰吾符亭"一语。所以《水经注》记载的郡县沿革胜过《汉书·地理志》,实非虚语。

除了《两汉志》以外,《水经注》的郡县记载,对《晋书·地理志》也具有很大的校勘、补正价值。现在通行的《晋书》是唐太宗领衔主修的,它比郦注晚出得多,但在不少地方仍有赖于郦注的修补。例如卷三十五《江水》经"又东南过邾县南"注云:"晋咸和中,庾亮为西阳太守。"但《晋书·地理志》却失记西阳郡名。我们可以列举《水经注》记载有建置年代的晋朝县份,却都不见于《晋书》。

卷三十五《江水》经"又东北至江夏沙羡县西北,沔水从北来流注云之"注云:

> 沌水上承沌阳县之太白湖,……有沌阳都尉治。晋永嘉六年,王敦以陶侃为荆州镇此。

卷三十六《沫水》经"东南过旄牛县北,又东至越巂灵道县出蒙山南"注云:

> 灵道县,一名灵关道,……县有铜山,有利慈渚。晋太始九年,黄龙二见于利慈池,县令董玄之率民吏观之,以白刺史王濬,濬表上之,晋朝改护龙县也。

卷三十七《澧水》经"又东过零阳县之北"注云:

> 澧水又迳溇阳县,右会溇水,水出建平郡,东迳溇阳县南,晋太康中置。

卷三十九《赣水》经"又北过彭泽县西"注云:

> 循水出艾县西,东北迳豫宁县,故西安也,晋太康元年更从今名。

以上四例中列举的沌阳、护龙、溇阳、豫宁四县,按《水经注》所记,明明都是建置有年代可考的晋代县名,但《晋书·地理志》均失载。清毕沅根据《水经注》等书的记载,撰写了《晋书·地理志新补正》五卷,他在此书序中说:"撰《晋书》者,王隐、虞预、臧荣绪、谢灵运、干宝诸家,其王隐《晋书·地道记》及不著姓氏《晋书·地理志》与《晋地记》,见于郦道元《水经注》,类皆搜采广博,十倍于今。"这说明郦注之所以能够纠正史之谬,补正史之缺,是由于他的"搜采广博"。

以上所述的是《水经注》在历史学研究中的价值,也不过略举数端而已。与历史学有关的科学技术史,特别是水利史,《水经注》也能提供大量资料,前面已经介绍的不少古代水利工程均是其例。《水经注》对这些水利工程的记载非常详细,举凡工程的主要结构,工程效益,修建过程等,对今天的水利史研究都甚有裨益,因前面已多有述及,此处不再赘叙。

《水经注》记载了大量不同性质,不同时代,不同风格和不同建造技巧的古代建筑,这在我国建筑史研究中具有重要意义。《水经注》记载的古代宫殿,如卷十九《渭水注》中的阿房宫、建章宫、未央宫等,当然都是名闻遐迩的高大建筑。即使是一般建筑,也是各具风格,很有值得研究之处。例如卷十三《灅水》经"灅水出雁门阴馆县,东北过代郡桑乾县南"注中记载北魏首都的白台。注云:

> 台甚高广,台基四周列壁,阁道自内而升。国之图篆秘籍,悉积其中。

由此可知,白台是北魏的档案库,它的建筑特色是:"台基四周列壁,阁道自内而升"。因为是档案库。阁道自内而升,不仅安全,并且升登方便,而台基四周列壁,除了从档案库的安全考虑外,还可以增加台在外观上的雄伟。

卷二十八《沔水》经"又东过荆城东"注中记载了南北朝初期建于郢城的大暑台:"秀宇层明,通望周博,游者登之,以畅远情。"说明此台的设计者非常重视台的视野,即所谓"通望周博"。这又是一座别具风格的建筑物。

《水经注》对我国古代的园林建筑有大量记载。像卷十六《穀水》经"又东过河南县北,东南入于洛"注中的芳林园和华林园,注文描述得十分细腻,举凡园林的结构布局,园林内部的土石山水,亭台楼阁,都叙述得十分明白,对研究我国古代的造园艺术,具有重要的价值。

甚至对一般的祠庙寺观,《水经注》也常从建筑物的角度进行记载。卷十四《鲍丘水》经"又南至雍奴县北,屈东入于海"注中记载的土垠县观鸡水畔观鸡寺即是其例。注云:

> (观鸡)水东有观鸡寺,寺内起大堂,甚高广,可容千僧。下悉结石为之,上加涂塈,基内疏通,枝经脉散,基侧室外,四出炊火,炎势内流一堂尽温,盖以此土寒严,霜气肃猛,出家沙门,率皆贫薄,施主虑阙道业,故崇斯构,是以志道者多栖托焉。

这个观鸡寺,其建筑不仅拥有可容千僧的大堂,又具有适于低温地区的这种特殊的取暖保温结构,确是我国古代建筑中的卓越创造。诸如上述的例子,在《水经注》全书中不胜枚举,这些都是我国建筑史研究中的有用资料。

《水经注》的许多记载,对今日考古学的研究也很有裨益。近年以来,我国考古学曾经利用郦注记载,获得研究的线索和成果。以我国古代的佛塔建筑为例。古代的不少著名佛塔,由于年久塌圮,考证困难。但《水经注》在这方面的记载,使考古学者在考古发掘中获得了可以对证的文字依据。例如卷十六《穀水》经"又东过河南县北,东南入于洛"注中记载洛阳永宁寺九层浮图。注云:

> (渠)水西有永宁寺,熙平中始创也,作九层浮图,浮图下基方十四丈,自金露槃下至地四十九丈,取法代都七级,而又高广之。虽二京之盛,五都之富,利刹灵图,未有若斯之构。

这座浮图建于北魏熙平元年(516),到永熙三年,就被大火烧毁,其存在时间还不到二十年。所以除了郦道元目击记载以外,其他记载极少,而且多是第二手材料。中国科学院考古研究所洛阳工作队,根据《水经注》记载的资料,对洛阳城进行了考古发掘。在1973年发表了《汉魏洛阳城初步勘查》[⑯]一文,记述了考古成果:

> 永宁寺九层浮图塔基位于寺院正中,今残存高大夯土台基,残高约八米左右,塔基平面呈方形,分三层而上,顶上两层在今地面上屹立可见。底层夯基近方形,东西约一〇一米,南北约九八米,基高二点一米;中层夯基面积小,呈正方形,东西、南北各长五〇米,高约三点六米;顶层台基系用土坯垒砌,呈正方形,面积约有十米见方,残高二点二米。这与《水经注》所载永宁寺浮图下基方十四丈面积近似。

这项资料,说明了《水经注》记载的翔实可靠,它对今日的考古发掘工作很有价值。

《水经注》是我国第一部比较系统而完整的著录我国古代金石碑版的著作,为金石学和碑版学的研究提供了大量资料。全书记载的各种金石碑版,如前所述,共达357种,其内容包括河川、水利、山岳、交通、城邑、经界、地名、建筑、经籍、历史、人物、祠庙、陵墓等等。《水经注》记载的金石碑版,事实上就是一部从上古到北魏的金石录。在《水经注》以前,我国没有专门研究金石碑版的著作,在《水经注》以后,我国研究金石碑版的著作以北宋欧阳修的《集古录》、南宋赵明诚的《金石录》为著名。这些后来的金石汇编,虽然搜集的数量比《水经注》大得多,但在时间上要比《水经注》晚五百年以上,郦道元所目击的金石碑版,到那时绝大部分不仅早已损毁,就是拓本也多未流传。所以《水经注》著录的古代金石碑版,在这些后来的金石汇编中。大都已不存在。例如有关河川水利的金石碑版,《水经注》著录的从上古到北魏,总数超过20种(本书已选录了15种),但《集古录》和《金石录》在同一时代中都没有这一类金石碑版的著录。可见《水经注》著录的金石碑版在金石、碑版学研究中的重要意义。

本书前面已经指出,在《水经注》中指名引用的古代文献达480种。这是《水经注》对后世文献学研究的重要贡献。在《水经注》引用的古代文献中,有很大一部分现在都早已亡佚,其中有的古籍,如三国魏蒋济《三州论》,晋庾仲雍《汉水记》等,除《水经注》外,绝未见它书著录;有的古籍,如《林邑记》,《汉武帝故事》等,所引内容,除《水经注》外,绝未见它书引及。所以都是价值连城的资料。多少年来,学者在考据、校勘、辑佚等许多文献学研究中,实际上已经大量地利用了《水经注》的成果。《水经注》对于后世文献学的贡献不言而喻。

　　此外,《水经注》对我们古代民族、宗教、艺术等许多方面的研究工作,都能作出它的贡献,这里就不再一一赘述了。

注释:

① Joseph Needham. F. R. S. ,Sicence and Civilisation in China Vl,p. 259。

② 刘盛佳《我国古代地名学的杰作——水经注》,《华中师范学院学报》(哲学社会科学版)1983 年第 1 期。

③ 史念海《河山集二集》,三联书店 1982 年版。

④ 《明报月刊》1990 年 7 月号。

⑤ 《农书》卷一九。

⑥ 载《明报月刊》1990 年 11 月号。

⑦ 《穀梁传》僖公二十八年。

⑧ 参见拙作《关于越绝书及其作者》,《杭州大学学报》(哲学社会科学版)1979 年第 4 期。

⑨ 《越绝书》卷八。

⑩ 点校本《越绝书》,乐祖谋点校,上海古籍出版社 1985 年版。

⑪ 《越绝书》卷八:"练塘者,句践时,采锡山为炭,称炭聚,从炭渎至练塘,各因事名之"。

⑫ 《越绝书》卷八:"朱余者,越盐官也,越人谓盐曰余"。

⑬ 《读水经注札记之四》,《明报月刊》1990 年 11 月号。

⑭ 新疆大学出版社 1988 年版。

⑮ Ernest J. Eitel,Handbook of Chinese Buddhism being a Sanskrit – Chinese Dictionary with Vocabularies of Buddhist Terms,Tokyo Sanshusha,1904, P. 208;Yodjana,A measure of distance, variously computed as equal to a day's march [4650 feet] or 40 or 30 or 16 li [i. e33 $\frac{1}{2}$ or 10 or 5 $\frac{1}{2}$ English miles(由延,一种距离的度量单位,为各种不同计算的一日行程[4650 英尺]或40 或30 或16 里[即33 $\frac{1}{2}$或10 或5 $\frac{1}{2}$里])。

⑯ 《考古》1973 年第 4 期。

第九章　郦学——郦道元留给后世的财富

一、郦学的形成与学派的发展

前面已经提到,《水经注》由于包罗宏富,牵涉广泛,形成了郦学这样一门内容浩瀚的学问。这是郦道元留给后世的财富。一本书形成一门学问,这门学问从自然科学到人文科学,从语言学到文学,真是无所不包,无所不有。它不仅为古代学者所研究,而且也为现代学者所研究;不仅为国内学者所研究,而且也为国外学者所研究。对于中国学术界来说,这是一门影响深远的学问,也是一门值得自豪的学问。

郦学是学者在对《水经注》的不断研究中逐渐形成的。郦学怎样形成,当然要从《水经注》说起。此书的成书年代,至今尚无定论,前面已有所述,郦道元被害于孝昌三年(527),从此直到隋一统的半个多世纪中,华北战乱频仍,北魏首都洛阳曾数遭兵燹,这部巨著当年有几部抄本也不得而知,却能奇迹般地度过成书后最艰危的五十多年岁月。《隋书·经籍志》著录此书作 40 卷,显然仍是完璧。时至隋唐,国家承平,文化发达,传抄必有增加,这部巨著才开始为人们所渐知。所以隋代的《北堂书钞》,唐初的《初学记》等类书中,都收录了《水经注》的大量资料。《北堂书钞》虽非官方著作,但作者虞世南是大业年间的秘书郎,而且在编撰此书前不久参与过官修类书《长洲玉镜》的工作。故其撰述所据资料,无疑来自朝廷藏书。至于《初学记》,则是朝廷文化机构集贤院的集体编撰,资料当然出自内库。这说明在隋唐之初,《水经注》的传抄本流传尚不普遍。此后，杜佑修《通典》，李吉甫纂《元和郡县图志》，都曾引及郦注，但这些也都是官方著述，他们同样可以利用内库藏书。所以根据这些著作，还无法证明《水经注》当时已在民间流传。到了唐末，陆龟蒙诗说："水经山疏不离身"。①陆龟蒙虽然也当过几任小官，但不过是个普通文人，他已可随带郦注，说明《水经注》的传抄本，至此已经流入民间。

北宋初期的《太平御览》和《太平寰宇记》等书，都曾抄录《水经注》的大量资料。情况与隋唐一样，说明朝廷仍然藏有此书抄本，而且都是卷帙完整的佳本。以后，随着传抄的流行，私人收藏的本子显然有所增加，苏轼诗说："嗟我乐何深，《水经》亦屡读"。②苏轼读郦注确实是很认真的，在《石钟山记》一文中，他不仅引用了郦注的记载，并且还对它作了评论。其实，到了苏轼的时代，《水经注》的流传，除了传抄以外，刊本也开始出现。苏轼应该是看得到北宋的最早刊本，即成都府学宫刊本及元祐刊本的。不过根据他在《石钟山记》中所引的郦注文字，说明他所收藏的本子。远比成都刊本和元祐刊本完善。③尽管北宋出现的刊本都绝非佳本，但刊本的出现，对于郦注的普及和郦学的发展，无疑具有重要意义。

从隋唐到北宋，对于《水经注》的研究，还处于较低级的水平。主要是剪辑它所记载的各种资料，有的把这种资料进行分门别类，收入各种类书，如上述隋《北堂书钞》，唐《初学记》，宋《太平御览》等；有的则摘取其片言只语，作为其他书文的注释，如唐初司马贞作《史记索隐》，章怀太子注《后汉书》等等；也有的把郦注资料，按地区分类，录入全国总志或其他地理书，如唐《元和郡县图志》，宋《太平寰宇记》，《晏公类要》，《长安志》，《元丰九域志》等等。所有这些，当然属于《水经注》研究，不过研究的内容限于郦注的现成词句，其方法也不过各取所需，剪辑这些词句而已。这种初级的郦注研究，对扩大郦注的社会影响，当然具有作用，但对郦注本身，却是无所考究发明的。

北宋以后，金礼部郎中蔡珪撰写了《补正水经》3卷，这是学者深入研究《水经注》的嚆矢。尽管他的研究成果已经亡佚，但至今尚存的元欧阳元、苏天爵所撰该书元刊本序跋，④可以窥及当年蔡珪的研究，并不是对郦注词句的简单剪辑，而是对该书的补充和修正。按《水经注》一书在隋唐各志中著录均作40卷，从隋唐以至宋初的本子，估计都是足本。这些深藏内库的抄本，民间当然无缘得见，但宋初编撰《太平御览》、《太平寰宇记》等书时，都曾作为依据。而此两书中所引郦注，有大量为今本郦注所不见，这是宋初足本的明证。但是当景祐年间编写《崇文总目》时，发现当时藏在朝廷书库崇文院中的此书抄本，已经缺佚了5卷。从太平兴国到景祐不过50余年，东京安谧，绝无兵燹水火的动乱，此五卷何由而佚，不得而知。或是在太平兴国间编撰《太平御览》、《太平寰宇记》、《太平广记》等大部头著作时，人手众多，管理不严，当时已经散失,至景祐因编《崇文总目》才得察觉,亦未可知。嗣后,郦注的第一种刊本即成都府学宫刊本问世,经注混淆,内容寥落,即欧阳元《补正水经序》所谓"蜀版迁就之失",而稍晚刊行的元祐二年(1087)本,虽有较好的何郯家藏本作底本,但从这个刊本覆刻而出至今尚存的明吴琯刊本来看,元祐本仍然无法与宋初的足本相比,无非割裂篇幅,凑足其40卷之数而已。蔡珪的研究,正是在这种郦注版本散失的情况下进行的。今其书已佚,内容不得其详。但此书元至顺刊本欧阳元序说:"其详于赵、代间水,此固景纯之所难;若江自浔阳以北,吴淞以东,则又能使道元之无遗恨者也。"说明内容多有补充郦注之处。所以汪辟疆说:"四十卷之原本,其中已佚五卷,金礼部郎中蔡珪补其亡失。"⑤这话是确实的。此书苏天爵跋说:"(至顺三年七月)归至岳阳,与郡教授于钦止览观山川,钦止言洞庭西北为华容,而县尹杨舟方校《水经》,念其文多讹阙,予因以《补正》视之,今所刻者是也。"据此,则蔡书还可能对郦注有所校勘。在蔡珪以前,绝未见到有对郦注作这般研究的学者。因此,蔡珪对于郦注的研究,实开校勘疏证、补遗纠谬之先河,在郦学史中具有重要的意义。

从明代起,《水经注》的研究开始盛行,不少学者根据宋代流传的刊本和抄本,对它进行了校勘和注疏工作。关于这方面的成果,目前尚存的有嘉靖十三年(1534)的黄省曾刊本和万历十三年(1585)的吴琯刊本。黄、吴两人都是明代的学者,同时又是刻书家,经他们校勘覆刻的书籍甚多,《水经注》无非是其中之一,所以他们对此书的校勘和注疏,实在是很有限的。因此,今日我们所见的这两种刊本,经注混淆错漏歧出。如与以后出现的各种佳本相比,则黄、吴对于郦注的研究,实在算不得什么。但是,从郦学发展史的角度评论,两人的功绩却也是不可抹杀的。这是因为,第一,他们除了多少也取得一点校勘和注疏的成果以外,特别重要的是他们对郦注的这种校勘和注疏的研究方法,对后世具有倡导作用。从他们起直到清代,郦学研究的主要内容和成果,仍然集中在校勘和注疏这两个方面。第二,他们都是明代著名的刻书家,主持刊印的书影响较大,流行较广,这不仅在社会上起了传播郦学的作用,同时也为后学研究郦注创造了条件。以后的不少郦学家,都以他们刊印的书作为底本,从事郦学研究,例如清初郦学家孙潜以吴琯刊本作底本进行研究工作,而清初的另一郦学家沈炳巽则以黄省曾刊本作底本进行研究工作。嘉靖、万历以后,郦学研究的风气日盛,是和黄、吴的研究以及他们刊本的流行分不开的。

黄、吴以外,这个时期的另一位有刊本行世的郦学家是朱谋㙔(郁仪)。朱书称为《水经注笺》,刊行于万历四十二年(1614),卷首序言说:

> 则知《水经》一注,撷彼240家,菁英居多,岂不诚为六朝异书哉。顾传写既久,错简讹字,交棘口吻,至不可读。余甚病焉。尝纽绎割正十之六七,已与友人

　　绥安谢耳伯、婺源孙无挠商榷校雠,十得八九,则惧古今闻见,互有异同,未敢轻致雌黄也。乃援引载籍,以为左券,名曰《水经注笺》。

　　从上列序言中可见,朱在校勘此书的过程中,曾与谢耳伯(名兆申)和孙无挠(名汝澄)相切磋,而序言最后还提到,此书付刊以前,又有太学生李嗣宗(名克家)作了详细的校阅。所以《水经注笺》实际上是以朱谋㙔为主的集体研究成果。这是明代刊印的所有郦注版本中的翘楚。清顾炎武推崇此书为"三百年来一部书",[6]看来并不言之过甚。尽管此书所采用的底本,或许也是南宋的坊刻本,但由于他们几个人的卓越研究工作,使得从宋代以来,辗转传抄,经注混淆,错漏连篇的郦注,得到了很多修正,大大便于后人阅读和研究。以后的许多郦学家,都以《水经注笺》作为研究的基础。直至清代,许多郦注佳本,也都以朱笺作为底本。汪辟疆说:"赵、戴二家,初皆依朱氏,惟赵采四明之说,戴托大典之文,始各自董理,以意改正,不复用朱氏之旧。迨赵、戴之书,先后流布,见者又谓二家臆改,反不如朱笺尚存真面目,言虽过激,要亦不为无因也。"[7]当然,若说赵、戴在郦学上的成就不及朱氏,确是言之过激,但"不为无因",其实就是后学对朱氏研究成果的重视。自从隋唐以来,学者对《水经注》研究由来已久,自蔡珪作《补正水经》,对郦注本身的纠谬补遗,也已早有先例。但是,把《水经注》的研究作为一门专门的学问,即郦学,朱谋㙔实开其端。

　　在朱谋㙔注笺本刊印以前,至今存在的刊本和抄本为数尚有不少,其中刊本有北京图书馆藏的残宋本以及上述黄省曾本和吴琯本三种,抄本则有《永乐大典》本,而著名的柳佥(大中)、赵琦美(清常道人)两家的研究成果,大部分为孙潜所录出,[8]至今亦仍可见。此外,北京图书馆所藏的何焯校明抄本、王国维校明抄本以及天津图书馆所藏的明练湖书院残抄本,为时或许都在注笺本以前。其中,残宋本和大典本的价值,在拙作《论水经注的版本》一文中已有论述,这两种当然都是佳本,但残宋本并无注疏,而大典本又被戴震作了过分的夸大,都是众所周知的。和上述所有各本相比,则注笺本校勘之精,注疏之广,都是别本所无法望其项背的。朱谋㙔在郦注的研究中,深校细勘,旁征博引,进行了大量的考据工作,从而促成了我国郦学研究中的第一个学派,即考据学派的诞生。

　　在朱谋㙔建立郦学的考据学派后不久,明代末叶的郦学家之中,又形成了另一个郦学研究中的词章学派。这是由《水经注》一书在文学上的价值而决定的。前面已经提及诸如张岱、刘献廷等人对于《水经注》一书在景物描写方面的高度评价。这说明,对于郦注作文学上的欣赏,实在由来已久。明代中叶的杨慎,就曾把郦注中的出色描写,摘录成编。[9]明朱之臣在其《水经注删》一书中,也在词章上下了许多工夫。而最后由万历年代的郦学家钟惺和谭元春两人创立了这个学派。钟和谭都是当时著名的文学家和诗人,由于两人均出于竟陵(今湖北省钟祥县一带),其文字风格便被称为"竟陵体",声名不下于以袁宏道为首的"公安体"。《明史·文苑》四说:"钟、谭之名满天下",可见一斑。他们认为《水经注》一书,除了山水描写以外,没有其他价值。谭元春在此本序中说:"予之所得于郦注者,自空濛萧瑟之外,真无一物,而独喜善长读万卷书,行尽天下山水,因捉幽异,掬弄光彩,归于一绪。"充分表达了这个学派的治郦观点。他们以注笺本为底本,对郦注品词评句,任意发挥,在历来评论郦注词章的学者中,提出了最系统和最完整的见解。他们的研究成果,以后于崇祯二年(1629)由严忍公刊行,即今北京图书馆和宁波天一阁等收藏的所谓钟惺、谭元春评点本《水经注》。对他们的文学观点和对郦注词章的评论,在当时就是褒贬互见的。《明史·文苑》四说:"然两人学不甚富,其识解多偏,大为时人所讥。"这不足怪,在历代词章家中,知识丰富的当然很多,但由于科举取士的束缚(钟是万历进士,谭是天启举人),其中菽麦不辨的也大有人在。上面提及的治郦词章学派朱之臣即是其例。他在卷三十六《温水》经"东南入于郁"注中"昆仑单舸"之下评曰:"舸名新"。[⑩]说明他不知"昆仑"为何物,竟把它当作一只船的名称,令人啼笑皆非。诸如此类"大为时人所讥"的评论,在钟、谭的研究成果中也间或可见。不过,作为一个治郦学派,特别是他们所研究的这部著作,在文学上确实有很大价值,因此,评论中纵然存在一些糟粕,我们自亦不必求全责备了。

自明末至于清初,郦学研究之风大盛,造诣很深的郦学家纷纷取得了丰硕的成果。在朱谋㙔研究的基础上,考据学派在这一时期有了很大的发展。像康熙年代的孙潜(潜夫)、何焯(义门)和雍正年代的沈炳巽(绎旃)等,都在校勘上取得了优异的成绩。孙氏于康熙丁未、戊申(1667—1668)间,以吴琯本为底本,用柳佥、赵琦美等著名明抄本进行校勘。他在卷十六末自批云:"岁事卒卒,兼患痔痛,故自(丁未)腊月七日辍笔至今九日,始得续校也。以艰于久坐,止校得此卷,遂复辍。"在寒冬腊月抱疾校勘,辛勤可见一斑。何焯初校此书于康熙甲戌(1694),跋于康熙戊戌(1718),真可谓尽其毕生精力了(按何卒于1722年)。沈炳巽初校此书于雍正三年(1725),历时六年,于雍正九年(1731)才完成其校本《水经注集释订讹》。上述各本,至今均存,都是郦学考据学派的佳作。

此外,在浙东著名的郦学家族全氏,此时也正致力于郦注的校勘。这个家族从全元立、全天柱、全吾麒开始,已经取得了一些研究成果,即所谓双韭山房校本。全吾麒之孙全祖望(谢山),在其祖传校本的基础上继续研究,于乾隆三年(1738)完成了对此书的五校,[⑪]以后又完成了此书的七校,[⑫]成为郦学考据学派中的一枝奇葩。全祖望在郦学研究中的主要贡献有两项:首先是区分经、注上的成就,宋、明版本上经、注混淆的现象十分普遍,在区分经、注方面,全、赵、戴都有不少贡献,但杨守敬认为全氏实导先路。其次是全氏提出了郦注原系双行夹写、注中有注的说法。不管这种说法的来源确实如全氏所云是他的先世旧闻,抑是全氏自己的推论,都不失为一种创见。赵一清接受了他的说法,在《水经注释》中辨验文义,离析其注中之注,以大细字分别书之,使语不相离而文仍相属。赵氏的尝试,在某些方面说来是成功的。

赵一清(东潜)的研究成果《水经注释》,是清代郦学考据学派的一大杰作。他首先深入钻研了朱谋㙔的《水经注笺》,评论得失,撰写了《水经注笺刊误》十二卷。然后在朱笺的基础上,参照全祖望五校本和其他许多版本,于乾隆十九年(1754)完成了《水经注释》。此书不仅校勘精密,注疏详尽,而且还从孙潜校本抄录了失传已久的郦氏原序,又广辑散佚,增补了滏水、洺水、滹沱水、洛水、泾水等12水。全祖望推崇赵氏的郦学研究,为此书作序说:"安定至是始有功臣,而正甫之书,虽谓其不亡可也。"毕沅为此书作序说:"道元之注,足以正经史之阙遗;而先生是书,又足以补道元之讹漏。经不可无注,注不可无释,断断然也。"赵一清在郦学研究中的贡献,于此可见。可惜《水经注释》成稿以后的三十余年中,只以抄本流传,虽然乾隆十九年或许曾有家刊本的刊印,但可能因印数极少,未见流传。[13]直到乾隆五十一年(1785),才由其子赵载元刊行问世。抄本(或家刊本)流传甚稀,见者亦罕,就难免为他人窃为己有,竟因此而造成清代郦学研究中长期争论的悬案。

稍晚于赵一清的著名郦学家是戴震(东原)。戴震早年就潜心郦学,于乾隆三十七年(1772)完成了他的第一种研究成果,即日后由孔继涵整理付刊的微波榭本《水经注》。戴氏接着奉命于乾隆三十八年秋进入四库馆,主校《水经注》,而于次年(1774)蒇事,并刊行了这一校本即武英殿聚珍版本。此书一出,以前所有的郦注版本均无法与之抗衡,在郦学研究的考据学派中,戴氏因而达到了极高的地位。

戴震在郦学研究上的造诣是无可置疑的,其研究成果即殿本之胜于它本,也是众所共见的事实,但是作为一个学者,在社会公认的学术道德准则方面,戴氏或许不够检点,因而使这个时期的郦学研究蒙上了一层阴影。戴氏进入四库馆以后,可以随意阅读外间学者所无法接触的许多内库藏书,成为他得天独厚的条件。这中间包括著名的《永乐大典》本,也包括浙江巡抚所呈进的全祖望、赵一清所校各本。本来,在校勘中利用前人成果,这是由来已久的事,而且在全氏五校本和赵氏注释本中,卷首都开列参校书目,已经有了成例。可是戴震却没有这样做,而把他的一切校勘成就,都归之于外人无法窥见的大典本,又恐大典本日后为他人所见,竟至刮补其书以饰其非。[14]在其校勘案语中,除注笺本因众人皆知不得不指名外,其余各本一律混称"近刻"。而在《沔水注》方城,《沘水注》芍陂,《施水注》成德,《羌水注》参狼谷,《浙江水注》固陵等处各引归有光本以纠"近刻"之谬,而其实均与全、赵本同。故学者以为戴所谓归有光本,亦是虚构以惑众。[⑮]王国维云:"凡此等学问上可忌可耻之事,东原胥为之而不顾。"或许责人过甚,但是这等事作为后学的鉴戒,却是十分必要的。事详拙作《论戴震校武英殿本水经注的功过》[⑯]一文中,此处不再赘述。

戴震以后,在清代可以称得上郦学考据学派的学者,有孙星衍、王先谦等人。特别是王先谦,他在30余年之中,凡是舟车旅途,都以郦注相随,用功之勤,可以想见。他编纂《合校水经注》一书,熔郦学各著名考据学派成果于一炉,以便后学,厥功甚伟。但是对于这个学派来说,在全、赵、戴三家勤勉治郦时已经达于鼎盛,此后就无法再和这个全盛时代相比了。

另外,自从清初以来,郦学研究中的另一个学派,即地理学派,已经逐渐酝酿成熟,在郦学界显露头角。明末清初学者黄宗羲,在郦学研究中批判了考据学派和词章学派不务实际的流弊。他说:"朱郁仪《水经注笺》毛举一二传写之误,无所发明。"又说:"今世读是书者,大抵钟伯敬(按即钟惺)其人,则简朴之诮,有所不辞尔。"他又从地理学角度,指出了郦注的不少错误:"以曹娥江为浦阳江,以姚江为大江之奇分,苕水出山阴,具区在余姚县,沔水至余姚入海,皆错误之大者。"[⑰]所以他撰写了《今水经》一卷,先列表简示全国水道,然后按北水(淮水以北)、南水(江水以南)的次序,简单地描述了全国的重要河川。

黄宗羲以外,清初其他地理学家如顾炎武、顾祖禹、胡渭、阎若璩等,在他们各自的地理著作如《肇域志》、《天下郡国利病书》、《读史方舆纪要》、《禹贡锥指》、《古文尚书疏证》等书中,都密切结合了《水经注》的研究。清初的另一地理学家兼郦学家刘献廷批评了历来郦学研究不切实用时说:"《水经注》千年来无人能读,纵有读之而叹其佳者,亦只赏其词句,为游记诗赋中用耳。"[⑱]刘氏的好友黄仪,曾按郦注,每水各绘一图,并考证两岸支流,一并绘入图内。赵一清称誉此图"精细绝伦"。[⑲]黄仪的《水经注图》曾为胡渭撰述《禹贡锥指》所参考。这是见诸记载的第一种《水经注图》,可惜此图早已亡佚,于今无从知其内容。黄仪以后,学者在郦学研究中开始重视地图的绘制。董祐诚的《水经注图说》与汪士铎的《水经注图》均是其例。不过前者编绘未竣,只有《河水》、《汾水》等残稿四卷刊印问世;而后者则粗疏缺漏,无甚可取。直到光绪三十年(1904),杨守敬与其门人熊会贞,在完成了郦学研究的重要成果《水经注疏》初稿的同时,编绘了《水经注图》1套,全图8册,采用古今对照,彩墨套印的形式,于光绪三十一年(1905)刊行,这是郦学研究史上第一种比较完整的《水经注图》。杨、熊两人都是对地理学有精湛研究的学者,而《水经注疏》初稿的完成和《水经注图》的编绘,标志着郦学研究中的地理学派已经成熟。尽管长达100多万字的《水经注疏》仍然包含着大量考据成果,杨、熊两人在校勘和注疏上也有重大贡献,但是郦学界已经开始发现,校勘和注疏并不是郦学研究的主要目的。正如陈运溶于光绪二十四年(1898)在《荆州记序》[20]中所说的:"近世为《水经》之学者,又皆校正字句,无所发明。"尽管他在这篇序言中批评考据学派的话,如说朱谋㙔"语焉不详",说赵一清"尤觉妄诞"等,未免言之过激,但证实了这一时期地理学派在郦学界的兴起和发展。

　　作为地理学派代表人物的杨守敬和熊会贞在郦学研究中作出了卓越的贡献。杨于民国四年(1915)去世,临终遗言:"《水经注疏》不刊,死不瞑目。"[21]熊会贞继承杨的研究工作,"瞑写晨抄,二十余年如一日。"[22]熊于1936年逝世,在这以前,全书已经基本定稿。当时曾录有抄本数部,其中两部,已先后于1957年和1971年由北京科学出版社和台北中华书局影印出版。后者由于其底本在熊去世前一直留在身边,朝夕校订,所以与错误千出的北京科学出版社影印本相比,不可同日而语。拙作《评台北中华书局影印本杨熊合撰水经注疏》一文已述其详。现在,段熙仲教授和我合作点校的《水经注疏》已在江苏古籍出版社排印出版(1989年版),此书在开始点校时因不知台北本的出版,故仍以北京本作底本,在点校过程中,始获得台北本,故底本错误已按台北本逐一订正。

　　《水经注疏》是郦学研究史上《水经注》版本迄今为止的最后一种成果。此书当然也反映了大量的校勘和注疏成果,并且还辑入了不少遗文佚句。但是由于有早年刊行的《水经注图》与之相得益彰,因此,它不宜与其他考据学派的研究成果相提并论,而应该认为是地理学派的巨构。自从《水经注图》与《水经注疏》的相继问世,郦学与地理学进一步密切结合,郦道元和《水经注》对后世的贡献,得到更大的发扬,郦学研究有了更强的生命力,展现了更为美好的发展前途。

二、近代以来的郦学研究

　　前面已经指出,乾隆年代,是我国郦学研究非常兴旺发达的时代,从此以后,我国郦学界还一直没有出现过像那个时代那样的鼎盛局面。这中间当然有不少原因,第一,乾隆年代出了全、赵、戴3位郦学大师,他们都是郦学考据学派的权威,他们集中精力于郦注的校勘,最后获得前面指出的各自的郦注佳本,其中特别值得称道的是戴震的殿本。殿本的问世,意味着考据学派的登峰造极。此后,考据学派很难再创造出像乾隆年代那样的盛况。第二,殿本问世以后,《水经注》一书已经从一部经注混淆,错漏连篇的残籍走向完璧,虽然尚未恢复宋初足本的面目,但估计已不可能达到。考据学派的历史使命已经基本完成,郦学研究的重心,无疑要向地理学派转移。地理学派有远大的发展前途,肯定也可以创造出像乾隆年代那样的全盛局面。问题是,郦学界的地理学派虽然也在不断壮大,但至今还不足以与考据学派全盛时期的全、赵、戴相比,还有待继续发展。第三,由于郦学界不幸发生了赵、戴《水经注》案的论战,因而分散了许多学者的精力,削弱了郦学研究的力量。

在以上三个原因中,最后一个原因,可能是以后一段很长的时期内,正规的郦学研究几乎陷于停顿的主要原因。这场论战,在我国郦学史上实在是很不幸的。

自从乾隆四十二年(1780)孙沣鼎在《武英殿校本水经注跋》(此本现藏上海图书馆)中提到:"吾友朱上舍文藻㉓自四库总裁王少宰㉔所归,为予言,此书参用同里赵一清校本,然戴太史无一言及之。"由此一跋,戴书袭赵的议论实际上已经开始。以后戴震的学生段玉裁提出赵书袭戴,而魏源、张穆又先后撰文揭发戴书袭赵,于是论战大开,事详拙作《水经注戴、赵相袭案概述》㉕一文中,此处不拟多说。但战端开启以后,不仅是考据学派的郦学家纷纷投入这场论战,连杨守敬这样的地理学派郦学家也不免介入,影响了他的正常郦学研究。另一位晚近的著名郦学家胡适,他花了他晚年的几乎全部精力,投身于这场论战,但除了在版本搜集上因此而获得空前成就外,对于郦学本身,其建树实在不足称道。正如寓居澳门的学者汪宗衍所说:"唯近人胡适之,晚年专力治郦书版本,极力为东原洗刷剿袭,撰论文函札七十篇,凡数十万言,耗二十余年精力,为兹枝节问题,虽曰求是,实于郦书何干?"㉖事详拙作《胡适与水经注》㉗一文中,此处不作赘述。

在论战热烈的年代里,郦学界虽然文章和函札不断,但大部分都不涉郦学本身。以杨守敬为例,他本来潜心于他的巨著《水经注疏》的撰述,但是由于加入了论战,在许多场合,都把实际上属于郦学史上的枝节问题与他的正规郦学研究相混杂。他在《水经注疏要删》的自序中说:"赵之袭戴在身后,臧获隐匿,何得归狱主人? 戴之袭赵在当躬,千百宿赃,质证昭然,不能为攘夺者曲护。"另一位著名的历史学家兼郦学家孟森,他毕生发表了不少郦学论文,内容几乎全是有关于赵、戴一案,他花费了许多精力,调查《永乐大典》本《水经注》为戴震所刮补涂改的情况。此外还有许多学者如余嘉锡、郑德坤甚至国外郦学家如日本的森鹿三等,也都介入论战,花时间精力撰写这类论文。在一个时期,论战几乎代替了正常的郦学研究,造成了郦学研究的很大损失。

当然,也有一些郦学家继续从事郦学本身的研究,发表了一些成果,例如范文澜的《水经注写景文抄》,㉘丁山的《郦学考序目》,㉙岑仲勉的《水经注卷一笺校》,㉚任启珊的《水经注异闻录》,㉛汪辟疆的《明清两代整理水经注之总成绩》。㉜这中间,特别值得称道的是熊会贞,他在业师杨守敬逝世以后,继续《水经注疏》的编撰工作达20余年,"无间寒暑,志在必成",㉝"书凡六、七校,稿经六易。"㉞他在研究中采取了现实主义的态度。撇开历史上纠缠不休的赵、戴相袭之争,继承杨氏地理学派的衣钵,把主要精力放在充实疏文的地理学内容方面。同时,在新的科学思潮的启发下,正视了旧郦学研究的落后一面,而力求刷新郦学研究的内容和方向。虽然他惨淡经营的最后定稿本不幸被人私卖而至今不知下落,他也竟因此而自裁弃世,[35]但他所留下的几种抄本,仍然闪烁着他在郦学研究中的无比光彩,成为我国郦学研究史上的珍贵遗产。

中华人民共和国建立以后,郦学研究继续获得了发展。这中间,首先值得提出的,是杨守敬、熊会贞合撰的《水经注疏》的早年抄本之一,于1957年由北京科学出版社影印出版。尽管此书出版颇嫌匆促,因这个抄本当年抄成后就未经熊会贞校对,以致出版后发现错误千出。郦学家钟凤年从此书出版之日起,即致力于此书的校勘工作,经过20几年的努力,终于校出了错误2400余处,撰成《水经注疏勘误》专文,基本上勘正了这个北京影印本的错误,在一定程度上弥补了这个影印本的缺陷。[36]当然,由于底本经过熊会贞一再修改的台北影印本的出版,钟凤年的辛勤劳动未免可惜,但这是海峡两岸的学术界消息不通所致,对于流传在国内各地的北京影印本来说,《水经注疏勘误》应该仍是具有价值的。在北京影印本出版以后,侯仁之教授主编《中国古代地理名著选读》,[37]选入了《水经注》的《漯水》、《鲍丘水》、《渭水》等篇,广加注释,并配以地图,受到了各方的重视。我鉴于郦学研究中的地理学派已由杨守敬、熊会贞开其端,今后的郦学研究自然努力向地理学方向发展,所以也撰写了《水经注的地理学资料与地理学方法》[38]一文,以引起郦学界与地理界的注意。

从70年代后期到80年代初期,郦学研究获得了进一步的发展,开始是一般性的介绍文字,如曹尔琴的《郦道元和水经注》,[39]张大可的《水经注》。[40]尽管不是很深入的研究,但对于郦学界以外的广大读者,很有推广和介绍的作用。

对于郦道元的出生年份和籍贯,在前人论述的基础上,也出现了一系列各抒己见的文章,辛志贤的《郦道元籍贯考辨》,[41]赵永复的《郦道元生年考》,[42]刘荣庆的《郦道元遇难地小考》[43]等,都属于这一类。这中间,郦氏故乡和受害地址,历来虽有争论而意见基本一致,进一步进行论证,当然仍有裨于郦学研究。至于郦氏生年,历来各家论证甚多,前面已有评述,其实都属于假设。当然,在论证之时,总要旁涉许多其他问题,所以讨论也仍然不无裨益。

论述郦道元思想的论文也有不少发表,谭家健的《郦道元思想初探》[44]一文,对郦道元的长期不为人注意的,甚至是被误解的许多积极的思想和进步哲学观点,进行了阐述;拙作《爱国主义者郦道元与爱国主义著作水经注》[45]一文,则从郦氏在南北分裂的政治环境之中,却以祖国统一的思想撰写此书,并且热忱地赞美祖国各地山水,论述了郦道元的爱国主义思想,并且强调《水经注》一书,不仅在学术上具有重要价值,作为一部宣传爱国主义思想的读物,也值得推广评介。

对于《水经注》本身的研究,这一时期也有较大的发展,章巽教授所撰的《水经注和法显传》[46]一文,是他长期研究的心得。全文纠正了《水经注》对今新疆境内到印度河、恒河流域这个地区描述中的许多错误之处。另外,辛志贤的《水经注所记水数考》[47]及赵永复的《水经注究竟记述了多少条水》[48]等文,都仔细检核了郦注记载的河川湖陂等水体,计算了全书记载的实数。拙作《水经·江水注研究》[49]及《论郦学研究及其学派的形成与发展》[50]两文,都是作者应邀在日本关西大学研究生院讲学时的讲稿。

随着地理学派在郦学研究中的壮大,这一时期中,从地理学角度对《水经注》进行研究的成果有了很大的增加。其中如拙作《我国古代湖泊的湮废及其经验教训》,[51]《水经注记载的植物地理》[52]等文,都是从历史自然地理学的角度对郦注进行研究。又如拙作《水经注记载的兵要地理》,[53]《水经注记载的城市地理》,[54]《水经注记载的农田》[55]等文,都是从历史人文地理学的角度对郦注进行研究。此外,王龙耿的《水经注与内蒙古古地理》[56][57]和拙作《水经注记载的南亚地理》[58]等文,则是从历史区域地理学的角度对郦注进行研究。

有关《水经注》版本的研究,在前人研究的基础上,这一时期发表的论文,在横向扩展和纵向深入方面,也获得了可喜的成绩。钟凤年是这一时期继续发表研究成果的老一辈郦学家,他所撰的《评我所见的各本水经注》[59]一文,对残宋本、大典本、合校本、注疏本等20种版本进行比较和剖析,广征博引,对这些版本的是非优劣评述无遗。另一位老一辈郦学家段熙仲所撰《沈钦韩水经注疏证稿本概述》一文,详细地论述了这部从清代流传至今的唯一郦注稿本,让绝大部分无缘读到这部稿本的郦学界同仁也能窥及这部著名稿本的一斑。吴泽的《王国维与水经注校》[60]一文,不仅详细介绍了王国维在《水经注》研究中的业绩,并且还同时讨论了明清以来的许多郦注版本。《中华文史论丛》1979年第2辑发表了胡适遗稿《水经注校本的研究》,内容包括《再跋戴震自定水经的“附考”》等8篇文字。尽管这8篇文章早已收入于台湾“中央研究院”胡适纪念馆发行的《胡适手稿》1至6集之中,于1966年至1969年先后公开出版。[61]但是由于国内郦学界绝大部分学者读不到台湾出版的《胡适手稿》,因此,虽然是重复发表,也仍然不无意义。我在郦注版本方面,近年来也发表了几篇论文:《论水经注的佚文》,[62]论述了现存郦注佚文的不同性质,并提出了如何区别对待,把它们归入郦注的主张。《论水经注的版本》[63]和《小山堂钞本全谢山五校水经注》[64]两文,都是对郦注版本的议论,目的是为了在评述《水经注》各种版本的基础上,能够集中郦学界的力量,编纂出一部更为理想的郦注新版本。至于这种新版本的内容要求,则我在《编纂水经注新版本刍议》⑥一文中,已有较详的论述。和新版本《水经注》的编纂相配合,我又另撰《编绘新版水经注图刍议》⑯一文。阐述了这本专业郦学图集的主要内容和编绘方法。

　　这一时期有关郦注版本的另一项收获,是王国维校勘的、以朱谋㙔《水经注笺》为底本的《水经注校》于1984年在上海人民出版社排印出版。作为郦学发展史过程中的一种重要版本,此书的出版是有价值的。但是由于标点者的草率从事,以致错误百出,已经受到学术界的许多批评。特别严重的是,在卷首《标点说明》中,竟混说此书曾与聚珍本(按即殿本)作过对校。其实,此书仅在河、济、江、淮、渭、洛、沔7水之中,就比聚珍本多出经文476条。这476条,都是由注文混作经文的。这是因为明版本中经、注尚未分清,原不足怪。但标点者竟作出这样的《标点说明》,令人大吃一惊。对此,我已在《关于水经注校》⑰一文中提醒使用此书者的注意。

　　有关郦注版本的较大成就,是段熙仲教授和我合作点校的杨、熊《水经注疏》,⑱已于1989年由江苏古籍出版社出版,我曾为此书写了长篇《说明》,置于卷首。由于除了杨、熊注疏以外,我们又加入了不少有关资料,所以字数超过200万,分装3册。此书虽然是郦学史上篇幅最大的版本,但是卷帙浩大而售价高昂,不是一般读者的能力所逮。加上另外一些原因,我又单独点校了戴震主校的武英殿本,于1990年在上海古籍出版社排印出版。

　　我点校殿本的原因,在此本卷首的《前言》中作了说明:

　　　　在殿本以后出版的所有非殿本系统的郦注版本中,规模最大的当然是《水经注疏》。此书现有北京科学出版社1957年影印出版的《水经注疏》和1971年台北中华书局影印出版的《杨熊合撰水经注疏》两种版本。段熙仲教授和我已经把北京、台北这两种影印本合二为一,作了点校,并排印出版。此书注疏详尽,在郦学史上无出其右,当然远非殿本可及。但另一方面,此书也具有颇大的局限性,且不必说卷帙浩大,售价高昂,不是一般读者的购买能力所及,作为历史地理学的基础读物和一般科学研究的底本,都用不着如此浩瀚的注疏内容。从高一级的郦学研究来看,在历史学、考古学、碑版学、文献学、目录学等研究方面,《水经注疏》当然具有很高价值,远非殿本可比。但是,郦学研究的深度和广度,如今已经大大发展,学术界现在还需要利用《水经注》进行自然地理学领域中的地貌学、水文地理学、生物地理学等学科以及人文地理学领域中的城市地理学、人口地理学、农业地理学等学科的研究和诸如生态学、环境学等边缘学科的研究,《水经注》拥有这类内容的大量资料,但杨、熊的注疏纵令详尽,却也满足不了在这些领域中从事研究的需要。对于从事这类研究工作的学者,庞大的注疏本起不了什么作用,显然不如采用殿本作为底本的省事。总之,从郦学发展史的观点来看,殿本是目前存在的最完整和标准的版本;从一般阅读和科学研究的实用观点来看,殿本是郦注问世以来的最普及和通行的版本。因此,尽管殿本的问世已有200多年,但现在对它重加点校和排印,仍然是具有现实意义的,也是广大读者和科学工作者所十分盼望的。

在利用《水经注》从事科学研究时,选择版本是重要的前提,否则不仅工作事倍功半,而且还会造成错误。谢鸿喜从事《水经注》山西资料研究的过程中,就发生了这样的事故。他研究《水经注》记载的流经今山西省境内诸水,把注文中出现的所有地名加以注释。由于郦注记及的今山西省河流很多,所以研究工作量相当大。在他开展这项研究工作之始,恰逢王国维《水经注校》点校本排印出版,他随即以此书作为工作底本,却不知自此就陷入泥淖。一直要到工作完成,山西人民出版社把他的这项成果《水经注山西资料辑释》的校样请我审阅并作序之时,我才发现了这种情况。但是由于纸型已经制成,无法进行大改。该书中把许多注文作为经文,又有不少的衍文和遗漏。由于作者的工作是把一切地名进行注释,经文中出现的地名也同样注释,这样,以注作经的部分就只好不予改动,而衍文和错误中涉及地名的就不得在纸型上进行挖补。此书于1990年出版。我在此书序言中提到:

　　因为,作为作者工作底本的王国维《水经注校》,是一种经注混淆的明代旧本……,初读郦书者不明渊源底细,引用此书写作文章,却不知此书的许多错误。仅开首《河水》五卷,把注文误作经文的就达二百余条,此外还有大量的衍文和遗漏。

当然,经过作者认真的修改,在纸型上作了许多挖补以后,在此书的主要目的,即地名解释方面,最后获得成功。所以我在序中又说了这样一段:

　　山西省的这项工作,是在没有一种理想的郦注版本而不得已用旧本权充的情况下完成的。作者除了繁重的释地工作以外,还需要努力克服版本的缺陷,改正版本的错误,以免因版本的原因遗漏地名或造成地名的其他错误。现在看来,作者的工作是成功的。可以设想,他为此而付出了更多的劳动。

在郦学书评方面,我所撰写的主要有《评森鹿三主译水经注(抄)》及《评台北中华书局影印本杨熊合撰水经注疏》两文,分别发表于《杭州大学学报》1981年第4期和1982年第1期,前者又全文译载于日本关西大学出版的《史泉》1982年第57号。我评介此两书的主要目的,是为了让国内无法读到此两书的绝大部分郦学界同仁能够了解我国大陆以外的郦学研究概况。以免再蹈前面已述的如钟凤年、段熙仲等老一辈郦学家花费大量精力的重复劳动。此外,这一时期,随着郦学研究的发展和郦学论著的增加,郦学书评也增加很多,例如赵新德在《古籍整理与研究》⑥1986、1987 年各期中连续刊载的《水经注校标点疑误》,纠正了上述草率点校的王国维《水经注校》的大量标点错误。靳生禾在《华东师范大学学报》1985 年第 3 期所发表的《水经注经注出自郦氏一手吗?》,针对王成组《中国地理学史(上册)》⑩中所提出的:"从《水经注》的内在特征来衡量,《经》与《注》可能本是郦氏一家之言",进行了认真的驳正。此外如王守春的《水经注研究的重要进展》,⑪靳生禾的《评水经注研究》和《评陈桥驿水经注研究二集》,⑫周堤的《评陈桥驿的水经注研究》⑬等,由于这类书评甚多,不一一列举。

除了郦学书评以外,对于郦学研究动态的评介,近年来也已引起郦学界的注意,王国忠发表于《中国史研究动态》1984 年第 11 期的《近年来水经注研究述略》一文,就是这方面的一篇值得重视的文章。他结合近年来我国郦学研究的成果,加以归纳和分析,勾画出这一时期中我国郦学界的概貌和动态,这样的文章,对总结和推动当前的郦学研究是很有作用的。

在这一时期中,利用《水经注》的记载作为各门学科如历史学、地理学、考古学等方面研究数据的,为数也很有增加。前面已经介绍了史念海对黄河壶口瀑布的研究,利用《水经注》的记载,计算黄河这一河段的溯源侵蚀。陈吉余也利用《水经注》从渤海到黄海沿岸的记载,研究中国古代海岸线的变迁。⑭吴壮达则根据卷三十七《浪水注》的记载,研究古代广州的建城历史。⑮此外,盖山林根据卷三《河水》经"又北过北地富平县西"注:"河水又东北历石崖山西,去北地五百里,山石之上,自然有文,尽若虎马之状,粲然成著,类似图焉,故亦谓之画石山也。"又同卷经"至河目县西"注:"(河水)东流迳石迹阜西,是阜破石之文,悉有马鹿之迹,故纳斯称也。"发现和研究了阴山岩画。⑯林参则根据《水经注》对于各地温泉的记载,研究了我国对温泉利用的历史。⑰这类例子为数更多,不胜枚举。

上面简述了我国近代以来的郦学研究概况,特别是 20 世纪 70 年代后期起,郦学研究开始得以较大的发展,研究成果有了明显的增加。我国郦学界和其他学术界,正在利用郦道元留给我们的文化财富,从各个领域进行研究,在广度和深度方面,都比以往的研究成果有了较大的提高,尤其是在地理学研究方面,显得更为出色,展示了郦学地理学派的成长和壮大。可以预见,郦学研究在我国将要获得更大的发展。

三、港、台郦学研究

香港和台湾这些年来在郦学研究方面,成绩颇有可观,已经发表和出版了一批重要的研究成果。在香港,郦学界以郑德坤、吴天任两氏为代表人物,两人都是我国著名的郦学家。早在30年代之初,洪业(煨莲)在燕京大学筹组哈佛燕京学社引得编纂处,郑德坤就是成员之一,他在民国二十三年(1934)就用所谓"中国字庋撷法"编成了《水经注引得》一书,并在卷首撰写长篇序言,在当时北平的哈佛燕京学社出版。⑦至今国内不少图书馆尚有收藏。郑氏于1951年从香港到英国剑桥大学讲学,临行曾将他历年所撰《水经注》著述的稿本多种,交与吴天任收藏,其中《水经注引书考》和《水经注故事钞》两种,经吴氏整理后于1974年在台北艺文印书馆出版。前者考证郦注所引书目,共436种,其中今存者91种,辑存者149种,引存者127种,亡佚者69种。各书或存或佚,均经郑氏考证其著述流略、作者、卷帙等。卷首有郑氏于民国二十五年(1936)在厦门执教时所作序言。后者系抄录《水经注》中记载的各类故事,计分神仙鬼怪、帝王传说、名人故事、战争故事、动物故事、灵验感应、义侠孝弟、异族故事、佛教传说、祈雨故事、德政故事、名山古迹等12类,每类各有子目,全书共505目。此书各文早于1942年在《华文学报》刊出,后于1963年由东南亚研究所重刊,最后才由艺文印书馆出版。卷首有吴天任所撰序言。

郑德坤的另一稿本《水经注研究史料初编》,由吴天任整理,作为《水经注研究史料汇编》上册,于1984年由台北艺文印书馆出版。此书卷首有郑氏于民国二十四年在厦门大学所写序例,全编收入郦学史料共78篇,包括宋、元、明、清各代所有《水经注》版本的评述以及历来有关郦注研究的重要著作,如储皖峰的《水经注碑录附考》、范文澜的《水经注写景文抄》、森鹿三的《水经注所引文献之研究》、熊会贞的《关于水经注疏之通讯》等等,这些多是早期郦学研究中具有重要价值的文献。

郑氏关于郦学研究的另外一些论著,收入于1980年香港中文大学出版社出版的《中国历史地理论文集》(中国文化研究所、中国考古学术研究中心集刊之一),集中包括《水经注版本考》、《禹贡川泽变迁考》、《水经注引得序》、《水经注书目录》、《水经注赵戴公案之判决》等文,所有这些论文,也都是郑氏30年代的著作。

以上所列的郑氏从70年代到80年代在台湾和香港重版的著作,其实都是他的旧作。现在我们看到的新作,是他于1984年撰于香港中文大学的短文《重编水经注图总图跋》,收入于吴天任纂辑的《水经注研究史料汇编》下册。由于此文之撰,我们得知郑氏曾在30年代初期,以杨守敬《水经注图》旧例,重新编绘了《水经注图》。其图分总图和分图两种,分图已在哈佛燕京学社遗失,而总图由于当时曾复绘一幅藏在郑氏身边,所以至今尚存。郑氏在此文末尾云:"今吴君增编《水经注研究史料汇编》,拟将此图影印制版于卷首,与若干《水经注》版本并列。"但现在我们见到的《水经注研究史料汇编》下册之中,并无此《水经注总图》及若干《水经注》版本的影印插页,恐为出版者所省略,殊属可惜。

　　寓港郦学家中近年来著述最多的是吴天任,他潜心郦学研究,数十年于兹,所以成绩卓著。他于 1974 年在台北艺文印书馆出版了他的郦学巨著《杨惺吾先生年谱》。这部近五百页的巨构,包括三个部分的内容,搜罗堪称宏富。第一部分为《杨惺吾先生年谱》,从杨氏出生之年(清道光十九年,1839)起,按年记载其有关事迹,旁征博引,资料务求详尽。值得称许的是,吴氏所编此年谱,并不拘泥于我国历来人物年谱的传统格局,而是有他独特的创新。即在民国四年(1915)杨氏物故以后,年谱并未中辍,而是从"先生卒后一年"(1920)起,择郦学研究中有重大事件发生的年份赓续作谱,直到 1971 年《杨熊合撰水经注疏》在台北中华书局影印出版为止,其间吴氏一共赓续了 18 个年份,其中较重要的有:"先生卒后三年(1918)","日人小川琢治著《水经与水经注》一文";"先生卒后二十年(1935)","《永乐大典》本《水经注》,本年由商务印书馆涵芬楼出版";"先生卒后二十五年(1940)","汪辟疆《明清两代整理水经注之总成绩》,刊于渝版《时事新报·学灯》第 69 至 70 期";"先生卒后四十二年(1957)","科学出版社将贮于大陆之《水经注疏》清写本影印出版,是为全疏正式面世之始";"先生卒后五十一年(1966)","胡适之遗著《胡适手稿》第一集出版,由中央研究院胡适纪念馆发行";"先生卒后五十六年(1971)","台北中华书局商借中央图书馆藏《水经注疏》最后修订本影印出版,定名为《杨熊合撰水经注疏》"。

　　吴氏所赓续的杨守敬死后郦学界所发生的大事中,当然并非全无错误和遗漏,例如在"先生卒后十五年(1930)"的记载中说道:"日人森鹿三,欲得先生之《水经注疏》稿,以熊崮芝复审将成,四月,遣松浦嘉三郎走武昌求之,不获,又两谒,许以重金,乞写副,崮芝以大夫无域外之交,固拒之,卒不为夺。"吴氏的这段文字显系从汪辟疆所撰《杨守敬、熊会贞合传》[79]中录入,与事实并不相符。事实是,森鹿三当年曾从熊会贞处获得了《水经注疏》抄本一部,现藏京都大学人文科学研究所,我在日本讲学期间曾目睹此书,其始末已在拙作《关于水经注疏不同版本和来历的探讨》[80]一文中详叙。又如"先生卒后二十一年(1936)"的记载:"五月二十五日申时,熊崮芝卒于武昌西卷棚十一号住宅,年七十八,子心赤。卒前以《水经注疏》稿付其弟子枝江李子魁,手写补疏遗言,嘱续整理之业,而助未竟之功。"这中间,关于"卒前以《水经注疏》稿付其弟子枝江李子魁,手写补疏遗言,嘱续整理之业"云云,乃是李之魁的一面之词。不仅"遗言"字样为李所妄加,而且李为了自己的目的,大肆窜改熊氏所写的内容。此中情况,现在已经基本查清,在拙作《关于水经注疏不同版本和来历的探讨》及《熊会贞郦学思想的发展》[81]等文中有所阐明。另外,由于吴氏对杨守敬孙子杨先梾(勉之)私售定稿本和熊氏自裁的经过不甚了解,所以把台北本称为"最后修订本"。其实,熊在杨死后继续《水经注疏》撰述二十余年中"稿经六易"。今北京和台北影印本底本,都是熊"六易"

过程中的弃稿。当然,台北本底本因为抄成后一直留在熊身边,曾得到他的不断修改和补充,直到他最后决定另立新稿而放弃此稿为止。所有这些,拙作《关于水经注疏不同版本和来历的探讨》一文中已述其详。

吴氏在他赓续中的最大遗漏是杨守敬卒后 49 年到 55 年(1964—1970),这期间,日本著名郦学家森鹿三主持了京都大学人文科学研究所的《水经注疏》订补研究班,在这个研究班的基础上,出版了日译本《水经注(抄)》。[62]这是《水经注》第一种比较完整的外文译本,其翻译主持人又和熊会贞有过交往。因此,这是郦学界的一件大事,是应该写入《年谱》的。

《杨惺吾先生年谱》的第二部分是《水经注疏清写本与最后修订本校记》。前者指的是北京本,后者则是台北本。在熊氏“稿经六易”的过程中,台北本的底本,与被杨先梓私售的最后定稿本最为接近,所以台北本当然要比早期抄录的北京本好得多。关于这方面的问题,我在拙作《评台北中华书局影印杨熊合撰水经注疏》、《熊会贞郦学思想的发展》等文中已有较详说明。吴氏将此两本的字句差异,逐一对照排比,此事是花了很大精力的。对于大陆上难得读到台北本的多数读者,得此一编,就等于获得了 18 册的台北影印本,所以也是很有贡献的。

此书的第三部分是《杨惺吾先生著述及辑刻图书表》。杨氏毕生力学,著述宏富,学者历来有所考录。吴氏此表,当是集其大成。不过吴氏在此表卷首《小引》中指出,对于前人在这方面的考证,吴氏尚未见到朱士嘉的《杨守敬著述考》、王重民的《杨惺吾先生著述考》以及日本学者冈井慎吾的《杨惺吾先生著述考补正》等文,则内容或许尚有遗漏,再版时,如能与上述各书参校一次,使此表能更臻完备。

吴天任在郦学研究中的另一重要著述是 1984 年在台北艺文印书馆出版的《水经注研究史料汇编》。此书分上、下二册,上册已在前面有关郑德坤的著述中介绍,系郑德坤所纂辑。下册则系吴氏所纂辑,其内容多于上册达二倍半以上。吴氏在此编中收录了郦学史料共 178 篇,包括近代著名郦学家杨守敬、熊会贞、森鹿三、孟森、郑德坤、汪辟疆、钟凤年、胡适等的论文和往来信札等等。大陆郦学家近年来所发表的如段熙仲的著述和拙作等,也多被收入在内,可谓集其大成。而最后刊有吴氏本人的论文八篇,其中《水经注疏最后订本易水、滱水篇中列举全赵戴校字相同之例证》、《清代学者整订水经注之贡献与全赵戴案之由来》、《胡适手稿论水经注全赵戴案质疑》3 篇,都是功力甚巨而过去未曾发表过的论著,所以弥感珍贵。

吴天任在郦学研究中的最新成果是 1991 年在台北艺文印书馆出版的《郦学研究史》。此书资料丰富,内容完备,从自然景观、人文掌故、学术文教、地名解释、歌谣谚语、文学观点等各个方面,阐述郦学研究的发展,最后又以《水经注研究之新方向》一章作为总结,以雄辩的例证,指出了今后郦学研究的六项具体任务:一、重编《水经注》新版本;二、编纂《水经注》词典;三、重制《水经注》地图;四、利用水经注地理学资料作实用研究;五、大专院校开设《水经注》研究专课;六、《水经注》索引之推广。

吴氏列举的上述六项,确是郦学研究的当务之急,值得引起郦学界的重视。

现在再来看看台湾近年来的郦学研究概况,这中间,最重要的成果之一,当然是《杨熊合撰水经注疏》予1971年在台北中华书局的影印出版。由于熊会贞当年的最后定稿本被人私售而至今不知下落,所以台北本的底本是熊氏"稿经六易"过程中最接近其定稿本的本子,因此,此书的影印出版,在郦学研究史上具有重要的意义。

台湾在郦学研究中的另一重要成果是《胡适手稿》从1966年起的陆续出版。《手稿》共有10集,每集分成3册,共30册,其中一至六集共18册,全是有关《水经注》的内容。从第七集到第十集,除了第九集下册的一篇《采旅,采稆,采穑》是有关郦学的论文以外,其余无关郦学,可以不论。

胡适在其撰于1960年的《评论王国维先生的八篇水经注跋尾——重审赵戴水经注案的一次审判》(《胡适手稿》第6集下册)中说:"我是从民国三十二年(1943)十一月开始研究一百多年来的所谓'赵戴水经注案'(又称全赵戴三家水经注案)的一切有关证件,到于今已经十六七年了。"所以胡适在他一生中的最后20年时间,在学术研究方面,主要的精力都花在《水经注》研究上面。但是他的研究目的十分明确,就是重审赵戴《水经注》案。正如他的学生费海玑在《胡适著作研究论文集》⑧中所说:"胡先生研究《水经注》的动机,却不是去治地理学,而是辨别戴震窃书的是非。"对于胡适的郦学研究,我已撰有《胡适与水经注》一文详加评论,此处不必细述。但《手稿》一至六集所搜罗的丰富内容,在此可约略介绍:

第一集(分三册、五卷):《水经注》案中的戴震部分。重要的论著有《戴震对江永的始终敬礼》,《戴震的官本水经注最早引起的猜疑》,《戴震未见赵一清水经注校本的十组证据》、《真历史与假历史》等。其中《戴震未见赵一清水经注校本的十组证据》一文,是胡适在重审这个案子上费力最大和最重要的论文。这一集收入的信札主要有《与魏建功书》、《与钟凤年先生讨论水经注疑案的一封信》、《杨联陞来信》等。

第二集(分三册、三卷):《水经注》案中的全祖望部分。重要的论著有《全氏七校水经注四十卷的作伪证据十项》、《证明全校水经注的题辞是伪造的》、《伪全校本诬告沈炳巽并且侮辱全祖望》、《赵一清与全祖望辨别经注的通则》等,其中《全氏七校水经注四十卷的作伪证据十项》和《证明全校水经注的题辞是伪造的》等文,是胡适在重审《水经注》案中另外两篇费力极大和极重要的论文。这一集收入的信札主要有《岑仲勉的来信》、《林颐山遗札(顾廷龙影抄)及其他有关材料》等。

　　第三集(分三册、五卷)与第二集同,也是《水经注》案中的全祖望部分。重要的论著有《记全祖望的五校水经本》、《上海合众图书馆有叶揆初先生收藏的全谢山水经注校本三种(有题记)》、《赵一清水经注释的校刻者曾用戴震校本校改赵书吗?》、《跋全谢山赠赵东潜校水经序》等。这一集收入的信札主要有《胡适顾起潜讨论水经注的通信》等。

　　第四集(分三册、二卷):论述《水经注》的各种版本。重要的论著有《水经注版本考》、《黄省曾刻水经注的十大缺陷》、《我的三柜水经注目录》、《史语所藏的杨希闵过录的何焯沈大成两家的水经注校本》。这一集收入的信札主要有《与钟凤年先生讨论水经注的四封信》等。

　　第五集(分三册、三卷):关于自张穆到孟森等几家对戴震的指控的评论。重要的论著有《平定张穆赵戴水经注校案》、《跋杨守敬论赵戴水经注案的两札》、《考据学的责任与方法》、《孟森先生审判水经注案的错误》等。这一集收入的信札主要有《陈垣先生来信》、《答陈垣先生》、《论杨守敬判断水经注案的谬妄——答卢慎之先生》等。

　　第六集(分三册、四卷):与洪煨莲(业)、杨联陞讨论《水经注》案的信札以及对王国维等指控戴震的评论。重要的论著有《评论王国维先生的八篇水经注跋尾》、《丁山郦学考序目》、《水经注考》、《试考水经注写成的年岁》等。这一集中与洪、杨的往返信札占了很大篇幅,并有影印的全祖望、赵一清和戴震的手迹。

　　前面已经指出,胡适的郦学研究,目的是为了重审赵戴《水经注》案。他于1952年在台湾大学文学院演讲,开宗明义就说:“我审这个案子,实在是打抱不平,替我同乡戴震(东原)申冤(《水经注考》,《手稿》第六集下册)。”

　　胡适在其重审工作中先后发表的论文,遭到港、台学术界许多反驳。这类反驳的文章甚多,下面只举杨家骆的一个例子。由于戴震声称殿本的校勘成果得之于当时只有他能见的大典本。但后来大典本公之于世,人们拿殿本与大典本核对,才知戴震实系谎言。杨家骆针对胡适的重审,以赵本、殿本、大典本、杨熊注疏本四本,选《水经注》全书篇幅最小的卷十八《渭水注》作为对勘对象。将对勘结果,撰成《水经注四本异同举例》一文,发表于1962年在台北出版的《学粹》第4卷第5期。其中最重要的一段说:

　　　　统计在异文一百十处中,除杨本异文无与赵戴争端外,大典、戴校、赵释三本有异同者凡九十处:其中戴同于赵者四十三处,戴同于大典十二处,戴异于二本者卅一处,三本互异者四处。倘复就赵氏校释中谓应作某者考之,凡戴异于赵,亦多阴本于赵氏校释之说,则戴之不忠于大典而复袭于赵,固至显然也。

杨家骆的这个抽样调查具有很大的说服力,在港、台学术界极有影响。台湾学者于大成在看了这个抽样调查后,不胜感慨地说:"因悟前人谓戴氏阴窃全祖望赵一清书,而托于大典以掩其迹之说,堪为定谳。"⑭

在大陆上的学者,由于对海峡彼岸的学术动态缺乏了解,偶然看到几篇《胡适手稿》的文章,或者是胡适的学生如费海玑的《胡适著作研究论文集》之类,有人就写起文章来。说胡适对赵戴《水经注》案,"进行了全面的考证,此案一百多年来几乎已成定案,现在他用了千百个证据,把这个诬告案子昭雪了。他认为戴没有抄袭赵的书,也没有抄袭全的书,而是赵家的人抄袭戴的书。"我国史学界的老前辈杨向奎教授看到这样的议论大为吃惊,立刻写信给我:"希望你出头说一下以澄清是非。"我已经在《光明日报·史学》(1987年1月14日)上写了《关于胡适传中涉及水经注问题的商榷》一文,说明了事实的原委。从这件事中也说明了,我们有必要对港、台的郦学研究增加一些了解。

胡适在郦学研究上的主要目的,即为戴震申冤的所谓重审工作,当然没有达成。但他在郦学史上还是作出了不小的贡献。例如,他在郦学研究中十分强调版本的重要性。所以他一开始就广泛地搜罗各种《水经注》的刊本和抄本。他曾于1948年12月在北京大学举办了一次《水经注》版本展,展出了九类《水经注》版本:计有甲,宋刻本;乙,明抄宋本;丙,明刻本;丁,清代校刊朱谋㙔笺本;戊,清早期重要版本;已,18世纪四大家之一沈炳巽各本;庚,18世纪四大家之二赵一清各本;辛,18世纪四大家之三全祖望各本;壬,18世纪四大家之四戴震各本。以上9类,共达41种之多。⑮他无疑是郦学史上搜罗版本最多的学者。另外,《胡适手稿》前6卷18册之中,除了他自己的文章以外,他还把他和别人讨论郦学的往来信札以及这一时期中其他学者的郦学文章都搜罗在内,要不是他的搜罗,其中不少文章显然是会被散失的。在《手稿》中,胡适写了大量考证文章,除了替戴震申冤的那些考证劳而无功以外,其他还有不少考证,特别是对各种版本的考证。无疑是有裨于郦学的。因此,胡适是一位很有贡献的郦学家。

四、国外郦学研究

清代末叶,西欧汉学家已经开始了他们对《水经注》的研究。法国汉学家沙畹(Edouard Chavannes)在其所著《魏略所见之西域诸国考》一文中,将《水经注》卷二《河水注》译成法文,作为其论文的附录,刊于1905年的《通报》(Toung—Pao)之中,这是《水经注》译成外文的嚆矢。沙畹在译文之前写了一段小小的引言,对《水经注》作了简略介绍。

《水经注》系郦道元善长的作品,郦氏死于公元527年(见《北史》卷二十七本传）。《水经注》为研究古代地理最重要之史料，惜讹误迭见。其校释诸本，赵一清一七五四年所著者为最佳本之一。赵氏以注中有注，其书刊刻遂以大字为注，小字为注中之注。此种办法颇能使语气一贯，然以大小字分别实有造作之嫌，而失郦书本来面目，盖注中之注，原亦郦氏著作也。余所译者系据一八八〇年赵一清刻本（卷二，页四至六、九至十），以二星（＊）注大字，以一星注小字。⑧

另外一些汉学家，他们从各方面考证《水经注》的成书年代，伯希和（Paul Pelliot）在其《交广印度两道考》（商务印书馆冯承钧译本第 48 页）一书中说道："六世纪初年撰之《水经注》。"费琅（G. Ferrand）在其《昆仑及南海古代航行考》（商务印书馆冯承钧译本第 3 页）一书中指出："五二七年，郦道元撰《水经注》。"又有一些汉学家，则利用《水经注》记载的丰富资料，从事今越南沿海的历史地理学的研究。例如法国汉学家马伯乐（Henri Maspero），他仔细地研究了卷三十六《温水注》的内容，论证说："《水经注》卷三十六所志六世纪初年之林邑都城得为十世纪之因陀罗补罗。"⑧鄂卢梭（L. Aurousseau）在其著作《占城史料补遗》中，认为："前次所提出之区粟城在承天府西南，同林邑古都在茶荞，两种假定，可以互相证明，迄今尚未见何种反证。……不过要作此种研究，必须将《水经注》卷三十六之文，连同其注释详加鉴别，其结果时常可以阐明细节。"⑧英国著名科学史专家李约瑟（Joseph Needham）在其名著《中国科学技术史》中，也把《水经注》列为常用参考书，他认为《水经注》一书是"地理学的广泛描述"。这种论断是符合实际的。

在日本，学者对《水经注》的研究已有较长的渊源。早在 1918 年，著名汉学家小川琢治就撰写了《水经与水经注》一文，对此书作了全面的介绍和很高的评价，发表于该年的《艺文》第 6、9 两期，以后又收入于《支那历史地理研究》初集。⑧接着，森鹿三在《东方学报》连续发表了一系列郦学研究成果。宫崎市定则于 1934 年在《史学杂志》45 卷 7 期发表了《水经注二题》的论文。和西欧的汉学家一样，足立喜六也考证了郦注的成书年代，他在《法显传考证》一书中论证说："故知法显之书，成于义熙九年归至建康迄至翌年甲寅之间，……《法显传》撰述后，约在百十年之后，北魏郦道元所著之《水经注》卷一、卷二辄引之。"⑧日本学者根据《水经注》资料从事各种学术研究的，历来非常普遍，例如著名汉学家藤田丰八在其《西域研究》⑧一书中，对于扜泥城和伊循城的地理位置的探索以及焉支与祁连的研究等等，都把《水经注》的记载作为重要依据。

在日本历来的郦学家中，最著名和成就最大的是森鹿三。他毕生从事郦学研究，早在 1931 年，就发表了他的第一篇郦学论文《水经注所引之法显传》，以后他连续发表了一系列郦学研究的成果，兹开列如下：

1931 年

1.《水经注所引之法显传》,《东方学报》(京都)第 1 册;

2.《关于戴校水经注》,《东方学报》(京都)第 3 册(有郑德坤译文,载《地学杂志》民国二十五年(1936)第 1、2、3 期);

1934 年

3.《关于十道志所引之水经注》,《东方学报》(京都)第 4 册;

1936 年

4.《关于最近的水经注研究——特别谈郑德坤的成绩》,《东方学报》(京都)第 7 册;

1941 年

5.《郦道元传略》,《东洋史研究》第 6 卷,第 2 号;

1950 年

6.《水经注所引之史籍》,《羽田博士颂寿纪念东洋史论丛》;

1958 年

7.《杨、熊二氏的水经注疏》,《书报》7 月号(极东书店出版);

1970 年

8.《东洋学研究·历史地理篇》,《东洋史研究会刊》;

1974 年

9.《水经注(抄)》(合译,附内容简介),《中国古典文学大系》第 21 卷,(平凡社出版)。

前面已经指出,森鹿三早年曾从熊会贞处获得《水经注疏》抄本一部。我曾于 1983 年亲自到收藏此书的京都大学人文科学研究所阅读了此书,如我在拙作《水经注疏不同版本和来历的探讨》一书中所描述的:"抄本分装四函,共四十册,有京都大学藏书章。每册卷首均有毛笔正楷'森鹿三寄赠,六字。全书字迹端正,虽与北京、台北两本并非同一书手,但体例、格局与两本无异,其为同一时期抄录之副本,可以无疑。"

森鹿三获得这部《水经注疏》抄本,当然在二次大战以前,当时,这种抄本流传极稀,除熊会贞本人外,在国内拥有此抄本的个人只有汉口的徐行可一人,此抄本后来成为北京本的底本。因此,森鹿三获得此一抄本,对他的郦学研究无疑有极大帮助。二次大战以后,他三次出任京都大学人文科学研究所所长,除了已发表上述许多郦学论文外,他以这部抄本为基础,于 1964 年到 1970 年在京都大学人文科学研究所举办了为期长达 6 年的《水经注疏》订补研究班,网罗全国的郦学家和他的学生,从事郦学研究,每周由他亲自主持一次会读,对《河水》、《汝水》、《泗水》、《沂水》、《洙水》、《沔水》、《淮水》、《江水》等篇，进行了逐字逐句的讨论和分析。经过这样深入细致的数年集体研究，森鹿三又领导了《水经注》的翻译工作。翻译的过程是非常认真慎重的，以《河水注》五卷为例，首先由森鹿三和其他学者进行对原文的集体钻研和反复讨论，然后由大阪大学的日原利国教授译成日语古文，最后再由藤善真澄和胜村哲也两教授从日语古文译成现代日语。《河水注》以外的其余部分，主要由另一位著名郦学家，京都大学名誉教授日比野丈夫所译。森鹿三本人还在译文的卷末写了详细的《水经注解释》一文，介绍了郦学的主要渊源及其发展。最后于 1974 年在东京平凡社出版了这部日译节本《水经注(抄)》。虽然并非全译本，内容只及《水经注》全书的 1/4，但已经可算是此书历来第一部比较完整的外文译本了。而且译文信达，注释详尽，受到学术界的好评。我国科学史专家胡道静先生曾在他所撰《谈古籍普查和情报》[②]一文中称道这个译本的完善。我也为这个译本撰写了《评森鹿三主译水经注(抄)》一文，充分肯定了译本的成就，同时也求全责备，提出了几点意见。我的书评原来发表在《杭州大学学报》，后来又由在关西大学听我讲郦学课程的韩国籍博士研究生金秀雄君译成日文，刊于关西大学出版的《史泉》。

森鹿三于 1980 年去世，为了纪念他毕生在郦学研究中的卓越贡献，奈良女子大学教授、森鹿三的学生船越昭生，特地撰写了《森鹿三先生和水经注研究》一文，在日本的著名刊物《地理》1981 年第 3 期发表(中国有译文，载于《历史地理》第 3 辑)。由于森鹿三等老一辈郦学家的倡导，日本的郦学研究，至今仍很有可观，并且已经逐渐扩大了影响。日本文部省教科书调查官山口荣，也连续撰写了两篇题为《胡适与水经注》的论文，在 1981 年的佐藤博士还历纪念《中国水利史论集》(东京国书刊行会出版)和 1984 年佐藤博士退官纪念《中国水利史论丛》(东京国书刊行会出版)发表。广征博引，详细地评述了胡适的《水经注》研究，特别是他在版本方面的成就。山口荣在 1981 年《论集》的文末指出：

陈桥驿氏最近发表了《论水经注的版本》的论文，[③]论文指出，鉴于《水经注》史料的重要性，所以编纂一部具有现代郦学水平的《水经注》新版本，实为当务之急。(我认为)胡适对《水经注》版本的孜孜考证，对新版本的编纂当能有所裨益。

山口荣的意见是正确的，胡适对《水经注》各种版本的考证，应该认为是他在郦学研究上的最大贡献。在未来的《水经注》新版本的编纂工作中，必然会吸取他的研究成果。

在大学本科和研究生中开设《水经注》研究的课程，这也是日本重视郦学和培养郦学接班人的有效措施。例如关西大学，森鹿三的学生藤善真澄教授，专门为本科生开设了《水经·江水注》的课程，我也于 1983 年应邀为该校大学院(研究生院)讲授

《水经注》课程。1985年,我又应邀到国立大阪大学从事《水经注》的讲学和研究。在中国,湖北师范学院曾于1946到1947年间,由唐祖培教授开设过《水经注疏》研究的课程,这是中国大学讲授《水经注》课程的创始,但以后即告中辍。在这方面,似乎有向日本学习的必要。

　　国外的郦学研究,除日本以外还有印度。据吴晓铃发表于北京图书馆《文献》第15辑(1983年3月)中的《书胡适跋芝加哥大学藏的赵一清水经注释后》(按胡适此文收入于《手稿》第四集下册)的文章,该文提到:"我于四十年代在印度孟加拉邦的国际大学中国学院任教时,曾和汉学家师觉月博士(Dr. Praboddha Chandra Bagchi)合作翻译过《永乐大典》本《水经注》。"吴晓铃的文章因为过于简单,我们无从知道,当年他与师觉月博士合译的大典本《水经注》,是译成英语抑是印地语。全书最后有否译成或出版,或是译成了全书中的哪些部分,都还有待进一步了解。

注释:

① 《全唐诗》卷六二六《和袭美寄怀南阳润卿》。

② 《寄周安孺茶诗》,《苏轼诗集》卷二二,中华书局1982年版。

③ 《石钟山记》(《苏东坡全集》卷三七)引《水经注》:"下临深渊,微风鼓浪,水石相搏,声如洪钟。"为今本郦注所不见。

④ 《国朝文类》卷三六;赵一清《水经注附录》卷下引《滋溪文集》。

⑤ 《明清两代整理水经注之总成绩》,台北中华书局影印本《杨熊合撰水经注疏》第一册卷首。

⑥ 阎若璩《古文尚书疏证》卷六下。

⑦ 《明清两代整理水经注之总成绩》。

⑧ 孙潜本《水经注》(以吴琯刊本过录),浙江图书馆藏。

⑨ 《丹铅杂录》卷七。

⑩ 《水经注删》,北京图书馆藏明刊本。

⑪ 今有小山堂抄本,天津图书馆藏,参见拙作《小山堂抄本全谢山五校水经注》,载《杭州大学学报》(哲学社会科学版)1989年第4期;又收入于《水经注研究》,天津古籍出版社1985年版;又收入于吴天任《水经注研究史料汇编》下册,台湾艺文印书馆1984年版。

⑫ 今有光绪十四年薛福成刊本《全氏七校水经注》。

⑬ 莫友芝《邵亭知见传本书目》(民国七年上海扫叶山房石印本):"赵一清《水经注释》四十卷,《刊误》十二卷,《附录》一卷,乾隆十九年,赵氏家刻本。"又民国二十年南京国学图书馆排印本范希曾《书目答问补正》与《邵亭知见传本书目》同。

⑭ 孟森《商务影印永乐大典本水经已经戴东原刮补涂改弊端隐没不存记》,天津《益世报·读书周刊》1936年11月12日。

⑮　孟森《戴东原所谓归有光本水经注》,天津《益世报·读书周刊》1936 年 11 月 12 日。

⑯　《中华文史论丛》1987 年第 2、3 合期。

⑰　《今水经序》。

⑱　《广阳杂记》卷四。

⑲　《水经注释》卷首参见书目。

⑳　《麓山精舍丛书》。

㉑　刘禺生《述杨氏水经注疏》,《世载堂杂忆》,中华书局 1962 年版。

㉒　《明清两代整理水经注之总成绩》。

㉓　朱是杭州仁和人,是赵一清同乡,故以下用"同里"两字。

㉔　即王杰,曾任四库副总裁,因当时任吏部侍郎,故称"少宰"。

㉕　《郑州大学学报》(哲学社会科学版)1986 年第 1 期,又收入《水经注研究二集》。

㉖　《赵戴水经注小纪》,《水经注研究史料汇编》下册。

㉗　《中华文史论丛》1986 年第 2 辑。

㉘　北平朴社 1929 年版。

㉙　中央研究院历史语言研究所《集刊》第 3 卷第 3 期,1933 年。

㉚　广州《圣心》1934 年第 2 卷第 8、10 期,又 1935 年第 3 卷第 1、2、7、11 期。

㉛　上海启智书局 1935 年。

㉜　重庆《时事新报》学灯副刊 1940 年第 69—70 期。

㉝　熊会贞《关于水经注疏之通讯》,《禹贡》第 3 卷第 6 期,1935 年 5 月。

㉞　刘禺生《述杨氏水经注疏》。

㉟　参见拙作《熊会贞郦学思想的发展》,载《中华文史论丛》1985 年第 2 辑。

㊱　载《古籍论丛》,福建人民出版社 1982 年版。

㊲　科学出版社 1962 年版。

㊳　《杭州大学学报》(自然科学版)1964 年第 2 期。

㊴　《西北大学学报》1978 年第 3 期。

㊵　《文史知识》1981 年第 6 期。

㊶　《山西大学学报》1982 年第 2 期。

㊷　《复旦大学学报》历史地理增刊 1982 年第 2 期。

㊸　《人文杂志》1982 年第 4 期。

㊹　《辽宁大学学报》1983 年第 2 期。

㊺　《郑州大学学报》1984 年第 4 期。

㊻　《中华文史论丛》1984 年第 3 辑。

㊼　《北京师范大学学报》1981 年第 3 期。

㊽㊿　《历史地理》1982 年第 2 辑。

㊾　《杭州大学学报》1984 年第 3 期。

㊾ 《历史研究》1983 年第 6 期。

㊼ 《中国历史地理论丛》1985 年第 2 辑。

㊽ 《杭州大学学报》1980 年第 2 期。

㊾ 《中国历史地理论丛》1981 年第 1 辑。

55 《中国农史》1982 年第 1 期。

56 原题如此,但古地理(Palaeogeography)是指第四纪及其以前的地理,与历史地理(historical geography)的概念截然不同。按此文内容实为内蒙古历史地理。

57 《实践》1980 年第 12 期。

58 《南亚研究》1983 年第 3 期。

59 《社会科学战线》1979 年第 2 期。

60 《学术月刊》1982 年第 11 期。

61 《胡适手稿》各集出版年月:第一集,1966 年 2 月;第二、三集,1968 年 8 月;第四集,1968 年 10 月;第五集,1969 年 1 月;第六集,1969 年 8 月;第七、八、九、十集,1970 年 6 月。每集分上、中、下 3 册,由台湾"中央研究院"胡适纪念馆出版发行。

62 《杭州大学学报》1978 年第 3 期。

63 《中华文史论丛》1979 年第 3 辑。

64 《杭州大学学报》1981 年第 4 期。

65 《古籍论丛》福建人民出版社 1982 年版。

66 《地图》1986 年第 2 期。

67 《古旧书讯》1989 年第 5 期。

68 段氏始校此书于 70 年代之初,当时台北本正值出版,由于消息隔膜,以致浪费了段氏的许多精力;俟我参加此书复校,始把台北本的成果录入此书之中。

69 全国高等院校古籍整理研究工作委员会主办,上海古籍出版社出版。

70 商务印书馆 1982 年版。

71 《河南大学学报》1988 年第 3 期。

72 分别发表于《河北师范大学学报》1987 年第 3 期,《杭州大学学报》1989 年第 2 期。

73 《地理研究》1987 年第 2 期。

74 谭其骧、史念海、陈桥驿主编《中国自然地理·历史自然地理》(科学出版社 1982 年版)第五章《历史时期的海岸变迁》。

75 《水经注的水坑陵问题》,《华南师院学报》(自然科学版)1980 年第 2 期。

76 《举世罕见的珍贵古代民族文物——绵延二万一千平方公里的阴山岩画》,《内蒙古社会科学》1980 年第 2 期。

77 《中国温泉利用史略》,《百科知识》1982 年第 2 期。

78 参阅拙作《郑德坤与水经注》,载《中国历史地理论丛》1990 年第 3 辑。

79 《国史馆刊》创刊号,1947 年版。

⑧　《中华文史论丛》1984年第3辑,收入于《水经注研究二集》,又收入于江苏古籍出版社点校本《水经注疏》卷末。

⑧　《中华文史论丛》1985年第2辑。

⑧　东京平凡社1974年初版,1977年第5版。

⑧　台北商务印书馆1970年版。

⑧　《理论楼论学稿》,台湾台北学生书局1979年版。

⑧　《我的三柜水经注目录》,《胡适手稿》第四集中册。

⑧　据郑德坤译文。

⑧　《宋初越南半岛诸国考》,载冯承钧译《西域南海史地考证一编》,商务印书馆1962年版。

⑧　《占城史料补遗》,载冯承钧译《西域南海史地考证二编》,商务印书馆1962年版。

⑧　弘文堂书房1928年版。

⑨　中译本,何健民、张小柳合译,国立编译馆1937年版。

⑨　中译本,杨炼译,商务印书馆版。

⑨　《历史研究》1983年第4期。

⑨　《中华文史论丛》1979年第3辑。

第十章 《水经注》的错误和学者的批评

　　郦学确实是郦道元留给后世的一宗宝贵财富,《水经注》的卓越贡献人所共见。但是这当然不是说《水经注》就没有错误,一部 1400 多年前的著作,描述的地区如此之大,涉及的资料如此之多,错误显然是在所难免的。

　　上面已经引述了许多古人对《水经注》的好评,同样也不等于对此书就没有批评。对于一部古书,尽管是一部不朽名著,由于成书甚早,作者在此书上所作大量河川地理的研究,只是根据他当时的条件和认识水平。以后条件不断改变,人们对地理环境的认识水平有了提高,后来的学者发现了前人的错误,因而提出批评,这是必然的事,也是正常的事。

　　历史上最早对《水经注》提出批评的,大概是唐代的杜佑,他是从黄河发源和黄河重源的问题上对郦道元提出批评的。当然,杜佑批评的首先是《水经》,但郦道元为《水经》作注,却没有改正《水经》在这个问题上的错误,所以同时批评了《水经注》。他说:

> 《水经》所云:河出昆仑者,宜出于《禹本纪》、《山海经》;所云南入葱岭及出
> 于阗南山者,出于《汉书·西域传》。而郦道元都不详正。……自葱岭之北,其
> 《本纪》灼然荒唐,撰经者取以为准的。班固云:言九州山川者,《尚书》近之矣。
> 诚为恰当。其后《汉书·西域传》云:河水一源出葱岭,一源出于阗,合流东注蒲
> 昌海,皆以潜流地下,南出积石为中国河云。比《禹纪》、《山海经》犹较附近,终是

纰缪。①

杜佑批评这个错误的文字很长,不能一一抄录,但其中对郦注的指责,使用了"殊为诡诞,全无凭据"的话。这恐怕是历来对此书最严厉的批评了。

要说这个错误的造成,其来历实在相当悠久。昆仑山原来是一座古代传说中的山岳。"昆仑"一词,如我在《读水经注札记之二》②中所说是一个传入很早的外来语,把昆仑作为山名不知始于何时。但有一点可以肯定,在早期,昆仑山并无具体的地理位置,它的地理位置是在西汉时代确定的。据《史记·大宛列传》:"汉使穷河源,河源出于寘,其山多玉石,采来,天子案古图书,名河所出山曰昆仑山。"这里的"汉使"是张骞,"天子"则是汉武帝。其实,张骞当年在这座被汉武帝定为昆仑山的山下所发现的河源,乃是塔里木河支流之一的和田(寘)河的上源。这件事不仅张冠李戴,而且还替黄河重源的谬论种下了根子。因为以后人们随即发现,黄河发源于积石山,与蒲昌海(即今罗布泊)相去很远。由于河出昆仑的先入之见,于是又臆造了黄河从蒲昌海潜入地下,又从积石山冒出来的说法。这就是长期来以讹传讹的黄河重源。

张骞当年的这个发现,与他同时的司马迁就并不相信。在《大宛列传》的末尾,司马迁写了几句称为"赞"的话,他说:"今自张骞使大夏之后也,穷河源,恶睹《本纪》所谓昆仑者乎? 故言九州山川,《尚书》近之矣。至《禹本纪》、《山海经》所有怪物,余不敢言之也。"司马迁告诉我们,前面所谓"天子案古图书",指的就是《禹本纪》和《山海经》,《禹本纪》早已亡佚,我们只能从《大宛列传赞》中看到司马迁所引的一句:"《禹本纪》言:河出昆仑,昆仑高二千五百余里,日月所相避隐为光明也。"单看这一句,则杜佑说它"灼然荒唐",就毫不过分。错误由来已久,《水经》承袭了这个错误,郦道元由于没有对这个错误加以"详正",所以也受到严厉的批评。当然,在郦道元的时代,要认识到黄河重源的错误是困难的。直到清代,像胡渭、③董祐诚④这样著名的地理学家,尚且对这种说法坚信不疑,何况在1000多年以前呢。

对于我国古代西北部分的地理概况,《水经注》记载所出现的错误,当然还不仅黄河重源。卷一《河水注》中所描述的今新疆、帕米尔以及印度北部的一些河流,包括印度河和恒河的上源在内,也存在不少错误。明代的周婴曾在这方面提出过批评:"皆蹑法显之行踪,想恒流之洄洑,其间水陆未辨,道里难明,所计差池,厥类亦众。"⑤这段评论的意思,是指《水经注》对这个地区的描述,都是抄的《法显传》,⑥并且造成了许多错误。当然,错误确实是不少的,章巽在其《水经注和法显传》⑦一文中,比较详细地列举了这些错误。不过,周婴所谓"皆蹑法显之行踪"的话,或许稍嫌片面。因为《水经注》记载这个地区,其所引文献,计有《释氏西域记》、《广志》、《外国事》等10种,《法显传》只是其中之一而已。而且在全部注文之中,引《释氏西域记》的达15处,引

《法显传》只有 8 处。⑧说明《法显传》在他的参考文献中,还不算最重要的。周婴与杜佑不同,他在指出《水经注》错误的同时,也充分肯定了此书的成就:"括地脉川,绅奇珍异,六合之外,宛在目中,三竺之流,如漾足下,神州地志,斯为最瑰矣。"⑨

对于我国的北部,郦道元足迹甚广,因此《水经注》对这个地区的记载,历来素为学者所称道。前面已经提到过清代郦学家刘献廷的评论:"北方诸水,毫发不失,而江、淮、汉、沔之间,便多纰缪。"⑩刘献廷的评论当然有他的依据,郦注中北方诸水的记载远胜于南方诸水,这也是众所共见的事实。但北方的范围甚大,河川众多,郦注所载也未必完全无误。兹以卷十四《濡水》一篇为例,经"濡水从塞外来,东南过辽西令支县北"注中,注文对濡水发源的记载,即是一个明显的错误。注云:

> 濡水出御夷镇东南,其水二源双引,夹山西北流,出山,合成一川。

对此,殿本加案语云:

> 案濡水即今滦河,源出巴延屯图古尔山,名都尔本诺尔,西北至茂罕和硕,三道河始东会之。道元当时未经亲履其地,遂以夹山来会之三道河为滦河正源,殊属失实。

在同一经文之下,还有一段关于三藏水的描述,注云:

> 濡水又东南流,武列水入焉,其水三川派合,西源右为溪水,亦曰西藏水,……西藏水又西南流,东藏水注之,水出东溪,一曰东藏水,西南流,出谷,与中藏水合,水导源中溪,南流出谷,南注东藏水,故目其川曰三藏川,水曰三藏水。东藏水又南,右入西藏水。

对此,殿本加案语云:

> 案西藏水,即今之固都尔呼河,先合中藏水,即今之茅沟河,次合东藏水,即今之赛音河。郦氏叙东藏水于中藏水之前,以为东溪、西溪合流,而与西源会,殊乖川流之次。……道元之附会耳食,显然无疑。

在《濡水》一篇中,除了上述两处河道记载的错误外,还可以再找出另一处性质不同的错误。在经"又东南过海洋县西,南入于海"注中,有一段关于管仲和齐桓公征孤竹的故事。注云:

> 又按《管子》,齐桓公二十年,征孤竹,未至卑耳之溪十里,阒然止,瞠然视,援弓将射,引而未发。谓左右曰:见前乎? 左右对曰:不见。公曰:寡人见长尺而人物具也,冠,右祛衣,走马前,岂有人若此乎? 管仲对曰:臣闻岂山之神有偷儿,长尺人物具,霸王之君兴,则岂山之神见,且走马前。祛衣,示前有水;右祛衣,示从右方涉也。至卑耳之溪,有赞水者,从左方涉,其深及冠;右方涉,其深至膝。已涉大济,桓公拜曰:仲父至圣至此,寡人之抵罪也久矣。今自孤竹南出,则巨海矣,而

沧海之中,山望多矣,然卑耳之川若赞溪者,亦不知其所在也。昔在汉世,海水波襄,吞食地广,当同碣石,苞沦洪波也。

前面指出的两处错误,都是河川水道上的错误,属于地理学的错误。而后面的这个错误,则是郦道元对古代文字理解的错误,因而引出了这条实际上并不存在的赞水或赞溪来。郦道元因为找不到这条河流,因而认为它已于汉代沦入海中。他的这一错误,造成了后世不少学者的以讹传讹。宋程大昌也把赞水作为一条河流,[11]清赵一清认为赞水是辟耳山的拘夏溪,[12]清胡渭则认为赞水在乐亭县西南。[13]这些学者各执一端,都希望能找到这条名为赞水或赞溪的河流,但结果都是徒劳。这个由郦道元开端的错误,一直延续到晚清,才由孙诒让加以纠正,原来是郦道元误解了赞水这个词汇的意义。孙诒让说:

> 案上引《管子》,齐桓公至卑耳之溪,有赞水者,从左方涉,其深及冠;右方涉,其深到膝。文见《小问》篇。房注云:赞水,谓赞引渡水者,是彼水即指卑耳溪水,赞者,谓导赞知津之人,诏桓公从右方涉耳,非卑耳之旁,别有溪水名赞者也。郦氏殆误会恉。[14]

从上述《濡水》一篇的错误中,可以说明,《水经注》记载的北方诸水中,错误也是常见的。刘献廷所说的:"北方诸水,毫发不失",不免夸大。对于一部1000多年前撰述的古代地理书,用"毫发不失"的要求来衡量,也是不现实的。

至于南方的河流,由于郦道元足迹未到,完全依靠他人的文献资料进行撰述,错误必然更多。而且与北方河流的错误不同。像上面指出的《濡水注》中的错误,应该说是较小的错误。在北方主要河流或这些河流的主要支流中,错误是不多的。但南方河流则不然,在许多错误之中,也有主要河流和这些河流的主要支流中的错误。关于这方面,黄宗羲在《今水经序》中谈得非常仔细。他说:"余越人也,以越水证之,以曹娥江为浦阳江,以姚江为大江之奇分,苕水出山阴县,具区在余姚县,沔水至余姚入海,皆错误之大者。"

黄宗羲所举的是他的家乡越州的例子,同样,陈澧在《水经注西南诸水考》[15]一书的序言中指出:"郦道元身处北朝,其注《水经》,北方诸水,大致精确,至西南诸水,则几乎无一不误。"的确,在南方诸水中,尽管郦道元在资料鉴别中也下过一番工夫,但是由于不少文献出于北方学者之手,这些学者对南方的山川地理,本来就并不清楚,鲁鱼亥豕,所在多有,郦道元无法一一核实,因而就把这类错误流传了下来。因为《禹贡·扬州》下有"三江既入"的话,又出现"北江"、"中江"两个地名,但并不一定与"三江"有关,"三江"一名,很可能是表示多数的意思。从《汉书·地理志》又臆加"南江",连同"中江"和"北江",以敷合《禹贡》"三江"之数。于是,大江南北,就这样存在了两条与大江平行的北江和南江,在中国历史上传讹甚久,《水经注》同样在卷二十九《沔水》经"分为二:其一东北流,其一又过毗陵县北,为北江"注中提出了"江即北江也","江水自石城东出迳吴国南为南江"等错误说法。其实,北江和南江都是并不存在的河流。另外还有一条并不存在的河流是卷三十九《庐江水》一篇中的庐江水。此篇只有一句经文:"庐江水出三天子都北,过彭泽县西,北入于江。"这条经文的来源,显然是根据《山海经·海内东经》:"庐江出三天子都,入江彭泽西,一曰天子鄣。"郦道元为这条经文作注,写了大约1300字的文章,主要是描述了庐山的各种风光,并写下"望九江而眺钟彭"一语(指石钟山和彭蠡泽)。按地理位置,显然是在今长江以南的鄱阳湖西边。但今天在这个地区根本找不到一条可与庐江水相当的河流,使得以后的学者为此煞费考证工夫。杨守敬认为这条《水经注》称为庐江水的河流,当是今安徽省境内的长江支流清弋江。⑯但清弋江距庐山300多公里,江口根本没有像庐山一类的高山,即使有,也无法从这里远眺"钟彭"。十分明显,庐江水是一条由古代不谙南方地理的北方人所附会的并不存在的河流。但郦道元也无法否定这条河流的存在。

最后,历来学者对《水经注》批评较多的另一方面,是郦道元在资料选择和撰述中的嗜奇引博的倾向。前面已经提及的清凌扬藻所说的"但嗜奇博,读者眩焉"即是其例。明郦学家杨慎在其《水经序》⑰中也说:"若郦氏注衍为四十卷,厌其枝蔓太繁,颇无关涉,首注'河水'两字,泛引佛经怪诞之说,几数千言,亦赘已。"全祖望为赵一清《水经注释》所撰序言中也说:"乃以过于嗜奇,称繁引博。"杨守敬在其《水经注疏》卷四十《禹贡山水泽地所在》经"朱圉山在天水北,冀城南"注"鸣浅殃万物,鸣深则殃君王矣"下疏云:"守敬按,《渭水》篇叙朱圉之石鼓,本《十三州志》及《汉书·五行志》详叙之,此别引《开山图》二条,盖故示博。"由此看来,在郦道元的撰述中,称奇引博的思想确实是存在的。

关于这方面的另外一个明显的例子在卷三十九《赣水》经"又北过南昌县西"注中。这里,注文对建成县的"燃石矿"作了记载。对于这种矿物,南朝宋雷次宗在《豫章记》中曾有清楚的描述:"县有葛乡,有石炭二顷,可燃以炊。"对于我国境内的煤炭资源的记载,以及"石炭"这一科学名称的使用,《豫章记》是现存最早的资料。《豫章记》是地理大交流时代撰写的所谓六朝地志之一,郦道元在《赣水注》中两次提到雷次宗之名,同卷《庐江水注》中,也引用了《豫章记》,说明这是他作注时的常用文献之一。但是他在记载建成县的这种矿物时,却偏偏不用《豫章记》而用了《异物志》的说法:"《异物志》曰:石色黄白而理疏,以水灌之,便热;以鼎著其上,炊足以熟。置之则冷,灌之则热,如此无穷。"

用现在的尺度来衡量,《豫章记》对煤炭的科学描述,当然比《异物志》那种牵强附会的说法要好得多。但由于前者看来平淡无奇,而后者则是一种奇谈怪论,因而郦道元采用了后者。

如上所述,说明像郦道元这样的人物所撰写的《水经注》这样的名著,毕竟也存在不少缺点和错误,历来也曾有不少学者提出过许多批评。让今天的读者了解这方面的事实,实在也是很有必要的。当然,所有这些缺点和错误,对于这部历史名著所取得的成就来说,都是瑕不掩瑜的。

注释:

① 《通典》卷一七四《州郡四》。

② 《明报月刊》,1990 年 9 月号。

③ 《禹贡锥指》卷一三上。

④ 《水经注图说残稿》卷一。

⑤⑨ 《析郦》,载《卮林》卷一。

⑥ 《水经注》卷一、卷二引此书作《法显传》、《释法显》、《法显》。

⑦ 《中华文史论丛》1984 年第 3 辑。

⑧ 参见拙作《水经注记载的南亚地理》,载《南亚研究》1983 年第 4 期,又收入于《水经注研究二集》。

⑩ 《广阳杂记》卷四。

⑪ 《禹贡论》(上),卷一四。

⑫ 《水经注释》卷一四《濡水注》,赵一清释。

⑬ 《禹贡锥指》卷一一上。

⑭ 《札迻十二卷》卷三。

⑮ 道光二十七年陈氏自刊本。

⑯ 《山海经、汉志、水经注庐江异同答问》,载《晦明轩稿》上册。

⑰ 《水经注释附录》卷上。

结　语

以上是郦道元一生思想行历的评论。一切评论都没有离开《水经注》，假使没有《水经注》，要评论郦道元这样的人物，真是不可想象的。

前面曾引《魏书》和《北史》，郦道元的著述有："注《水经》四十卷，《本志》十三篇，又为《七聘》及诸文。"在他的这些著作中，《水经注》竟能众亡独存，这实在是我国文化史上的一件十分难得的幸事。假使《水经注》也像《本志》和《七聘》那样地早已亡佚，不仅在人类的文化遗产中损失了这样一宗宝贵财富，后人看不到如此一部卓越绝伦的不朽名著，而对于郦道元本人，以后也无非是研究魏晋南北朝历史的学者偶然触及，从《北史》来看，他不过是个无足轻重的一般人物；从《魏书》来看，他竟是个被人所不齿的酷吏。

《水经注》一书，从撰述到幸存，不仅是一件大事，而且也是一种奇迹。香港郦学家吴天任教授撰《郦学研究史》①一书，嘱序于我，我在序言中说：

　　《水经注》一书，撰述于国家分裂，战祸连绵，人民流离，生灵涂炭之时代，赖郦道元之卓越天才与非凡勤奋，人间才得有此一部不朽名著。而这部名著从其诞生之日始，却又命途多舛。郦氏蒙难于阴盘，洛阳毁灭于兵燹。苍天悯人，竟令书稿幸存于灰烬之中。

这部幸存于水火蠹鱼之中的书稿，真是不同凡响。如我在《郦道元生平考》②一文中所说：

　　这是一部彪炳千秋的伟大作品，它不仅是一部杰出的地理著作，而且郦道元毕生的思想抱负,也都凝结在这部著作之中,因此,今天我们研究郦道元的生平事迹,这部三十余万字的不朽名著,对于我们的重要性,显然绝非寥寥三〇九字的《魏书》本传和六一二字的《北史》本传(包括全文抄录《魏书》本传的三〇九字在内)可以相比。对此书进行深入的分析和研究,虽然时隔一千四百多年,但郦道元的音容气质,仕宦业绩,似乎还历历如在。

所以我在本书的《郦道元及其家世》一章中指出:"从思想感情的高度来说,这是他的一部自传,一部境界很高的自传。对这部自传进行细致深入的剖析,郦道元的生平业绩和思想感情,都可以和盘托出。"

这样看来,我们确实不必埋怨历来学者没有为郦道元写详细的传记,以弥补《魏书》和《北史》的疏缺。因为许多郦学家,特别是明清以来的考据学派郦学家,他们尽毕生精力,呕心沥血,刻苦钻研,使《水经注》从宋代以来的残籍逐渐走向完璧。他们的工作,其实就是完整和充实郦道元的这部传记。所以我在上述吴撰《郦学研究史》的序言中说:

> 《水经注》一书,从撰述到流传,固已是人间奇事,而历代郦学家对此书辛苦耕耘,惨淡经营,终至集腋成裘,聚沙为塔,形成如此一门宏大渊博之郦学。《诗·周颂·敬之》云:"学有缉熙于光明。"其言铮铮,足以为古今学人式。如今郦学光华,环宇共照,益可证此言之不虚也。

《水经注》和郦道元已经融为一体。今天,我们开展卷帙,仿佛就看到这位身跨战马,手执图籍的巨人,他正在原野高处,满怀深情地环视着秀丽的祖国河山。我们也似乎看到了从他身上迸发出来的一股笼罩在我们的广大版图之上和凝聚在我们的众多民族之间的巨大力量。

注释:

① 台湾艺文印书馆 1991 年版。

② 《地理学报》1988 年第 3 期。

原著南京大学出版社 1994 年版

郦　道　元

一、绪论

　　这一篇的主要任务是让读者了解 4 个主题，即郦氏家族、郦道元、《水经》和《水经注》。《水经》和《水经注》是两种古代文献，虽然其间有不少复杂的掌故，但两种文献至今都仍然存在，它们的问题是可以说得清楚的。郦氏家族是在一个特殊时代背景中的一个不同凡响的家族，郦道元是这个家族中最后一位彪炳史册的成员。他们当然都是历史人物，介绍历史人物，有的比较容易，有的相当困难。有的人物有大量历代流传的记载，有许多后人的评论，介绍这样历史人物，至少是有据可查；另一类人物历史上记载甚少，后人也鲜有评论，介绍这样的历史人物，就必须多方查索资料。郦氏家族和郦道元属于后者。由于郦道元是《水经注》这部历史名著的作者。不把这位人物了解清楚，对《水经注》的研究就无法深入。为此，开宗明义，我想利用我国著名学者胡适的研究成果，把他所查索排列的郦氏家族世系，抄录如下。①这个世系表，涉及郦道元及其兄弟、父亲、叔伯、祖父和曾祖父，虽然其中还有一些可以商榷的问题，但应该说已经相当完整了。

郦氏家族世系

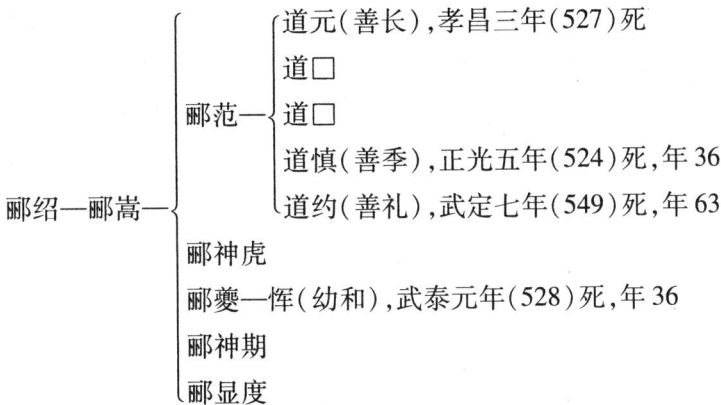

```
                    ┌道元(善长)，孝昌三年(527)死
                    │道□
              郦范─┤道□
                    │道慎(善季)，正光五年(524)死，年36
                    └道约(善礼)，武定七年(549)死，年63
郦绍─郦嵩─┤郦神虎
                    郦夔─恽(幼和)，武泰元年(528)死，年36
                    郦神期
                    郦显度
```

1. 郦氏家族

清乾隆间修纂《四库全书》，诏定二十四史为"正史"，指的是从《史记》、《汉书》以下到《明史》的二十四部历代史书。"正史"在我国历史上是权威的史书。"正史"记载人物，按《史记》开创的体例，最主要的是记载帝王的"本纪"（纪）和帝王以外的其他人物的"列传"（传）。历朝帝王是必然有"纪"的，但历朝人物就不一定能入"传"。能在"正史"之传的，除了后妃和王子以外，不管好歹，总得是名人。历代修纂"正史"的史官，常把入传的名人进行分类。因此，列传中有诸如《循吏传》、《儒林传》、《文苑传》、《忠义传》以及《酷吏传》、《佞幸传》等等之类，各史并不一致。对于后世来说，评论前代人物，"正史"就是权威的依据。人们常常用"名不见经传"一语衡量人物的知名度。"经传"，原意是《春秋》及其外传（《左传》、《穀梁》、《公羊》），"经传"记及的都是先秦人物，为数甚少，后世无非以此作个譬喻，其实是指的"正史"人物传。"正史"有传的人物，不论史传对他的褒贬如何，其人可称名人，大概是无疑的了。

现在看看郦氏家族世系中这些列名的人物，他们入传于"正史"的情况，涉及郦氏家族的"正史"是《魏书》和《北史》，后者的修纂较前者晚一百多年，前者入传的人物，后者大概也都入传，当然，两史的评论是并不相同的。郦氏家族入传于两史的，首先就是郦道元的父亲郦范。郦氏家族入传的，除《魏书》另立《郦道元传》外，其余成员，两史都附在《郦范传》之下，构成一个家族的传记组，而郦范和郦道元是这个传记组的核心，占了最长的篇幅。《魏书·郦范传》有1059字，《郦道元传》有309字；《北史·郦范传》有290字，《郦道元传》有612字。此外是《郦道慎传》和《郦道约传》，都不到

100 字。其他郦氏家族入传的还有郦范弟郦神虎,神虎弟郦显度。与郦道元同辈的郦氏家族则有郦夔子郦恽。前面世系表中没有列名的郦道元的下一辈家族成员,入传的还有郦中、郦怀则两人。郦道元的祖父郦嵩和曾祖父郦绍均未入传,但都在《郦范传》中提及,郦道元的叔叔郦夔,则在其子《郦恽传》中提及,此外在《郦道元传》中还提及其子郦孝友。以上是这个家族传记组中列名的 13 个郦氏家族成员,按《魏书》和《北史》,记载都是清楚的。唯一存在的问题是《魏书》称:"神虎弟夔子恽,字幼和",而《北史》则说:"范弟道峻子恽,字幼和。"这一条记载附于《郦道元传》下,所以第一字"范"当是衍文,可以勿论。此外,两史提及的郦幼和,《魏书》②名"恽"而《北史》名"恽","恽"、"恽"形近,其中必有一个误字,也属无法查证。但问题在于《魏书》郦幼和是郦夔之子,而《北史》郦幼和则是郦道峻之子,历来对此曾有争论。郦道峻是《北史》提到的一个不属于上述 13 位家族成员的名氏。胡适考证的世系表中,列有郦范的儿子 5 人,其中 2 人名氏不详,却并未有道峻之名。这是因为《魏书·郦范传》中有"范五子"一语,并未言及道峻。胡适的世系表,除了郦恽一名从《北史》外,此外显然是根据《魏书》的。但清赵一清却认为郦道元在阴盘驿亭受害时与他一起罹难的即是其弟郦道峻。按《北史》对此事的记载是:"道元与其弟道□二子俱被害。"此处缺了一字,赵一清《水经注释》卷首抄录了《北史·郦道元传》,并说:"按史文缺一字,从《魏书》及本史参验,当是道峻。"赵一清的说法,从来只有胡适提出反对意见。胡适在论《赵一清的水经注释稿本的最后状态》③一文中说:"东潜误信'道峻'是与道元同遇难之弟,所以生出了许多无谓的纠纷,越缠越深了。他若继续追求他后来的一点怀疑,他就可以承认,道峻必是夔字的误拆。郦夔是郦范之弟,道元之叔,而郦恽是郦夔之子,此中就毫无困难的问题了。"不过胡适的批评意见,看来并不令人信服。因为《北史·郦道元传》在郦氏家族诸传中,字数远远超其他成员,是一篇核心传记。他的两个弟弟:道慎和道约的传记,都附在道元的传记之下。《郦道约传》以后附有《郦恽传》,前面已经指出,《郦恽传》所说:"范弟道峻子恽",此"范"字是衍字,"道"字一辈的人,绝不会是郦范的兄弟。因此,郦道峻很可能就是郦道元的 4 个弟弟之一。由于郦道慎和郦道约的事迹在两史确然可考,则在阴盘驿亭与其兄同时蒙难的,大概就是郦道峻。

从上述《魏书》和《北史》这两部"正史"中留下的郦氏家族的传记来看,这个家族的主要情况是:第一,这个家族长期服官于鲜卑族政府。郦道元的曾祖父郦绍原来在慕容鲜卑建立的后燕(396—403)任濮阳太守,当拓跋鲜卑进军南下之时,他"以郡迎降,授兖州监军"。郦道元的祖父郦嵩,曾在拓跋鲜卑的北魏任天水太守。而到了其父郦范,在北魏任给事东宫,以后不断加官晋爵,从男爵、子爵、侯爵,直到"除平东将军,青州刺史,假范阳公"。④他是郦氏家族在北魏登峰造极的人物。除他以外,从传记中可以看到,几乎每一个家族成员都在拓跋鲜卑的王朝中担任大小不同的官职。且不说郦道元,他的弟弟如郦道慎,虽然不到40岁就去世,但却有许多封号和官职如辅国将军、骁骑将军等,并任官正平太守。另一个弟弟郦道约,曾有冠军将军的封号,并任东莱太守和鲁郡太守。郦道元的堂兄弟郦恽,曾有征虏将军的封号,并任安州刺史。郦道元的叔叔郦神虎、郦神期,以及他的子侄一辈,也都有封号和官职。

第二,从传记记及的家族成员来看,他们虽然先后服官于两个文化不高的鲜卑部落所建的王朝中,但郦氏家族本身却是书香门第。郦道元的学术文章留待以后再说,传记涉及的其他成员如郦道慎:"涉历史传,有干略。"郦道约:"颇爱琴书。"郦恽:"好学,有文才……所作文章,颇行于世,撰慕容氏书,不成。"郦恽没有撰成的《慕容氏书》,或许就是慕容鲜卑建立的前燕、西燕、后燕的史书,可惜没有撰成。从这些记载中可以看到郦氏家族的所以能在这些少数民族建立的王朝中获得重视和建立功业,这与他们的文化素质是分不开的。

从以上郦氏家族在"正史"传记中分析得出的他们家族的这两个特点,其影响不仅关系到郦氏一个家族,而且更关系到东晋和南北朝的整个时代。从第一点看,郦氏家族中的早期成员,在公元4世纪末,即所谓五胡十六国时代,就已入仕北廷。说明他们属于我在《郦道元评传》⑤一书中论述"地理大交流"时代留恋故土,宁愿冒恶劣的处境而安土重迁的北方汉人家族。永嘉之乱引起北方汉人南迁的规模十分巨大,谭其骧在其《晋永嘉丧乱后之民族迁徙》⑥一文中作过估计,从西晋末年到刘宋为止,"南渡人口约共有九十万,占当时全国境人口约五百四十五万之六分之一。"这个时期就是我在《郦道元生平考》⑦一文中所指出的"地理大交流"时期。大群生活在北方草原的游牧民族,相继进入华北和中原,他们放弃了"天苍苍、野茫茫"的自然环境和"风吹草低见牛羊"⑧的游牧生活,而定居到这片对他们来说是完全陌生的土地上从事农业生产。同样,原来居住在这个地区的汉族,也就被迫大批南迁,放弃了他们世代定居的这片坦荡肥沃的小麦杂粮区,迁移到低洼潮湿的江南稻作区。从战祸蔓延,人民流离的这种现象来说,这个时代是中国的混乱时代;但从文化交流,民族融合的这种结果来说,这个时代是中国的光荣时代。

一大批汉族迁移到南方,其中包括许多有据可查的官宦和望族,他们迁移时挟带了大量资财,而特别重要的是他们所代表的全国最卓越的文化优势。他们与公元前二世纪末期秦始皇的大军敉平江南时随之而来的第一批汉族,即所谓"天下有罪谪吏民"⑨大不相同,这第一批北方来客,使孟子所说的"南蛮𫘝舌"⑩获得了彻底的改造。而在北方的这些安土重迁者们,前面已经指出,他们必须"冒恶劣的处境"。这是因为他们与南迁的汉族不同,南迁者虽然不免颠沛,但他们是征服者;留恋故土者虽然仍在故土,但他们是被征服者。他们的财产,当那批草原夷狄入侵时,或许已被洗劫一空,但他们的家族所有的汉族文化素质,却不是入侵者能够掠夺的。而且一旦在入侵初期的战乱中安静下来以后,这些长期习惯于在马背上随着水草而奔波的北方佬,立即发现原来定居在这里的汉族的优越文化,确实为他们所无法比拟。现在,他们的生产和生活,当然比他们原来的"韦韝毳幕,膻肉酪浆"⑪要安定和丰富得不可计量,但要想在这个地区长居久安,他们之中的具有远见的领导首先发现,再要像在草原上那样地放荡不羁,是完全不能适应安居的农业社会的。他们必须向当地汉族学习,吸取汉族文化以巩固他们自己。北魏在公元 5 世纪前期,已经进入了"秋谷悬黄,麻菽布野"⑫的农业社会,而当时民间仍然保存着不少从草原带来的风俗习惯。如《通鉴》所记,就在世祖拓跋焘时代,民间的祭祀习惯"犹循其旧俗,所祀朝神甚众"。⑬于是,当时已为北魏所信赖的汉人崔浩奏请:"存合于祀典者五十七所,其余复重及小神悉罢之,魏主从之。"⑭这个例子,说明了北魏从胡俗向汉俗转化的过程。到了五世纪后期,据《魏书·高祖纪》所载,太和十一年(487),"春,正月丁亥朔,诏定乐章,非雅者除之"。"非雅者除之",显然,这里的"非雅",是乐章中从草原带来的鲜卑成分。当时,引导鲜卑全面、彻底汉化的孝文帝拓跋宏尚未亲政,而汉化的进程实际上已经加速。等到太和十四年他亲政以后,胡人汉化的势头变得如脱缰野马,不可阻挡。在他去世前的不到 10 年之中,鲜卑族和北魏统治下的北方其他少数民族,在政治上有南朝、北朝之分,在民族上有汉人、胡人之分,但在文化上却已是汉族的一统天下。

拓跋宏亲政以后,力排朝廷既得利益集团的阻挠,于太和十八年(494)把首都从边疆的平城(今山西大同)迁移到"处天下之中"⑮的洛阳。让那些惯于在马背上悠闲岁月的王孙公子们看看这里的正宗汉族文化。就在这一年,他正式下诏:"禁士民胡服。"⑯从《魏书·高祖纪》中记及的关于他的汉化改革,包括废除游牧民族遗留的发辫制,改行汉人当时通行的束发为髻的发式。被服冠冕,也一遵汉制。他又竭力推行汉族尊重的所谓三代成法,开始祭祀尧、舜、禹、周公等汉族人民尊敬的人物,谥孔子为"文圣尼父",并命令中书省设孔子像,他亲自带头前往祭拜。有一次南征途中经过鲁城(今曲阜),特地进城祭拜孔子,重修那里的孔子陵墓,更建碑铭,拜孔氏 4 人、颜氏两人为官,并选孔子宗子 1 人,封为崇圣侯,令其奉孔祭祀。这次南征还都以后,就在首都设立国子太学和四门小学,又遴选了几位耆老长者,将他们封为国老庶老。同时在国内普求古代遗书,按汉族体制制礼作乐,并按当时汉族通行的标准,修正度量衡制度。⑰自从拓跋焘任用许多汉族知识分子以来,早已卓著成效的北魏汉化,至此业已完成。

在拓跋宏引导胡人汉化的过程中,除了上述"禁士民胡服"以外,接着发生的两件大事是:第一,他在太和十九年下诏:"不得为北俗之语于朝廷,违者免所居官。"[18]这一条其实就是宣布以汉语为"官语"。也就是说,胡人如不说汉语,就没有任官的资格。第二,他于太和二十年(496)宣布改变祖宗传下来的民族姓氏,把鲜卑语的"拓跋"改为汉语的"元"。从此,拓跋魏就被后世史学家称为元魏。改姓换名是一件大事,《左传》昭公十五年曾经记及一个"数典忘祖"的故事。[19]拓跋宏是学习汉人典籍的,当然不会冒这种大不韪。他是有根据的,诏令上说:"北人谓土为拓,后为跋。魏之先出于黄帝,以土德王,故为拓跋氏。夫土者,黄中之色,万物之元也,宜改姓元氏。"[20]从此,他自己带头称为元宏,王族中不论辈分大小,封爵高低,他们的名氏均去"拓跋"加"元"。北魏还有另外一些胡姓,也一律议改,据《通鉴》一四〇所记:拓跋氏改为长孙氏,达奚氏改为奚氏,乙旃氏改为叔孙氏,丘穆陵氏改为穆氏,步六孤氏改为陆氏,贺赖氏改为贺氏,独孤氏改为刘氏,贺楼氏改为楼氏,勿忸于氏改为于氏,尉迟氏改为尉氏,不胜枚举。现在,拓跋鲜卑已经强大,拓跋宏有决心:"经营天下,期于混一。"[21]受汉族文化熏陶了多年的拓跋王朝,深知要一统天下,除了吸取汉人的文化以外,还有一件重要的大事是要加入汉人的"血统"。这其实是胡人领袖老早就用过的手段,如我在拙作《越王禹后说溯源》[22]一文中论述的,南蛮𠮾舌的越王句践,早年明明承认自己是蛮夷之后:"昔吾先君,固周室之不成子也。"[23]但在他灭吴迁都,称霸北国之后,却忽然改了口气:"吾自禹之后,承元常之德。"[24]竟拉扯出被汉人封为第一代王朝的开国之君作为自己的祖宗。而拓跋宏拉扯得比句践更高更远,鲜卑人原来是黄帝之后。好在汉人的上层人士是欢迎蛮夷戎狄的这种来归的,太史公就是化夷为夏的策划人之一,他在《史记·越世家》中说:"越王句践,其先禹之苗裔。"在《匈奴传》也说:"匈奴,其先祖夏后氏之苗裔也。"为此,拓跋宏把鲜卑说成是黄帝之后,对胡人来说,大大地增加了光彩,而汉人绝不会有谁出来反对。就以这一手,说明他已经吃透了汉人的文化。

以上这一大段话,是从郦氏家族说起的,现在又得回到郦氏家族中来。公元5世纪之初,道武帝拓跋珪势如破竹地进入华北,郦道元的曾祖父郦绍以(濮阳)郡迎降,而不过一个世纪,这个所向无敌的骑马民族,就甘心情愿地抛弃他们祖宗的姓氏,接受了全盘汉化。而这种汉化的过程,就是在郦氏家族四代人的眼皮下完成的。回首永嘉之乱的年代,一大批汉人在兵荒马乱中渡过长江。他们把江南的各类南蛮𠮾舌收容到汉族文化中来,让大批化外之民不再"化外"。对于中华民族的融合事业,这批随晋室东渡的北方来客当然是有功的。但是与北方相比,他们的事业还不算艰难。因为南蛮𠮾舌在秦始皇时代就已经成为输家,他们尽管强悍不化,负隅顽抗,但是像山越[25]那样,最后也只好逃入深山躲藏起来。而这批随晋室而来的北方汉人,他们凭借征服者的优势,却不像秦始皇那样地一味蛮干。武力只能显耀于一时,但文化却具有长远的功能,因此,江南的民族融合事业没有大动干戈,是比较顺利的。但北方的情况就很不相同。秦始皇在当年就斗不过这些在马背上进退快捷的草原人,所以只好花惨重的代价建造一条阻挡他们的所谓万里长城。从两汉到西晋,胡、汉确实在这条以夯土堆叠起来的防御工事两边对峙了400多年。但胡人最后还是冲破了这条不堪一击的樊篱,而以征服者的优势拥入华北和中原。永嘉之乱以后留在北方的汉人,当一批又一批的各式草原蛮子入侵之时,他们蒙受杀戮、欺压等种种不幸,但是他们忍住气,逆来顺受。而其实,他们也和这批飞扬跋扈,桀骜难驯的草原人进行着坚持不懈的斗争。这是被征服者与征服者的斗争,他们没有权力,没有武装,唯一的手段就是文化。不过一个世纪,这些趾高气扬的草原武士,终于服服帖帖地卸下胡装胡服,改变胡文胡语,甚至抛弃胡姓胡名。汉族的伟大文化几千年来已经被证明所向无敌。公元4至5世纪,是中华民族融合过程中最关键的时代,作为被征服者的北方汉人,在这个时代中建立了民族统一的辉煌事业,书香门第的郦氏家族四代人,是这种伟大事业的杰出代表。从我们的民族史论功行赏,这个家族是功勋卓著的。

2. 郦道元

介绍了郦氏家族以后,现在转入本书的主人翁郦道元。从前面简叙的郦氏家族成员之中,郦范和郦道元,显然是家族中的主要人物,他们的生平事迹和正史对他们的记载,都可以证明这一点。郦范父子都是北魏命官,但他们的遭际却很不相同。郦范的仕途一帆风顺,他在明元帝拓跋嗣泰常年代(416—423)始任给事东宫,是一种侍候太子和教育太子的重要职位。所以他对王室中年轻一代的汉化是具有深远影响的。接着,太武帝拓跋焘践位,这位北魏历史上的著名国君立刻封其老师以"永宁男"的爵位,这是郦氏家族厕身北魏贵族的开端。从此他继续青云直上,在拓跋焘去世后晋升为子爵,后来又晋升为侯爵,加冠军将军,任青州刺史,回朝任尚书右丞,再次出任青州刺史,加平东将军,晋升为公爵,郦范一生服官50年,经历5帝,时当北魏盛世,仕途坦荡,自不待言,最后以范阳公的爵位,寿终正寝。[26]

但郦道元的宦海生涯就很不相同。据现在可以查索的资料,他于孝文帝太和十八年(494)入仕,充任一种职位低微的尚书郎。但以后不断升迁,历任太尉掾、治书侍御史、冀州镇东府长史,颍川太守、鲁阳太守、东荆州刺史。他在刺史任上,由于这个地区在北朝属蛮夷居住之地,他采用"严猛为政"的策略,受到当地少数民族的上控而被朝廷免官。但不久又复官河南尹,黄门侍郎,侍中兼摄行台尚书、御史中尉等官职。他服官的前期,与他父亲相同,时当孝文帝拓跋宏在位,国势鼎盛,北魏的汉化也在这个时期完成。在这段时期中,他不仅继承其父获得永宁伯的爵位,而且仕途顺利,意气风发。但孝文帝于太和二十三年去世,从此朝政腐败,国势陡落,他因此备历艰辛,而最后受王室暗算,于孝昌三年(527)为萧宝夤所杀害。

郦道元出生于何年?这个问题无法考证。虽然过去曾有不少学者在这方面作过研究,也提出过几种说法,例如太和九年(485)[27]、和平六年(465)、延兴二年(472)[28]、皇兴三年(469)[29]等,但这些实际上都没有可靠的依据。留待以下再说。至于他出生于何地,虽然没有确切证据,但至少是他的家乡在《水经注》中有明确记载。卷十二《巨马水》经"又东过容城县北"注:

> 巨马水又东,郦亭沟水注之。水上承督亢沟水于迺县东,东南流,历紫渊东,余六世祖乐浪府君,自涿之先贤乡爰宅其阴。

这条记载明白地写出了他的故乡,在巨马水(今拒马河)支流郦亭沟水的一个称为紫渊的湖边,郦氏故居在这个湖泊以南。清孙承泽在《春明梦余录》卷六四说:"郦亭在涿州南二十里,为郦道元故居。"所以郦道元故居,也就是郦氏家族的故居,是明确可考的。不过由于郦范宦游四方,故居是否就是郦道元出生地,不能完全肯定。涿县(今河北省涿州市)是郦道元的籍贯,由于籍贯与出生地并非同一概念,所以于事仍然存疑。

在古代文献中,甚至对郦道元的家乡也发生过误会,这种误会始于权威的正史。《魏书·郦范传》说郦范是"范阳涿鹿人",而《郦道元传》则说"范阳人也"。说明当是"范阳"下省去"涿鹿"县名。所以《北史·郦道元传》就补上县名,说郦道元是"范阳涿鹿人"。范阳是个郡名,涿鹿是个县名。在两汉时代,涿鹿是上谷郡的属县;在晋代,涿鹿是广宁郡的属县;但在北魏,范阳郡下没有涿鹿县。北魏范阳郡,按《魏书·地形志》,郡下辖七县:涿、固安、范阳、苌乡、方城、容城、遒。所以《魏书》的记载显然误"涿"为"涿鹿",而《北史》则沿袭了《魏书》的错误。涿鹿县和涿县(涿州市)现在都仍存在,前者在永定—桑乾河流域,后者在拒马河流域,中间有超过海拔2000米的灵山等分水岭,稍具自然地理学知识的人都会明白,历史上的行政区划再变化,两个河流的流域是变不了的。但不幸的是,这种明显的错误却一直被一些人辗转传播,直到80年代,据我所知,还有一些专业辞书,[30]仍在郦道元的籍贯上存在错误。

1995年年初,时值元宵佳节,涿州市举行郦道元学术讨论会,市府特地派人南下接我们夫妇北上参加盛会。当时,郦道元纪念馆已在其故居所在地郦道元村奠基开工,我特将历年来有关《水经注》和郦道元研究的专著7种赠与该市,由市长亲自接受存放郦道元纪念馆中,纪念馆于这年年底落成,可惜当时我正应邀在加拿大和美国讲学,不能躬逢其盛。今郦道元村的地理位置与《春明梦余录》所记完全吻合,不过河川变化与《水经注》时代已经很不相同,村边有一条沟渠,与拒马河连通。当时郦注记载的郦亭沟水,已经完全干涸,村舍不大,坐落在一片拒马河平原之中。回首14个世纪以前的郦氏故居,沧桑递变,令人感慨系之。

除了郦氏籍贯涿县郦亭之外,《水经注》中还有一处记及他童年随父母居住之地,卷二十六《巨洋水》经"又北过临朐县东"注:

先公以太和中作镇海岱,余总角之年,侍节东州,至若炎夏火流,闲居倦想,提琴命友,嬉娱永日,桂笋寻波,轻林委浪,琴歌既洽,欢情亦畅,是焉栖寄,实可凭衿。小东有一湖,佳饶鲜笋,匪值芳齐芳药,实亦洁并飞鳞,其水东北流入巨洋,谓之熏冶泉。

又卷二十六《淄水》经"又东过利县东"注:

阳水又东北流,石井水注之,水出南山,山顶洞开,望若门焉,俗谓是山为礜头山。其水北流注井,井际广城东侧,三面积石,高深一匹有余,长津激浪,瀑布而下,澎赑之音,惊川聒谷,漰渀之势,状同洪河,北流入阳水。余生长东齐,极游其下,于中阔绝,乃积绵载,后因王事,复出海岱,郭金紫惠同石井,赋诗言意,弥日嬉娱,尤慰羁心,但恨此水时有通塞耳。

这两段注文,前者是童年随父郦范官青州刺史时的回忆。后者既是童年的回忆,又记及其任官以后的旧地重游。北魏青州在今山东半岛北侧,辖境在今莱州湾以南,包括今潍坊、昌乐、高密、临朐、益都等地,州治在今益都。经文所记的临朐县在州治之南。郦范曾经两度出任青州刺史,第一次在献文帝皇兴年间(467—471),第二次在孝文帝尚未亲政的延兴年间(471—476)。历来学者估计郦道元出生的最早年代是和平六年(465),从此到皇兴之末,他还只有6岁,恐怕还够不上"提琴命友,嬉娱终日"的年龄。所以"侍节东州"必然是郦范第二次出任之时。历来估计郦道元出生最晚的是杨守敬,他认为其生在太和九年。这当然是完全无稽,因为假使如此,则"侍节东州"时他还是一个婴儿。而郦道元自述(《河水注》)他在太和十八年就出任尚书郎随孝文帝北巡。总不能让一个9岁孩子任官并随帝巡行吧?郦道元在注文中自称"总角之年"。这一句是多数学者推算他出生年代的依据。但问题在于"总角"一词并不具有数值概念,无非是泛指人的童年而已。此词最早见于《诗经》和《礼记》。《诗·卫风·氓》:"总角之宴,言笑晏晏。"《诗·齐风·甫田》:"婉兮娈兮,总角丱兮。"《郑笺》解释"总角"为"收发结之"。《礼记·内则》:"男女未冠笄者,鸡初鸣,咸盥漱,栉、縰、拂髦、总角、衿缨。"此处《郑笺》称:"总角,聚两髦也。"所以用今天的话来说,"总角"无非是一种儿童的发式,并无严格的年龄规定。所以各家用"总角"推论郦道元的年龄和出生年代,虽然可以获得一种近似概念,但其实都是不可靠的。

现在需要讨论的是郦道元入仕的时间，这个在《魏书》和《北史》都无记载的，在《水经注》中却是相当明确的。卷三《河水》经"又东过云中桢陵县南，又东过沙南县北，从县东屈南，过沙陵县西"注："余以太和中为尚书郎，从高祖北巡。"由于太和年号有 23 年之久（477—499），所以"太和中"一语仍费揣摩。不过在同一条经文下，另外尚有一句："余以太和十八年，从高祖北巡。"则他入仕的时间当在太和十八年以前。不过按上述延兴年间随父到青州的事，这个"太和中"显然不会在太和初年，而且也不会比太和十八年早很多。按以往学者的议论，如他生于和平六年，则太和十八年他 29 岁；如生于延兴二年，则为 22 岁；如生于皇兴三年，则为 25 岁。这里还必须联系到"尚书郎"这个官名。在《魏书·职官志》，这个官名不见记载，说明是个不上品位的小小属员。由此估计，郦道元于太和十八年入仕是很有可能的。

郦道元到底在世上生存了多少年？按上述各家提出的出生于和平、皇兴、延兴三说（杨守敬的太和之说显然不能成立），则他存活时间分别为 62 岁、58 岁、55 岁。当然，这些都是推论，没有确实根据。

不管他活了几岁，从他毕生的事业和贡献进行议论，他首先应该是一位地理学家，这是因为他留下的这部不朽名著《水经注》，是一部地理学著作。前面已经提及了西晋末年的这场永嘉之乱，从而促成了一次波及中国北方和南方的规模惊人的地理大交流，由于这种地理上的大规模交流，因而出现了许多地理学家和地理著作。在这个时代的许多地理学家和地理著作之中，郦道元的《水经注》是登峰造极的作品。此人和此书，不仅在国内不同凡响，而且盛名远播国外。日本地理学界的元老，广岛大学名誉教授米仓二郎，在 1987 年 7 月 28 日写给我一封信，信中有论述郦道元的一段（原信是用英文写的）：[31]

> 我认为郦道元是中世纪时代世界上最伟大的地理学家。这是欧洲历史上的所谓黑暗时代，当时的欧洲，就连一个杰出的地理学家也没有，从全球的观点来看，地理学史不能不提到郦道元。我希望你一定要用英文写一篇有关郦道元的论文，在某种地理刊物发表。[32]

因此，关于郦道元是一位地理学家的事实，要写起来可能需要很大的篇幅，而引述米仓先生的这一段话是最足以说明这个问题，所以也就不必赘述了。

除了地理学家以外，郦道元毕生服官于北魏，从《官氏志》不上品位的尚书郎起，直到郡的太守，州的刺史以至河南尹、御史中尉。最后两个官职，在《官氏志》中已经列入第三品，属于北魏王朝的高级官吏。而且由于他是郦范的长子，在郦范死后，他还能因袭父亲的爵位，被封为永宁伯，所以他也算北魏的一位贵族。他在北魏服官 20 余年，任上有什么政绩？由于《魏书》对他的记载只有 309 字，《北史》虽然有 612 字，但包括全抄《魏书》的 309 字在内。特别需要提及的是,因为《魏书》的作者不是一个正派人,[③]历史上曾经有人议论其人与郦道元有隙。所以从两篇本传议论郦道元为官的政绩,除了《北史》记载他在鲁阳任太守时:"表立黉序,崇劝学校。诏曰:鲁阳本以蛮人,不立大学,今可听之,以成良守文翁之化。道元在郡,山蛮服其威名,不敢为寇。"这一段外,另外并无足述。

还有一点需要指出的是,郦道元所任官职都是文官,但他实际上也指挥过战争。他一生参与的战争有两次,第一次是孝昌元年(525),据《北史》所载:"孝昌初,梁遣将扬州刺史元法僧又于彭城反叛,诏道元持节,兼侍中,摄行台尚书,节度诸军事,依仆射李平故事。军到涡阳,败退,道元追讨,多所斩获。"这里先要解释"持节"一词,自从晋代以来,朝廷对大臣临危授命时,往往加以"使持节"、"持节"、"假节"的权力。《晋书·职官志》说:"'使持节'为上,'持节',次之,'假节'为下。'使持节'得杀二千石以下;'持节'杀无官位人,若军事,得与'使持节'同;'假节'唯军事,得杀犯军令者。"这次郦道元的受命,是在一个王族叛变的战争之中,当然与"使持节"一样。《北史》原文中还有一处需要解释的是"依仆射李平故事"。据《魏书·李平传》:冀州刺史京兆王愉反于信都,以平为使持节都督,北讨诸军事镇北将军,行冀州事以讨之。说明所谓"李平故事",实际上就是朝廷在非常时刻任命一位文官指挥一场战争的先例。京兆王愉是皇上的元弟,又是坐镇北疆的封疆大吏,其反叛朝廷,关系非同小可,所以朝廷采用这样的紧急措施,以求平叛的迅速奏效。郦道元这次的受命也正是这样,元法僧是北魏宗室,曾任魏光禄大夫,当时是使持节都督徐州诸军事,徐州刺史,是北魏南疆的封疆大吏。所以朝廷引"李平故事",断然临危授命,让郦道元持节节度诸军,一举击溃元法僧,他走投无路,终于投奔南梁。

郦道元的另一次临危受命是由于雍州刺史萧宝夤的反状暴露,朝廷命他为关右大使深入险境。这次授命其实是他的政敌们设计的阴谋,借叛将之手置他于死地,而结果终于在阴盘驿亭(今陕西临潼附近)蒙难。现在只知他蒙难于孝昌三年(527)至于是这一年的哪一个月,史书未有记载。但《魏书·萧宝夤传》记及萧是孝昌三年四月"除使持节都督雍、泾、岐南、豳、四川诸军事征西将军雍州刺史"。则其"反状稍露"总在其上任以后。所以郦道元蒙难无疑也在这年四月以后。郦氏死后,朝廷追赠其吏部尚书、冀州刺史。这是他作为一个北魏命官的最终结局。

议论郦道元的一生,除了上述地理学家和北魏官员以外,还必须指出他是一个爱国主义者。他之所以成为一位爱国主义者,与他长期受儒家礼教熏陶和文化素养深厚的出身门第有关,也和他的地理学研究有关。

所谓出身门第,可以用著名史学家杨向奎先生一本专著的书名概括——《大一统

与儒家思想》。因为如上所述,郦氏家族正是出身于一个"大一统与儒家思想"的门第之中。杨先生在此书的《序言》中说:

> 近年来陈桥驿教授在《郦道元生平考》[34]一文中也曾经指出,"在《水经注》这邵巨著中,却相当充分地反映了作者的思想观点,从全书来看,他最主要的思想,即是前已述及的南北统一,恢复一个版图广大的中华帝国的愿望"。这说明了大一统思想之深入人心,变作无比的精神力量。[35]

在郦道元出生之日,国家分裂已经超过一个半世纪,除了干戈扰攘之外,他从来就没有看到过统一的国家。但是,他撰写《水经注》却以西汉王朝的版图作为基础,甚至超过西汉王朝,远及域外。有人认为《水经注》叙述的空间范围是由《水经》决定的。这话其实不对,因为选《水经》作注,乃是郦道元自己的决定,是他的祖国一统思想的反映。何况《水经》简列河川源流,并不包罗西汉版图,例如朱崖、儋耳二郡(今海南岛),因与《水经》所述河流无涉,并不载入《水经》,但郦道元却没有轻易放过,以之附于《温水注》的记载之中,而且写得非常详细:

> 朱崖、儋耳二郡,与交州俱开,皆汉武帝所置,大海中,南极之外,对合浦徐闻县,清朗无风之日,遥望朱崖州,如囷廪大,从徐闻对渡,北风举帆,一日一夜而至,周迴二千余里,径度八百里,人民可十万余家,皆殊种异类,被发雕身,而女多姣好、白皙、长发、美鬓、犬羊相聚,不服德教。

一个足迹未南下的北人,对于这两个在遥远的南方大海中的、建制短暂的西汉属郡,竟是叙述的如此详细,这只能说明他如何地向往历史上出现过的那繁荣昌盛的大一统局面。

大一统思想的另一种表现是他在《水经注》中使用南朝年号。郦道元一家几代,都是北朝命官,为什么竟在其著作中使用南朝年号? 首先注意这个问题的是清初的沈炳巽,他是《水经注集释订讹》一书的作者,他在此书的稿本中,于卷三《河水》经"又东过云中桢陵县南,又东过沙南县北,从县东屈南,过沙陵县西"注中有"其水东南流,过武川镇城,城以景明中筑"一语,沈氏把这个"景明"误作"景平",因而加注说:"景明是宋少帝年号。"[36]此稿本曾为全祖望所借阅,全氏看到沈氏的这条注语后作注说:"愚为非也,善长岂用南朝之年乎?"[37]全氏对此说得毫不经意是完全可以理解的。他亲眼看到了清初的几次大文字狱,而且前不久,庄廷钺纂《明书》,正是由于用了"隆武"、"永历"等南明年号而合族受戮。为此,他根本不会留意到郦道元这个对北魏忠心耿耿的忠臣会在著作中涉及南朝年号,所以虽然沈炳巽提及于此(当然是个误会),全祖望随即一笔否定。

在沈炳巽和全祖望以后200多年,一位近代学者又提出了《水经注》中使用南朝年号的事,而且这一次不再是沈炳巽的误会,而是举出了许多真凭实据。这位学者就是大名鼎鼎的胡适。胡适的考证是确凿的,[38]《水经注》从卷五《河水》出现宋"元嘉"这个南朝年号以后,在卷二十八《河水》、卷二十九《湍水》各有"元嘉"年号,卷三十《淮水》有梁"天监",卷三十二《肥水》有宋"泰始"、"元徽",齐"建元"、"永明",卷三十五《江水》有宋"元嘉"、"景平"、"泰始",卷三十六《温水》、卷三十八《湘水》各有宋"元嘉",卷三十九《赣水》有宋"景平"。而且往往在一卷之中反复使用。例如《江水》中出现"元嘉"三次,《温水》中出现四次。上述这些南朝年号,胡适大概都注意到了。而其实,胡适还有不曾注意到的,即《水经注》不仅使用南朝年号,而且还使用东晋年号。卷四《河水》经"又南至华阴潼关,渭水从西来注之"注中,在记叙曹公垒时,注文说:"义熙十三年,王师曾据此垒。"按义熙十三年(417)时当北魏泰常三年,其时,郦道元的祖父郦嵩早已服官于北魏。因此,这个东晋年号,与其他许多南朝年号具有相同的性质。

注文每用南朝年号,常常伴随着奉南朝为正朔的语言,上述东晋义熙年号中所用的"王师"即是其例。又如卷五《河水》经"又东过茌平县西"注:"宋元嘉二十七年,以王玄谟为宁朔将军,前锋入河,平碻磝,守之。"这里记载的碻磝之战,正是北魏拓跋焘在位国势极盛之时。按《魏书·傅竖眼传》和《北史·傅竖眼传》,都作"王玄谟寇碻磝",但郦道元竟作"平碻磝"。我在拙作《南朝年号余论》一文中,最后用唐刘知几的话做了说明,刘知几在《史通·内篇·言语》中说得很有道理:

> 自咸济不守,龟鼎南迁,江左为礼乐之乡,金陵实图书之府,故犹能语存规检,言嘉风流,颠沛造次,不忘经籍,而史臣修饰,无所费功。其于中国则不然,何者?于斯时也,先王桑梓,剪为蛮貊,被发左衽,充牣神州,其中辨若驹支,学如郯子,不可多得。

《史通》的话,当然是一派汉家语言,但是留在中国(按刘氏的"中国",即是北方)的知识分子如郦道元之类,都是长期受儒教熏陶的汉家人士,他们心中的"礼乐之乡"、"图书之府",无疑就在江南。

这种心态当时在汉人和其他民族之间,士大夫和平民之间的普遍存在,现在看来,是一件了不起的大事,因为这实在是大一统的基础。由于大家都向往汉族文化,因此,国家虽然长期分裂,但中华民族却因此获得融合。的确,在当时,北方的各个民族都大量地吸收了汉族文化,北魏的元宏,只是其中一位典型的代表而已。

以上论述郦道元的爱国主义精神,是他的大一统思想,这是一个方面。他的爱国主义精神的另一个方面,是他具有被外国学者所称颂的"中国人的自然之爱"。[39]大一统思想与他的出身门第关系密切,而这一方面,显然与他深厚的地理学素养有关。正因如此,郦道元对祖国大自然的热爱,全部反映在《水经注》的记述之中。前面已经提及《巨马水注》中他对家乡郦亭沟的描写和《巨洋水注》中他对童年时居住嬉憩之地熏冶泉的描写,他生活过的这些地方离他写作《水经注》至少已经过去了二十年,但他仍能对当时当地的自然风光描写得如此细腻生动,这说明了他童年时代对周围的自然环境的仔细观察因而留下了深刻的印象,也正是说明了他对自然的热爱。关于这方面,以后还要作详细的论述。

在介绍郦道元的行事为人时,最后还必论证一个重要的问题。这就是,郦道元是不是一个"酷吏"? 这是因在魏收所修纂的《魏书》之中,郦道元被列入《酷吏传》。《魏书·酷吏传》的确有酷吏,如于洛侯对死刑犯王陇客:"洛侯先拔陇客舌,刺其本,并刺胸腹二十余创。陇客不堪苦痛,随刀战动。乃立四柱,磔其手足,命将绝,始斩其首,支解四体,分悬道路,见者莫不伤楚。"又如张赦提的酷刑:"斩人首,射其口,利入脐,引肠绕树而共射之,以为戏笑。"⑩但郦道元的"酷行",只是"威猛为治"。这当然是一场冤案。100 多年以后,李延寿修《北史》,才平反了这场冤案。《北史》为郦道元另立专传而排除于《酷吏传》以外,而且加入了被《魏书》湮没的五项事迹:

一、"景明中为冀州镇东府长史,……道之行事三年,为政严酷,吏人畏之,奸盗逃于他境。"

二、"后试守鲁阳郡,道元表之立黉序,崇劝学校。诏曰:'鲁阳本以蛮人,不立大学,今可听之,以成良守文翁之化。'道元在郡,山蛮伏其威名,不敢为寇。"

三、"道元素有威猛之称,权豪始颇惮之。"

四、"道元与其弟道峻,二子俱被害。道元瞋目叱贼,厉声而死。"

五、"事平丧还,赠吏部尚书,冀州刺史,安定县男。"

从《北史》可知,郦道元确实为"为政严酷"。但这是当时北魏衰落时期"乱世用重典"的为政手段,其结果是"吏人畏之,奸盗逃于他境"。郦道元确实有"威猛之称",但其影响是"权豪始颇惮之"。这就是皇亲、权豪,设置阴谋,让朝廷命他投入虎穴,借叛臣萧宝夤之手杀害他的原因。

清赵一清在其《水经注释》所附《北史》本传中,作了一段案语:

《魏书》列传,高谦之专意经史,与袁翻、常景、郦道元之徒,咸称钦归。按道元立身行己,自有本末,不幸生于乱世,而大节无亏,即其持法严峻,亦由拓跋朝滛污阘冗,救蔽扶衰使然,何至列之《酷吏传》耶? 恐素与魏收嫌怨,才名相轧故耶? 知人论世,必有取于余言也。

其实,《魏书》修纂者魏收的人品,不仅是赵氏所说的"恐与魏收嫌怨,才名相轧故耶"。宋刘攽等所撰的《旧本魏书目录叙》中早已指出:"众口沸腾,号为'秽史'。……收既以魏史招民怨咎,齐亡之岁,盗发其葬,弃骨于外。"所以我在《郦学札记(十二)》的《魏收其人》⑪一篇中最后说:"魏收是个媚上欺下,把持文权的邪恶小人,而下场可耻,值得作为古今史鉴。"

3.《水经》与《水经注》

中国古代文献包括现存的和有目无书即散佚的,大概不下15万种;而其中尚存于世可供阅览的,在12万种以上。⑫在如此大量的古籍中,要查索一部书的下落,如同现在检索图书目录一样,最重要的工具就是历代公私著录。《水经注》无非是浩瀚书海中的沧海一粟,而此书顾名思义是《水经》的《注》,故查索历代公私著录时,应该把《水经》与《水经注》分开。

《隋书·经籍志》著录:"《水经》三卷,郭璞注。"这是现存对《水经》一书的最早著录。但这项著录仅知郭璞为此书作注,不及《水经》撰者。《旧唐书·经籍志》著录:"《水经》三卷,郭璞撰。"这项著录的价值不大,因为它无非抄录《隋志》,而且把《隋志》"郭璞注"的"注"字误作"撰"字。郭璞是东晋人,注书甚多,至今尚存的还有《山海经注》、《尔雅注》、《方言注》等,所以《隋志》作"注"不诬。《新唐书·艺文志》著录:"桑钦《水经》三卷。"这项著录提出了《隋志》和《旧唐志》都不曾记及的这部《水经》作者,所以对《隋志》是一种重要的补充。桑钦有否撰写《水经》,这是一个尚可讨论的问题。桑钦是西汉成帝时人(公元前1世纪末),所以班固修纂《汉书·地理志》时已经引及了他的著作。《汉志》在绛水、漯水、汶水、淮水、弱水、易水等6条河流中,分别引述了桑钦的著作,由于所引都是河川,桑钦《水经》之说,或许因此而来。但其实班固引用时,并未提及《水经》书名,而只是笼统地使用"桑钦言"、"桑钦以为"等语言,而《水经注》卷五《河水注》中却引及桑钦《地理志》。所以戴震在其所校武英殿本《水经注》的《校上案语》中说:"《唐书》题曰桑钦,然班固尝引钦说,与此《经》异;道元《注》亦引钦所作《地理志》,不曰《水经》。"为此,桑钦撰《地理志》有据可查,是否撰过《水经》,单凭《新唐书》的著录,似乎还不能论定。即使他确有《水经》之撰,但如戴震所说:"与此《经》异。"也就是说,不是我们现在看到的《水经》。现在的这种《水经》,据戴震在上述《校上案语》中以《经》内地名所作的考证:"观其涪水条件中,称广汉已为广魏,则绝非汉时;钟水条中,称晋宁仍旧魏宁,则未及晋代,推寻文句,大抵三国时人。"杨守敬对此有进一步的考证:"《沔水》经'东过魏兴安阳县南',魏兴为曹氏所立之郡,《注》明言之。……在淇水入河,至建安十九年曹操始遏淇水入白沟,而《经》明云:'东过内黄县南为白沟'。此又魏人作《经》之切证。"⑬所以合戴、杨二氏考证,现在我们所见的《水经》，是三国魏人所作。

所以关于《水经》的问题，至今尚未完全清楚。第一，桑钦有没有作过《水经》，虽然唐人书中常有提到，但于事存疑。第二，现在存在这种已经考定为三国魏人所作的《水经》，其作者是谁？也无法解决。对于这两个问题，历来颇有人研究，并提出一些说法，但是按照我们现在所能得到的资料，两者其实都是无法解决的。

现在我们从《水经》转入《水经注》。《隋书·经籍志》著录："《水经》四十卷，郦善长注。"《旧唐书·经籍志》著录："《水经》又四十卷，郦道元撰。"《新唐书·艺文志》著录："郦道元注《水经》四十卷。"所以根据隋唐三志，郦道元的《水经注》40卷是明确的。但前面举《隋书·经籍志》的著录："《水经》三卷，郭璞注。"戴震在其所校武英殿本的《校上案语》中说："自晋以来，注《水经》者凡二家，郭璞注三卷，杜佑作《通典》时犹见之。今惟道元所注存。"戴震说唐杜佑曾见郭璞所注的《水经》，其说尚可怀疑。《通典》确曾说道："按《水经》晋郭璞注三卷，后魏郦道元注四十卷。皆不详所撰名氏，亦不知何代之书。"从这段话中，似乎杜佑确实二书俱见。但在他继续议论《水经》时，所引文字都出自郦注《水经》。他引了《河水》12条，其中8条出于郦注卷一，四条出于郦注卷二。他又引"济水过寿张"及"菏水过湖陆"两条，则出于郦注卷八。他在这段"议曰"的2000多字文章中，批评了《水经》所谓"河出昆仑山"以及"出海外，南至积石山下有石门"等即现在我们称之为"黄河重源"的错误说法，都是承袭《禹本纪》、《山海经》、《汉书·西域传》等的不经之谈，"殊为诡诞，全无凭据"，"而郦道元都不详正"。[44]虽然杜佑开始提及过郭璞注三卷的话，但《通典》全文绝未涉及郭注的片言只字。则他是否见过郭注的《水经》，实属可疑。按《通典》成于贞元十七年（801），《唐六典》制定于开元十年至二十七年（722—739），早于《通典》半个多世纪。《唐六典》说："桑钦《水经》所引天下之水有百三十七，江河在焉。郦善长注《水经》，引其支流一千二百五十二。"[45]这里的桑钦《水经》当然是《唐六典》的误会，其实就是今大家所见的三国魏人所撰的《水经》，而为郦道元作《注》者，也就是这部《水经》。则唐初就已不见郭璞所注之书。说明杜佑之说，属于他当时所闻，并非亲见，否则，洋洋2000余言中，何以只字未及郭注。为此，对于郭璞所注的3卷，我们无法议论，这里专述郦道元的《水经注》。

对于《水经注》，首先要讨论的问题是此书写作的时间。此书是郦道元毕生精力的作品，在作者的生年无法确定的情况下，讨论此书开始写作的时间是没有结果的。但郦道元蒙难于孝昌三年（527），这个年代是明确的，所以值得讨论的是这40卷巨著完成的时间。对于这个问题，历来学者也有互不相同的说法。贺昌群在北京科学出版社影印《水经注疏》卷首《说明》中，认为此书成于延昌、正光间（512—525）；岑仲勉在

《水经注卷一笺校》中，认为此书成于延昌、孝昌间(512—527)；⑯日本郦学家森鹿三认为此书成于延昌、神龟到正光五年的十年之中(512—524)。⑰按《水经注》全书中出现的最后一个有具体计数的年代是延昌四年(515)，⑱不过在这个年份以后，尚有几个虽未计数却仍可查核的较延昌四年更晚的年份。例如卷三十《淮水》经"又东过钟离县北"注："淮水又东迳浮山，山北对巉石山，梁氏天监中，立堰于二山之间，逆天地之心，乖民神之望，自然水溃坏矣。"这里，作为南朝年号的梁天监，始于502年，终于519年，长达17年，似乎难以捉摸，但注文所述浮山堰的成败过程，在《梁书·康绚传》中却确然可考，此堰成于梁天监十三年(北魏延昌三年)，溃于天监十五年八月，时当北魏熙平元年。郦注既然记及此堰的"溃坏"，则事涉熙平元年，这个年份较前述延昌四年晚了一年。又卷十六《榖水》经"又东过河南县北，东南入于洛"注："水西有永宁寺，熙平中始创也。"按北魏熙平是516年—518年，此条又晚于《淮水注》的熙平元年。又卷二十六《沭水》经"又南过阳都县，东入于沂"注："魏正光中，齐王之镇徐州也，立大堨，遏水西流。"按正光是520年—525年，距郦氏被害已不到10年。从注文内出现的这些年份中，可以说明，此书完成于郦道元一生的后期。

　　对于《水经注》的第二个问题是，此书是怎样流传下来的？我在拙著《郦道元与水经注》⑲一书的《序言》指出我国雕板印刷发展以前的文献流传："尽管绢布和纸张都是很脆弱的东西，但它们却有坚强的生命力。人们不惮其劳的互相传抄，如饥如渴地倾心阅读，视同珍宝地世袭珍藏。这中间《水经注》就是最好例子。"《水经注》在最初能够保存下来，确实是一种奇迹。因为在郦道元去世以后的半个世纪中，北魏首都洛阳遭到战火的彻底破坏，从一座繁华的都城变为一堆满目疮痍的废墟。当时目击此情此景的杨衒之在其《洛阳伽蓝记》一书中有翔实的记载。我在拙作《文化大邦》⑳一文中说："洛阳在北魏盛时，曾有寺院一千三百六十七处，例如永宁寺，《伽蓝记》记及：'僧房楼观一千余间，雕梁粉壁，青缣倚疏，难得而言。'但是对于作者杨衒之来说，他的著作无非是他对往事的沉痛回忆。在连年战火以后，当他于武定五年(547)重访洛阳时，这里已经城壁崩落，宫殿倾倒，寺院灰烬，塔庙废墟，昔日繁华都已化为乌有了。"郦道元的其他著作如《本志》、《七聘》等都已亡佚，而《水经注》能够在一场兵燹之中幸存下来，在隋一统以后仍然安藏于朝廷书库，这实在是我国文化史上的一件幸事。

　　《水经注》在其深藏于朝廷书库之时，当然人莫知晓。仅少数学者在修纂类书或地理书如隋《北堂书钞》、唐《初学记》、《元和郡县志》等时，能见到此书并撷取其词句加以引用。但从唐末陆龟蒙诗"山经水疏不离身"㉑这句中，可以窥见此书已经通过传抄进入民间。到了宋代，唐宋八大家之一的苏轼，不仅在其文章《石钟山记》中引及郦注,[52]并且在其诗篇中赞赏此书:"嗟我乐何深,水经亦屡读。"[53]说明《水经注》已经得到了著名学者的推崇,所以此书在其流入民间之始,就显示了它的光辉和生命力,这种生命力在于它的丰富内容和生动文字。正是由于许多学者在此书中获得了"乐何深"的情趣,他们倾力搜求,辗转传抄,读之弥勤,赞之不绝。于是,历宋元明清,此书出现了愈抄愈众、愈刊愈多、愈传愈广、愈校愈精的局面,终至流行于整个寰宇之间。

对于《水经注》的第三个问题是,如上所述,此书是在1400多年时间中,从一部战火中幸存的孤籍,发展成为一种举世流行的著名古典文献,其间的简要过程大概如何?前面已经提及隋唐三志的著录,郦道元所注的《水经》共有40卷,这40卷作为朝廷藏书,到宋初仍是完璧。但在北宋景祐年代(1034—1038)所编的朝廷藏书目录《崇文总目》中,《水经注》已仅35卷。说明从此起,此书已缺佚了5卷。戴震在其所校武英殿本《水经注》的《校上案语》中说:"《崇文总目》称其中已佚五卷,故《元和郡县志》、《太平寰宇记》所引之滹沱水、泾水、洛水,皆不见于今书,然今书仍作四十卷,疑后人分析以足原数也。"戴震的话是证据确凿的,所以现在流行的《水经注》实在是一部残籍。

古代流行的文献,开始当然是通过传抄,要到雕板印刷出现以后,才有了一条比传抄便捷得多的流行途径。中国在北宋时代,雕板印刷已经有了很大的发展,至此,除了四书五经等当时最重要的文献获得刊印以外,其他书籍也开始得到刊印的机会,《水经注》即是其中之一。现在我们所知的第一种《水经注》刊本是北宋成都府学宫刊本。由于此本早已亡佚,所以其刊印的确实年代无法得知。不过由于北宋之初,刻书还不很多,像《史记》和前、后《汉书》等重要史籍,要到淳化五年(994)才见刊本,而受朝廷重视的四书五经如《孟子》,直到真宗之世(998—1022)才得付刊。[54]所以成都府学宫刊本,估计不会在真宗以前,距郦注成书已有5个多世纪。这中间经过许多人的辗转传抄,加上景祐的五卷缺佚,所以根据钱曾所记,[55]此书仅30卷,内容也仅原书的1/3,当然是个劣本。但此后不久,在元祐二年(1087)学者从何圣从家藏获得一种较好的本子,[56]经过整理后刊印,比旧本增3/10,共成40卷。虽然此本也已亡佚,但应该说这是宋、明许多刊本的起点。因为此书南宋刊本现在尚留有一部残本,[57]学者认为这是元祐刊本在南宋的摹印本。而明万历十三年(1585)的吴琯刊本,学者也认为其依据是元祐刊本。明代还有几种刊本,都与宋本有关,例如嘉靖十三年(1534)的黄省曾刊本和万历四十三年(1615)朱谋㙔的《水经注笺》,后者是经过朱谋㙔和其他几位郦学家精心笺校的本子,清初顾炎武曾称赞此本是"三百年来一部书"。[58]除了刊本以外,抄本仍然流行,其中有些抄本并且非常著名。例如《永乐大典》本,这是朝廷藏书,直到民国时代才影印公之于世。又如正德年代(1506—1521)的柳大中(金)影宋抄本,都为后来的郦学考据学派用于校勘。后者已经亡佚,幸亏清初有一位名叫孙潜的郦学家,把柳氏的校勘成果全部抄录在他的校本中,才得以保留至今。[59]

　　清代由于《水经注》研究之风极盛,所以流行的版本很多。特别是乾隆年代的三大家,即全祖望(1705—1755)、赵一清(1709—1764)、戴震(1723—1777)。他们每人都有各自的校本,而且都是郦学史上的名本。全祖望毕生校郦七次,其中最后一次的《七校水经注》于光绪十四年(1888)刊行。又有一部《五校钞本》,于1996年影印。[60]赵一清的校本称为《水经注释》,于乾隆五十一年(1786)刊行。戴震除了他原来自校的本子外,[61]在四库馆中又校成了武英殿聚珍本。此本集中了明、清郦学家的成果。我在《论水经注的版本》[62]一文中说:"殿本以后的不少版本,在疏证上当然比殿本更为详尽,但在校勘的成就方面,基本上都还是殿本的水平。""1774年的四殿本,就是代表这一时期的最高水平的版本"。

　　上述全、赵、戴3家校勘的版本,最突出的成就有两项:第一,研究经文和注文的行文规律,分清了长期以来各种版本中的经注混淆。在这方面,全祖望是第一个辨明经注文字异同的郦学家,而最后由殿本继承完成。殿本卷首的《校上案语》总结了经注文字的规律:"至于经文、注语,诸本率多混淆,今考验旧文,得其端绪:凡水道所经之地,《经》则云过,《注》则云迳;《经》则统举都会,《注》则兼及繁碎地名;凡一水之名,《经》则首句标明,后不重举,《注》则文多旁涉,必重举其名以更端;凡书内郡县,《经》则但举当时之名,《注》则兼考故城之迹。"完全解决了这个问题。第二,三家的校勘成果,也远远超过了前人。这种成果也总结在殿本的《校上案语》之中:"凡补其缺漏者,二千一百二十八字;删其妄增者,一千四百四十八字;正其臆改者,三千七百一十五字。"这种成果虽然为殿本所有,但由于殿本其实是以赵一清的《水经注释》作为底本,两本从体例到文字"十同九九",[63]所以实际上是全、赵、戴3家的共同成果。我在拙作《戴震校武英殿本〈水经注〉的功过》[64]一文中已述其详。

　　在三大家的校本以后,晚清年代,还有王先谦的《合校水经注》[65]和杨守敬、熊会贞师生的《水经注疏要删》。[66]稿本和钞本则显著减少,著名的仅有沈钦韩的《水经注疏证》一种,完成于道光元年(1821),稿本现藏南京图书馆,北京图书馆藏有抄本。[67]

　　民国以后,《水经注》的版本继续有所增加。其中最著名的是杨守敬、熊会贞的《水经注疏》。此书由杨、熊师生合作编撰,杨氏于民初去世,熊氏继续耕耘20年,于民国二十四年(1935)基本完成,有几种抄本流传。后来由科学出版社以一部存在于在大陆的抄本影印出版(1957),名为《水经注疏》,台北中华书局则以一部移存于台湾的抄本影印出版(1971),名为《杨熊合撰水经注疏》。由于前者底本未经熊氏校阅,以致错误千出。[68]段熙仲和陈桥驿以质量称佳的台北本与北京本对勘,合二为一,于1989年由江苏古籍出版社出版了《水经注疏》的点校排印本,是郦学史上注疏量最大的版本。

从版本学的角度来说,《水经注》或许是中国古籍中版本最多和版本发展过程最曲折复杂的古代文献之一。民国以后,对此书版本的研究成就空前。王国维曾在这方面作出卓越贡献。[69]他曾为九部著名的版本写过校跋,而且在校勘上也有出色成绩。在版本研究中见识最广的学者是胡适,他于 1948 年 12 月,为了庆祝北京大学创立 50 周年纪念,在北大举行了一次《水经注》版本展览。展出了他自己收藏的和借自各图书馆及私家藏书的各种版本的《水经注》达 41 种。[70]

正是由于《水经注》版本甚多,所以自从清代以来,郦学家校注《水经注》,往往在卷首写明参校的各本郦注名目。不过有的校本在这方面常被后人讥为"夸大影附"。当然,有的学者在开列参校各本中,虽然实无其书,但他采用了列名作者的其他著作所引及的郦注。如全祖望在其《五校钞本》卷首列名的参校诸本,计有柳佥、杨慎、黄省曾等 25 种。但他在"刘继庄献廷本"下夹注说:"以上六本(按指顾炎武、顾祖禹、黄仪、胡渭、阎若璩、刘献廷)皆未得见,但旁见于其所著之书甚多。"赵一清在其《水经注释》卷首开列的参校诸本达 29 种,其中"皆未得见"的或许占了一半,但赵氏均在各本下夹注说明,如"周氏婴本"下夹注:"字方叔,莆田人,著《析郦》,见《卮林》。"说明他所参校的只是周婴所著《卮林》中的《析郦》一篇。所以全、赵在这方面是无可厚非的。

现在由于信息快捷,交通方便,并且还可以利用国外图书馆的收藏,所以我在拙著《水经注校释》[71]一书中,曾经参校了国内外各种郦注版本达 33 种,而且在卷末列表写明这些版本的收藏地点。胡适曾说:"这一百多年的赵戴两家《水经注》一案里的许多问题,[72]都只有比勘本子一个笨法子可解答。所见的本子越多,解答的问题越多。"[73]我虽然并不完全认同他的此话,但是以不同的版本校勘郦注,这当然是整理古代文献的一个很有成效的方法。

注释:

① 《论赵一清的水经注释稿本的最后状态》,《胡适手稿》第三集下册。

② 《魏书》作"正光五年卒,年三十八"。

③ 《胡适手稿》第三集下册。

④ 《魏书·郦范传》。

⑤ 南京大学出版社 1994 年版。

⑥ 《长水集》上,人民出版社 1987 年版。

⑦ 《地理学报》1988 年第 3 期。

⑧ 《敕勒歌》:"敕勒川,阴山下,天似穹庐,笼盖四野。天苍苍,野茫茫,风吹草低见牛羊。"载

《乐府诗集》卷八六《杂歌谣辞》。

⑨ 《越绝书》卷八，"适"同"谪"。

⑩ 《孟子·滕文公上》。

⑪ 《李陵与苏武书》，清严可均辑《全上古三代秦汉六朝文·全汉文》卷二八。

⑫ 《魏书·古弼传》。

⑬ 《通鉴》卷一二四。

⑭ 《通鉴》卷一二四。

⑮ 宋李格非《洛阳名园记·吕文穆园》。

⑯ 《魏书·高祖纪》。

⑰ 参见《魏书·高祖纪》及《通鉴》卷一四〇。

⑱ 《北史·孝文帝纪》。

⑲ "晋于是乎有董史，女司典之后也，何故忘之？籍谈不能对。宾出，王曰：籍父其无后乎，数典而忘其祖。"

⑳ 《魏书·高祖纪》。

㉑ 《通鉴》卷一三八。

㉒ 《浙江学刊》1985 年第 3 期。

㉓ 《国语·越语下》。韦昭注："子，爵也。言越本蛮夷小国，于周室列爵，不能成子也。"

㉔ 《吴越春秋》卷六。

㉕ 《通鉴》卷四八："丹杨山越围太守陈夤，夤击破之。"胡三省注："山越本亦越人，依阻山险，不纳王租，故曰山越。"

㉖ 据《魏书·郦范传》，《北史·郦范传》。

㉗ 《水经注疏》杨守敬在《巨洋水注》"余总角之年，侍节东州"下疏："考道元孝昌三年遇害，年四十二，……是生于太和九年。"

㉘ 赵贞信《郦道元生卒年考》（《禹贡半月刊》第 7 卷、第 1、2、3 合期，1937 年版）认为郦道元可能生于和平六年或延兴二年。

㉙ 日本森鹿三《郦道元传略》（《东洋史研究》第 6 卷第 2 号，1950 年版），段熙仲《水经注六论》（排印本《水经注疏》，江苏古籍出版社 1989 年版），均认为郦道元生于皇兴三年。

㉚ 《中国文学家辞典》，四川人民出版社 1980 年版，《文学家手册》，内蒙古人民出版社 1982 年版。

㉛ 刘盛佳《地理学思想史》（华中师范大学出版社）1990 年版，卷首拙序。

㉜ 我在接到米仓先生此信前，已经用英文撰成一文，随即在英国发表：Li Daoyuan, fl. c. 500. AD, Geographers：Biobibliographical Studies, Vol. 12. 1988, Mansell, J. W. Arrowsmith, Ltd, Bristol. Great Britain.

㉝ 《北齐书·魏收传》："收既轻疾好声乐，善胡舞，文宣末，数于东山与诸优猕猴与狗斗，帝宠狎之。"又记及其主修《魏书》后的言论："每言，何物小子，敢与魏收作色，举之则使上天，按

之当使入地。"《四库提要》卷四五《魏书提要》:"收以是书为世所诟厉,号为秽史。"

㉞　《地理学报》第 45 卷第 3 期,科学出版社 1988 年版。

㉟　杨向奎《大一统与儒家思想·序言》,中国友谊出版公司 1989 年版。

㊱　此是全祖望所见的沈炳巽稿本,以后商务印书馆出版的沈氏《水经注集释订讹》(《四库珍本丛书》)中已无此注。

㊲　《全氏七校水经注附录》。

㊳　《水经注里的南朝年号》;《胡适手稿》第六集中册。

㊴　Bellingham, Washington, Program in East Asian Studies, Western Washington State College, Occasional Paper No. 3, 1971. 该刊有关美国学者亨利·G. 施瓦茨(Henry. G. Schwarz)所撰《中国人的自然之爱》(*The Chinese Love of Nature*)的论文,我在拙著《评价英文本〈徐霞客游记〉》一文有介绍,参见《徐霞客研究》第 3 辑,学苑出版社 1998 年版。

㊵　参见《魏书·酷吏传》及《北史·酷吏传》。

㊶　《中国历史地理论丛》1997 年第 1 期。

㊷　韩长耕《中国编纂文集之始和现存最早的诗文总集(昭明文选)的研究与流传》,《韩长耕文集》岳麓书社 1995 年版。

㊸　《水经注疏要删·凡例》。

㊹　均据《通典》卷一七四、州郡四。

㊺　《唐六典》卷七,工部、水部郎中注。

㊻　《圣心》第 2 期,1933 年,又收入于《中外舆地考证》上册,中华书局 1962 年版。

㊼　《郦道元传略》,《东洋史研究》第 6 卷第 2 号,1941 年。

㊽　卷二九《比水注》:"余以延昌四年,蒙除东荆州刺史。"

㊾　上海人民出版社 1987 年版。

㊿　《河洛史志》1998 年第 4 期。

(51)　《和袭美寄怀南阳润卿》,《全唐诗》卷六二六。

(52)　苏轼所引《水经注》:"下临深潭,微风鼓浪,水石相搏,声如洪钟。"见《苏东坡全集》卷三七。此段文字已为今本所佚。

(53)　《寄周安孺茶诗》,《苏轼诗集》卷二二,中华书局 1982 年版。

(54)　毛春翔《古书版本常谈》,中华书局 1965 年版。

(55)　清钱曾《读书敏求记》卷二。

(56)　何圣从,名郯,见《宋史》三二二,《列传》八一。

(57)　此残本现藏北京图书馆,计 7 册,卷五——八,十六——十九,三十四,三十八——四十,共 12 卷,其中首尾完整的共 10 卷。

(58)　清阎若璩《古文尚书疏证》卷六下。

(59)　浙江省图书馆藏有孙潜校本。

(60)　此稿本原为天津图书馆所藏,1996 年中华全国图书馆文献缩微复制中心影印出版,书名为

《全祖望校水经注稿本合编》,包括五校稿本及七校稿本共计 6 巨册,作为《中国公共图书馆古籍文献珍本汇刊》之一,顾廷龙题签,陈桥驿作序。

(61)　即以后由孔继涵整理刊行的《微波榭本》,是戴震于乾隆三十七年校定之本,其体例格局及篇目等,与其在四库馆内所校的殿本大不相同。

(62)　《中华文史论丛》1979 年第 3 辑,又收入于《水经注研究》,天津古籍出版社 1985 年版。

(63)　据清畅希闵《水经注汇校》卷首周懋琦序。

(64)　《中华文史论丛》1987 年第 2、3 合期。

(65)　此书以殿本作底本,参校朱谋㙔《水经注笺》、赵一清《水经注释》及孙星衍校本等,由王先谦于光绪十八年(1892)在长沙付刊,流行甚广。

(66)　此书 40 卷,光绪三十一年刊行,三十二年又刊《补遗》,宣统元年再刊《续补》。

(67)　段熙仲《沈钦韩水经注疏证稿本概述》,《中华文史论丛》1979 年第 3 辑。

(68)　钟风年在此本出版后进行校勘,其校出各种错误 2400 余处,撰成《水经注疏勘误》一篇,载《古籍论丛》,福建人民出版社 1982 年版。

(69)　陈桥驿《王国维与水经注》,《中华文史论丛》1989 年第 2 辑。又收入于《郦系新论——水经注研究之三》,山西人民出版社 1992 年版。

(70)　陈桥驿《民国以来研究水经注之总成绩》,《中华文史论丛》第 53 辑,1994 年。

(71)　杭州大学出版社 1999 年版。

(72)　指郦学界争论的关于戴震校武英殿本《水经注》剽袭赵一清《水经注释》的案子。参见拙撰《水经注戴、赵相袭案概述》,载《郑州大学学报》1986 年第 1 期,又收入于《水经注研究二集》,山西人民出版社 1987 年版。

(73)　《孟森先生审判水经注案的错误》,《胡适手稿》第五集下册。

二、《水经注》与陆地水

郦道元在《水经注序》中说:"天下之多者,水也。"在整个地球上,水体是数量最大的一种物质资源,它具有无比的储藏量和占有地球表面的最大面积。按海洋和陆地的面积之比,前者占71%,后者只占29%。地球上的全部陆地面积为1.49亿平方公里,而一个太平洋的面积就有1.80亿平方公里,全球陆地还填不满一个太平洋。郦道元的时代,人们当然还不了解海陆分布的大局,但是他的这句话却是很有见地的。

按照现代自然的地理学概念,地球上的水体可以区分成海洋水和陆地水两大类。从水体的储量来说,前者超过96%,而后者不到4%。《水经注》记载的主要是陆地水。陆地水也可以区分为两大类,即地表水和地下水,前者包括河流、湖泊、沼泽、冰川,后者包括井水、泉水和岩石潜水层中所含的水。

1. 河流

《水经注》记载的陆地水主要是地表水,而河流是此书记载的核心。前面已经引及《唐六典》:"引其支流一千二百五十二。"由于《唐六典》统计的都是注文中有名可稽的河流,而其实此书记载的河流还不止此数。《水经注》记载河流,对于河流的大小干支,都是很有讲究的。卷一《河水》经"河水"注引《风俗通》:"江河淮济为四渎。"怎样的河流可以称"渎"? 注文又引《释名》:"渎,独也,各独出其所而入海。"说明必须是发源后独流入海的河流才能称"渎"。注文又引《新论》:"四渎之源,河最高而长,从高注下,水流激峻,故其流急。"由于汉族自古繁衍生息于黄河流域,他们最熟悉的是黄河,他们当时对长江还不甚了解,所以认为"河最高而长","从高注下"。用现代河流水文学的话来说,就是这条河流的比降①很大,所以"水流急峻"。这都是古人长期观察的结果。语言虽然朴素,但现在看来,是符合自然地理学原理的。《水经注》对于其记载的河流的级别,具有明确的概念。注文说:"水有大小,有远近,水出山而流入海者,命曰经水;引佗水入于大水及海者,命曰支水;出于地沟,流于大水,及于海者,又命曰川水也。"在全书的开端,郦道元把此书记载的河流,作了相当严密的规范,说明了他治学的严谨态度。

从现代自然地理学的要求来说,全面地考察和记载一条河流,首先当然从河流发源处开始,而《水经注》正是这样。不仅是著名的大河,一般支流也是如此。以卷九《清水》、《沁水》、《淇水》3篇中所记载的3条河流为例。这3条都是发源于太行山东麓或黄土高原的一般支流,但通过郦注的描述,可以清楚地看出它们具有各不相同的河流类型。《清水注》说:"黑山在县北白鹿山东,清水所出也。上承诸陂散泉,积以成川。"《沁水注》说:"沁水,即涅水也,或云出縠远县羊头山世靡谷,三源奇注,迳泻一隍,又南会三水,历落出左右近溪,参差翼注之也。"《淇水注》则说:"淇水出沮洳山,水出山侧,颓波崩注,冲激横山,山上合下开,可减六七十步。巨石碨砢,交积隍涧,倾澜漭荡,势同雷转,激水散氛,暧若雾合。"由此可知,清水是一条以山麓分布的诸陂散泉为水源的河流,沁水是一条以山涧小溪为河源的河流,而淇水则是一条以山崖断层的瀑布为水源的河流。这样,在同一卷又基本上是同一地区的3条河流,注文却能生动而细致地描述出它们的不同河流特点。

对于大河,《水经注》记载它们的发源情况当然更为细致。例如长江,《水经注》由于受《禹贡》的约束,②注文是以岷江作为河源进行描述的。卷三十三《江水》经"岷山在蜀郡氏道县,大江所出,东南过其县北"注:

> 大江泉源,即今所闻,始发羊膊岭下,缘崖散漫,小水百数,殆未滥觞矣。东南下百余里,至白马岭而历天彭阙,亦谓之为天彭谷也。……江水自此已上微弱,所谓发源滥觞者也。……自白马岭回行二十余里,至龙涸,又八十里,至蚕陵县;又南下六十里,至石镜;又六十余里而至北部,始百许步;又西百二十余里,至汶山故郡,乃广二百余步;又西南百八十里,至湿坂,江稍大矣。

上述岷江一注,对岷江的河源记得何等详细明白,从上源滥觞的小水百数,缘崖散漫而汇流成川,直到汶山故郡以下的湿坂而形成江流,其间段落里程,历历可数。从今天来看,除了地名的变化以外,河源流程及其自然地理变化,和郦注记载的仍然相符。

《水经注》对于河流发源的重视，还可以在卷二十一《汝水注》中得到证明。对于汝水的发源，他曾经对照地图和地方志，[③]亲自进行了野外查勘，然后将结果写入注文：

> 余以永平中，蒙除鲁阳太守，会上台下列山川图，以方志参差，遂令寻其源流，此等既非学徒，难以取悉，既在径见，不容不述。

他亲自查勘的汝水河源是：

> 今汝水西出鲁阳县之大盂山蒙柏谷，岩鄣深高，山岫邃密，石径崎岖，人迹裁交，西即卢氏界地。其水东北迳太和城西，又东流迳其城北，左右深松列植，筠柏交荫，尹公度之所栖神处也。又东迳尧山西岭下，水流两分，一水东迳尧山南，为滍水也。即《经》所言滍水出尧山矣。一水东北出为汝水，历蒙柏谷，左右岫壑争深，山阜竞高，夹山层松茂柏，倾山荫渚，故世人以名也。津流不已，历蒙柏谷，北历长白沙口，狐白溪水注之，夹岸沙涨若雪，因以取名，其水南出狐白川，北流注汝水，汝水又东北趣狼皋山者也。

作为一位地理学家，郦道元对于河流源地的查勘，并不仅仅只有汝水一条。对于汝水河源的查勘，从注文中的"会上台下列山川图"一语，或许属于上级的命令。但有的注文中也记及郦氏在旅途中查勘某些河源的事。例如卷二十五《泗水》经"泗水出鲁卞县北山"注中记载的："《地理志》曰：（泗水）出济阴卞氏县。又云：出卞县北。《经》言北山，皆为非矣。《山海经》曰：泗水出鲁东北。余昔因公事，沿历徐、沇，路迳洙、泗，因令寻其源流。"从这里可见，他之所以乘公事之便，查勘洙水和泗水，是为了勘正《汉书·地理志》、《水经》和《山海经》等书的记载。他显然是把修正前人的错误，作为一种自己的责任。

上述汝水、洙水和泗水，都是卷中列名的河流，而在卷中并未列名的小河，注文也常常把它们的河源探索清楚。例如卷二《河水》经"又东北过金城允吾县北"注：

> 湟水又东，长宁川水注之；……长宁川水又东南，养女川水注之，水发养女北山，有三源，皆长湍远发，南总一川。

又如卷四《河水》经"又东过河北县南"注：

> 门水，即洛水之支流者也。……（门水）又东流，烛水注之，水有二源，左水出于衙岭，世谓之石城山，其水东北流，迳石城西，东北合右水；右水出石城山，东北迳石城东，东北入左水。

像上述养女川水，是湟水支流长宁川水的支流，是黄河的三级支流。烛水上源的右水、左水，是洛水支流烛水的支流，也是黄河的三级支流，但注文对它们的发源，都作了细致的记载。

　　除了河源以外,对于河流的其他水文情况,也多有详细的记载和生动的描述。例如,对河流的含沙量就是如此。黄河是我国含沙量最大的著名河流,因此,注文对此记载特详。首先,注文指出了黄河河水混浊的原因。卷一《河水》经"出其东北陬"注:"河色黄者,众川之流,盖浊之也。"又说:"河出昆仑墟,色白;所渠并千七百一川,色黄。"这里说明,黄河在其上源,水色并不混浊,由于接纳了许多含沙量很大的支流,因而才成为一条浊河。而到了孟津以下就终年混浊,即同注所说:"盟津④河津恒浊"。至于黄河的含沙量大到什么程度?注文引用了汉大司马史长安人张戎所作的著名数量分析:"河水浊,清澄一石水,六斗泥。"这个数字现在看来并不夸张,根据现代的观测,黄河每立方米水中,平均含泥沙37.6千克,每年平均输沙量为16亿吨。这些泥沙90%来自黄土高原。

　　对于黄河支流的含沙量,《水经注》在记载中也很重视。以历史上著名的泾、渭二河为例。早在先秦,《诗·邶风·谷风》就说:"泾以渭浊,湜湜其沚。"对于此二河的清浊问题,长期以来议论纷纷,究竟孰清孰浊,言人人殊。史念海教授作了大量考证,这个问题总算已获端倪。史文提到:"北朝郦道元的《水经注》是地理学的名著,由于简编缺佚,没有看到专提这个问题。"⑤的确,郦注中由于《泾水注》的缺佚,以致看不到他在这方面的描述,这是十分可惜的。不过卷八《济水》经"又北过临邑县南"注中提到了:"黑白异流,泾渭殊别。"清《渊鉴类函》也引一条郦佚:"渭与泾合流三百里,清浊不相杂。"⑥按照我国的文字习惯和郦氏的严密写作体例,既然《济水注》以黑白比泾渭,而《渊鉴类函》所引又以清浊言渭泾,则在郦氏时代,很可能是泾浊渭清。至于黄河的另一条支流洛水,在当时却是一条含沙量很小的河流,这在郦注中写得非常明白。卷五《河水》经"洛水从县西北流注之"注:"(洛水)从县西来,而北流注河,清浊异流,皦焉殊别。"

　　对于我国南方的一些流域中植被良好、含沙量极少的河流,注文也都记载得明明白白。例如卷三十七《夷水》经"东入于江"注:"夷水又迳宜都北,东入大江,有泾渭之比。亦谓之佷山北溪,水所经皆石山,略无土岸。其水虚映,俯视游鱼,如乘空也。"夷水注入长江。两者"有泾渭之比",说明此水含沙量确实很小,正是由于水色清澈,所以"俯视游鱼,如乘空也"。又如卷四十《浙江水》经"浙江水出三天之都"注:"(浙江)又东迳遂安县南,溪广二百步,上立杭以相通,水甚清深,潭不掩鳞,故名新定。"直到今天,虽然流域中的植被已经远不如前,但钱塘江(浙江)的含沙量仍仅0.2千克立方米—0.4千克立方米。⑦说明在《水经注》时代的"水甚清深,潭不掩鳞",绝非虚言。

　　《水经注》在其记载中还经常注意到河流水量的季节变化。从黄河来说,水量充沛的季节如卷一《河水注》记载是:"至二月,桃花水至则河决。""秋水时至,百川灌河。"用现在的话来说，这就是黄河的汛期。黄河以外，其他河流也多有关于这方面的记载，例如汉水的支流夏水，据卷三十二《夏水注》说："江别入沔，为夏水源，夫夏之为名，始于分江，冬竭夏流，故纳厥称。"由于我国在东亚季风的控制之下，冬季是一个干燥的季节，许多河流在冬季都是枯水季。例如卷四《河水注》记载的黄河支流教水，"是水冬干夏流"；卷九《荡水注》记载的荡水支流黄雀沟水，"是水夏秋则泛，冬春则耗"；卷二十六《巨洋水注》中记载的巨洋水支流洋水，"春夏水泛，川澜无辍"；卷二十八《沔水注》记载，"沔水又东偏浅，冬月可涉渡"。有关这方面的资料，在以下讨论气候的时候还要述及。此外，《水经注》对于河流的记载还涉及诸如河流的冰期以及若干河流在历史上所发生的水灾等等，因为这类记载也都和气候有关，留待以下讨论。

如上所述，都是《水经注》对河流的自然地理概况的记载，不仅翔实细致，而且其间还包括不少郦道元野外考察的成果。对于今天研究古代河流的发展、流路、出口以及其他水文情况的变迁等等，都有重要的价值。

2. 伏流与瀑布

《水经注》除了记载大量河流的自然地理概况外，还记载了不少河流流程中的特殊自然地理现象，即伏流与瀑布。

伏流在现代自然地理学中称为地下河。《水经注》记及于此时，有时称为伏流，有时又称为重源。重源的意思是，河流在发源以后又潜入地下，潜行以后在另一处重新流出地面，这就是重源。所以伏流与重源是同一自然地理现象。《水经注》全书记载的伏流共有30多处。

伏流主要是由地下水造成的，因为地下水往往溶解有多量的二氧化碳和酸类，其侵蚀力量比雨水要大得多，遇到石灰岩地层，石灰岩易被溶解，因而常常造成伏流和其他喀斯特地貌所共有的自然地理现象。

由于地学的发展进步，我们现在已经明白了伏流的道理，但是在古代，情况就不是如此，人们看到河川潜入地下，又入而复出，看到石灰岩溶洞内部光怪陆离的现象。因而常把伏流之类看作一种神秘莫测的东西，从而发生许多以讹传讹的说法。因此，《水经注》所记载的伏流，按现代自然地理科学加以鉴核，就未必都可靠，其中也有一些是非常荒诞的，黄河重源和济水的三伏三见等就是最典型的例子。卷一《河水》经"去嵩高五万里，地之中也"注：

高诱称，河出昆山，伏流地中万三千里，禹导而通之，出积石山。

又同卷经"又出海上，南至积石山下，有石门"注：

余考群书,咸言河出昆仑,重源潜发,沦于蒲昌,出于海水。

又卷二《河水》经"其一源出于阗国南山,北流与葱岭所出河合,又东注蒲昌海"注:

河水又东注泑泽,即《经》所谓蒲昌海也。……广轮四百里,其水澄渟,冬夏不减,其中洞涫电转,为隐沦之脉。当其滰流之上,飞禽奋翻于霄中者,无不坠于渊波矣。即河水之所潜,而出于积石也。

又同卷经"又东入塞,过敦煌、酒泉、张掖郡南"注:

河自蒲昌,有隐沦之证,并间关入塞之始。自此,《经》当求实致也。河水重源,又发于西塞之外,出于积石之山。《山海经》曰:积石之山,其下有石门,河水冒以西流,是山也,万物无不有,《禹贡》所谓导河积石也。

对于黄河伏流重源的这种荒诞不经的说法,早在郦道元之前,历史上已经有人提出怀疑。司马迁说:"今自张骞使大夏之后也,穷河源,恶睹《本纪》之所谓昆仑者乎?"[⑧]司马迁所说的《本纪》即已经失传的《禹本纪》,"河出昆仑"就是此书的记载,所以司马迁看来是不相信黄河重源的。

不幸的是,治学严谨如郦道元,在这个问题上,虽然遍考群书,却没有仔细推敲司马迁的文章,以讹传讹地继承了黄河重源的谬说,并且还加以夸张,从而助长了这种谬说的流传。以致直到清代,还有不少学者,动辄引郦注为据,对这种谬说言之凿凿,深信不疑。例如以《禹贡锥指》一书而成名的胡渭,竟认为:"道元之注,……至葱岭以下,发明颇多。"又说:"其言葱岭河也,曰河源潜发,分为二水;其言蒲昌海也,曰洞涫电转,为隐沦之脉。正其谬而补其阙,亦可谓精审之矣。"[⑨]清郦学家董祐诚也认为:"郦氏之注,辩证积石之河为葱岭之河重源所发,至为详尽。"[⑩]此外如吴省兰[⑪]、范本礼[⑫]诸家,也都异口同声,随意附和,造成了长时期的混乱。

《水经注》自从问世以来,尽管褒贬互见,像明周婴[⑬]和黄宗羲[⑭]等学者都曾对它提出过相当深刻的批评,但绝大多数学者毕竟推崇备至,赞扬之声,溢于篇幅,这也是众所共见的事实。历史上对郦注责备最甚的莫过于唐杜佑,而他所指责的主要问题,恰恰就和黄河重源的谬说有关。《通典》说:

《水经》所云,河出昆仑者,宜出于《禹本纪》、《山海经》;所云,南入葱岭及出于阗南山者,出于《汉书·西域传》。而郦道元都不详正。……自葱岭之北,其《本纪》灼然荒唐,撰经者取以为准的。班固云:言九州山川,《尚书》近之矣。诚为悒当。其后《汉书·西域传》云:河水一源出葱岭,一源出于阗,合流东注蒲昌海,皆以潜流地下,南出中国积石河云。比《禹记》、《山经》犹较附近,终是纰谬。[⑮]

　　虽然杜佑所说最严重的话如"灼然荒唐"、"终是纰缪"等,并不准对《水经注》,但郦道元也受到对这种谬论"都不详正"的指责。当然,对于《水经注》这部具有1000多年历史的著名古籍,对于在它以前的绝大部分文献对黄河重源都言之凿凿的情况下,我们是不会对郦道元责备过分的。

　　黄河重源的错误是把塔里木河和黄河这两条互不相关的河流混为一谈,用"重源"谬说把它们联系起来。《水经注》承袭这种错误的另一条河流就是济水。而这个错误的根据却在古人奉为经书的《禹贡》。《禹贡》说:"导沇水,东流为济,入于河,溢为荥。"《汉书·地理志》河东郡垣县下说:"《禹贡》王屋山在东北,沇水所出,东至武德入河。"《水经》继承《禹贡》和《汉志》的说法:"济水出河东垣县东王屋山,为沇水。"《水经注》引郭璞(景纯)的解释:"泉源为沇,流去为济。"说明沇水就是济水。王屋山的地理位置古今都很清楚,武德在今河南省武陟县东。所以此济水在黄河以北入河。《水经》说:"又南当巩县北,南入于河。"三国魏巩县在今河南省巩县偏西,则济水入河处,当在三国魏温县(今温县西)附近,《水经注》的记载相同。以上所述是黄河以北的济水。《水经》说:"与河合流",实际上就是济水注入黄河。但经文接着又说:"又过成皋县北。又东过荥阳县北,又东至砾溪南,东出过荥泽北。"济水既已在温县附近注入黄河,则成皋、荥阳、砾溪等。其实都是黄河的流程。最后一句"东出过荥泽北",说明这实际上是一条从黄河分出的其他河流,与发源于王屋山的济水毫无关系。但这条河流仍称济水,这是因为《禹贡》有"溢为荥"一句的缘故。《汉书·地理志》为了附和《禹贡》这部经书,所以说:"导沇水,东流为济,东南入于河,轶为荥。"而《水经》则以"东出过荥泽北"一句以迎合《禹贡》之说。郦道元当然也不敢冒犯经书,他也引了一些古书中的错误说法,如《晋地道志》:"济自大伾入河,与河水斗,南泆为荥泽。"近人翁文灏在《锥指集·中国地理学中几个错误的原则》中批评这个错误:"夫济水既入于河而混于河水矣,又岂能复出。即使入地下,而其地皆冲积层,水入其中,百流皆合,济水又何能独自保存?"

　　济水是"四渎"之一,在《水经注》是占有两卷(卷七、卷八)的大河,如同《河水》一样,郦道元在注文中也传播了不少古人的错误,例如他说:"《山海经》曰:王屋之山,联水出也,西北流,注于泰泽。郭景纯云:联、沇声相近,即沇水也。潜行地下,至共山南,复出于东丘。"又说:"今济水重源出轵县西北平地。……俗以济水重源所发,因复谓之济源城。"郦道元的以讹传讹,在后世也造成了不良影响。明许成名的《小清河记》中说:"济水伏见不常,各随地异。"⑩郑晓在《禹贡图》中说:"济水凡三伏而四见,一见于王屋,而遂伏;再见为济,再伏而入于河;三见为荥,三伏而穴地;四见而出陶丘之北,自是不再伏矣。"诸如此等,都是岑仲勉所批评的:"无非承自黄河重源那一套古旧理论。"[17]

应该指出,《水经注》在伏流的记载中承袭了先代的一些错误,这些都是受时代的限制,对全书来说,这种瑕不掩瑜的缺点,丝毫不会遮掩这部历史名著的光芒。况且,即使只从伏流这种自然地理事物来说,全注所记,大部分还是可靠的。有些伏流,郦注在记载时还把周围的喀斯特地貌概况,一并描述在内,这样的记载当然更为全面。例如卷十一《易水》经"东过范阳县南,又东过容城县南"注:

> 易水又东迳孔山北,山下有钟乳穴,穴出佳乳,采者篝火寻沙,入穴里许,渡一水,潜流通注,其深可涉,于中众穴奇分,令出入者疑迷不知所趣。每于疑路,必有历记,返者乃寻孔以自达矣。上又有大孔,豁达洞开,故以孔山为名也。

《水经注》记载的伏流,从地区范围来说,颇为广泛。我国西南地区,是喀斯特地貌非常发育的地方。虽然郦氏足迹未至其地,而当时这个地区的资料显然也十分缺乏,但郦注中仍然可见卷三十七《叶榆河注》和《夷水注》中,各记载了伏流一条。而《名胜志》所引《水经注》,还记及了为今本遗佚的《叶榆河注》中的另一条伏流,[18]这些都是相当可贵的资料。

现在我们讨论《水经注》记载的瀑布。瀑布是出现于河流与某些湖泊中的一种特殊的自然地理现象。在自然地理学概念中,凡是从河床纵断面陡坡或悬崖处倾泻而下的水流就称为瀑布。形成瀑布的原因较多,如火山爆发引起的熔岩堰塞,地震引起的岩石崩坍,以及冰川作用形成的悬谷等等。但自然界的多数瀑布,特别是巨大的瀑布,其形成的原因,主要是河流的溯源侵蚀。[19]在河流溯源侵蚀的过程中,由于遇到坚硬的岩层而造成落差,因而就出现瀑布。瀑布既然是河流溯源侵蚀的产物,随着这种溯源侵蚀的继续进行,瀑布也会随着发生移动、变迁和消失的现象。这就是河床变迁和河蚀地貌发育的重要数据。例如卷四十《渐江水》经"北过余杭,东入于海"注中记载一处今钱塘江上游的大瀑布:

> 榖水又东,定阳溪水注之。水上承信安县之苏姥布,……水悬百余丈,濑势飞注,状如瀑布。

以上记载的这处苏姥布瀑布,到了明朝已经消失,称为苏姥滩。[20]现在我们到当地考察,苏姥滩的这个地名仍然存在,但水流平稳,已经不成为"滩"了。这就是瀑布在溯源侵蚀中的变迁过程。

在《水经注》对于瀑布的记载中,与上述伏流不同的是,注文中使用"瀑布"这个词汇的场合很少,而是以各种形象化的词汇来描述各种形态不同的瀑布。由于瀑布的水沫外溅,有一种水花飞舞的观感,所以郦注常用飞波、飞清、飞泉、飞流等等;由于瀑布总是自上而下倾泻,形如悬挂,所以注文也常用悬水、悬流、悬泉、悬涛、悬湍等等;又由于瀑布从高处下落,所以注文也用"颓"字。此外还有"泷"、"洪"、"洩"等等称谓。所以要查完全部注文中到底记载了多少瀑布,还得下一番工夫。例如卷二十《漾水》经"漾水出武都氐道县嶓冢山,东至武都沮县为汉水"。注:"又东南会平乐水,水出武街东北四十五里,更驰,南溪导源东北流,山侧有甘泉,涌波飞清,下注平乐水。"这条注文记的是平乐水沿岸的以山泉为水源的一处瀑布,写得十分明白,但一般读者往往容易疏忽。又如卷九《清水》经"清水出河内修武县之北黑山"注:"其水历涧飞流,清泠洞观,谓之清水矣。"这里的"飞流",与以上《漾水注》的"飞清"一样,同样是记载了一处瀑布。所以今天我们要研究郦注瀑布,必须弄清注文中对于瀑布的种种不同辞例,同时也要仔细地揣摩注文描述的内容,否则就会不经意地把注文描述的瀑布忽视过去。例如卷九《沁水》经"又东过阳阿县东"注:"沁水又东南,阳阿水左入焉。……又东南迳午壁亭东而南入山,其水沿波漱石,潀涧八丈,环涛毂转,西南流注于沁水。"这里,注文没有用郦注常见的"飞"、"悬"、"颓"等词汇,但"沿波漱石,潀涧八丈,环涛毂转",描述的实际上是阳阿水的一处瀑布。对于注文中的这样一类笔法,必须仔细留意,小心鉴别,才能不遗漏《水经注》记载的瀑布。

在全部《水经注》中,根据上述的各种辞例记载的瀑布,以及像《沁水注》记载的那种事实上的瀑布总数共达 64 处。其范围遍及黄河、长江、淮河、珠江各流域,是历史自然地学的宝贵资料。

兹将《水经注》记载的瀑布表列如下:

瀑布名称	卷次	瀑布名称	卷次
吕梁洪	3 河水	吕梁悬涛	25 泗水
定阳县西山(瀑布)[21]	3 河水	熏冶泉飞泉	26 巨洋水
孟门悬流	4 河水	磻头山瀑布	26 淄水
龙门下口悬流	4 河水	丙穴悬泉	27 沔水
陕城悬水	4 河水	南山巴岭南飞清	27 沔水
鼓钟上峡悬洪	4 河水	南山巴岭北飞清	27 沔水
石城山瀑布	5 河水	上涛	27 沔水
绛山悬流	6 浍水	下涛	27 沔水
白鹿山瀑布	9 清水	寒泉岭瀑布	27 沔水
巨骏山(瀑布)	9 沁水	鳣湍	27 沔水
午壁亭(瀑布)	9 沁水	落星山悬水	29 沔水

续表

瀑布名称	卷次	瀑布名称	卷次
沮洳山颓波	9 淇水	钓头泉(瀑布)	29 沔水
鸡翅洪	9 洹水	车箱山瀑布	29 沔水
滱水悬水	11 滱水	固成山(瀑布)	30 淮水
广昌岭(瀑布)	11 滱水	鸡翅山颓波	30 淮水
石门飞水	11 滱水	孔子泉飞清	34 江水
玉石山颓波	12 圣水	三峡悬泉㉔	34 江水
落马洪	13 漯水	三峡瀑布㉕	34 江水
白杨泉飞清	17 渭水	佷山北溪水飞清	37 夷水
蒲谷水飞清	17 渭水	衡山飞泉	38 湘水
蒲谷西川飞清	17 渭水	泷中悬湍	38 溱水
龙尾溪水飞清	17 渭水	泠君山悬涧	38 溱水
吴山悬波	17 渭水	巢头衿泷	38 溱水
慈谷(瀑布)	17 渭水	北界山瀑布	39 钟水
马岭山悬流㉒	19 渭水	郴县悬泉	39 耒水
华山(瀑布)㉓	19 渭水	散原山飞流	39 赣水
高望谷水飞波	20 漾水	石门水飞瀑	39 庐江水
西溪水飞波	20 漾水	黄龙南瀑布	39 庐江水
黄花谷水飞波	20 漾水	翔凤林东瀑布	40 渐江水
平乐水飞清	20 漾水	苏姥布瀑布	40 渐江水
沥滴泉悬水	22 洧水	五洩瀑布㉖	40 渐江水
零鸟坞悬流	22 洧水	剡县瀑布	40 渐江水

《水经注》记载瀑布,首先是生动翔实,这在古代著作中确是不可多得的。例如卷十一《滱水》经"又东过博陵县南"注中描述的石门飞水:

徐水又东南流历石门中,世俗谓之龙门也。其山上合下开,开处高六丈,飞水历其间,南出乘崖,倾涧泄注,七丈有余,济荡之音,奇为壮猛,触石成井,水深不测,素波自激,涛襄四陆,瞰之者惊神,临之者骇魄矣。

《水经注》记载瀑布的另一重要特色是内容详细。这也是此书作为一部古代地理著作,其价值远远超过单纯的文字欣赏的原因。全注记载的 60 多处瀑布中,除了生动的景色描写外,从现代自然地理学的要求来说,它还记下了有关瀑布的许多重要数据,这些资料,至今仍然十分珍贵。

首先,在郦注记载的瀑布之中,有许多涉及瀑布高度的资料。在现代自然的地理学中,研究一处瀑布,瀑布的落差,也就是瀑布高度是首先必须掌握的数据。现在将郦注记载的瀑布中有高数记录的表列如下:

瀑布名称	高度	瀑布名称	高度
陕城悬水	百余仞	落星山悬水	50余丈
鼓钟山上峡悬洪	5丈	钓头泉(瀑布)	1仞
绛山悬流	10许丈	车箱山瀑布	40余丈
白鹿山瀑布	20余丈	固成山(瀑布)	数丈
午壁亭(瀑布)	8丈	鸡翅山颓波	数百丈
滱水悬水	1匹有余	泠君山悬涧	10余丈
石门飞水	7丈有余	石门小飞瀑	30许步
玉石山颓波	1丈有余	黄龙南瀑布	三四百丈
落马洪	10许丈	苏姥布瀑布	百余丈
零鸟坞悬流	丈余	下洩瀑布	30余丈
吕梁悬涛	30仞	三洩瀑布	百余丈
磐头山瀑布	1匹有余	上洩瀑布	200余丈
丙穴悬泉	七八尺	剡县瀑布	30丈

除了高度以外,《水经注》所记载的瀑布往往同时涉及与瀑布密切相关的泷壶和瓯穴。在瀑布之下,由于下蚀力很强,常常形成极深的渊潭,在地貌学中称为泷壶。在瀑布急流的河床中,水流的漩涡,常常磨蚀河床岩石的裂罅,使之形成一种井状的洞穴,在地貌学中称为瓯穴。郦注在记载许多瀑布时所同时写到的“奔壑”、“注壑”的“壑”字,实际上就是泷壶。此外,如卷十一《滱水注》的滱水悬水是“白波奋流,自成泽渚”。同卷的石门飞水是“触石成井”。卷二十二《洧水注》的沥滴泉悬泉是“下为深潭”。卷三十九《赣水注》的散原山飞流是“飞流悬注,其深无底”。卷三十九《庐江水注》的黄龙南瀑布是“注处悉成巨井,其深不测”。卷四十《浙江水注》的翔凤林东瀑布是“下注数亩深沼”。这些“井”、“潭”、“深沼”之类,实际上就是泷壶和瓯穴。由于泷壶和瓯穴常有很大的深度,因此在瀑布移动甚至消失的情况下,泷壶和瓯穴或其残迹

仍能较长时期存在,因此在研究瀑布和河床的变迁方面具有重要的意义。

前面已经提到,形成瀑布的主要原因是河流的溯源侵蚀。在这种侵蚀的过程中,由于遇到坚硬的岩层而造成落差。于是就形成瀑布。这种坚硬的岩层,在自然地理学上称为造瀑层。当这种坚硬的岩层在一个较大地区中延长伸展的情况下,造瀑层就会使通过这个地区所有河流在同一区位上形成瀑布。例如,美国东部从阿巴拉契亚山(Appalachian Mts)东流注入大西洋的许多河流如康涅狄克河(Connecticut R.)、哈得逊河(Hadson R.)、特拉华河(Delaware R.)、萨斯奎哈纳河(Susguehanna R.)、波托马克河(Potomac R.)、詹姆士河(James R.)等,都在出山以后不远处出现瀑布,形成一条瀑布线。这条瀑布线曾经帮助早期进入新大陆的移民发展初期的工业,他们以瀑布作为动力资源,在这一带建立了许多作坊和工厂,使这条瀑布线闻名于世。

在《水经注》的记载中,这样的瀑布线也并不罕见。例如卷十七《渭水》经"又东过冀县北"注:

> (略阳)川水西得白杨泉,又西得蒲谷水,又西得蒲谷西川,又西得龙尾溪水,与渭谷水合,俱出南山,飞清北入川水。

从上文可知,略阳川水的四条支流,均发源于南山,俱作南北流向,以瀑布急流的形式注入略阳川水(前面已经说明"飞清"是郦注的瀑布辞例),显然有一条东西向的造瀑层横亘这个地区,使这一带形成一条瀑布线。

又如卷二十《漾水》经"漾水出陇西氐道县蟠冢山,东至武都沮县为汉水"注:

> 汉水又西南流,……右得高望谷水,次西得西溪水,次西得黄花谷水,咸出北山,飞波南入。

从上文也可论定,西汉水的这三条南北流向的支流,也是通过一条东西向的造瀑层而注入西汉水的,因而出现了这条瀑布线上的几处瀑布。"飞波"也是《水经注》用于瀑布的辞例。

《水经注》记载的瀑布已略如上述,这些记载在历史自然地理甚至现代自然地理研究中,都具有重要价值。因为瀑布不是固定不变,随着河流溯源侵蚀的不断进行,瀑布也会不断地发生背进(即向河源方向退却)、落差减少甚至消失等现象。这种现象对于研究河流溯源侵蚀的速度和河蚀地貌的发育等,都是极为重要的数据。前面已经提了钱塘江上游的"水悬百余丈"的苏姥布瀑布到1000多年后的明朝已经成为一个河滩的例子。在这方面,史念海先生对于孟门悬流(即今壶口瀑布)位置移动的研究,是十分成功的例子。[27]史先生首先是根据《水经注》的记载,确定北魏时期的瀑布位置,然后按唐代文献,推算出唐代的壶口位置,已较北魏北移了1475米,平均每年北移5.1米;再对现代的壶口位置进行勘测,计算出现代壶口已较《水经注》时代北移了

5000 米,平均每年北移 3.3 米。这个例子也充分说明了郦注记载的瀑布在现代科学研究中的价值。

顺便提及,在《水经注》记载的瀑布中,也有一些瀑布的消失并不是由于自然的原因,卷二十五《泗水》经"又东南过吕县南"注中记载的吕梁瀑布即是其例:

悬涛渀濞,实为泗险,孔子所谓鱼鳖不能游。又云:悬水三十仞,流沫九十里。

由于泗水是古代南北航行的要津,为了交通运[27]输的需要,这个瀑布在历史上曾经一再修凿,瀑布随着逐渐减小,最后在明嘉靖二十三年(1544)完全凿平,[28]瀑布从此完全消失。有关这一瀑布的记载,对研究古代航运发展等方面,至今不失为有用的资料。

3. 湖泊

在地球表面,由于内力和外力作用,例如地壳构造运动,火山活动,冰川作用,海岸伸张以及人为活动等等原因,使地面上出现大小不等、深度互异的蓄水凹地,这种蓄水凹地,在自然地理学上称为湖盆,湖盆的积水部分就是湖泊。湖泊对于人类的生产和生活具有重大价值:湖泊可以调节江河水量,免致洪涝;湖泊承受江河流水中的泥沙腐物,接受空气中的尘埃污浊而在湖底沉淀,可以澄清河水,清洁空气,起着保护环境的作用;由于水、陆比热的差异,湖泊又具有调节气候的价值;湖泊可以发展水产养殖,而湖底的泥炭和淤泥,是取之不尽的有机肥料;湖泊替运输业提供了廉价的航道;有些湖泊可以利用其湖口的水位落差装机发电;还有一些湖泊具有秀丽的天然美景,是重要的旅游资源。

我国拥有众多的湖泊,自古以来对湖泊有大量记载。我国最古老的地理著作之一,战国时代成书的《禹贡》,曾记下了大陆、雷夏、大野、彭蠡、震泽、云梦、荥波、菏泽、孟猪、猪野、流沙等 11 个较大的湖泊。战国时代的另一种地理著作《职方》也记下了 11 处湖泊,其中有《禹贡》没有记载的六处,即扬州的五湖,豫州的圃田,雍州的弦蒲,幽州的貕养,冀州的杨纡和并州的昭余祁。这些都是当时全国著名的大湖。在汉代完成的辞书《尔雅》中出现了专门记载全国湖泊的章节,这就是《尔雅·十薮》,反映了人们对于湖泊的重要性有了更进一步的认识。十薮之中,齐的海隅和周的焦护两处,是《禹贡》和《职方》都没有记载的。《汉书·地理志》记载的湖泊已多达 30 余处,地区范围也比以上各书记载的要广大得多,除了中国中原地区的湖泊外,西及敦煌郡蒲昌海,南到益州郡的滇池泽和叶榆泽,说明古人对于我国湖泊的地理分布已经有了更多的了解。

在我国古代记载湖泊的所有文献中,记载最全面和资料最丰富的无疑是《水经注》。《水经注》对于我国各地湖泊的记载,具有下列一些特点:

第一是数量巨大,《水经注》记述的古代湖泊,按当时的称谓有海、泽、薮、湖、淀、陂、池、坑等。其数量如下表所列:

湖泊称谓	海	泽	薮	湖	淀	陂	池	坑	其他	合计
数量	7	100	11	114	12	160	117	9	29	569

上列统计是稍有重复的,例如蒲昌海又称渤泽,彭泽又称宫亭湖等等,因而在不同称谓中作了重复的统计。但这样的情况并不很多,而且在注文中称浦、渊、潭等地名中,有一些实际上也是湖泊,却并未计入上表之中。因此,全注记载的湖泊超过五百处,这是可以肯定的。这样大量的湖泊记载,在北魏以前显然没有一种文献可以与之相匹。

第二是范围广阔,类型众多。《水经注》记载的湖泊,其范围包括东起今辽河流域,南达今珠江流域,西至今新疆内流区,北到今内蒙古等地。甚至还兼及天竺、林邑等域外地区。这也是前所未有的。就其记载的湖泊类型来说,也是多种多样。它既记载了大量排水湖(淡水湖),也记载了像蒲昌海、居延海等非排水湖(咸水湖)。既记载了大量自然形成的湖泊,也记载了许多人工拦蓄的湖泊如《渐江水注》的长湖和《肥水注》的芍陂等。

第三,《水经注》在记载湖泊时,十分重视湖泊的利用价值。如《伊水注》的慎望陂,"陂方十里,佳饶鱼苇"。《汝水注》的葛陂,"陂方数十里,水物含灵,多所苞育"。《赣水注》的东大湖,"水至清深,鱼甚肥美"。《渐江水注》的长湖,"下溉田万顷"等等,不胜枚举。《滱水注》的阳城淀,甚至还记载了这个湖泊的综合利用。注文说:

> 又东迳阳城县,散为泽渚,渚水潴涨,方广数里,匪直蒲笋是丰,实亦偏饶菱藕,至若娈婉丱童及弱年崽子,或单舟采菱,或叠舸折芰,长歌阳春,爰深绿水,掇拾者不言疲,谣咏者自流响,于时行旅过瞩,亦有慰于羁望矣。世谓之为阳城淀也。

在《淮水注》中,注文记载了慎阳县的许多湖陂如燋陂、上慎陂、中慎陂、下慎陂和鸿陂等以后,又引述了一个毁陂与复陂的故事:

> 汉成帝时,翟方进奏毁之。建武中,汝南太守邓晨欲修复之,知许伟君晓知

水脉,召与议之,伟君言:成帝用方进言毁之,寻而梦上天,天帝怒曰:何敢败我
濯龙渊,是后民失其利。时有童谣曰:败我陂,翟子威,反乎覆,陂当复,明府兴
复废业,童谣之言,将有征矣。遂署都水橼,起塘四百余里,百姓得其利。

在上述记载中,虽然作者所采用的资料只不过是一些天帝之言和童谣之语,但
对于毁湖与复湖这两件事,褒贬毁誉,却是十分明确的。

《水经注》记载的翟方进毁湖为田与邓晨废田还湖的事,在《水经注》以后,实际
上仍在各地不断发生。而且尽管郦道元对于翟方进与邓晨之间的褒贬是如何明确,
但由于各种原因,湖泊湮废的速度总比湖泊兴修快得多。就这样,《水经注》记载的
大量湖泊,在以后的年代中不断消失,到了今天,我国湖泊的存在和分布情况,与
《水经注》记载的已经有了极大变化。实际上,在《水经注》写作的年代,有些古代湖
泊已经逐渐湮废。例如《渠水注》记载的圃田泽,是《职方》、《尔雅》和《汉书·地理
志》等都有记载的古代大湖之一。它位于今河南省中牟以西,对黄河及其以南的鸿
沟水系有重要的调节作用。在郦道元记载此湖时,湖泊的范围(即自然地理学上的
湖盆)还相当大:"西限长城,东极官渡,北佩渠水,东西四十许里,南北二十许里。"
其面积估计还在 200 平方公里以上。但整个湖盆已经不是全部蓄水,而是分割成许
多小湖,即郦注记叙的:"上下二十四浦,津流径通,渊潭相接,各有名焉,有大渐、小
渐、大灰、小灰、义鲁、练秋、大白杨、小白杨、散嚇、禹中、羊圈、大鹄、小鹄、龙泽、蜜
罗、大哀、小哀、大长、小长、大缩、小缩、伯丘、大盖、牛眼等,浦水盛则北注,渠溢则
南播。"这种由大到小,由整体到分散,是湖泊湮废过程中常常发生的现象。到了宋
代以后,所谓二十四浦也陆续湮废,至今完全淤成平陆,湖泊早已不复存在了。

《水经注》记载的湖泊在以后的变迁还可以举些例子。如《沘水注》和《肥水注》
都有记载的芍陂,是古代淮河流域的一处大型湖泊。《肥水注》记载此湖:"陂周百二
十许里,……陂有五门,吐纳川流。"实际上,在芍陂全盛时代,陂周约有三百里,其面
积可能在一千平方公里上下。芍陂在《汉书·地理志》庐江郡和六安国下都有记载,
可能在战国时已经创建,是我国最早兴修的湖陂之一。芍陂建成后,代有疏浚,抗洪备
旱,民受其利。《汉书·王景传》所谓"垦辟倍多,境内丰给"。《晋书·伏滔传》所谓
"龙泉之陂,良畴万顷"。都说明了芍陂在这段时期中的巨大效益。到了隋代,芍陂的
水门增设到三十六所(《隋书·赵轨传》),蓄泄就更为便利。唐代在芍陂屯田,据
《通典》食货所载:"厥田沃地,大获其利。"直到北宋明道中(1032—1033),据《宋
史·张旨传》所载:"浚渒河三十里,疏泄支流注芍陂,为水门,溉田数万顷,外筑堤
以备水患。"说明这个大型人工湖泊,从战国以至北宋,在农业生产上一直发挥了重
要的作用。

　　但是尽管芍陂在农业生产上成效卓著,毁湖为田的记载却仍然史不绝书,早在唐大中年代(847—859),据路岩《义昌军节度使浑公神道碑》所记:"为力势者幸其肥美,决去其流以耕。"㉙到了宋天圣间(1023—1031),据《宋史·李若谷传》:"豪右多分占芍陂,陂皆美田,夏雨溢坏田,辄盗决。"到了明成化年代(1465—1487),毁湖为田的速度更趋增加,湖面迅速缩小,终至全部湮废。㉚今日地图上的安丰塘,即是宋代芍陂的最后残余部分,其面积还不到芍陂全盛时代的1/10。

　　由此可见,芍陂的湮废,是与"为力势者"、"豪右"的毁湖为田密切相关,这是芍陂湮废的主要原因。当然,在全部湮废的过程中,上游(淠水、肥水及龙穴山水等)的水土流失以及由于黄河泛滥由淮河倒灌而入的泥沙等等,也都促成了淤淀的加速,但这些显然都是次要的原因。

　　《浙江水注》记载的会稽郡鉴湖,是一个与芍陂相似的例子。注文说:"浙江又东北得长湖口,湖广五里,东西百三十里,沿湖开水门六十九所,下溉田万顷。"这个地区原来是一片湖汐出没的沼泽平原,后汉永和五年(140),会稽郡守马臻主持围堤蓄水的工程,形成一个大湖,其面积据推算达206平方公里。㉛鉴湖在抗洪排涝和灌溉方面的效益,据南朝宋孔晔所记:"筑塘蓄水高丈余,田又高海丈余,若水少,则泄湖灌田,如水多,则开湖泄田中水入海"。㉜这样就使这个地区大约一万顷土地减少了自然灾害,扩大了土地垦殖,增加了农业收成。在一段时中产生了"岁无水旱,而民足于衣食"㉝的小康局面。

　　自后汉成湖以后,鉴湖实际上存在的时间是八百多年。早在唐代,湖中已经出现葑田,说明小规模的围垦已经开始。㉞到了北宋大中祥符年代(1008—1016),围垦就日益加剧,这就是曾巩在《鉴湖图序》中所说的:"奸民浸起,……盗湖为田。"㉟从北宋末期到南宋之初,围垦进入全盛,出现了"相与十百为群,决堤放水"㊱的情况。鉴湖终于在南宋之初全部湮废。

　　上述芍陂和鉴湖,都是《水经注》有记载而现在早已湮废殆尽的古代湖泊。下面再举一个《水经注》记载的古代大湖,现在虽然仍然存在,但正在加速湮废的湖泊,这就是曾为我国最大淡水湖的洞庭湖。卷三十八《湘水》经"又北过下隽县西,微水从东来流"注:

　　　　凡此四水,同注洞庭,北会大江,名之五渚。……湖水广圆五百余里,日月若出没于其中。

　　"凡此四水",指湘、资、沅、澧,此湖自古接纳这4条大河。"日月若出没于其中"。湖面之大,可以想见。现在让我们来看看此湖在最近一个世纪中的变化:㊲

年份	湖泊面积（平方公里）	湖泊容积（亿立方米）
1825	6000	
1896	5400	
1932	4700	
1949	4350	293
1954	3915	268
1958	3141	210
1974	2820	188
1977	2740	178
1983	2691	174

　　1952 年建立的荆江分洪工程,分洪区面积为 920 平方公里,但洞庭湖在 1949 年以后的 32 年中,缩小了几乎两个荆江分洪区的面积。洞庭湖面积和容积的迅速缩小,对于加剧长江和湘、资、沅、澧的洪水,当然是毫无疑问的。

　　当然,《水经注》所记载的湖泊在后世的大量湮废,其原因不能都归之于毁湖为田。《河水注》记载的屠申泽就是这样的例子。卷三《河水》经"又北过朔方临戎县西"注:

　　　　河水又北迆西溢于窳浑县故城东,……其水积而为屠申泽,泽东西百二十里,故《地理志》曰:屠申泽在县东,即是泽也。

　　屠申泽又称窳浑泽,首见于《汉书·地理志》朔方郡。按照侯仁之先生等《乌兰布和沙漠北部汉代遗迹分布图》[38]复原的此湖加以求积,全湖面积约为 700 平方公里。在西汉时代,屠申泽附近是农业发达的垦区。《汉书·匈奴传》所载:"人民炽盛,牛马布野",已经描述了这个垦区的繁荣景象。实际上也就说明了屠申泽的重大作用。

　　在《水经注》的记载中,屠申泽还是一个大湖,但以后它就逐渐干涸了。与前述芍陂、鉴湖和洞庭湖不同,屠申泽的湮废并不是由于围垦的结果,而是由于它失去了水源。如《水经注》所说,屠申泽是由于黄河"北迆西溢"而形成的,它与黄河沟通,由黄河供给水源。但北魏以后,黄河河道不断向东转移,使屠申泽逐渐远离水源,最后终于与黄河完全隔绝而干涸。在清乾隆《内府舆图》河套南图幅上,约当屠申泽故址处,尚绘有一个称为"腾格里鄂模"的小湖。据说在 1950 年以前,这里还有湖泊存在,但以后就完全干涸了。[39]这个在西汉时代为一个繁荣的边疆垦区提供灌溉的大湖,由于失去了水源,最后形成了一片荒漠。

　　我在《湖泊湮废》(《郦学札记》(六))④⁰一文中曾经指出,我国面积在 1000 平方公里以上的淡水湖,包括中俄交界处的兴凯湖在内,主要只有鄱阳湖、洞庭湖、洪泽湖、太湖和新疆的博斯腾湖六处。与美国及加拿大相比,1000 平方公里以上的淡水湖面积,美国每 1 万平方公里国土面积,有湖泊面积 260 平方公里,加拿大有 130 平方公里,而我国只有 17 平方公里。所以我说:"中国是个贫湖国,特别缺乏排水湖(淡水湖)。"④¹为此,研究《水经注》记载及以后的湮废过程,是可以从中吸取教训的。

4. 井、泉、温泉

　　在陆地水概念中,井、泉、温泉,都属于地下水。《水经注》有关这方面的记载,内容非常丰富。

　　井当然是一种各地都存在的获取地下水的设施,但它的重要性往往在缺乏地表水的地区表现出来。所以在干旱地区,特别是草原、沙漠地区,井的价值常常超乎一切。井的名称经常就成为聚落名称。这是因为在那些地方,有井才可以滋润生齿,才能建立聚落。正因如此,《水经注》对于井的记载,非常重视井的深度,所以这类记载对于我们了解当时各地的地下水位很有价值。例如卷五《河水》经"又东过成皋县北,济水从北来注之"注中的虎牢城井。注文说:

　　　　魏攻北司州刺史毛祖德于虎牢,战经二百余日,不克,城惟一井,井深四丈。

　　又如卷十九《渭水经》又东过华阴县北注:

　　　　《三秦记》曰:长城北有平原,广数百里,民井汲巢居,井深五十尺。

　　上述虎牢城井和长城以北平原上的井,都修凿在地下水位很低的地区,所以特别重要。又如卷二《河水》经"其一源出于阗国南山,北流与葱岭所出河合"注:

　　　　耿恭为戊己校尉,为匈奴左鹿蠡王所逼。恭以此城侧涧傍水,自金蒲迁居此城,匈奴又来攻之,壅涧绝水。恭于城中穿井,深十五丈,不得水。

　　耿恭被匈奴所围的地方在今新疆的疏勒一带,在这里凿深至 15 丈还不见水,其实尚未成井,说明了这个沙漠地区缺乏地下水的情况。

　　兹将《水经注》记载中涉及深度的井表列如下。

　　泉与井不同,它是地下水出露的自然地理事物。泉水不仅是良好的饮水,而且有助于风景的点缀和农田的灌溉,所以常为古代记载所重视。《水经注》记载的泉水,为数在二百处以上。

　　从自然地理学说,泉水是地下水,它与河川是两种不同概念的地理事物。但古人在这方面,界限并不像现在这样的严格。在《水经注》的记载中,常有河、泉不分的情况。必须加以区别。例如有些单独称"泉"的,如酒泉、肥泉、孔子泉等,确实都是泉水。另外有一部分称为"泉水"的,如麦田泉水、苇泉水、柳泉水等,数量甚大,但未必都是泉水,其中有不少是以泉水为水源的河流。以上述苇泉水为例,卷九《洹水》经"东过隆虑县北"注:

卷篇	经文	井名	深度
卷二河水	其一源出于阗国南山,北流与葱岭所出河合。	疏勒城井	15 丈,不得水。
卷五河水	又东过成皋县北,济水从北来注之。	虎牢城井	40 丈
卷五河水	又东过茌平县西。	阿井	六七丈
卷六汾水	又南入河东界,又南过永安县西。	侯昙山井	数尺
卷十九渭水	又东过华阴县北。	长城北平原井	50 尺
卷二十五泗水	西南过鲁县北。	曲阜武子台大井	10 余丈
卷二十六淄水	又东过利县北。	磻头山井	1 匹有余
卷三十淮水	东过江夏平春县北。	义阳天井	1 丈
卷三十八资水	又东北过益阳县北。	益阳资水南井	四五尺或三五丈

（黄华水)东流,苇泉水注之,水出林虑山北泽中,……苇泉水又东南流,注黄华水。

如上注,说明苇泉水是一条以泉水为水源的河流,是属于地表水概念的事物。不过,《水经注》中也有一些不称"泉"的地名,其实却是泉水,也必须加以注意。例如卷十一《滱水》经"又东过作唐县南"注中的唐水。注文说:

城西又有一水,导源县之西北平地,泉涌而出,俗亦谓之为唐水也。

又如卷四《河水》经"又南至华阴潼关,渭水从西来注之"注中的蒲地。注文说:

灵泉二所,一名蒲池,西流注于涧。

又如同卷经"又南过汾阴县西"注中的瀵魁,注文说:

平地开源,濆泉上涌,大几如轮,深则不测,俗呼之为瀵魁。

如上所述的唐水、蒲池、瀵魁,虽然都不称泉,但其实都是泉水。从泉水的地理分布来说,由于《水经注》记载在区域范围上的广泛性,因此,从注文中可以明显地看出某些泉水特别丰富的地区,例如卷九《清水注》中,从水源到共县,共记载了泉水 12 处。卷十三《灅水注》中,从涿鹿县到沮阳县,共记载了泉水 8 处。至于历来闻名的济南泉水,在卷八《济水》经"又东北过卢县北"注中,也有相当详细的记载。

美中不足的是,《水经注》记载的泉水,已有一部分为今本郦注所缺佚,著名的晋祠泉水即是其例。据《方舆纪要》引《水经注》所说:

> 晋祠有难老、善利二泉,大旱不涸,隆冬不冻,溉田百余顷。又有泉出祠下,曰滴沥泉,其泉导流为晋水,潴为晋泽。[42]

另外必须指出的是,与前面议论的湖泊湮废相似,最近几十年来,由于对地下水的过度利用,不少地区地下水位下降,并且也殃及泉水。《水经注》记载的泉水,有不少名存实亡,也有不少日趋枯竭,包括上述卷八《济水注》中记载的今济南泉水以及为今郦注缺佚的晋祠泉水等,都出现了这种现象,应该引起大家的注意。

最后来看看《水经注》记载的温泉。温泉也是泉,它与一般泉的不同只是水温的差异。由于旅游业的发展,温泉成为重要的旅游资源,为各地所竞相开发利用,因此,《水经注》记载的温泉,今天就显得特别重要。

《水经注》共记载温泉38处,地区范围相当广泛。章鸿钊曾将我国温泉的地理分布划为7区,即闽、粤、台区,山东、辽东区,太行山区,云梦区,陕甘区,云贵区,淮阳区。[43]在《水经注》记载中,上述各区都有所涉及,而特别的太行山区及陕甘区为多。除了卷一《河水注》记载的迦罗维越国温地不在我国境内外,全书所记温泉如下表所列:

卷篇	温泉名称	备考
卷二河水	三水县温泉	
卷三河水	奢延水温泉	
卷五河水	娄山温泉	
卷十一滱水	暄谷温泉	
卷十三灢水	武川汤井	
卷十三灢水	绫罗泽	
卷十三灢水	桑乾城温汤	
卷十三灢水	桥山温泉	
卷十三灢水	大翮山温汤	
卷十四沽河	狼山温泉	
卷十四鲍丘水	北山温泉	
卷十四濡水	温溪温泉	
卷十五洛水	北山郭溪温泉	
卷十五伊水	新城县温泉	

续表

卷篇	温泉名称	备考
卷十六漆水	丽山温池	
卷十八渭水	太一山温泉	
卷十九渭水	作丽山温泉	
卷十九渭水	霸县温泉	
卷二十一汝水	广成温泉	
卷二十五沂水	温泉陂	
卷二十七沔水	沔阳县温泉	
卷三十一滍水	北山阜温泉	即鲁阳县汤水
卷三十一滍水	胡木山温泉	即皇女汤
卷三十一滍水	紫山汤谷	
卷三十一溳水	新阳县温水	
卷三十六若水	邛都温水	
卷三十七夷水	佷山县温泉	计有2处
卷三十七澧水	北山温泉	
卷三十八溱水	曲江汤泉	
卷三十九耒水	圆水	即除泉
卷三十九耒水	江乘半汤泉	
卷三十九耒水	侯计山温泉	
卷三十九耒水	便县温泉水	
卷四十渐江水	郑公泉	
《水经注》佚文	澄城县温泉	《名胜志》陕西卷三,《同川·澄城县》引《水经注》:"澄城温泉,其源有三"

　　在温泉的记载中,泉水的水温是非常重要的内容。在温度没有计量标准的古代,有关温泉这方面的记载,不消说是相当困难的。事实上。在温度有了计量标准的今天,温泉的水温标准也仍然不是完全统一的。英国以21℃为温泉的最低温度,[44]日本是25℃,[45]德国是20℃。[46]此外,在美国[47]和俄国[48]的著作中,另外还有一些和当地气温及一般水温比较的温泉水温浮动标准。我国学者又有把温泉按水温分为低温热泉(20℃—40℃)、中温热泉(40℃—60℃)、高温热泉(60℃以上)和过热泉(100℃以上)的区分标准。[49]由于各地区气温互不相同,而温泉本身在水温上也有极大差异,要规定

一个统一的标准,确有困难。由此可见,在水温没有计量标准的古代,对温泉的记载和描述,更比今天要困难得多。

《水经注》对于全国温泉在水温度差异上的记载和描述,实在做得相当成功。尽管这种描述只有定性的意义,但是由于作者对各地温泉,按它们的水温作了一定的划分,把各类温泉用等级分明的词汇加以描述,因而使人一目了然。并且还可以用今天的计量标准来估计当时的水温。在《水经注》记载的温泉中,《河水注》的娄山温泉、《沫水注》的侯计山温泉和《浙江水注》的郑公泉,都属于温度最低的一级。

卷五《河水注》说:"水西出娄山,至冬则暖,故世谓之温泉。"

卷三十九《沫水注》说:"县有溪水,东出侯计山,其水清澈,冬温夏冷。"

卷四十《浙江水注》说:"有郑公泉,泉方数丈,冬温夏凉。"

上列3处温泉,必须要在气温下降的冬季,才感到水温的"暖"和"温"。从当地的气温来说,侯计山温泉和郑公泉所在的地区,比娄山温泉所在的地区当然要高些,但夏季气温相差不大。3地的夏季日最低温大概总在25℃上下。冬季日最高温度娄山温泉所在地当然要低些,但是一般也不会低于15℃。则上列3处温泉的水温,估计在20℃左右,确是水温较低的温泉。

在《水经注》记载中,比上列3处温泉水温较高的,可以《浊水注》的紫山汤谷和《夷水注》的佷山温泉为例。

卷三十一《浊水注》说:"山东有一水,东西十五里,湛然冲满,无所通会,冬夏常温。"

卷三十七《夷水注》说:"夷水又东与温泉三水合,大溪南北夹岸有温泉对注,夏暖冬热。"

在上列两例中,紫山汤谷是"冬夏常温"。郦道元描述温泉的词汇,"温"字热度,显然低于"暖"和"热"字。但这个地区的夏季日最低温度在20℃以上,因此,温泉的水温可能接近30℃。至于佷山县温泉,据记载有两处,它们无论冬夏,水温都超过当地气温,作者用"暖"与"热"两个不同的词汇区别冬夏的感觉差异,比"温"字的程度当然要高。这个地区的夏季最高气温必然超过30℃,而此时温泉尚"暖",则此温泉的水温可能超过35℃,当然,这些温泉的水温仍然都是较低的。

对于我国境内水温较高的温泉,《水经注》描述它们的水温时,有的用"炎"字表示,例如"炎热特甚"(卷十一《浊水注》北山阜温泉);"炎势奇毒"(卷三十一《浊水注》大木山温泉)等;有的用"灼"字表示,例如"是水灼焉"(卷十三《瀍水注》桥山温泉)、"养疾者不能澡其炎漂,以其过灼故也"(卷十四《鲍丘水注》北山温泉);有的则用"汤"字表示,例如"温热若汤"(卷十一《滱水注》暄谷温泉)、"沸涌如汤"(卷十八

《渭水注》太一山温泉)、"泉源沸涌,冬夏汤汤"(卷二十七《沔水注》沔阳温泉)、"如沸汤"(卷三十一《洭水注》皇女汤)等。虽然,今天要根据这些描述,准确地估计这些古代温泉的水温,还有一定困难,但《水经注》的记载,毕竟为我们研究这些古代温泉提供了重要的依据。郦氏以"灼"字作为温泉水温的定性标准,这对我们是一种很大的方便。因为人体对于水温的感觉,古今不会有很大的差别。今天,在水温超过60℃时,一般都会有"灼"的感觉。这样的温泉,就如《洭水注》所说:"无能澡其冲漂,咸去汤十许步别池,然后可入。"则《水经注》中以"灼"字描述的温泉,其水温大概都在60℃以上。因而郦氏用以描述水温的其他级别的词汇如"炎"、"汤"等,都可以以此类比,进行探索。

对于现代所称的高温热泉和过热泉,《水经注》在描述它们的水温时,采用了水温和食物烹煮的关系进行记载。例如卷三十一《洭水注》的皇女汤,其水温"可以熟米";卷三十一《溳水注》的新阳县温泉,其水温"可以燖鸡";卷三十六《若水注》的邛都温水,其水温"可燖鸡豚"。而这种水温和食物烹煮之间的关系,古今也并无很大变化。因此,这样的记载,对今天研究这些古代温泉的水温,是非常有用的资料。

除了对水温的记载外,《水经注》还记载了温泉的其他性质和特点,特别是温泉的治疗价值。注文往往写得非常详细。例如卷二十七《沔水注》中的沔阳县温泉。注文说:

> 汉水又东,右会温泉水口,水发山北平地,方数十步,泉源沸涌,冬夏汤汤,望之则白气浩然,言能差百病云,洗浴者,皆有硫磺气,赴集者,常有百数。

这段记载不仅说明了沔阳温泉的疗效很高,同时也指出这是一处含硫磺的温泉。有关这方面的记载很多,如卷十一《滱水注》的暄谷温泉"能愈百疾",卷十三《漯水注》的桥山温泉"疗疾有验",卷十九《渭水注》的丽山温泉可以"浇洗疮",卷三十六《若水注》的邛都温水"能治宿疾"等等。

《水经注》记载的温泉,不仅是研究古代温泉的有用资料,而且通过古今温泉对比,在研究我国历史时期的温泉变迁,包括对现代温泉的研究,都是很有价值的。因为《水经注》所记载的温泉,有的至今仍然存在,而且水温和古代记载的并无很大变化。有的虽然存在,但水温已有较大变化。有的则已经消失不见,或是水温下降,已经成为一般泉水。以卷十六《漆水注》和卷十九《渭水注》都有记载的丽山温泉为例,这是我国自古至今的一处著名温泉。《渭水注》引汉张衡《温泉赋》说:"此汤也,不使灼人形体矣。"说明此温泉在汉代就并不十分灼人,而目前此温泉的水温仍在50℃左右,足见自汉至今,水温并无较大变化。卷十三《漯水注》所记载的绫罗泽,在古代是一处水温较高的温泉,注文说:

祁夷水又东,热水注之,水出绫罗泽,泽际有热水亭。

前面已经指出,《水经注》以"热"字描述的温泉,都是属于水温较高的一类。但此温泉据《水经注疏》中杨守敬疏:"今名暖泉,在蔚州西三十里绫罗里,其水夏凉冬暖。"说明今天已经成为一处水温较低的温泉了。至于卷四十《浙江水注》中记载的郑公泉,据嘉泰《会稽志》所载,在会稽县东南五云乡,[50]说明南宋时此温泉犹在。但近年来我曾几度在会稽山区查访此温泉的下落,结果不知所在,说明此温泉可能已经消失,或者由于水温下降,已经成为一般泉水。以《水经注》记载为基础的这种古今温泉的对比研究,在温泉研究中具有重要意义。

注释:

①　又称"水面纵比降",在河流上下游任意两处的水面高程与其相应的流程距离的比值。"比降"一般用千分数表示。

②　《禹贡》:"岷山导江,东别为沱。"《禹贡》认为长江发源于岷山,即岷江。因为《禹贡》是经书,受到古人的尊重,郦道元实际上已经知道长江的发源比岷江要远得多,但他叙江源仍按《水经》从岷江开始。详见本书《水经注记载的长江》一篇。

③　"方志"一词,始见于《水经注》卷二一《汝水注》:"以方志参差,遂令寻其源流。"又卷二二《渠》:"因其方志所叙,就记缠络焉。"

④　"盟津"即孟津,为黄河的一处津渡,在今河南省孟县县境。《禹贡》:"又东至于孟津。"相传周武王伐纣,在此与诸侯盟会,故又称盟津。

⑤　《论泾渭清浊的变迁》,《陕西师范大学学报》(哲学社会科学版)1997年第1期。

⑥　《渊鉴类函》卷三九《地部·渭三·合流》引《水经注》。

⑦　陈桥驿《钱塘江及其河口的历史地理研究》,《浙江档案》1977年增刊。

⑧　《史记·大宛列传赞》。

⑨　均见《禹贡锥指》卷一三上。

⑩　《水经注图说残稿》卷一。

⑪　《河源图说》(《小方壶斋舆地丛钞》4帙,11册):"《水经注》称其洞澨电转,为隐沦之脉。可以证伏流矣。"

⑫　《河源异同辨》(《小方壶斋舆地丛钞》4帙,11册):"河出昆仑虚,色白;所渠并千七百一川,色黄。——吻合,则葱岭所出为初源,阿勒坦噶达素齐老山所出为重源无疑。"

⑬　《析郦》(《卮林》卷一):"蹑法显之行踪,想恒流之洞泬,水陆未辨,道里难明。"

⑭　《今水经序》:"余越人也,以越水证之,以曹娥江为浦阳江,以姚江为大江之奇分,苕水出山阴县,具区在余姚,江水至余姚入海。皆错误之大者。"

⑮　《通典》表一七四《州郡四》。

⑯ 康熙《历城县志》卷一三《艺文》。

⑰ 《黄河变迁史》第七节,人民出版社 1957 年版。

⑱ 《大明舆地名胜志》云南卷十五《大理府·太和县》。

⑲ 又称向源侵蚀,指河流或沟谷底坡度变陡之处,因水流冲刷作用加剧,受冲刷的部位随着物质的蚀离而不断向上游方向移动的现象。

⑳ 天启《衢州府志》卷一《舆地志·山川》。

㉑ 凡郦注未用任何瀑布辞例者,本表概用(瀑布)写样。

㉒ 卷一九《渭水》经"又东过郑县北"注:"渭水又东,西石桥水南出马岭山……泉源上通,悬流数十。"故此处瀑布甚多。

㉓ 卷一九《渭水》经"又东过华阴县北"注:"山上有二泉,东西分流,至若山雨滂湃,洪津泛洒,挂溜腾虚,直泻山下。"故此处有瀑布 2 处。

㉔ 卷三四《江水》经"又东过巫县南,盐水从县东南流注之"注:"三峡七百里中,两岸连山,略天阙处,……悬泉瀑布,飞漱其间"其间究有多少瀑布,未详。

㉕ 卷三四《江水》经"又东过巫县南,盐水从县东南流注之"注:"三峡七百里中,两岸连山,略天阙处,……悬泉瀑布,飞漱其间"其间究有多少瀑布,未详。

㉖ 卷四〇《浙江水》经"北过余杭,东入于海"注:"东迳诸暨与洩溪合。……凡有五洩。"故瀑布实有 5 处。

㉗ 史念海《黄河在中游的下切》,《陕西师范大学学报》1977 年第 3 期,又收入于《河山集二集》,三联书店 1981 年版。

㉘ 据《方舆纪要》卷二九《江南十一》,《禹贡锥指》卷一五。

㉙ 《全唐文》卷七九二。

㉚ 钮仲勋《芍陂水利的历史研究》,《史学月刊》1965 年第 8 期。

㉛ 陈桥驿《古代鉴湖兴废与山会平原农田水利》,《地理学报》1962 年第 3 期。

㉜ 宛委山堂《说郛》弓六一。

㉝ (宋)王十朋《鉴湖说》上,《王忠文公全集》。

㉞ (唐)元稹《和乐天十八韵》:"柳条黄大带,葵莳绿文茵"(《全唐诗》六函九册);唐秦系《题镜湖野老所居》:"树喧巢鸟出,路细莳田移"(《全唐诗》4 函 8 册)。

㉟ 《元丰类稿》卷一三。

㊱ 宋徐次铎《复鉴湖议》,嘉泰《会稽志》卷一三。

㊲ 张修桂《洞庭湖演变的历史过程》,《历史地理》创刊号 1981 年;1983 年数字根据《中国水系大辞典》,青岛出版社 1993 年版。

㊳ 侯仁之等《乌兰布和沙漠的考古发现和地理环境的变迁》,《考古》1973 年第 2 期。

㊴ 侯仁之等《乌兰布和沙漠北部的汉代垦区》,《治沙研究》第七号,1965 年。

㊵ 《中国历史地理论丛》1994 年第 3 辑。

㊶ 《论长江三角洲的水环境生态机制》,《城市研究》1998 年第 6 期。

㊷ 《方舆纪要》卷四〇《山西二·太原府·太原县·台骀驿》引《水经注》。

㊸ 《中国温泉分布与地质构造之关系》,《地理学报》第 2 卷第 3 期,1934 年。

㊹ A Dictionary of Geography, Edward Arnold, London, 1970, p. 178.

㊺ 《地学事典》,わんせん,p. 163,东京平凡社 1971 年。

㊻ 《日本大百科事典》わんせん,p. 549,东京平凡社 1974 年版第 4 卷。

㊼ McGrow — Hill Encyclopedia of Science and Technology, NY, McGrow—Hill Book Co. INC,
1960, Vol. 13, p. 551.

㊽ C. B. 卡列斯尼克《普通地理学原理》中册,第 201 页,地质出版社 1958 年版(此书为苏联时
代著作)。

㊾ 陈刚《中国的温泉》,《地理知识》1973 年第 2 期。

㊿ 嘉泰《会稽志》卷一一《泉》。

三、《水经注》与气候

气候是指某一或大或小的地区多年天气特征的综合,包括其平均状况和极端变化。气候和气象是两种完全不同的概念,后者指的是大气中的冷、热、干、湿、风、雨、云、雪、雾、霜、雷、电、光象等各种物理现象和物理过程。由于构成气候的天气特征的综合,不论是多年的平均状况或极端变化,其中都包含着冷、暖、风、雨、干、温等气象现象,所以各种气象现象,常被称为气候要素。在研究《水经注》记载的有关气候内容时,有必要了解一些气候和气象的一般知识。

《水经注》记载气候,当然不能与河川、山岳等自然地理事物相比,但是由于注文遍及全国东南西北,所以虽然涉及气候的内容不多,但分析各卷篇有关记载,对各地气候、气候区域和灾害天气还是记叙清楚的。除了注文具体记及各地的寒暖冷热和河流的洪涝干旱以外,可以作为气候指标的动植物的分布,即从物候学的角度,都可以观察郦注记载的气候概况,也可以比较公元 6 世纪以前我国各地的气候与今天的变化。

1. 气候与气候区域

在《水经注》时代,各种气候要素都没有计量的标准,所以我们只能从注文中的性状描述来窥测当时各地的气候概况。《水经注》及其前代的气候与今天当然存在差异,但是主要的气候规律并无变化。譬如说,注文记载我国大部分地区,从华北、华中到华南,都在东亚季风气候控制之中,这是因为东亚季风气候在晚第三纪(neogene)已经形成。又如气候的纬度地带性古今没有变化,高山地区的气候垂直差异也古今相同。这些都是《水经注》的气候记载中经常出现的内容。

在《水经注》的记载中,属于东亚季风气候以外的地区,主要是西北的草原沙漠气候。例如卷二《河水》经"其一源出于阗国南山,北流与葱岭所出河合,又东注蒲昌海"注的古楼兰国一带,即今罗布泊及其附近地区:"土地沙卤少田","国在东垂,当白龙堆,乏水草"。又如同卷经"又东过陇西河关县北,洮水从东南来流注之"注中记载的今青海省境内:"都不生草木,荡然黄沙",[①]"自洮强南北三百里中,地草遍是龙须,而无樵柴"。上述注文虽然都没有提及气候要素,但可以明显地看出,所记地区都属于草原沙漠气候。郦注所记载的今西北地区的气候,主要是今新疆和河西走廊一带,和当今这个地区的气候相比,变化看来是比较显著的,主要表现在水体和绿洲的缩减。而下垫面的改变,反过来又影响气候,使气候的大陆性程度更为严酷。在郦注记载中,这个地区的河流湖泊,比今天要多得多,而且水量是相当充沛的,地下水位也比今天要高。卷二《河水注》记及的几处湖泊如牢兰海、敦薨之薮、渤泽等,有的今天已经干涸,仍然存在的,面积也比今天大大缩小。郦注描述"敦薨之薮"的形成是:"川流所积,潭水斯涨,溢而为海"。至于现在已经不再存在的罗布泊,在郦注记载中称为渤泽、蒲昌海或盐泽,这个湖泊在郦氏笔下不仅"其水澄渟,冬夏不减",而且在古代曾经泛滥,把当时西域的一个大国姜赖之虚淹没。注文说:"蒲昌海溢,荡覆其国。"今塔里木河的一条支流注滨河,也曾发生过"水奋势激,波陵冒堤"的现象。塔里木河的另外一些支流,也有"涧澜双引,洪湍潜发"的洪水季节。当时西域的焉耆之国(今新疆焉耆西南),"城居四水之中,在河水(按'河水'是郦注之误,实为塔里木河的一条支流)之洲,治员渠城"。[②]这些都说明,这个地区的河流、湖泊及其水量,都比今天要大得多。由于水体充沛,从注文所记,可以看到沙漠面积比今天小而绿洲比今天多。西汉王朝开始到这里屯垦,如桑弘羊所奏:"故轮台以东,地广,饶水草,可溉田五千顷以上。其处温和,田美,可益通沟渠,种五谷,收获与中国同。"同卷中,桑弘羊还建议:"臣愚以为连域以西,可遣屯田。"此外,注文记及的西域屯田还有多处。说明当时这个地区的绿洲相当广大,此外,卷二《河水注》记及在交河、疏勒一带"遇大雪丈余",则当时的降水量,恐怕也比今天大得多。

西北以外,《水经注》记及的中国中部和东部的广大地域中,从北向南,在气候上包括草原、华北、华中、华南各地区。注文对今华北地区,往往描述冬季的寒冷。如卷十四《鲍丘水》经"又南至雍奴县北,屈东入于海"注中的今北京以北的地区:"(巨梁)水出土垠县北陈宫山,西南流迳观鸡山,谓之观鸡水,水东有观鸡寺,寺内起大堂,甚高

广,可容千僧,下悉结石为之,上加涂垦,基内疏通,枝经脉散,基侧室外,四出炊火,炎
势内流,一堂尽温。盖以此土寒严,霜气肃猛,出家沙门,率皆贫薄,施主虑阙道业,故
崇斯构,是以志道者多栖托焉。""此土寒严,霜气肃猛",冬季的低温可以想见。这种
低温在这一带的地名中也可窥及。注文继续说:"巨梁水又南,迳土垠县故城西,左会
寒渡水。""寒渡水"这个地名,与今内蒙古呼伦贝尔盟的"免渡河"有些相似。免渡河
是个镇,曾出现过零下50℃的绝对低温,[③]是我国的最寒冷地区之一。"寒渡水"这个
地名,显然是一条冬季冰坚可以在冰上渡越的河流。这和《濡水注》地名"冷溪"、"冷
池",《圣水注》地名"寒号城"等一样,都是这个地区冬季低温的标志。卷十四《鲍丘
水》经"鲍丘水从塞外来,南过渔阳县东"注中还有一个称为"伏凌山"的地名,注文说:
"(石门)水出伏凌山,山高峻,岩鄣寒深,阴崖积雪,凝冰夏积。"按这个地区的山岳,现
在可以从地形图上了解,高山也不过1000多米。但背阳面的冰雪在夏季也不能融化,
显然是个低温地区。

《水经注》记载古时在河流中凿冰、藏冰的有两处,也都是华北的河流。一处是卷
五《河水》经"又东过平县北"注:"朝廷又置冰室于斯阜,室内有冰井。《春秋·左传》
曰:日在北陆而藏冰。常以十二月,采冰于河津之隘,峡石之阿,北阴之中,即《邠诗》
二之日,凿冰冲冲矣。而纳于井室,所谓纳于凌阴者也。"另一处是卷十六《谷水》经
"又东过河南县北,东南入于洛"注:"谀门即宣阳门也,门内有宣阳冰室,《周礼》有冰
人,日在北陆而藏之,西陆朝觌而出之。冰室旧在宣阳门内,故得是名。"前者采冰于
黄河,后者采冰于黄河支流伊洛河的支流谷水。在这以南,就不见这类记载。

《水经注》记载华中地区的气候,卷二十八《沔水》经"又东北流,又屈东南,过武当
县北"注中的龙巢山可为代表。注文说:"沔水又东迳龙巢山下,山在沔水中,高十五
丈,广员一里二百三十步,山形峻峭,其上秀林茂木,隆冬不凋。"龙巢山按注文只是沔
水中的一个小岛,高度不过50米,但"秀木茂林,隆冬不凋"。这是我国中部属于温带
南缘和北亚热带的一般气候概况。在这个地区,也有因为其他如海陆分布、地形等条
件而出现明显属于南亚热带甚至接近热带气候的情况。[④]卷三十《淮水》经"又东至广
陵淮浦县,入于海"注中的"郁洲"可以为例。注文说:"东北海中有大洲,谓之郁洲,
《山海经》所谓郁山在水中者也。言是山自苍梧徙此云,山上犹有南方草木。""苍梧徙
此"当然是不经之谈,但气候与苍梧相似倒是真实的。卷三十三《江水注》中记及:
"(江州)县有官橘园、官荔枝园,夏至则熟,二千石常设厨膳,命士大夫共会树下食
之。"荔枝是南亚热带和热带果木。上述郁洲是由于海洋的关系,而江州则是四川盆
地的关系,使它们在气候上都与同纬度的其他地方不同。

《水经注》中记载华南(包括今越南)的亚热带和热带气候,内容相当丰富。注文

中当然涉及这个地区的纬度和日照。例如,卷三十六《温水》经"东北入于鬱"注中记及的"日南郡":"区粟建八尺表,日影度南一寸,自此影以南在日之南,故以名郡。望北辰星,落在天际,日在北,故北开户以向日。"同卷记及汉朱崖、儋耳二郡,即今海南岛:"暑褻薄日,自使人黑。"这是关于这个地区的日照的记载。关于这个地区的气候概况,通过注文的记载的许多植物、动物和农事等,可以获得许多详细的资料。卷三十六《温水注》记及了远行于林邑(今越南南部)的俞益期《与韩康伯书》:"惟槟榔树,最南游之可观,但性不耐霜,不得北植。"槟榔(Areca catechu)是一种棕榈科的常绿乔木,生长于热带和南亚热带,而郦注记及的这个地区已属热带。在热带和亚热带的气候条件下,植物的生长十分迅速,《水经注》记载中也有不少这方面的资料。卷三十六《存水注》中记及犍为郡郁邬县:"益州大姓雍闿反,结垒于山,系马柳柱,柱生成林,今夷人名曰雍无梁林。"同卷《温水注》记及:"所捐破竹,于野成林。今竹王祠竹林也。"此外,在动物方面,卷三十七《叶榆河注》记及:"山多大蛇,名曰髯蛇,长十丈,围七八尺。"同卷又记及"猩猩兽"。注文虽有夸大传讹之处,但这些动物属于热带和亚热带动物是可以无疑的。《温水注》记载九真郡咸骧一带的自然景观:"咸灢已南,麠麃满冈,鸣咆命畴,警啸聆野,孔雀飞翔,蔽日笼山。"热带风光,已经写得惟妙惟肖了。

《水经注》记载这个地区的农事对于反映当地的气候也很有价值。《温水注》所记九真郡的农业:

> 九真太守任延,始教耕犁,俗化交土,风行象林。知耕以来,六百余年,火褥耕艺,法与华同。名白田,种白谷;七月火作,十月登熟;名赤田,种赤谷,十二月作,四月登熟。所谓两熟之稻也。至于草甲萌芽,谷月代种,穜稑早晚,无月不秀;耕耘功重,收获利轻,熟速故也。米不外散,恒为丰国。蚕桑年八熟茧,《三都赋》所谓八蚕之绵者矣。

在《水经注》的时代,人们当然还不存在气候区域的概念,但综合注文中记载的内容,仍然可以比较粗线条地区分出不同的气候类型和气候分布的地理界线。例如,除了西北草原沙漠气候如上所述外,我国中部和东部的绝大部分地区属于东亚季风气候。现在我们知道,季风气候的特点之一是六、七月份暖湿空气从海洋进入内陆以后,静止锋自南向北地推移而造成一年的降水高峰期,而注文记载的也正是这样。例如卷十四《鲍丘水注》:"(晋元康)五年夏六月,洪水暴出。"卷十五《伊水注》:"黄初四年六月二十四日辛巳,大水出,举高四丈五尺。"卷十六《穀水注》:"太始七年六月二十三日,大水进暴,出常流上三丈。"卷二十二《颍水注》:"春夏雨泛。"卷二十六《巨洋水注》:"春夏水泛。"卷三十三《江水注》:"夏水回复。"同卷记载长江中的澦预石:"冬出水二十余丈,夏则没。"这些都说明了注文记载的上述所有地区,其降水都受季风的支配。卷三十五《江水注》的记载最足以说明季风现象。这一卷记载的地区是长江中游，注文记及了许多长江中游沿岸的"江浦"。所谓江浦，就是沿江的小支流港汊，全卷记及的共达74处之多。但其中有12处，注文说明是"夏浦"。例如经"又东南，油水从东南来注之"注中的俞口："江水自龙巢而东得俞口，夏水泛盛则有，冬无之。"又如经"湘水从南来注之"注："江水又东，左得二夏浦，俗谓之西江口。……江之南畔名黄金濑，濑东有黄金浦、良父口，夏浦也。"暖湿季风形成大量降水以后，沿江就增加了许多季节性的支流港汊，充分说明季风对长江中游的作用。

　　在《水经注》对气候的记载中，特别值得指出的是，注文中有两条明确的气候和气温界线。第一条是前已述及的卷五《河水论》和卷十六《穀水注》记载的从黄河到伊洛河的冬季冰冻。这一条可视为华北与华中的气候界线。另一条界线记载于卷三十六《温水》经"东北入于鬱"注中。注文说："至于风气暄暖，日影仰当，官民居止，随情面向，东西南北，回背无定……古人云，五岭者，天地以隔内外。"这就说明，古人早已看到了五岭在"天地以隔内外"的作用，所以五岭显然是一条郦注在气候记载中区分华中和华南的界线。

2. 灾害天气

　　《水经注》很少直接记载灾害天气，诸如"大霖雨"、"疾风"、"亢旱"等，全书记及不多。除了卷八《济水注》所记战国魏襄王十年十月："大霖雨，疾风，河水溢酸枣郛"以及卷二十三《获水注》所记东晋义熙十二年："霖雨骤澍，汳水暴长"等以外，一般都是只记灾情而不记天气。但注文中记及的水灾，有许多记载得十分具体，包括发生的时间和洪水高度等等，可以肯定引起水灾的主要原因是流域中的雨情。其中特别是记明发生于六月中的大水，如前所述，显然是由于季风降水过多而造成的。全书记载的水灾共有十多次，上起商周，下达北魏当代。在地域范围上北逾海河流域，南到长江流域，灾情记载包括成灾时间，洪水水位，决溢河段，泛滥地区等。所有这些水灾，都是异常天气的反映。

　　《水经注》有关这方面的记载，最早始于商代。卷六《汾水》经"又西过皮氏县南"注："汾水又西迳耿乡城北，故殷都也，帝祖乙自相徙此，为河所毁。故《书叙》曰，祖乙圮于耿。""为河所毁"，显然是黄河的一次洪水。黄河洪水除了黄河本身的原因以外，当然与天气有密切关系。由于异常天气而影响河流水情，还可以从涉及一个流域的记载进行分析。例如卷二十七《沔水注》沔水支流堵水在南北朝宋元嘉六年发生大水，而卷二十九《湍水注》记载沔水的另一条支流也于元嘉六年发生大水。这就说明，这两条支流的大水,很可能是流域中同时发生的一次异常天气所造成。

《水经注》记载的水灾,有时还有洪水高度的具体数字。卷十五《伊水注》所记三国魏黄初四年六月二十四日的大水:"辛巳,大出水,举高四丈五尺。"又如卷十六《穀水注》记及前凉太始七年六月二十三日的水灾:"大水迸暴,出常流上三丈。"像伊水和穀水所出现的如此洪峰,而且时间都在季风气候带的多雨季节,显然是流域中的大暴雨所造成。现在把《水经注》记载的水灾中有年代可稽的表列如下:

河流	年代		水灾情况
	公历	中国纪元	
河水	B.C.602	周定王五年	卷五《河水注》:"河徙故渎,故班固曰:商竭,周移也。"
	B.C.309	战国魏襄王十年十月	卷八《济水注》:"大霖雨,疾风,河水溢酸枣郛。"
	B.C.168	汉文帝十二年	卷五《河水注》:"汉兴三十有九年孝文帝时,河决酸枣东,溃金堤。"
	B.C.133	汉武帝元光二年	卷五《河水注》:"河又徙东郡。"
	B.C.132	汉武帝元光三年	卷二十四《瓠子河注》:"河水南决,漂害民居。"
	BC.134—129	汉武帝元光中	卷五《河水注》:"河决濮阳。"
	A.D.1—5	汉平帝之世	卷五《河水注》:"河汴决坏,未及得修,汴渠东侵,日月弥广,门闾故处,皆在水中。"
汾水	约B.C.16末	商帝祖乙	卷六《汾水注》:"汾水又西迳耿乡城北,故殷都也。帝祖乙自相徙此,为河所毁。故《书叙》曰:祖乙圮于耿。"
浊漳水	149	后汉建和三年	卷十《浊漳水注》:"漳津泛滥,土不稼穑。"
唐水	365—385	前秦建元中	卷十一《滱水注》:"唐水泛涨,高岸崩颓。"
鲍丘水	295	晋元康五年夏六月	卷十四《鲍丘水注》:"洪水暴出,毁损四分之三,剩北岸七十余丈,上渠车箱,所在漫溢。"
伊水	223	三国魏黄初四年六月二十四日	卷十五《伊水注》:"辛巳,大出水,举高四丈五尺。"
穀水	361	前凉太始七年六月二十三日	卷十六《穀水注》:"大水迸暴,出常流上三丈,荡坏二堨。"
	480	北朝魏太和四年	卷十六《穀水注》:"瀑水流高三丈,此地下停留以成湖渚。"
丹水	307—313	晋永嘉中	卷二十《丹水注》:"县旧治鄝城,永嘉中丹水浸没。"

续表

河流	年代		水灾情况
	公历	中国纪元	
汳水	416	东晋义熙十二年	卷二十三《获水注》："霖雨骤澍，汳水暴长，城遂崩坏。"
瓠子河	B.C.109	汉武帝元封二年	卷二十四《瓠子河注》："上使汲仁、郭昌发卒数万人，塞瓠子决河。"
㳔水	429	南朝宋元嘉六年	卷二十七《沔水注》："大水。"
湍水	429	南朝宋元嘉六年	卷二十九《湍水注》："大水。"

　　除了上表所列有年代可稽的足以反映异常天气的水灾纪录外，注文记及的没有年代的水灾为数更多，就不再赘述。

　　《水经注》记载的古代灾害天气，除了强度很大的暴雨（注文称为霖雨或大霖雨）及降水持续时间很长的即注文所谓"淫雨"以外，长期缺乏降水而形成的干旱，在注文中也常有所见。但如同记载雨情一样，郦注记载旱情，往往只能从河川枯竭和地方官吏祈雨甚至积薪自焚等事件得到反映。例如卷七《济水》经"又东至温县西北为济水，又东过其县北"注："济水当王莽之世，川渎枯竭。"按济水在两汉时代还是一条大河，若无严重旱情，不至枯竭。由此推断，当公元之初，黄河中游一定发生过一次严重的旱情。

　　《水经注》记载祈雨的故事很多，有的已经属于离奇，我曾为此写过一篇《祈雨的意义》，⑤列举了郦注中不少地方官吏在亢旱中祈雨的记载。卷十五《洛水》经"又东过洛阳县南，伊水从西来注之"注：

　　　　《长沙耆旧传》云：祝良字台卿，为洛阳令，岁时亢旱，天子祈雨不得，良乃曝身阶庭，告诚引罪。自晨至中，紫云水起，甘雨登降。人为歌曰：天久不雨，烝人失所，天王自出，祝令特苦，精符感应，滂沲下雨。

　　从注文中可见这是一次在首都一带发生的亢旱，一直旱到"天子祈雨不得"。旱情严重可以想见。而地方官采用"曝身庭阶"的祈祷手段，说明已经干旱到不得不对上苍使用苦肉计的办法。"紫云水起，甘雨登降"的事，或许是偶合，或许是附会。但洛阳地区曾经发生的这一次大旱是可以肯定的。

　　卷二十二《颍水》经"又东过西华县北"注中的地方官在旱灾中采用了比"曝身"更为极端的祈求手段。注文说：

　　　　汉济北戴封，字平仲，为西华令，遇天旱，慨治无功，乃积薪坐其上以自焚，火起而雨暴至，远近叹服。

又卷二十一《汝水》经"又东南过平舆县南"注中也记及了一个与戴封相似的地方官。注文说：

> 按《桂阳先贤画赞》，临武张熹，字季智，为平舆令，时天大旱，熹躬祷雩，未获嘉应，乃积薪自焚，主簿侯崇，小使张化，从熹焚焉，火既燎，天灵感应，即澍雨。

我在上述拙文中提及，这种曝身自焚的故事，"说明了干旱对于一个抗灾能力薄弱的农业社会所构成的巨大威胁"。而凡是郦注记及这类故事的，都是非常严重的旱灾。

此外，《水经注》还记载了不少风灾，其中有发生于沿海的风灾，也可能与台风有关。例如卷五《河水》经"又东北过利县北，又东北过甲下邑，济水从西来注之，又东北入于海"注：

> 汉司空掾王璜言曰：往者，天尝连雨，海水溢西南出，侵数百里。

如上注，由于台风暴雨，造成了海水漫溢，这类记载在历史上是常见的。另外还有一些风灾可能是陆龙卷，例如卷十六《穀水》经"又东过河南县北，东南入于洛"注：

> 咸宁元年，洛阳大风，青气属天。

由于记载中有"青气属天"一语，所以这次大风属于陆龙卷是很有可能的。

《水经注》记载的灾害天气内容其实不少，但由于一般都从他书转引，所以其间往往夹杂了一些不经之谈，在经过整理分析以后，这些资料还是很有价值的。

注释：

① 据（清）董祐诚《水经注图说残稿》卷二，此沙漠在今青海贵德县附近。
② 员渠城位于今新疆博斯腾湖北岸焉耆回族自治县。
③ 1922 年 1 月 15 日曾出现零下 50.1℃绝对最低气温。
④ 《中国自然地理·气候》（科学出版社 1984 年版）第 159 页，述及在南亚热带以南，有一称为"边缘热带"的气候带。
⑤ 《读水经注札记（五）》香港《明报月刊》1990 年 12 月号。

四、《水经注》与地貌

　　《水经注》拥有大量记载地貌的资料,郦道元通过对注文称为山、岳、峰、岭、坂、冈、丘、阜、固、障、峰、矶、原等的描述,记载了我国的高地;又通过对注文中称为川、野、沃野、平川、平原、平地、原隰等的描述,记载了我国的低地。《水经注》记载了我国的多种地貌类型,如晋陕、豫西、甘肃和内蒙古等地的黄土地貌,西北的沙漠地貌,西南、华中、华南等地的高山丘陵地貌以及峡谷地貌和河口海岸地貌等。

　　在《水经注》的时代,当然还没有科学的地貌学,但对于诸如高原、山岳、山脉、平原等等地貌形态,郦注都有其使用的一定词汇,概念清楚,绝不混淆。例如称高山为岳、峰、岭等,称山脉为重山、重岭、连山等,称平原为川、野、平川、平地等。其中有的词汇如"川",往往也为河流所常用,但注文中对这类一词数用的地貌词汇,区分得清清楚楚。例如卷二《河水注》:"《秦州记》曰:枹罕原北名凤林川,川中则黄河东流也。"这里,注文清楚地说明,在黄土高原上的一片河谷阶地枹罕原以北,是黄河的河谷平原凤林川,黄河是在河谷平原之中东流的。又如卷二十七《沔水注》:"汉水又左会文水,水,即门水也,出胡城北山石穴中,长老云:杜阳有仙人宫,石穴,宫之前门,故号其川为门川,水为门水。""川为门川,水为门水",这是郦氏对川与水所下的定义,即平原称川,河流称水,概念是如此的明确,不容混淆。《水经注》各卷篇中记述较多的几种地貌类型如下所列。

1. 黄土地貌

在世界地貌上,黄土高原是一片十分特殊的地方。依靠风力在漫长的地质年代中堆积起这样一片面积达 40 万平方公里、厚度达 100 米—200 米的土质疏松的特殊地貌。古人并不知道这片高原的形成和变迁,但是他们懂得怎样在这片特殊的地方发展生产,繁衍生息。他们把这个地区最易于利用的平坦高地称为"原"。卷六《汾水》经:"东南过晋阳县东,晋水从县东南流注之"注中对"太原"所作的解释是最好的说明:

> 太原郡治晋阳城,秦庄襄王三年立。《尚书》所谓既修太原者也。《春秋说题辞》曰:高平曰太原。原,端也,平而有度。《广雅》曰:大卤,太原也。《释名》曰:地不生物曰卤,卤,垆也。《穀梁传》曰:中国曰太原,夷狄曰太卤。《尚书大传》曰:东原底平,大而高平者谓之太原,郡取称焉。

由于"原"是黄土高原中人类活动最频繁的地方,所以《水经注》对于黄土地貌的记载,主要就集中在"原"。例如卷十八《渭水》经"又东过武功县北"注:"(小横水)迳岐山西,又屈迳周城南,城在岐山之阳而近西,所谓居岐之阳也。……又历周原下,北则中水乡成周聚,故曰有周也。"这里,注文描述的是今西安以西的黄土高原上的一片海拔高约 500 米的原。因为它是西周的发祥地,所以称为周原。原上至今还有不少含周的地名,如周城、成周聚等。我曾考察过这个地方,位于今扶风县境。注文述及的岐山,高约海拔 900 米,位于此原以北。岐山以南就是自北向南缓倾的一片平坦的原野,著名的法门寺即在此原上。从周原南眺,可以看到卷十九《渭水注》中记及的积石原。从周原看积石原,此原位于渭河谷地之南,距扶风县城不过 2000 米,相对高度约 200 米,东西横亘于扶风、岐山两县之间,顶平如砥。《水经注》记及的黄土高原上的"原",大概都是如此。注文中记载的原,有的在历史上曾很有名,例如卷十七《渭水注》中的"五丈原",是诸葛亮北伐屯兵之处。卷十八《渭水注》中载有诸葛亮与步骘的信:"仆前军在五丈原,原在武功西十里。"此外如卷十五《洛水注》的缑氏原,卷十六《穀水注》的太白原,《沮水注》的太上陵南原,卷十九《渭水注》的高阳原、白鹿原、风凉原、姜原、寿陵亭原、广乡原、孤柏原等,也都很著名。由于"原"的地形高旷,不仅成为人民居住垦殖之地,帝王陵寝也往往营建于此。卷十九《渭水》经"又东过霸陵县北,霸水从县西北流注之"注:"霸水又左合浐水,历白鹿原东,即霸川之西,故芷阳矣。《史记》,秦襄王葬芷阳者也。谓之霸上;汉文帝葬其上,谓之霸陵。"此外注文记及的还有如汉昭帝陵在姜原,汉宣帝陵在杜东原,汉平帝陵在寿陵亭原等。

但是"原"也不是完全平整的。它往往夹在较大的河流之间,原上又有许多深沟,地貌学上称为黄土沟谷,这是长期来流水切割的结果。卷十九《渭水》经"又东过霸陵县北,霸水从县西北流注之"注:"昔文帝居霸陵北,临厕指新丰路和慎夫人曰:此走邯郸道也。"注文继续解释这个"厕"字:"韦昭曰:高岸夹水为厕,今斯原夹二水也。"这种支离破碎的切割现象,是黄土地貌的特色之一。我为《绍兴桥文化》[①]一书所写的序言说:"我曾经考察过黄土高原,那里有许多渊深而狭窄的沟壑,站在两边可以谈论家常,但要握手言欢,有时要绕道走上个把钟头。"我在考察周原时也记及:"极目远眺,除了微地貌的变化和目力所不及的南北间沟壑外,基本上是一片平坦的原野。"[②]周原上的沟壑是很多的,这就是我前面所说的面对面而无法握手言欢的特殊地貌。

在黄土高原上,除了《水经注》所记载的这些平坦而广袤的"原"以外,也有很小片的"原"。这些小片的"原",在流水的不断切割下,又互相分散,形成一种峰峦丘阜的形态。卷二《河水》经"又东过金城允吾县北"注中,就有这样的例子,注文说:"湟水又东迳土楼南,楼北倚山原,峰高三百尺,有若削成。"像这样一类"有若削成"的黄土地貌,在黄土高原到处可见。

2. 沙漠地貌

《水经注》记载的沙漠地貌,分布在今新疆、河西走廊、青海、内蒙古等地,与今天的情况完全符合。注文对今塔克拉玛干沙漠、白龙堆沙漠、额济纳沙漠、鄂尔多斯沙漠等,都有生动的描述。卷一《河水》经"其一源出于阗国南山,北流与葱岭所出河合,又东注蒲昌海"注中,写了晋法显所见的今塔克拉玛干沙漠的一部分:"释法显自乌帝西南行,路中无人民,沙行艰难,所经之苦,人理莫比,在道一月五日,得达于阗。"按乌帝即今新疆焉耆县,[③]于阗即今和田。[④]法显旅行的道路纵贯这片沙漠的一角,竟花了三十多天时间。

郦道元自己也看到过这种沙漠草原的自然景观。卷三《河水注》中记载了他曾于北魏太和十八年,从魏孝文帝北巡,到达阴山一带,在那里看到了这种景观。经"至河目县西"注:"余按南河、北河及安阳县以南,悉沙阜耳。"

内蒙古这一带其实是草原和沙漠交替的地带,即后来所称的鄂尔多斯沙漠,当然不能与新疆的沙漠相比。但在北魏时代就已经"悉沙阜耳",说明这一带的沙漠早已存在,不过以后有了扩大。

郦注记载的今青海省境内的沙漠也很生动逼真,卷二《河水》经"又东过陇西河关县北,洮水从东南来流注之"注中的大杨川一带沙漠,从今天来看,虽然不是一片大沙漠,但注文的记载却很翔实:

河水右迳沙州北，⑤段国曰：浇河⑥西南百七十里有黄沙，沙南北百二十里，东西七十里，西极大杨川。望黄沙，犹若人委干糒于地，都不生草木，荡然黄沙，周回数百里，沙州于是取号焉。

注文也记载了今额济纳沙漠。卷四十《禹贡山水泽地所在》注中的"流沙"即此：

居延泽在其县故城东北，《尚书》所谓流沙者也，形如月生五日也。弱水入流沙，流沙，水与沙流行也。

"形如月生五日也"。对于随风移动的沙丘，这是刻画最深的描述，也就是现代自然地理学上所说的新月形沙丘。"水与沙流行也"。以此描述沙漠中水与沙的关系，确实也是惟妙惟肖的了。

《水经注》记载今河西走廊一带的沙漠时，《禹贡山水泽地所在》注中，甚至已记及了至今尚存的鸣沙山。注文说：

（敦煌）南七里有鸣沙山，故亦曰沙州也。

沙漠鸣叫的原因，按照现代自然地理学的解释，是由于沙粒中的石英的压电性质所发生的带电过程，从而产生一系列能量变换而引起的现象。古人当然不理解产生这种现象的原因，但从这个地名的出现，说明人们在当时已经发现和重视了这种现象。⑦

3. 高山丘陵地貌

在《水经注》对于地貌的记载中，高山与丘陵地貌占了全书的很大篇幅。而且与其他的古代文献相比，郦注在这方面的记载显得详尽细致。注文记及的不少山岳，都有高度或范围的数字。当然，由于当时科学技术的限制，郦注所记的这类数字，一般都不符合现在的实际。如山岳的高度数字，往往偏高甚多。所以在今天只能作为一种参考。

数字夸大主要由下列原因造成：

第一是资料来源问题，尽管郦道元是十分重视实践的人，但他毕竟不能遍登群山，郦注记载中的绝大部分山岳还是依靠他人的著述，而其中有些著述在很大程度上是荒诞不经的。例如卷一《河水注》所记的昆仑山高度，是来自《禹本纪》、⑧《淮南子》等资料，其高为"万一千里百一十四步三尺六寸"。又如卷十九《渭水注》所记的华山高度，是来自《山海经》的资料，"其高五千仞"。这些当然都是荒诞不经的。

第二是测量方法的问题。从今天来说，由于人们已经有了精确的测量仪器，所以计算山岳的高度，总是选择某一处海平面作为零点，然后测出山岳的海拔高度，这个数字也就是山岳的绝对高度。但山岳除了很少数以外，并不就在海边，在基底较高的崇山峻岭地区,山岳的绝对高度,并不一定说明山岳的高峻雄伟。于是人们也可以采用另一种测量方法,即不计从海平面到山脚的高程,而专计从山脚到山顶的高度,这就是山岳的相对高度。这两种测量方法,对古人来说都是不可能的。古人计算山岳高度的主要方法是步测,通过踏勘,计算出从起步点到山顶的长度数值。这实际上是把从起步点到山顶的路径距离,代替山的高度,数字常有很大的参差。此外,由于以长度代替了高度,因此,山路愈迂回曲折,记载的高度也就愈大。例如卷十一《滱水注》所记的广昌岭,因为"二十里中,委折五回,方得达其上岭",因而岭高四十余里。又如卷二十《漾水注》中所记的瞿堆,因为其山有"羊肠蟠道三十六回",因而就"高二十余里"。这些数字就是从起点到山顶并包括迂回曲折的全部山径的长度。

第三,从郦注记载的内容来看,除了步测以外,古人也还有其他一些计算山岳高度的方法,其结果也都并不可靠,而且在数值上也总是夸大。例如目测,这也是古人常用的测高方法。卷十四《鲍丘水注》记载的盘山,就采用了这种方法,注文说:

> 沟水又左合盘山水,水出山上,其山峻险,人迹罕交,去山三十许里,望山上水,可高二十余里。

当然,从 30 里路以外望山顶,只要求得仰角的函数,山高的近似值可以获得的。从现在来说,这只是一种简单的三角运算。可是郦注记载的并不是这种计算方法,而是一种没有根据的目测估计,其结果较之实际夸大甚多。

上述关于山岳高度数字的错误,在我国古籍中原是常见的。郦注在这方面虽然不免承袭了这类错误,但另一方面毕竟也作出了一些有益的贡献。第一,《水经注》虽然传抄其他著述的资料,把不少山岳的山径距离作为山岳高度。但对于当时中原地区的一些重要山岳,凡郦氏所亲见或亲登的,郦注中已经不再承袭前人的计算方法而是采用了计算实际里程的方法。卷四《河水》经"又南至华阴潼关,渭水从西来注之"注中记载的华山就是如此。注文说:

> 自下庙历列柏,南行十一里,东回三里,至中祠;又西南出五里,至南祠。诸欲升山者,至此皆祈祷焉。从此南入谷七里,又届一祠,谓之石养父母,石龛木主存焉。又南出一里,至天井,井裁容人,穴空,迂回顿曲而上,可高六丈余,山上又有微涓细水,流入井中,亦不甚沾人,上者皆所由陟,更无别路,欲出井望空,视明如在室窥窗也。出井东南行二里,峻坂斗上斗下,降此坂二里许,又复东上百丈崖,升降皆须扳绳挽葛而行矣。南上四里,路到石壁,缘旁稍进,径百余步,自此西南出六里,又至一祠,名曰胡越寺,神像有童子之容。从祠南历夹岭,广裁三丈余,两箱悬崖数万仞,窥不见底。……度此二里,便届山顶。

如上注,郦氏以下庙为起步点,从起步点到华山各处的里程都是明白可计的。例如到中祠 14 里,到南祠 19 里,到石养父母 26 里,到天井 27 里,到百丈崖约 31 里,到胡越寺 41 里,到山顶 43 里。注文毫不含糊地说明这是从下庙起的山径里程,绝非华山的高度。

第二,古籍记载的数字,即使是按当时习惯以山径距离作为高度计算,其距离数字也有不少是夸大的。《水经注》中当然也传抄了不少这类以讹传讹的数字。但凡是郦氏曾经登临或熟悉的山岳,注文中就常常用他掌握的准确数字更正以往的错误数字。卷六《汾水》经"又西过皮氏县南"注中的汾山即是其例,注文说:

> 汾水西迳郊丘北,……河东临汾地名矣。在介山北,山即汾山也。其山特立,周七十里,高三十里。文颖言在皮氏县东南,则可三十里,乃非也。今准此山可高十余里。

当然,郦氏纠正旧说"可高十余里",也是山径距离而非高度。但既然在注文特别指出"今准此山"。说明这是郦氏自己对此山作了踏勘,是根据确凿的。表现了他的严谨态度。

第三,从《水经注》记载的某些内容来看,可以证明郦道元曾经比较精密地测量过一些山丘,虽然不知道他所使用的测量方法,但从其提供的数字判断,这种测量是相当认真的。卷二十六《淄水》经"东北过临淄县东"注中的营丘,就是经过他测量的山丘之一。注文说:

> 今临淄城中有丘,在小城内,周回三百步,高九丈,北降丈五,淄水出其前,故有营丘之名。

当然,对于营丘高度测量的这种成绩,在全部注文并不多见。由于临淄是郦氏久居之地,而营丘又是一座小山,工作进行方便,这种成果是在特殊条件下获得的,因而在全部郦注中没有代表性,但用以说明郦氏对数量概念的严肃认真,这个例子却是有代表性的。所以,郦注记载的山岳高度数字,多数与实际不符,这种缺陷应该从时代进行考虑,不能责怪郦道元个人。

如上所述,在地形高度的数值记载方面,《水经注》资料并无较大价值,但在另一方面,即以于各种山地丘陵地貌的定性描述,郦注却有其独到之处,它对我们今天研究历史时期的各种地貌概况,提供了许多有用的资料。

《水经注》记载的山岳、丘阜,总数约近 2000 处,其地区范围除了我国还兼及域外。注文牵涉及的山岳,有的是峰峦连绵,有的是孤山独阜;有的是高山大岭,有的是培塿小丘;有的是名山显岳,有的是无名山头。情况是十分复杂的。但郦氏却能有条不紊地把大量山岳,穿插在江湖河海之间,进行生动而细致的描述。尽管这种描述在多数场合下只有定性的意义,但作者能够运用他精湛的写作技巧和高度的概括能力,把复杂多变的山岳地形,刻画得惟妙惟肖。《水经注》描述那些崇山峻岭、峰峦起伏的高山地貌,首先遇到的困难是这些山岳多数没有地名。在全部郦注中,有地无名的情况虽然普遍存在,但其中最突出的是崇山峻岭的山岳地带。在这样的情况下,郦氏的办法是根据这些山岳的不同特点,用大山、高山、众山、重山、连山等名称,恰如其分地对这些没有地名的却是非常重要的山岳进行了描述。

卷二《河水注》说:"焉耆近海多鱼鸟,东北隔大山与车师接。"卷四十《浙江水注》说:"(定阳)溪水又东迳长山县北,北对高山。"这里,焉耆近海与车师之间的山以及定阳溪水北岸的山,都是没有名称的,郦注按山的特点,各以"大山"、"高山"名之,从而使焉耆近海和定阳溪水沿岸的地貌情况得到如实的反映。尽管这些山岳没有地名,但注文也常常对它们描述得十分生动逼真,令人百读不厌。卷三十六《若水》经"又东北至犍为朱提县西,为泸江水"注中记述的今横断山脉中的高山大岭即是如此。注文说:

> (朱提)郡西南二百里,得所绾堂琅县,西北行,上高山,羊肠绳屈八百余里,或攀木而升,或绳索相牵而上,缘陟者若将阶天。故袁休明《巴蜀志》云:"高山嵯峨,岩石磊落,倾侧萦回,下临峭壑,行者扳缘,牵援绳索,三蜀之人及南中诸郡,以为至险。"

如上述,虽然这些高山都没有名称,但注文的描述,还是把这个地区崎岖险峻的地形写得逼真如画。

对于那些连绵不断的山岳,《水经注》也有它的独特描述手法。例如卷十四《大辽水注》所记"濫真水出西北岭外,东南历重山"。卷二十五《泗水注》所记高平山"与众山相连"。卷三十一《清水注》所记鲁阳关"左右连山插汉,秀木干云"。卷三十三《江水注》所记熊耳峡一带"连出竞险,接岭争高"。卷三十四《江水注》所记黄牛山南岸"重岭迭起"等等,不胜枚举。这里描述的重岭、重山、众山、连山等,其实就是我们现所记的山脉。郦氏对于这些山脉虽然不知名称,但对它们的描述却仍逼真而详细。卷三十四《江水》经"又东过夷陵县南"注中记载了长江在夷陵县一带的南北两岸的山脉。注文说:

> 袁山松言:江北多连山,登之望江南诸山,数十百重,莫识其名。高者千仞,多奇形异势,自非烟褰雨霁,不辨见此远山矣。余尝往返十余过,正可辨见远峰耳。

这里,注文利用袁山松的目击记载,生动地描述了大江两岸群山连绵的崎岖地貌。即从今天来看,与实际情况也是完全符合的。

以上是指的没有名称的山岳,至于我国各地的名山,则注文在有关卷篇中,都作了细致生动的描述。诸如《河水注》的昆仑山、葱岭、积石山,《沁水注》的太行山,《滱水

注》和《灢水注》的恒山,《洛水注》的嵩山,《渭水注》的华山,《汶水注》和《淄水注》的
泰山,《江水注》的岷山和峨眉山,《温水注》、《湘水注》、《漓水注》、《溱水注》、《钟水
注》、《耒水注》诸篇中的五岭,《湘水注》的衡山,《庐江水注》的庐山,《沔水注》、《淮水
注》、《渐江水注》诸篇中的会稽山等等,不胜列举。在注文记载的许多山名中,也有一
些名称独特的山岳,如卷二《河水注》的大头痛之山、小头痛之山,赤土身热之阪,卷三
十六《若水注》的牛叩头坂,马搏颊坂等,《河水注》的这些山名,可能因为山势高峻,行
旅常易得高山病而命名;而《若水注》的这些山名,当然是由于山径崎岖,山势陡峭
而来。

《水经注》记载高山地貌,除了上述名山、大山的描述以外,对于特点重要的山岳,
注文常以很大的篇幅,在与这些山岳有关的卷篇作重点记载,这中间,上述《温水注》、
《湘水注》等六个卷篇中都有记载的五岭即是其例。五岭是华中与华南分界的一条重
要山脉,对此,《温水注》指出:"五岭者,天地以隔内外。"《漓水注》也指出:"判五岭而
分流者也。"这些都说明,郦道元是非常重视这条山脉的。因为五岭绵亘于两广与湘
赣之间,延伸漫长,因此《水经注》将它们分别记入上述六个卷篇之中,而且由于五岭
的别名很多。注文还逐一加以说明。譬如萌渚峤又名锡方,越城峤又称始安峤,大庾
岭又称凉热山,也称东峤山,都庞峤又称都山,骑田岭又称黄岑山。此外,五岭分列,从
西到东是有次序的,注文对此也分别说明:"(越城)峤即五岭之西岭也"(《湘水注》),
"骑田之峤,五岭之第二岭也"(《耒水注》),"都庞之峤,五岭之第三岭也"(《钟水
注》),"萌渚之峤,五岭之第四岭也"(《湘水注》),"山,即大庾岭也,五岭之最东矣"
(《溱水注》)。

上列五岭,当然是这条"天地以隔内外"重要山脉之中的五处山峰,由于山脉绵
亘,山势重叠,山峰甚多,名称各异,五岭本身如上所述也各有别名。所以注文不仅着
重地记载五岭并它们的地理位置,并通过这条山脉中的其他一些山峰的记载,生动而
真实地描述了五岭的地貌特色。例如卷三十八《湘水》经"又东北过泉陵县西"注中,
注文描述五岭山脉中的著名山峰九疑山:"营水出营阳泠道县南山,西流迳九疑山下,
蟠基苍梧之野,峰秀数郡之间,罗岩九举,各导一溪,岫壑负阻,异岭同势,游者疑焉,故
曰九疑山。""蟠基苍梧之野,峰秀数郡之间",证明山脉的范围广大和山峰的众多。又
如卷三十八《溱水》经"溱水出桂阳临武县南,绕城西北屈东流"注中描述的五岭山脉
中的蓝豪山的地貌特色:"武溪水又南入重山,山名蓝豪,广圆五百里,悉曲江县界,崖
峻险阻,岩岭干天,交柯云蔚,霾天晦景,谓之泷中,悬湍回注,崩浪震山,名之泷水。"
确实写得有声有色。

此外,郦注对于我国北方的另一条重要山脉秦岭,也有生动详实的记载。注文不

称秦岭,但所记其实就是秦岭。卷十八《渭水》经"又东过武功县北"注:

> 渭水又迳武功县故城北,王莽之新光也。《地理志》曰:县有太一山,《古文》
> 以为终南,杜预以为中南也。亦曰太白山,在武功县南,去长安二百里,不知其高
> 几何? 俗云:武功太白,去天三百。山下行军,不得鼓角,鼓角则疾风雨至。杜彦
> 达曰:太白山南连武功山,于诸山最为秀杰,冬夏积雪,望之皓然。

"冬夏积雪,望之皓然"。现在我们知道,秦岭的高峰如终南山和首阳山,高度都
接近海拔 3000 米,而太白山高达海拔 3700 余米。已在雪线以上。《水经注》的记载值
得称赞。

4. 峡谷地貌

峡谷是河谷的一种类型,按照美国地貌学家戴维斯(W. M. Davis)[9]的侵蚀循环理
论,峡谷是幼年期的河谷。所谓幼年期,就是河流的侵蚀以下蚀为主、旁蚀为次的时
期。正因为下蚀力量十分强烈,所以峡谷具有岸壁陡峭、水道狭隘、水流湍急的特色。

《水经注》对于峡谷地貌的描述,主要着重于峡谷两岸地形的陡峭与峡谷中河道
水流的湍急两个特色。其中描述两岸地形陡峭的如卷二《河水注》的石门口峡:"高险
峻绝,对岸若门。"卷十七《渭水注》的新阳峡:"崖岫壁立。"卷三十三《江水注》的熊耳
峡:"连山竞险,接岭争高。"卷三十八《溱水注》的泿阳峡:"两岸杰秀,壁立亏天"等
等;描述河道水流湍急的如卷四《河水注》的孟门山峡谷:"浑洪赑怒,鼓若山腾。"又同
卷的三门峡:"濆波怒溢,……水流迅急。"卷三十四《江水注》的巫峡:"乘奔御风。"卷
三十八《湘水注》的空泠峡:"惊浪雷奔。"等,不胜枚举。

《水经注》记载的峡谷,按地区主要分布在《河水》、《渭水》、《漾水》、《江水》、《湘
水》等各篇之中。其中《河水注》最多,从卷二大、小榆谷的河峡起到卷四垣县的鼓钟
下峡止,共有大小峡谷 22 处。《江水注》其次,从卷三十三南安县的熊耳峡起,到卷三
十四宜昌县的断江[10]止,共有峡谷 15 处。卷十七《渭水注》居第三位,从武城县的黑水
峡起到上邽县的泾谷峡止,包括支流在内,共有峡谷 11 处。此外,《漾水注》有峡谷 5
处,《湘水注》有峡谷 4 处,也都是郦注记载中峡谷较多的河流。

在黄河沿线的诸峡谷中,郦注描述十分生动细致的首先当然是孟门山峡谷,留待
以下再述。此外,卷四《河水》经"又东过砥柱间"注中对三门峡的描述也十分详细生
动。由于这是一处自古闻名的峡谷,所以郦氏一开始就把峡谷之所以命名加以介绍。
注文说:

> 砥柱,山名也。昔禹治洪水,山陵当水者凿之,故破山以通河,河水分流,包山

而过，山见水中，若柱然，故曰砥柱也。三穿既决，水流疏分，指状表目，亦谓之三门矣。

在说明了峡谷的名称由来以后，作者并不接着就描述峡谷的自然景观，对于这样一个举世闻名的峡谷，注文引导读者集中注意力，因而特别穿插了一个生动的神话：

《搜神记》称：齐景公渡于江沈之河，鼋衔左骖，没之，众皆惕，古冶子于是拔剑从之，邪行五里，逆行三里，至于砥柱之下，乃鼋也。左手持鼋头，右手挟左骖，燕跃鹄踊而出，仰天大呼，水为逆流三百步，观者皆以为河伯也。

这里，古冶子砥柱斩鼋的神话当然是引人入胜的。"左手持鼋头，右手挟左骖，燕跃鹄踊而出，仰天大呼，水为逆流三百步"。这样的文章，真是气魄雄伟，一座皆惊！于是，注文才紧接着把峡谷的真情实景，和盘托出。这确是一种匠心独具的描述手法。注文接着说：

河水翼岸隔山，巍峰峻举，群山迭秀，重岭干霄。……自砥柱以下，五户已上，其间百二十里，河中竦石杰出，势连襄陆，盖亦禹凿以通河，疑此阂流也。其山虽辟，尚梗湍流，激石云洄，澴波怒溢，合有十九滩，水流迅急，势同三峡，破害舟船，自古所患。

在描述了这种气象万千的山河形势以后，郦氏最后还把历代以来对于这个险峻的峡谷的施工修治过程加以说明，从而使郦注对三门峡的描述成为一项完整无缺的资料。注文说：

汉鸿嘉四年，杨焉言：从河上下，患砥柱隘，可镌广之。上乃令焉镌之，裁没水中，不能复去，而令水益湍怒，害甚平日。魏景初二年二月，帝遣都督沙丘部监运、谏议大夫寇慈率工五千人，岁常修治，以平河阻。晋泰始三年正月，武帝遣监运大中大夫赵国、都匠中郎将河东乐世，率众五千余人，修治河滩，事见《五户祠铭》。虽世代加工，水流湍溎，涛波尚屯，及其商舟是次，鲜不踟蹰难济。

如上注，从汉到晋，每次出动几千人的施工，但结果还是徒然，"水流湍溎，涛波尚屯"，由此益证明了三门峡的形势险峻。

在《水经注》记载的所有峡谷中，最壮丽险峻的当然是长江三峡，上述《河水注》说："水流迅急，势同三峡。"《湘水注》中描述空泠峡时也说："惊浪雷奔，浚同三峡。"凡是险峻的峡谷，注文都以之与三峡相比，说明郦氏对三峡的重视程度。《水经注》对于长江三峡的描述的确是很成功的，其中特别是对巫峡和西陵峡的描述，真把峡谷的自然面貌写得出神入化，栩栩如生。关于对巫峡的描写，以后还要再议，这里把卷三十四《江水》经"又东过夷陵县南"注文中对西陵峡的描写作为例子。注文说：

江水又东迳西陵峡，《宜都记》曰：自黄牛滩东入西陵界，至峡口百许里，山水迁曲,而两岸高山重障,非日中夜半,不见日月。绝壁或千许丈,其石彩色,形容多所象类,林木高茂,略尽冬春,猿鸣至清,山谷传响,泠泠不绝。所谓三峡,此其一也。山松言:常闻峡中水疾,书记及口传,悉以临惧相戒,曾无称有山水之美也。及余来践跻此境,既至欣然,始信耳闻之不如亲见矣。其迭崿秀峰,奇构异形,固难以辞叙,林木萧森,离离蔚蔚,乃在霞气之表,仰瞩俯映,弥习弥佳,流连信宿,不觉忘返,目所履历,未尝有也,既自信得此奇观,山水有灵,亦当惊知已于千古矣。

顺便把"三峡"的名称说明一下,对于三峡,《水经注》所记与历来稍有出入。卷三十三《江水》经"又东过鱼复县南,夷水出焉"注:"江水又东迳广溪峡,斯乃三峡之首也。"又卷三十四《江水》经"又东过巫县南,盐水从县东南流注之"注:"江又水东迳巫峡,……自三峡七百里中,两岸连山,略无阙处。"同卷经"又东过夷陵县南"注:"江水又东迳西陵峡,……所谓三峡,此其一也。"所以杨守敬、熊会贞《水经注疏》在卷三十三《江水注》:"江水又东迳广溪峡,斯乃三峡之首也"加按语说:

> 此云广溪峡为三峡之首,下云江水东迳巫峡,自三峡七百里中,两岸连山,略无阙处。又云,江水东迳西陵峡,所谓三峡,此其一也。是郦氏以广溪、巫峡、西陵为三峡。而有谓明月、广德、东突者,庚仲雍《记》也。谓西峡、巴峡、归峡者,《寰宇记》也。谓西陵、巫峡、归峡者,宋肇《记》也。《蜀辖日记》云:惟王洙瞿唐、巫山、黄牛之说近是。今自夔府,东至宜昌,将六百里,奇险尽在其间。盖自滟滪堆至虎须滩,统名瞿唐峡,一名广溪峡,即夔峡也。自空亡沱至门扇峡,统名巫峡,其尾尽于巴东,故又曰巴峡也。自兵书峡至平善坝,统名西陵峡,其峡起归州而翘于黄牛,讫于扇子,故又曰归乡峡、黄牛峡、扇子峡也。诸说纷纷,断以夔峡、巫峡、西陵峡为三峡,固亲历其境目击其阻且长者,有此三处。陶《记》与郦氏合,益知郦说不可易矣。

杨守敬列举各种文献对三峡的说法,而认为"郦说不可易"。其实各家说法主要是名称上的差异,而现在对三峡的通行说法是瞿唐峡、巫峡、西陵峡。这种说法大概始于清初的《读史方舆纪要》,此书说:"西陵峡在焉,与夔州之瞿唐,巫山之巫峡,共为三峡。"[11]这种说法与郦注的差异就在广溪峡与瞿唐峡之别,而其实彼此并不抵牾,因为广溪峡就是瞿唐峡的别名。《方舆纪要》也指出:"瞿唐关在巫州府城东八里,以瞿唐峡而名。峡在城东三里,或谓之广溪峡,三峡之一也,瞿唐之名著而广溪之称隐矣。"[12]

对于瞿唐峡,今本《水经注》没有记及这个名称,只在卷三十三《江水》经"又东过鱼复县南,夷水出焉"注中提及:"(广溪)峡中有瞿唐、黄龛二滩,夏水回复,沿泝所忌。"这里所记的瞿唐滩,当然不能代替瞿唐峡。但瞿唐峡这个名称,在某些古籍引及《水经注》时,原来是有的,当是今本的缺佚。兹举明《寰宇通志》所引的一段《水经注》文字如下：

> 白帝城西有孤石，冬出二十余丈，夏即没，秋时方出。谚云：滟滪大如象，瞿唐
> 不可上；滟滪大如马，瞿唐不可下。峡人以此为水候。[13]

既然说"峡人以此为水候"，则瞿唐应是峡名。这段文字也为明《天下名山诸胜一览记》[14]及《方舆纪要》[15]所有，而且也都引自《水经注》。从文字来看，描述甚为生动，不失郦注风格。为今本郦注所佚，大概可以无疑。

5. 河口海岸地貌

中国古代对于海的概念相当模糊，《禹贡》记载中及于海的凡十三处，但其中除了"导黑水，至于三危，入于南海"一句中提到"南海"以外，其余一律笼统称"海"。童书业、顾颉刚认为："最古时人实在是把海看作世界的边际的，所以有'四海'和'海内'的名称。"[16]这种情况在三国时代的《水经》中仍是如此。甚至直到北魏的《水经注》，也还看不出在这方面有多少进步。郦道元为《水经》作注，凡是遇到海，他的注文就基本上到此为止。例如卷十四《大辽水》，经文说："又东过安市县，西南入于海。"注文也说："西南至安市入海。"又如卷四十《浙江水》，经文说："北过余杭，东入于海。"注文也说："浙江又东注于海。"经云注亦云，这种例子不胜枚举。不过从另外一面来看，卷二十六《汶水注》中提到"琅邪巨海"，卷三十七《叶榆河注》中提到"鬰海"，《浙江水注》提到"东武海"。这里，"琅邪"和"东武"都是海岸上的地名，"鬰"是河名，或许也是河口的地名。用海岸、河口的地名命名附近的海，《水经注》比《水经》毕竟跨出了一步。

《水经注》记载河口海岸地貌的篇幅很多，首先，对于河口三角洲，郦注记载得相当细致。例如黄河，《禹贡》记载其"北播为九河"。所谓"九河"，实际上是黄河入海前的许多支流汊道，是一种河口三角洲的地理现象。《水经注》虽仍记录了所谓"九河"名称，但事实是，黄河河口水道的变迁，是在一片由黄河输沙淤涨的沙涂海岸上，随着上游流水和河口潮汐顶托而经常不断地进行的。郦道元看到这一点，所以他虽然仍然把《禹贡》这部经书的话引述一下，但接着他就解释了他所理解的事实。卷五《河水》经"又东北过黎阳县南"注：

> 郑玄曰：下尾合曰逆河。言相迎受矣。盖疏润下之势，以通河海。及齐桓霸
> 世，塞广田居，同为一河。故自堰以北，馆陶、廮陶、贝丘、鬲般、广川、信都、东光、
> 河间、乐成以东，城地并存。川渎多亡。汉世河决，金隄以北离其害，议者常欲求
> 九河故迹而穿之，未知其所。

　　这里，郦氏揭露了所谓"九河"的事实，郑玄实在已经理解了其中的奥秘："下尾合曰逆河，言相迎受矣，盖疏润下之势，以通河海。"这就是河口三角洲的普遍形势。郦氏在引用郑玄的基础上，更进一步指出，所谓"九河"，在汉代就"未知其所"。郑玄和郦道元虽然都避开了对《禹贡》的直接批判，但是他们毕竟都在自己理解的事实上说明了黄河河口三角洲的地理概况。

　　卷五《河水》经"又东北过高唐县东"注中，我们看到了河口三角洲的第一条当时还存在的支流汊道漯水，注文说："河水又东，漯水注之。""（漯水）又东北为马常坑，[⑰]坑东西八十里，南北三十里，乱河支流而入于海，河海之饶，兹焉为最。《地理风俗记》曰：漯水东北至千乘入海，河盛则通津委海，水耗则微涓绝流。"说明漯水在入海以前经过马常坑。"坑"是《水经注》特有的词汇，在黄河下游，注文记载的除马常坑外，还有曹阳坑、落里坑等，而从对马常坑的描述中，可以窥及此"坑"的面积不小。此坑有"乱河支流"，而"水盛则通津委海，水耗则微涓绝流"。所以这显然是一片河口三角洲的季节性湖泊沼泽地，是河口地貌的生动写照。当然，河口三角洲的支流绝不只漯水一条，在经"又东北过杨虚县东，商河出焉"注中，又记及其他支流汊道："大河右溢，世谓之甘枣沟。……河盛则委泛，水耗则辍流，故沟又东北历长堤，迳漯阳县北，东迳著城北，东为陂淀，渊潭相接，世谓之秽野薄。"接着在经"又东北过利县北，又东北过甲下邑，济水从西来注之，又东北入于海"注中，再一次提到马常坑："河水又东分为二水，枝津东迳甲下城南，东南历马常坑注济，经言济水注河，非也。河水枝津东北流，迳甲下邑北，世谓之仓子城，入于海。《淮南子》曰：九折注于海，而流不竭者，昆仑之输也。"《淮南子》把《禹贡》"九河"解释成为"九折注于海"，从河口地貌的角度来说，也算差强人意。

　　《水经注》记载河口三角洲，大概都注意了支流汊道，例如卷十《浊漳水注》："又东北分为二水，一右出为淀，一水北注滹沱，谓之涉口，清漳乱流而东注于海。"又如卷二十六《淄水》经"又东北入于海"注："淄水北入马车渎，乱流东北迳琅槐故城南，又东北迳马井城北，与时渑之水互受通称，故邑流其号。又东北至皮丘坑，入于海。"情况与黄河入海地带的马常坑大同小异。

　　长江的河口三角洲如同黄河一样，被《禹贡》称为"三江"。其实，"三"也是多数之意。卷二十九《沔水》经"又东至会稽余姚县，东入于海"注中描述了这个地区实际上比黄河更为复杂的河口地貌概况："江水又东注于海，是所谓三江者也。故子胥曰：吴、越之国，三江环之，民无所移矣。但东南地卑，万流所凑，涛湖泛决，触地成川，枝津交渠，世家分夥，故川旧渎，难以取悉，虽粗依县地，缉综所缠，亦未必一得其实也。"郦道元是北方人，对于南方的情况不熟悉，所以最后加上一句："亦未必一得其实也"。

其实,他所描述的长江三角洲的河口地貌,也是非常真实的。他不仅描述了这个地区的河口地貌概况,而且把钱塘江河口的涌潮现象也作了记载。卷四十《浙江水》经"北过余杭,东入于海"注中说:"(钱塘)县东有定、包诸山,皆面临浙江,水流于两山之间,江川急濬,兼涛水昼夜再来,来应时刻,常以月晦及望尤大,至二月、八月最高,峨峨二丈有余。"注文中的"涛",即今所称涌潮,郦氏所记,虽有讹误之处,但基本上还是正确的。

在海岸地貌方面,举凡现代地貌学上的沉降海岸与上升海岸,《水经注》都有所记载。卷五《河水》经"又东过利县北,又东北过甲下邑,济水从西来注之,又东北入海"注中提到的"碣石",是很重要的一处。注文说:

> 《尚书·禹贡》曰:夹右碣石入于河。《山海经》曰:碣石之山,绳水出焉,东流注于河。河之入海,旧在碣石,今川流所导,非禹渎也。……海水溢,西南出侵数百里,故张折云:碣石在海中。盖沦于海水也。昔燕齐辽旷,分置营州,今城届海滨,海水北侵,城垂沦者半,王璜之言,信而有征,碣石入海,非无证矣。

关于碣石入海的事,卷十四《濡水》经"又东南过海阳县西,南入于海"注中,又重复了一次。注文说:

> 昔在汉世,海水波襄,吞食地广,当同碣石,苞沦洪波也。

从这两段注文中得知,这次海水入侵,时间在汉朝,入侵的范围达数百里。而《水经注》所记载的是一次今辽宁、河北之间的一段沉降海岸的海陆变迁过程,是研究这个地区海岸地貌的很有价值的资料。

卷二十六《潍水》经"潍水出琅邪箕县潍山"注中记载的大乐之山和琅邪台,显然属于沉降海岸地貌,注文说:

> 琅邪,山名也。越王句践之故国也。句践并吞,欲霸中国,徙都琅邪。秦始皇二十六年,灭齐以为郡。城即秦皇之所筑也。遂登琅邪大乐之山,作层台于其上,谓之琅邪台。台在城东南十里,孤立特显,出于众山,上下周二十里余,傍滨巨海。

这段注文描述的是今山东半岛东南的沉降海岸地貌,与现状完全符合。

卷二十六《胶水》经"又北过当利县西,北入于海"注中所描述的则是一段上升海岸,注文说:

> (当利)县有土山,膠水北历土山注于海。海南,土山以北,悉盐坑,相承脩煮不辍,北眺巨海,杳冥无极,天际两分,黑白方别,所谓溟海者也。

注文所记的当利县,在今掖县以南,北滨今莱州湾,人们利用这片上升海岸的滩涂制盐,制盐必须引入海水,所以滩涂上有许多"盐坑"。"北眺巨海"这一段,或许是《水经注》中描述海洋的最大篇幅。而所谓"巨海",从现在来看,无非是一个小小的渤海湾。前面已经提及,在一个很长时期中,古人对海的知识很为肤浅。与郦道元同时的北魏高僧宋云,曾与深处内陆的天竺乌场国王[18]说海:"我国东界有大海水,日出其中,实如来旨。"[19]宋云对海的认识与《膠水注》相比,毕竟远不如郦道元了。

《水经注》对中国南方的河口海岸地貌也有所记载,卷三十七《浪水》经"其一又东过县东,南入于海"注中,描述今珠江三角洲也很生动实际,注文说:

> 建安中,吴遣步骘为交州,骘到南海,见土地形势。观尉佗旧治处,负山带海,博敞渺目,高则桑土,下则沃衍,林麓鸟兽,于何不有,海怪鱼鳖,黿鼉鲜鳄,珍怪异物,千种万类,不可胜记。

"负山带海,博敞渺目,高则桑土,下则沃衍"。确是珠江三角洲的一幅极好的写照。

注释:

① 上海交通大学出版社 1997 年版。

② 《水经注地名汇编说明》,《水经注研究二集》,山西人民出版社 1987 年版。

③ 足立喜六《法显传考证》下编《校释》,第 39 页,国立编译馆民国二十六年(1937)版。

④ 《法显传考证》下编《校释》第 48 页。按原作和阗,今改和田。

⑤ 杨守敬、熊会贞《水经注疏》(段熙仲点校、陈桥驿复校本)"沙州北"下疏文说:"此注引(段)国所撰《沙州记》,有吐谷浑河桥,有强台山,有垫江源,则今贵德、循化以南诸番界,直接松潘厅北境,皆当时沙州也。……河水所迳之沙州,诸地志皆不载,赖有此注,犹可考证。其治当在今贵德西。"

⑥ 同上书"北迳浇河城西南"下疏文引董祐诚《水经注图说残稿》:"浇河城在(达化)县西一百二十里,则城在今西宁县西南。"

⑦ 《水经注》以后,古籍对鸣沙山记载仍常有所见,乾隆《甘肃通志》卷六,安西卫条下,收辑历来各种记载说:"鸣沙山在沙州城南七里,其山积沙为之,峰峦危峭,逾于山石,四面皆沙,垄背有如刀刃,人登之即鸣,随足堕落。……《旧唐志》又名沙角山,天气晴朗时,沙鸣闻于城内。又五代晋高居诲记云:在瓜州南十里,冬夏殷殷,有声如雷。"

⑧ 《禹本纪》已亡佚,司马迁在《史记·大宛列传赞》中曾引一句:"《禹本纪》言河出昆仑,昆仑高两千五百余里,日月所相避隐为光明也。"司马迁当然不信此书的荒诞不经,《大宛列传赞》说:"今自张骞使大夏之后也,穷河源,恶睹《本纪》所谓昆仑者乎?故言九州山川,《尚书》近之矣,至《禹本纪》、《山海经》所有怪物,余不敢言之也。"

⑨ 戴维斯(1850—1934),美国地理学奠基人之一,曾任美国地质学会会长、哈佛大学教授等职。通过对科罗拉多大峡谷、阿巴拉契亚山与大西洋沿海平原河谷发育的考察,创立了侵蚀循环学说。

⑩ 卷三四《江水》经"又东过夷陵县南"注:"江水历禹断江南,峡北有七谷村,两山间有水清

深,潭而不流。又耆旧传言,昔是大江,及禹治水,此江水不足泻水,禹更开此峡口。"据此,禹断江亦为一峡谷。

⑪ 《方舆纪要》卷一二八《川渎五·大江》。

⑫ 《方舆纪要》卷六六《四川一·瞿唐关》。

⑬ (明)陈循等《寰宇通志》卷六五《夔州府·滟滪堆》(景泰顺天府刊本,天一阁藏)。

⑭ (明)慎蒙《天下名山诸胜一览记》卷一四《四川·滟滪堆》(万历四年刊本,华东师范大学图书馆藏)。

⑮ 《方舆纪要》卷六六引《水经注》与《寰宇通志》等同,但末句作:"盖舟人以此为水候也。"

⑯ 《汉代以前中国人的世界观念与域外交通的故事》,《中国古代地理学考证论文集》,中华书局1962年版。

⑰ 今各本《水经注》卷五《河水注》:"秦坑儒士,伏生隐焉。"宋刊残本《水经注》作:"秦坑儒士。"今本《水经注》卷二《河水注》:"投河坠坑而死者八百余人。"何焯校明抄本《水经注》作"投河坠坑。"足见"坑"实为"坑"的别体字。光绪《山东通志》卷三二《疆域志第三·博兴县》引《水经注》"平州坑"下案云:"坑当作坑,《太平御览》地部四〇引《述征记》曰:齐人谓湖曰坑。"所以《水经注》记载的黄河下游的"坑",其意都是"湖"。

⑱ 《洛阳伽蓝记》卷五作乌苌或乌场。《大唐西域记》卷三作乌仗那国。季羡林等《大唐西域记校注》(中华书局1985年版)注释:此国在斯瓦特河(Swāt)上,包括现代的 Pangkora,Bijāwar,Swat 与 Buna 等4县。

⑲ 沙畹(E. Chavannes)《宋行纪笺注》,冯承钧《西域南海史地考证译丛》第6编,商务印书馆版,第33页。

五、《水经注》与生物

　　《水经注》记载了大量植物动物资料。此书记及的大部分植物与动物,都可以用现代二名法进行分类。通过《水经注》记载的植物与动物进行研究,不仅可以了解公元 5 世纪以前我国主要的植物和动物品种与它们的生存环境。从这些生物品种当时的地理分布和以后的变迁过程,可以看到若干当时普遍存在的植物和动物,以后怎样在地理分布上逐渐缩小以至濒危。通过这样研究,有裨于我们认识生物保护的必要,也有裨于我们懂得现在不少生存濒危的珍稀生物,它们之所以在历史上不断减少的原因。对于这些资料的掌握,可以为我们今天在生物保护的措施方面提供参考。

1. 植物及其分布

　　《水经注》记载了大量植物资料,它不仅记载了北魏及其以前的植物种类,并且也记载了植物分类,即植被型和群系纲。此外,对于古代的农业植被概况,它也记载得相当详细。《水经注》以前的地理著作如《山海经》、《禹贡》和《史记·货殖列传》等,也都记载了植物,但从植物种类的丰富,分布范围的广泛,植物性状描述的细致等方面来说,《水经注》记载都远远地超过了它以前的地理著作。

　　《水经注》记载的植物种类不下 140 种,从针叶的松(Pinus L.)、柏(Cupressus funebris)、桧(Juniperus cbinensis)、枞(Abies firma)到阔叶的樟(Cinnamomum camphora）、櫔（Quercus glauca）、栎（Quercus serrata）、楮（Broussonetia kasinoki）；从我国土生土长的桃（Prunus persica）、荔枝（Nephelium litchi）到分布在域外的娑罗（Shorea robusta）、菩提（Ficus religiosa）；从水生的菖蒲（Acorus calamus）、麻黄草（Ephedra vulgaris）到旱生的胡桐（Populus euphratica）、柽柳（Tamrix juniperina）；从野生的酸枣（Zizyphus vulgaris）、龙须（juncus ballicus）到栽培的薯蓣（Dioscorea japonica）、吉贝（Ceiba pentandra）。真是不一而足。仅竹（Phyllostachys）一项，全注就记载了竹、细竹、小竹、笱、篁、楸竹、邛竹、虎竹等很多种类。[①]并且记下了古代淇水流域和睢水流域的大片竹林。此外，渭水流域的盩厔、槐里各县，也都记载了那里的竹林分布情况。

由于古今植物名称的不同，因此，《水经注》记载的植物种类，从今天植物分类学的要求来说，其中有许多还必须经过仔细的研究，才能真正鉴定它们的科属。譬如桂树是普通的植物，但《水经注》各卷记载的桂树，其实并不相同。卷六《汾水注》的桂树，大概是木樨科木樨属（Osmanthus fragrans）植物，即今日秋季开花的所谓丹桂；而卷三十六《温水注》的香桂，则是樟科肉桂属（Cinnamomum cassia）植物，即今日剥取桂皮的桂树。这两者是不能混淆的。《水经注》卷三十八《湘水》经"又东北过泉陵县西"注引《晋书地道记》说："县有香茅，气甚芳香，言贡之以缩酒也。"这里记载的香茅是何种植物？从今天来看，称为香茅或香草之类的植物很多，例如菊科鼠麦草属（Gnaphalium multiceps）和菊科兰草属（Eupatorium chinense）等植物中，都有这样的植物名称。但实际上《湘水注》的香茅并非此类，而是《开宝本草》中所称的零陵香，是豆科零陵香属（Coumarouna odorata）植物。诸如此类植物名称的古今差异，都必须辨别清楚。当然，《水经注》记载的古代植物，并非每一种都能查明今名和科属，这样的植物全注也有不少，仅卷一《河水注》中就有须诃、贝多树、佛树、春浮树、木禾珠树、玉树、璇树、不死树、绛树、碧树、瑶树等多种。

《水经注》记载的植物种类，有的是通过文字的直接描述，例如卷一《河水注》记载娑罗树："此树名娑罗树，其树花名娑罗佉也，此花色白如霜雪，香无比也。"卷三十六《温水注》记载槟榔树（Areca catechu）："惟槟榔树最南游之壮观，但性不耐霜，不得北植。"卷三十七《叶榆河注》记载桄榔树（Arenga saccharifera）："山溪之中，多生邛竹、桄榔树，树出面，而夷人资以自给。"这样的例子很多，不胜枚举。除了上述用文字直接描述以外，《水经注》的大量植物，还通过地名得到反映，这就是卷八《济水》经"其一水东南流，其一水从东北流，入巨野泽"注中所谓："圈称曰：昔天子建国名都，或以令名，或以山林，故豫章以树氏郡，酸枣以棘名邦，故曰酸枣也。"这种例子是很多的，例如卷十《浊漳水》经"又东北过扶柳县北，又东北过信都县西"注中所说："扶柳县故城在信都城西，衡水迳其西。具有扶泽，泽中多柳，故曰扶柳也。"卷十六《沮水注》的莲芍县，注文说:"县以草受名也。"这些都是通过历史地名的记载,实际上记载了历史上的植物种类。因此,对《水经注》所记载的有关植物名称的地名整理和研究,对古代植物品种及其分布的研究是很有价值的。下面是全注记载的有关植物名称的地名:

地名涉及的植物名称	地名数	卷篇
柏	21	4 河水、10 浊漳水、13 灢水、15 洛水、19 渭水、21 汝水、22 颍水、渠、31 潅水、沅水、涓水、33、35 江水。
枞	2	35 江水。
松	11	2、4 河水、11 滱水、15 洛水、17 渭水、26 潍水、27、29 沔水、36 温水、39 赣水。
棐	3	22 渠。
杨	32	5 河水、6 汾水、9 沁水、10 浊漳水、17、19 渭水、20 漾水、24 睢水、30 淮水、32 夏水、37 沅水、夷水、40 浙江水。
柳	12	2 河水、7、8 济水、9 淇水、14 濡水、大辽水、22 漕水、33 江水、36 温水。
柽	1	22 渠。
杞	3	24 睢水、26 汶水、淄水、30 淮水。
椒	2	30 淮水、39 赣水。
白杨	9	10 浊漳水、11 易水、13 灢水、14 鲍丘水、17 渭水。
柞	4	25 沂水、27、28 沔水。
槐	7	10 浊漳水、19 渭水。
樗	2	19 渭水。
栎	10	16 沮水、18、19 渭水、21 汝水、22 颍水、23 获水。
榆	16	1、2、3 河水、6 汾水、洞过水、9 淇水、12 巨马河。
梓	6	3 河水、15 瀤水、20 漾水、32 梓潼水、33 江水。
榖	39	3 河水、6 汾水、8 济水、9 沁水。
楮	1	23 阴沟水。
檀	10	11 易水、15 洛水、16 榖水、沮水、28 沔水、32 决水、33 江水。
桐	20	3 河水、6 涑水、15 洛水、21 汝水、22 洧水、25 泗水、29 沔水、比水、30 淮水、31 涓水、33 江水、38 溱水、40 浙江水
梧桐	4	7 济水、23 获水、24 睢水。
木兰	2	27、28 沔水。

地名涉及的植物名称	地名数	卷篇
桂	10	8 济水、9 清水、19 渭水、35 江水、36 温水、38 湘水、溱水、39 洭水、深水、钟水、耒水。
桃	19	4 河水、7、8 济水、浊漳水、12 圣水、巨马河、17 渭水。24 汶水、瓠子河、25 泗水、33 江水、39 洭水。
梅	4	22 渠、31 清水。
枣	8	5 河水、6 汾水、8 济水、9 淇水。
栗	5	21 汝水、22 渠。
李	4	7 济水、9 洹水、15 洛水。
樆李	2	29 沔水。
橘	3	33 江水、38 湘水。
荔枝	1	33 江水。
桑	34	2、3 河水、6 㴲水、10 浊漳水、12 巨马河、13 瀖水、14 鲍丘水、25 沂水、26 沭水、巨洋水、35 江水。
酸枣	4	5 河水、7、8 济水、22 渠。
茱萸	2	38 资水。
枳	3	5 河水、19 渭水、35 江水、36 延江水。
荆	20	4 河水、8 济水、11 易水、12 圣水、15 伊水、16 穀水、17、19 渭水、21 汝水、23 阴沟水、26 潍水、28 沔水、31 清水、33、34 江水、37 叶榆河、38 湘水。
棘	17	5 河水、6 汾水、19 渭水、21 汝水、22 洧水、24 汶水、26 淄水、29 比水、31 淯水。
萝	1	6 洞过水。
葛	14	5 河水、10 浊漳水、11 易水、滱水、15 洛水、21 汝水、23 汳水、24 睢水、25 泗水、29 均水、40 渐江水。
蒿	1	17 渭水。
茅	13	4 河水、8 济水、16 穀水、20 漾水、22 洧水、25 沂水、洙水、30 淮水。
蓟	12	10 浊漳水、13 瀖水、14 鲍丘水、湿余水、23 阴沟水。
萱	3	8 济水。
蓁	2	15 洛水。

续表

地名涉及的植物名称	地名数	卷篇
苇	9	9 洹水、10 浊漳水、13 灅水、19 渭水、35 江水。
葭	7	8 济水、20 漾水、32 梓潼水、羌水、36 桓水。
芦	2	35 江水。
荻	2	32 肥水。
艾	5	3、5 河水、15 伊水、35 江水、38 湘水、39 溱水、赣水。
菊	1	29 湍水。
兰	24	9 清水、13 灅水、17、19 渭水、20 漾水、35 江水、36 若水、40 渐江水。
襄荷	2	22 洧水。
芍	4	32 沘水、肥水、35 江水。
蒲	66	1、2、3、4 河水、6 汾水、洞过水、8 济水、10 浊漳水、11 易水、滱水、15 洛水、17 渭水、21 汝水、22 渠、29 沔水、35 江水。
蓬	5	10 浊漳水、13 灅水、16 穀水、30 淮水。
葵	5	10 浊漳水、25 泗水、26 淄水。
芹	5	8 济水、16 湿余水、21 汝水。
苔	2	10 浊漳水、29 沔水、37 澧水。
蓼	9	4 河水、9 淇水、10 浊漳水、32 决水、39 耒水、赣水。
葱	10	1、2 河水。
莲	6	9 沁水、16 沮水、19 渭水、30 淮水。
藕	2	19 渭水。
粟	9	10 清漳水、13 灅水、16 沮水、17 渭水、24 睢水。
稷	7	6 汾水、18 渭水、25 泗水、26 淄水。
麦	6	2 河水、32 沮水、漳水。
麻	8	21 汝水、31 滍水、32 泄水、35 江水、38 湘水、40 渐江水。
纻麻	1	16 穀水。
竹	25	15 洛水、17、18、19 渭水、24 睢水、36 温水、40 渐江水。

在上列统计表中,地名超过 600,而涉及的植物品种也近 70 种,虽然其中有些地名在各卷中有所重复,而少数地名可能不一定与植物有关,但这些地名中的绝大部分

无疑是可以作为古代植物品种及其地理分布的研究线索的。

《水经注》不仅记载了植物的种类,同时也记载了植物分类,即植物型(Vegeta-tion—type)和群系纲(Formation class),此外还记载了我国和邻域古代植被分布的纬度地带性和垂直地带性现象。例如对于热带雨林性常绿阔叶林的记载,在卷三十六《温水注》和卷三十七《叶榆河注》中都有不少资料。《温水注》记载古代林邑国(今越南南部)的热带森林,在前面叙述气候时已经提及:“林棘荒蔓,榛梗冥郁,藤盘筐秀,参差际天。”《叶榆河注》记载古代交趾(今越南北部)的热带森林:“深林巨数,犀象所聚。”这些记载都是生动而符合实际的。

对于亚热带和温带森林,《水经注》也都有所记载。卷四十《浙江水注》记载天目山的“翔凤林”,说那里“皆是数百年树”。所指当是此山至今尚存的柳杉林,柳杉(Cryptomeria fortunei)是高大的常绿乔木,是天目山最富有特色的植物,今国内除庐山尚有存在外,主要生长于此,树龄最长的已超过千年。卷三十四《江水注》记载长江三峡一带的森林是:“林高木茂”,“林木萧森,离离蔚蔚”。卷三十二《肥水注》记载肥水支流一带的森林是“长林插天”。卷三十一《淯水注》记载鲁阳关一带的森林是“秀木干云”。卷二十八《沔水注》记载龙巢山的森林是“秀林茂木,隆冬不凋”。这些都是历史时期我国北亚热带森林的面貌。卷三《河水注》记载了榆林山以西的“榆柳之薮”。卷二《河水注》记载了金城县一带的“榆木成林”。这些都是我国古代温带森林的情况。

上面列举的是《水经注》记载的历史时期植被分布的纬度地带性现象。对于植被分布的垂直地带性现象,《水经注》也有很多记载。其中有的记载了不同高度地带的植物品种的差异,例如卷三《河水注》记的鸟山:“其上多桑,其下多楮。”同卷记载的申山:“其上多谷柞,其下多杻橿。”另一些记载描述了整个山体或山顶部分的植被概况,如卷三《河水注》记载中阴山:“山无树木,惟童阜耳。”卷四《河水注》记载的辅山:“山顶周围五、六里,少草木。”卷五《河水注》记载的和山:“上无草木。”卷六《汾水注》记载的燕京山:“其山重阜修岩,有草无木。”卷十三《灅水注》和卷十六《穀水注》的梁渠之山和涿娄之山,都是“无草木”。卷三十二《肥水注》记的八公山是:“山无草木,惟童阜耳。”卷四十《浙江水注》记载的兰风山是:“山少木多石。”如此等等,不胜枚举。在另外一些记载中,注文甚至把植被分布的这种垂直地带性的原因作了说明。卷四十《浙江水》经“北过余杭,东入于海”注中记载的秦望山即是其例。注文说:“自平地取山顶七里,悬瞪孤危,径路险绝,……扳萝扪葛,然后能升,山上无甚高木,当由地迥多风所致。”对于秦望山植被分布垂直差异的这种解释,即按今天植物地理学的理论来说,也是差强人意的。

　　最后还值得议论的是《水经注》对于古代农业植被的记载。关于这方面,郦注也称得上是相当详尽的。农业植被涉及许多植物品种,这中间记载最多的当然是和人民生活最为攸关的粮食作物和衣料作物。我国古老的传统粮食作物所谓"五谷",在卷二《河水注》中就被提到。五谷中的具体名称如稻、麦、稷、黍等,全注更有多处记及。此处还有蒲苇、芋、粟等等。这中间特别是对于稻的记载,地区范围甚为广泛,包括卷二《河水注》、卷四《河水注》、卷十四《沽河注》、卷十五《伊水注》、卷二十七《沔水注》、卷二十九《沔水注》、卷三十《淮水注》、卷三十三《江水注》等篇。其中《河水注》的秔稻,《沔水注》的洋川米和嘉禾,都是优良品种,说明这种粮食作物在我国历史上的重要性。

　　衣料作物记载的最广泛的是桑。注文记及的有卷三、卷四《河水注》、卷十三《灢水注》、卷十四《沽河注》、卷十五《伊水注》、卷十六《穀水注》、卷二十二《渠注》、卷二十三《阴沟水》注、卷二十七《沔水注》、卷二十九《比水注》、卷三十三《江水注》、卷三十六《温水注》、卷三十七《浪水注》、卷四十《浙江水注》。之所以这样把逐篇注文写出,这是因为从中可以看到这种作物在古代的地理分布。当时,在今天的黄土高原北部,尚有桑林存在。卷十三《灢水注》记到桑乾河支流于延水时说:"水侧有桑林,故时人亦谓是水为藂桑河也,斯乃北土寡桑,至此见之,因此名焉。"在我国偏西地区,直到今宁夏境内的黄河沿岸,当时也有桑林的分布,卷三《河水注》说:"河水又薄骨律镇城,在河渚上,赫连果城也,桑果余林,仍列洲上。"当然,在南方,桑的分布在郦注中记载得更为频繁。例如卷三十七《浪水注》中记载的"高则桑土",《温水注》中记载的"蚕桑年八熟茧"等等。

　　除了桑以外,在衣料作物上还记载了麻,如前表所列,全注有六卷记及于此,《水经注》记载的麻,可能是大麻(Cannabis tourn),但卷十六《穀水注》曾出现"纻麻沟"的地名,所以其中也有纻麻(Boehmeria jacq)。此外还记载了前已述及的吉贝,卷一《河水》经"屈从其东南流,入渤海"注:"或人复以数重吉贝,重复贴着石上。"吉贝(Ceiba pentandra)是木棉科植物,通常称为木棉。郦注记载吉贝的地区在今印度。不过吉贝一词原是马来语 Kopoq 的转译。[②]说明印度的这种植物,可能是从今中南半岛一带引入的。《梁书·海南诸国传》说:"林邑国出吉贝,吉贝者,树铝也。其华盛时如鹅毳,抽其绪纺之作布,洁白如纻布。"郦道元的时代适当南朝齐、梁之间,以郦注与《梁书》对照,则吉贝在此时已从今马来亚传入中南半岛和印度。研究这些记载,对于木棉传入中国的时代和路线也有很大价值。

　　《水经注》对于我国古代的植物种类和植被分布的记载已如上述。总的说来,郦注的植物记载有两个显著的特色:第一,郦注记载古代植物,常常注意到植物的实用价值和经济意义。除了大量的农业植被为人民所必需已如上述外,在天然植被的记载中,也经常联系到这方面的内容。例如,《水经注》虽然不是什么《本草》,但它仍然记载了不少药用植物,卷二十四《汶水注》和卷三十七《夷水注》中,都记及了"药草"。而各卷具体列名的药用植物也不少。兹表列如下:

名称	卷篇	学名	备注
芎穷	卷三《河水注》	Conloselinum univitotum	今作芎䓖
固活	卷六《涑水注》		今名不详
女疎	卷六《涑水注》		今名不详
铜芸	卷六《涑水注》	Siler divaricatum	今作防风
紫菀	卷六《涑水注》	Aster tataricus	
大黄	卷十三《灅水注》	Rheum officinaje	
藁本香	卷十四《鲍丘水注》	Nothosmyrnium japonicum	
菖蒲	卷十五《伊水注》	Acorus calamus	
麻黄草	卷二十二《渠注》	Ephedra vulagris	
芍药	卷二十六《巨洋水注》	Paeonia albilora	
芝草	卷二十六《淄水注》	Gyrophors rellea	卷三十四《江水注》作灵芝
枳	卷四十《渐江水注》	Hovenia dulcis	

第二,《水经注》记载植被,不仅描述了北魏当代的植被分布,同时还描述了北魏以前的植被分布。因而其内容在研究历史时期的植被变迁方面有重要价值。卷九《淇水》经"淇水出河内隆虑县西大号山"注中记载了淇水竹园的变迁即是其例。注文说:

> 《诗》云:瞻彼淇奥,菉竹猗猗。毛云:菉,王刍也;竹,编竹也。汉武帝塞决河,斩淇园之竹木以为用,寇恂为河内,伐竹淇川,治矢百余万以输军资。今通往淇川,无复此物,惟王刍编草,不异。

从上述记载可见,古代淇河流域的竹类生长甚盛,直到后汉初期,这里的竹产量仍足以"治矢百万"。说明从后汉初期到北魏的这 500 多年中,这个地区的植被变迁是很大的。

卷二十二《渠》经"渠出荥旧北河,东过中牟县之北"流中记载的圃田泽地区的麻黄草的变迁也是如此。注文说:

（圃田）泽多麻黄草,故《述征记》曰:"践县境便睹斯卉,穷侧知逾界。"今虽不能,然谅亦非谬。《诗》所谓东有圃草也。

按《述征记》为南朝宋郭缘生所撰,当时这个地区还盛长麻黄草,不过半个多世纪,郦道元的时代已经没有这种植物了。麻黄草是一种水生植物,这种植物在这个地区的迅速消失,显然和圃田泽的湮废有关。所以,《水经注》在这方面的记载,对于研究各地自然环境的变迁是很有价值的。

2. 动物及其分布

《水经注》不仅对古代动物作了大量的记载和描述,并且拥有许多历史时期的动物地理资料。《水经注》对于古代动物的记载,在研究历史时期的动物种类和动物分布时,都是很有价值的资料。通过对《水经注》动物资料的研究,让我们看到不少动物在地理分布上的变迁和数量减少的过程。对于历史动物地理学和现代动物地理学的研究,都是很有意义的。

《水经注》记载的动物种类超过 100 种,其大体分类如下表下列:

种类		数量	举例
脊椎动物门	哺乳纲	48	象、犀、虎、狮、野马等。
	爬行纲	6	鼍、髯蛇、鼋等。
	两栖纲	2	鲵鱼、虾蟆。
	鸟纲	26	孔雀、白雉、雁等。
	鱼纲	13	鳣、鲔、鲋等。
节肢动物门	昆虫纲	5	蚕、蚊、白蛾等。
	甲壳纲	2	虾、蟹。
软体动物门	头足纲	1	乌贼鱼。
	瓣鳃纲	1	水虫。[③]
传说动物		6	龙、蛟、凤凰等。

由于古今动物的名称往往不同,因此上表仅仅是一个很粗的分类。目以下的科、属、种的分类,现在就比较困难了。当然,郦注对不少动物的描述,至今仍可以清楚地判定它们的科属,例如卷十五《伊水》经"又东北至洛阳县南,北入于洛"注记载的鲵

鱼。注文说：

> 鲵鱼声如小儿啼，有四足，形如鲮鲤，可以治牛，出伊水也。司马迁谓之人
> 鱼。……徐广曰：人鱼似鲇而四足，即鲵鱼也。

显然，出于伊水的这样鲵鱼，就是现在我们所称的大鲵（Megalobatrachus davidia-nus），这是一种两栖纲大鲵科动物。又如卷三十七《叶榆河》经"过交趾卷泠县北，分为五水，络交趾郡中，至南界复合为三水，东入海"注中记载的髯蛇。注文说：

> 山多大蛇，名曰髯蛇，长十丈，围七八尺，常在树上伺鹿兽，鹿兽过，便低头绕
> 之，有顷鹿死，先濡令湿讫便吞，头角骨皆钻皮出，山夷始见蛇不动时，便以大竹
> 签，签蛇头至尾，杀而食之，以为珍异。故杨氏《南裔异物志》曰：髯惟大蛇，既洪
> 且长。彩色驳荦，其文锦章，食豕吞鹿，腴成养创，宾享嘉宴，是豆是飨。

无疑，注文记载这种生活在今中南半岛的动物，就是我们今天所称的蟒蛇（Python molurus bixittatus），是一种爬行纲蟒蛇科动物。另外，卷三十六《若水》经"又东北至犍为朱提县西，为泸江水"注中记载的钩蛇，虽然注文描述稍异，但很可能也是这类动物。注文说：

> 山有钩蛇，长七八丈，尾末有歧，蛇在山间水中，以尾钩岸上人食之。

当然，《水经注》记载的动物种类，并不都像上述鲵鱼、髯蛇那样容易识别。有些动物由于品种较多，加上别名杂出，而且古今称谓不同，因此，要进行细分就相当困难。以灵长目为例，郦注记载的此目动物，从名称上看多至五种：即《沔水注》的猿，《沔水注》和《江水注》的猴，《沮水注》和《江水注》的猨，《江水注》的犹猢，《叶榆河》注的猩猩兽。据注文描述，在僰道县"山多犹猢，似猴而足短"。又"卷泠县有猩猩兽，形若黄狗，又若狟貜狖，人面头形端正"。根据这些记载，属于灵长目当然无疑，但要细分科属，却有相当困难。

根据动物学家对现代陆栖动物和昆虫的地理分布的研究，我国大陆的动物区系分为秦岭以南的东洋界和以北的古北界两大区域。《水经注》记载的动物兼及此两界。尽管在记载的内容中并不有意着眼于动物的地理分布，但是在大量的资料中，仍然可以明显地看出动物分布的区域性。例如在前面讨论气候时已经提及《温水注》中记载今中南半岛的动物："咸骦已南，獐麂满冈，鸣咆命畴，警啸聒野，孔雀飞翔，蔽山笼日。"又如《叶榆河注》中记载的今中南半岛动物："深林巨薮，犀象所聚。……时见象数十百为群。"上述对于这个地区的动物地理分布的描述，即使在今日，某些程度上仍然具有真实性。

对于动物分布的地理界线，郦注记载中也很重视。卷三十三《江水》经"又东过鱼复县南，夷水出焉"注中就有这方面的记载。注文说：

此峡多猨，猨不生北岸，非惟一处。或有取之，放之北山中，初不闻声，将同狢兽渡汶而不生矣。

除了在分布上的区域性之外，《水经注》对于动物活动的季节性也十分留意，记载甚详。卷三十七《叶榆河》经"益州叶榆河，出其县北界，屈从县东北流"注中的吊鸟山即是其例，注文说：

（叶榆）县西北八十里有吊鸟山，众鸟千百为群，其会，鸣呼啁哳，每岁七八月至，十六七日则止，一岁六至。

不仅是鸟类，鱼类活动也有这种现象。卷五《河水》经"又东过巩县北"注中的鲔渚即是这方面的例子，注文说：

巩穴，……北达于河，直穴有渚，谓之鲔渚。成公子安《大河赋》曰：鳣鲤王鲔，春暮来游。《周礼》：春荐鲔。然非时及佗处则无，故河自鲔穴已上，又兼鲔称。

从上注，可知由于这种淡水鱼的按时洄游，不仅形成了鲔穴这个地名，而黄河在这一段落中，也因此称为鲔水。

长江流域也有这样按季节活动的淡水鱼类。卷三十三《江水》经"又东过鱼复县南，夷水出焉"注中记载的丙穴即是如此。注文说：

（阳元水）东北流，丙水注之，水发县东南伯枝山，山下有丙穴，穴方数丈，中有嘉鱼，常以春末游渚，冬初入穴，抑亦褒汉丙穴之类也。

这条注文所说的褒汉丙穴，见于卷二十七《沔水》经"沔水出武都沮县东狼谷中"注，是沔水支流褒水的一处穴口。注文说：

褒水又东南，得丙水口，水上承丙穴，穴出嘉鱼，常以三月出，十月入地。

以上所列举的《水经注》对于动物分布的区域性和活动的季节性的记载，当然是古代的情况，但是这些记载在现代动物地理研究中，仍然是具有价值的。

首先，《水经注》对于动物分布的区域性的记载，在研究古今动物分布的地区变迁方面，是一种十分有用的资料。在我国，由于天然森林在历史时期中的破坏，捕猎过度以及其他一些原因，古今动物在地区分布上的变迁是很大的。例如卷三十六《若水》经"又东北至犍为朱提县西，为泸江水"注中记载的禁水沿岸，即今云南省泸水县一带的怒江与澜沧江之间的地区，注文说"甚饶犀象"。从现在来看，犀在这个地区早已不再存在，而野象的活动地区也已经向南移动到至少500公里的西双版纳。当然，在数量上与郦注记载的时期更是无法相比。

《水经注》的时代与今天相比，野生动物数量的锐减当然是十分明显的。卷二十一《汝水》经"又东过定陵县北"注中记载的王莽军队：

王莽征天下能为兵法者,选练武卫,招募猛士,旌旗辎重,千里不绝。又驱诸
犷兽虎、豹、犀、象之属以助威。

虎、豹、犀、象居然加入部队,说明当时这些动物数量之多。其实,在郦注记载中,
虎是我国很常见的动物,北起《鲍丘水注》,南到《温水注》和《叶榆河注》,到处都有虎
的踪迹。有些地区甚至虎多成灾。卷三十《淮水》经"又东过寿春县北,肥水从县东北
流注之"注中说:"时多虎灾,百姓苦之。"注文记载的这个地区是后汉九江郡治阴陵
县,位于今安徽省凤阳以南。这个地区在后汉已不算偏僻之地,附近又无大山,却仍然
如此多虎。野生动物数量的古今变迁,于此可见。

《水经注》记载的某些古代动物,由于古今名称的差异,还颇有讨论的余地。例如
在前面地貌部分引及郦注对今珠江三角洲的记载中有"鼍鼊鲜鳄"之语。这里,注文
记及"鼍",又记及"鳄"。鼍是扬子鳄(Alligator sinensis)的古名。古人常用它的皮制
鼓,《诗·大雅·灵台》说:"鼍鼓逢逢。"宋陆佃《埤雅·释鱼》:"今江淮间谓鼍鸣为鼍
鼓,抑或谓之鼍更。"既然《埤雅》指出了"江淮之间"这样一个区体的地域范围,因此,
鼍是扬子鳄的古名自然不应有误。左思《吴都赋》说:"鳄鱼长二丈余,有四足如鼍,喙
长三尺,甚利齿。"[④]张华《博物志》卷九说:"南海有鳄鱼,状如鼍。"既然《吴都赋》和
《博物志》都说明鳄鱼和鼍相似。所以古人所说的鳄,应该是今马来鳄(Crocodilus po-
rosus)。但《浪水注》中鼍鳄共见,尽管古今动物分布有很大变迁,但扬子鳄能够见之
于岭南,终究是使人怀疑的。如上所述,古籍都记载鳄与鼍相似,则《浪水注》记载的
鼍和鳄,很可能就是同一种动物,即马来鳄。直到唐代,华南的河流和沿海,马来鳄为
数极多,韩愈在《泷吏》一诗中专门描写这种动物:"恶溪瘴毒来,雷电常汹汹,鳄鱼大
如船,牙眼怖杀侬。"韩愈到潮州当刺史,见到那里鳄鱼很多,为害甚大,为此专门写过
一篇《祭鳄鱼文》,文中说道:"而鳄鱼悍然不安溪潭,据处食民畜、熊、豕、鹿、麇,以肥
其身。"其凶猛可见,这种动物属于鳄目,食鱼鳄亚科,华南沿海早已绝迹,从全世界来
说,如今也是一种稀有动物了。

至于《浪水注》中的鼍、鳄问题,我在《马来鳄》[⑤]一文中曾经作了解释,因《浪水
注》的这段注文,是当年交州刺史步骘之所见,我说:步骘是淮阴人,服官于吴,长江流
域的鼍当然是见过的。初到南方,在珠江流域骤见形状似鼍而身躯比鼍大许多的鳄,
或许就不能分辨清楚,所以笼统地说该地有"鼋鼍鲜鳄"。究竟是否如此,还可以继续
讨论。

《水经注》记载的古代动物中,还有一种值得怀疑的是卷十四《大辽水》经"又南过
房县西"注中的狮子。注文说:

魏武于马上逢狮子,使格之,杀伤甚众,王乃自率常从健儿数百人击之,狮子

吼呼奋越,左右咸惊。

按郦注记载魏武遇狮子的地区,已经在卢龙塞外。狮子目前仅见于非洲和西亚,古代或许分布得广些,但如前提到的动物区界说,狮子是东洋界的动物,不致在古北界出现。前面提到在后汉时代今凤阳一带虎灾为患。《水经注》各篇中记载的虎,从今天来说,都属于华南虎(P. T. amoyensis),而《大辽水注》记载的地区已在关外,古代正是东北虎(P. T. amurensis)活动的地区。魏武的官兵来自华北和中原,平时见过的都是体躯较小的华南虎,在北征中忽然看到了这种体躯庞大,花纹斑驳,姿态威严的东北虎,因而误作狮子,这或者也是很可能的。

最后再讨论一下前面提及的扬子鳄。卷二十八《沔水》经"又东过中卢县东,维水出自房陵县维山,东流注之"注中记载了一种称为"水虎"的动物。注文说:

> (疏水)东入河水,谓之疏口也。水中有物,如三四岁小儿,鳞甲如鲮鲤,射之不可入。七八月中,好在碛上自曝,膝头似虎,掌爪常没水中,出膝头,小儿不知,欲取戏弄,便杀人。……名为水虎者也。

《水经注》记载的这种动物,早在先秦就有了记载。《山海经·中山经》在蔓渠之山下说:

> 其上多金玉,其下多竹箭,伊水出焉,而东流注于洛。有兽焉,其名曰马腹,其状如人面虎身,其音如婴儿,是食人。

《山海经》的"马腹"和《水经注》的"水虎",只要稍作对比研究,就可以判定,这就是现在的扬子鳄。《山海经》记载此物出于伊水。《山海经》记述的地理位置,当然不能完全与今天对比,但《水经注》记载此物的疏口,位于今襄阳、宜城之间的汉江中,这是可靠的。而现在,不要说伊水,汉江中也没有此物了。如今扬子鳄分布的地区已经非常狭小,主要是安徽的清弋江流域和太湖沿岸,成为一种受国家保护的珍稀动物。

为了保护扬子鳄的问题,我为何业恒教授所撰《中国珍稀鸟类的历史变迁》[⑥]一书所撰的序言中,曾引用了1992年8月11日美国《新闻周刊》中的一篇题为《野生动物在呼唤》中的话:

> 仅仅一百年前,在中国安徽省长江流域的沼泽地带还生长着难以数计的短鼻鳄,这种凶猛的扬子鳄经常糟践庄稼,吞噬家禽。夜间,村民们常为它们持续不断地嘶叫声惊醒。然而,由于生态环境的污染和猎者的捕杀,其数量日益减少。至1981年,它们的数量已不足500条,中国政府觉察到这一情况后,立即在安徽省开始了一项捕捉饲养的计划,使扬子鳄的数量迅速回升,至今年春季,在那里的扬子鳄饲养场中已集聚着3700来条身长2米以上的鳄鱼。但是它们已不可能再回到野生环境中去了,因为它们的栖息处所几乎全部消失:沼泽地已变为农田,适于

它们活动的许多河岸已被破坏,甚至那些被保护着扬子鳄繁衍区也受到化肥的污染,毒化了它们的食物来源。

美国《新闻周刊》的报道说明,外国人看到了我们对野生动物保护方面所作的努力和取得的成就,但其中困难的部分是这些野生动物原来的生存环境遭到破坏,而要恢复它们原来的生存环境,却是一个难题。

前面曾经引述过《叶榆河注》中关于吊鸟山的一段注文。在这段注文中,还有一句尚未引及的话是:"夜燃火伺取之。"说明在古代,人们也利用这种群鸟汇集的机会燃火捕捉。在郦道元记载这个地区以后约 1000 年,明代的旅行家徐霞客也来到这里,当时地名已称邓川州,山名也改称鸟吊山。但群鸟汇集的场景依旧。和郦注记载的一样,《徐霞客游记》中说:"土人举火,鸟辄投之。"说明直到明代,人们还是在这种鸟会中大量捕捉。后来,我在云南人民出版社出版的《民族文化》1986 年第 6 期中,谈到了一篇《鸟吊山》的文章,记载了此山鸟会的近况:

> 鸟雀越来越多,简直像雨点般向火光扑来,有的叽叽喳喳啼叫,有的引颈长鸣,震动山谷。这时,只要拿一根长竹竿,随意刷打就可以打下许多鸟雀。据说,过去也是这样的,但近年来已再没有人打鸟了。

这最后一句话是令人鼓舞的,说明了近年来我们在保护动物、保护环境方面取得的成绩。其实,《水经注》中也已经有了保护动物的记载。卷四十《渐江水》经"北过余杭,东入于海"注中曾有县官保护鸟类的注文:

> 昔大禹在位十年,东巡狩,崩于会稽,因而葬之。有鸟来,为之耘,春拔其根,秋啄其秽。是以县官禁民不得妄害此鸟,犯则刑无赦。

这里记载的鸟,后汉王充曾作过考证,是从北方飞来的一种称为"雁鹄"的候鸟。[⑦]虽然县官保护这种鸟类的法令是和大禹巡狩和埋葬的神话联系在一起的,但能对大批从北方南来候鸟加以保护,这当然是值得称赞的。

注释:

① 《水经注》记载的竹名,与现代名称已无法一一核实。但与这些地区现代生长的竹类对比,则当时所记的竹类,大体是毛竹(Phyllostachys pubescens)、滇竹(Phyllostachys nigra)、斑竹(Phyllostachys bambusoides)、篌竹(Phyllostachys nidulasia)、苦竹(Pleioblastus amarns)等。

② Klein's Comprehensive Etymological Dictionary of the English Language,p. 399,Elsevirs Pubishing Co. Amsterdam,1971.

③ 卷三六《温水》经"东北入于鬱"注:"其川浦渚,有水虫弥微,攒木食船,数十日坏。"今船蛆(Teredo,也称凿船贝)身长约 25 厘米,符合郦注"弥微"的说法,又形如蠕虫,故郦注称勾

"水虫"。

④　《文选》卷五注。

⑤　《读水经注札记》,香港《明报月刊》1990 年 7 月号。

⑥　湖南科学技术出版社 1994 年版。

⑦　《论衡·偶会篇》:"雁鹄集于会稽,去避碣石之寒,来遭民田之毕,蹈履民田,啄食草粮,粮尽食索,春雨适作,避热北去,复至碣石。"

六、《水经注》记载的黄河

　　黄河是我国的大河之一。它源远流长,具有善淤、善徙、善决的特殊河性。黄河流域开发历史悠久,此河中游是我们民族早期繁衍生息之地,所以在古代,它是我国最著名的河流。我国古代记载黄河的文献真是车载斗量,不胜枚举。当然,早期古籍记载黄河,都是片断的和简略的,如著名的古代地理著作《山海经》、《禹贡》、《史记·河渠书》、《汉书·沟洫志》等,都是如此。在现存在古籍中,第一次对黄河从上源到入海作全面记载的是《水经》。但《水经》对黄河的记载,首尾仅 578 字,虽然是完整的,却是非常简略的。对黄河作全面而详细记载的现存最早古籍,就是郦道元的《水经注》。此书记载黄河干流就有 5 卷,计 5 万余字,为《水经》记载黄河的 90 倍左右。

　　《水经注》记载的黄河,除了上述干流五卷以外,卷六记载今山西省境内的支流汾水、涑水等,卷十五记载今河南省境内的支流伊水和洛水,卷十六记载洛水的支流穀水以及渭水的支流甘、漆、浐、沮诸水,卷十七、十八、十九共 3 卷,记载黄河的重要支流渭水,以上共 11 卷,所记完全是黄河的干流和支流。此外,卷九记载的是清、沁、淇、荡、洹 5 水,此 5 水,原来也都是黄河的支流,所以《水经·清水》尚称:"(清水)又东入于河。"郦道元在注文中修正了《水经》的话:"曹公开白沟,遏水北注。"这是汉建安七年(204),曹操在淇水入黄河处筑堰,使它断绝了与黄河的关系向北入卫河(白沟),使这五水除了沁水仍为黄河支流外,其余四水均成为海河支流。除此以外,卷七、卷八记载的济水,在其湮废以前也都与黄河沟通。前面已经指出,《水经注》在北宋《崇文总目》

中已经缺佚了 5 卷，此 5 卷之中，也包括黄河的支流如泾水、(北)洛水等。即使从今本来说，按上述专记黄河 10 支流的 11 卷，《水经注》记载黄河的篇幅，已经超过全书的 1/4。所以此书是我国历史上第一部详细记载和描述黄河的文献。

《水经注》对于黄河的记载和描述，具有下列两个特点：

第一是资料丰富，内容完备。《水经注》不仅详细地记载和描述整个黄河流域的自然景观和人文景观，并且还兼及这个地区的沿革递变，历史掌故，人物事迹，语言风俗，地方文献，金石碑刻等。《水经注》的记载是以河流为纲的，因此，在上述黄河干支流 11 卷(包括卷九的沁水)中，记载了黄河的各级支流共 900 余条。在这 900 余条支流中，有不少是没有名称的，但注文也依次记叙，有条不紊。如卷二《河水》经"又东北过安定北界麦田山"注中的高平川水，它有七条支流是没有名称的，注文说：

> (高平川水)又西北流，迳东、西二土楼故城门北，合一水，水有五源，咸出陇山西，东水发源县西南二十六里湫渊，渊在四山之中，湫水北流西北出长城北，与次水会，水出县西南四十里长城西山中；……又北，次水注之，出县西南四十里山中；……又北会次水，水出县西南四十八里；东北流，又与次水合，水出县西南六十里酸阳山；东北流，左会右水，总为一川。

从上述注文中可知，高平川水在东、西二土楼故城门北所会合的"一水"和此水的五条源头(源头的地理位置是记载得很清楚的)，以及从酸阳山发源的"次水"和它所会合的"右水"，一共是 7 条支流，都不著其名。这种情况在全部黄河支流中是屡见不鲜的。例如卷二《河水》经"又东过陇西河关县北，洮水从东南来流注之"注中所载：

> 洮水右会二水，左合大夏川水，……洮水又北，翼带三水，乱流北入河。

在这段注文中，洮水会合了 6 条支流，但除了大夏川水外，其余 5 条都不著其名。

像上述记载黄河支流的情况，也同样出现于记载黄河干支流沿岸的山岳之中。例如卷二《河水》经"又东过金城允吾县北"注中所记："湟水又东，牛心川水注之，水出西南远山。"又如卷三《河水》经"又北过北地富平县西"注中说："河侧有两山相对，水出其间，即上河峡也。"这里，注文对牛心川水发源的"西南远山"和富平县黄河沿岸的"河侧两山"，也不著其名。像上述黄河支流和沿岸山岳，地理位置记得非常明确，却不著其名，说明这绝不是郦氏失记，而是在当时无法查到名称。也就是郦注卷首序言中所说的："其所不知，盖阙如也。"从这许多不著其名但地理位置却十分确实的河流和山岳的记载中，可以看到郦道元为了使全书的资料尽可能地丰富所下的功夫。

兹将上述黄河干支流 11 卷中(包括卷九沁水)，在自然地理实体方面可以计数的 12 项内容表列如下：

自然地理实体	数量	备考
河流	924	①系各级支流数字；②黄河干流的各种名称及干流各河段的习用名称如河、河水、大河、上河、黄河、逢留河、金城河、孟门津、孟津、盟津、泾津、富平津、陶河等，均不计在内；③各级支流中的同河异名，尽可能不列入统计。
河曲	18	按《初学记》卷六："水曲曰汭。"故河曲统计中包括若干称"汭"的地名在内。
水口	71	包括称"交"、"会"等地名，也包括若干称"汭"的地名，但与河曲无重复。
瀑布	19	包括"洪"、"悬波"、"悬水"、"飞流"、"飞清"等称谓，也包括没有称谓，但其实属于瀑布的河段。
泉水	75	包括温泉。
湖泊	96	包括称"泽"、"薮"、"渊"、"潭"、"池"、"沼"、"坑"等地名。
平川原野	151	《水经注》的"川"，有河流与平原两种意义，但注文用字有明确区别，前者用"入"、"会"、"合"等，后者用"迳"、"历"等。
山岳	587	包括称"山"、"岳"、"峰"、"岭"、"坂"等的地名。
丘阜	49	包括若干称"堆"的地名。
岩崖	13	
峡谷	162	
穴窟	17	

　　统计表所列的 12 类自然地理实体中需要作一点解释的是丘阜。黄河从郑州起进入广大的冲积平原，现在称为黄淮海平原。黄河进入这个地区以后，在古代除了河渠纵横，湖泊棋布外，崛起于深厚的冲积平原上的高低不等的丘阜，成为一种受人瞩目的事物。这种丘阜不仅在黄河中下游，在淮河流域和海河流域，也同样得到《水经注》的重视，作了很多记载。在这片极目无垠的大平原上，丘阜之所以受人重视，是因为人类开始在这一带繁衍生息之时。它们为早期的开拓者提供了许多方便。第一，这个地区河流容易泛滥，泛滥之时，丘阜是最好的避难处。第二，在上面论述气候时，已经提及华北冬季的严寒，而丘阜的南坡和南麓，具有向阳和避风的小气候条件，适宜于聚落的发展。第三，丘阜一般富于树林和灌木，为缺乏燃料的平原地区提供燃料。第四，平原地区的水质一般不良，丘阜的泉水是人们的良好饮料。第五，在部落发生战争之时，丘阜居高临下，具有瞭望、戒备和攻守的战略优势。

　　上列统计表中所表示的，只是《水经注》黄河各卷篇中可以计数的自然地理实体。除此以外，郦注还记载了大量诸如黄河干支流的水文情况，流域中的动植物分布，物产、交通、民族、语言以及黄河干支流的农田水利，自然灾害等等，并且还有自古以来发生于黄河干支流各地的战争，活动于这个地区的各种人物，美丽的自然风景，珍贵的文物古迹，诸如此等，都不是上列统计表可以反映的。《水经注》对于黄干支流的记载和描述，资料丰富，内容完备，远胜于其他河流，这是非常明显的。

《水经注》记载黄河的第二个特点，是郦氏对资料的仔细选择和认真分析。上面说到在全部郦注之中，黄河干支流的内容最为丰富，其中的一个原因当然是因为这个地区在当时是全国的政治、经济和文化中心，拥有大量的文献资料。而郦道元一生的活动，主要也在这个地区，为他提供了在这一带从事野外考察的便利条件。尽管如此，他在资料的选择和分析方面，是十分仔细和认真的。卷四《河水》经"又东过陕县北"注中关于铜翁仲没入黄河中的故事可以为例。注文说：

> 河南，即陕城也。昔周、召分伯，以此城为东西之别，东城，即虢邑之上阳也，虢仲之所都，为南虢，三虢，此其一也。其大城中有小城，故焦国也。武王以封神农之后于此。王莽更名黄眉矣。戴延之云：城南倚山原，北临黄河，悬水百余仞，临之者，咸悚惕焉。西北带河水涌起，方数十丈，有物居水中。父老云：铜翁仲所没处。又云：石虎载经于此沉没，二物并存，水所以涌，所未详也。或云：翁仲头髻常出，水之涨减，恒与水齐，晋军当至，髻不复出。今惟水异耳，嗟嗟有声，声闻数里。

注文所述的铜翁仲，即是《史记·秦始皇本纪》中所载的："收天下兵，聚之咸阳，销以为钟镰，金人十二，各重千斤，置廷宫中。"《正义》引《汉书·五行志》："时大人见临洮，长五丈，足履六尺，皆夷狄服，凡十二人，故销兵器，铸而象之，所谓金狄也。"关于此事，《河水注》所记，比《史记》和《正义》更为详细：

> 按秦始皇二十六年，长狄十二见于临洮，长五丈余，以为善祥，铸金人十二以象之，各重二十四万斤，坐之宫门之前，谓之金狄。皆铭其胸云：皇帝二十六年，初兼天下以为郡县，正法律，同度量，大人来见临洮；身长五尺，足六尺，李斯书也。故卫恒《叙篆》云：秦之李斯，号为工篆，诸山碑及铜人铭，皆斯书也。汉自阿房迁至未央宫前，俗谓之铜翁仲矣。地皇二年，王莽梦铜人泣，恶之，念铜人铭有皇帝初兼天下文，使尚方镌灭所梦铜人膺文。后董卓毁其九为钱，其在者三。魏明帝欲徙之洛阳，重不可胜，至霸水西停之。《汉晋春秋》曰：或言金狄泣，故留之。石虎取置邺宫言，苻坚又徙之长安，毁其二为钱，其一未至而苻坚乱，百姓推置陕北河中，于是金狄灭。

以上记载的，除了秦始皇在咸阳铸12金人见于正史外，其余大多是牵强附会的传说。"石虎取置邺宫，苻坚又徙之长安"。每个金人据记载重达100多吨。从长安到邺1000多里,即使用今天的交通工具运输,也有很大困难,何况乎古代。这个传说最后又归结到陕城以北的黄河急流,由于有铜翁仲落入此处河中,因而使这里"水涌起方数丈",而且"嗟嗟有声,声闻数里",说得有声有色。

对于铜翁仲,郦道元在列述了上面这些传说以后。最后说出了他经过认真分析的意见。注文说:

> 余以为鸿河巨渎,故不应为细梗踬湍;长津硕浪,无宜以微物屯流。斯水之所以涛波者,盖《史记》所云,魏文侯二十六年,虢山崩,壅河所致耳。

郦道元所引的数据是信而有征的。按《史记·魏世家》:"(魏文侯)二十六年,虢山崩,壅河。"《正义》引《括地志》说:"虢山在陕州陕县西二里,临黄河,今临河有冈阜,似是颓山之余也。"

在《水经注》记载的黄河干支流中,像上述铜翁仲这类例子是不少的,都是郦氏仔细选择资料,认真分析资料的成果。

《水经注》记载和描述黄河干支流的优异特点已如上述。在这些卷篇之中,有裨于后世研究黄河的资料还有很多。例如,郦氏在撰述中引用了大量文献,这些文献至今多半已经亡佚,赖郦注所引,留下了供后人研究的吉光片羽。仅在地理文献一类中,《水经注》黄河各卷篇中引及而以后亡佚的就有南朝宋段国《沙州记》(卷二《河水注》)、《魏土地记》(卷三《河水注》)、汉辛氏《三秦记》(卷四《河水注》)、汉桑钦《地理志》、南朝宋刘澄之《永初山水记》(均卷五《河水注》),《上党记》(卷九《沁水注》))、《河南十二县境簿》(卷十五《伊水注》)、《中州记》、晋陆机《洛阳记》(均卷十六《穀水注》)、晋潘岳《关中记》(卷十六《漆水注》)、张氏《土地记》(卷十九《渭水注》)等等。在这些亡佚的古籍中,虽然也有为他书所引及的,但由于《水经注》所引往往较详,其中有些内容惟《水经注》所独引,因此,郦注在这方面的贡献,历来学者都很重视。这里可以举《汉武帝故事》为例。卷十九《渭水》经"又东过霸陵县北,霸水从县西北流注之"注:

> 《汉武帝故事》曰:(汉武)帝崩后见形,谓陵令薛平曰:吾虽失势,犹为汝君,奈何令吏卒上吾陵磨刀剑乎? 自今以后,可禁之。平顿首谢,因不见。推问陵旁,果有方石,可以为砺,吏卒常盗磨刀剑。霍光欲斩之,张安世曰:神道茫昧,不宜为法,乃止。

这段文字在《北堂书钞》卷一六〇和《太平御览》卷八八都曾引及,但文字都很简略,不如《水经注》所引的完整。郦道元不仅完整地保存了这段佚书的文字,而且借张安世之口,批判了白日见鬼的荒唐故事。在那个时代里,他的这种不信鬼神的科学思想是值得推崇的。

在同一本《汉武帝故事》中,还可以再举一个例子,也是《水经注》在黄河干支流卷篇所引而属于郦注独引的。卷十九《渭水》经"又东,丰水从南来注之"注:

> 《汉武帝故事》曰:建章宫北有太液池,池中有渐台三十丈。……南有璧门三层,高三十余丈,中殿十二间,阶陛咸以玉为之,铸铜凤五丈,饰以黄金,楼屋上椽首,薄以玉璧,因曰璧玉门也。

这段惟郦注独引的文字,或许是描述汉建章宫的最原始的资料之一①,它对后世学者,特别是对于建筑史一类的研究,当然是很有价值的。

黄河是《水经注》全书的重点卷篇,也是郦氏写作很成功的卷篇。前面有关陆地水和地貌等讨论中,已经指出了诸如黄河的含沙量,上游沙漠地貌,中游峡谷地貌,下游河口海岸地貌等方面详细记载和生动描述。所有这些,不论在学术研究和文学欣赏等方面,都是值得重视的文化财富。

《水经注》有关黄河的卷篇当然不是没有缺点,而其中最大的缺点,就是前面在伏流的议论中提到的所谓"黄河重源"。虽然这种谬说来源甚早,但郦道元也传播了这种谬说,因而受到唐代学者的批评。前面也已经指出,对于《水经注》的这种错误,应该从时代加以考虑,对郦道元不应责备过分。

"黄河重源"的谬说渊源悠久,司马迁虽然不相信《禹本纪》、《山海经》等"所言怪物",但是他并不否定"黄河重源"。杜佑虽然批评了"黄河重源",但是他没有正面解释这种错误。对于这种错误,直到宋代,才有人作出解释。②由于这种谬说流传甚久,影响很大,所以前面也曾举出了几位清代学者,他们对这种谬说,仍然深信不疑。

郦道元当然没有到过西域,他是根据古代文献传播这种谬说的,即注文中所说的"余按群书"。前面列举的清代学者,他们也都没有到过西域,他们也是根据历代文献(当然包括《水经注》在内)深信这种谬说的。清代学者之中,也有亲身考察过这个地区的,都也重复传播这种谬说,嘉庆年代的徐松就是其例。我在为苏北海教授所著《西域历史地理》③的序言中指出:

> 这种谬说,由于流传甚久,是很能蛊惑人心的。以徐松为例,他曾谪戍新疆数年,亲历天山南北路,对西域地理概说,作了许多实地调查,写出了不少有价值的著作。但是对于黄河伏流重源之说,他却仍然囿于前人之讹,无法摆脱。他在《汉书·西域传补注》"皆潜行地下,南出于积石为中国河云"下补注说:"罗布淖尔水,潜于地下,东南行千五百余里,至今敦煌县西南六百余里之巴颜哈喇山麓,伏流始出。"可见一种谬说,一旦流传甚久,传播广泛,危害实在匪浅。而要辨正事实,消弭影响,却又不胜困难,古今都是一样。

从黄河重源的批判到黄河河源的勘明,这是一个漫长的过程,这个过程也就是人们认识自然的过程。重源的批判始于唐宋,但河源的勘察直到元代才见端倪。至元十七年(1280),朝廷命招讨使都实前往勘察河源,花了四个月时间的实地查勘,完成了文字撰写和地图绘制工作。都实的勘察成果,以后由潘昂霄撰成《河源志》(又称《河源记》)而公之于众。[④]《河源志》中论述河源最主要的一段是:

> 河源在吐蕃朵甘思西鄙,有泉百余泓,沮洳涣散,弗可遍视,方可七、八十里,履高山下瞰,灿若列星。以故名火敦脑儿。火敦,译言里宿也。

"火敦,译言星宿也"。现在我们的地图在黄河上源所绘的星宿海,就是都实的勘察成果。而其实,星宿海还不是真正的河源,到了清初,又有拉锡和阿弥达的两次勘察。而阿弥达在乾隆年代勘察,"往西逾星宿更三百里,乃得之阿勒坦噶达苏老山,自古穷河源,无如是之详且确者"。[⑤]阿弥达勘得的"阿勒坦噶达苏老山",就是我们直到50年代还绘在地图上的噶达苏齐老山。50年代终于把黄河之源完全勘察清楚,这就是现在我们在地图上看到的发源于雅拉达泽山的约古宗列渠。

河源是黄河自然景观的一个部分,仅仅这一个部分,人们从蒙昧到正确认识,就花了几千年时间。而直到今天,正如以下还要论述的,对于黄河,我们还有许多没有认识的奥秘。还有许多问题,有待我们的继续研究。

郦道元是一位热爱自然,勇于探索自然的学者。尽管在那个时代,还不可能认识到我们今天所勘明的河源,但他毕竟生动地描述了黄河的许多自然景观,而且也为这条河流揭示了不少奥秘。所以《水经注》有关黄河干支流的卷篇都是优秀的历史名著,是古代地理学家对黄河进行系统研究的嚆矢,为后世的黄河研究奠立了基础。

注释:

① 记载建章宫的文献,除《水经注》所引的《汉武帝故事》外,尚有《三辅黄图》卷三,《汉书·郊祀志》颜师古注。

② (宋)欧阳忞《舆地广记》卷一六:"河出昆仑,自古言者皆失其实,骞使大夏,见葱岭、于阗二河合流注蒲昌海,其水亭居,皆以为潜行地中,南出于积石为中国河。此乃意度之,实非见蒲昌海与积石河通流也。"

③ 新疆大学出版社1988年版。

④ 《元史·地理志》。

⑤ 《清史稿·河渠志一》。

七、《水经注》记载的长江

    长江是我国的第一大河,但在《水经》和《水经注》的年代,它的位置显然不能与黄河相比。特别是《经》、《注》作者都是北人。所以《河水》有 5 卷而《江水》只有 3 卷。不过从《水经注》内容实际来看,长江的篇幅仍然是很大的。因为除了《江水》3 卷外,《沔水》(今汉江)也有 3 卷。洞庭湖水系的湘、资、沅、澧、鄱阳湖水系的赣江,《经》、《注》作者都明知这些河流属于长江支流,但都另立卷篇。此外,长江上游在四川盆地入江的不少支流,也都另立卷篇。所以总计起来涉及长江的篇幅,共达 14 卷 53 篇,其中与干流直接有关也有 6 卷 6 篇。由于长江支流众多,流域范围很大,所以实际上的篇幅并不小于黄河。

    前面议论《水经注》记载的黄河之时,指出郦道元非但没有发现黄河重源的错误,而且还以讹传讹,重复了这种谬说。但是对于长江,《水经注》的记载,却从实际上纠正了《禹贡》和《水经》的错误。《禹贡》:"岷山导江,东别为沱。"《水经》遵《禹贡》之说:"岷山在蜀郡氏道县,大江所出,东南过其县北。"这就是说,从《禹贡》到《水经》,长江的江源一直是今岷江。《水经注》也说:"岷山,即渎山也,水曰渎水矣,又谓之汶阜山,在徼外,江水所导也。"这是由于郦道元的著作,一方面限于《水经》的框子,而特别重要的是因为《禹贡》是经书,这是那个时代的读书人都得尊重的。所以郦道元在其当时已经获得关于长江上源的知识,只好在别的卷篇中叙明。卷三十七《淹水》经"又东过姑复县南,东入于若水"注中说:"淹水迳县之临池泽而东北,迳云南县西,东北注若水也。"临池泽即今云南省永胜县南的程海,这是注文明确记载的长江干流所到达的最远之处。虽然与我们现在实测的江源相去尚远,但岷江不是江源,郦道元显然已经知道了。

上述注文中的最后一句:"东北注若水也。"此文就可以与卷三十六《若水注》联结。若水是今雅砻江,并非长江干流。但《若水注》中所记载的绳水,却是金沙江的古名之一。注文说绳水"至大莋与若水合,自下亦通谓之为绳水矣"。又说:"绳水又迳越巂郡之马湖县,谓之马湖江。"马湖江即是金沙江与岷江汇合以前的古代名称。此外,《若水注》中记载的淹水和泸水,也都是古代金沙江的不同河段的名称。《若水注》最后记载了马湖江至僰道入江。僰道即今四川宜宾市,是岷江与金沙江汇合之处,所以《若水注》与卷三十二《江水注》是密切衔接的。《若水注》最后说:"若水至僰道又谓之马湖江。绳水、泸水、孙水、淹水、大渡水,随决入而纳通称,是以诸书录记群水,或言入若,又言注绳,抑或言至僰道入江,正是异水沿注,通为一津,更无别川,可以当之。"这说明为了辨明今长江宜宾以上的河道,郦道元寻索了许多文献,尽管这些文献说法不一,但对于今宜宾以上江流概况,他已经大体清楚了。

卷三十三至三十五这三篇《江水注》所记载的是长江的主要河段。但卷三十五最后只记载到今湖北与江西两省交界一带的青林湖。以致清郦学家全祖望怀疑《江水注》原来还有第四篇。他在《水经江水篇跋》中说:"江水失去第四篇,而青林湖以下竟无考。"《水经注》经过多年的辗转传抄,缺佚当然是不少的。但全祖望所说的《江水注》第四篇,其实就是卷二十九《沔水注》。这一篇,从今鄱阳湖起,一直记载到长江入海,它和卷三十五是紧紧衔接的。而且,在与《江水注》之间的关系方面,《沔水注》较之上述《淹水注》和《若水注》更为重要。特别是对于从地理学角度研究《水经注》来说,《淹水注》和《若水注》的记载,虽然涉及长江上游,但是由于那个地区地形崎岖,经济落后,注文涉及的主要是自然地理的问题。但《沔水注》却不同,这一带平原沃野,经济发达,注文记载的不仅是自然地理,并且还涉及大量人文地理的问题。所以,在《江水注》的研究中,卷三十二到三十五,这三篇当然是核心。但还必须研究其他有关的卷篇,其中特别是卷二十九《沔水注》。

对于长江的自然地理,《江水注》三卷确实是非常重要的。卷三十三一卷之中,有2/5的篇幅记载《禹贡》和《水经》作为江源的长江在四川的最重要支流岷江。在前面讨论陆地水时,已经提及了注文仔细地记载岷江源地河段的自然地理,从发源时的"小水百数"开始,逐段描述,直到离江源三百多里的湿坂以后,才"江稍大矣"。湿坂以后,注文仍把岷江沿岸的自然景观逐段描述:"又东百五十里曰崌山,北江所出,东注于大江。""江水又迳汶江道,汶水出徼外岷山西玉轮坂下而南行,又东迳其县而东注于大江"。"又有湔水入焉,水出绵虒道,亦曰绵厩县之玉垒山"。这样地从源地直到"李冰作大堰于此",即都江堰,注文把岷江沿岸的山山水水,都记得明晰如画。在都江堰,注文又把这个蜀中著名的水利工程,从工程的自然地理基础,工程的主要部分及其效益:"水旱从人,不知饥馑,沃野千里,世号陆海,谓之天府也。"以后注文继续记载注入岷江的重要支流如青衣水、沫水等,到僰道而与长江汇合。关于此,已在前面《若水注》中说明了。

僰道以下,卷三十三的记载始及于长江。从此,注文对长江沿岸的自然景观描述得更为丰富多彩。诸如前已述及的可以作为气候标志的亚热带果木柑橘和荔枝,蜀中特有的井盐和火井(天然气),而特别重要的是沿江的峡谷和礁滩,诸如黄龙堆、黄葛峡、明月峡、鸡鸣峡以及桐柱滩、虎须滩、羊肠虎臂滩、使君滩、瞿巫滩等等,而在白帝山以东进入三峡。经"又东过鱼复县南,夷水出焉"注中,注文在最后说:

> 江水又东迳广溪峡,斯乃三峡之首也。其间三十里,颓岩倚木,厥势殆交,北岸山上有神渊,渊北有白盐崖,可高千余丈,俯临神渊。土人见其高白,故因名之。……峡中有瞿塘、黄龛二滩。夏水回复,沿沂所忌,瞿塘滩上有神庙,尤至灵验,刺史二千石迳过,皆不得鸣角伐鼓,商旅上水,恐触石有声,乃以布裹篙足。今则不能尔,犹飨荐不辍。此峡多猨,猨不生北岸,非惟一处,或有取之放著北山中,初不闻声,将同狢兽渡汶而不生矣。

卷三十三如上所录以长江三峡的第一峡为终结。紧接着的卷三十四成为郦注描述三峡的主要卷篇。全卷有2/3的篇幅描写三峡中的其他二峡。这是《水经注》全书中特别优美生动的一卷。经"又东过巫县南,盐水从县东南流注之"注中,注文描述了巫峡中的许多瑰丽独特的自然风光。例如:

> 江水历峡东迳新崩滩,此山,汉和帝永元十二年崩,当崩之日,水逆流百余里,涌起数十丈。今滩上有石,或圆如箪,或方似屋,或此者甚众,皆崩崖所陨,致怒湍流,故谓之新崩滩。其颓岩所余,比之诸岭,尚为竦桀。其下十余里有大巫山,非惟三峡所无,乃当抗峰岷、峨,偕岭衡、疑,其翼附群山,并槩青云,更就霄汉,辨其优劣耳。

经"又东过夷陵县南"注中,注文描述了宜都、建平二郡间的东界峡,又称空泠峡。注文说:

> 其间远望,势交岭表,有五、六峰参差互出,上有奇石如两人像,攘袂相对,俗传两郡督邮争界于此,宜都督邮厥势小东倾,议者以为不如也。江水历峡,东迳宜昌县之插灶下,江之左峰,绝崖壁立数百丈,飞鸟所不能栖,有一火烬,插立崖间,望见可长数尺。父老传言,昔洪水之时,人薄舟崖侧,以余烬插之岩侧,至今犹存,

故先后相承,谓之插灶也。江水又东迳流头滩,鱼鳖所不能游,行者苦之。其歌曰:滩头白勃坚相持,倏忽沦没别无期。

流头滩以下,峡中的形势仍然是滩险水急。注文继续说:

《宜都记》曰:渡流头滩十里,便得宜昌县。江水又东迳狼尾滩而历人滩,袁山松曰:二滩相去二里,人滩水至峻峭,南岸有青石,夏没冬出,其石嵌崟,数十步悉作人面形,或大或小,其分明者,须发皆具,因名曰人滩也。

江道在这些险滩中东流,终于到达三峡的最后一峡:"江水又东迳西陵峡。"此峡风光,在前面讨论峡谷地貌时已把注文录入了。

卷三十五始于经"又东至华容县西,夏水出焉"。至此,长江已进入中游河段。这一带是古代云梦泽地区,河湖交织,港汊纷歧,是一片水乡泽国。长江两岸出现了许多小支流、港汊以及与江道连通的湖泊,在自然地理学上称为牛轭湖。所有这些在《水经注》中统称为"浦"。除了这个地区原来河湖众多以外,长江与它们之间的大量牵连,主要是由于江道在这一段中,历来经常变迁之故。卷三十五在第一句经文之下,注文就说:"江水左迤为中夏水,右则牛郎浦出焉。江浦右地,南派屈西,极水曲之势,故此谓之江曲者也。"这类"浦"在当时的地名中,也常常称为"口"。如经"又东南,油水从东南来注之"注"又东得清阳、土坞二口,江浦也"。这里的清阳、土坞二口,显然是两个聚落的地名,由于支流港汊与长江会合之处,常常成为一个小小的码头港埠,因而就出现聚落。卷三十五全卷中论及的这类江浦,共达74处之多。但其中有的江浦并不是全年稳定的。即在前面讨论气候时提到的,其中有的是"夏浦"。因为季风气候控制的地区,江河湖陂的水位,都是冬干夏盈,"夏浦"指的是长江水位提高的时期所出现的江浦,如"江水左得饭筐上口,秋夏水通下口,上下口间,相距三十里"。可见与上口相距30里的这个(饭筐)下口,是个夏浦。

在经"湘水从南来注之"注中,注文对这条长江的大支流湘水,只说了一句话:"江水右会湘水,所谓江水会者也。"这是因为湘、资、沅、澧是通过洞庭湖而入江的支流,而其中湘水是最大的支流。郦道元之所以不必在《江水注》中多所赘述,因为这些支流,包括洞庭湖在内,均另立卷篇。湘水与资水在卷三十八立篇(包括洞庭湖),沅水与澧水在卷三十九立篇。另外对此四水的支流立篇的还有涟水、耒水、洣水、漉水、浏水、渌水,分别在卷三十八、三十九之中。在《江水》篇中,《经》、《注》都未曾说明,湘水是通过洞庭湖入江的。但卷三十八《湘水》经"又北过下隽县西,微水从东北来流注"注中,注文把这种关系交代清楚:"湘水左会清水口,资水也,世谓之益阳江;……湘水左则沅水注之;……湘水左则澧水注之,世谓之武陵江。凡此四水,同注洞庭,北会大江,渭之五渚。"湘、资、沅、澧也和长江中游一样,在它们的下游,同样有许多江浦。以湘水为例,经"又北过临湘县西,浏水从县西北流注"注中说,"湘水又北,左会瓦官水口,湘浦也。"从这第一次出现湘水的江浦以后,江浦连续不断,如"湘水又东北为青草湖口,右会苟导泾北口,与劳口合,又北得同拌口,皆湘浦右迤者也。"总计记入注文的湘水江浦超过30处。

湘水以后,经"又东北至江夏沙羡县西北,沔水从北来注之"。长江在此与它最大的支流沔水(今汉江)汇合。但此后不久,在经"又东过下雉县北,利水从东陵西南注之"注下:"(江水)西南流,水积为湖,湖西有青林山。……故谓之青林湖。"从此《江水注》就结束,而长江还远远没有入海,前面已经提及全祖望怀疑《江水》还有第四篇。戴震也认为《江水》这一篇必有缺佚。他在殿本卷三十五末加案语说:

> 案《水经》于《沔水》内叙其入江之后所过,盖与江水合沔之后,详略两见,今《江水》止于下雉县,而《沔水》内订其错简,又东过彭蠡泽,又东过皖县南,又东至石城分为二,其一东北流,又东北出居巢县南,又东过牛渚,又过毗陵县为北江。参以末记《禹贡山水泽地》,北江在毗陵北界,东入于海,下雉县以下大江入海之大略固具,在道元于《江水》具次必详悉,自宋时已阙逸矣。

前面已经提到了紧接卷三十五《江水注》的卷二十九《沔水注》。因为《沔水注》详叙了从青林湖以下直到长江出海的全部流程。全祖望和戴震的说法当然是一家之言,但是很有值得商榷的余地。这是因为第一,郦道元为《水经》作注,在内容的丰富方面与《水经》当然不可同日而语,而且常常在注文中批评《水经》的错误。但在《水经》叙述的次序上,看来郦氏并没有作过改动,他是完全按照《水经》的叙次作注的。也就是说,对于注文的错误,郦道元绝不宽待,但对河川叙述的次序,他是迁就《水经》的。否则的话,他明知"凡此四水,同注洞庭,北会大江",却要把这4水和4水的支流,分别立4个卷次中叙述。正是因为他的注文是随着经文而布局的,所以在卷三十五经文"湘水从南来注之"下,他写了1500余字的注文,而对于湘水入江的事只用13个字带过一笔。卷二十九《沔水》的第一句经文就是"沔水与江合流,又东过彭蠡泽"。说明《水经》作者的看法,江、沔合流以后,河川的正宗是沔水而不是江水。直到最后一句:"又东至会稽余姚县,入于海。"从现在来看,这一句当然是错误的,但从当时来看,河流已经入海,流程就结束了。则全祖望所说的"第四篇"和戴震所说的"道元于《江水》叙次必详悉"的话,按照我们所说见的《水经》和郦道元为《水经》作注的体例就无法解释。《水经》为什么在江、沔合流以后不崇江而崇沔? 在卷二十九《沔水》的一条经文中可以找出蛛丝马迹:"分为二,其一东北流,其一又过毗陵县北,为北江。"在这条经文之下,注文除了论证"北江"以外,又牵连及于"南江"。这就说明,《水经》作者与郦道元都进入《禹贡》和《汉书·地理志》"三江"的误区。《禹贡》有"三江既入"的话,并出现"中江"、"北江"两个地名,但其实这两个地名并不一定与"三江"有关。"三江"与"九河"一样,实在是表示多数的意思,这在前面讨论陆地水的时候已经指出过了。《汉书·地理志》附和《禹贡》这部经书,又臆加了一条"南江",与《禹贡》的"中江"、"北江",凑合成"三江"之数。于是在大江南北就出现了两条与大江平行的北江和南江。所以经文说:"其一又过毗陵县北,为北江。"而注文则凑上两句:"江即北江也","江水自石城迳吴国南为南江"。这种牵强附会,或许就是江、沔合流以后,沔水能够喧宾夺主的原因。之所以造成这种错误,简单地说,直到公元 6 世纪,北方学者对于南方的山川地理,还并不十分了解。

郦道元是一位治学严谨的学者,他在《水经注》所记载的对于南方河流和其他地理概况,正如清初学者刘献廷所说的:"予尝谓郦善长天人,其注《水经》,妙绝古今,北方诸水,毫发不失,而江、淮、汉、沔之间,便多纰缪。郦北人,南方诸水,非其目及也。"[②]"北方诸水,毫发不失",这显然是刘献廷赞誉过甚,郦注记载北方河流也有不少错误。但对江南河流"便多纰缪"的话是符合实际的。在前面陆地水的讨论中,已经提到了黄宗羲对《水经注》的批评,黄宗羲所举的错误例子,都是卷二十九《沔水注》中的错误。《水经》与《水经注》对江南河流都有错误,但郦道元毕竟与《水经》的作者不同。《水经》作者对江南河流无知,但却自以为是,以为遵照经书《禹贡》和权威的《汉书·地理志》,就不会有错。但郦道元则在《沔水注》中说出了"故川旧渎,难以取悉"和"亦未必一得其实也"的话。所以应该说,在公元 6 世纪,北方学者对于南方河川地理的认识,郦道元已经代表了最高的水平。

其实,在刘献廷所说的"江、淮、沔、汉之间",《水经》中还存在着一条比上述黄宗羲指出的错误更大的河流。那就是卷三十九的《庐江水》。《水经》说:"庐江水出三天子都北,过彭泽县西,北入于江。"《水经》列入这一条河流,显然是根据《山海经·海内东经》:"庐江出三天子都;入江彭泽西,一曰天子鄣。"[③]这是一条根本不曾存在的河流,《水经》作者的无知是盲从。郦道元的无知是他无法否定这条实在并不存在的河流。他为这条经文写了大约 1300 字的注文,但全文只说庐山瀑布和自然风景,绝口不提河流本身,说明他对这条河流的存在是有怀疑的。尽管直到清末,还有学者为《山海经》等书辩解,说这条子虚乌有的河流是今安徽省境内的长江支流清弋江。《山海经》说是庐江"入江彭泽西",彭泽之名得自彭蠡,而郦注又有"望九江而眺钟彭"的话,清弋江与彭泽相去极远,又怎能"眺钟(指石钟山)彭"呢?

总的说来,《水经注》记载的长江,在上游和中游,记载翔实,描述生动,是历史河流水文地理的杰出创作,为地理学和文学等积累了极为宝贵的资料。而自江、沔合流以后,则不免有许多错误。但是作为一部 1400 多年以前的历史名著,仍然瑕不掩瑜。

注释：

① 《鲒埼亭集》外编，卷二二。

② 《广阳杂记》卷四。

③ 杨守敬《山海经·汉志·水经注庐江异同答问》，《晦明轩稿》上册。

八、《水经注》记载的其他河流

　　前面已经引述《唐六典》：“《水经》所引天下之水百三十七。”由于古籍年代久远，辗转传抄，其间造成许多缺佚。现在，我们从许多流行的《水经注》版本进行核查。从此书列入篇目的河流来说，包括一河分成数卷，或一卷分列数河的，共有河流125条，与《唐六典》的“百三十七”相比，已经少了12条。从殿本《校上案语》中可以查核的，如泾水、（北）洛水、滹沱水等，都是缺佚之列。《水经注》在各卷中列入篇目的河流，在古代都是比较著名的河流。其中特别重要的大河，则一河分成数卷，如《河水》分成5卷，《江水》分成3卷。此外还有几条分成数卷的河流，《济水》分成2卷，《渭水》分成3卷，《沔水》分成3卷。但前面讨论陆地水时已经述及，济水其实是两条沟通黄河的河流，而且早已湮废；渭水只不过是黄河的一条支流；沔水也是长江的支流，而且在其第三卷（卷二十九）中喧宾夺主，把长江下游河道占为己有。所以这三条河流虽然各占数卷，但那是公元6世纪的地理学家的看法。现在已经没有必要再像上述黄河、长江一样地对它们进行讨论了。

　　其实，郦道元对我国河流，有他明确的级别排列。前面讨论陆地水时已经引用过他的区分河流的准则：“水出山而流入海者，命曰经水。”又说：“江河淮济为四渎”，“渎，独也，各独出其所而入海。”现在，按照郦氏区分河流大小的准则，根据郦注所立卷篇和记载的内容，并且对照当前我国河流的现状，选出《水经注》记载中除了前述黄河和长江以外的4条河流进行讨论。按照这4条河流现在的名称：它们分别是淮河、海河、珠江、钱塘江。

1. 淮河

　　《水经注》记载的淮河与现在的淮河已经有了很大的变迁。最主的变迁有两方面:第一,在《水经注》的时代,淮河是"四渎"之一的大河,即注文所谓"独出其所而入海"。但是南宋以后,淮河已经失去了它自己的入海水道。[①]现在,淮河在注入洪泽湖后,通过两条水路泄水,大部分水量从洪泽湖大堤南端的三河闸,经过高邮湖、邵伯湖,在扬州市东南的三江营注入长江;另一部分水量从洪泽湖大堤北,出高良涧闸,循苏北灌溉总渠,在扁担港注入黄海。第二,由于废黄河中亘,古今淮河又一变迁是,原来的淮河水系已经被分割为在一般时期互不沟通的淮河与沂沭河两个水系。[②]

　　《水经注》记载淮河只有卷三十《淮水》一卷,但这一卷专记淮河干流,此外还有许多卷篇记载淮河支流。卷二十一《汝水》记载淮河的主要支流之一,即今汝河。卷二十二列为篇名有《颍水》、《洧水》、《潩水》、《𣼃水》、《渠》5篇,即淮河的5条支流。篇幅大于卷三十,是郦注有关淮河卷篇中篇幅最大的1卷。卷二十三有《阴沟水》、《汳水》、《获水》3篇,卷二十四三篇中有《睢水》,卷二十五有《泗水》、《沂水》、《洙水》3篇,此三卷七水,都是淮河支流。卷二十六有6篇,其中《沭水》是淮河支流;卷三十二有12篇,其中《决水》、《沘水》、《泄水》、《肥水》是淮河支流。所以《水经注》记载涉及淮河干支流的,共有8卷19篇。作为"四渎"之一的大河,其篇幅还是较大的。

　　卷三十《淮水》经"淮水出南阳平氏县胎簪山,东北过桐柏山",注文详细地描述淮河源地的自然地理概况以及发源以后的一些支流如石泉水、九渡水等。淮河从源地外流,注文记载了它沿途接纳的大小支流近30条。经文最后说:"又东至广陵淮浦县,入于海。"注文则描述了河口的自然地理概况:"淮水于县枝分,此为游水,历朐县与沭合。"这就是前面讨论地貌时所说的一种河口三角洲的地理景观。淮浦在今江苏省涟水县附近,所以淮河在古代确是一条够得上称"渎"的独流入海的大河。

　　《汝水》作为淮河的一条支流而单独成卷,这或许和郦道元对这条河流的熟悉有关。汝水发源于鲁阳(北魏时已改称北山,今河南省鲁山县),而郦氏在永平年代(508—517)曾任鲁阳太守,前面讨论陆地水时已提到过他勘察汝水河源的事。他在这一卷篇中记载的汝水源地的地理景观,就是他亲自勘察的成果。《水经注》记载的汝水流程中汇合的支流多达十五条。所以汝水确是古代淮河上游的最大支流。汝水最后在汝口戍注入淮水。汝口戍当在今河南省新蔡县以西。

　　卷二十二记载了淮河的五条支流,其中颍水如汝水一样,是独流入淮的一级支流,也是淮水的最大支流。注文说:"颍水又东南迳蜩蟟郭东,俗谓之郑城矣,又东南入于淮。"这个郑城,就在今颍上县附近。这一卷中的洧水和潩水,都是颍水的支流,洧水即今河南省的双洎河,在彭店以东注入贾鲁河。潩水今称潩河,在河南省境内的逍遥镇附近注入颍河。这一卷的另一条支流濄水,是一条很小的河流,由于这个地区历史上河流泛滥袭夺的现象频繁,所以经文和注文对这条河流的说法已经不同,而现在则已找不到这条河流了。此卷记载的最后一条河流,殿本《水经注》卷首总目作《渠》,卷内目录在"渠"字下加"沙水"两字,明朱谋㙔《水经注笺》虽也记载此水,但从卷首总目到卷内目录都不列此水。赵一清《水经注释》作《渠水》,杨守敬、熊会贞《水经注疏》作《沙渠水》。这种各本不同的现象,反映了此水历来的复杂多变。从郦注涉及淮河水系各卷和各种不同版本进行比较,此水实为古代鸿沟,后称浪荡(亦作荡)渠,又称沙水,又称蔡水,总之是古代以沟通黄河与淮河间的一片水系。由于黄河多次泛决,济水湮废,河道发生很大变迁,与今天当然相去甚远了。

卷二十三记载了阴沟水、汳水和获水3条河流,都是淮河的支流。经文说:"阴沟水出河南阳武县浪荡渠",浪荡渠即卷二十二的渠水,说明阴沟水是渠水的一条支流,也就是注文所说的"同受鸿沟、沙水之目"。此后,经文说:"东南至沛,为涡水。"注文解释说:"阴沟始乱浪荡,终别于沙,而涡水出焉。"从此,全篇绝不再提阴沟水之名而只说涡水。注文说:"涡水又东,左合北肥水","北肥水又东南迳向县故城南,……又东入于涡,涡水又东注于淮。"注文明确地记载了北肥水是涡水的支流。但现在北肥水已在濛河以东独流入淮,这当然是淮河袭夺的结果。

此卷记载的另一条河流是汳水。经文说:"汳出阴沟于浚仪县北",说明汳水是阴沟水的支流。而注文接着说:"阴沟,即浪荡渠也。"所以汳水也是鸿沟水系中的一条支流。经文最后说汳水"又东至梁郡蒙县,为获水",则汳水又和此卷记载的最后一条河流获水交错在一起,也就是经文在《获水》首句所说的:"获水出汳水于梁郡蒙县北。"获水最后注入泗水。经文说:"又东至彭城县北,东入于泗。"注文则说它"襟汳带泗"。说明这些河流互相交织汇合的情况。在黄河没有干扰这个水系以前,这里是一片河流交错,四通八达的平原水网。关于这方面的情况,卷八《济水》经"又东南过徐县北"注中有一项重要的记载。注文说:

偃王治国,仁义著闻,欲舟行上国,乃通沟陈蔡之间。

这里的"偃王"是传说中的徐夷始祖,其在位约当西周时代。注文记载的是,徐偃王为了要和周朝交通往来,所以在陈、蔡之间开凿运河。虽然是一种传说,但也说明在古代的鸿沟水系之间,很早就存在人工沟渠,而这些人工沟渠比卷三十《淮水注》中吴国开凿邗溟沟(邗沟)的记载要早得多。[3]

卷二十四记载了三条河流，即睢水、瓠子河、汶水，属于古代淮河水系的仅睢水一条。瓠子河与汶水都是古代济水的支流。《水经注》与《水经》相去不过300年，但从《经》、《注》之间的差异，可以看出在这300年中河道已经有了较大的变迁。经文说："（睢水）又东过相县南，屈从城北东流，当萧县南，入于陂。"但注文却说："睢水又左合白沟水，水上承梧桐陂，陂侧有梧桐山，陂水西南流，迳相县东而南注于睢。睢盛则北流注于陂，陂溢则西北注于睢。"说明在这片水网平原中，即使不受黄河干扰，河道还是不断变迁的。

卷二十五记载了泗水、沂水、洙水三条河流，三水在古代都是淮河水系的河流。泗水原是淮河下游最大的支流，沂水和洙水都是泗水的支流。《水经》说："泗水出鲁县北山。"前面讨论陆地水时已经提到，郦道元在一次因公外出时，途经这个地区，查勘了这些河流的发源和流路，纠正了《水经》的错误。根据郦氏查勘的结果，泗水源地当在今山东省中部，沿途接纳洙水、沂水等近10条大小支流。注文最后说："泗水又东迳角城北，而东南流注于淮。"则此水当年入淮之处，在今淮阴市以东。所以在《水经注》的时代，泗水是一条源远流长，支流众多的淮河支流。由于金章宗明昌五年（南宋绍熙五年，1194年），黄河在阳武决口，④夺泗注淮入海，泗水的流路受阻，水流长期阻滞在今济宁和徐州之间，逐渐形成了长达120公里的所谓南四湖，即南阳湖、独山湖、昭阳湖、微山湖。作为淮河重要支流之一的泗水，从此名存实亡。

卷二十六记载的各水之中，只有沭水属于古代淮河的支流。经文说："（沭水）又南过阳都县，东入于沂。"不过到了《水经注》的时代，此水流路已经有了变化。注文说："《经》言于阳都入沂，非矣。"注文接着说明了原因："魏正光中，齐王之镇徐州也，立大堨遏水西流，两渎之会置城防之，曰曲沭戍，自堨流三十里，西注沭水旧渎，谓之新渠。"所以沭水从此已与沂水分离，在沂水以东注入泗水，成为泗水的支流。

《水经注》全书中与淮河有关的最后一卷是卷三十二。此卷立篇的河流共有十四条，是全书在卷内列篇最多的一卷。其中决水、沘水、泄水、肥水四水，都是淮河水系的河流。决水在注文中说得很清楚："（决水）世谓之史水，决水又西北，灌水注之。"所以决水就是今天的史河。泄水即今汲河，沘水即今淠河，肥水即今东肥河，注文也都有明确记载。虽然河道流路都已有过不同程度的变迁，但这些支流至今都仍然存在。

《水经注》记载的淮河干支流已如上所述。在古代淮河水系中，值得注意的是水系中存在大量湖陂。在上述各卷篇中，注文记载的湖泽近40处，陂池达100余处。由于湖陂众多，在卷三十《淮水》经"又东过庐江安丰县东北决水从北来注之"注中，注文论及了一个以湖陂众多而出名的"富陂县"。注文说：

汝南郡有富陂县。……多陂塘以溉稻，故曰富陂县也。

注文依次记载了县境内的富陂、高塘陂、焦陵陂、鲷陂、穷陂等,的确名不虚传。

古代的淮河流域是富于湖泊的,前面在陆地水的讨论中所提及的圃田泽和芍陂,都是存在于这个流域中的古代大型湖陂。可惜如前所述,由于各种原因,大量湖陂都遭到湮废,这是一个值得重视的问题。

2.海河

现在的海河是黄河以北的最大水系。它由卫河(南运河)、子牙河、大清河、永定河、潮白河(北运河)五大流域组成。五河在天津附近汇合,始称海河,然后在塘沽注入渤海。整个水系构成黄淮海平原的北翼。在《水经注》的时代,当然没有海河的概念,但是组成今海河的五大河流及其支流,在经、注文字中或多或少地都有记及。所以我们可以对古代的这个水系,按《水经注》的记载进行探索研究。

郦注记载涉及今海河是从卷九开始的。此卷五篇,除了沁水是黄河支流外,其余清水、淇水、荡水、洹水,都属于海河水系。这中间,荡水和洹水,原来就是卫河支流漳水的支流,而清水和淇水前已述及,是后汉末年才从黄河水系转入海河水系的。⑤卷十共《浊漳水》和《清漳水》2篇,两水总称漳河,是卫河的支流。卷十一为《易水》、《滱水》2篇,都是大清河的支流。卷十二为《圣水》、《巨马水》两篇,也都是大清河的支流。卷十三《漯水》单独为一个卷篇。此水上游即今桑乾河,下游涉及今永定河的一段。卷十四共《湿余水》、《沽河》、《鲍丘水》3篇,都是潮白河的支流。在郦注记载中,海河水系的五大河流,唯独不见子牙河。但前面已经提及,此书在北宋时期的缺佚中,滹沱河是其中之一,包括其支流滏水和洺水等,这些都是子牙河的支流。通过此书尚未缺佚时其他古籍如唐《初学记》、宋《太平寰宇记》、《太平御览》等所引,仍可窥及这些河流的大概面貌。所以,今海河水系的五大河流,《水经注》都有论及。当然,与现在对比,变迁是很大的。

在卷十两篇中,《水经》首提浊漳水之名,经文的第一句就是:"浊漳水出上党长子县发鸠山。"但注文从不提浊漳之名,一直称为漳水,有时称为衡漳。所以从河流的名称来说,《经》、《注》是不同的。不过从这一带河流的分布情况来看,从《水经》到《水经注》的这300多年中,变化并不很大。前面提到的今本郦注缺佚的滹沱水,在这一卷中,经、注都曾提及。经"又东北过阜城县北,又东北至昌亭,与滹沱河会"注中,注文也提到了滹沱河。注文说:"(漳水)又东北迳武隧县故城南,……白马河注之,水上承滹沱,东迳乐乡县北、饶阳县南,又东南迳武邑北,而东入衡水,谓之交津口。"又经"又东出山,过邺县西"注中,注文提及:"漳水又北,滏水入焉。"又经"又东北过曲周县东,又东北过钜鹿县东"注中,注文提及:"其水与隅澧通津。"又经"又东北过扶柳县北,又东北过信都县西"注中提及:"(阳縻)渊水左纳白渠支水,俗谓之泜水。"此外,清代郦学家赵一清还通过郦注佚文辑出一篇《洺水》。⑥上述滏水(今称滏阳河)、隅(隅)水、泜水、洺水,都是滹沱河的支流,滹沱河则是子牙河的支流。从上述注文中看,当时的卫河与子牙河是交织在一起的。经"又东北过章武县西,又东北过平舒县南,东入海"注中,注文清楚地描述了这个地区的河口三角洲地貌。注文说:"(漳水)又东北分为二水,一右出为淀,一水北注滹沱,谓之涉口,清漳乱流而东注于海。"说明河流到了平舒县南(今河北省青县附近),漳水已经支流纷歧,清漳水在此与漳水混杂。所以当时卫河与子牙河在这个地区交错混杂,从这片三角洲注入渤海。

卷十一记载的易水,由于许多人熟悉荆轲刺秦王的故事,"风萧萧兮易水寒",所以自古著名。经"又东过安次县南"注下,注文记述了此河的最后归宿:"易水又迳(安次)县南、郑县故城北,东至文安县与滹沱合。"《水经注》时代的文安县,在今河北省文安县以北,易水作为一条支流,在此注入滹沱河。说明为今本所缺佚的滹沱水,在当年确实是一条大河。它实际上循着今大清河河道东流,下游流路与今海河已经一致。

至于这一卷中成为一篇的滱水,它其实只是易水的一条支流。注文在全篇的最后一句提到:"滱水东北至长城注于易水者也。"这里所称的"长城",《水经注疏》有较详解释:

> 考《易水注》屡言长城,燕之长城,西自今易州安肃、容城境,东抵文安。文安之长城,特燕、赵之东界耳。据彼篇易水东至文安与虖池(按即滹沱)合,其合滱水,尚未至文安也。

既然滱水在文安前已经入易,则其与易水的汇合当在今河北省易县一带。所以按《水经注》的记载,滱水就是今唐河。但流路当然已经有了变迁。总之,易水和滱水,都是今大清河的支流。

卷十二记载了圣水和巨马水两条河流,由于古今河道的变迁,圣水属于今何水?已经无法考实。但巨马水即今拒马河,这是可以肯定的,此河是郦道元故乡所在,与他有深厚关系,所以描述细腻,前面已经述及。至于圣水,虽然在这个地区,今天找不到与它相当的河流,但在《水经注》的时代,此水是巨马水的支流。⑦经文对圣水的归宿是:"又东过安次县南,东入于海。"但注文修改了经文的说法:"又东南注于巨马河而不达于海也。"由于这些河流在平原地区变迁无常,所以很可能是《水经》与《水经注》都不错,经、注的差异,或许就是300多年中的河道变迁。

卷十三《灅水》是郦注记载今海河水系诸河中单独成卷而且篇幅最大的一篇。这当然是与此水流经北魏旧都平城(今大同市附近)有关。注文详细地描述了这个都城的自然景观和人文景观,文字甚长,所以有必要自成一卷。经文当然是简单的:"㶟水出雁门阴馆县,东北过代郡桑乾县南。"注文对此描述甚详:"㶟水东北流,左会桑乾水,县西北上平,洪源七轮,谓之桑乾泉,即溹涫水者也。"此水至今仍称桑乾河,而注文对此水沿岸的自然风光,作了大量细致生动的描述,例如:

> 柔乾水又东南迳黄瓜阜曲西,又屈迳其堆南。……又东,右合枝津,枝津上承桑乾河,东南流经桑乾郡北,大魏因水以立,郡受厥称焉。又东北,左合夏屋山水,水南出夏屋山之东溪,西北流迳故城北,所未详也。又西北入桑乾枝水。桑乾枝水又东流,长津委浪,通结两湖,东湖西浦,渊潭相接,水至清深,晨凫夕雁,泛滥其上,黛甲素鳞,潜跃其下,俯仰池潭,意深鱼鸟,所寡惟良木耳。

在这段注文中,让我们看到,除了流域缺乏森林以外,沿河的自然景观是十分动人的。支流参差,湖沼棋布,河水清深,水族丰富,所以北魏要以这条河流的名称,建立一个桑乾郡。注文说:"南池水又东北注桑乾水,为㶟水,自下并受通称矣。"所以在桑乾郡以下,河流既称㶟水,又称桑乾水。到今天㶟水之名早已为桑乾河所取代。接着,注文详细地描述了北魏旧都平城的自然景观和人文景观。这是现在我们能够见到的公元4世纪末到5世纪初作为北魏首都平城的最完整的资料。

经"又东过涿鹿县北"以下,按注文记载:"㶟水又东南迳良乡县之北界"。则此河已经流过了今官厅水库。此后,在经"过广阳蓟县北"下,注文说:"㶟水又东北迳蓟县故城南,《魏土地记》曰:蓟城南七里有清泉河,而不迳其北,盖经误证矣。昔周武王封尧后于蓟,今城内西北隅有蓟丘,盖因丘以名邑也。"这里,经、注差异由于河道多变姑且不论。但"蓟丘"却是值得重视的。我在《聚落、集镇、城市、故都》⑧一文中曾经指出:"《水经注》记载的蓟丘,1974年已经在今北京宣武门附近发现,发掘出了城墙遗址,蓟丘当然夷平了。"既然经、注都提到了蓟县,这个县是"因丘以名邑也",所以不管河流走南走北,反正总在今北京附近。说明㶟水至此,其流路尚与今永定河一致。但从此以后,经、注记载的㶟水,都偏离今永定河河道。经文说:"又东至渔阳雍奴县西,入笥沟。"注文说:"笥沟,潞水之别名也。《魏土地记》曰:清泉河上承桑乾河,东流与潞河合。"又说:"清泉至潞,所在枝分,更为微津,散漫难寻故也。"

既然笥沟是潞水的别名,而潞水又是何水?卷十四《鲍丘水》经"又南过潞县西"注中说得很清楚:"鲍丘水入潞,通得潞河之称矣。"说明潞水乃是鲍丘水的下游。所以㶟水或桑乾河的最后归宿是鲍丘水。注文在这一篇的最后把此水入海前的自然地理概况作了细致描述:

> 自是水之南,南极滹沱,西至泉州雍奴,东极于海,谓之雍奴薮。其泽野有九十九淀,枝流条分,往往径通,非惟梁河、鲍丘归海者也。

　　这一段注文把鲍丘水下游的这片海滨沼泽写得生动真实。这片沼泽就是"雍奴薮"。而许多支流都从这片沼泽入海。这就是注文所说的："非惟梁河、鲍丘归海者也。"雍奴在北魏是渔阳郡治,位于今河北省安次县以东。雍奴薮当然在雍奴县以东,直达海滨。所以鲍丘水入海远在今天津以北。当然,由于沼泽的范围很大,"南极滹沱,西至泉州雍奴"。所以也很可能与今潮白河等交织在一起。

　　还必须把鲍丘水再作点说明,鲍丘水的上游一段,其实就是今注入密云水库的汤河。《鲍丘水注》说:"鲍丘水又东,庚水注之。……庚水又西南流,灅水注之,水出右北平俊靡县,王莽之俊麻也。东南流,也谓之车辇水,又东南与温泉水合,水出北山温溪,即温源也,养疾者不能澡其炎漂,以其过灼故也。《魏土地记》曰:徐无城东有温汤,即此也。"今汤河沿岸,至今仍有不少温泉,可以为证。

　　卷十四涉及今海河水系的其他两篇是《温余水》和《沽河》。温余水在其他文献上也作灅余水、温榆水等,今名温榆河,在通县以东汇合潮白河。沽河即今白河,是潮白河的上流之一。

　　以上所述主要是《水经注》记载的与今海河水系有关的河流。由于三个原因,使这个水系在历史上的变迁显得曲折复杂。第一是水系中各河流相互间的袭夺变迁。从上面叙述可见,从《水经》到《水经注》300多年中,河道已经发生了不少变化。第二是黄河在历史上的南北摆动,使这个地区的河流受到极大干扰。第三是渤海湾海岸的变迁,⑨海滨沼泽的形成消长,各河下游的互相交织,都与此有关。因为这些原因,所以海河水系形成和发展过程的研究,成为一个难度很大的课题。谭其骧先生曾经全面研究过这个课题,撰有《海河水系的形成与发展》⑩一文,可以参阅。

3. 珠江

　　珠江是中国的大河之一,也是南方的最大河流。但此江实际上是三条不同的河流在河口的汇合。其中西江最源远流长,而且支流众多,发源于黔、桂;北江发源于湘、粤边境,东江发源于赣、粤边境。与海河一样的是,《水经注》记载涉及今珠江的河流,分散在不同卷篇之中,但海河的五大河流,郦注(包括郦佚)记载中都有涉及;但对于珠江,郦注记载中仅及于今西江和北江,而全不涉及今东江。郦注中有关今珠江的卷篇为卷三十六《存水》、《温水》,卷三十七《浪水》,卷三十八《漓水》、《溱水》,共3卷5篇。

　　郦道元在《温水注》中说:"五岭者,天地以隔内外,况绵途于海表,顾九岭而弥邈,非复行路之径阻,信幽荒之冥域者矣。"郦氏足迹未涉江南,故江南河流的记载就有许多错误,而珠江位于岭南,郦氏心目中属于"幽荒之冥域"。在郦氏的时代而记载天地以外的河流,当然有极大困难。郦道元撰《水经注》,一部分地方是他自己亲自考察过的,但这毕竟是少数。其他绝大部分地方依靠文献资料。当时,凡是经济和文化发达之处,文献资料不仅数量很多,而且内容正确;反之,不仅数量稀少,而且内容多道听途说,以讹传讹。岭南在那个时代属于中国最偏僻落后之处,所以不仅文献资料极少,仅有的一些,也都存在错误。《水经注》全书引用文献达477种之多,[①]但对于珠江的记载,所引不过庾仲雍《湘川记》、罗君章《湘中记》、王氏《交广春秋》、裴渊《广州记》、王歆之《始兴记》、杨孚《南裔异物志》、竺枝《扶南记》以及《林邑记》、《俞益期牋》等寥寥数种而已。所以虽然郦氏尽了极大努力,但如清陈澧在其《水经注西南诸水考》一书的序言中所说:"郦道之身处北朝,其注《水经》,北方诸水,尽致精确,而西南诸水,则几乎无一不误。"陈澧的话没有夸张,事实的确如此。

《水经注》记载中涉及珠江的内容,篇幅最大的是西江。但记载中存在许多错误。第一篇是《存水》,全篇不过120字,其间就有不少无法查核的问题。经文说:"存水出犍为郁邬县。"陈澧认为:"存水,今贵州独山州龙江也。《地理志》牂柯郡毋敛县,刚水东至潭中入潭,即此水。盖独山州北境为郁邬县地,西境为毋敛县地,志及经各举一县耳。"[②]按龙江上游今称打狗河,从贵州省南入广西河池县,称为金城江,东流才称龙江,到柳州注入柳江。这是根据陈澧的说法。但经"东至鬱林定周县,为周水"注中,注文说:"存水又东,迳牂柯郡之毋敛县北,而东南与毋敛水合,水首受牂柯水。"这里的牂柯水,说法不少,一般认为是北盘江。所以存水除了陈澧之说外,也有认为是北盘江。

卷三十六《温水》是郦注有关西江篇幅最大的一篇。在经"东北入于鬱"下,注文长达6000余言,在全部郦注中也算是个长篇。全篇可以看出许多拼凑的迹象。以鬱水为例,经文说"东北入于鬱",撰《经》者其实也并不明确鬱水的流路。注文说:"鬱水,即夜郎豚水也。"按经文所叙温水的流路显为南盘江,而夜郎豚水则是北盘江,至于鬱水,一般是指古代的西江。所以说法甚相径庭。郦道元结果也不知道鬱水的去路。注文先引《山海经》:"鬱水出象郡而西南注南海,入须陵东南者也。"接着又引应劭:"鬱水出广信,东入海。"郦氏对此也拿不定主意,所以全篇末尾的最后一句话是:"言始或可,终则非矣。"说明当时北方人对南方特别是岭南的山川地理,所知确实不多。

不过从另一方面看,这篇显然拼凑的注文,涉及的地域范围甚广,从岭南直到中南半岛,记载了这个地区的大量自然景观和人文景观,都是非常可贵的资料。前面提及这个地区的文献资料甚少,但此篇所引及的如《林邑记》和《俞益期牋》,都是早已亡佚而古籍极少引用的,所以也很有价值。

卷三十七《浪水》,是《水经注》记载西江诸篇中头绪比较清楚的一篇。按注文所叙与现代情况对照,浪水的上游是今广西东北部的洛清江,洛清江注入柳江,然后是黔江和西江,直到入海。在经"其一水又东过县东,南入于海"之下,注文生动地描述了珠江三角洲的地理景观,是一项可贵的资料,前面讨论地貌时已经引及。此外,注文还记叙了今广州建城的地理基础,注文说:

> 交州治中合浦姚文式问云:何以名为番禺? 答曰:南海郡昔治在今城中,与番禺县连接,今入城东南偏有水坈陵,城倚其上,闻此县人名之为番山,县名番禺,倘为番山之禺也。

根据这一段注文中所提及的"水坈陵",吴壮达教授经过研究,获悉了古代番禺最早居民聚落的所在。[⑬]

卷三十八《漓水》是郦注有关今珠江记载中,名称和江道都相同的一篇。在这一篇中有一项可贵的资料,即"湘漓同源"。对于这项资料,郦注在卷三十八《湘水》经"湘水出零陵始安县阳海山"注下已记叙过一次,注文说:

> 即阳朔山也。应劭曰:湘出零山,盖山之殊名也。山在始安县北,县,故零陵之南部也。魏咸熙二年,孙皓之甘露元年,立始安郡。湘漓同渠,分为二水,南为漓水,北则湘水。东北流,罗君章《湘中记》曰:湘水之出于阳朔,则舣为之舟;至洞庭,日月若出入于其中也。

《漓水》经"漓水亦出阳海山"下,注文记载的湘漓同源较《湘水注》更为具体,注文说:

> 漓水与湘水出一山而分源也。湘漓之间,陆地广百余步,谓之始安峤。峤,即越城峤也。峤水自峤之阳南流注漓,名曰始安水。故庾仲初之赋《扬都》云:判五岭而分流者也。

上列湘、漓二注,即一般所说的湘漓同源。按《汉书·地理志》零陵郡、零陵县:"阳海山,湘水所出,北至酃入江,行五千二百三十里。又有漓水,东南至广信入鬱林,行九百八十里。"虽然湘、漓二水均置于零陵县下,但其所述,并不明同源之意。《说文》有湘水:"湘水出零陵阳海山,北入江。"[⑭]但无漓水,说明许慎亦不知湘漓同源之说。而《水经》所说:"湘水出零陵始安县阳海山,……漓水亦出阳海山。"应该是我国最早明确提出湘漓同源的文献。不过《水经》仅仅两句,并未写出同源实况,因此,《水经注》的记载:"湘漓同源,分为二水","漓水与湘水出一山而分源也,湘漓之间,陆地广百余步。"才把同源分流的实况记载清楚,这当然是很有价值的。

卷三十八《溱水》是郦注记载中涉及珠江的最后一篇。溱水即今北江,这也是注文记叙中古今河道非常符合的一篇。现在地图上的北江,上游有西源武水和东源浈水两条支流,注文中也都有提及。经"溱水出桂阳临武县南,绕城西北屈东流"注中,注文与经文基本一致。注文说："溱水导源县西南,北流迳县西,而北与武溪合。"郦注临武在今湖南省临武县偏东,是西汉所置的县,说明武溪之名,在汉代已经存在。在经"过浈阳县,出涯浦关,与桂水合"注中就出现了浈水,注文说："溱水又西南历皋口、太尉二山之间,是曰浈阳峡,两岸杰秀,壁立霤天。……溱水出峡左,则浈水注之。"郦注浈阳在今广东省英德偏东,也是西汉所置县。所以浈水之名,也是由来已久。溱水的流路,注文的记叙非常清楚："溱水又西南迳中宿县南,吴孙皓分四会之北乡立焉。"南朝的中宿县在今清远县附近,而四会县址古今未变。说明从郦注到现在,这一段北江流路没有较大改变。北江的最后归宿,注文在经"南入于海"下说："溱水又南注于鬱而入于海。"鬱水是古代对今西江的称谓,说明北江与西江的汇合关系,从公元6世纪至今基本不变。

4. 钱塘江

中国的东南沿海,包括今浙江、福建二省和皖南、赣东一隅,在自然区域上称为东南丘陵或闽浙丘陵。在这个地区有不少发源于丘陵内部向东独流入海的河流,最重要的有浙江的钱塘江、瓯江,福建的闽江、九龙江,并包括广东东部的韩江等。这些河流有它们的共同特点:源短流急,含沙量和输沙量都很小,沿河多滩濑,水力蕴藏丰富,自然风光优美等等。从《水经注》的记载来说,福建省是个空白点,注文全不涉及此境的一山一水。其实,从钱塘江以南,直到珠江的北江之间,这一大片地区,都是《水经注》序言中所说的:"其所不知,盖阙如也。"所以钱塘江可以作为郦注记载这个地区的代表。

钱塘江在《水经注》中列为最后一卷,《水经》称此河为浙江水,但古代文献提到浙江这个名称的只有《汉书·地理志》和《说文》两种。《汉志》丹阳郡、黝县下说："浙江水出南蛮夷中,东入海。"《说文》说："渐水出丹阳黟南蛮中,东入海,从水,斩声。"[15]但《说文》同时也有浙江:"江水至会稽山阴为浙江,从水,折声。"[16]此外绝大部分古籍如《山海经》、《越绝书》、《史记》等都称浙江。而《庄子·外物篇》则称渐(制)河。其实渐(音斩)、浙、渐是一音之转,是古代越语的不同汉译,与《史记》作"越"而《汉书》作"粤"是同样道理。但郦道元看来不同意浙江这个名称,所以在注文中只称浙江,绝不提渐江之名。至于钱塘江这个名称,那是很晚才出现的。经"北过余杭,东入于海"注中,注文提出了此水下游的钱唐县:"浙江又东北至钱唐县,穀水入焉。"钱唐(今杭州)是秦始皇一统后就建的县。当时是县名而并非水名。王充《论衡·虚书篇》说："余暨(今萧山)以南属越,钱唐以北属吴,钱唐之江,两国界也。"王充所说的"钱唐之江",意思是钱唐县的这条江。因为《虚书篇》明确指出:"有丹徒大江,有钱唐浙江。"但后世或许就因王充说了"钱唐之江"的话,就把流经此县的江段称为钱唐江。而流经其他各县的江段,也分别以县名命名,例如流经富春县(晋以后改富阳县)的称富春江,流经桐庐县的称桐江,流经兰溪县的称兰江等等。钱唐县在唐朝由于"唐"字与国名相同而改称钱塘县,江名也就随着称为钱塘江。长期以来,钱塘江只是河口一段的称谓,民国以后,钱塘县名撤销,而钱塘江名取代了整条浙江。

　　这一篇经文的第一句是:"浙江水出三天子都。"如上述,郦道元既不同意浙江水这个名称,也不对"三天子都"这个实际上由《山海经》提出来的地名作出解释。注文说:《山海经》谓之浙江也。《地理志》云:水出丹阳黟县南蛮中。"郦道元可能认为在这类北方人都不熟悉的地名上多费口舌并无必要,但他对这条河流的河性和河型,其实也就是闽浙丘陵所有河流的特色,却予以很大的重视。例如注文说:"浙江又东迳寿昌县南,自建德至此八十里中,有十二濑,濑皆峻险,行旅所难。"从自然景观来说,这些地区的钱塘江干支流,都是引人入胜的:"山水东南流,名为紫溪,中道夹水,有紫色磐石,石长百余丈,望之如朝霞,又名此水为赤濑,盖以倒影在水故也。紫溪又东南流迳白石山之阳,山甚峻极,北临紫溪,又东南,连山夹水,两峰交峙,反项对石,往往相捍,十余里中,积石磊砢,相挟而上,涧下白沙细石,状若霜雪,水木相映,泉石争晖,名曰楼林。"钱塘江干支流的这些河段,至今仍然景色宜人。

　　在《水经》的时代,北方学者对江南河流的知识实在很少。《水经》对今钱塘江只有两句话,经文的第一句是"浙江水出三天子都",第二句是"北过余杭,东入于海",寥寥16字,就写完了这条河流。但郦道元却能广泛搜集文献资料,悉心揣摩研究,对这条他并不熟悉的河流写得细致生动。特别是在经文的第二句"北过余杭,东入于海"下,他写了一篇长达6000余言的注文,在郦注全书中也称得上是个长篇。例如注文描述今钱塘江源流之一的定阳溪水:

　　　　其水分纳众流,混波东逝,迳定阳县,夹岸缘溪,悉生支竹,及芳枳、木连,杂以霜菊、金橙。白沙细石,状如凝雪,石溜湍波,浮响无辍,山水之趣,尤深人情。

又如注文描述今杭州西湖的灵隐山:

　　　　浙江又东迳灵隐山,山在四山之中,有高崖洞穴,左右有石室三所,又有孤石壁立,大三十围,其上开散,状如莲花。

在钱塘江下游河口,注文记载了郦注全部河流中唯此独有的一种自然现象,即今称为钱塘潮的胜景。注文说:

　　　　(钱唐)县东有定、包诸山,皆西临浙江。水流于两山之间,江水急濬,兼涛水昼夜再来,来应时刻,常以月晦及望尤大,至二、八月最高,峨峨二丈有余。

　　注文不仅描述钱塘江干流的风景,并且也描述支流的风景,诸暨的五洩瀑布即是其例,注文说:

　　　　江水导源乌伤县,东迳诸暨县,与洩溪合,溪广数丈,中道有两高山夹溪,遥云壁立,凡有五洩,下泄悬三十余丈,广十丈,中三洩不可得至,登山远望,乃得见之,悬百余丈,水势高急,声震水外,上洩悬二百余丈,望若云垂,此是瀑布,土人号为洩也。

　　上列4处,即源头的定阳(今浙江常山县)溪水,杭州灵隐山,江口的涌潮,诸暨的五洩瀑布,因为现在都仍然存在,其中灵隐山、钱塘潮和五洩瀑布,并且都已经发展成为重要的旅游胜地。与注文对比,尽管描述中不免有一些夸张之处,但是定阳溪水的清澈秀丽,灵隐山喀斯特地貌的深邃奇异,钱塘潮的汹涌澎湃,五洩瀑布的五级悬流,都被注文写得出神入化。以五洩瀑布为例,这是一处现在已经得到充分开发但在全国尚未十分知名的风景名胜。诸暨县地方志编委会曾于1985年邀请我们夫妇游览了这个当时正在开发的名胜地。我在沿途观光之中,随时随地都和《水经注》的记载联系对比。地方志编委会请我题诗留念,我即席写下一首七绝:

　　　　五级飞清千嶂翠,西龙幽壑东龙水,[⑰]老来到此绝胜处,脚力尽时山更美。

　　游览途中曾在山上的五洩林场休息,林场负责人也请我题诗补壁。林场恰在五波的第一级雷鼓岭附近,我就信笔写了一首五绝:

　　　　蹊径探五洩,高崖飞瀑急,峰回雷鼓转,始信郦元笔。

　　两诗虽然都是不暇考虑的应景之作,但都是情系郦注的。七绝中特用"飞清"一词,因为除了郦注以外,尚无以"飞清"为瀑布的。五绝是在看过了五级悬流以后所写,当时我的心情完全倾注在郦氏的描述之中,所以才写出"始信郦元笔"的话。

　　《浙江水》在这一篇注文中,除了上述对沿江自然风景的生动描述以外,也有可以供学术研究,匡正前人错误的内容,例如当今仍然著称于世的绍兴兰亭。注文说:

　　　　浙江又东与兰溪合,湖南有天柱山,湖口有亭,号曰兰亭,亦曰兰上里,太守王羲之,谢安兄弟,数往造焉。吴郡太守谢勖封兰亭侯,盖取此亭以为封号也。太守王廙之移亭在水中,晋司空何无忌之临郡也,起亭于山椒,极高尽眺矣,亭宇虽坏,基陛犹存。

　　作为一个著名古迹胜地的兰亭和书圣王羲之在这里挥毫写成的《兰亭》(指《兰亭集序》),至今都仍然存在,而且受到人们的喜爱。但是这中间有些曲折的情节,有时还不免被人们所议论。譬如,现在的兰亭其实是假的,不少人却不以为假;现在流行的《兰亭》倒是真的,却有人偏说其假。郦道元的时代距东晋不远,但郦注明确记载"太守王羲之、谢安兄弟数往造焉"的兰亭,位于天柱山下的湖口。这个湖口所濒的"湖",

就是注文所记的:"浙江又东得长湖"的"长湖",到唐代称为镜湖,宋代称为鉴湖。由于鉴湖到南宋湮废,所以"湖口"也就失其处所。但天柱山的位置从来未变,所以清代郦学家全祖望明白指出王羲之时代的兰亭和后来的兰亭在位置上的差异:"自刘宋至赵宋,其兴废不知又几度? 故不可考。若以天柱山之道按之,其去今亭三十里"。[18]我也曾经以《水经注》的记载,撰成一篇考证兰亭与《兰亭》的文章。[19]文章太长,但编辑先生于发表时在卷首为我作了一个摘要:

> 王羲之的《兰亭集序》是中国书法史上登峰造极之作,当时文人荟集流觞曲水的修禊之地——兰亭,也随之名闻遐迩。然而,由于地理环境的变迁,兰亭位置也曾数度迁移,而与今日之兰亭毫不相涉。本文除了依各种史料考证兰亭故址外,同时也对《兰集集序》非出于右军手笔的说法提出辩白。

这个例子除了说明《浙江水注》关于兰亭的记载是一项很有价值的资料以外,同时也说明,在全部《水经注》中,可以提供后人做学问的材料,实在是很多的。

在《水经注》之中,对于南方的许多独流入海的河流,从长江口到珠江口,《浙江水注》是一个孤篇,但却是一个长篇,更是一个佳篇。

注释:

① 指金章宗明昌五年,黄河决口阳武,经泗水入淮河,从此淮河下游河道为黄河所占。

② 据《淮河水利简史》,水利电力出版社 1990 年版。

③ 《左传》哀公九年:"吴城邗,沟通江淮。"一般均以此为中国开凿运河的最早记载,时在公元前 486 年。按《左传》文字,亦有作"吴城邗沟,通江淮"的。故称"邗沟",《水经·淮水注》作"邗溟沟"。

④ 《金史·河渠志》。

⑤ 卷九《清水》经"又东入于河"注:"曹公开白沟,遏水北注,方复故渎矣。"同卷《淇水》经"淇水出河内隆虑县西大号山"注:"汉建安九年,魏武王于水口下大枋木以成堰,遏淇水东入白沟以通漕运。"

⑥ 收入于赵一清《水经注释》卷一〇。

⑦ 谭其骧主编《中国历史地图集》第四册及郑德坤《重编水经注图(总图部分)》(附于吴天任《郦学研究史》卷末,台北艺文印书馆 1991 年版)均绘有圣水。但无今水可以相当。

⑧ 《河洛史志》1993 年第 3 期。

⑨ 参阅谭其骧《历史时期渤海湾西岸的大海侵》,《长水集》下,人民出版社 1987 年版。

⑩ 《长水集》续编,人民出版社 1994 年版。

⑪ 陈桥驿《水经注·文献录》,《水经注研究二集》,山西人民出版社 1987 年版。

⑫　《水经注西南诸水考》。

⑬　《水经注的"水坑陵"问题》,《华南师范学院学报》(自然科学版)1980 年第 2 期。

⑭⑮⑯　《说文》卷十一上《水部》。

⑰　五洩景区包括东龙潭与西龙潭两个主要部分,五级瀑布在东龙潭,西龙潭是一条沿溪的幽
邃山径。

⑱　《宋兰亭石柱铭》,《鲒埼亭集》卷二四。

⑲　此文发表于台北《历史月刊》1998 年 10 月号。

九、郦道元的自然之爱

前面阐述郦道元的爱国主义精神时,已经指出,他的爱国主义精神的思想基础,一是大一统思想,二是热爱自然,前者与他的出身门第和接受的儒家传统教育有关,后者则是他所处的这个"地理大交流"时代的特色,通过前辈和他自己在这个时代中积累和交流的地理知识,造就了他深厚的地理学素养。这是他热爱自然,热爱祖国大好河山的重要基础。《水经注》不仅是一部宣扬祖国大一统的杰出著作,同时更是一部描写祖国大好河山的杰出著作。

1. 对祖国河山的生动描述

明末清初学者在其《跋寓山注二则》[①]一文中曾经说过:"古人记山水,太上郦道元,其次柳子厚,近时则袁中郎。"张岱笔下在这方面次于郦道元的另外两人,是柳子厚(宗元)和袁中郎(宏道),他们两人都是热爱祖国大好河山的学者。柳宗元(773—819)是著名的唐宋八大家之一,当然是文章高手,但是张岱所说的是"记山水"。柳宗元所写的山水文章,主要是《永州八记》。这是他因王叔文党事被贬为永州司马时在永州(今湖南零陵)所写,文章短小简练,文笔清丽,历来名重一时,脍炙人口。袁宏道(1568—1610)是明朝后期文学流派公安派(袁是湖北省公安县人)的代表人物,所以也是一位文坛名流,而且还是一位旅游家。《明史·袁宏道传》说他与其兄宗道、弟中道都是公安派学者,"宦游京师,多交四方名士,足迹半天下"。所以在他们诗文集《袁中郎全集》40卷中,有不少游记。有人把他的游记从全集中抽出,编成《袁中郎游记》②一种,也很受人欢迎。这里需要指出的是,不论柳宗元还是袁宏道,他们的游记文章,都是身历其境之作。柳宗元生当唐德宗、宪宗两朝,虽非盛唐之世,但唐朝毕竟版图广大,声威远播,是一个泱泱大国。袁宏道生当明朝晚期,国力虽逊而尚未穷蹙,边疆纵有不宁,而长城以内,仍是明土,袁氏昆仲行旅所及,莫非皇舆。所以柳、袁两人之世,均属承平已久,而皇朝一统。他们眼目所见,足履所及,心上所思,笔端所述,无不在皇舆域内。他们用文字表达对祖国的自然之爱,都是中国的土地。所以他们在这方面情性舒坦,了无芥蒂。但郦道元与他们完全不同,当他出生之日,国家分裂已有一个半世纪,干戈扰攘,人民流离。他立身于半壁河山,而心怀一统的祖国。在如此处境之下,同样是一位热爱祖国大好河山的学者,同样借文字表达了自己的深挚感情。但是与柳宗元、袁宏道不同,他必须在许多问题上面对现实。例如,他要描写的祖国山川,是他立身的半壁河山以内,抑是在这半壁河山以外;是他亲身经历,亲眼目击,抑是他无法亲见,必须借助于其他文献;用北朝年号,抑是用南朝年号。如此等等,都使他煞费苦心。在这样的景况之下,他对祖国山川的描写,仍被张岱誉为3位高手中的"太上"。文穷而后工,或许就是这个道理。从这里也给我们一种启发,这就是,郦道元的所以能够在祖国的自然风光的描写中登峰造极,一方面固然是由于他的高超写作技巧,但是更为重要的是他对祖国河山的无比热爱。

郦道元的确是把他的全部感情倾注在《水经注》的撰写之中的。凡是他足迹所到之处,由于他的悉心考察和热情观赏,因此,他的记载和描述,不仅如清初郦学家刘献廷所称道的"毫发不失",③而且更是活龙活现,栩栩如生。对于未能亲履其地的那些著名山水胜景,他也无不大量搜集文献资料,细心选择,着意描摹,所以也能够写出细致生动,令人百读不厌的文章。由于他的文章引人入胜,如前面提到的大文豪苏东坡所说:"嗟我乐何深,《水经》亦屡读。"诵读郦氏文章,吟哦之间,辄深神往,往往动情移性,忘乎所以。清初地理学家胡渭,在其名著《禹贡锥指》卷首《例略》有一段称道《水经注》的话:

> 孰知为《禹贡》之忠臣,《班志》之畏友哉。惟子鸿深信而笃好之,反复寻味,每水各写为一图,两岸带诸小水,无一不具,精细绝伦,余玩之不忍释手,百诗有同嗜焉。昔善长述宜都山水之美,沾沾自喜曰:"山水有灵,当惊知己于千古。"至今读之,勃勃有生气。吾三人表章郦注,不遗余力,亦自谓作者有灵,当惊知己于千古也。

这一段"既信得此奇观,山水有灵,亦将惊知己于千古矣"的话,在前面讨论峡谷地貌中已经此及,原是袁山松《宜都山川记》中的文字,而胡渭误作郦言,曾经受到后世学者的批评,郦学家赵一清已经指出其误,④而不久以前,邹逸麟教授在其整理的《禹贡锥指》中,⑤也在《校勘记》中指出:"山水有灵亦当惊知己于千古,按此两句乃晋袁山松《宜都山川记》所叙,见郦注可知,胡渭误以为善长所言,未审。"

我当然同意从赵一清到邹逸麟对胡渭的指正。但胡氏在其《例略》中,还提及他的朋友黄仪(子鸿)和阎若璩(百诗):"惟子鸿深信而笃好之,反复寻味";"余玩之不忍释手,百诗有同感也"。他们3人曾相聚于洞庭山修纂《一统志》,⑥共赞郦注文章恐怕就在此时,因为胡渭文中明明说:"吾三人表章郦注,不遗余力。"所以把袁山松《宜都山川记》的话误作郦道元之言,显然也包括黄、阎两人在内。我很怀疑,胡、黄、阎都是一代国学大师,读书竟如此疏忽。这是因为他们完全从欣赏的角度诵读郦注,不暇于寻根究底,也就是我在前面所说的:吟哦之间,辄深神往,往往动情移性,忘乎所以。加上郦氏行文,确实具有"文章本天成,妙手自得之"的功夫,虽然注文明说是他书所引,但由于剪裁得宜,读者吟诵,自感一气呵成,了无隔碍。所以胡渭等人的误会,更是以说明郦氏文章行云流水,出神入化。

全部《水经注》中,描写山水的锦绣文章当然俯拾即是,但历来传诵的千古杰作,主要有两篇。民国以来,常常被选入中学甚至大学的国文课本,作为青年人欣赏和学习的范文。这两篇,一篇是记述黄河孟门瀑布的,另一篇是记述长江三峡的。这两处,孟门位于北魏旧都平城以南、新都洛阳以北,是郦氏常经之地;而长江三峡,位于南朝腹地之中,是他足迹所未履,但这两处河山胜景,在《水经注》中都是前无古人,后无来者的绝作。

孟门瀑布一段,全文不过131字,在卷四《河水》经"又南过河东北屈县西"注下:

孟门,即龙门之上口也。实为河之巨阸,兼孟门津之名矣。此石经始禹凿,河中漱广,夹岸崇深,倾崖返捍,巨石临危,若坠复倚,古之人有言,水非石凿,而能入石,信哉。其中水流交冲,素气云浮,往来遥观者,常若雾露沾人,窥深悸魄。其水尚崩浪万寻,悬流千丈,深洪赑怒,鼓若山腾,濬波颓迭,迄于下口。方知慎子下龙门,流浮竹,非驷马之追也。

孟门瀑布就是今天的壶口瀑布,位于陕西省宜川之东,山西省吉县以西的黄河上,由于两岸山势紧逼,黄河河床从200米—300米在此骤缩到30米—50米,形如壶口倒悬,所以今称壶口。水流从30米高处倾泻而下,形成注文所描述的人间奇观。著名历史地理学家史念海教授在其著作《历史时期黄河中游的下切》⑦一文中评论郦注的这段文章说:"这完全是壶口的一幅素描,到现在还是这样,到过壶口的人,一定会感到这话说得亲切。"我算是一个到过壶口的人,随身还带着《水经注》,而且是与史先生同行的。我在《水经注与野外考察》⑧一文中,曾经记及,当年参加考察的一行40余人,在距壶口5公里处下车,史先生即展开郦注,高声朗诵这段文章。我在拙文中说:

> 史先生朗诵此段郦道元的绝妙文章时,专家们无不聚精会神,聆听郦氏对这个瀑布的生动描写。朗诵毕,由我从自然地理等角度向专家们讲解一下关于瀑布的形成、退缩和河流的溯源侵蚀以及壶口瀑布的具体问题等,这当然是史先生事前嘱我准备的。于是专家们上车,沿黄河北驶,随即听到了瀑布的澎湃之声,不久就遥见了"崩浪万寻"的壶口瀑布。

对于瀑布,我应该说是一个见过世面的人,我曾经观赏过南美洲巴西和阿根廷之间落差达70米、号称世界第一的伊瓜苏瀑布。我也观赏过美国和加拿大之间落差达50余米,总宽逾1000米的尼亚加拉瀑布。那年从北美讲学回国,一家文学期刊邀我写点彼方见闻。我在《尼亚加拉瀑布》这一篇的最后说:

> 正是因为我是研究《水经注》的,所以我考察过孟门瀑布(今称壶口瀑布),这个瀑布宽不过30米,落差只有20米,但郦道元能够写出如此栩栩如生的千古文章,足见文学描写确实是一种天赋。⑨

"文学描写确实是一种天赋"。对于《水经注》中的许多使人倾倒的绝妙文章,我只能说这样一句话。

《水经注》的另一篇千古杰作是描写长江三峡的。郦注卷三十三、三十四两卷中,描述三峡的佳作不少,在前面讨论峡谷地貌时已经举过若干例子。但其中最著名的一段在卷三十四《江水》经"又东过巫县南,盐水从县东南流注之"注下:

> 自三峡七百里中,两岸连山,略无阙处,重岩叠嶂,隐天蔽日,自非停午夜分,不见曦月,至于夏水襄陵,沿泝阻绝,或王命急宣,有时朝发白帝,暮到江陵,其间千二百里,虽乘奔御风,不以疾也。春冬之时,则素湍绿潭,回清倒影,绝巘多生怪柏,悬泉瀑布,飞漱其间,清荣峻茂,良多趣味。每至晴空霜旦,林寒涧肃,常有高猿长啸,属引凄异,空谷传响,哀转久绝。故渔者歌曰:巴东三峡巫峡长,猿鸣三声泪沾裳。

这段文章共155字,历来为人所传诵。唐李白的著名七绝《早发白帝城》:"朝辞白帝彩云间,千里江陵一日还,两岸猿声啼不住,轻舟已过万重山。"实际上就是这一段文章的缩写。⑩我也有幸从重庆乘江轮东下,欣赏了三峡胜景,除了不见猴子以外,其他一切景观,与《水经注》上所描写的真是毫厘不差。若用史念海教授对壶口瀑布的话来说:"这完全是三峡的一幅素描。"

郦道元没有到过三峡,因为三峡位于南朝荆州的巴东(今四川省奉节县一带)、建平(今四川省巫山县一带)、宜都(今湖北省宜昌市一带)三郡境内,而北魏的势力只及于今秦岭和淮河一线。但郦氏对于他足迹未到的山川胜地,总是搜集大量资料,经过他的仔细选择,认真体会,然后引用原文,或是加以修润改写。所以虽然他并非亲见,但文字仍能写得十分生动。对于声名甚著的长江三峡,这当然是他表达对祖国自然环境满腔热爱的重点。他精选了许多有关这个山水胜境的文献,特别是亲眼目睹者的写作。其中最重要的就是曾任宜都太守的东晋人袁山松所撰的《宜都山川记》(或作《宜都记》)。郦道元常在注文中指出,"袁山松曰","山松言"或"《宜都记》曰",可以为证。前面论述峡谷地貌所引及的:"及余来践跻此境,……山水有灵,亦当惊知己于千古矣"的一段话,当然是袁山松的话,胡渭等由于尽情欣赏郦注文字,吟诵不辍,忘乎所以,所以才造成误会。郦道元当然是很认真的,他除了大量引用《宜都山川记》的文字外,自己也根据《宜都记》和其他有关文献,对三峡风景作了不少精湛的描述,例如上面所引的这篇千古杰作,显然不是《宜都山川记》的原文,是郦道元根据包括《宜都记》在内的若干文献改写的。袁山松的原文,在经"又东过夷陵县南"注中,郦道元曾经引过几段:

袁山松曰:自蜀至此五千余里,下水五日,上水百日也。

《宜都记》曰:自黄牛滩东入西陵界,至峡口百许里,山水纡曲,而两岸高山重障,非日中夜半,不见日月。

袁山松言:江北多连山,登之望江南诸山,数十百重,莫识其名,高者千仞,多奇形异势,自非烟褰雨霁,不辨见此远山矣。

以上3段,加上胡渭等误会的"自余来践跻此境"的一段,都是郦道元《长江三峡》的这一篇杰作的资料来源。诸如"两岸连山,略无阙处","停午夜分,不见曦月","朝发白帝,暮到江陵"。如与袁山松的几段文章加以对比,都可以看出《水经注》在《宜都记》的基础上加工的痕迹。当然,郦道元的加工是成功的。应该说,他的这一篇已经超过了"耳闻不如亲见"的袁山松。所以对于长江三峡,《水经注》的确立下了千秋功勋。它不仅让早已亡佚的《宜都山川记》借《江水》一篇而留下了吉光片羽,而且还为三峡胜景,写出这样一篇千古文章。对于郦道元来说,尽管他没有目击现场,但是他的成就,实在已经超过了他亲履其地的孟门瀑布。用什么理由来解释他在山川描写中的非常成就。前面提出的"天赋"一词,毕竟太抽象。我看除了文字技巧以外,主要应归功于他的感情,他对于祖国的自然之爱的真挚感情。正是因为他把这种真挚的感情倾注在祖国河山之上,感情凝聚,使他能够从心神深处领会袁山松和其他一些目击三峡者的著作,从而写出超过他们的文章。

从写作的技巧来看,郦道元对祖国河山的生动描述,首先是他所使用的文字新颖多变,不用陈词滥调。前面讨论有关瀑布时已经指出,他绝不刻板地使用"瀑布"这个词汇,而是根据瀑布的不同形象以变化无穷的词汇进行描述,如洪、泷、悬流、悬水、悬涛、悬泉、悬涧、悬湍、悬波、颓波、飞波、飞清、飞泉、飞流等,让读者随时有新鲜生动之感。又如对于溪泉水流清澈的现象,他又创造了许多情趣盎然的语言进行描写。例如卷二十二《洧水注》中说:"绿水平潭,清洁澄深,俯视游鱼,类若乘空矣。"卷三十七《夷水注》中说:"其水虚映,俯视游鱼,如乘空也。"卷三十七《澧水注》中则说:"水色清澈,漏石分沙。"

柳宗元在其著名的《永州八记》中的一篇《至小丘西小石潭记》中也有类似的描写:"潭中鱼可百许头,皆若空游而无所依。"柳宗元的这段描写,显然是吸取了郦道元的写作技巧,所以张岱所作"太上"、"其次"的排列,不是没有根据的。

除了自己创作的生动语言外,郦道元还善于吸取别人的生动语言,以丰富他自己的写作。上面列举的关于长江三峡的山水描写,因他自己不能亲履其境,就吸取了亲履其境的袁山松等的语言,再经过他自己的加工。从而写出了几段千古文章。其实,对于自己能亲自考察的地方,他也并不忽视别人的生动语言。例如黄河从今山西、陕西二省界上向南奔流,在陕东华山以北,即今潼关与风陵渡之间拐一个大弯折而向东。这当然是自然界的一种伟大的壮观。对此,郦道元引用了当地流行的古语:[11]

> 华岳本一山挡河,河水过而曲行。河神巨灵,手荡脚踏,开而为两,今掌足之迹仍存。

这当然只是一个神话,但文字的气魄宏大,读之令人心胸开广。所有这些,都说明郦道元在吸取他人的生动描写方面,是如何地得心应手。

郦道元的写作技巧,除了他自己创作的许多生动语言和尽量吸取他人的生动语言以外,还有一个重要的方面,就是他能广泛地采集各地的歌谣谚语,穿插在有关的卷篇之中。这类歌谣谚语,除了极少数查得到原作者以外,绝大多数都是各地世世代代流传下来的,是经过千锤百炼的群众语言。清代郦学家刘献廷推崇郦道元的写作技巧:"更有余力铺写景物,片言只字,妙绝古今。"[12]这中间有不少就是郦氏采集的各地歌谣谚语。

《水经注》的写作是以河流为纲的,所以郦道元特别留意长期活动于河流中的舟人、渔夫和旅行者的歌谣谚语。例如河道曲折,是河流的一种很普通的自然现象,在历来的诗词歌赋和游记等之中,描写这种自然现象的章篇,可以说俯拾即是。但郦道元与众不同,他采集了当地歌谣谚语。例如卷三十四《江水》经"又东过夷陵县南"注中,长江在宜昌县东。有一段非常曲折的江道,注文说:

> 江水又东迳黄牛山下,有滩,名曰黄牛滩。南岸重岭迭起,最外高崖间有石,如人负刀牵牛,人黑牛黄,成就令明,既人迹所绝,莫得究焉。此岩既高,加上江湍

纤回，虽途经信宿，犹望见此物。故行者谣曰："朝发黄牛，暮宿黄牛，三朝三暮，黄牛如故。"言水路纡深，回望如一矣。

这里，"朝发黄牛，暮宿黄牛，三朝三暮，黄牛如故"一谣，短短 16 字，但对于说明江道曲折，实在胜过千百字的描写。同样，在卷三十八《湘水》经"又东北过重安县东，又东北过酃县西，承水从东南来流注之"注中，还有一段描述湘江江道曲折的注文：

> 衡山东南两面，临映湘川，自长沙至此，江湘七百里中，有九向九背。故渔者歌曰："帆随湘转，望衡九面。"

这一首湘水的渔歌，和前面江水的行者谣，确是异曲同工。把这类千曲百回的江道，写得惟妙惟肖，宛如一幅图画。

前面《江水注》中，也已经引用过不少歌谣谚语，如"巴东三峡巫峡长，猿鸣三声泪沾裳"。"滩头白勃坚相持，倏忽沦没别无期"。"滟滪大如象，瞿唐不可上；滟滪大如马，瞿唐不可下"。诸如此等，都是舟人世世代代流传下来的精炼和生动的语言。郦道元掇拾这类语言以丰富他自己的著作，实在事半功倍。也可以说是，得来全不费工夫。

除了舟人、渔夫等以外，《水经注》也搜集河流以外的歌谣谚语。例如在我国西南的高山地区，前面讨论地貌时已经提及那个地区的高山险峻，行旅困难，卷三十六《若水》经"又东北至犍为朱提县西，为泸江水"注中，为了描写从朱提到僰道之间的山高水险、道路艰难，注文引用当地的俗语：

> 自朱提至僰道，有水步道，水道有黑水、羊官水，至险难。三津之阻，行者苦之。故俗为之语曰："楢溪赤水，盘蛇七曲，盘羊乌栊，气与天通，看都濩泚，住柱呼伊，庲降贾子，左担七里。"又有牛叩头、马搏颊坂，其艰险如此也。

这句俗语中的所谓"左担七里"，胡三省在《通鉴》中有注解："右肩不得易所负，谓之左担路。"[13]七里长的"左担路"，则道路之险可以想见。

前面已经提到《水经注》全书中有很多篇幅写祖国各地的自然风景。郦道元在这方面同样也运用歌谣谚语。例如卷三十七《沅水》经"又东北过临沅县南"注中，有一座风景美丽的绿萝山，他就采集了一首当地流行的《土人歌》，[14]用以描述这处美丽的山水胜景：

> 仰兹山兮迢迢，层石构兮嵯峨，朝日丽兮阳岩，落景梁兮阴阿，鄣壑兮生音，吟籁兮相和，敷芳兮绿林，恬淡兮润波，乐兹潭兮安流，缓尔楫兮咏歌。

这首称为《土人歌》的歌谣，文字绮丽，音韵和谐，显然已经经过文人学士的加工。对于绿萝山的自然风景，真是锦上添花。又如卷三十九《㴲水》经"又西北过阴山县南"注中，有一座风景美丽的龙尾山，注文引用了一首当地流行的《遗咏》，描写登临这座名山时的感受。这首《遗咏》同样也是经过文学之士加工的,辞藻优美,百读不厌。
《遗咏》说:

> 登武阳,观乐薮,峨岭千藐洋湖口,命蚩螭,驾白驹,临天水,心踟蹰,千载后,
不知如。

美国学者亨利·G.施瓦茨写了一本名为《自然之爱:徐霞客和他的早期旅行》[⑮]
的书,他的观点,后来被收在密西根大学教授李祁所翻译的英文本《徐霞客游记》[⑯]卷
首,而标题称为《中国人的自然之爱》。列举了一些热爱自然的中国古人,如"谢灵运
在始宁","柳宗元在永州",以及陶潜、李白等等。而归结到徐霞客,因为他也是一位
热爱自然的中国人。作者举这些例子,这当然是很有道理的。谢灵运在始宁写了《山
居记》,柳宗元在永州写了《永州八记》。陶潜、李白也都在他们的散文和诗篇中表达
了他们对祖国河山的无比热爱。而徐霞客毕生在祖国大地上考察旅游,写下了至今传
诵的《徐霞客游记》。不错,施瓦茨所举的这些中国人,他们热爱自然,留下了启发人
们心灵的文章和诗篇。不过我认为在热爱自然的中国古人中,对于热爱祖国山水这方
面,郦道元和他们或许很难轩轾,但在生动地描述祖国河山这方面,张岱已经有了评
价。而事实上,柳宗元在《永州八记》中的某些描述和李白的名诗《早发白帝城》之类,
都确实吸取了郦道元的写作手法。所以《水经注》在这方面的出类拔萃,应该是不容
置疑的。

2.认识自然、利用自然、改造自然

人们认识自然总有一个过程,这个过程,往往是从他接触自然最频繁的方面开始
的。可以从《水经注》举个例子,卷二十四《瓠子河》经"瓠子河出东郡濮阳县北河"
注:"汉武帝元光三年,河水南泆,漂害民居。元封二年,上使汲仁、郭昌发卒数万人,
塞瓠子决河于是。上自万里沙还,临决河,沈白马玉璧,令群臣将军以下皆负薪填
河。"将军以下的官员都要负薪抢险,这在历史上并不多见。说明当时随皇上到来的
一大批左拥右呼的人物,只要职位还不及将军,就得"负薪填河"。而且这项记载是可
靠的,因为伟大的历史学家司马迁,当时也在其列。正是因为经过这一次的现场体验,
所以在《史记·河渠书》上,司马迁说出了一句人和水之间关系的重要名言:"甚哉!
水之为利害也。"对于水,孔子看到了它的有利一面,所以他赞美水的伟大:"仲尼亟称
于水,曰:水哉,水哉!"[⑰]司马迁对水的看法比孔子全面,因为他看到水具有利和害的
两面。他的看法当然是从实践中获得的,因为他在《河渠书》明确指出:"余从负薪塞
宣房,[⑱]悲《瓠子之诗》,[⑲]而作《河渠书》。"他的《河渠书》对人们正确认识水的两个方

面起了很大作用，这就是在这一篇中继续说的："自是以后，用事者争言水利。"江河湖陂与人类的关系，其实就是利和害两个方面。而"水利"一词恐怕就是司马迁最早提出来的。"自是以后，用事者争言水利"，说明瓠子决口的这一场严重水害，引起了"用事者"对水利的重视。因而诞生的《史记·河渠志》，为我国创立了正史《河渠志》的传统。此后，《汉书》设《沟洫志》，《宋史》、《金史》及元、明、清诸史均设《河渠志》，也就是"用事者争言水利"的证据。

司马迁是通过瓠子决口的抢险而深刻认识自然的。对自然有了深刻的认识，不仅使他能够精辟地指出水的利、害两个方面；而且对自然界的其他事物，也具备了识别能力。所以他在《史记·大宛列传赞》中能够说出极有见地的话："言九州山川，《禹贡》近之矣，至《禹本纪》、《山海经》所有怪物，余不敢言之也。""九州山川"，就是祖国的自然环境。当司马迁的年代，《禹贡》无疑是记载全国自然环境最完备可靠的文献。《大宛列传赞》不仅是司马迁自己个人在认识自然方面的心得，而且也指导了后人在认识自然这个问题上应该遵循的道理。

郦道元显然是遵循了司马迁对于认识自然的道理的。虽然《水经注》曾经多次引及《山海经》，但司马迁"不敢言之也"的是《山海经》所有怪物，这些都是《海外经》、《大荒经》里的不经之谈，而郦道元所引的是《山海经》记载的山川地理，在这方面，即使到今天，还是受到学者们的肯定的。

郦道元对于整个自然界的认识过程，当然是从毕生接触的河川水利的研究中登堂入室的。司马迁说："甚哉！水之为利害也。"郦道元对于水害的认识，除了前面讨论灾害天气时所举的例子外，卷六《浍水》经"浍水出河东绛县东浍交东高山"注中，他还论及了人为的水害的极端例子！注文说：

> 《史记》称，智伯率韩、魏引水灌晋阳，不没者三版。智氏曰：吾始不知水可以亡人国，今乃知之，汾水可以浸安邑，绛水可以浸平阳。

《水经注》记载的这类以水代兵的故事很多。说明对于水害，不论是自然的还是人为的，郦道元是充分认识的。不过从全部《水经注》的记载来看，郦氏更为重视的是水利，特别是化水害为水利。注文记载的许多水利工程，都是当时人们利用自然和改造自然的业绩。例如卷十四《鲍丘水》经"又东过潞县西"注中记载的魏刘靖于嘉平二年（250）修建的车箱渠。注文说：

> 高梁河水者，出自并州，潞河之别源也。长岸峻固，直截中流，积石笼以为主遏，高一丈，东西长三十丈，南北广七十余步，依北岸立水门，门广四丈，立水十丈，山水暴发，则乘遏东下，平流守常，则自门北入，灌田岁二千顷。

这个工程到了魏景元三年（262），又有樊晨加以扩建，延长车箱渠，径昌平县到达潞县,又一次提高了灌溉效益,达到:"凡所含润,四五百里,所灌田万有余顷,高下孔齐,原隰底平,疏之则溉,决之则散,导渠口以为涛门,洒滮池以为甘泽,施加于当时,敷被于后世。"

卷十六《沮水注》记载的郑渠,是关中地区历史上著名的水利工程。注文说:

> 沮水东注郑渠,昔韩欲令秦无东伐,使水工郑国间秦凿泾引水,谓之郑渠。渠首上承泾水于山西邸瓠口,所谓瓠中也,《尔雅》以为周焦穫矣。为渠并北山,东注洛三百余里,欲以溉田,中作而觉,秦欲杀郑国,郑国曰:始臣为间,然渠亦秦之利。卒使就渠,渠成而用注填阏之水,溉泽卤之地四万余顷,皆亩一钟,关中沃野,无复凶年,秦以富强,卒并诸侯,命曰郑渠。

卷三十三《江水》经"岷山在蜀郡氏道县,大江所出,东南过县北"注中记载的都江堰水利工程。在讨论长江时已经提及,工程的详细情况如注文所说:

> 李冰作大堰于此,壅江作堋,堋有左右口,谓之湔堋。江入郫江,捡江以行舟。《益州记》曰:江至都安,堰其右,捡其左,其正流遂东,郫江之右也,因山颓水,坐致竹木,以溉诸郡。又穿羊摩江、灌江,西于玉女房下白沙邮,作三石人立水中,刻要江神,水竭不至足,盛不没肩。是以蜀人旱则借以为溉,雨则不遏其流。故记曰:水旱从人,不知饥馑,沃野千里,世号陆海,谓之天府也。邮在堰上,俗谓之都安大堰,又谓之金堤。

从上述两处人与水的关系中,一处是:"溉泽卤之地四万余顷,亩皆一钟,关中沃野,无复凶年,秦以富强。"另一处是:"水旱从人,不知饥馑,沃野千里,世号陆海,谓之天府也。"在《水经注》记载的许多农田水利工程中,灌溉效益超过万顷的有上述车箱渠、郑渠、都安大堰以及《浙江水注》的长湖和《沅水注》的马仁陂五处。超过千顷的有卷二十八《沔水注》的白起渠,卷二十九《湍水注》的六门陂,卷三十一《淯水注》的豫章大陂,卷三十三《江水注》的湔浪,卷三十七《沅水注》的溇坪屯等多处。

郦道元充分认识,水利是一种顺乎自然的利用水造福人民。用现在的话来说,就是他在这方面懂得了自然发展的规律。所以他在《水经注序》中说:"天下之多者水也,浮天载地,高下无所不至,万物无所不润。"基于这种认识,因此,凡是历来兴修水利的,他就赞美歌颂。漠视甚至破坏水利的,他就抨击诅咒。在前面讨论湖泊时已经举了《淮水注》中翟方进毁湖和邓晨复湖的例子,郦道元对此事的褒贬是毫不含糊的。在古代,有些人利用河湖水体的变化无常和人们的愚昧的诈骗百姓,敛财害人。这当然是郦道元所绝不能容忍的。所以他在注文中也记载了这类故事。西门豹治邺即是众所周知的。卷十《浊漳水》经"又东出山,过邺县西"注下,注文说:

> 漳水东北迳祭陌西,战国之世,俗妇为河伯取妇,祭于此陌。魏文侯时,西门

豹为邺令，约诸三老曰：为河伯取妇，幸来告知，吾欲送女。皆曰：诺。至时，三老、廷掾赋敛百姓，取钱百万。巫觋行里中，有好女者，祝当为河伯妇，以钱三万聘女，沐浴脂粉如嫁状。豹往会之，三老、巫、掾与民咸集赴观。巫妪年七十，从十女弟子，豹呼视之，以为非妙，令妇妪入报河伯，投巫于河中。有顷曰：何久也，又令三弟子及三老入白，并投于河。豹磬折曰：三老不来，奈何？复欲使廷掾、豪长趣之，皆叩头流血，乞不为河伯取妇。

这段故事，其实是从《史记·日者传》中节录改写的。《日者传》的最后几句是："西门豹即发民凿十二渠，引河水灌田，田皆溉。"但《水经注》不同于《史记》，郦道元需要进一步搜索资料，把自从西门豹以来对于漳水的利用都写入注文。所以注文在写完河伯取妇这一段后，他不再抄录《日者传》，而是写了改造自然、兴修水利的更为完整的一段：

　　昔魏文侯以西门豹为邺令也，引漳以溉邺，民赖其用。其后至魏襄王，以史起为邺令，又堰漳水以溉邺田，咸成沃壤，百姓歌之。魏武王又堰漳水，回流东注，号天井堰，二十里中，作十二墱，相去三百步，令互相灌注。一源分为十二流，皆悬水门。陆氏《邺中记》云：水所溉之处，名曰堰陵泽。故左思《魏都赋》谓：墱流十二，同源异口者也。

在郦道元的心目中，像西门豹和史起等人物，都是值得尊敬的榜样，因为他们正确处理了人与水的关系，把漳水的水害转化为水利。

在那个时代，人类对于自然界的认识程度，当然不能与今天相比。但是应该说，郦道元对于自然界的认识程度，还是值得推崇的。他虽然称赞许多能顺乎自然的水利工程，但是他同时也反对蛮干。卷六《汾水》经"汾水出太原汾阳县北管涔山"注中议论的"呼沲、石臼河"即是其例。注文说：

　　汾水出汾阳县北山，西南流者也。汉高帝十一年，封靳疆为侯国，后立屯农，积粟在斯，谓之羊肠仓。山有羊肠坂，在晋阳西北，石隥萦行，若羊肠焉，故仓坂取名矣。汉永平中，治呼沲、石臼河。按司马彪《后汉郡国志》，常山南行唐县有石臼谷，盖资承呼沲之水，转山东之漕，自都虑至羊肠仓，将凭汾水的漕太原，用实秦、晋，苦役连年，转运所经，凡三百八十九隘，死者无算。拜邓训为谒者，监护水功。训隐括知其难立，具言肃宗，肃宗从之。全活数千人。和熹邓后之立，叔父陔以为训积善所致也。羊肠即此仓也。

"和熹邓后之立，叔父陔以为训积善所致也"。这话当然属于无稽，但却表达了郦道元反对这一件劳民伤财，逆乎自然的水利工程。卷三十《淮水》经"又东过钟离县北"注中，他对浮山堰的议论，更明白地表达了他对于违反自然规律的谴责。注文说：

> 淮水又东迳浮山,山北对巉石山,梁氏天监中,立堰于二山之间,逆天地之心,
> 乖民神之望,自然水溃坏矣。

在科学相对落后的古代,郦道元在认识自然,利用自然,改造自然方面的进步思想,应该受到称赞。在人与水的关系方面,他更是一位理解深透的人。这里可以举出他在这个问题上的一句名言,这句名言在卷十二《巨马水》经"又东过容城县北"注中。他说:

> 巨马水又东,督亢沟水注之,水上承涞水于涞谷,引之则长津委注,遏之则微
> 川辍流。水德含和,变通在我。

一部《水经注》记载了多少人与自然的关系。"水德含和,变通在我"。这是郦道元在这个问题上的总结。

注释:

① 《琅嬛文集》卷五。

② 中国图书馆出版部,民国二十五年(1936)版。

③ 《广阳杂记》卷四。

④ 《水经注释附条》上:"述《宜都山水记》,语出袁山松,非道元也,东樵盖误会耳。"

⑤ 上海古籍出版社1996年版。

⑥ 《清史稿·胡渭传》。

⑦ 《河山集》二集。

⑧ 《郦学札记(九)》,《中国历史地理论丛》1995年第4期。

⑨ 《野草》1996年第4期。

⑩ 《中国古代山水诗鉴赏辞典》(江苏古籍出版社1989年版)在李白此诗下抄录了这段注文,并说:"李白这首诗都从《水经注》脱胎而来。"

⑪ 此文在卷四《河水》经"又南至华阴潼关,渭水从西来注之"注下。注文有"左丘明《国语》云"一语,殿本加案语修正注文的错误:"案此六字讹舛,当作'古语云'。"

⑫ 《广阳杂记》卷四。

⑬ 《通鉴》卷七八《魏纪十》元帝景元四年"凿山通道造阁作桥"下胡注。

⑭ 《土人歌》为今本《水经注》所佚。《广博物志》卷五,地形一据《水经注》录入此歌。又上海图书馆所藏稿本,清王仁俊《经籍佚文·水经注佚文》据杜文澜《古谣谚》录入此歌,与《广博物志》同。

⑮ The Love of Nature:Hsü Hsia－k'o and His Eary Travel, Bellingham, Washington, Program in East Asian Studies, Western Washington State College, Occasional Paper, No. 3, 1971.

⑯ 参见陈桥驿《评价英文本徐霞客游记》,《徐霞客研究》第3辑,学苑出版社1998年版。

⑰ 《孟子·离娄下》。

⑱ 卷二四《瓠子河》经"瓠子河出东郡濮阳县北河"注："于是卒塞瓠子口,筑宫于其上,名曰宣房宫,故亦谓瓠子堰为宣房堰。"

⑲ 《瓠子之诗》为汉武帝决口现场所作,共 2 首。《瓠子河注》:"上悼功之不成,乃作歌曰:瓠子决兮将奈何,浩浩洋洋虑殚为何,殚为河兮地不宁,功无已时兮吾山平,吾山平兮巨野溢,鱼沸郁兮柏冬日,正道驰兮离常流,蛟龙骋兮放远游,归旧川兮神哉沛,不封禅安知外,皇谓河公兮何不仁,泛滥不止兮愁吾人,恧桑浮兮淮泗满,久不返兮水维缓。一曰:河汤汤兮激潺湲,北渡回兮迅流难,搴长茭兮湛美玉,河公许兮薪不属,薪不属兮卫人罪,烧萧条兮噫乎何以御水,隤竹林兮楗石菑,宣防塞兮万福来。"

十、结语

中国的自然环境不仅绰约多姿,而且肥腴丰富,值得炎黄子孙无比热爱。另一方面,中国的自然环境,至今仍然存在许多奥秘,渊深莫测。我们热爱它,就更要探索它。

我们常常歌颂我们自然环境的美好,却也常常蒙受着自然环境带给我们的磨难。从古到今,有多多少少为我们的自然环境而赞美的文章诗篇,但同时也积累了无数的自然灾害纪录。这是为什么?因为我们对自然环境的探索还远远不够。我们不仅热爱自然,热爱祖国,更重要的是对祖国的自然进行深入的研究。认识它,利用它,改造它。使祖国的自然变得更为美好。郦道元是14个世纪以前热爱自然、热爱祖国的榜样,也是探索自然的榜样。《水经注》中不仅记录了他热爱自然、热爱祖国的大块文章,同时也记录了他探索自然的许多成果。值得我们学习。

1. 热爱自然、热爱祖国

我们的祖国无比伟大,祖国的自然环境无比优越。14个世纪以前,郦道元以他的一颗热心,一枝神笔,为祖国的山山水水,写成了一篇锦绣文章。读完《水经注》,让我们再来看看祖国的大好河山。

祖国的大西北,面积几乎等于一个印度。这里有白雪皑皑的连绵高山,无数冰川,银河般地从山巅直泻。昆仑山从帕米尔高原向东延伸,假使把祖国大地比作一个巨人,昆仑山绵长而高峻的山体,就是这个巨人的脊椎。祖国的最大河流,长江和黄河,都从这个巨大山体的东翼巴颜喀拉山奔流出来。这里还有沙丘起伏、蕴藏丰富、一望无垠的塔克拉玛干沙漠和广阔的草原。天山、阿尔金山、祁连山等高耸入云的冰雪大山,用它们以冰雪融化的甘泉玉液滋润大地,使干燥的沙漠中出现了一簇簇蓬莱仙岛般的绿洲。这些绿洲,正像修建在沙漠上的一座座桥梁,横贯着一条漫长的通道,这就是名扬古今的“丝绸之路”。

祖国的东北是一块通常称为白山黑水的富庶边陲。这里,大、小兴安岭和长白山等,环抱着全国最大的东北平原。北起嫩江,南到辽河,又是全国最大的黑土带,是一片肥沃的粮仓。这里的重重群山,生长着大片原始森林,拥有丰富的木材资源。大自然特别厚赐予这个地区,这里又是祖国有名的煤海和铁山。当然,大自然同样没有忘记为这里安排一些引人入胜的奇观,五大连池即是其中之一;还有镜泊湖的悬瀑,都是玄武岩造成的自然胜景。而长白山主峰白头山巅的天池,是海拔2000米以上的一个火山口湖,是祖国除了青藏高原以外的最高湖泊。东北的南端,以千山山脉为骨架构成了一个辽东半岛。千山久经侵蚀,形成曲折的海岸、港湾和岛屿。这似乎是造物的有意布局,让这片宽广肥腴的土地,有这样一个优越的对外通道。

华北是中华民族的发祥地。滔滔黄河流贯这个地区,它不仅在历史时期成为我们民族的摇篮,而且由于它的输沙量在世界河流中无与伦比,平均每年达16亿吨,因此,在地质时期,它已为我们民族的繁衍生息,准备了一片广大而肥沃的黄淮海平原。这片平原的北缘和西缘,有著名的燕山和太行山作为自然屏障。它们为整个华北大平原形成了一个地形上的阶梯。这个阶梯的西缘,黄土高原成为最突出的地貌特色。这一片40余万平方公里,海拔1000米—2000米的高原,堆积着厚达100米—200米的黄土,形成了诸如塬、梁、峁、川等各种地貌形态,这是全世界难得见到的特异风貌。华北地区并且还有许多秀丽挺拔的名山。在中国,论名山必数五岳,五岳之中就有三岳分布在这个地区:东岳泰山、北岳恒山和中岳嵩山。五岳之尊的泰山和其以东的沂蒙山、崂山、昆仑山等,构成了一个海岸曲折、港湾纷歧的山东半岛,与东北的辽东半岛遥遥相对,替北中国海岸绘上令人注目的一段。

祖国的中部,从西到东,为长江这条大动脉所流贯。这条从青藏高原直泻而下的江流,进入四川以后,就以它水量丰富的干支流滋润着天府之国的这块“红色盆地”。盆地东端,由于巫山山脉的拦阻,形成了举世闻名的长江三峡。西起瞿塘峡,东到西陵峡,长达200余公里。其间江道狭处只有百米左右,两岸峭壁千仞,江流湍急,这就是郦道元在《水经注》中所描写的:“自非停午夜分,不见曦月。”巫峡中的巫山12峰,奇峰挺立,浮云缭绕,真是人间奇景。西陵峡中由于石灰岩山体受外力的塑造,出现了诸如兵书宝剑峡、牛肝马肺峡等绝险。流出三峡后,江道进入号称"九曲回肠"的荆江段,接着就是古云梦泽地区,江流两岸,湖泊棋布。湖北有"千湖之省"的称号。湖南的洞庭湖,如《水经注》所述:"日月若出入于其中也。"是古代的一个极大湖泊。近世以来,因为淤淀围垦,湖面已经大大缩小。但是在岳阳楼上,仍可远眺碧波万顷,墟田连绵,别有一番风光。大江东流,又有庐山之奇秀,鄱阳湖之浩渺。镇江以东,北起通扬运河,南到钱塘江以南的宁绍平原,形成一片面积达 7 万平方公里的长江三角洲①。平畴沃野,河湖稠密,是全国经济最发达的地区,美国著名汉学家施坚雅(G. W. Skinner)在其名著《中华帝国晚期的城市》②中称这个地区为"江南金三角"。

长江以南的中国东南部,地理上称为闽浙丘陵,是一片地面起伏、丘陵连绵的地区,这是全国海岸最曲折和岛屿最多的地方。浙江的舟山群岛,福建的马祖列岛、南日群岛,台湾的澎湖列岛等,都分布在这一带海域。海与这个地区的关系十分密切,舟山群岛是全国最大的渔场,普陀山是中国佛教四大名山之一,鼓浪屿是著名的旅游疗养胜地。海潮涌入钱塘江喇叭口,成为举世罕见的钱塘潮。这里还有许多重要的风景区,除了西湖名扬天下以外,还有浙江的雁荡山,福建的武夷山等等,实在不胜枚举。

我们习惯上把南岭(五岭)以南的地区称为华南。在郦道元的时代,这是一片"天地以隔内外"的地区。其实,祖国位于北回归线以南的热带地区,只有台湾、广东、广西、云南各省的一部分以及海南省和南海诸岛。这里有椰林绿岛、碧海金滩的南国海滨情调,有港汊纵横、平畴连片的珠江三角洲风光;有奇峰兀立、洞穴幽深、山水甲天下的桂林喀斯特地貌胜景;有象群出没、密林掩日的西双版纳热带森林伟观。而五岭逶迤,漓江清秀,海阳山湘桂分流,澜沧江奔腾澎湃,也都是这个地区的独特风貌。

和大西北一样,祖国的西南部,也是一片广阔而奇异的地区。这里,有以喀斯特地貌著称的云贵高原,贵州的溶洞,云南的石林,都早已名闻海内。全国第一的黄果树瀑布声势壮大,点苍山和洱海相映成趣,都是云贵地区的人间奇观。特别不同凡响的是号称"世界屋脊"的西藏。全世界最雄伟高大的第三纪褶皱山系喜马拉雅山,就像一座硕大无比的屏风,而地球上的最高点珠穆朗玛峰雄踞这座屏风的顶巅。雅鲁藏布江,恰像是人间天河,地球上最高的河流,奔腾在全世界最大的峡谷之中,这就是大自然的奥秘。藏北高原,这片广大、高峻、神秘的土地,至今还充满着许多不解之谜。在这里,200 多个大小湖泊,罗列在这片海拔 5000 米上下的高原之上,对于平原上的居民来说,抬头仰望,真像是一天星斗。

从上面对祖国各地区的浏览之中,谁都会以这一片锦绣河山而感到无比自豪。的确,我们的自然环境是跌宕多姿,得天独厚的。但是,在赞美祖国河山的同时,我们也不应忽视祖国自然环境中存在的不少缺陷:西部有大片利用困难的高原荒漠,几乎占全国面积的 1/3。而全国各地,经常出现各式各样的自然灾害。华北的干旱,华中的水涝,华南和东南的台风,经常让人民付出惨重的代价。《水经注》全书中最大的两篇是《河水》和《江水》。郦道元在黄河干支流和长江干支流各卷篇之中,就记及了不少历史上发生的自然灾害。

我为《黄河志》第十一卷《人文志》[③]所写的序言中指出:"黄河是我们民族的摇篮,但同时也是我们民族的忧患。"在历史时期,黄河的决溢泛滥已有 1500 余次,其中较大的改道有二三十次,而重大改道也有六次。[④]这中间,我们人民所蒙受的灾难和支付的代价,实在难以估计。至于长江,虽然它的河型与河性不同于黄河,并不像黄河那样地善淤、善决、善徙。但是我们只要去翻阅一下历代《河渠志》和近现代的有关文献,长江的水灾实在也是史不绝书。而 1998 年的特大洪水,对我们真是记忆犹新,教训深刻。

祖国的自然环境是美好的,但我们不应讳言它所存在的缺陷,我们必须正视这些缺陷。因为所有这些,都是我们在认识自然、利用自然、改造自然中必须解决的课题。

2. 学习郦道元,深入自然研究

对于郦道元,除了他热爱自然,热爱祖国的高尚情操为我们所仰慕以外,特别值得我们学习的,是他对自然锲而不舍的探索精神。他在《水经注序》中指出:"咏其枝流之吐纳,诊其沿途之所躔,访渎搜渠,缉而缀之。"所以一部《水经注》,包含了他许多野外考察的成果,也就是他探索自然的成果。前面在讨论《水经注》与地貌时,曾经提到古人对山岳高度的测量和记载,有许多夸大不实之处。但是对于他曾经居住过的临淄城内的一座小山营丘,记载却非常精确:"周围三百步,高九丈,北降丈五。"不仅是这座小山的周围大小,连南北坡的高度差异也不轻易放过。可见他在野外地理工作中的细致踏实。这是他青少年时代的野外考察工作的例子。

郦道元在其进入仕途以后,其中有好几年,他跟随北魏孝文帝拓跋宏到各处巡狩,特别是在今内蒙古阴山一带的多次跋涉,使他获得大量野外考察成果。其中有不少也反映在他的著作之中。卷三《河水》经"又北过北地富平县西"注中,他记载了许多他在旅途中发现的古代游牧民族的岩画。注文说:

河水又东北历石崖山西,去北地五百里,山石之上,自然有文,尽若虎马之状,粲然成著,类似图焉,故亦谓之画石山也。

在同卷经"至河目县西"注中又说:

(河水)东流迳石迹阜西,是阜破石之文,悉有鹿马之迹,故纳斯称焉。

《水经注》记载的阴山岩画,近年来已被内蒙古文物考古工作者所发现。在阴山山脉西段的狼山地区,西起阿拉善左旗,中经磴口县、潮格旗,东至乌拉特中后联合旗,东西长约300公里,南北宽约40至70公里,在深山幽谷和峭立的山巅上,已经找到1000多幅各种内容的岩画。这一次内蒙古文物考古工作者对阴山地区古代岩画的考察,就是根据《水经注》提供的线索进行的,而结果获得成功⑤。郦道元在野外工作中播下的种子,在1400多年以后的今天结出了丰硕的果实。所以我在《郦学札记》的《水经注记载的古代岩画资源》⑥一篇中,又提出了几处《水经注》所记载的有关岩画的线索:

卷二《河水》经"又东过金城允吾县北"注:

今晋昌郡南广武马蹄谷磐石上,马迹若践泥中,有自然之形,故其俗号曰天马径。夷人在边效刻,是有小大之迹,体状不同,视之便别。

卷四《河水》经"又东过河北县南"注:

其水迳鹿蹄山西,山石之上有鹿迹,自然成著,非人工所刻。

上述晋昌郡的"天马径"和洛河流域的"鹿蹄山",前者注文说"有自然之形",后者则"自然成著"。这与阴山石崖山的"自然有文"是一样的。而且对于"天马径",注文清楚指出"夷人在边效刻"。为此,这两个地区拥有古代岩画资源的可能性是极大的,应该组织力量进行野外调查,使宝贵的古代文物资源得到及时的发现和保护。

除了上述《河水注》的两条以外,我又列举了卷二十六《淄水注》:"磐石之上,尚有人马之迹";卷二十七《沔水注》:"山上有石坛,有马迹五所";卷三十八《湘水注》:"石悉有迹,其方如印";卷三十九《洣水注》:"山上有仙人及龙马迹。"以上四条,也都有存在古代岩画资源的可能。

"访渎搜渠,缉而缀之"。的确,郦道元撰写《水经注》,凡是他足迹所能到之处,他都是悉心考察的。前面有关陆地水的讨论中,已经述及他亲自探究汝水河源的事。这类例子在郦注中实在很多。例如他任官东荆州刺史时,州治在比阳县城(今河南省泌阳县附近)。他考察县城一带的山川地理,并且纠正了《水经》的错误。在卷二十九《比水》经"比水出比阳县北太胡山,东南流过其县南,泄水从南来注之"注下,他提出了他在刺史任上的野外考察成果。注文说:

《经》云:泄水从南来注之。然比阳无泄水,盖误引寿春之沘泄耳。余以延昌四年,蒙除东荆州刺史,州治在比阳县故城,城南有蔡水,出南磐石山,故亦曰磐石川,西北流经于此,非泄水也。

他在舟车劳顿的旅程之中,也同样不辞辛劳地从事野外地理考察工作,并且也同样地以其考察成果纠正其他文献的错误。卷二十五《泗水》经"泗水出鲁卞县北山"注中,他利用因公旅行的机会,考察了泗水等河流的发源和流路,纠正了《汉书·地理志》《水经》和《山海经》的错误,前面讨论陆地水时已经述及。他就是这样孜孜不倦地从事野外考察,纠正了许多对于我国自然环境特别是江河湖陂的以讹传讹的错误。

《水经注》记载的祖国自然环境,是郦道元在1400多年以前观察和研究的成果。在那个时代,人类的科学技术水平还相当落后,郦道元在他的野外工作中,不像现在这样,我们不仅可以随带大比例尺的地形图,而且还有许多精密的考察仪器。在那个时代的条件下,他仍能获得许多在当时前无古人的考察成果,这是值得我们钦敬和学习的。当然,由于时代和科学水平的原因,也由于国家分裂,还有大片的祖国土地,不是他足迹可以亲履。因此,他对祖国自然环境的探索,还留下了许多空白,而他的研究成果,也包含了不少错误。从《水经注》时代到今天,由于前面指出的祖国的自然奥秘,我们至今仍然有许多无法认识的事物和现象。在我们认识自然,利用自然,改造自然的过程中,还走过不少错路,诸如资源滥用,生态破坏等等。今后,我们还必须学习郦道元勇于探索的精神,深入研究祖国的自然环境,让我们的自然环境,在可持续发展的道路上,造福于炎黄子孙。

前面提及祖国自然中的许多奥秘,有待于我们继续研究,揭开这种奥秘,才能正确地认识、利用和改造。才能排除负面影响,让我们的伟大祖国循着可持续发展的道路前进。在前面论述《水经注》记载的黄河之中,已经述及有关黄河的河型、河性以及我们至今对这条河流尚未认识的奥秘。黄河是郦注全书中的最大一篇,尽管这一篇如前所述存在黄河重源的错误,但是篇中拥有许多郦道元对这条河流的考察成果和前人研究的纪录,例如对于黄河的含沙量,郦注引用西汉的记载:"一石水,六斗泥。"就是极有价值的。现在,《水经注》以后又经过了1400多年,但是我们还没有揭开这条河流的奥秘,因而仍然没有能够治好黄河。尽管我们已经对此做了大量工作,但黄河的含沙量和输沙量依然如故,下游河道,仍以每年10厘米的速度继续淤高。例如,在柳园口附近,滩面高出开封市地面达7米,封丘县曹冈附近,滩面高出堤外竟达10米。像这样一条高高在上的悬河,名为河流,其实已经成为南北的分水岭。我们面对着这条时而滔滔滚滚,时而滴水全无,而河床又与日俱高的母亲河,实在忧心忡忡。我曾经撰文表达过我的这种忧虑:⑦

　　　　时至今日,大堤的重要性已经比历史上任何时期都显得突出。这是因为现在流域内人口的增加,生产的发展,城市的众多,较之古代已经无法比拟,而河水的含沙量和输沙量却依然如故。也就是"淤"的自然特性未曾改变,而"决"的后果已经无法承担,至于迁徙改道,当然更不可想象。在没有解决这条河流的根治方法以前,黄河必须让它稳定在这条高高在上并且与日俱高的河床上,这是一种困难的、具有风险的、但必须维持的局面。其所以困难,因为这条"悬河"还必须让它"悬"多少年,现在大家心中无底;其所以有风险,因为自然界各种特殊变异的发生,如暴雨、地震等等,都非人们可以逆料。例如,1963年海河流域的一场暴雨,降水量超过这个地区的平均年降水量。而时隔十二年,淮河上游于1975年又出现了一场降水量超过全年的暴雨,造成了广大地区的严重水灾。这样的暴雨历史上在黄河流域也曾经发生过。[8]具有严重破坏性的地震,在历史上也发生过。[9]诸如此类的自然变异,今后仍有可能在这里发生。一旦发生这样的情况,其风险当然不言而喻。所以黄河的前程,是摆在我们民族面前的一个严重课题,为海内外有识之士所耿耿于怀。

事实是,黄河仍有许多奥秘,至今尚未为我们所认识。我们必须深入研究,揭开这条河流的一切奥秘,这是根治黄河的先决条件。令人高兴的是,时到今日,不仅在国内,海外华人,也正在殚精竭力地研究黄河。我于1995年到北美访问讲学,在加拿大时,读到了全美华人协会会长梁恩佐教授的《让黄水流清》[10]一文。他是1994年亲自考察了黄河以后撰写此文的,他竭力主张通过水土保持以达到根治的目的。他说:

> 今夏经黄河水利委员会的邀请,在郑州和西安作了两次报告,提出我对治理黄河流域黄土区的一些观点。总的说来,如国家能投资200亿元,分20年进行,黄河水就可以流清(小浪底水库工程的预算也就是200亿元)。郑州黄委会对改造黄土区的意见抱温和的忽视态度,提出一些反对意见,但理由不充足。他们主要是支持把治黄河经费保留在黄河下游使用。

> 到了西安后,与黄委会上中游管理局(中游局)谈到同样的治土问题时,发现我们的意见基本一致。数十年来的工作经验使他们认为拦沟筑坝、蓄水保土是个可行的办法,而且已定了不少工程规划为以后发展使用,但目前在经费上是个大问题。中游局不过是北京水利部和郑州黄委会下属的一个单位,争取不到钱,有苦难言。我看他们对我提出这样一个大规模水土保持工程不抱很大希望。

梁先生文中所说的"大规模水土保持工程"在他的这篇短文中不得其详,但文章说到他最后参观了甘肃泾川县的一个水土保持点,使他非常满意,提出了进一步改善和推广的意见。不久以后,我又在同一刊物中,读到了肖昕先生的《使黄河水更浑——读梁恩佐〈让黄河水流清〉有感》[11]的文章。肖先生的短文开头就说:

> 黄河被誉为中华民族的摇篮。治理黄河,是多少中华儿女的愿望。

文章叙述了黄河在历史上的灾难和治理过程,指出尽管采用了各种方法,但却"未曾改变河床继续升高的现实。"对于梁先生《让黄水流清》计划,肖先生说:"对上游的初步治理,波及整个黄河流域,至少需要几百亿的资金,二三十年的时间。效果尚难以直接预测,河床高于地面的现实也无法改变。"文章说:"笔者是位化学工作者,不懂水利,在这里提出一种想法,算不上见仁见智。"下面是肖先生文章的主要部分:

如果让黄河水变得更浑,会怎么样呢? 若我们能够使河水中的泥沙不沉降,甚至带走一些河床底的淤泥,径直输入大海,应该是一件两全其美的事。一方面可以使河床降低,慢慢恢复到正常河流的状态,达到根治黄河的目的;另一方面河水中的泥沙遇到海水中的盐分会沉积,形成陆地,可以增加耕地面积。像这样,黄河就像一条大动咏,源源不断地把黄土高原上的土壤都搬到大海中去造良田,如果把黄土高原上的土都搬到大海中去,把高原变成平原,兴许还可以改变西北的气候呢。

文章接着比较详细地分析了黄土的性质,然后提出在黄河中使用"添加剂"的建议,让黄土颗粒能悬浮而不沉积,直到出海。文章最后说明,要采用这种方法,"技术上必须满足":

1. 对人类和生物无害,不破坏生态平衡。

2. 加入水中的成分可以饮用或容易分离。

3. 相对稳定,携带泥沙数月不沉降。

4. 在海水中可以被微生物降解或形成惰性材料,如岩石、土壤等。

现有的技术不能满足上述要求。如果国家能投入一些力量,进行可行性的研究,潜在的效益将是不可估量的。

我把这两篇文章从加拿大带到美国,仔细读了几次,实在受到感动。最后在美国写了一篇《炎黄子孙,情系黄河》的文章,把梁、肖二位的短文作为附录,带回国内发表。[12]我在拙文中赞扬和评价了他们两位的文章,概述了到今为止我们已经积累的关于黄河的知识,并且指出:直到今天,有关黄河自然属性的许多领域,还没有为我们所认识。上面所举梁、肖两位先生的文章,他们身在海外,情系祖国,却念念不忘这条中国的母亲河。梁先生是为此而亲自前来自费考察,[13]为了表达他根治黄河的心愿和建议,在郑州、西安等地,说了许多苦口婆心的话。肖先生在其文章中开头就:"治理黄河,是多少中华儿女的愿望。"两位海外华人治理黄河的拳拳之心,令人感动,但是他们提出的治黄建议,一主"水清",一主"水浑",截然相反。而几千年来,从神话故事的大禹治水,直到明代的诸如"蓄清刷黄、筑堤束水,以水攻沙"等等,但如肖先生文中所说:"未曾改变河床继续升高的现实。"这就充分说明,直到今天,我们其实还没有真正揭开黄河的奥秘。换句现代话说,我们还没有真正认识黄河的自然发展的规律。所以我们必须深入对黄河的研究。我在上述拙文中最后说:

早在 1400 多年以前,精通河川水利的郦道元已经指出:"水德含和,变通在我。"这一句至理名言,应该作为我们根治黄河的指导思想。

当然,黄河是祖国自然环境中的一个突出的例子。在整个祖国自然环境中,尚未被我们揭开奥秘的还有很多,我们应该努力学习郦道元勇于探索自然的精神,让我们更好地认识、利用和改造祖国的自然环境,让我们的自然环境变得更为美好和持续发展,造福于我们的子孙后代。

注释:

① 陈桥驿《论长江三角洲的水环境生态机制》,《城市研究》1998 年第 6 期。

② *The City in Late Imperial China*,美国斯坦福大学出版社 1977 年版。中译本,叶光庭主译,陈桥驿校,中华书局 2000 年版。

③ 黄河水利委员会编,河南人民出版社 1994 年版。

④ 谭其骧、史念海、陈桥驿主编《中国自然地理·历史自然地理》,科学出版社 1982 年版。

⑤ 盖山林《举世罕见的珍贵古代民族文物——绵延二万一千平方公里的阴山岩画》,《内蒙古社会科学》1980 年第 2 期。

⑥ 《中国历史地理论丛》1997 年第 1 辑。

⑦ 《炎黄子孙情系黄河》,《黄河史志资料》1996 年第 4 期。

⑧ 王涌泉《康熙元年(1662)黄河特大洪水的气候与水情分析》,《历史地理》1982 年第 2 辑。

⑨ 《史记·魏世家》:"(魏文侯)二十六年,虢山崩,壅河。"

⑩ 《华夏文摘》1995 年第 224 期。

⑪ 《华夏文摘》1995 年第 231 期。

⑫ 《黄河史志资料》1996 年第 4 期。

⑬ 原文篇末《华夏文摘》编者注:"这篇文章是全美华人协会会长梁恩佐教授于 1994 年夏天自己花钱到黄河流域考察后写的。"

后　记

　　在阐述了郦道元与自然的各种关系以后,使我又想起了本书中曾经引及的美国学者亨利·G.施瓦茨的《中国人的自然之爱》。[①]他所列举的几个中国古人,的确都是热爱自然的。施瓦茨笔下的热爱自然的中国古人,首先是伟大的历史学家司马迁。他描述了司马迁路程遥远、地域广泛的旅行,并且引述了"行万里路,读万卷书"的名言。施瓦茨说:"行万里路的目的,不仅仅是为了获得直接的知识,更是为了使人认识自然,使人的胸襟变得更为宽广深邃。"此后,他又举了不少热爱自然的古人,包括几位高僧。例如慧远(334—416)和他的一些同伴,曾经攀登危险的庐山石门,在那欣赏优美的自然。而慧远的师傅、高僧道安(314—385),也常爱独自耽山上。另一位四世纪前期的高僧于法兰,是一位对自然的高度热爱者,他在长安的时候,就隐居在丛山之间,当他听到了浙东的秀丽山水以后,就步行而往,居住在石城山。[②]

　　施瓦茨在其著作中还引及不少中国人热爱自然的诗文。除了谢灵运在始宁,柳宗元在永州,显然是指《山居记》和《永州八记》外,他的著作用英文表述的古人诗句也很多。例如他举了一首"三千年前无名中国诗人"的诗篇,其实就是《诗经·小雅·采薇》:

　　　　昔我往矣,杨柳依依,今我来思,雨雪霏霏。

　　我在《评介英文本〈徐霞客游记〉》[③]一文中评论此诗说:

　　　　内容实在很简单,从事物来说,只有杨柳、雪花;从时间来说,不过春去冬来。

但对于自然景观及其变化，四句诗所表达的感情，确是十分深厚和纯朴的，这就是中国人的自然之爱。

此外他还引及了其他一些诗篇，例如李白诗："一生好入名山游"；[④] 韩愈诗："一封朝奏九重天，夕贬潮阳路八千。"他引韩愈的诗是为了说明，正是因为韩愈是一位远离京都的贬谪者，使他有机会接触自然，尽情地欣赏自然之美。施瓦茨所引的这两句韩诗，出自《左迁至蓝关示侄孙湘》。[⑤] 这首诗中有两句施瓦茨没有引及的描写自然的名句："云横秦岭家何在，雪拥蓝关马不前。""云横秦岭"、"雪拥蓝关"，这是何等气魄的自然景观！只有贬谪者才能看到如此伟大的场景，而在长安唯有坐井观天。

在施瓦茨的文章中所引及的热爱自然的中国古人中，除了司马迁以外，其余多数人，他们对自然的热爱，主要表现在对自然的忘情欣赏。例如他引及的陶潜，曾经写下过"或命巾车，或棹孤舟，既窈窕以寻壑，亦崎岖而经丘"[⑥] 的忘情文章。至于李白，他不仅"一生好入名山游"，而且对于他周围的自然，他实在感到得意忘形："阳春召我以烟景，大块假我以文章"。所以他赞赏："古人秉烛夜游，良有以也。"[⑦] 施瓦茨的话不错，这些人不仅从自然获得了直接的知识，更重要的是，他们通过对自然的欣赏，使他们的胸襟变得更为宽广深邃。

司马迁当然是一位非常热爱自然的中国古人，他对于祖国自然的热爱，并且超越前述古人的境界。这就是，他不仅欣赏自然，而且不懈地研究自然，努力探索自然的奥秘。我在书内已经论述，他在参加了一次黄河决口的抢险以后，根据现场观察和研究，终于总结出一句名言："甚哉！水之为利害也。"对于作为自然地理实体的河流，是他第一个揭示出"利"和"害"的辩证关系。此外，对于当时流行的论述祖国山川自然的文献，他也能做出严格的区别："言九州山川，《尚书》近之矣，至《禹本纪》、《山海经》所有怪物，余不敢言之也。"

和司马迁一样，郦道元也是一位既忘情地热爱自然又不倦地研究自然、探索自然奥秘的学者。他一方面继承司马迁"甚哉！水之为利害也"的名言；另一方面把前代的水利和水害做了详细的调查和记叙，从而写下了比司马迁更为深刻的总结："水德含和，变通在我。"

当然，人类认识自然是有一个过程的。司马迁和郦道元，他们对于自然的研究成果，属于那个时代的业绩，不能按我们今天的认识加以低估。譬如，司马迁认为记叙九州山川，"《尚书》近之矣"。他所指的即是《禹贡》一篇。郦道元虽然在诸如长江江源等方面实际上修正了《禹贡》，但总的说来，他仍然是尊重《禹贡》的。《禹贡》是什么？是一篇大禹治水的神话故事。顾颉刚说："禹是南方民族神话中的人物"。[⑧] 傅斯年说："盖禹是一种神道，即中国之 Osiris，[⑨] 禹鲧之说，本中国之创世传说（Genesis）"。[⑩] 著名的美籍俄罗斯汉学家卜弼德也说:"中国上古的洪水故事,正如大家所知道的,不过是个神话。"⑪卜弼德所说"正如大家所知道的",这个"大家"指的是我们现代人。从司马迁到郦道元,他们虽然对自然进行研究和探索,但是绝不能达到我们现代的认识水平。我们完全可以设想,从郦道元到现在已经过了 14 个世纪,再过 14 个世纪,那个时代的人们回过头来看看我们和郦道元,我们的进步或许微乎其微。书内曾以黄河做过例子。这条河流从我们的祖辈修治到今天,但含沙量和输沙量依然如故,中下游河床淤高也依然如故,我们当然感谢梁恩佐和肖昕两位先生,他们身在海外,也为这条河流殚精竭虑,但是他们提出的治理方法,竟是针锋相对。所有的这些都足以说明,直到今天,我们对这条河流的认识还很幼稚。

记得几年以前,我的一位学生吕洪年教授,以多年辛勤写成一本力作《万物之灵——中国崇拜文化考源》,⑫索序于我。我在序言中,也涉及了人类研究自然探索自然奥秘的问题,我说:

> 到了近现代,人类社会中也出现了一些绝顶聪明的人物,他们既是伟大的科学家,却又是虔诚的宗教徒。牛顿提出"第一推动力"已经整整两个世纪,在这两个世纪之中,科学发展可谓一日千里。现在,究微的工具已经发展到电子显微镜,察远的工具已经发展到射电望远镜。但令人惊骇而无法解释的是,从电子显微镜下看到的微小原子,和从射电望远镜中看到的庞大天体,其结构和形式出奇地酷似。也就是说,微观世界与宏观世界,竟是同一模式。有关这类例子,还可以举出许多,所以我在前面提出了前期人类比以后的人类相对愚昧的说法。在人类发展的历史中,这种相对愚昧必将继续地和长期地存在下去。几千年以后的人类必将说三道四地指出我们这一代人类的愚昧,但是他们对于大自然和其他许多方面,同样会有种种不可认识、无法解释的问题。

我的话或许扯得太远,但我的本意是为了说明,人类研究自然没有止境,自然的奥秘也永远探索不尽。一部《水经注》,从我们现在的科学水平来看,它对自然的研究及其所揭示的自然奥秘能有多少,但值得我们头脑清醒的是,从长远的观点来看,我们现在对自然的认识水平,比《水经注》的时代也高不了多少。所以我们必须对于这个身处其境的自然,进行不懈的研究和探索,而郦道元所值得我们学习的,也正是如此。

1999 年 4 月于浙江大学地理系

注释：

① 此文收入美国密西根大学教授李祁所编的英文本《徐霞客游记》卷首，香港中文大学 1974 年版。

② 今名南明山，在浙江省新昌县城郊，山麓有南朝雕凿的巨大石佛，建有大佛寺。

③ 《徐霞客研究》第 3 辑，学苑出版社 1998 年版。

④ 《庐山谣寄卢侍御虚舟》，《全唐诗》三函四册。

⑤ 《全唐诗》5 函 10 册。

⑥ 陶渊明《归去来辞》。

⑦ 李白《春夜宴桃李园》序。

⑧ 《古史辩》，北平朴社民国十五年（1926）版。

⑨ 古埃及的主要神明。

⑩ 国立中央研究院历史语言研究所集刊外编第一种。

⑪ Peter A. Boodbery, Proletical Remarks on the Evolution of Archaic Chinese, Selected Works of Peter A. Boodbery, University of California Press, Berkeley and Los Angeles, 1979.

⑫ 广西民族出版社 1996 年版。

原著花山文艺出版社 2000 年版

水经注图

水经注图

【案】拙撰《历代郦学家治郦传略》(收入于拙著《郦学新论——水经注研究之三》山西人民出版社 1992 年出版)"七〇、汪士铎(1803—1189)"条下所记:

　　字振庵,别字梅村,江宁(今南京市)人,道光举人。生平于郦学用功至深,著述甚丰,据《国朝未刊遗书志略》著录:"《水经注提纲》四十卷,《水经注释文》、《水经注图》二卷。"但前二种不传,《水经注图》则以胡林翼之助,由晏圭斋于咸丰十年刊行,共二册,图后附有《订正水经注文》十二篇。此图后又为湖北书局所重刊,合为一册,卷首胡林翼序略云:"江宁汪梅村士铎,余道光庚子典试所取士也。嗜山水,无仕进志,四上春官,特借以浏览山川风土,不谒一人,不待榜而归,其视富贵利禄泊如也。雅性好学,藏书二万六千余卷,闭户绝庆吊,莳花木,读书为乐……粤逆之乱,一切毁于贼,遂辟地绩邑北山深谷中,客授自给,号曰无不悔翁。咸丰九年,余召来楚北,询其旧作,无一存者,惟授徒之暇,曾补为《水经注图》二卷,盖为班《志》而作,非其前书之旨矣。余重悯其学行,又经丧乱,年已衰病,无子息,至可悲叹,故为刊其《水经注图》,以补黄子鸿氏(驿案,即黄仪,另有传略)之所逸,而牵连其为人如此云。"此图,《清史稿·艺文志》著录,无卷数。《八千卷楼书目》著录石印本二卷。王先谦《合校水经注》卷首例略云:"江宁汪士铎《水经注图》,精思密致,经纬厘然,然亦颇有讹误,惜其不及参绘今地,未为尽善。"杨守敬《水经注疏凡例》云:"观汪氏《水经注图》,与郦书多不照,其改订错简,亦任意

移置,其书即传,恐亦可见不逮所闻。"郑德坤《水经注版本考》认为汪氏此图,"原
为汉志而作,与郦注多不照,其改订错简,又任意移置,绘摹未精,讹误迭见。"

所以汪图"为班《志》而作"的话,实出于胡林翼,其实此图各幅旁注多引班固《汉
书·地理志》(简称为班《志》),其目的显然是为郦注河川在地理上定位,胡林翼未加
细察,才出此言。杨守敬对《水经注》研究及《水经注图》确实贡献卓著,但其人自视甚
高,出言多不逊,后人已甚有议论,其所说"与郦书多不照"的话,实在是他对汪图未作
细阅所致,我在《后记》中已有说明。至于郑德坤的议论,实为抄录胡林翼序及杨守敬
《凡例》而成,可置勿论。

据上述,此图有刊本,又有石印本,有胡林翼序及《附录》(即《订正水经注文》12
篇),我往年所见即是有胡序及《附录》之本。此图传本至今已经甚稀,这次整理之本,
系山东画报出版社得之于前交通部津浦铁路管理局图书室所藏者,图名仍为《水经注
图及附录共2卷》,但全图并不分卷,图首已无胡林翼序,图末亦无《附录》。据丁取忠
清咸丰十一年(1861)序,此图即是胡林翼为其所刊之图,而胡序及《附录》,一在卷首,
一在卷末,皆在辗转收藏中脱散而佚。所幸全图完整无缺,值得珍贵。

原书丁取忠序

【原文】咸丰己未、庚申间,余与江甯汪君梅村为益阳胡宫保辑《读史兵略》于武昌节署,退食相与,商榷文字。君意以小学说舆地:如以泥中为甯,柳下为留,舒于、余邱为间邱,訾楼为邹。又即为《通鉴》之最之类,皆以假借声音得之。其言甚辩。此本丛杂,君目眊,不复能综理,新化、邹君季深爱之,为庄书其附录,新化晏君圭斋又爱之,为摹其图以授剞劂,而季深从子子翼为之助,长沙张君燮庵为之校字,余为分图及附录为二卷,督长沙张伟夫刊之,而宫保公出其资。噫,辛酉之春,君从孥辟寇于湖南,暨余归潭,而君又渡洞庭而北,盖不以此书置念矣。余与君交善,不忍没其精神所注也,故汲汲成之,而志其梗概于首。咸丰十一年冬月,长沙丁取忠云梧氏谨识。

【解说】此序在图册中列于胡林翼序之后,故能在古籍书页脱散时幸免于佚,至今仍可借此略悉汪图编绘刊印过程,对于一部稀见古图,此序甚有价值。上录拙撰《传略》中说此图"由晏圭斋于咸丰十年刊行",但丁序自署撰于咸丰十一年,则"咸丰十年刊行"之语,当是拙撰《传略》之误。

丁取忠(1810—1877),字肃存,号果臣,一号云梧,长沙县高塘岭北湖塘(今属湖南省望城县)人,是一位清末数学家。据湖南省地方志编纂委员会澹泊主编的《湖南名人志》第一卷(中国档案出版社1999年出版)所记:"少时博闻强记,喜步算。道光十二年(1832)开始习算,十七年入长沙城南书院,师事贺熙龄。"丁氏毕生编撰数学书籍不少,有《数学拾遗》、《白美堂算学丛书》、《奥地经纬度里表》、《粟布演草》等。

咸豐己未庚申間余與江寗　汪君梅村爲益陽　胡宫保輯

讀史兵署於武昌節署退食相與商榷文字君憙以小學說輿

地如以泥中爲寗柳下爲留舒於餘邱爲閭邱誓樓爲鄒又即

爲通鑑之最之類皆以假藉聲音得之其言甚辯此本叢雜君

目眊不憂能綜理新化　鄒君季深憙之爲莊書其圩錄新化

晏君圭齋又憂之爲摹其圖以授剞劂而季深從子　子翼

爲之助長沙　張君燮菴爲之校字余爲分圖及圩錄爲二卷

督長沙張君偉夫刋之而宫保公出其資憶辛酉之春君從弇

辟寇於湖南暨余歸潭而君又渡洞庭而北葢不以此書置念

矣余與君交善不忍沒其精神所注也故汲汲成之而志其梗

槪於首咸豐十一年冬月長沙丁取忠雲梧氏謹識

本服之後又取後漢諸書爲儀禮鄭注今制疏證績溪胡竹村
農部甚稱之又據仁咮趙氏本水經注與戴氏本微有不爲之
疏櫛釋以今地及列史諸家文集有可附屬連綴者率爲補輯
不盡酈亭意也然於山川陂塞陂池水利特詳盡可施之政治
又取說文玉篇而下諸小學書及史鑑注爲廣韻正正其文字
雅俗而旁及於訓詁姓氏郡縣幷爲廣韻聲紐表一卷又以宋
齊隨有志而梁陳北齊周皆無之爲補梁陳州郡志於梁之百
七州皆爲權證其浴革壽陽祁相國亟賞之其北齊周志惜未
成又據續志四分術術東漢訓閩考以正范史及洪氏王氏書
而注其甲子異同於下據太平廣記所引鄭君生日爲布算其
月日於七月五日偕同志祀之又爲伏存書目蒐討至廣及韓
詩外傳疏證皆未成其爲散文喜秦漢駢文喜齊梁而亦不廢

水經注圖亭

江甯汪梅村士鐸余道光庚子典試江南所取

仕進志四上春官特借以瀏覽山川風土不遇而

歸其視富貴利祿泊如也雅性好學臧書二萬餘

絕慶弔薜花木讀書爲樂　國朝學人率自經史秦漢諸子外

天官秝算輿地職官蒼雅典禮之屬靡不綜覈君承吳越諸尊

宿緒論又金陵爲南北津要逼人名士魁耆之彥多游寓其地

故平生師友講說頗不狹陋家至貧傭書河沛江淮閒皆以府

主意不能自有以發攄而其自爲說半札記其書上下左右方

朱墨迻迻陸離不可辨嘗據注疏逼典及朱楊氏元敖氏　本

朝盛百二吳東壁程易疇張皋文張㑊甫諸家說爲禮服記三

篇日本仁以親親率義以戚戚準禮以賞貴貴而加降不降系于

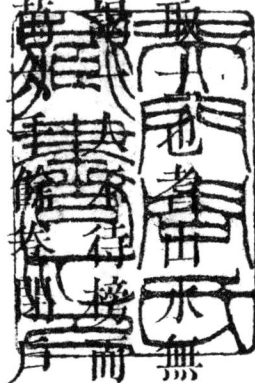

魏晉爲詩喜唐人及有明七子爲詞喜南宋人則皆無卓犖以
爲不必存也粵逆之亂一切燬於賊遂辟地績邑北山深谷中
客授自給號曰無不悔翁咸豐九年余召來楚北詢其舊作無
一存者惟授徒之暇會補爲水經注圖二卷蓋爲班志而作非
其前書之恉矣余重憫其學行又經喪亂年已衰病無子息致
可悲歎故爲刊其水經注圖以補黃子鴻氏之所遺而韋連及
其爲人如此云咸豐十年十一月盆陽胡林翼譔

（编者说明：陈先生整理《水经注图》时所据之本未见胡林翼序，现依今人所藏旧本中影印补入，又补入汪氏复校自记置于卷末，以飨读者。）

古大河清河入海图

【旁注】班《志》:灵县,河水别出为鸣犊河,东北至蓚入屯氏河。信成,张甲河首受屯氏别河,东北至蓚入漳水。贝邱,应劭曰:《左氏传》:齐襄公田于贝邱是。按应此说误。平原有笃马河,东北入海,行五百六十里。鬲县,平当以为鬲津。般县,师古曰:《尔雅》说九河云钩般。

【解说】黄河是《水经注》一书中篇幅最大的河流,共占全书40卷中的5卷,汪士铎编绘此图,也把此河作为全图最重要的内容。从发源到入海,共有图17幅,若把《原武以上今河图》及《回疆河图缩本》也计算在内,则黄河图达24幅之多,占全图图幅159幅的15%,超过《水经注》中《河水》篇所占全书的12%。

黄河图的第一幅称为《古大河清河入海图》,按汪氏绘图原意,大概是为了保持黄河从古到今(指汪氏所处时代)的完整性,其实图的内容主要仍按《水经注》编绘。因《水经注》的记叙根据《水经》,而汪氏大体上已经认定了《水经》的撰述年代(见《东汉大河漯沁入海图》三),《水经》所载河流,主要是东汉时代而未及东汉以前,所以他要在卷首加入此图。从此图以后的《原武以上今河图》,可以窥及他溯古通今的原意。不过《水经》河流虽然以东汉为主,但《水经注》的记叙仍及古事。所以此图所绘仍然不离郦注记叙。

谭其骧先生在其《西汉以前的黄河下游河道》(《长水集》下,人民出版社1987年出版)一文中指出,《汉书·地理志》、《汉书·沟洫志》、《水经·河水注》3 书记载的黄河下游河道完全一样。他说:"其具体径流是:宿胥口(驿案,今河南浚县西南)以上同《山经》、《禹贡》;自宿胥口东北流至今馆陶县东北,折东经高唐县南,折北至东光县西会合漳水,即《水经·河水注》中的'大河故渎'(一称'北渎',用别于《水经注》见在河水自长寿津东出;一称'王莽河',因此渎至王莽时空,世俗遂有此称);以下折而东北,流经汉章武县(故治今黄骅县伏漪城)至今黄骅县东入海。"当然,此图所表示的古代黄河,只是《汉书》和《水经注》记载所及的河道流路。而古代黄河的实际情况,正如邹逸麟先生在其整理的《禹贡锥指》(上海古籍出版社 1996 年出版)一书《前言》中说:"黄河自来就是一条多泥沙河流,这是由它中游历经一片数十万平方公里黄土地带所决定的。在战国时期下游河道全面修筑河堤以前,实处于一种自由泛滥、任意改徙的状态。"现在黄河下游北起海河,南到淮河,存在着一片面积达 30 多万平方公里的黄淮海平原,就是黄河在上古时代"自由泛滥,任意改徙"的产物。所以此图所绘的,其实主要是《水经注》所记叙的,实际上仅仅是此河古代"任意改徙"过程中的某一时期的状况。

此图图名为什么要在"大河"(黄河)以下再加上"清河"这个名称呢?清河确实是一条先秦时代与黄河并存的华北河流,是黄河的一条重要支流。直到东汉以后,在《水经》和《水经注》中仍然多次提到这条河流。例如卷五《河水注》:"清河又东北迳枣强县故城西,又东北迳棘津(此为今本《水经注》佚文,收录于《名胜志》卷八冀州枣强县,因文中枣强县和棘津均出现于今本卷五《河水注》,所以可断定佚于此篇)。"又如卷八《济水》,《经》"又东北过寿张县西界,安民亭南,汶水从东北来注之。"《注》:"清河首受洪水,北注济,或谓清即济也。"又如卷十四《沽河》,《经》"又东南迳泉州县,与清河合,东入于海。清河者,派河尾也。"《注》:"沽水又东南合清河,今无水。清、淇、漳、洹、滱、易、涞、濡、沽、滹沱,同归于海。故《经》曰派河尾也。"说明到了北魏时代,清河已经不再存在(今无水),《经》、《注》所说的派河,按现代自然地理学的概念,派河就是河口三角洲地带分支入海的许多支流叉道。《禹贡》九河,也属于"派河"性质。此图旁注引颜师古:"《尔雅》说九河云钩般。"这里仅列举了 9 河的一条,《尔雅·释水》有 9 河的全部名称,而《水经注》卷五《河水》,《经》"又东北过黎阳县南"《注》就说得很清楚:"《风俗通》曰:河播也,播为九河自此始也。《禹贡》沇州,九河既道,谓徒骇、太史、马颊、覆釜、胡苏、简、洁、句盘、鬲津也。同为逆河,郑玄曰:下尾合曰逆河,言相迎受矣。盖疏润下之势,以通河海。"这一段话,把黄河河口三角洲的地理概况,说得非常清楚。

此图旁注引《汉书·地理志》。灵县、贝丘、信成 3 县,均是清河郡属县,清河郡位于今河北省东南部,郡治清河,在今清河县以东。所引鬲县、般县两县,均是平原郡属县,平原郡位于今山东省东北部和河北省东南部的一小部分,郡治平原,在今山东省平原县以南。

古大河清河入海圖

班志靈縣河水別出為嗚
犢河東北至脩入屯氏河
信成張甲河首受屯氏別
河東北至脩入漳水貝邱
應劭曰左氏傳齊襄公田
于貝邱是被應此說誤平
原有篤馬河東北入海行
五百六十里鬲縣平當以
為鬲津般縣師古曰爾雅
說九河云鉤般

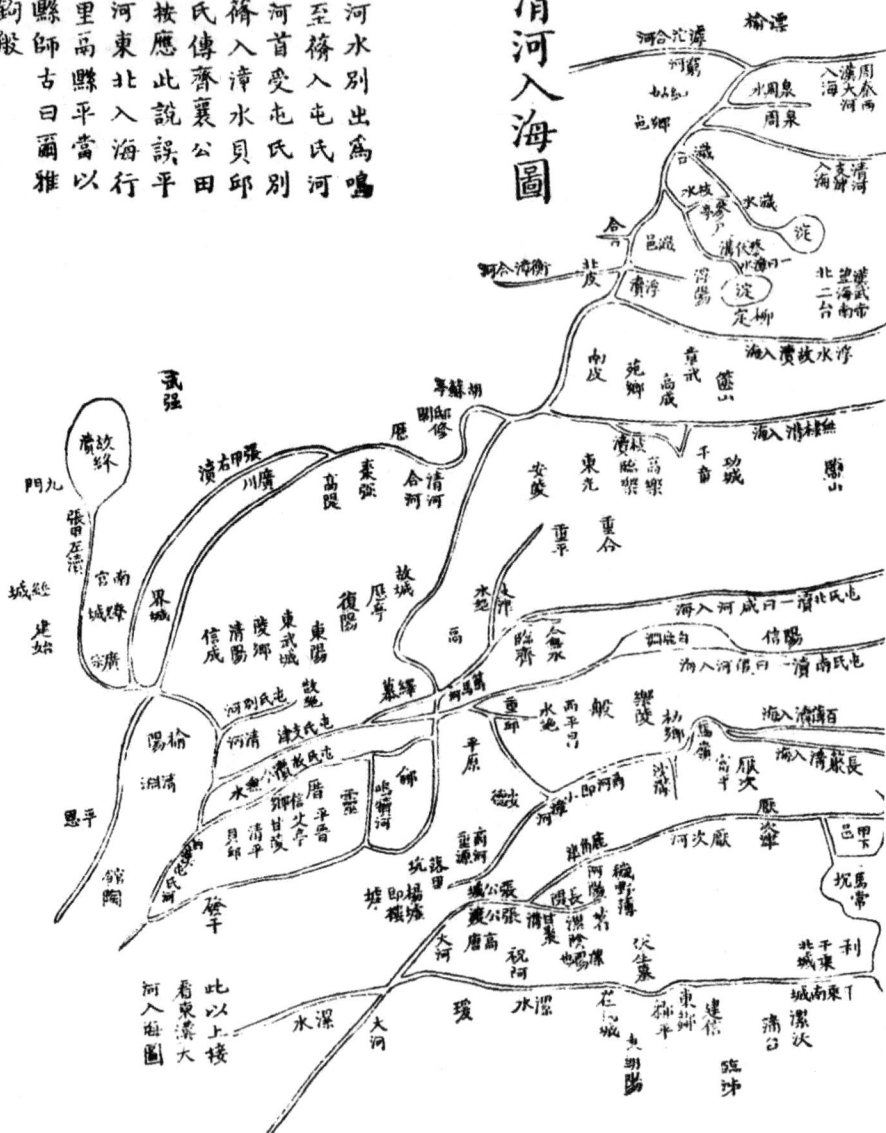

古大河清河入海图

东汉大河漯沁入海图

东汉大河漯沁入海图一

【旁注】以后以纸矮,别系为《古大河清河入海图》。

班《志》:高唐,桑钦言:漯水所出。漯阴,应劭曰:漯水出东武阳,东北入海。

【解说】此图组共有图 16 幅,是全图最大的图组。

《水经注》记叙黄河,从卷一到卷五,共有 5 篇,其次序是从发源、上游、中游、下游,直至入海。但汪氏此图的次序与《水经注》相反,以入海为首幅,然后依次绘至上游和发源,全图各河,大多如此。

此图图名在"大河"以下又加入"漯、沁",《禹贡》兖州:"浮于济漯,达于河。"所以漯水是古代华北的大河之一。但沁水即使在郦注时代,也不过是黄河的一条普通支流。卷五《河水》,《经》文有"又东北过武德县东,沁水从西北来注之"一条,《经》文确实提及沁水,但《注》不及于此。而图上也不见沁水。所以汪氏以沁水列入图组之名,尚不解其意。

此图注记符号简单,因全图的主要部分系据卷五《河水》《经》"又东北过漯阳县北"及《经》"又东北过利县北,又东北过甲下邑,济水从西来注之,又东北入于海"此两条《经》文下的《注》文绘制。此两条《经》文是《河水》五卷中的最后两条,《注》文也较简单,记叙黄河入海,已属全河尾声。此图东翼为海,济(汪作"沛")水、漯水及东汉后大河,均在马常坑及其附近入海。案卷五《河水》《经》"又东北过高唐县东"《注》:"漯水又东北注千乘二城间……又东北为马常坑,坑东西八十里,南北三十里,乱流枝河而入于海。河海之饶,兹焉为最。《地理风俗记》曰:漯水东北至千乘入海,河盛则通津委海,水耗则微涓绝流。"

此图南翼济水,系按卷八《济水》《经》"又东北过临济县南"下《注》文及《经》"又东北过甲下邑,入于河"下《注》文绘制,故沿河有"临济"注记。《注》文说:"然河水于济、漯之北,别流注海。"此图据此而绘。

此图济、漯 2 水均入马常坑。《水经注》有不少版本如《永乐大典》本、黄省曾本、朱谋㙔《水经笺》等,此"坑"字均作"坑"。但宋本作"坑",清初各名本如赵一清《水经注释》、全祖望校本《水经注》、戴震武英殿本等均作"坑",汪氏此图亦作"坑"。胡渭《禹贡锥指》卷三引《水经注》"又东北为马常坑"注:"坑乃淀泊之类。"王先谦合校《水经注》"马常坑"下注:"坑是数泽之名。"光绪《山东通志》卷三十二《疆域志第三·山川》、博兴县下引《水经注》"平州坑"下加案语""坑,当作坑,《太平御览》地部四十引《述征记》曰:齐人谓湖曰坑。"我在《水经注地名汇编说明》(《水经注研究二集》,山西人民出版社 1987 年出版)中说:"这块东西八十里,南北三十里的马常坑,是一片'乱河枝流入海'的地区,是一片河口沼泽地。"

此图旁注引《汉书·地理志》。高唐、漯阴二县,均是平原郡属县。

此图左上角有"平原"、"郦"注记,并河流符号,旁注:"以后以纸矮,别系为《古大河清河入海图》。"此一角实与第一幅《古大河清河入海图》衔接。

东汉大河漯沁入海图二、三

【旁注】班《志》:馆陶,河水别出为屯氏河,东北至章武入海,过郡四,行千五百里。

班《志》:东武阳县,禹治漯水,东北至千乘入海,过郡三,行千二十里。应劭曰:武水之阳也。元城,应劭曰:魏武侯公子元食邑于此,因而氏焉。魏县,应劭曰:魏武侯别都。

《水经》,东汉末魏初人所撰。自宿胥口以北,旧大河北入处,禹河也。其迹不传,惟下流自东光东北至章武(天津)为清河。漳河现行其中,故叙入清河。漳河其自宿胥口至长寿津以北戚城、繁阳以下,乃周、秦、西汉之河也,王莽时大旱而空,故曰王莽河,谓之大河故渎,因已无他水行其中,惟东光以下与禹河同尔。长寿津以下,大河其时见行之河,至郦《注》时未改,此东汉以来河也,则曰大河。

【解说】此图图二衔接图一,图三衔接图二左下角。

图二北翼,从西汉屯氏河北迤,沿河经甘陵、鸣犊河直到郦县(在图一),注记"屯氏故渎",所绘系据卷五《经》"又东北过黎县南"《注》。屯氏故渎以南为王莽河,即所谓"北渎",见同卷《经》下《注》:"一则北渎,王莽时空,故世俗名是渎为王莽河也。"图按此《注》文作了注记:"周秦西汉以来,大河非禹河也,以王莽时空,故曰王莽河。"

王莽河以南是图二最重要的部分,始于卷五《经》"又东北过卫县南,又东北过濮阳县北,瓠子河出焉"《注》中的卢关津和委粟津,同《注》"又有漯水出焉,戴延之谓之武水也。河水又东迳武阳县东、范县西南东北流也"。图二据《注》并以下《注》文,作了两条注记:"此后河漯分行,漯在河北","漯水即武水,自宿胥口至东武阳,故道为河所占"。此后,图据《经》"又东北过东阿县北"《注》绘入仓亭津及柯泽;据《经》"又东北过茌平县西"《注》绘入碻磝、邓里渠、四渎津;据《经》"又东北过高唐县东"绘入武阳、东武阳、冈成、聊城、清河、摄城、王城等;据《经》"又东北过杨虚县东,商河出焉"《注》绘入张公城、张公渡、甘枣沟(图三大河、漯水止于此)等,并作注记:"此后漯在河南,盖东汉以来大河东绝漯也。"

图二南翼为济水,此非图之所重,注记符号简单。

图三仅绘左上角一隅,系图二左下角的延续。案卷五《河水》《经》"又东北过卫县南,又东北过濮阳县北,瓠子河出焉"《注》:"河水又东北经委粟津,大河之北,即东武阳县也,左会浮水故渎。"图据此《注》而绘。

图二旁注引《汉书·地理志》。馆陶是魏郡属县,魏郡位于今河北省西南,郡治邺,在今河北省临漳县西南。图三旁注所引东武阳是东郡属县,东郡位于今山东、河南两省北部,郡治濮阳,在今河南省濮阳县南。

图三旁注有"《水经》,东汉末魏初人所撰"句。案《水经》著作年代,武英殿本卷首《校上案语》中已考定为三国时人所撰,而汪氏在此称"东汉末魏初人",此说已较殿本《校上案语》深入一步。杨守敬于光绪三十年(1904年)刊行《水经注疏要删》,其卷首《凡例》说:"自阎百诗谓郭璞注《山海经》引《水经》者七,而后郭璞撰《水经》之说废。自《水经注序》出,不言《经》作于桑钦,而后来附益之说为不足凭。前人定为三国魏人作,其说是矣。余更得数证焉:沔水《经》东过魏兴安阳县南,魏兴为曹氏所立之郡,《注》明言之,赵氏疑此条为后人所续增,不知此正魏人作《经》之明证。古淇水入河,至建安十九年,曹操始遏淇水东入白沟,而《经》明云东过内黄县南为白沟。此又魏人作《经》之切证。又刘璋分巴郡,置巴东、巴西郡,而夷水、漾水,《经》文只称巴郡。蜀先主置汉嘉郡、涪陵郡,而若水、延江水,《经》文不称汉嘉、涪陵。他如吴省沙羡县,

而《经》仍称江夏沙羡,吴置始安郡于始安,而《经》仍称零陵始安。盖以为敌国所改之制,故外之,此又魏人作《经》,不下逮晋代之证也。"杨氏刊出此书时,汪氏早已谢世,则《水经》为三国魏人所撰之说,当应归功于汪氏。

东汉大河漯沁入海图四、五

【旁注】班《志》:邺县,故大河在东北入海。繁阳,在繁水之阳。张晏曰:其界为繁渊。黎阳,晋灼曰:黎山在其南,河水经其东,其山上碑云:县取山之名,求水之阳,以为名。

《通鉴》百一十注:河自遮害亭屈而东北流,过黎阳县南,河之西岸为黎阳界,东岸为滑台界。

班《志》:壄王,太行山在西北,故邦国也。平皋,应劭曰:邢侯自襄国徙此。泫氏县,杨谷,绝水所出,南至壄王入沁。应劭曰:《山海经》,泫水所出者也。高都县,莞谷,丹水所出,东南入泫水。穀远县,羊头山世靡谷,沁水所出,东南至荥阳入河。过郡三,行九百七十里。师古曰:今沁水至怀州武陟县界入河。此云至荥阳,疑转写错误。

【解说】此2图互相衔接,而图四衔接图二。仍据卷五《河水》《经》"又东北过黎阳县南"《注》"一则漯川,今所流也;一则北渎,王莽时空,故世俗名是渎为王莽河也"。又同卷《经》"又东北过卫县南,又东北过濮阳县北,瓠子河出焉"《注》"浮水故渎又东南迳卫国邑城北"绘制。此图大河西起延津,则据同卷《经》"又东北过武德县东,沁水从西北来注之"《注》"河水又东北,通谓之廷津"绘入。

图中濮水,既见于卷五《河水》篇,亦见于卷八《济水》篇。而酸水仅见于卷八《济水》《经》"其一水东南流,其一水从县东北流,入巨野泽"《注》"濮渠又东北,又与酸水故渎会,酸渎首受河于酸枣县,东迳酸枣城北、延津南,谓之酸水"。所以卷八《济水》篇也是此图依据。

图五衔接图四,所绘黄河干流,西起洛阳、盟津,东到赤岸固、濮水,仍在卷五《河水》篇的记叙之中。《经》"又东过平县北,湛水从北来注之"《注》"河水南对首阳山","河南有钩陈垒","河水于斯有盟津之目"。除了据《注》绘入这些重要地名外,对于《注》文"《晋阳秋》曰:杜预造河桥于富平津"此图也加了相应的注记:"富平津,杜预河桥处。"此后在《经》"又东过巩县北"《注》中的五社津和鉴原丘,《经》"洛水从县西北流注之"《注》中的洛水入河,直到《经》"又东北过黎阳县南"《注》中的濮水,图据《注》详绘无遗。

图五也据《注》绘入了黄河支流，其中如济水、洛水、蒗荡渠，由于此图都另有专图，所以符号从简，但北流入黄的氾水和南流人黄的沁水则绘制甚详。氾水据同卷《经》"又东过成皋县北，济水从北来注之"《注》"河水又东合氾水，水南出浮戏山，世谓之曰方山也"。这一段《注》文记叙氾水的发源及支流甚详，图按《注》详绘。南流入黄的沁水，是这个图组列名的河流，郦注卷九有《沁水》专篇，此图亦加以详绘，但由于纸幅关系，图内所绘仅及于此水支流长平水即丹水，见卷九《沁水》《经》"又东过野王县北"《注》中，诸凡图上所见如长平水、丹水、源源水、白水、天井溪水、尧沟水、长明沟水等均在此《注》之中，而白马湖(朱管湖)、蔡沟、金亭等，则在同篇《经》"又东北过州县北"《注》中，图据《注》绘得非常详细。

此图图四旁注引《汉书·地理志》。邺县、繁阳、黎阳3县，均是魏郡属县。图五引壄王、平皋两县，均是河内郡属县，河内郡位于今河南省北部，郡治怀县，在今河南省武陟县南。所引泫氏、高都、穀远3县，均是上党郡属县，上党郡位于今山西省东南部，郡治屯留，即今山西省长治市。

此图图四旁注黎阳下引"晋灼曰：黎山在其南，河水经其东，其山上碑云：取山之名，取水之阳，以为名。"旁注中"求"是"取"之误。图五盟津以南注记："浕水，疑当作蒉"。此"蒉水"，汪氏想必从别本郦注引来。案卷五《河水》，《经》"又东北过平县北，湛水从北来注之"《注》中，曾引及《山海经》及《吕氏春秋》所载"蒉山"，但并无"蒉水"。《水经注》有《蒉水》篇，在卷十四。故此处"蒉水"误。

东汉大河漯沁入海图六、七

【旁注】《地形志》：邵郡治白水县，《五代志》之垣县也。《通鉴》百五十七注引《裴庆孙传》，以为治阳壶城，去轵关二百余里，宋白谓垣县东六十里召原，即分陕之所，有祠庙及棠树，又即《左氏》襄公二十二年，戍郫邵之邵。

按应劭云：在平城南，故云阴铎。疑以在平县北也。

班《志》：濩泽县，《禹贡》析城山在西南。应劭曰：有濩泽在西北。垣县，《禹贡》王屋山在东北，沁水所出，东南至武德入河，轵出荥泽北地中，又东至琅槐入海。过郡九，行千八百四十里。

班《志》：大阳，吴山在西，上有吴城。应劭曰：在大河之阳。

班《志》：陕县，故虢国，有焦城，故焦国。北虢在大阳，东虢在荥阳，西虢在雍州。

【解说】此2图互相衔接，图六衔接图五。图六黄河干流西起一十九滩、千崤水、

千崤山,见卷四《河水》《经》"又东过砥柱间"《注》:"自砥柱以下,五户以上,其间百二
十里……合有十九滩,水流迅急,势同三峡,破害舟船,自古所患。"《注》文又说:"河水
又东,千崤之水注焉,水南导于千崤之山。"同卷《经》"又东至邓乡"《注》:"洛阳西北
四十二里,故邓乡矣。"图上在邓乡以东尚有注记临平亭,此亭则在卷五《经》"又东过
平县北,湛水从北来注之"《注》中:"河水右迳临平亭北。"

　　图六北翼从西到东是黄河的两条支流清水与沁水。据卷九《清水》《经》"清水出
河内修武县之北黑山"《注》:"黑山在县北白鹿山东,清水所出也……溪曰瑶溪,涧曰
瑶涧,清水又南,与小瑶水合。"但图六清水,并无上述《清水》篇注记,而是据卷四《河
水》《经》"又东过平阴县北,清水从西北来注之"《注》绘制。此《注》说:"清水出清廉
山之西岭……清水历其南,东流迳皋落城北。"此后,图上注记如倚亳川、矿谷、石人
岭,干枣涧水、扶苏水、奸苗、马头山,直到白水原、阳壶城,最后"清水又东南流注于
河",图上所示,均据此《注》,而与卷九《清水》篇无关。此《注》最后说:"河水又会漤
水,水出垣县王屋山漤溪……《经》书清水,非也,是乃漤水耳。"按郦道元的说法,这条
《经》文"清水从西北来注之",此"清水"应为"漤水"之误。从《注》文的记叙来看,此
清水与卷九《清水》篇的清水也绝非同水。汪士铎显然已经看到了这个问题,所以此
图清水的绘制全不据卷九《清水》篇。而以下《清淇荡洹浊漳清漳图》七所绘的清水,
则据《清水》篇的《注》文绘制。

　　与清水不同,图六沁水则按卷九《沁水》《经》"沁水出上党涅县谒戾山"《注》绘
制。《注》文说:"沁水即涅水也,或言出谷远县羊头山世靡谷。"此后,图按《经》"南过
谷远县东,又南过谷氏县东"《注》绘入骉骉水、巨骏(汪作"峻")山、秦川水;据《经》
"又南过阳阿县东"《注》绘入濩泽水、白涧岭、清渊水、铜于崖、阳泉水、上涧水,直至午
壁亭。又据《经》"又南出山,过沁水县北"《注》绘入石门、枋口、孔山、台淳渊、朱沟水
等。此后,由于纸幅不敷,《经》"又东过野王县北"《注》中的许多支流,都绘入上述图
五之中。

　　图七衔接图六,黄河干流,西起柏谷水、浢、津,东到砥柱、三门,均在卷四《河水》
篇内。西翼从柏谷水、门水、函谷到浢津,图按《经》"又东过河北县南"《注》绘制,东
翼的砥柱、三门等,则按《经》"又东过砥柱间"《注》绘制。

　　图七所绘黄河支流不少,但多是小水,其中北流入黄的如柏谷水、门水、浢津、菑
水、七里涧水、谯水,都见于《经》"又东过河北县南"《注》中,《经》"又东过陕县北"
《注》中的橐水,是此图所绘的最大支流,《注》文记及此水导源橐山,支流不少,如干山
(汪作"千")之水,崖水、安阳溪水、漫涧水、渎谷水等,图均一一照绘。《经》"又东过
砥柱间"《注》中的崤水,也是此图中北流入黄的较大支流,图亦按《注》详绘。图上南

流入黄的支流都是小水,如《经》"又东过陕县北"《注》中的咸阳涧水,《经》"又东过大阳县南"《注》中的路涧水和沙涧水以及积石、土柱两溪,图虽按《注》绘入,但注记符号都很简单。

　　图六旁注引《汉书·地理志》。濩泽、垣县两县,均是河东郡属县,河东郡位于今山西省西南部,郡治安邑,在今山西省夏县西。又旁注引应劭按语:"在平城南,故云阴铎。"案应劭按语作"故曰平阴","阴铎"是汪氏之误。图七旁注引陕县是弘农郡属县,弘农郡位于今河南省西南部及陕西省东南部,郡治弘农,在今河南省灵宝县以北;所引大阳,是河东郡属县。

东汉大河漯沁入海图八、九

【旁注】班《志》:宏农县,故秦函谷关。衙山岭下谷,爛水所出,北入河。

　　班《志》:郃阳,应劭曰:在郃水之阳。夏阳,《禹贡》梁山在西北,龙门山在北。

　　《通鉴》百五十六注:《地形志》:夏阳有龙门山,此西岸也。魏南汾州有龙门郡及县,隋废郡,以县属河东郡,此东岸也。盖两山夹河,故曰龙门。又云:《唐志》:河西县有蒲津关,此西岸也。河东县南有风陵关,此东岸。

　　蒲津关,即临晋关,宋曰大庆关。

【解说】此2图南北衔接,图八在南,图九在北。图八衔接图七,北翼为黄河干流,在风陵渡、中条山东流并北上,南翼为洛水支流,见图七注记:"门水,洛水支津也。"全图除南翼涉及卷十五《洛水》篇外,均在卷四《河水》篇的记叙之中。《经》"又南至华阴潼关,渭水从西来注之",故图八有"渭水入河"注记。案《经》"又南过蒲坂县西"《注》:"又南,涑水注之,水出河北县雷首山。"图八始于此。此后,在《经》"又南至华阴潼关,渭水从西来注之"《注》中,除上述渭水入河外,图中如潼关、濩水、黄巷坂(汪作"陌")、风陵、玉涧水、皇天原、阌乡、全鸠涧水等,均按《注》绘入。在《经》"又东过河北县南"《注》中,图按《注》绘入蓼水、永乐涧水、槃涧水、湖水。图八绘黄河干流止于此。

　　此图最南为洛水,因另有专篇专图,此处从简,洛水以北为其支流门水,系从图七延伸而来,注记符号仍据卷四《河水》《经》"又东过河北县南"。《注》:"河水又东,右合门水。门水,即洛水之枝流者也。"图据此《注》详绘其发源与支流无遗。

　　图九衔接图八之北,即今山陕两省间黄河的一段。北起羊求水,南到渭水入河。卷四《河水》《经》"又南过河东北屈县西"《注》:"河水又南,羊求水入焉。"羊求水以南,包括采桑津、蒲水、南水、长松水、白水、丹水,直至洛水,图均据此《注》绘入。这条

《注》文中,有记叙孟门(今壶口瀑布)一段,文字生动逼真,历来为读者所传诵,可与以后《江水》篇中记叙三峡之文媲美。

此后在《经》"又南出龙门口,汾水从东来注之"《注》中,图按《注》绘入龙门、畅谷水、梁山原、崱谷水、司马子长墓,直到子夏石室。又据同卷《经》"又南过汾阴县西"及《经》"又南过蒲坂县西"两条《经》文下的《注》文绘制,并与图八衔接。

此图图八旁注引《汉书·地理志》。弘农,是弘农郡属县。图九旁注引郃阳、夏阳两县,均是左冯翊属县,左冯翊是首都所在京兆尹的近畿地区,辖境包括关中平原以北的泾水和(北)洛水流域,左辅都尉设于高陵,在今陕西省高陵县。

东汉大河漯沁入海图十

【旁注】班《志》:北屈县,《禹贡》壶口山在东南。白土,固水出西,东入河。定阳,应劭曰:在定水之阳。高奴有洧水,肥可蘸。

《元和志》:肤施县,清水即去斤水,有肥可蘸,自金明流入。鲜卑谓洧水为去斤。然则上清水盖洧字之讹。

【解说】此图衔接图九,所绘系今山、陕两省间黄河的北段,北起湳口、太罗水、吕梁洪,南到羊求水。案卷三《河水》《经》"又南过赤城东,又南过定襄桐过县西"《注》"河水又南,太罗水注之","河水又左得湳水口","河水又左合一水,出善无县故城西南八十里,其水西流,历于吕梁之山,而为吕梁洪……河流激荡,涛涌波襄,雷奔电泄,震天动地"。此后,在同卷《经》"又南过西河圁阳东"《注》中,图按《注》绘入长城、诸次水、诸次山、榆林塞、榆林山、小榆水等,在下一条《经》"又南离石县西"《注》中,绘入了许多黄河支流,其中东流入黄的支流,这些支流较大,如奢延水、交兰水、镜波水、帝原水、走马水、白羊水,这些其实都是后来称为无定河的支流,当时尚无无定河之名,但汪氏已在下游标出无定河。西流入黄的按《注》仅有陵水。

在下一条《经》文的《注》中,记及黄河支流甚多,图按《注》逐一绘入:西流入黄的有龙泉、土军水、大蛇水、信支水、石羊水;东流入黄的有契水、禄谷水、辱水(秀延水)。在再下一条《经》文"又南过上郡高奴县东"《注》中,图按《注》绘入从东、西两侧注入黄河的好些支流,如上源支流甚多的区水、黑水和定水(以上均东注黄河),域谷水、溪口水以及上源支流很多的蒲水(以上均西注黄河)。卷三《河水》止于此。以后就与卷四《河水》即图九已述的羊求水衔接。

此图旁注引《汉书·地理志》。北屈是河东郡属县。所引白土、定阳、高奴3县均是上郡属县,上郡位于跨今黄河两岸的山陕两省,郡治肤施,在今陕西省榆林市以南。

东汉大河漯沁入海图十一

【旁注】班《志》:武进,白渠水出塞外,西至沙陵入河。武皋,荒干水出塞外,西至沙陵入河。

【解说】此图衔接下幅,即图十二,系因图十二纸幅不敷所补的黄河支流。案卷三《经》"又南过赤城东,又南过定襄桐过县西"《注》中,在君子济(汪作"津")与吕梁洪之间,有从今山西省发源的许多西流入黄的支流,汇总后称为太罗水,注入黄河,已在图十二绘入。在《注》中记及上游的不少支流,如灾豆浑水、可不渥(汪作"渥")水,树颓水、吐文水、中陵川等,以及其他一些地名,图十二都无处绘入,故有此图十一,以作补充。

此图旁注引《汉书·地理志》。武进、武皋两县,均是定襄郡属县。定襄郡位于今山西省北部及内蒙古自治区的一部分,郡治成乐,在今内蒙古和林格尔以北。又旁注"荒千水",今各本颇不一致,有作芒干水、芒千水、荒干水等。

东汉大河漯沁入海图十二、十三

【旁注】《通鉴》百五十六,《魏土地记》:云中城东八十里有盛乐城。班《志》:五原郡东部都尉治稒阳。成宜,中部都尉治原高,西部都尉治田辟。

杜佑曰:沙南,唐之胜州榆林县也。按亦即隋之胜州。

班《志》:窳浑,有道西北出鸡鹿塞,屠申泽在东。

班《志》:西河郡塞外有翁龙、埤是二障。圁阴,师古曰:圁字本作圆,县在圁水之阴。鸿门,有天封苑、火井祠,火从地出也。增山,有道西出眩雷塞,北部都尉治。圁阳,师古曰:此县在圁水之阳。榖罗,武泽在西北。朔方郡西部都尉治窳浑。障朔方,金连盐泽、青盐泽皆在南。

【解说】此2图互相衔接。所绘系黄河干流包括今山陕两省北境到内蒙古自治区及宁夏回族自治区的小部分,即所谓黄河的河套段。图十二始于卷三《河水》《经》"屈南过五原西安阳县南"《注》:"河水又东迳田辟城南,《地理志》曰:故西部都尉治也。"干流从西北到东南,止于吕梁洪,吕梁洪已见于图十。干流沿线的注记符号不多,同卷

《经》"又东过临沃县南"《注》："河水又东流,石门水南注之,水出石门山。"图按《注》绘入。直至《经》"又南过赤城东,又南过定襄桐过县西"《注》中的君子津。此后,在以上图十一中已经述及。

图十二所绘的主要内容还包括黄河的两条支流,即荒干水(殿本等作"芒干水")和圕水。案卷三《河水》《经》"又东过云中桢陵县南,又东过沙南县北,从县东屈南,过沙陵县西"《注》："河水屈而流,白渠水注之。"荒干水发源塞外,支流甚多,下流入黄时称为白渠水。郦注记叙此水甚详,实因此水沿流是北魏的发祥地区之一。《注》文说:"芒干水又西南经白道南谷口,有城在右,萦带长城,背山面泽,谓之白道城。自城北出有高阪,谓之白道岭……其水西南流,历谷,迳魏帝行宫东,世谓之阿计头殿,宫城在白道岭北阜上,其城圆角而不方,四门列观,城内惟台殿而已。"这条《注》文颇长,但文内提及地名,包括入黄前的沙陵湖,图均按《注》尽绘无遗。

另一条支流圕水,见于卷三《河水》《经》"又东过西河圕阳县东"《注》："圕水出上郡白土县圕谷,东迳其县南。"此《注》叙圕水亦甚详,图按《注》绘入此水发源及所有支流,包括长城、鸿门、天封苑等在内。

图十三是黄河的河套部分,西起薄骨律镇,东到西安阳。案卷三《河水》《经》"又北过北地富平县西"《注》："河水又北,薄骨律镇城在河渚上,赫连果城也。桑果余林,仍列洲上。"图十三据此始绘,黄河自此东北流,图按同《注》绘入典农城、卑移山、浑怀障,直到石崖山。《注》文说:"河水又东北历石崖山西,去北地五百里,山石之上,自然有文,尽若虎马之状,粲然成著,类似图焉,故亦谓之画石山也。"

对于此《注》中的石崖山,拙著《郦学札记》(上海书店出版社 2000 年出版)曾撰有《水经注记载的岩画资源》一文,文中除了抄录石崖山一段外,又抄录同卷《经》"至河目县西"《注》中的一段:"(河水)东流迳石迹阜西,是阜破石之文悉有鹿马之迹,故纳斯称焉。"拙文指出:

按照郦注的记载,这地区当在今内蒙古阴山一带,近年以来,内蒙古的文物工作者,根据《水经注》的记载,已经发现了"石崖山"、"石迹阜"等的古代岩画,它们位于阴山山脉西段的狼山地区,西起阿拉善左旗,中经磴口县、潮格旗,东至乌拉特中联合旗,东西长达三百公里,南北宽约四十至七十公里,在深山幽谷和峭立的山崖上,已找到了一千余幅各种内容的岩画。真是一宗巨大的岩画资源。

同卷《经》"又北过朔方临戎县西"《注》："河水又北屈而为南河出焉。"再下一条《经》文"屈从县北东流"《注》："河水又屈而东流,为北河。"图按《注》,在此分黄河为北河与南河两道,并在北河按《注》绘入一个大湖屠申泽,《注》文说:"其水积而为屠申泽,泽东西百二十里。故《地理志》曰:屠申泽在县东,即是泽也。阚骃谓之窊浑泽矣。"

同卷《经》"屈南过五原西安阳县南"《注》："河水又东迳西安阳县故城南。"图十三终于此。

此图图十三旁注引《汉书·地理志》。窳浑、朔方两县，均是朔方郡属县，朔方郡跨河套西部一带，郡治朔方，在今内蒙古乌拉特前旗以南。所引鸿门、增山、圜（圁）阳二县，均是西河郡属县，西河郡跨今山、陕二省，郡治平定，在今陕西省神木县北。

旁注"朔方郡西部都尉治窳浑障"，按今本《汉书·地理志》，无"障"字。

东汉大河漯沁入海图十四、十五

【旁注】班《志》：允吾、乌亭，逆水出参街谷，东至枝杨入湟。浩亹，浩亹水出西塞外，东至允吾入湟水。令居，涧水出西北塞外，至县西南入郑伯津。枹罕，应劭曰：故罕羌侯邑也。卤县，濯水出西。乌氏，乌水出西，北至河。都庐山在西。按濯水未详。

班《志》：狄道，白石山在东。上邽，应劭曰：《史记》：故邽戎邑。临洮，洮水出西羌中，北至枹罕东入河。《禹贡》西倾山在县西南。白石，漓水出西塞外，东至枹罕入河。应劭曰：白石山在东。

班《志》：朝那有湫渊祠。应劭曰：《史记》故戎那邑也。昫卷河水别出为河沟，东至富平北入河。

班《志》：河关，积石山在西南羌中，河水行塞外，东北入塞内，至章武入海，过郡十六，行九千四百里。临羌，西北至塞外，有西王母石室、仙海、盐池，北则湟水所出，东至允吾入河。西有须抵池，有弱水、昆仑山。

《通鉴》百一十注：水洄洑曰浇，浇河，隋唐之廓州，前凉之湟河，后魏之古城也。汉烧当羌地。

【解说】此2图互相衔接，图十四西起石城津，东到薄骨律镇。石城津见于卷二《河水》《经》"又东过金石允吾县北"《注》："河水又东迳石城南，谓之石城津。"薄骨律镇已见于图十三。图十五西起逢留大河，东到湟水入河。逢留河见于卷二《河水》《经》"又东入塞，过敦煌、酒泉、张掖郡南"《注》："永元五年，贯友代聂尚为护羌校尉，攻迷唐，斩获八百余级，收其熟麦数万斛，于逢留河上筑城以盛麦，且作大船，于河峡作桥渡兵，迷唐遂远依河曲。"拙著《水经注记载的黄河》（《郦学新论——水经注研究之三》山西人民出版社1992年出版）一文中曾指出："黄河干流的各种名称及干流各段的习用名称如河、河水、大河、上河、黄河、逢留河、重城河、孟门津、孟津、盟津、淇津、富平津、陶河等。"所以逢留河也是上游河段的名称之一。湟水入黄见于卷四《河水》《经》"又东过金城允吾县北"《注》:"湟水又东流,注于金城河,即积石之黄河也。阚駰曰:河至金城县,谓之金城河,随地为名也。"

图十四在石城津以东绘入了黄河的不少支流,在《经》"又东过金城允吾县北"《注》中绘入梁泉;在《经》"又东过天水北界"《注》中绘入苑川水、牧师苑;在《经》"又东北过武威媪围县南"《注》中绘入南流入黄的媪围水;在《经》"又东北过天水勇士县北"《注》中绘入二十八渡水、三城川、牛宦川、赤晔(汪作"华")川;在《经》"又东北过安定北界麦田山"《注》中绘入祖厉川水、麦田泉水、高平川水(苦水),此水是图十四中最大的黄河支流,发源于大陇山苦水谷,沿线支流甚多,图均按《注》绘入无遗。此图最后仍涉及卷三《河水》的第一条《经》文"又北过北地富平县西",此《经》下《注》:"河侧有两山相对,水出其间,即上河峡也,世谓之为青山峡。"图在此峡后才尽于薄骨律镇。

图十五较图十四繁复得多,因为此图除从逢留河到湟水入河的黄河干流以外,还有南流入黄的支流湟水和北流入黄的支流漓水和洮水,这些支流的注记符号远远超过黄河干流。在逢留河段的黄河支流,绝大多数在《经》"又东过陇西河关县北,洮水从县东南来流注之"《注》中,包括济川水、大谷水、北谷水、乌头川水、临津溪水、白土川水、唐述山、研川水。这些南注或北注的支流,河川甚小,郦注所叙也不过寥寥数语,汪氏只是照绘不漏而已。在这段长篇《注》文中,大部分记叙落在漓、洮二水之中。漓水在前,《注》文说:"河水又东与漓水合,水导源塞外羌中,故《地理志》曰:其水出西塞外,东北流,历野虏中。""野虏"其实是西羌地方的泛称,汪氏当然不知"野虏"在何地,但还是按《注》以此作其源地,从此按《注》一一绘入此水支流,直到入河。漓水以后是洮水,《注》文说:"河水又东,洮水注之。《地理志》曰:水出塞外羌中。《沙洲记》曰:洮水与垫江水俱出强台山,山南即垫江源,山东则洮水源。"垫江是古代西汉水的称谓,也就是今嘉陵江,发源在强台山当然是牵强附会,但汪氏按《注》,仍把洮水和垫江都注记在图上。洮水的流域范围比漓水要大,支流也比漓水多,图按《注》翔实而绘,由于纸幅不敷,其东翼支流,即发源于高城岭的陇水(滥水),又跨绘到图十四之中。

此图图十四旁注引《汉书·地理志》。狄道、上邽、临洮3县,均是陇西郡属县,陇西郡位于今甘肃省西南部,郡治狄道,即今甘肃省临洮市。所引白石、允吾、浩亹、令居、枹罕、河关、临羌诸县,均是金城郡属县,金城郡位于今甘肃省西南部和青海省东北部,辖境包括今兰州、西宁两市在内,郡治允吾,在今兰州市西。所引卤县、朝那、昫卷3县,均是安定郡属县,安定郡跨今甘肃省东部与宁夏回族自治区,郡治高平,在今宁夏固原县。

图十四旁注:"有弱水、昆仑山。"按今本《汉书·地理志》,"昆仑山"下有"祠"字。

东汉大河漯沁入海图十六

【旁注】班《志》:临羌,师古曰:阚骃云:西有卑禾羌,即献王莽地,为西海郡者也。

【解说】此图衔接图十五,为这个图组的最后一幅,内容很少,注记符号简单。其中南翼是图组主图,即黄河上游发源之处。西起积石山、石门,经析支、河曲而终于贵德。贵德之名始于元代,为汪氏所加。

案卷二《河水》《经》"又东入塞,过敦煌、酒泉、张掖郡南"《注》:"河水重源,又发于西塞之外,出于积石之山。《山海经》曰:积石之山,其下有石门,河水冒以西流,是山也,万物无不有,《禹贡》所谓导河自积石也。"《水经注》记叙《河水》有 5 卷,积石山在其记叙中是重源潜发之处,但汪士铎不信"重源"之说,所以此图组仅止于积石山。汪图以后尚有《回疆河图缩本》图组,可参阅该图组解说。

此图黄河干流以北所绘即今青海,见于卷二《河水》《经》"又东过金城允吾县北"《注》:"湟水又东迳卑禾羌海北,有盐池,阚骃曰,县西有卑禾羌海者也。世谓之青海。"

此图北翼尚有若干注记符号,系衔接图十五记叙的湟水发源及其支流,图按《注》细绘无遗。

此图旁注引《汉书·地理志》。临羌,是金城郡属县。

班志館陶河水別出爲屯氏河東北至章武入海過郡四行千五百里
屯氏故瀆
鳴犢河
高唐
王莽時空故曰王莽河
此後漯在河南蓋東漢以來大河東絶
通濟水之清水
此後河漯分行漯在河北

东汉大河漯沁入海图二

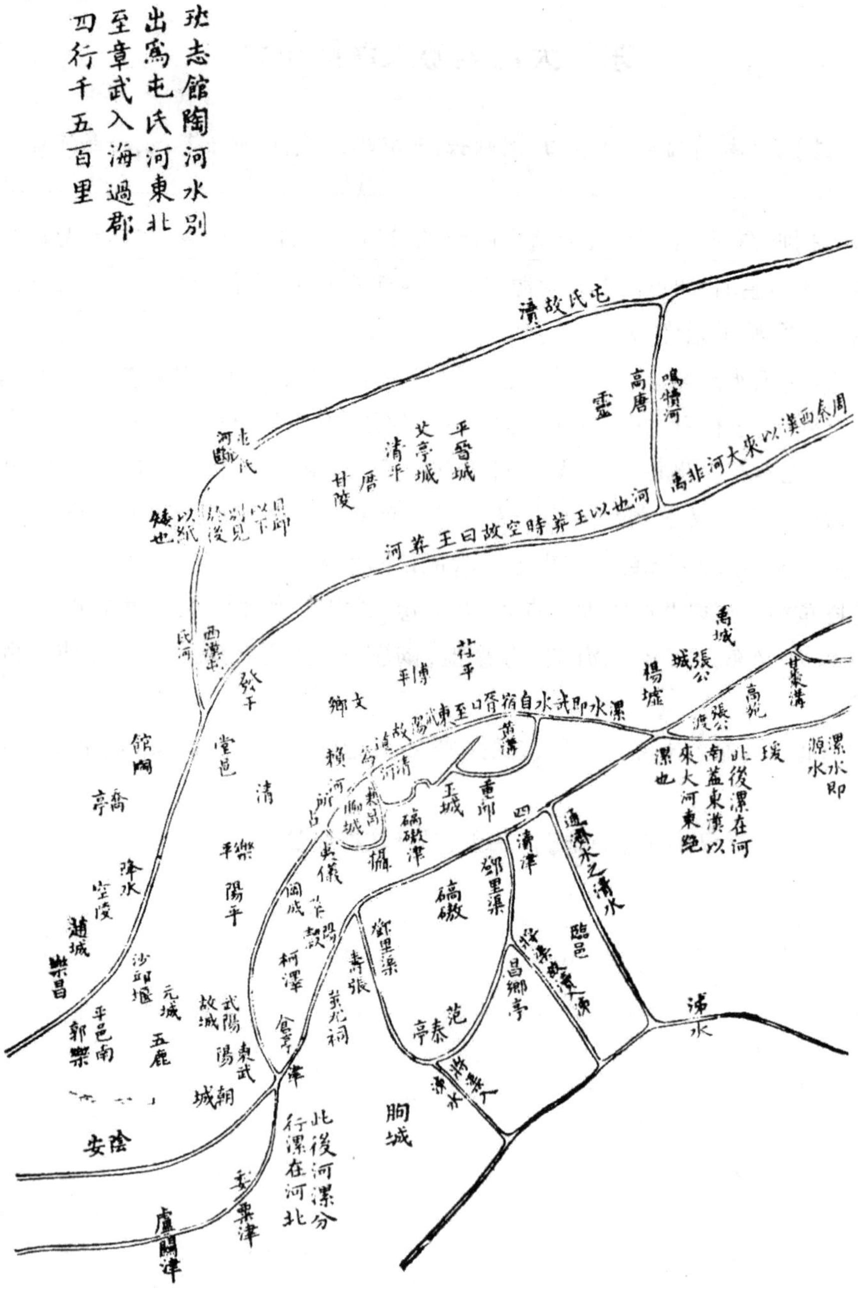

東漢大河漯沁入海圖

以後以紙矮
別条為古大
河清河入海
圖

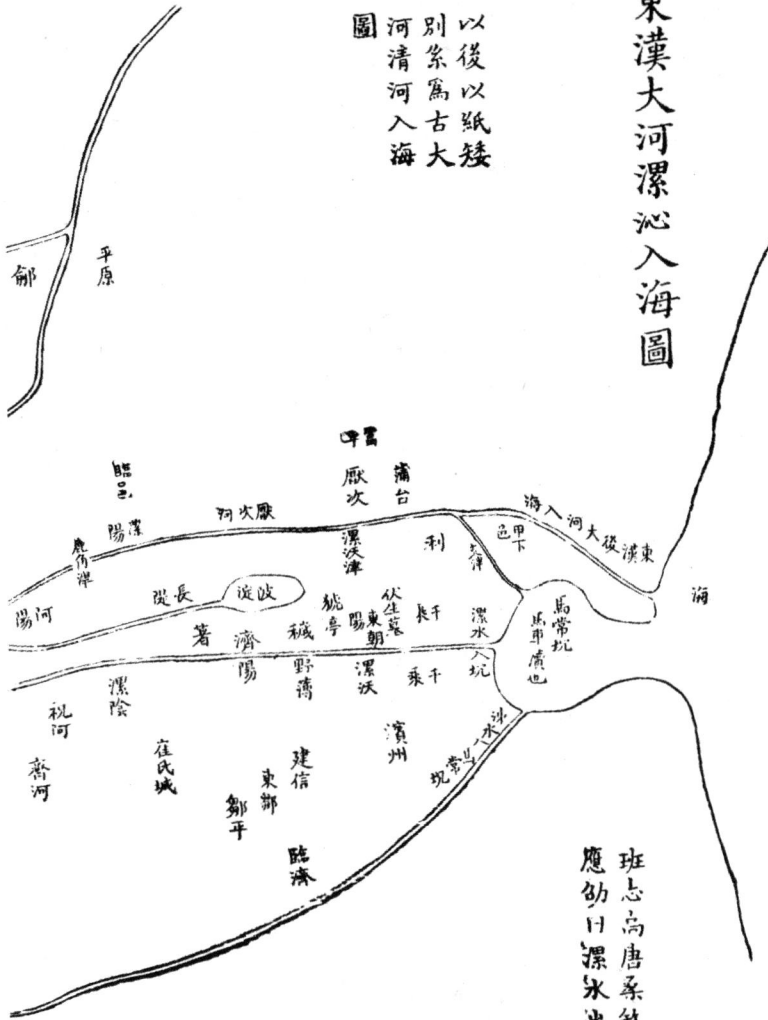

平原

鄃

臨邑

厭次

蒲台

甲

河次厭

漯沃津

鹿角津

陽漢

利

令虒

後大河入海

漯東

海

陽河

從長

逆波

狐亭

伏生墓

東陽

漯沃

干乘

漯水八坑

馬常坑

馬斯瀆也

著

濟陽

稜野瀆

濱州

濕陰

崔氏城

東鄒

建信

沙水入

坑常山入

祝河

齊河

鄒平

臨濟

班志高唐桑欽言漯水所出漯陰
應劭曰漯水出東武陽東北入海

东汉大河漯沁入海图一

班志郡縣故
大河在東北
入海繁陽在
繁水之陽為
繁水之陽張陽為
繁淵黎陽晉
晏曰其界為
灼曰黎山在
繁淵黎陽晉
其南河經
其東其山上
碑云縣取山
之名求水之
陽以為名

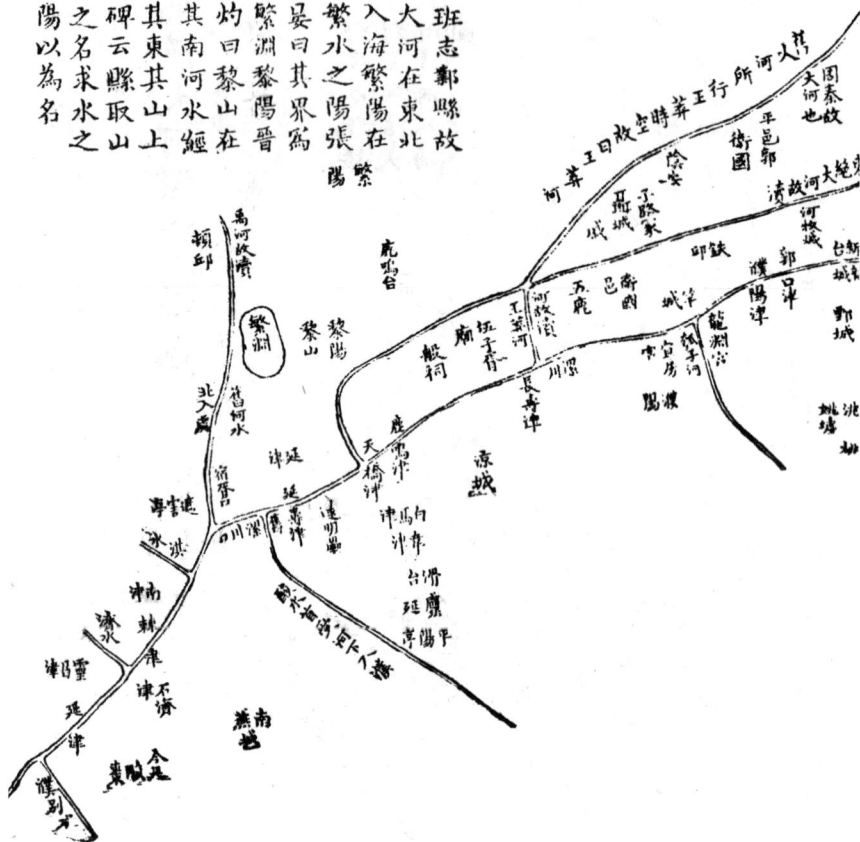

通鑑百一十注河
自遮害亭屈而東
北流過黎陽縣南
河之西岸為黎陽
灅東岸為滑台界

东汉大河漯沁入海图四

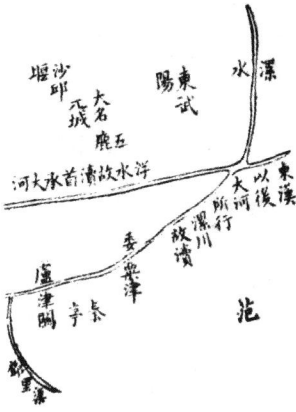

班志東武陽縣禹治漯水東北至千乘入海過郡三行十二十里應劭曰武水之陽也元城應劭曰魏武侯公子元食邑于此因而氏焉魏縣應劭曰魏武侯別都水經東漢末魏初人所撰自宿胥口以北舊大河北入處禹河也其蹟不傳惟下流自東光東北至章武津爲清河漳河現行其中故敘入清河漳河其自宿胥口至長壽津以北咸城繁陽以下乃周秦西漢之河也王莽時大旱而空故曰王莽河謂之大河故瀆因已無他水行其中惟東光以下與禹河同爾長壽津以下大河其時見行之河至鄴注時未改此東漢以來河也則曰大河

圖之紙矮別圖之以下因

东汉大河漯沁入海图三

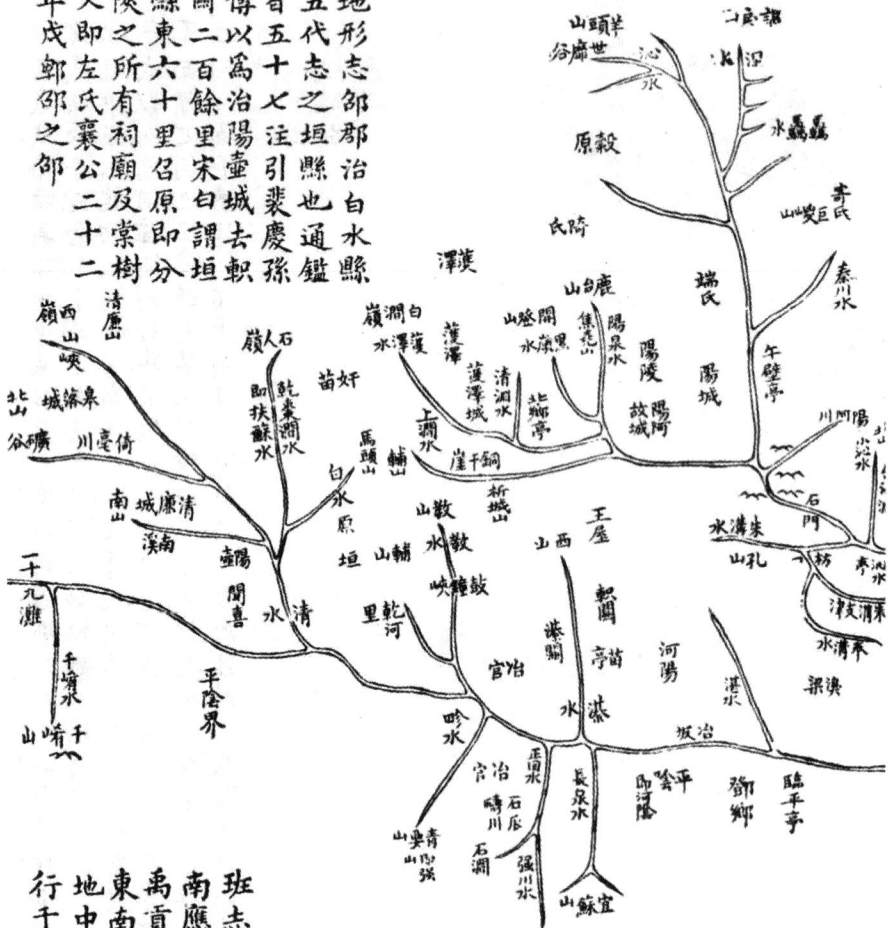

地形志郡治白水縣
五代志之垣縣也通鑑
百五十七注引裴慶孫
傳以為治陽壺城去軹
關二百餘里宋白謂垣
縣東六十里召原即分
陵之所有祠廟及棠樹
又即左氏襄公二十二
年即郤郤之郤

班志濩澤縣禹貢析城山在西
南應劭曰有濩澤在西北垣縣
禹貢王屋山在東北沇水所出
東南至武德入河軼出滎澤北
地中又東至琅槐入海過郡九
行千八百四十里

按應劭云在平城南故云
陰鐸疑以在平縣北也

平縣　洛陽

东汉大河漯沁入海图六

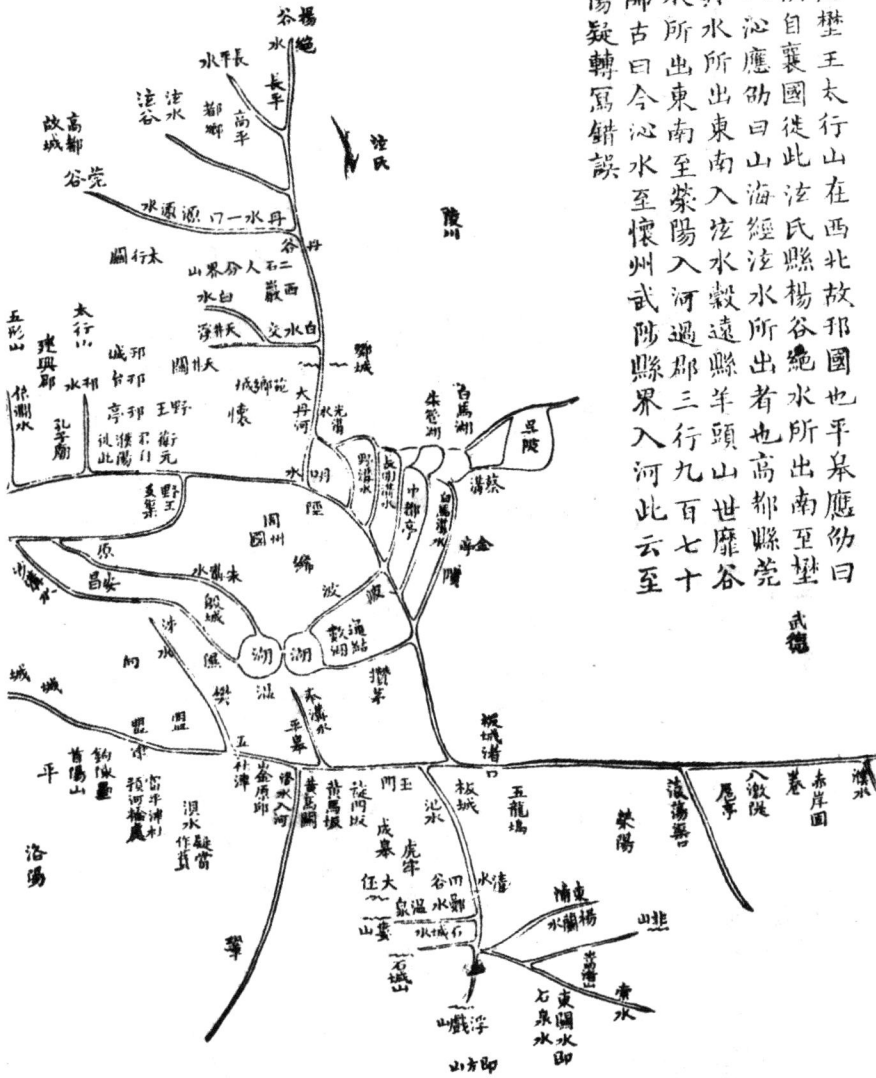

班志楚王太行山在西北故邢國也平皋應劭曰
邢侯自襄國徙此沁氏縣楊谷絕水所出南至墊
工入沁應劭曰山海經沁水所出者也高都縣荛
谷丹水所出東南入沁水穀遠縣羊頭山世靡谷
沁水所出東南至滎陽入河過郡三行九百七十
里師古曰今沁水至懷州武陟縣界入河此云至
滎陽疑轉寫錯誤

东汉大河漯沁入海图五

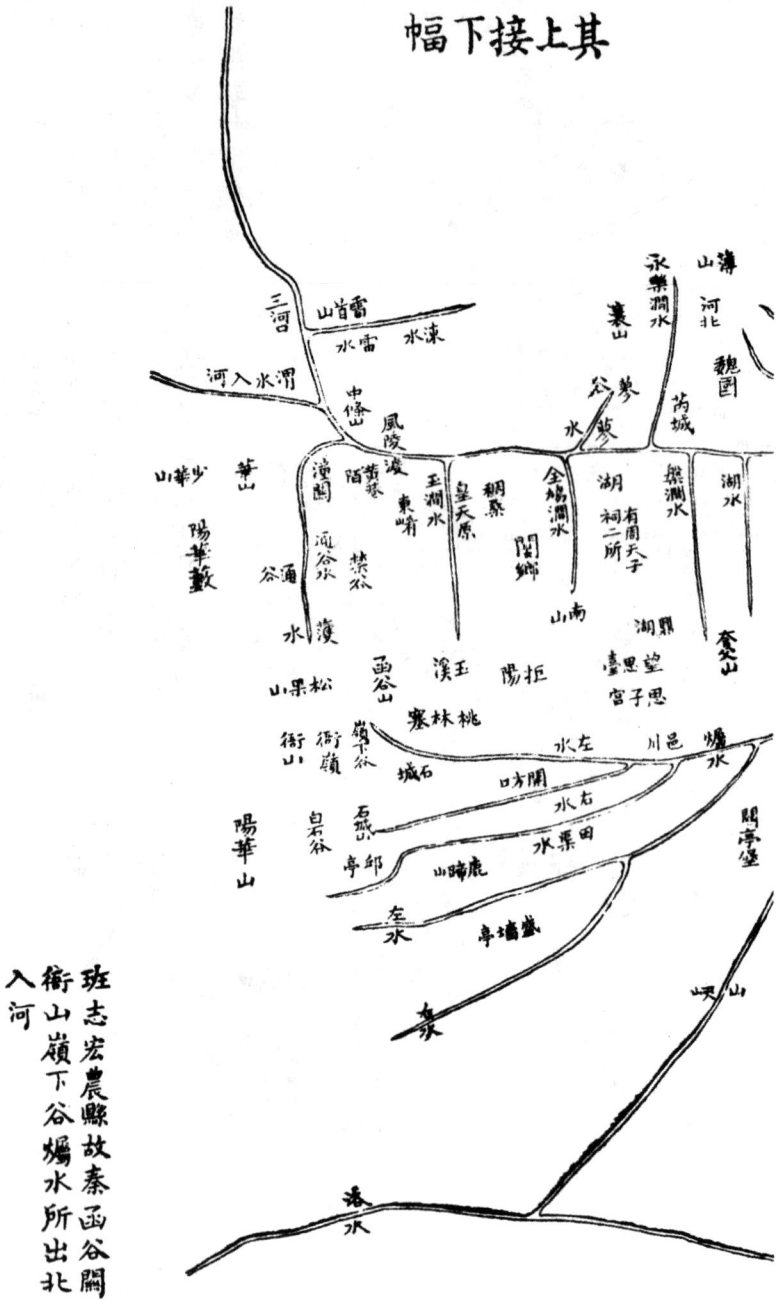

东汉大河漯沁入海图八

应劭曰在大河之阳
在西上有吴城
班志大阳吴山

虞坂
虞城
颠軨坂　虞原
虞城　虢庭
陽下　傅岩　軨橋
山虞　山虞北　山虞　小山　積石溪
交澗水　降澗水　沙澗水　岩傅
墓彊瑟　吳城　中澗水　土柱
平陸　芽大陽　咸陽澗水　大陽　溪
原閒　城吳　芽津　陽虢　下北
閎津　謾水

原閒
洹津
原閒　谷水　苗水　七里澗水
攻雨谷　宏農　洹津　噴頭　澗陽水　唐嘉磊　陝
門水浴水　假鄉澗水　山内　沃城　東城
支津也　山内　陽澗　焦城
枸谷亭　石陜山　坑陽彎　陽上　虢國焦　磧石
石陜祠　山蒸常　虢南　近溪　碱柱
水門　近溪　水西　三門
鴻　水溪　安陽　清水
鴻亭　千山　水澗　漫口嶝谷　石嶠
東谷　下水　漫澗水　陵陵　水嶠石
澗　漫谷　北南　陵陵
崖峡　水溱　橋鴨
北谷　山嶠磐
南山

班志陝縣故虢國有焦城故虢國北虢在大陽東虢在滎陽西虢在雍州

东汉大河漯沁入海图七

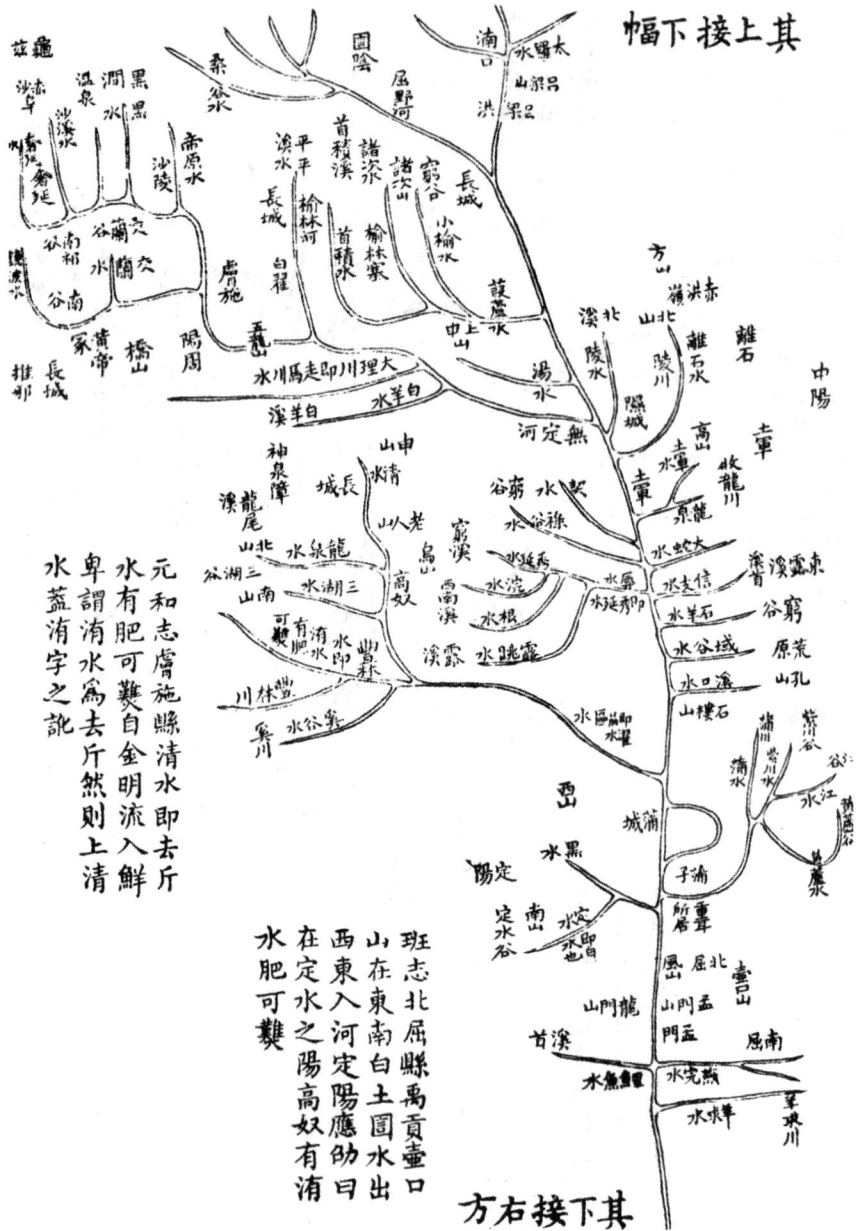

东汉大河漯沁入海图十

幅下接上其

通鑑百五十六注地形志夏陽有龍門山此西岸也魏南汾州有龍門郡及縣隋廢郡以縣屬河東郡此東岸也蓋兩山夾河故曰龍門又云唐志河西縣有蒲津關此西岸也河東縣南有風陵關此東岸

皮氏

赤石川
羊求水川
聚谷川
津象采
陰山
水儁
北東麓溪
徐山
水南
峽谷
三嶷山
水松長
丹水
丹陽
水谷黑
丹山
水白
水黑
水洛
山獵
水芝
山梁
門龍
水谷暢
河入水汾
梁山
峪水
厓梁
深
水黑三
陽夏
華池原高厠
陶渠水
沙梁
嶝仙營
徐水
強梁原
宮陽高
墓子司長
城劉仲
子夏室
陰汾
汾漢
水漢
雀
汾陰
魁漢
潰水
鄰陽
阪蒲
堯山
厯山
潰水
水鉬
陶城
莒
蒲阪
水汋
水鳩
來水
班志鄰陽應劭曰在鄰水之陽夏禹貢梁山在北北龍門山在
蒲津關即臨晉關宋曰大慶關
蒲津
關津蒲臨
今朝邑
晉臨
水雷
河蒲津橋
山首雷
空司船
河入水渭
陵風

方右接下其

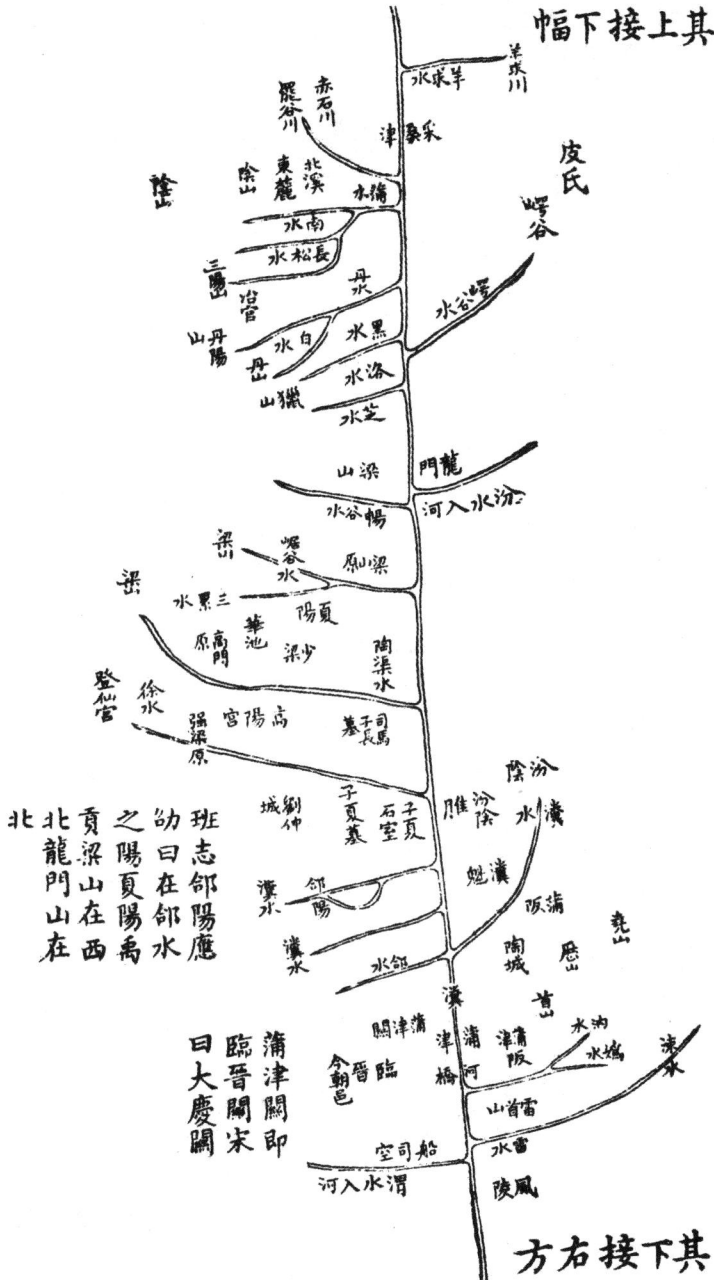

東汉大河漯沁入海图九

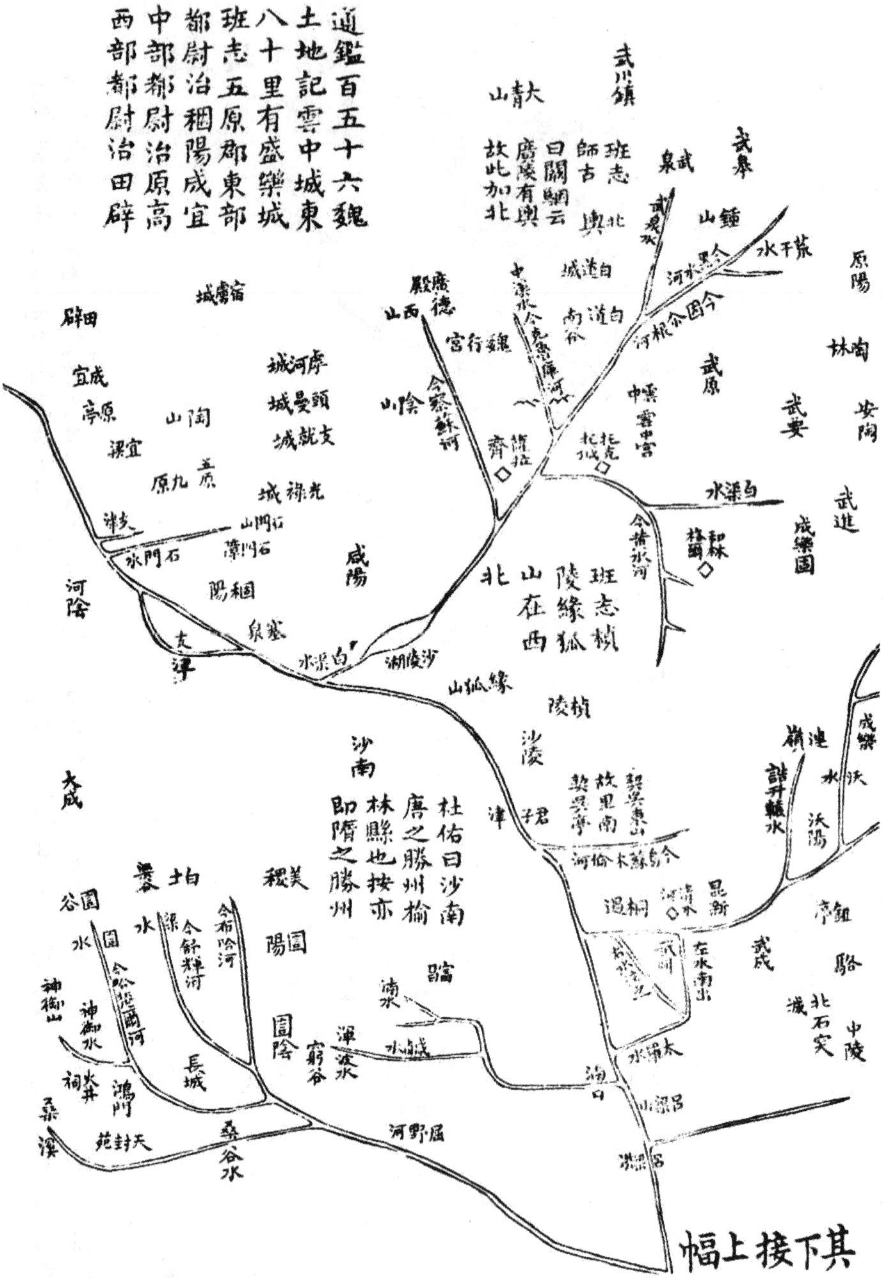

通鑑百五十六魏土地記雲中城東八十里有盛樂城班志五原郡東部都尉治稒陽成宜中部都尉治原高西部都尉治田辟
班志稒陵緣狐山在西北
杜佑曰沙南唐之勝州榆林縣也按亦即隋之勝州
其下接上幅

东汉大河漯沁入海图十二

班志武進白渠水出塞外西至沙陵入河

武臬筑千水出塞外西至沙陵入河

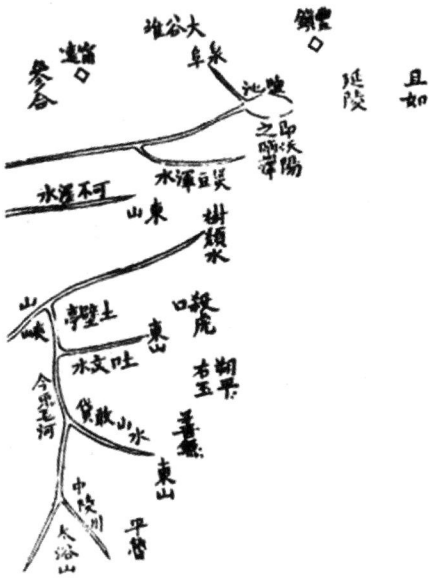

东汉大河漯沁入海图十一

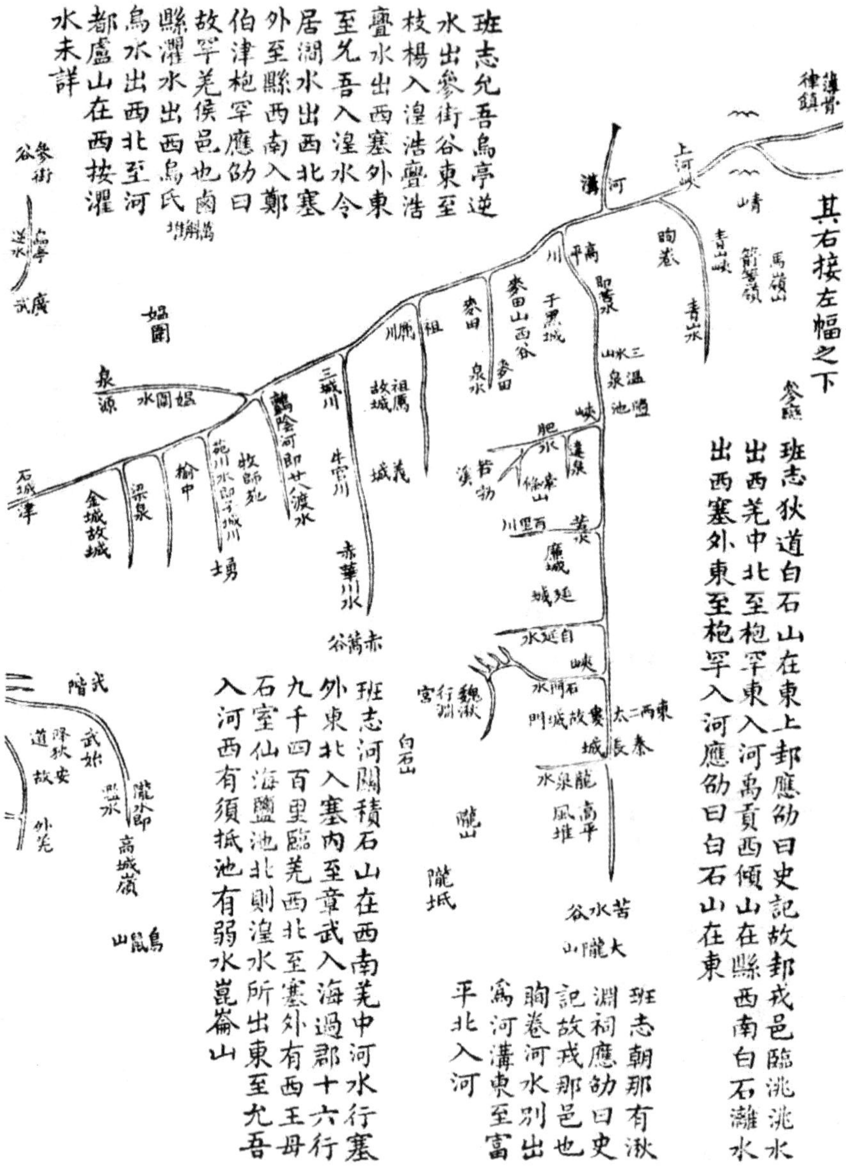

其右接左幅之下

班志狄道白石山在東上郡應劭曰史記邦戎邑臨洮洮水
出西羌中北至枹罕東入河禹貢西傾山在縣西南白石灘水
出西塞外東至枹罕入河應劭曰白石山在東

班志允吾烏亭逆
水出參街谷東至
枝楊入湟浩亹
亹水出西塞外
至允吾入湟水東
浩亹水出西南入鄭
伯津枹罕應劭曰
故罕羌侯邑也鹵
縣灕水出西烏氏
烏水出西北至河
都盧山在西按灕
水未詳

班志河關積石山在西南羌中河水行塞
外東北入塞內至章武入海過郡十六行
九千四百里臨羌西北至塞外有西王母
石室仙海鹽池北則湟水所出東至允吾
入河西有須抵池有弱水崑崙山

班志朝那有湫
淵祠應劭曰史
記故戎那邑也
朐卷河水別出
為河溝東至富
平北入河

班志烏鼠同穴山在
渭首應劭曰渭水出
西鳥鼠山

东汉大河漯沁入海图十四

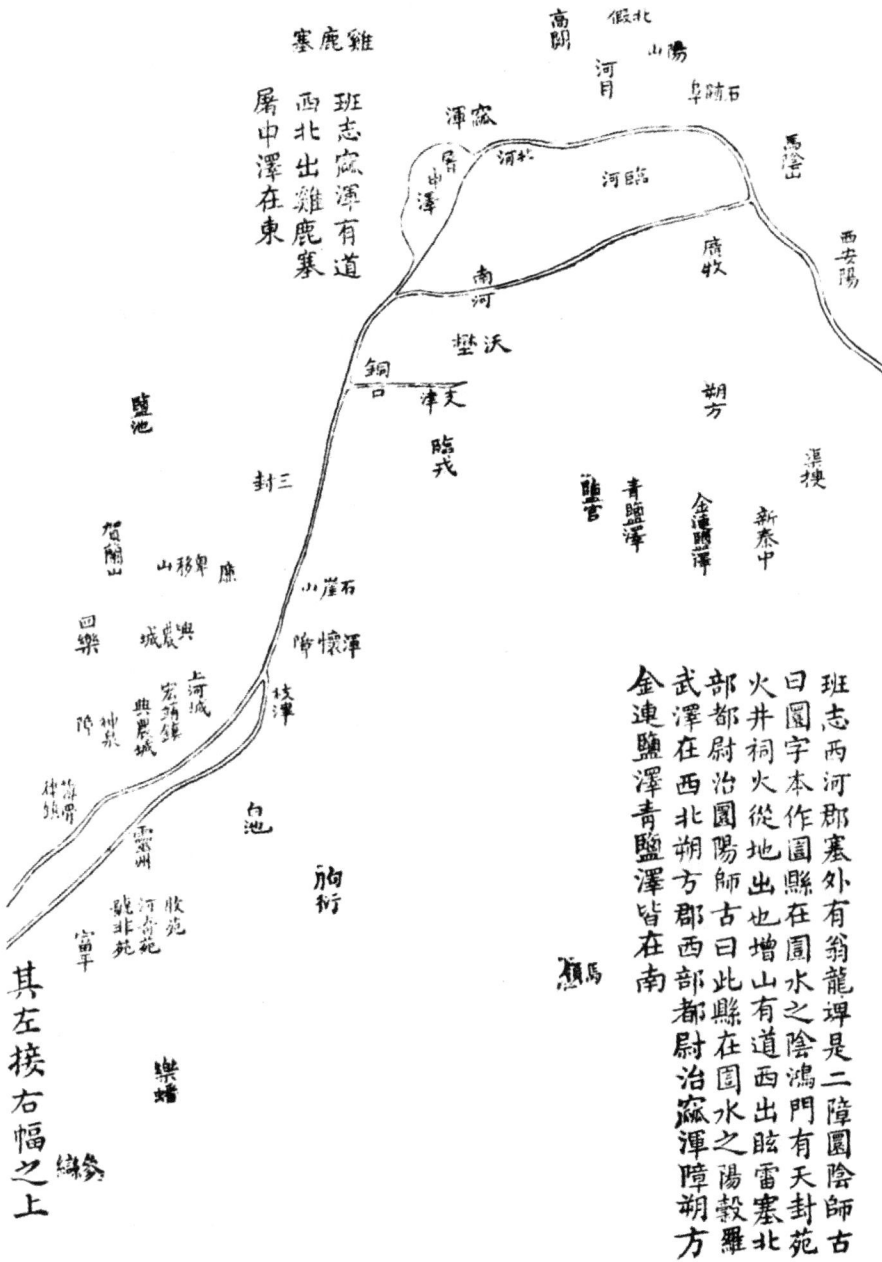

班志两河郡塞外有翁龙谭是二障圆阴师古
曰圆字本作圆县在圆水之阴鸿门有天封苑
火井祠火从地出也增山有道西出眩雷塞北
部都尉治圆阳师古曰此县在圆水之阳毂罗
泽在西北朔方郡西部都尉治窳浑障朔方
武泽在西北朔方郡西部都尉治窳浑障朔方
金连盐泽青盐泽皆在南

东汉大河漯沁入海图十三

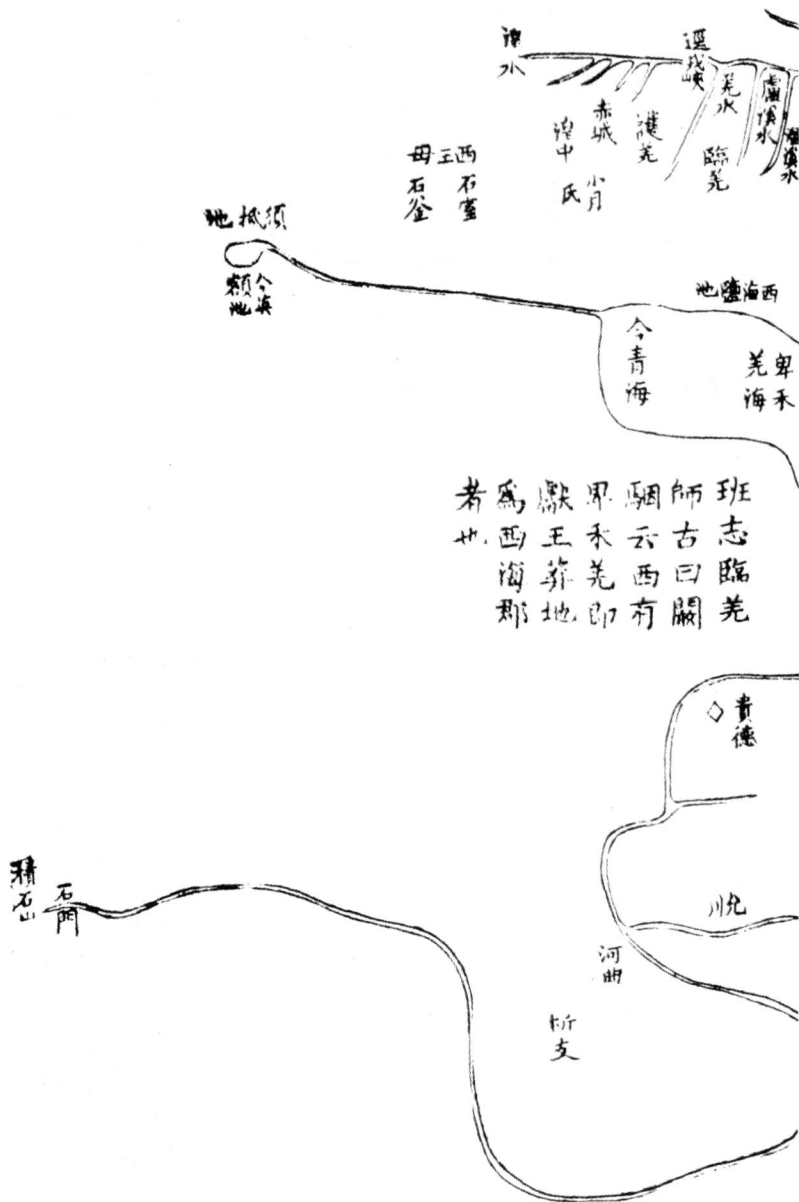

东汉大河漯沁入海图十六

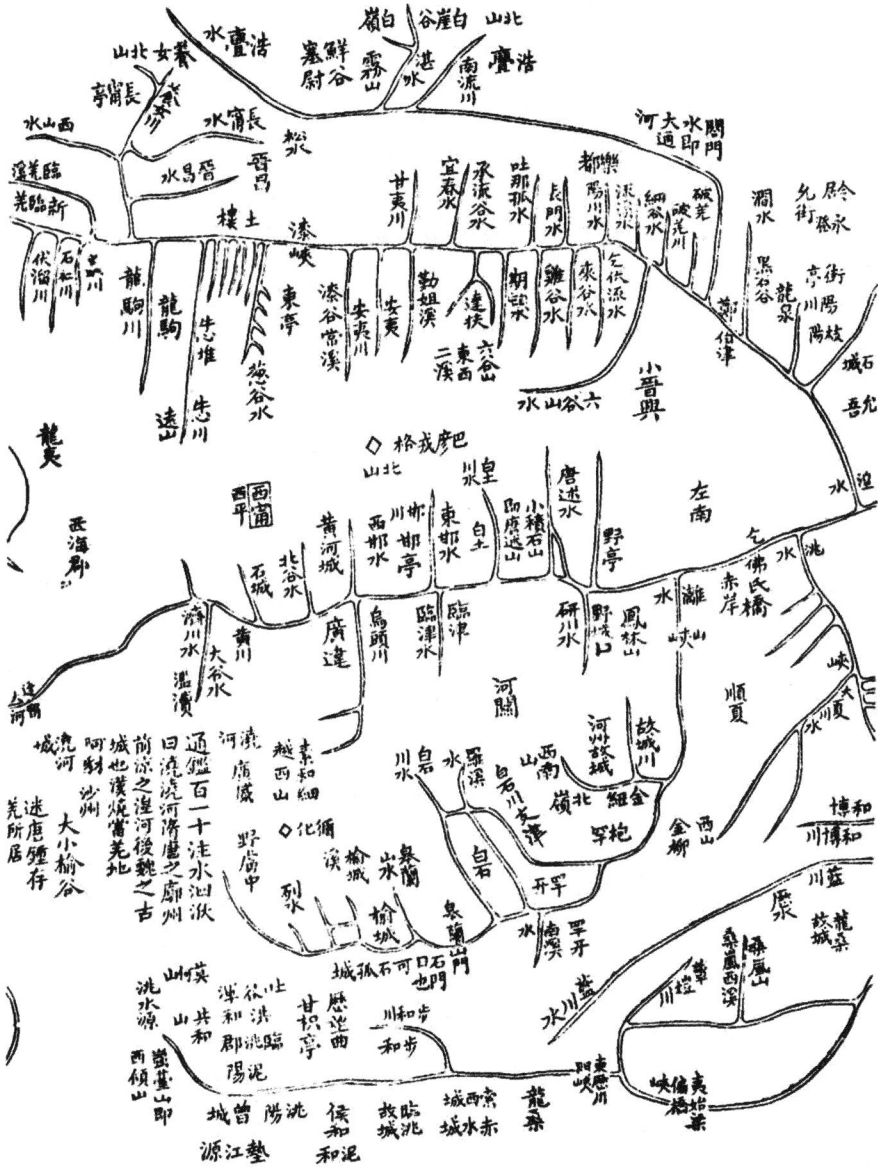

东汉大河漯沁入海图十五

漳水沸漂缩本图

漳水沸漂缩本图一、二

【解说】此图组共图 2 幅。汪氏称为"缩本",实在是他绘制此图的一番苦心。此图组中的河川城邑地名,在前面的大河图组中多已见到,但汪氏显然认为大河图组图幅虽多,《水经注》的记叙重在黄河干流,汪图按《注》而绘,也以黄河干流为主,对支流实有未尽,所以还要以"缩本"为名,概括与黄河下流错综交缠的其他河川,以两幅图面加以表达。但在当时的制图技术下,这是一件困难的工作,因为汪图是《水经注图》,必须遵循郦氏之《注》。郦注记叙黄河有 5 卷之多,"缩本"仅及卷五《河水》,而此外还涉及卷七卷八《济水》(汪作"沸水"),卷九《清水》、《沁水》、《淇水》,卷十《浊漳水》、《清漳水》,卷二十二《渠》,卷二十四《瓠子河》,计有 7 卷 10 篇。所幸各篇多另有专图,否则,要把如此众多的材料纳入两个图幅之中,必然挂一漏万。此外,黄河下游迁徙无常,而此"缩本"绘入的南翼即蒗荡渠地区,在古代属于鸿沟水系,水道纷歧,变化频繁。《水经》与《水经注》两书的写作年代,相距不到 300 年,但水道已经有了不少变化。所以汪氏所绘"缩本",虽然尽了很大努力,但结果仍然很难尽如人意。

图一其实是对全图开首两幅即《古大河清河入海图》与《东汉大河漂沁入海图》的增补,而图幅南翼又绘入古代鸿沟水系,即淮河流域的获、泗诸水。

图二除了仍以黄河干流为纲外,主要为了表示济水、沁水、清水、淇水、洹水、浊漳

水、清漳水等河流的发源和上流。此图在清水下流作了"清水入淇支津"和"清水入河"的注记。案卷九《清水》《经》"又东入于河"《注》中,《注》文所叙,已与《经》文不同,《经》说"入河",但《注》说"谓之清口,即淇河口也,盖互受其名耳"。《注》文又说:"盖河徙南注,清水渎移,汇流迳绝,余目尚存。"说明到了《水经注》的时代,清水已经不入黄而人淇。汪图采用了既从《经》文又从《注》文的绘制形式,作了这两条注记。

至于济水,图二按《注》,绘了大河以北的即所谓北济,又在荥泽以北加了一条注记"出河之沛",即所谓南济。案卷七《济水》《经》"屈从县东南流,过陨城西,又南当巩县北,南人于河",但同卷下一条《经》文说:"与河合流,又东过成皋县北,又东过荥阳县北,又东至砾溪南,东出过荥泽北。"既然"南入于河",则济水(北济)的流程已经结束,下一条《经》文述及的成皋、荥阳、砾溪,都是黄河的流程,与济水无涉,又怎能"东出过荥泽北"呢?但《水经注》尊重《水经》,把"南入于河"和"东出过荥泽北"的这两条不同的河流,都作为济水。这种错误的根源当然并不始于《水经》和《水经注》,因为古人所尊重的经书《禹贡》说:"导沇水,东流为济,入于河,溢为荥。"图二按《经》、《注》,其实也是按《禹贡》作图。

此图南翼的菠荡渠以及获水、睢水、涣水等,即古代鸿水系地域,图上的注记符号都较简单,因为它们多另有专图。

漳水沛潒缩本图二

漳水沁漯缩本图一

原武以上今河图

原武以上今河图一

【**旁注**】凡图,须计里画方,方为致确,然以之为书,则东西可展而南北不能容,若缩本过狭,则注不能尽载,今略举一隅,以见梗概。

【**解说**】此图组共图 5 幅。汪氏为何要在《水经注图》中插入这个不属于《水经注》记叙的图组,而且说明是"原武以上"? 其动机或许是他按郦道元之意以黄河为全图的重点。黄河是郦注全书中最重要的河流,拙撰《水经注记载的黄河》(《郦学新论——水经注研究之三》,山西人民出版社 1992 年出版)一文中曾经指出,郦注全书记载的黄河干支流共达 11 卷,所以"《水经注》记载黄河的篇幅,已经超过全书的四分之一"。汪氏显然是图从《注》意。此图组以原武作为绘制界线,图一注记:"以下与今河道全异,故不图。"原武在《汉书·地理志》是河南郡属县,在汪氏时代是河南省怀庆府属县,即今郑州市东北、开封市西北的原阳县。这是黄河在历史上经常决溢改道的起点,汪氏从各正史《河渠志》以及他当时能见到的如《水道提纲》、《行水金鉴》等文献中,获悉黄河这种频繁决溢改道的过程。从《水经注》记叙黄河以后到汪氏时代,黄河于北宋庆历八年(1048)决于澶州(今濮阳东),河道北行,在今天津附近入海;此后在南宋建炎二年(1128)在滑县(今滑县西南)决口后又南移夺淮;而元至元二十三年

（1286），黄河决口十余处，原武是首当其冲的第一处；明洪武二十四年（1301），黄河又在原武决口。所以原武以下河道确实如汪氏注记"与今河道全异"，无法再绘（谭其骧、史念海、陈桥驿主编《中国自然地理——历史自然地理》第66页绘有《历史时期黄河下游主要泛道流经示意图》，科学出版社1982年出版）。至于他绘制原武以上的黄河，尽管此以上的黄河历史上变迁不大，但是由于康熙、乾隆等图的完成，他已经看到了较郦注更为可靠的资料，其中包括郦注地名与清代地名的差异。他以当时地名作图，当然便于同时代人的阅读。

从图的内容比较，《原武以上今河图》一与《东汉大河漯沁入海图》五相当。虽然内容涉及黄河干流极少，主要是沁水、淇水、浊漳水、清漳水等南流入黄及北流入海河的支流，其西尚有西流入黄的支流的洞涡水的一角。但不仅河流按当时新图作了修正，而且地名均用当代称谓标注。此外，在地名的数量上，特别是城邑地名有了明显的增加。此图虽然内容不多，但河南省境如修武、获嘉、荡阴、武陟、孟县、温县等，山西省境如襄垣、潞城、屯留、沁州、凤台、高平等，都作了注记。连西翼洞涡水一隅，也将寿阳、阳曲等城邑作了标注。

原武以上今河图二、三

【旁注】班《志》：廉县，卑移山在西北。富平北部都尉治神泉障，浑怀都尉治塞外浑怀障。灵州，有河奇苑、号非苑。师古曰：苑谓马牧也，此地在河之洲，随水高下，未尝沦没，故曰灵州。

【解说】此2图互相衔接，所绘黄河干流，包括今山陕两省间的中游河段，内蒙古与宁夏二自治区的河套河段以及今甘肃、青海两省的上游河段。地域范围涉及今山陕两省，内蒙古的伊克昭盟、宁夏回族自治区（清时为甘肃省宁夏府）、甘肃省以及青海省（清时为甘肃省的西宁府）东北部的大片地区。除黄河干流外，支流如涑水、汾水、渭水、泾水、（北）洛水、无定河、清水河、祖厉水、洮水等，也都绘入图内。其中泾水和（北）洛水，在今本《水经注》中均属佚篇。

此2图标注的地名，包括河川名以及府名、州、县名等，都用当时（清代）称谓。核对古今地名费力不小，为当时读者所称便。

此图图三旁注引《汉书·地理志》。廉县、富平、灵州3县，均是北地郡属县，北地郡位于今甘肃省东部及宁夏回族自治区南部一带，郡治马领，在今甘肃庆阳县以北。

原武以上今河图四、五

【旁注】班《志》:敦皇郡,正西关外有白龙堆沙,有蒲昌海。敦皇县,中部都尉治步广候官。杜林以为古瓜州,地生美瓜。师古曰:即《春秋左氏传》所云:允姓之戎,居于瓜州者也。冥安,南籍端水出南羌中,西北入其泽,溉民田。应劭曰:冥水出北入其泽。效穀,师古曰:本鱼泽障也。渊泉,师古曰:阚骃云:地多泉水,因以为名。广至,宜禾都尉治昆仑障。龙勒,有阳关、玉门关,皆都尉治。氐置水出南羌中,东北入泽,溉民田。

按咸丰五年,铜瓦厢之决,大河北流,由大清河入海,兰仪以上,故道未改也。而朝邑之河迤而西,故有新旧大庆关,此则上流之改道者。

【解说】此2图互相衔接,所绘是黄河干流,从贵德厅(今青海省贵德县)直到河源。沿途注记之处,如图四察罕诺们罕、绰尔斯、辉特、和硕特、土尔扈特,都是蒙古族居地,而尔津土司及图五玉树土司则为藏族居地。2图的主要成就是吸取了康熙、乾隆查探河源的成果,均绘入于图五之中。康熙遣侍卫拉锡探河源直到鄂敦塔拉,即星宿海。乾隆遣侍卫阿弥达探河源,西行直到阿勒坦噶达苏(汪作"素")齐老山。此外,图四绘入黄河上游支流如大通河(浩亹水)、湟水等,以及内陆湖青海、沙尔池(当时也称殷格池,即今哈拉湖)。此湖即前《东汉大河漯沁入海图》十六中的"顸抵池",但此湖与青海之间有分水岭,古今都不连通。

此2图北翼,图框边缘从东到西注记了今河西走廊及新疆地名:张掖、酒泉(均在图四),敦煌、疏勒城(均在图五),这当然是没有比例尺的旧式地图的一种示意方法。在疏勒城附近又绘上一段小河流,并作了3项注记:"车师后庭柳中","车师前庭高昌","戊己屯田"。此3项注记,是这个图组与《水经注》记叙的重要联系。案卷二《河水》,《经》"其一源出于阗国南山,北流与葱岭所出河合,又东注蒲昌海"《注》:"《汉书·西域传》曰:岭以东,南北有山,相距千余里,东西六千里,河出其中。暨于温宿之南,左合枝水,枝水上承北河于疏勒之东,西北流迳疏勒国南,又东北与疏勒北山水合,水出北溪,东南流迳疏勒城下……汉永平十八年,耿恭以戊己校尉,为匈奴左鹿蠡王所逼,恭以此城侧涧傍水,自金蒲迁居此城。"案车师是匈奴部落之一,车师前庭在交河城(今吐鲁番以东),车师后庭在务涂谷(今奇台西南)。戊己校尉是汉朝在西域都护府所设官员,屯驻高昌壁(今鄯善以西)。由于卷二《河水》记叙的耿恭故事十分生动,所以汪氏特在此图上加了这些注记。

此图图五旁注引《汉书·地理志》,敦皇、冥安、渊泉、广至、龙勒诸县,均是敦煌郡属县,敦煌郡位于今甘肃省西部,郡治敦煌,在今敦煌偏东。

图五又旁注"铜瓦厢之决",案此事发生于清咸丰五年(1855 年)六月,河决兰阳(今河南省兰考县)铜瓦厢,洪水先向西北淹及封丘、祥符各县,又向东漫流于兰仪、考城、长垣等县,分成数股,最后于光绪二年(1876)经小盐河流入大清河,从利津注入渤海,也就是今日的黄河入海河道。在此以前,黄河由淮河入海已持续了 700 多年。

原武以上今河图二

原武以上今河圖

凡圖須計里畫方方爲陽以之爲書則東
西可展而南北不能容若縮本過狹則注不能
盡載今累舉一隅以見梗概

原武以上今河图一

酒泉　　　　　　張掖

水磨港即河通大

斯碑羅　　　　　渥淮　　大通

沙爾池　　　　　　特碩和

　　　　　　　海青　　　　　　西甯西

　　　　　　　爾綽斯

　　　　　　　特輝

　　　　　　　　　貴極

　　　　　　　　　諾罕察

　　　　　　　門罕

土特　　　　　　碩和特　　　　　　　　濼水

　　　　　　　　　　　　　　　　水洗

　　　　　　　　　　　碩和特

土司

闌津

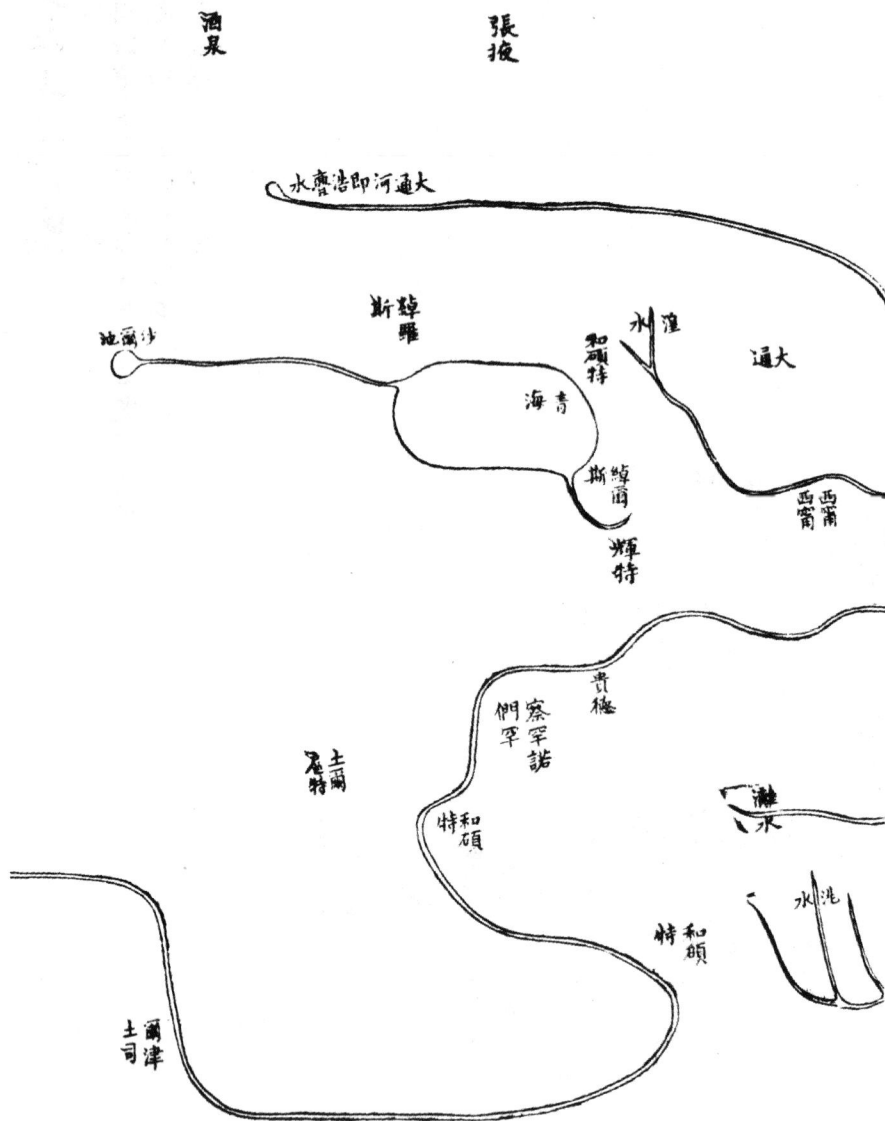

原武以上今河图四

班志廉縣卑移山在西北富平北部都尉治神泉障
渾懷都尉治塞外渾懷障靈州有河奇苑號非苑師
古曰苑謂馬牧也此地在河之洲隨水高下未嘗淪
沒故曰靈州

羅平　寗夏　寗夏　寗湖　定邊　靈州　衛中　清水阿　遠靖　莊浪　戎格　巴彥　蘭州　泉蘭　河州　倄化　初鷹水　會寗　固原　狄道州　桃州　州岷　渭水　渭源　隴西　鞏昌　伏羌　秦州　清水　安秦　通渭　鎮原　平涼　華亭　信崇　州隴　沂水　鳳翔　寶雞

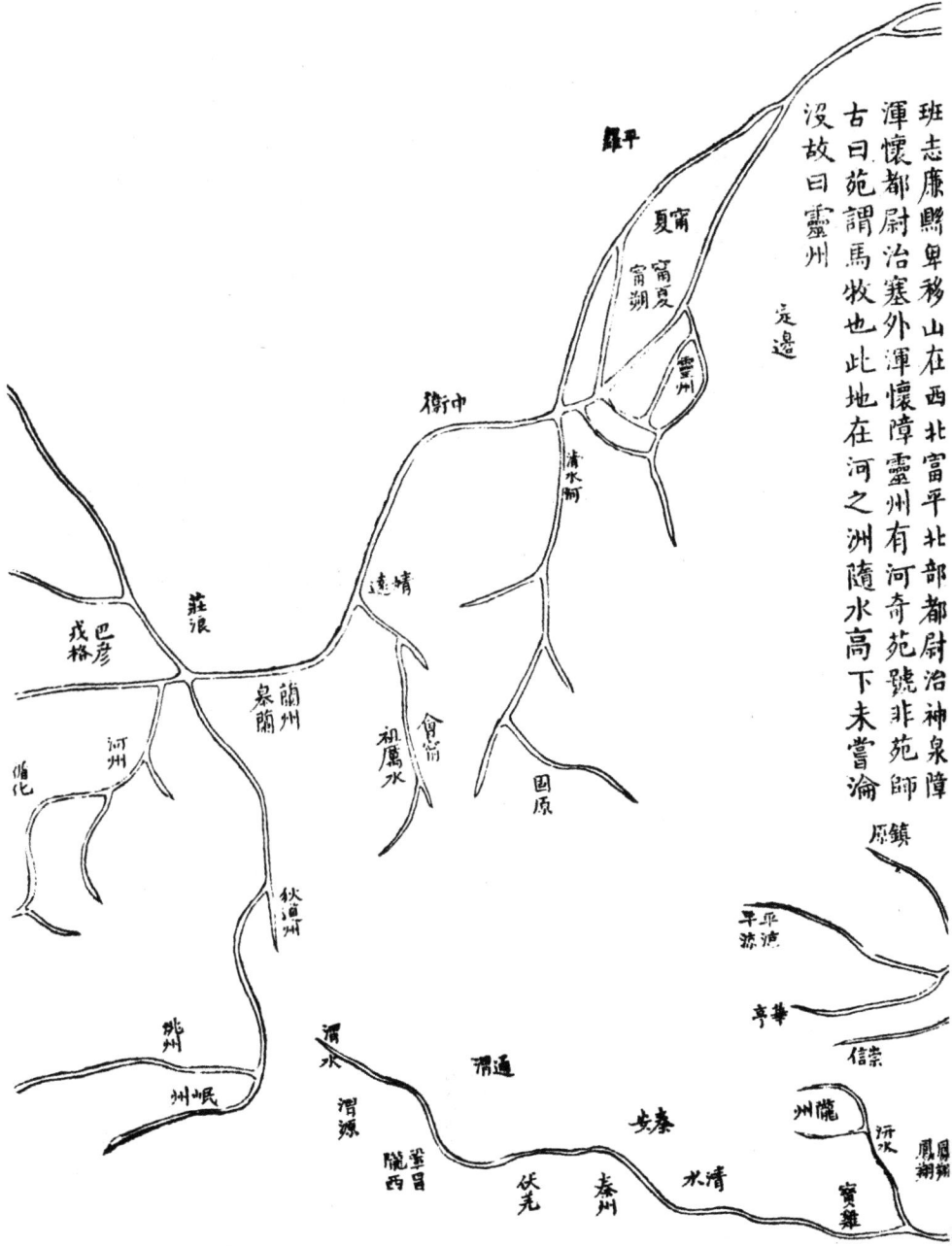

原武以上今河图三

班志敦皇郡正西關外有白龍堆沙有蒲昌海敦皇縣
中部都尉治步廣候官杜林以為古瓜州地生美瓜師
古曰即春秋左氏傳所云允姓之戎居于瓜州者也冥
安南籍端水出南羌中西北入其澤潚民田應劭曰冥
水出北入其澤效穀師古曰本魚澤障也淵泉師古曰
闕駰云地多泉水因以為名廣至宜禾都尉治昆崙障
龍勒有陽關玉門關皆都尉治氏置水出南羌中東北
入澤潚民田

柳中

車師　車師
後庭　前庭
　　　高昌

王樹司

疏勒城

田屯己戊

按咸豐五年銅瓦廂之決大河
北流由大清河入海蘭儀呂上
故道未改也而朝邑之河迆而
西故有新舊大慶關此則上流
之改道者

積石山　石門
　　喀達素
　　鼇老山

阿克坦河　扎凌泊
　　　　鄂凌海

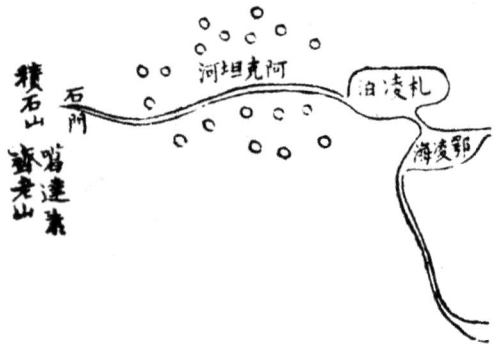

原武以上今河圖五

回疆河图缩本一、二

【旁注】《汉书·西域传》：河源出于阗，北流与葱岭河合，东注蒲昌海，潜行地下，南出于积石为中国河。此道元所本，《通典》、《舆地广记》非之。

【解说】此图组共图2幅，2图互相衔接，系据卷一、卷二《河水》绘制。

汪氏按《水经注》所绘黄河图（即《东汉大河漯沁入海图》），系从卷二《河水》，《经》"又东入塞，过敦煌、酒泉、张掖郡南"开始，完全撇开卷一《河水》及卷二《河水》上述《经》文以前的部分，而将此2篇内容作为《回疆河图缩本》处理，这说明他不接受"黄河重源"之说。案卷一《河水》，《经》"去嵩高五万里，地之中也"《注》："《禹本纪》与此同。高诱称，河出昆山，伏流地中万三千里，禹导而通之，出积石山。"又卷二《河水》，《经》"其一源出于阗国南山，北流与葱岭所出河合，又东注蒲昌海"《注》："《山海经》曰：不周之山，北望诸毗之山，临彼崇岳之山，东望泑泽，河水之所潜也，其源浑浑泡泡者也。东去玉门阳关千三百里，广轮四百里，其水澄渟，冬夏不减，其中洄湍电转，为隐沦之脉。当其濆流之上，飞禽奋翮于霄中者，无不坠于渊波矣。即河水之所潜，而出于积石也。"同卷《经》"又东入塞，过敦煌、酒泉、张掖郡南"《注》："河自蒲昌，有隐沦之证，并间关入塞之始……河水重源，又发于西塞之外，出于积石之山。《山海经》曰：积石之山，其下有石门，河水冒以西流。"所以"黄河重源"之说，实始于《禹本纪》和《山海经》。

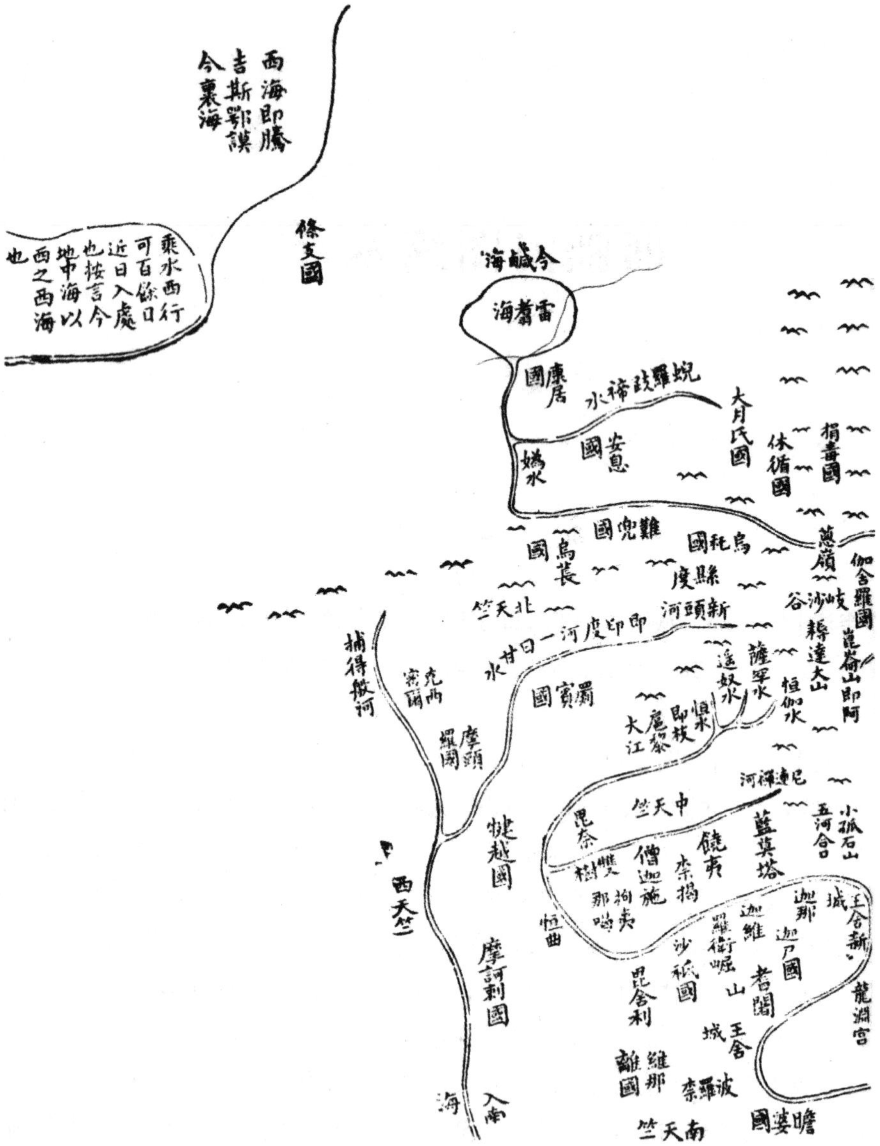
西海即騰吉斯鄂謨今裏海
條支國
乘水西行可百餘日近日入處也按言今地中海以西之西海也
今鹹海
雷翥海
康居國
蚖羅跂禘水
大月氏國
休循國
捐毒國
安息國
媯水
難兜國
烏秅國
烏萇國
縣度
蔥嶺
伽舍羅國
崑崙山即阿耨達大山
新頭河即印度河一曰甘水
北天竺
捕得般河
克西密爾
罽賓國
摩頭羅國
遙奴水
薩罕水
恒伽水
中天竺
五河合
小孤石山
藍莫塔
僧迦施
雙樹
恒曲
沙祇國
迦尸國
耆闍崛山
毗舍利
王舍城
王舍新城
龍淵宮
維耶離國
波羅柰
瞻婆國
南天竺
入南海
犍越國
摩訶剌國
西天竺

回疆河图缩本二

回疆河圖縮本

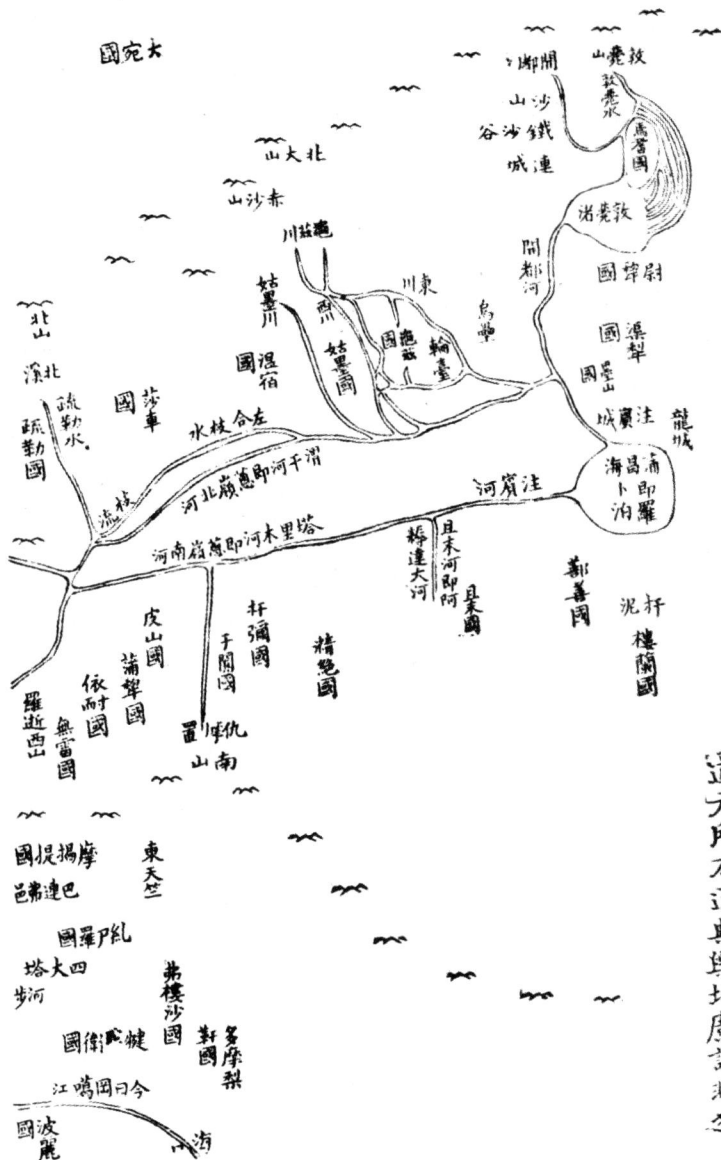

大宛國

北大山

赤沙山

龜茲川

開山沙沙谷

鐵連沙城

敦薨水

敦薨山

焉耆國

諸羗敦

開都河

烏壘

輪臺

姑墨川

姑墨國

渠犁國

尉犁國

危須國

尉犁國　墨山國

龍城　注賓河

蒲昌海即羅卜泊

北山濱

疏勒國

沙車國

左枝水合

疏枝

渭干河即北嶺河

塔里木河即南嶺河

注賓河

且末河即阿耨達河

且末國

樓蘭國　注況扜

鄯善國

白龍堆　二沙

皮山國

蒲犁國

依耐國

無雷國

羅遊西山

于闐國

扜彌國

精絕國

仇南山

摩揭提國　巴連弗邑

東天竺

乢尸羅國

大步河　塔四

武健國　衛國

沙梨樓弗

斯國

多摩梨

今曰鳴江

波麗國

海

漢書西域傳河源出于闐北流
與蔥嶺河合東注蒲昌海潛行
地下南出于積石為中國河此
道元所本通典與地廣記非之

回疆河图缩本一

　　此图图一旁注:"《汉书·西域传》:河源出于阗,北流与葱岭河合,东注蒲昌海,潜行地下,南出于积石为中国河。此道元所本,《通典》、《舆地广记》非之。"此处汪氏所说"道元所本",在郦注中确有其据。卷一《河水》,《经》"又出海外,南至积石山下,有石门"《注》:"余考群书,咸言河出昆仑,重源潜发,沦于蒲昌,出于海水。"说明郦氏不仅根据《汉书·西域传》,而且参考了"群书"。足见这种"重源"之说在当时是十分流行的。一直要到汪氏旁注指出的唐杜佑《通典》和宋欧阳忞《舆地广记》,才辨证其非。《通典》卷一七四:"《水经》所云河出昆仑者,宜出于《禹本纪》、《山海经》;所云南入葱岭及出于阗南山者,出于《汉书·西域传》,而郦道元都不详正……终是纰缪。"《舆地广记》卷十六:"河出昆仑,自古说者皆失其实……骞(指汉张骞)使大夏,见于阗、葱岭二河合流注蒲昌海,其水亭居,皆以为潜行地中,南出于积石为中国河。此乃意度之,非实见蒲昌海与积石河通流也。"只是因郦氏所说的"群书"的影响,"黄河重源"的谬说,直到清代仍然流行,例如亲履新疆的徐松,在其《汉书西域传补注》中竟仍说:"罗布淖尔(按即蒲昌海)水,潜于地下,东南行千五百余里,至今敦煌县西六百余里之巴颜哈喇山麓,伏流始出。"此外如胡渭在《禹贡锥指》,董祐诚在《水经注图说残稿》等之中,也都仍持"重源"之说。所以汪氏《水经注图》撇开郦注"黄河重源"部分,而单独绘制此《回疆河图缩本》图组,从科学上说,是值得赞赏的。

　　此图两幅,内容完全按卷一、卷二《河水》篇的记叙。图一主要依据卷二《河水》篇,但西南一隅即"东天竺"下,是图二的延伸。汪氏并用当时(清)地名对郦注地名加以旁注,如"蒲昌海即罗卜泊","塔里木河即葱岭南河","西海即腾吉斯鄂谟今里海"等。而图上的注记符号,尽量保持郦注原貌。卷一《河水》篇的记叙都是古天竺即今印度的自然和人文。除了图二如"新头河即印度河,一曰甘水","雷翥海今咸海"等少量注记外,两图都遵郦注绘制。

汾浍涑文原公洞涡晋七水图

汾浍涑文原公洞涡晋七水图一

【旁注】班《志》:汾阳,北山,汾水所出,西南至汾阴入河,过郡二,行千三百四十里,冀州寖。

《通鉴》七九注:汉献帝建安二十一年,南匈奴左部居兹氏,右部居祁县,南部居蒲子,北部居新兴,中部居大陵,俱缘汾水左右也。

班《志》:彘县,霍大山在东,冀州山。按顺帝改彘县为永安,即《诗》之唐国也,去晋四百里。

《通鉴》百六十三注:高齐晋阳宫在唐北都晋阳西北,左汾右晋,潜邱在中,汾东曰东城。

【解说】此图组共图 3 幅,所绘系《水经注》记载的今山西省西流入黄的支流。

黄河在山陕两省境上从北至南,到风陵渡又折而向东,所以山西省境内的黄河支流,有西流入黄和南流入黄的两类。此图组中的七水,均在《水经注》卷六。图组中七水的排列,也和郦注卷六一致。但卷六之中实有八水,除图组七水外,尚有一条湛水,图组不列此水在内,而另设一《沛湛瓠子三水图》图组,显然因为此八水之中,湛水不同于其余七水,而是一条南流入黄的支流,所以不入此图组。

　　图组中七水以汾水为首,汾水是今山西省境内黄河的最大支流,也是黄河所有支流中的第二大支流(次于渭水)。其余六水,除涑水独流入黄外,都是汾水的支流,即所谓二级支流。

　　此图所绘是汾水的北段。卷六《汾水》,《经》"汾水出太原汾阳县北管涔山"《注》:"《十三州志》曰:出武州之燕京山,亦管涔之异名也。"故图在管涔山下注记"即燕京山。"图南迄于霍水、赵城,见同卷《经》"历唐城东"《注》:"汾水又南,霍水入焉,水出霍太山,发源成潭,涨七十步而不测其深,西南迳赵城南,注于汾水。"从发源到霍水入汾之间,先后接纳支流洛阴水、晋水、洞涡水、侯婴水、侯甲水、文水、冠雀津、巢水,图按《注》详绘无遗。

　　此图旁注引《汉书·地理志》。巢县是河东郡属县,汾阳是太原郡属县,太原郡位于今山西省中部,郡治晋阳,在今太原市南。

汾浍涑文原公洞涡晋七水图二

【旁注】 班《志》:平阳县,应劭曰:在平河之阳。襄陵县,襄陵在西北。

　　班《志》:安邑县,巫咸山在南,盐池在西南。汾阴,介山在南。绛县,应劭曰:绛水出西南。

　　【解说】 此图衔接图一,所绘仍以汾水为主,北起赵城霍水,南流西折到邓丘。见于卷六《汾水》,《经》"又西过皮氏县南"《注》:"汾水西迳邓丘北,故汉氏之方泽也。"

　　此图中绘制最详细的是浍水,因浍水是图组列名而郦注有篇的河流。卷六《浍水》,《经》"浍水出河东绛县东浍交东高山"。但《注》文与《经》文不同:"浍水出绛高山,亦曰河南山,又曰浍山。"图从《注》作绛高山,并注记"一曰浍山"。此后图按《注》逐一绘入支流,最后按《经》"又西至王泽,注于汾水"《注》,绘入王泽湖泊,然后入汾。

　　汾水以南,此图又绘了涑水和盐水。涑水是卷六中单独成篇而又是独流入黄的河流。《涑水》《经》"涑水出河东闻喜县东山黍葭谷",但图从《注》文:"涑水之出,俗谓之华谷。"图作华谷而注记"即黍葭谷"。又《经》"又西南过安邑县西"《注》:"涑水西南迳监盐县故城,城南有盐池,上承盐水,水出东南薄山,西北流迳巫咸山北。"图按《注》详绘无遗。

　　此图旁注引《汉书·地理志》,安邑、汾阳、平阳、襄陵诸县,均是河东郡属县。

汾澮涑文原公洞渦晉七水圖

通鑑七九注漢獻帝建安二十一年南匈奴左部居茲氏右部居祁縣南部居蒲子北部居新興中部居大陵俱緣汾水左右也

班志汾陽北山汾水所出西南至汾陰入河過郡二行千三百四十里冀州浸

班志縣霍大山在東冀州山按順帝改彘縣為永安即詩之唐國也去晉四百里

其下接下幅

通鑑百六十三注高齊陽宮在唐北都晉陽西北左汾右晉潛邱在中汾東曰東城

汾浍涑文原公洞涡晋七水图一

汾浍涑文原公洞涡晋七水图三

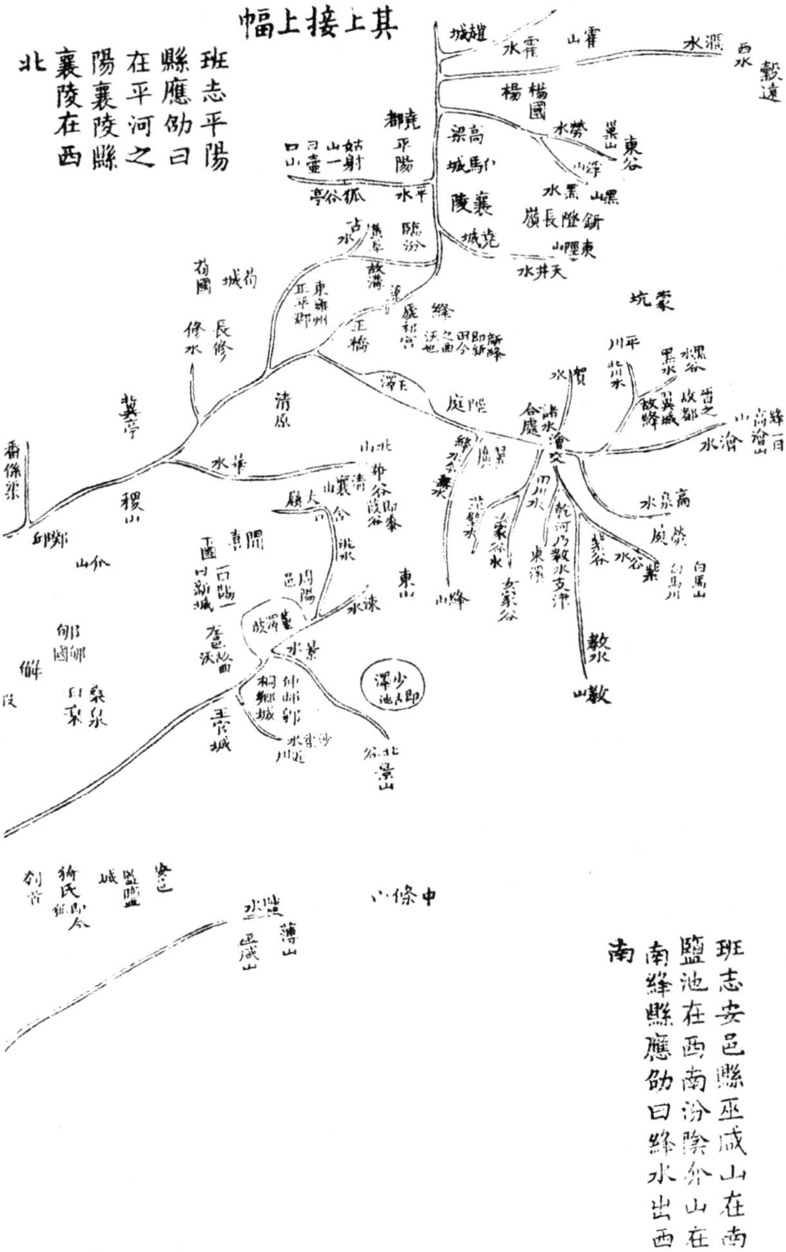
其上接上幅
班志平陽縣應劭曰在平河之陽襄陵縣襄陵在西北
班志安邑縣巫咸山在南鹽池在西南汾陰介山在南絳縣應劭曰絳水出西南
清原
稷山
中條山

汾浍涑文原公洞涡晋七水图二

汾浍涑文原公洞涡晋七水图三

【旁注】班《志》:皮氏县,耿乡,故耿国。

班《志》:邬县,九泽在北,是为昭余祁,并州薮。按此言误。

班《志》:蒲反,有尧山、首山祠,雷首山在南。

【解说】此图衔接图二,主要是汾水入河及涑水入河。前者见《汾水》,《经》"又西至汾阴县北,西注于河"《注》:"水南有长阜,背汾带河,阜长四五里,广二里余,高十丈,汾水历其阴,西入河,《汉书》谓之汾阴脽。"后者见《涑水》,《经》"又南过解县东,又西南注于张阳池"。图中如晋兴泽、百梯山等均从《注》文。

图中还有灅水入河的注记符号,见于卷四《河水》,《经》"又南过汾阴县西"《注》:"河水又迳郃阳城东……城北有灅水,南去二水各数里,其水东迳其城内,东入于河。"灅水入河以南,又有汭水、妫水入河,此二水与灅水均是小水,见卷四《河水》,《经》"又南过蒲坂县西"《注》:"郡南有历山,谓之历观,舜所耕处也,有舜井,妫(注作"沩")、汭二水出焉,南曰妫水,北曰汭水。"

此图左上角绘有附图一幅,系据《元和郡县图志》绘入。案《元和志》原图在北宋时已佚,故此图当是据此志卷十三《河东道二·太原府》的记叙而绘。此附图称《元和志晋水图》,并注记:"与此图多一川也。"案《元和志》"晋水"下引《水经注》"晋水出悬瓮山"下说:"今按晋水初泉出处,砌石为塘,自塘东分为三派:其北一派名智伯渠,东北流入州城中,出城入汾水;其次派东流经晋泽南,又东流入汾水,此二派即郦道元所言分为二派者也;其南派,隋开皇四年开,东南流入汾水。"汪氏所言"多一川也",当是隋开皇四年(584)所开。

沛湛瓠子三水图

沛湛瓠子三水图一

【旁注】《长白山录》:摩诃峰东曰回路谷,德会水出焉,一名黛溪水。

【解说】此图组包括沛(济)水、湛水、瓠子河3条河流,共图7幅。

沛水,今各本《水经注》均作济水,"沛"是"济"的古字,如《诗·邶风·泉水》"出宿于沛"。古本《水经注》也有作沛水的,如《钦定书经传记汇纂》卷四《禹贡》上"覃怀底绩,至于衡漳"案引《水经注》,又如《尚书后案》"浮于淮泗,达于河"案引《水经注》,均作沛水,但这些本子的《水经注》现在已都不见。

《水经注》卷一《河水》,《经》"河水"《注》:"《风俗通》曰:江、河、淮、济为四渎。"说明济水在古代是一条大水。此水在《水经注》编为2卷(卷七、卷八),是一个大篇。

《禹贡》说:"济、河唯兖州。"说明济水是与黄河并列的北方大河。《禹贡》记述的济水流路是:"导沇水,东流为济,入于河,溢为荥。"所以古人所说的济水,实际上是黄河以北和以南的两条河流。由于《禹贡》是经书,后人不敢异议,所以一直流传。黄河多次决溢改道,殃及济水,所以济水早已名存实亡。

湛水是《水经注》卷六立篇的八水之一,但卷六各水另有一个图组《汾浍涑原公洞涡晋七水图》,湛水从卷六八水中分出而编入《沛湛瓠子三水图》中,这是因为此水流

向与卷六的其他七水不同。我在《水经注·汾济之水》(台湾古籍出版有限公司 2002
年出版)一书的《题解》中说:"湛水是卷六记载的河流中惟一南流入黄的黄河支流。
这是一条很小的河流,谭其骧主编的《中国历史地图集》第四册《东晋十六国南北朝时
期图》的四六、四七《司豫荆洛等州图》的附图《洛阳附近图》,以及吴天任《郦学研究
史》(台湾艺文印书馆 1991 年出版)卷末所附《郑德坤主编水经注图(总图部分)》均
绘有这条河流,但现在国内通行的大型地图集如 1979 年版《中华人民共和国图集》
中,虽然绘入了这条河流(从山西省析城山发源,经河南省大峪附近入河),却没有注
明名称,说明是一条很小的支流。"

　　瓠子河是《水经注》卷二十四的一篇,它原是古代从濮阳(今河南省濮阳县)分出
的一条黄河支流,循黄河往南东流,经今山东省梁山北折,注入济水。汉武帝元光三年
(前 132)黄河决口,河水借瓠子河河道东流,进入巨野泽,造成淮河、泗水一带的连年
灾难。元封二年(前 109),汉武帝亲临现场,调兵卒数万人堵黄河入瓠子口。汉武帝
在工地所作《瓠子之歌》二首,收入于《注》文之中。黄河从瓠子口纳入故道后,瓠子河
逐渐干枯,以后就不复存在。由于汉武帝亲临治河,瓠子河的声名因此很大。

　　这个图组各图的排列次序与前面一样,也是从下游绘向上游,图一北翼自西而东
的即是济水,西起临济平州坑(殿本作"平州",无"坑"字,其余各本多作平州坑)。东
到马车渎、马常坑,均见于卷八《济水》,《经》"又东北过临济县南"《注》中,包括沿河
的高昌、乐安、薄姑、狼牙固等在内。同卷《经》"又东北过甲下邑,入于河"《注》文说:
"《水经》以为入河,非也。"这或许不是《水经》的错误,而是从《经》到《注》近三百年中
的变化。《注》文引《山海经》:"济水绝巨野入渤海,入齐琅槐东北者也。"又说:"今河
绝,济水仍流不绝。"此图所表述的《水经注》时代的济水下游比较可靠。

　　此图南翼是古代瓠子河水系的河流,见于卷二十四《瓠子河》,《经》"其东北者为
济河,其东者为时水,又东北至济西,时水东至临淄县西,屈南过太山华县东,又南至费
县,东入于沂"《注》:"时,即酓水也……京相璠曰:今临淄惟有湨水,西北入济,即《地
理志》之如水矣。酓、如声相似,然则湨水即酓水也。盖以湨如时合,得通称矣。"此图
中的德会水、沧浪沟等,也均在这条《注》文之中。

　　南翼所绘的另一条较大支流渑水,见于卷二十六《淄水》,《经》"又东过利县东"
《注》:"时水又东北流,渑水注之,水出营城东,世谓之汉溱水也。"图中渑水与淄水最
后均注入马车渎,见同卷《经》"又东北入于海"《注》:"淄水入马车渎。"

沛湛瓠子三水图二

　　【解说】此图衔接图一,所绘仍是《水经注》济水。西起玉水(即祝阿涧水),东到

时水,并按《注》绘入其间的许多支流。玉水见卷八《济水》,《经》"又东北过卢县北"《注》:"济水又东北,右会玉水,水导源太山朗公谷,旧名琨瑞溪。"同《注》又记叙了泺水(娥姜水)"泉源上奋,水涌若轮",或许就是以后的趵突泉。《注》文又说:"其水北为大明湖,西即大明寺。"此以下,图中如听水、泺口、华泉等,也都在这条《注》中。图又据《经》"又东北过台县北"《注》,绘入了巨合水、关卢水、白野泉水等,并据《经》"又东北过菅县南"《注》,绘入了百脉水及杨渚沟水等。此图最后终于《经》"又东过梁邹县北"《注》中的陇水。陇水以东,图中尚有时水,已在图一述及。

沛湛瓠子三水图三

【旁注】班《志》:濮阳县,应劭曰:濮水南入巨野。成阳县,有尧冢、灵台。《禹贡》雷泽在西北。

【解说】此图衔接图二,西起铁丘、宣房、瓠子河,东到陈敦戍、中川水。铁丘见卷五《河水》,《经》"又东北过卫县南,又东北过濮阳县北,瓠子河出焉"《注》:"河水南迳铁丘南。"宣房见同卷《经》下《注》文,亦见卷二十四《瓠子河》,《经》"瓠子河出东郡濮阳县北河"下《注》文。中川水见卷八《济水》,《经》"又东北过卢县北"《注》:"济水又东北与中川水合,水东南出山茌县之分水岭……北与宾溪水合,水出格马山宾溪谷,北迳卢县故城北、陈敦戍南,西北流与中川水合。"

此图北翼为河水,南翼为濮水,均据卷五《河水》、卷八《济水》、卷二十四《瓠子河》绘制。水道纷歧,交错往复,其实就是古代的鸿沟水系。

此图旁注引《汉书·地理志》。濮阳是东郡属县。东郡位于今山东省西北部,郡治濮阳,在今濮阳市南。所引成阳是济阳郡属县,济阳郡位于东郡东南,郡治定陶,在今定陶县北。

沛湛瓠子三水图四

【旁注】班《志》:平乐县,淮水东北至沛入泗。按淮当作获。昌邑县,有梁邱乡,《春秋传》曰:宋齐会于梁邱。成武县,有楚邱亭。湖陵县,《禹贡》:浮于淮、泗,通于河,水在南。钜壄县,大野泽在北,兖州薮。瑕邱县,瑕邱在西南。东缗县,师古曰:春秋僖二十三年,齐侯伐宋,围缗。薄县,臣瓒曰:汤所都。

【解说】此图衔接图三。所绘仅济水,西北起于秦梁,东南迄于角城。秦梁见卷八《济水》,《经》"又东过方与县北,为菏水"《注》:"菏水又东迳秦梁。"角城见同卷《经》"又东至下邳睢陵县南,入于淮"《注》:"济水与泗水,混涛东南流,至角城,同入淮。《经》书睢陵,误耳。"《经》文或许不误,恐是《经》、《注》近三百年中的水道变迁。

此图旁注引《汉书·地理志》。平乐、昌邑、成武、湖陵、钜壄、瑕丘、东缗、薄县诸县均是山阳郡属县,山阳郡位于今山东省中西部,郡治昌邑在今巨野县以南。

旁注:"浮于淮、泗,通于河。"按今本《汉书·地理志》作"浮于泗、淮,通于河";按今本《禹贡》作"浮于淮、泗,达于河"。

沛湛瓠子三水图五

【旁注】班《志》:句阳,应劭曰:《左氏传》:句渎之邱也。乘氏,泗水东南至睢陵入淮,过郡六,行千一百一十里。应劭曰:《春秋》,败宋师于乘邱是也。定陶,故曹国;《禹贡》陶邱在西南陶邱亭,又曰:《禹贡》菏泽在定陶东。

班《志》:陈留县,鲁渠水首受狼荡渠,东至阳夏入涡渠。臣瓒曰:宋亦有留,彭城留是也,留属陈故称陈留也。外黄县,张晏曰:魏郡有内黄,故加外;臣瓒曰:县有黄沟故氏之也。浚仪县,故大梁。睢水首受狼汤水,东至取虑入泗,过郡四,行千三百六十里。

【解说】此图衔接图四,但注记符号复杂。西北起黎阳天桥津,西南起尉氏长明沟水,东到宁母亭("宁",殿本作"泥")。黎阳,见卷五《河水》,《经》"又东北过黎阳县南"《注》:"昔慕容玄明自邺率众南徙滑台,既无舟楫,将保黎阳,昏而流澌冰合,于夜中济讫,旦而冰泮,燕民谓是处为天桥津。"长明沟水见卷二十二《渠》,《经》"又屈南至扶沟县北"《注》:"白雁陂又引渎南流,谓之长明沟……长明沟又东迳尉氏县故城南。"泥(宁)母亭见卷八《济水》,《经》"又东过方与县北,为菏水"《注》:"菏水又东迳泥母亭北,《春秋左传》僖公七年,秋,盟于宁母。"

在上列三处之间,图幅符号复杂,注记繁多,实在就是河湖交织的古代鸿沟水系。鸿沟地名,此图在梁王吹台以东,此水在卷二十二《渠》、卷二十三《获水》、《阴沟水》3篇中也都有记叙。由于众水纷歧,就出现了汇聚水体的湖陂,此图巨野泽也见于《济水》与《瓠子河》以外的《泗水》,大荠陂、逢陂(泽)、野兔陂也都见于其他卷篇。所以此图组虽仅列济水、湛水、瓠子河3篇,但涉及的其他卷篇不少,绘制相当不易。

此图旁注引《汉书·地理志》。句阳、乘氏、定陶3县,均是济阴郡属县。所引陈留、外黄、浚仪 3 县,均是陈留郡属县,陈留郡位于河南省东部,郡治陈留,在今开封市以南。

沛湛瓠子三水图六

【旁注】班《志》:封邱县,濮渠水首受沛,东北至都关,入羊里水,过郡三,行六百三十里。

【解说】此图衔接图五,因地域仍属古代鸿沟水系,所以图上注记符号甚为繁复。西境自北而南,分别起于扈亭、木蓼沟、少陉山;东境自北而南,分别起于宿胥口、延寿津、圣女陂、白雁陂。扈亭见卷五《河水》,《经》"又东过荥阳县北,蒗荡渠出焉"《注》:"河水又东北迳卷之扈亭北。"木蓼沟见卷七《济水》,《经》"与河合流,又东过成皋县北,又东过荥阳县北,又东至砾溪南,东出过荥泽北"《注》:"索水又东北流……木蓼沟水注之,水上承京城南渊,世谓之车轮渊,渊水东北流,谓之木蓼沟。"少陉山见同卷、同《经》所《注》:"《山海经》曰:少陉之山,器难之水出焉。"延津、延寿津见卷五《河水》,《经》"又东北过武德县东,沁水从西北来注之"《注》:"河水又北,通谓之延津……今时人谓此津为延寿津。"圣女陂见卷二十二《渠》,《经》"渠出荥阳北河,东南过中牟县之北"《注》:"渠水又东南流而左会渊水,其水上承圣女陂,陂周二百余步,水无耗竭,湛然清满,而南流注于渠。"白雁陂见《渠》,《经》"又屈南至扶沟县北"《注》:"龙渊水又东南迳凡阳亭西,而南入白雁陂,陂在长社县东北,东西七里,南北十里。"

由于众水交汇,此图中出现的湖泽也超过图五,诸如荥泽(卷七《济水》、卷二十二《渠》),乌巢渊、白马渊、车轮渊、李泽(以上卷七《济水》),高梁陂、同池陂、阳清湖(以上卷八《济水》),圃田泽、高榆渊(以上卷二十二《渠》)等等,不胜枚举,涉及许多卷篇,绘制不易。

此图旁注引《汉书·地理志》。封丘是陈留郡属县。

沛湛瓠子三水图七

【解说】此图衔接图六,黄河自西而东居图幅之中,南北两翼分别为北流入黄和南流入黄的支流。南流入黄的以济水为主,即所谓北济。图据卷七《济水》,《经》"济水出河东垣县东王屋山,为沇水"的《注》文而绘,图中除济水外还有一条南流入黄的漯水。又据同卷《经》"屈从县东南流,过陨城西,又南当巩城北,南入于河"《注》,又绘

沛湛瓠子三水图二

沛湛瓠子三水图一

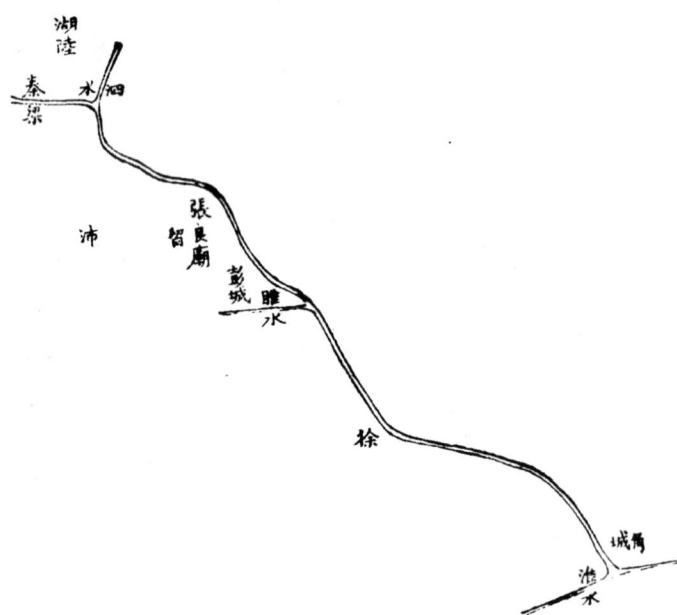

沛湛瓠子三水图四

班志平樂縣淮水東北至沛入泗按淮當作獲昌邑縣有梁邱鄉春秋傳曰宋齊會于梁邱成武縣有楚邱亭湖陵縣禹貢浮于淮泗通于河水在南鉅壄縣大野澤在北兖州藪瑕邱縣瑕邱在西南東緡縣師古曰春秋僖二十三年齊侯伐宋圍緡薄縣臣瓚曰湯所都

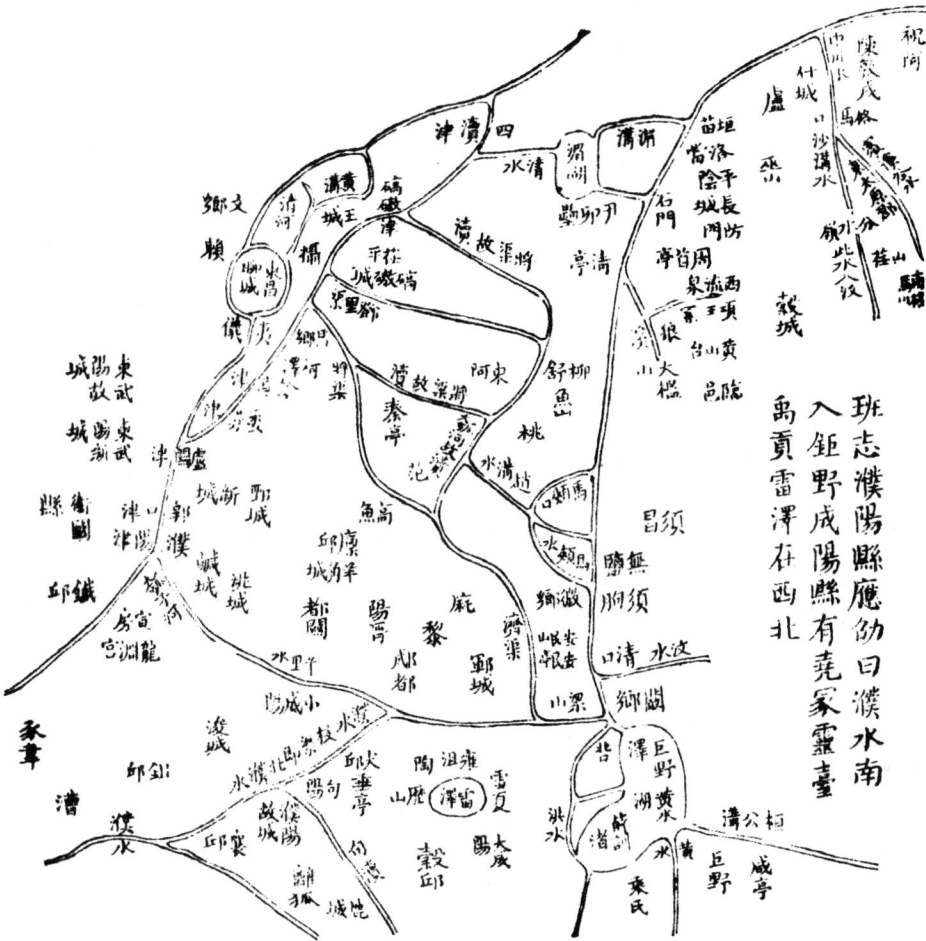

沛湛瓠子三水图三

沛湛瓠子三水图六

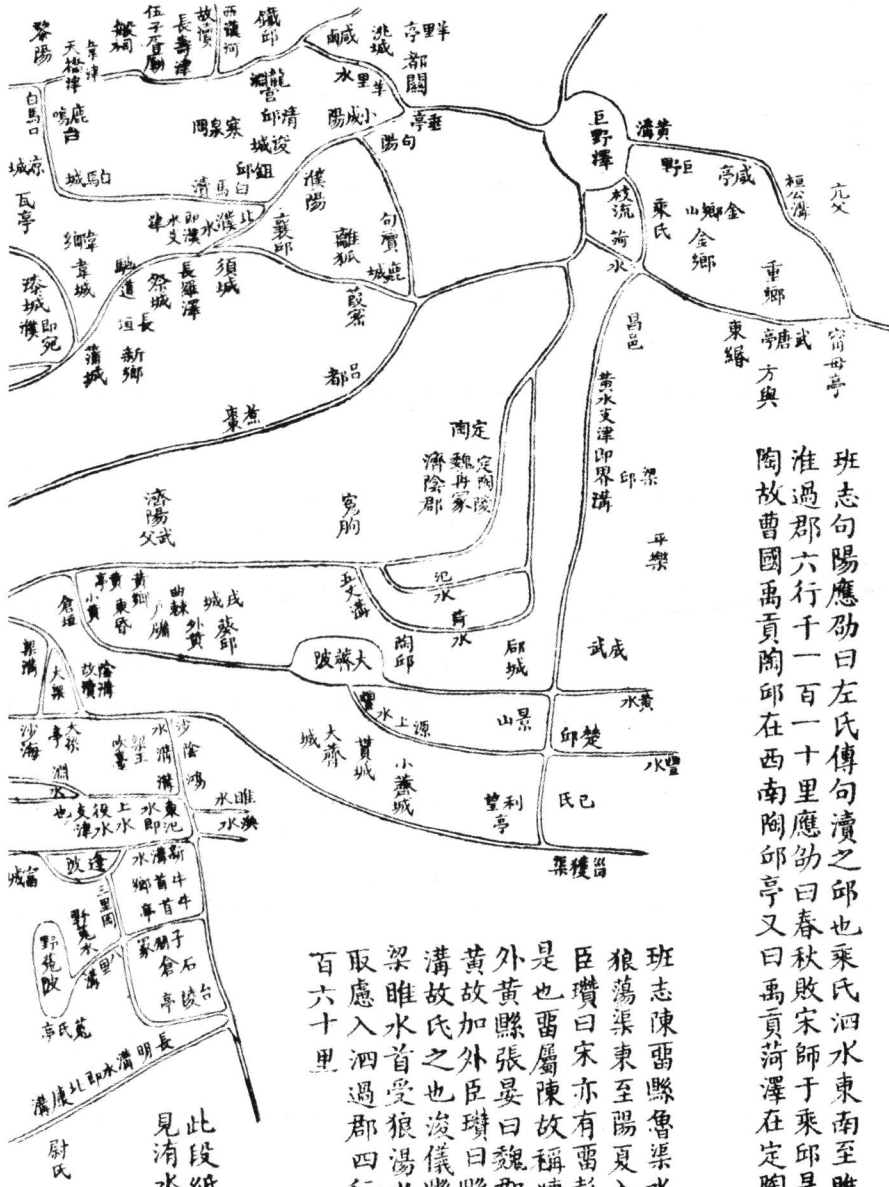

沛湛瓠子三水图五

沛湛瓠子三水图七

有一条支流奉沟水南入于黄。此外,图按《注》在济水与溴水之间绘入南流入黄的湛水,此水列各图组,但在郦注卷六单独成篇。

北流入黄的也是济水,即所谓南济。因为经书《禹贡》有"溢为荥"之言,其实与北济无关,是一条在黄以南与黄河沟通的河流。此外还有一条汜水,此水在卷五《河水》和卷七《济水》中都有记载,发源于方山(浮戏山),如图所示,在成皋附近入黄。

清淇荡洹浊漳清漳图

清淇荡洹浊漳清漳图一

【旁注】班《志》：饶阳，应劭曰：在饶河之阳。南皮，师古曰：阚骃云：章武有北皮亭，故此云南。成平，滹沱河，民曰徒骇河。东平舒，师古曰：代郡有平舒，故此加东。乐成，滹沱别水，首受滹沱河，东至东光入滹沱河。弓高，滹沱别河首受滹沱河，东至平舒入海。河间国，应劭曰：在两河之间。广川，师古曰：阚骃云：其县中有长河为流，故曰广川。

【解说】此图组共图 8 幅，包括《水经注》卷九、卷十 2 卷。卷九原有清、沁、淇、荡、洹 5 篇，由于沁水已入前《东汉大河漯沁入海图》，故图组不列沁水。卷十有浊漳水、清漳水两篇，清漳是浊漳支流，所以两水编入同一图组。

《水经》合清、沁、淇于同卷，因为此 3 水原来都是黄河支流。东汉建安九年（204年），曹操为进攻北方的袁尚，在淇水入黄处以大枋木作堰，遏淇水东入白沟，以利军运，于是淇、清两水就从此脱离黄河转入海河水系。卷九《清水》篇的最后一句《经》文是"又东入于河"，但《注》文说："曹公开白沟，遏水北注。方复故渎矣。"这就是《经》、《注》近 300 年期间的水道变迁。清、淇二水北移，但沁水却一直是黄河支流，这也就是汪氏此图为何要对此 3 水编入不同图组的原因。

此图组也是从下游绘起,此图北翼是今本郦注已经缺佚的滹沱河。北翼以南是一条自西而东的河流。图上注记作衡漳,即是漳河主流浊漳水。注记西起张平口,见卷十《浊漳水》,《经》"又东北过阜成县北,又东北至昌亭,与滹沱河会"《注》:"又东北为张平泽,泽水所泛,北决堤口,谓之张刀沟,北注衡漳,谓之张平口。"东端的南皮、北皮,见同卷《经》"又北过成平县南"《注》:"衡漳又东,左会滹沱别河故渎,又东北入清河,谓之合口,又迳南皮县之北皮亭,而东北迳浮阳县西,东北注也。"

此图南翼所绘的一条自西南而东的河流,其上流即是淇水,以后称为白沟。图上枣强以北的历口渡,见卷九《淇水》,《经》"又北过广川县东"《注》:"清河北迳广川县故城南……应劭曰:广川县西北三十里有历城亭,今亭在县东如此,水济尚谓之历口渡也。"说明河流至此早已名为清河,全图第一幅《古大河清河入海图》中,已经绘入了这一部分。

清、淇、荡、洹、漳等河,虽然不属黄河以南的古代鸿沟水系,但由于众水交汇,加上曹操把淇、清两水从黄河遏阻至此,这个地区的水体进一步扩展增加,所以也有许多湖泽。图上如桑社渊、从陂、张平泽、郎君湖、武强渊等,均见于卷十《浊漳水》篇中。

此图旁注引《汉书·地理志》。饶阳是涿郡属县,涿郡位于今河北省北部,郡治涿县即今涿县,所引南皮、成平、东平舒 3 县,均是渤海郡属县,渤海郡位于今山东省北部及河北省南部的濒海地区,郡治浮阳,在今河北省沧州市以南。所引乐成、弓高两县,均是河间国属县,河间国位于今河北省南部,国治乐成,在今河北省献县南。

清淇荡洹浊漳清漳图二

【旁注】班《志》:下曲阳,应劭曰:晋荀吴灭鼓,今鼓聚昔阳亭是也。师古曰:常山有上曲阳,故此云下。堂阳,有盐官,尝分为泾县,应劭曰:在堂水之阳。房子,赞皇山,石济水所出,东至廮陶入泜。平棘,应劭曰:伐晋取棘。蒲,师古曰:《功臣表》棘蒲侯陈武,平棘侯林挚,非一地也。应说失之。绵曼,斯洨水首受大白渠,东至鄡入河。中山国,应劭曰:中山故国。新市,应劭曰:鲜虞子国,今鲜虞亭是。信都,故章河、故滹沱皆在北,东入海,《禹贡》绛水亦入海。扶柳,师古曰:阚骃云:其地有扶泽,之中多柳。下博,应劭曰:博水出中山望都,入河。按系此误也。

【解说】此图衔接图一。北翼西端为绵蔓水注入滹沱水,南翼诸水如大白渠(图误"大"为"太")、成郎河等均为斯洨故渎支流,东南部沙丘堰、薄落津南接浊漳水。以上斯洨故渎及其支流大白渠、绵蔓水、成郎河等,均见于卷十《浊漳水》,《经》"又东北过扶柳县北,又东北过信都县南"《注》:"衡漳又东北迳桃县故城北……合斯洨故渎。斯洨水首受大白渠,大白渠首受绵蔓水。"沙丘堰见卷五《河水》,薄落津见卷十《浊漳水》。

此图南翼,即大白渠诸支流沿岸,有百畅亭三字注记。此地名不见于今本《水经注》,而是郦注佚文。拙撰《水经注佚文》(收入于《水经注研究》,天津古籍出版社1985 年出版)已有辑录,按《太平寰宇记》卷六〇、河北道九、赵州、临城县引《水经注》:"泜水东迳柏畅亭"(《初学记》卷八及《书叙指南》卷一四也引《水经注》此文,小有差异)。说明汪氏绘制此图时亦曾广搜郦佚。

此图旁注引《汉书·地理志》下曲阳、壹阳两县及新市侯国,均是钜鹿郡所属,钜鹿郡位于今河北省南部,郡治钜鹿,在今巨鹿县南。所引房子、平棘两县,均是常山郡属县,常山郡位于今河北省西南部,郡治元氏,在今石家庄市以南。所引绵蔓,是真定国属县,真定国位于今河北省南部,国治真定,在今石家庄市东北。所引扶柳、下博两县,均是信都国属县,信都国位于今河北省南部,国治真定,即今冀县。所引中山国,位于今河北省中南部,国治卢奴,即今定县。

此图又旁注:"其下接后幅",此"后幅",意为西接图三,南接图四。

旁注引《汉书·地理志》"非一地也,应说失之"上,今本尚有"是则平棘、棘蒲"六字。

清淇荡洹浊漳清漳图三

【旁注】班《志》:邺县,故大河在东北入海。清渊,应劭曰:清河在西北。邯会县,张晏曰:漳水之别,在城西,南与邯山之水会,今城旁犹有沟渠在也。邯沟,师古曰:邯水之沟。武安,钦口山,白渠水所出,东至列人入漳,又有寝水,东北至东昌入滹沱河,过郡五,行六百一里。斥邱,应劭曰:斥邱在西南,师古曰:阚骃云,地多斥卤,故曰斥邱。武始,漳水东至邯郸入漳,又有拘涧水,东南至邯郸入白渠。按上漳字误。元氏县,沮水首受中邱西山穷泉谷,东至堂阳入黄河,师古曰:阚骃云,赵公子元之封邑,故曰元氏。石邑,井陉山在西,洨水所出,东南至廮陶入泜。蒲吾,有铁山,太白渠水首受绵蔓水,东南至下曲阳入斯洨,应劭曰:蒲水出中山蒲阴,东入河。按应劭说,系此误井陉,应劭曰:井陉山在南。

【解说】此图衔接图二。北翼为滹沱水,南翼为绵蔓水及其支流桃水及井陉山水,均见卷十《浊漳水》《经》"又东北过扶柳县北,又东北过信都县西"《注》内。

此图旁注引《汉书·地理志》。邺县、清渊、邯会、邯沟、武安、斥丘、武始诸县,均是魏郡属县。所引元氏、石邑、蒲吾3县,均是常山郡属县。

清淇荡洹浊漳清漳图四

【旁注】班《志》:中邱,逢山,长谷诸水所出,东至张邑入浊。

班《志》:钜鹿,《禹贡》大麓泽在北,纣所作沙邱台在东北七十里。

班《志》云:赵敬侯自中牟徙此。

此图,泜、石、济、渚、冯、漉、大陆泽、列葭、蓼、澧、渦、沙、牛首、拘涧、白渠等字,皆据班《志》补。

【解说】此图衔接图二。图内有两条南北流的并列河流,东翼为淇水北流的白沟,再迤北古称清河,已见于全图第一幅《古大河清河入海图》。西翼始于三户峡、三户津,在西门豹祠与来自邯山的邯水会合,均见卷十《浊漳水》《经》"又东出山,过邺县西"《注》:"漳水又东迳三户峡为三户津……漳水右与枝水合,其水上承漳水于邯会西,而东别与漳水合,水发源邯山东北。"此水以北支流甚多,至薄落津衔接图二。薄落津见卷十《浊漳水》,《经》"又东北过曲周县东,又东北过钜鹿县东"注内。

此图南翼为洹水,洹水在卷九有篇,但因此水非黄河支流,故列入这个图组。案《洹水》,《经》"又东北出山,过邺县南"《注》:"洹水出山,过殷墟北。"故图中有殷墟注记。

此图左上角有附图,旁注:"浊漳篇云:其水与渦醴通为衡漳即此。"案此句见《浊漳水》,《经》"又东北过曲周县东,又东北过钜鹿县东"《注》:"其水与隅(殿本作"隅",汪据别本作"渦")、澧通为衡津"。因今通行各本已佚渦、醴各水,故此图又旁注,称此附图中地名"皆据班《志》补"。《水经注》与《汉书·地理志》年代相去甚远,故附图只能作为一种参考。

此图旁注引《汉书·地理志》。中丘,是常山郡属县。

清淇荡洹浊漳清漳图五

【旁注】班《志》:屯留县,桑钦言:绛水出西南,东入海。按桑氏以绛为经流,漳为所受水也。

　　班《志》:涅氏县,涅水也。师古曰:涅水出焉。

　　班《志》:沾县,应劭曰:沾水出壶关,壶关县有羊肠坂,沾水东至朝歌入淇。

　　班《志》:上党郡,有上党、壶口,石硎、天井四关。长子县,鹿谷山,浊漳水所出,东至邺入清漳。沾县,大黾谷,清漳水所出,东北至元城入大河,过郡三,行千六百八十里,冀州川。

　　【解说】此图衔接图五,图为浊漳水与清漳水的发源及其上游干支流。其中浊漳水据卷十《浊漳水》《经》"浊漳水出上党长子县发鸠山","东过其县南","屈从县东北流","又东过壶关县北,又东北过屯留县南","潞县北"五条《经》文下的《注》文绘制,图据《注》细绘,大小河流均无遗漏。同卷《经》"又东过武安县"《注》:"漳水出县东,清漳水自涉县东南来注之,世谓决入之所为交漳口也。"图所绘浊漳至此而止。

　　清漳水据卷十《清漳水》《经》"清漳出上党沾县西北大要峪,南过县西,又从县南屈"《注》绘制,也详尽无遗。

　　此图右下角并绘及洹水上源鲁般门,当是据卷九《洹水》《经》"东过隆虑县北"《注》而绘。但此一角所绘,实系图六左上角的延伸补充,为汪氏所未及说明者。

　　此图旁注引《汉书·地理志》。屯留、长子、沾县诸县,均是上党郡属县。

清淇荡洹浊漳清漳图六

　　【旁注】班《志》:内黄,清河水出南,应劭曰:《春秋》,吴子、晋侯会于黄池。今黄泽在西,陈留有外黄,故此加内,臣瓒曰:《国语》曰:吴子会诸侯于黄池,掘沟于齐、鲁之间。今陈外黄有黄沟是也。《史记》曰:伐宋取黄池。然则不得在魏郡明矣。

　　【解说】此图衔接图四(旁注"其下接下幅"处)。图的北翼为洹水,据卷九《洹水》,《经》"东过隆虑县北"《注》而绘,诸如鸡翘洪、黄华水、陵阳水、柳渚等,均在此《注》之中。其最上源的鲁般门,为此图纸幅所不及,另绘于图五右下角。

　　洹水以南为图组列名的荡水,图据卷九《荡水》"荡水出河内荡阴县西山东"及"又东北至内黄县,入于黄泽"两条《经》文下的《注》文绘制,至《注》文"东注白沟"而止。黄泽、白沟以南为淇水,图上有"淇水东北流"注记。淇水发源及其上游支流均据卷九《淇水》,《经》"淇水出河内隆虑县大号山"《注》的记叙绘制。

　　淇水以南为清水,图据卷九《清水》"清水出河内修武县之北黑山","东北过获嘉县北","又过汲县北"3条《经》文的《注》文绘制。同卷《经》文的最后一条是"又东入

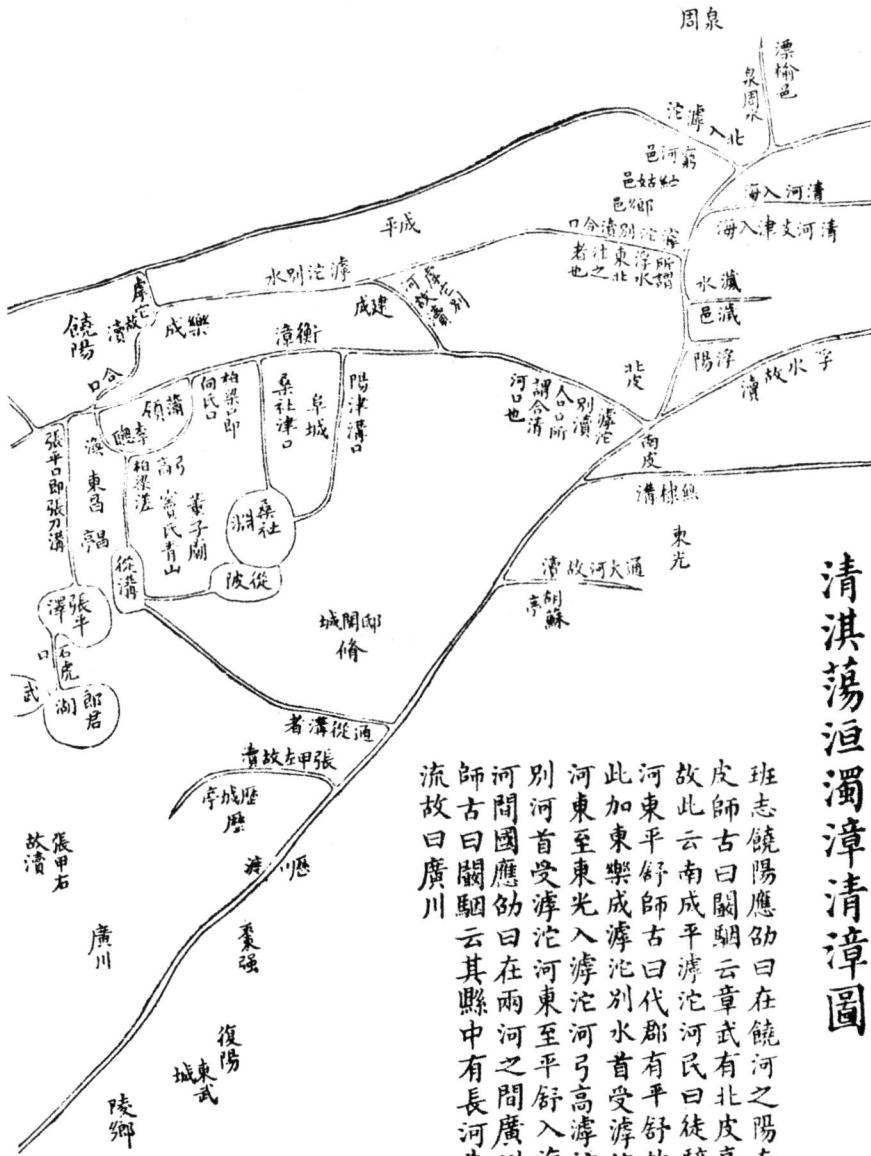

清淇荡洹浊漳清漳图一

班志鄴縣故大河在東北入海清淵應
劭曰清河在西北邯會縣張晏曰漳水
之別在城西南與邯山之水會今城旁
猶有溝渠在也邯溝師古曰邯水之溝
武安欽口山白渠水所出東至列人入
漳又有窳水東北至東昌入滹沱河過
郡五行六百一里乎邯應劭曰斥在
西南師古曰斸云地多斥鹵故曰斥
邯武始漳水東至邯入漳又有拘澗元
水東南至邯鄲入白渠按上漳字誤元
氏縣沮水首受中邱西山窮泉谷東至
堂陽入黄河師古曰關駰云趙公子元
之封邑故曰元氏石邑井陘山在西淡
水所出東南至廮陶入泜蒲吾有鐵山
太白渠水首受綿蔓水東南至下曲陽
入斯洨應劭曰蒲水出中山蒲陰東入
河按應劭說系此誤井陘應劭曰井陘
山在南

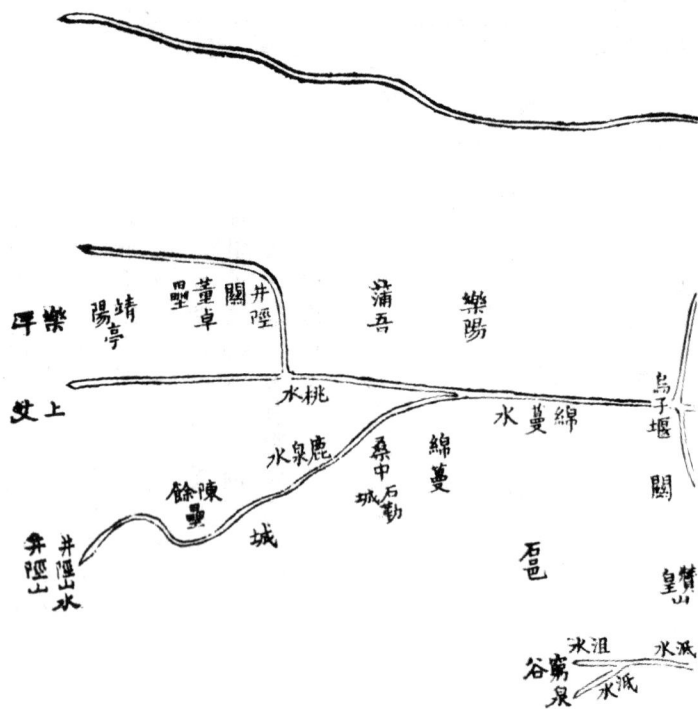

清淇荡洹浊漳清漳图三

班志下曲陽應劭曰晉荀吳滅鼓今鼓聚
昔陽亭是也師古曰常山有上曲陽故此
云下堂陽有鹽官甞分爲涇縣應劭曰在
堂水之陽房子贊皇山石濟水所出東至
廮陶入泜平棘應劭曰伐晉取棘蒲師古
曰功臣表棘蒲侯陳武平棘族林墊非一
地也應說失之縣洨水首受大白渠
東至鄡入河中山國應劭曰中山故國新
市應劭曰鮮虞亭是信都故
章河故瀆沱皆在北東入海禹貢絳水亦
入海扶柳師古曰閾騊云其地有扶澤之
中多柳下博應劭曰博水出中山望都入
河按系此誤也

其下接後幅

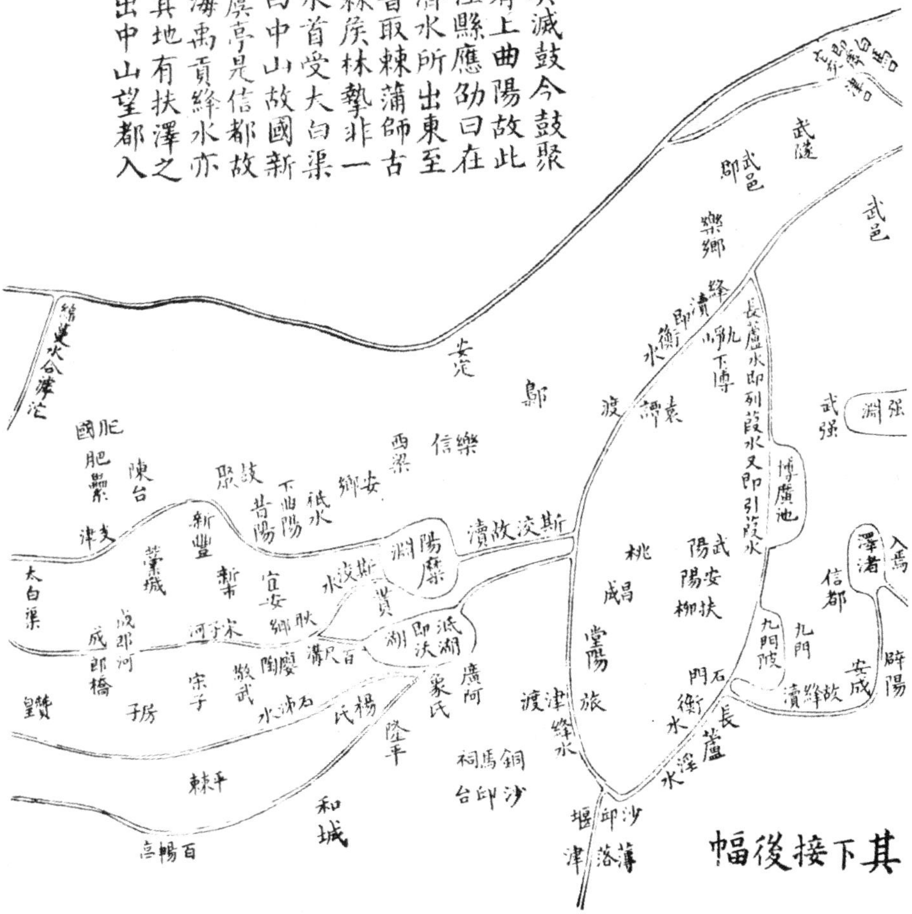

清淇荡洹浊漳清漳图二

班志上黨郡有上黨壺口石硜天井四關長子縣鹿谷山濁漳水所出東至鄴入清漳沾縣大黽谷清漳水所出東北至元城入大河過郡三行千六百八十里冀州川

清淇荡洹浊漳清漳图五

清淇荡洹浊漳清漳图四

班志共縣故國北山淇水所出
東至黎陽入河淇慮縣國水東
北至信成入張甲河過郡三行
千八百四十里應劭曰隆慮山
在北蕩陰縣蕩水東至內黃澤
西山羑水所出亦至內黃入蕩
有羑里城西伯所拘也按國水
未聞

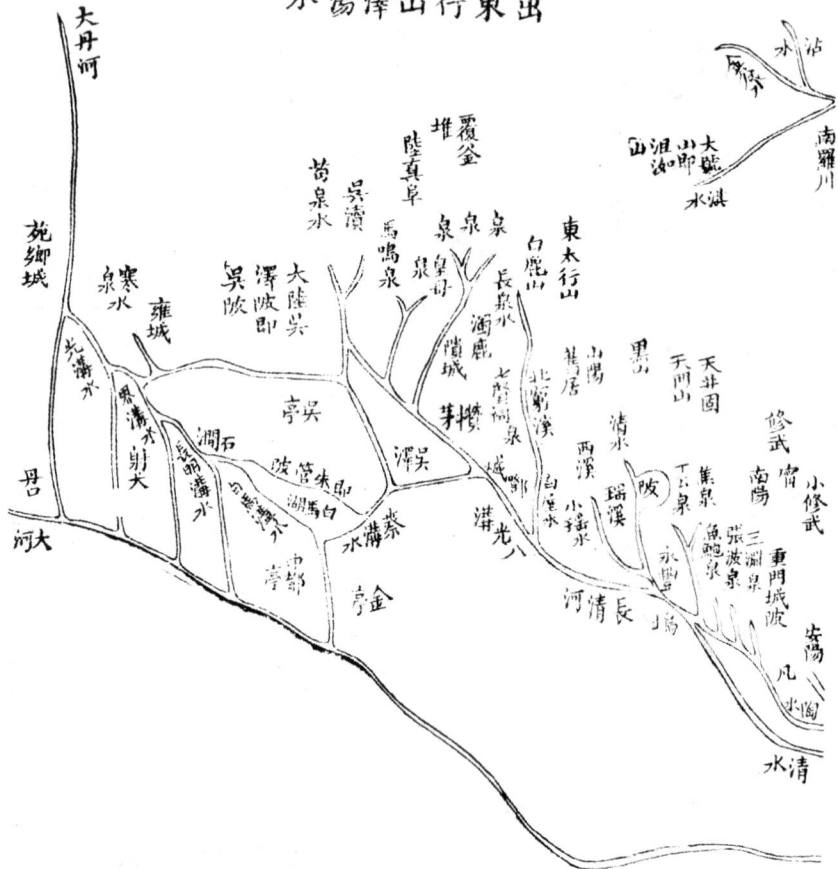

清淇荡洹浊漳清漳图七

幅上接上其

班志内黄清河水出南
应劭曰春秋吴子晋侯
会于黄池今黄泽在西
陈留有外黄故此加内
臣瓒曰国语曰吴子会
诸侯于黄池掘沟于齐
鲁之间今陈外黄
沟是也史记曰代宋取
黄池然则不得在魏郡
明矣

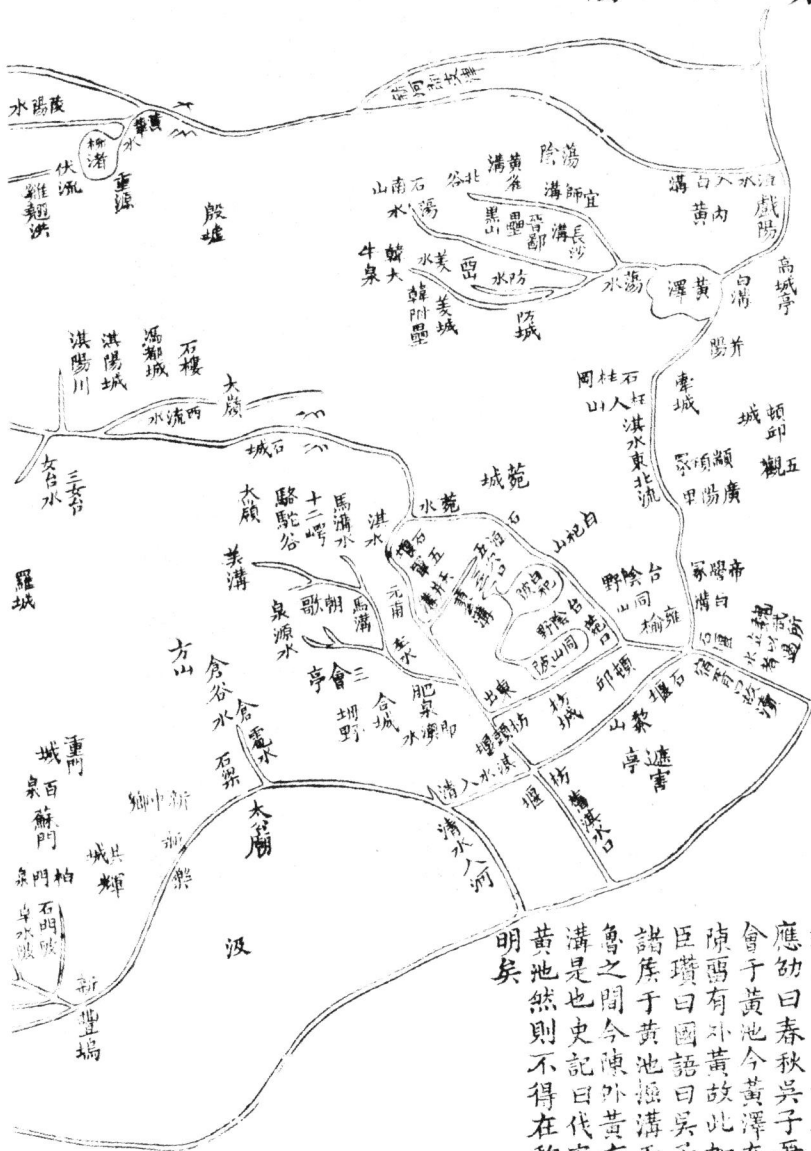

清淇荡洹浊漳清漳图六

班志邯鄲堵山牛首水所出東入白渠
趙敬矦自中牟徙此張晏曰邯鄲山在
東城下易陽劭曰易水出涿郡故安
師古曰在易水之陽按此言誤襄國故
邢國西山渠水所出東北至任入澬又
有蓼水漉水皆東至朝平入澬南和列
葭水東入漉斥章應劭曰漳水出治北
入河其國斥齒故曰斥章按治當作沾
肥纍故肥子國

清淇荡洹浊漳清漳图八

于河",此图所绘"清水入河"四字注记,宜改作"旧清水入河",或仿淇水作"旧清水口",因为《注》文已经说明了建安九年以后清、淇两水的变化。

此图最南翼的河流为黄河。

此图旁注引《汉书·地理志》。内黄是魏郡属县。

清淇荡洹浊漳清漳图七

【旁注】班《志》:共县,故国,北山,洪水所出,东至黎阳入河。隆虑县、国水东北至信成入张甲河,过郡三,行千八百四十里。应劭曰:隆虑山在北。荡阴县,荡水东至内黄泽,西山,羑水所出,亦至内黄入荡,有羑里城,西伯所拘也。按国水未闻。

【解说】此图衔接图六。图面主体是清水上源及其支流,系据卷九《清水》,《经》"清水出河内修武县之北黑山"《注》的记叙绘制,图中注记符号如黑山、白鹿山、瑶溪、吴泽、长明沟、寒泉水、苟泉水、蔡沟水、八光沟等,以及城邑如雍城、射犬、攒茅、隤城、修武等,均见于《经》下《注》文。

此图西翼如丹水、苑乡城、丹口、白马湖、光沟水、界沟水等,不见于《清水》的《经》、《注》,而是据卷九《沁水》而绘。此篇《经》"又东过州县北"《注》:"有白马沟水注之,水首受白马湖,湖一名朱管陂,陂上承长明沟,湖水东南流,迳金亭西,分为二水,一水东出蔡沟,一水南注于沁也。"由此可以说明,《沁水》篇《注》文记叙的白马湖,确是清、沁两水互通之处。

此图东北一隅是洹水的上源及其支流。据此,则图五东南角所插绘者可以删去。

此图旁注引《汉书·地理志》。共县、隆虑两县,均是河内郡属县。

清淇荡洹浊漳清漳图八

【旁注】班《志》:邯郸,堵山,牛首水所出,东入白渠,赵敬侯自中牟徙此。张晏曰:邯郸山在东城下。易阳,应劭曰:易水出涿郡故安。师古曰:在易水之阳。按此言误。襄国,故邢国;西山,渠水所出,东北至任入寖,又有蓼水,冯水,皆东至朝平入漳。南和,列葭水东入溽。斥章,应劭曰:漳水出治北,入河,其国斥卤,故曰斥章。按治,当作沽。肥絫,故肥子国。

易滱圣巨马四水图

易滱圣巨马四水图一

【旁注】班《志》：涿县，桃水首受涞水，分东至安次入河，应劭曰：涿水出上谷涿鹿县。按应说误系此。故安，阎乡，易水所出，东至范阳入濡。并州浸，水亦至范阳入涞。师古曰：言易水又至范阳入涞也。范阳，应劭曰：在范水之阳。高阳，应劭曰：在高河之阳。良乡，垣水东南至阳乡入桃。中水，应劭曰：在易、滱二水之间，故曰中水。武垣，应劭曰：垣水出良乡，东入桃。

雍奴薮九十九淀，今武清三角淀也。郦《注》时，清、淇、漳、荡、洹、滱、易、涞、濡、沽、虖沱等水，皆会此以归于海，曰派河尾。

【解说】此图组共图5幅，包括易、滱、圣、巨马4水，其中《易水》、《滱水》在《水经注》卷十一，《圣水》、《巨马水》在卷十二。但今本《水经注》亡佚《漳沱河》一篇，漳沱河与此图四水均是海河水系河流，与各河都有联系，所以此图亦绘入此水。

图一所绘，北起发源于大防岭的圣水，南到属于滱水支流的徐水。因纸幅不敷，滱水未能全部绘入，而圣水则完整地包罗了发源、支流与最后汇入巨马河的全部流程。卷十二《圣水》，《经》"圣水出上谷"《注》："水出郡西南圣水谷，东流迳大防岭之东首山下。"《经》"东过良乡县南"《注》："又东与侠水合……世谓之侠活河。"《经》"又东

过阳乡县北"《注》："圣水自涿县东与桃水合……桃水又东北与垣水会。"同条《经》文下,《注》文又分别记叙了支流白祀水、刘公口、清淀、西淀等。此图都按上述《注》文详绘。全篇的最后一条《经》文说："又东过安次县南,东入于海。"《注》文改正了《经》文"东入于海"的话："又东南流注于巨马河而不达于海也。"此图也按此《注》文实绘。

圣水以南是巨马水,此水源远,此图西起"首受涞水"注记(涞水是沟通圣水与巨马水的支流),从此迤东到督亢沟,此图均按卷十二《巨马水》,《经》"巨马河出代郡广昌县涞水"《注》的记叙细绘。《经》"又东南过容城县北"《注》："巨马水又东,郦亭沟水注之。"由于此《注》所叙是《水经注》著者郦道元的故乡,所以在郦注全书中久负盛名:

"余六世祖乐浪府君,自涿之先贤乡爰宅其阴,西带巨川,东翼兹水,枝流津通,缠络墟圃,匪直田园之瞻可怀,信为游神之胜处也。其水东南流,又名之为郦亭沟。"

汪氏当然重视此文,所以在图上也绘入了郦亭沟水。《经》文的最一句是"又东过渤海东平舒县北,东入于海"。但《注》文记叙了当时水道改变的现实:"巨马水于东平舒城北,南入于滹沱,而同归于海也。"此图据《注》文实绘。

巨马水以南是易水,易水因荆轲刺秦王的故事而出名,此图据《注》详绘。由于纸幅所限,此图未及上源,西起虎眼泉,东入巨马水与滹沱水会,均见卷十一《易水》,《经》"又东过范阳县南,又东过容城县南"《注》文。

此图最南翼是滱水支流徐水,即《经》"又东过博陵县南"《注》："徐水出北平东至高阳入博,又东入滱。"图幅表述的惟"入博"、"入滱"一段。

此图旁注:"雍奴九十九淀,今武清三角淀也。郦注时,清、淇、漳、荡、洹、滱、易、涞、濡、沽、滹沱等水,皆会此以归于海,曰派(汪误"派"为"沠")河尾"。案"九十九淀"文出于卷十四《鲍丘水》,《经》"又南至雍奴县北,屈东入于海"《注》："自是水之南,南极滹沱,西至泉州雍奴,东极于海,谓之雍奴薮。其泽野有九十九淀,枝流条分,往往迳通,非惟梁河、鲍丘归海者也。"案汪氏作此旁注,当是为了说明郦注时代今海河水系互相沟通,河湖交织,水量充沛的情况。其实此图中绘入的湖陂已经甚多,属于圣水的有鸣泽渚、清淀、西淀,属于巨马水的有督亢泽、濩陂,属于易水的有金台陂、梁门陂、盐台陂(即范阳陂),大泥淀、小泥淀等,不胜枚举。旁注中的"派河尾",见卷十四《沽河》,《经》"又东南至泉州县,与清河合,东入于海。清河者,派河尾也"《注》："清、淇、漳、洹、滱、易、涞、濡、沽、滹沱,同归于海,故《经》曰派河尾也。"

此图旁注(包括前一页)引《汉书·地理志》。邯郸、易阳、襄国3县,均是赵国属县,赵国位于今河北省南部,国治邯郸,即今邯郸市,所引斥漳是广平国属县,广平国位于今河北省南部,国治广平,在今巨鹿县以南。所引涿县、范阳、高阳、故安、中水、良乡、武垣诸县,均是涿郡属县。

易滱圣巨马四水图二

【旁注】班《志》：广昌，涞水东南至容城入河，过郡三，行五百里，并州浸。卢奴，应劭曰：卢水出北平，东入河。

班《志》：北平，徐水东至高阳入博，又有卢水，亦至高阳入河。北新成，桑钦言：易水出西北，东入滱。唐县，尧山在南，应劭曰：尧故国也，唐水在西，张晏曰：尧为唐侯国于此，尧山在唐东北望都界，孟康曰：晋荀吴伐鲜虞及中人，今中人亭是。

【解说】此图衔接图一，北翼是圣水上源及巨马河上源。前者据卷十二《圣水》，《经》"圣水出上谷"《注》文绘制；后者据卷十二《巨马水》，《经》"巨马河出代郡广昌县涞山"《注》文绘制。此两水河源以南，是易水及其支流樊石山水河源，均见卷十一《易水》，《经》"易水出涿郡故安县阎乡西山"《注》内。此图最南翼是滱水支流徐水上源，见卷十一《滱水》、《经》"又东过博陵县南"《注》："博水又东北，徐水注之，水西出广昌县东南大岭下，世谓之广昌岭，岭高四十余里，二十里中委折五回，方得达其上岭，故岭有五回之名。"图均据《注》详绘。

此图旁注引《汉书·地理志》。北平、北新成、唐县3县，均是中山国属县。所引广昌是代郡属县，代郡位于今山西省大同市以东，并包括河北省西北及内蒙古自治区的一部分，郡治代县，在今河北省蔚县东北。

易滱圣巨马四水图三

【解说】此图衔接图一，所绘仅左上角一隅，其图外缘为滹沱水，即承图一外缘之水。当时滹沱河是一条大河，滱、易、巨马3水均通过滹沱河入海。滹沱水内缘即滱水，图幅所示"滱水支津入滹沱"，见卷十一《滱水》《经》"又东过安国县北"《注》："滱水历县东分为二水，一水枝分，东南流迳解渎亭南……其水东南流，入于滹沱。"所以淀水与滹沱水在中游就已经互相连通。此图滱水以北是博水及其支流，均与图一衔接。

易㴲圣巨马四水图一

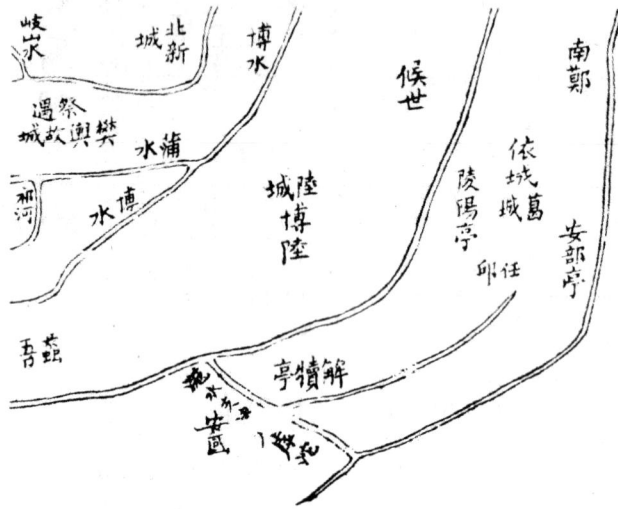

峡岚　城北新　博水　候世　南鄚　文安　其上接前幅

遇祭城故與樊　水蒲　城博陆　陵阳亭　依城城萬　安部亭

祁河　水博　邱任

吾蕪　亭犊解

易滱圣巨马四水图三

班志廣昌淶水東南
至容城入河過郡三
行五百里幷州瀋郡三
奴應劭曰盧水出北
平東入河

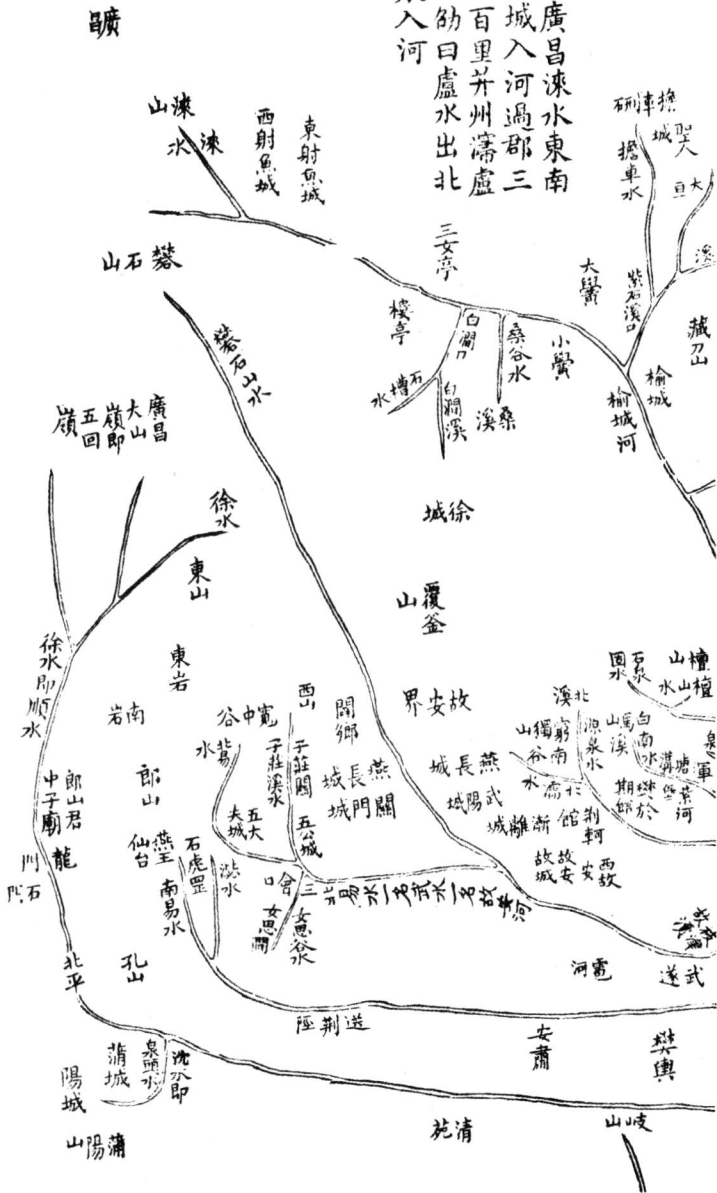

班志北平徐水東至高陽入博又有盧水亦至高陽入河北新成桑欽言易水出西北東入淶唐縣
堯山在南應劭曰堯故國也唐水在西張晏曰堯為唐侯國於此堯山在唐東北望都界孟康曰晉
苟吳代鮮虞及中人今中人亭是

顥

淶水山

西射魚城

東射魚城

蒢車水

硎津

擐城

哭大亘

溪

紫石溪

研城河

藏刀山

小螢

榆城

蔡谷水

桑

三女亭

白澗口

樓亭

博石水

白澗溪

桑谷溪

大螢

石蔢山

廣昌

五回嶺

大山嶺即

徐水

東山

東岩

岩南

郎山

仙台

石虎壘

南易水

孔山

蒲城

蒲陽山

陽城

泉涌水即

沈水即

北平

郎山君

中子廟

龍門即

徐水即順水

藤石口水

城徐

覆釜山

界安故城

寬中谷

谷中寬

夫城五大

子莊溪水

闕鄉

闕城

長燕城

燕武城陽城

故安西欽

故城

荊

新館喬

檀山

檀山水

白泉軍

塘期

於紫荊河

燕門闕

會口

三女思闕

遂武

河電

安蕭

樊輿

山岐

苑清

陸荊送

易滱聖巨馬四水圖二

易滱圣巨马四水图五

班志上曲阳恒山北谷在西北有
祠并州山禹贡恒水所出東入滱
灵邱滱河東至文安入大河過郡
五行九百四十里并州川

易滱圣巨马四水图四

班志曲逆蒲阳山蒲水所出東入濡又有蘇水亦東入濡
張晏曰濡水於城北曲而西流故曰曲逆章帝改曰蒲陰
在蒲水之陰也望都博水東至高陽入河張晏曰堯山在
北堯母慶都山在南登堯山見都山故以為名

易滱圣巨马四水图四

【旁注】班《志》:曲逆,蒲阳山,蒲水所出,东入濡,又有苏水,亦东入濡。张晏曰:濡水于城北曲而西流,故曰曲逆。章帝改曰蒲阴,在蒲水之阴也。望都,博水东至高阳入河,张晏曰:尧山在北,尧母庆都山在南,登尧山见都山,故以为名。

【解说】此图衔接图三,南翼为滱水,西起唐水和长星沟,见卷十一《滱水》,《经》"又东过唐县南"《注》:"县有雹水,亦或谓之为唐水也",又"滱水又东,右会长星沟,沟出于上曲阳西北长星渚"。滱水以北是博水上源,见同卷《经》"又东过博陵县南"《注》:"(滱水)又北,左会博水,水出望都县,东南流迳其县故城南,王莽更名曰顺调矣。又东南,潜入地下。博水又东南循渍,重源涌发……其水又伏流循渍,屈清凉亭西北,重源又发。"此图据这段《注》文,故有"博水伏流"、"博水重源"等几处注记。
博水以北是博水支流濡水和苏水,见同条《经》文下《注》文:"博水又东北,左则濡水注之,水出蒲阴县西昌安郭南,又东迳其县入濡。"濡水以北又有蒲水与其相会,并见同《注》:"濡水又东得蒲水口,水出西北蒲阳山……故《地理志》曰:蒲水、苏水,并从县东入濡水。又东北迳乐城南,又东入博水,自下博水又兼濡水通称矣。"此图东北一隅是蒲水的一条支流上源,图按《注》绘入。
此图旁注引《汉书·地理志》。曲逆、望都两县,均是中山国属县。

易滱圣巨马四水图五

【旁注】班《志》:上曲阳,恒山北谷在西北,有祠。并州山,《禹贡》恒水所出,东入滱。灵邱,滱河东至文安入大河,过郡五,行九百四十里,并州川。

【解说】此图衔接图四,图据卷十一《滱水》,《经》"滱水出代郡灵丘县高氏山"《注》"即沤夷之水也"始,到《经》"又东过唐县南"《注》"滱水又东迳乐羊城北"止。诸凡滱水源地及沿途大小支流,均一一入图。此外,滱水的另一支流(在图四入滱)长星沟的上源及支流也入图无遗。
此图旁注引《汉书·地理志》。上曲阳是常山郡属县,所引灵丘是代郡属县。

灢灢余沽鲍丘濡五水图

灢灢余沽鲍丘濡五水图一

【旁注】班《志》:辽西,临榆注:渝水首受白狼东入塞外,又有候水,北入渝。盖班氏误以濡水(今滦河)为白狼,欲以自五渡以西为白狼,其南为渝水也。故交黎注:言渝水首受塞外,南入海,以为五渡以南至海者也,而肥如下又有濡水不言其源,此班氏之误,郦氏为之曲解,遂误入辽水之下。今移于此篇,以见班误于前,郦误于后,盖濡水,即渝水,今日滦河也。

班《志》:狐苏,唐就水至徒河入海。交黎,渝水首受塞外,南入海,应劭曰:今昌黎。肥如,元水东入濡水,濡水南入海阳,又有卢水,南入元,应劭曰:肥子奔燕,燕封于此也。累县,下官水南入海,又有揭石水、宾水,皆南入下官。

濡,人朱反,出故安合易水者也,昭七年濡上是也;又乃官反,读若难,今滦水,此图是也。

【解说】此图组共图6幅。灢水即今永定河(上流是桑乾河),在《水经注》卷十三,是一条单独成卷的河流。樵余(殿本作"湿余",汪按别本作"灢余")、沽、鲍丘、濡四水均在《水经注》卷十四。卷十四中还有大辽水、小辽水、浿水3篇,不列入此图组。

此图为濡水上源入其部分流程。濡水即今滦河,是一条独流入海的河流,与图组的其他四水并不相关。此图始于卷十四《濡水》,《经》"濡水从塞外来,东南过辽西令支县北"《注》:"濡水出御夷镇东南,其水二源双引,夹山西北流,出山,合成一川。"濡水从源地东流,图据同《注》:"濡水又东北流迳孤山南,东北流,吕泉水注之,水出吕泉坞西,东南流,屈而东,迳坞南东北流,三泉水注之,其源三泉雁次,合为一水。"逐一细绘入图。同《注》最后记叙:"又东南流,右与要水合,水出塞外,三川并导,谓之大要水也……濡水又东南,索头水注之。"此图终于此。

此图旁注引《汉书·地理志》。临榆、狐苏二县均是辽西郡属县,辽西郡位于今辽宁省西部及河北省东北一隅,郡治乐阳,在今辽宁省义县西。

又此图旁注:"此班氏之误,郦氏为之曲解。"案此卷各水,《汉书·地理志》、《水经》、《水经注》等均有错误,郦道元在《濡水》篇中的不少错误,清乾隆帝曾为此派人实地考察,并亲撰《热河考》、《滦河濡水源考证》等文纠正《水经注》的错误,各文均收入于殿本及合校本等郦注版本之中。

灅灅余沽鲍丘濡五水图二

【旁注】班《志》:无终,故无终子国,浭水西至雍奴入海,过郡二,行六百五十里。师古曰:浭,音庚。俊靡,灅水南至无终东入庚。字县,榆水出东。骊成,大揭石山在县西南。

班《志》:海阳,龙鲜水东入封大水,封大水、缓虚水皆南入海。新安平,夷水东入塞外。令支,有孤竹城,应劭曰:故伯夷国。

【解说】此图衔接图一,图西北隅武列水即与图一东南索头水相连,但其中所谓三藏川(一部分因纸幅不敷而绘入图三)者,注文其实颇有错误,已由清乾隆帝撰文纠正。图上注记"石挺下","石挺"现称"棒锤",至今犹在,是一处重要标志。卷十四《濡水》,《经》"濡水从塞外来,东南过辽西令支县北"《注》:"濡水又东南迳卢龙塞,塞道自无终县东出渡濡水,向林兰陉,东至清陉。"此处图上绘一虚线符号,并作注记:"此卢龙道也。"同《注》:"又南,左合阳乐水。"此以下,同卷《经》"又东南过海阳县西,南入于海"《注》:"濡水自孤竹城东南迳西乡北,瓠沟水注之,水出城东南,东流注濡水。濡水又迳故城南,分为二水,北水枝出,世谓小濡水也。"图据《注》详绘,至此而止。

此图南翼所绘沿海部分,西起新河,东迄小碣石山,亦见以上同条《经》文《注》:"魏太祖征蹋顿,与沟口俱导也,世谓之新河矣。"同《注》:"又东南流,龙鲜水注之,水出县西北,世谓之马头水。"同《注》:"新河又至九沚口,枝分南注海。"图均据《注》详绘。

此图旁注引《汉书·地理志》。无终、俊靡、字县、骊城诸县,均是右北平郡属县,右北平郡位于今北京市、河北省、辽宁省及内蒙古自治区的一部分,郡治平刚,在今河北省平泉县以北。又同图旁注引海阳、新安平、令支 3 县,均是辽西郡属县,辽西郡位于今辽宁省西部及河北省东北部,郡治阳乐,在今辽宁省义县西。

灅灅余沽鲍丘濡五水图三

【旁注】《通鉴》六十五注:《曹操纪》云:凿渠自呼沱入泒水,名平虏渠,又从泃河口凿入潞河,名泉州渠,以通海。李贤曰:呼沱河旧在饶阳南,至曹操,因饶诃故渎决,令北注新沟水,所以今在饶阳北。

班《志》:渔阳,沽水出塞外,东南至泉州入海,行七百五十里。白檀,濡水出北蛮夷。

魏武将征蹋顿,从泃口凿渠,迳雍奴泉州以通河海,今无水。

【解说】此图衔接图二。图幅南缘为灅水,西起高梁水与灅水之会,高梁水见卷十三《灅水》,《经》"过广阳蓟县北"《注》:"灅水又东南,高梁之水注焉。"但此水也见于卷十四《鲍丘水》,《经》"又南过潞县西"《注》:"鲍丘水入潞,通得潞河之称矣,高梁水注之,水首受灅水于戾陵堰。"说明此水沟通灅水与鲍丘水二水。灅水东流至前已述及的雍奴九十九淀以东入笥沟,即同卷最后一句《经》文:"又东至渔阳雍奴县西,入笥沟。"《注》文说:"灅水东入渔阳,所在枝分,故俗谚云:高梁无上源,清泉无下尾。盖以高梁微涓浅薄,裁足津通,凭借涓流,方成川畎。清泉至潞,所在枝分,更为微津,散漫难寻故也。"《注》文的意思是灅水是在雍奴九十九淀的这片海岸沼泽地中散漫消失的。但当时的制图技术无法表述《注》文之意,所以只能按《经》文,入笥沟而注海。

灅水以北,此图据《注》分别绘了灅余水,沽河(西潞水)、鲍丘水(东潞水)的上源及其支流。灅余水在图中起于昌平塔界水,即卷十四《灅(湿)余水》,《经》"东流过军都县南,又东流过蓟县北"《注》:"东南流入易荆水,谓之塔界水。"又同卷《经》"又北屈东南至狐奴县西,入于沽河"《注》:"湿余水于县西南东入沽河。"图上此河至此而终。我在拙校简化字本《水经注》(浙江古籍出版社 2001 年出版)卷十四篇末《注释》中说:"湿余水今称温榆河,其上游有北沙河、蔺沟等支流,南流东折,在通县以东汇合潮白河。"

灅余水以北,图上所绘的是沽河。卷十四《沽河》,《经》"沽河从塞外来"《注》:"沽河出御夷镇西北九十里丹花岭下,东南流,大谷水注之,水发镇北大谷溪,西南流,迳独石北界……又南,九源水注之。"图绘入此注全部地名。沽河南流,《注》文记及的如独固门、乾溪水、候卤水、温泉、高峰水、七度水等,也均入图无遗。接着是同卷《经》"南过渔阳狐奴县北,西南与湿余水合,为潞河"《注》内的记叙,诸如重沟水、狐奴水等,也都入图无遗。同卷《经》"又东至雍奴县西,为笥沟"《注》:"灅水入焉,俗谓之合口也。"图按《注》至此而止。

此图东翼,自北而南为鲍丘水,注记符号较西翼为多,这是因为《注》文记叙此水较为详尽之故。卷十四《鲍丘水》,《经》"鲍丘水从塞外来,南过渔阳县东"《注》:"鲍丘水出御夷北塞中,南流迳九庄岭东,俗谓之大榆河,又南迳镇东九十里西密云戍西,又南,左合道人溪水,水出北川,南流迳孔山西,又历密云戍东,左合孟广啣水。"此《注》涉及山水名称甚多,图均逐一详绘。其中如武列溪、龙刍溪等,均见于《濡水》篇《注》,《濡水》篇《经》、《注》都有错误,所以图也颇有出错之处。

如图所示,鲍丘水迳合口会新河,又在盐关口接纳笥沟和庚水(上游为灅水)两条支流,水道纷歧,支流错杂,均见于同卷《经》"又南至雍奴县北,屈东入于海"《注》内。

此图旁注引《汉书·地理志》。渔阳、白檀两县,均是渔阳郡属县,渔阳郡位于今北京市、河北省北部及内蒙古自治区的一部分,郡治渔阳在今北京市密云县以南。

灅灅余沽鲍丘濡五水图四、五

【旁注】班《志》:军都,温余水东至路南入洛。按温当作灅,洛当作潞。居庸,有关。且居,乐阳水出东,东入海。涿鹿,应劭曰:黄帝与蚩尤战于涿鹿之野。蓟,故燕国,召公所封。

班《志》:东安阳,师古曰:阚骃云:五原有安阳,故此加东。平舒,祁夷水北至桑乾入沽。代县,应劭曰:故代国。代郡有五原关、常山关。且如,于延水出塞外,东至宁入沽。当城,师古曰:阚骃云:当桓都城,故云。

《通鉴》百一十注:宋白曰:魏道武都平城,东至上谷军都关,西至河,南至中山隘门塞,北至五原,地方千里以为甸服。又百十三注:魏猗卢城盛乐为北都,修故平城为南都,更南百里,灅水之阳,黄瓜堆筑新平城,曰南平城,唐朔州西南之新城是也。

【解说】图四、五两幅衔接图三,除图四东翼北、南两处补足图三沽河上源之一阳曲河及灅余水上源居庸关和丁蓼水等外,两图所绘主要是灅水。因纸幅不敷,灅水上源延入下幅图六。

　　图五西起武州塞水,见卷十三《灢水》,《经》"灢水出雁门阴馆县,东北过代郡桑乾县南"《注》:"桑乾水又东,左会武州塞水。"图中如早起城(食时城)、黄瓜阜、夏屋山水、白狼堆等,均在此《注》之中,这篇《注》是郦注全书中的长《注》之一。在图五还涉及支流崞川水和如浑水,其中特别是如浑水,因为此水流经北魏旧都平城,《注》文记及宫殿楼堂及寺院等甚多,所以此水所经之处,图上注记符号密集。同《注》说:"灢水又东迳昌平县,温水注之,水出南坟下。"图五与图四即在此衔接。此外,两图又以祁夷水相连。《注》文说:"灢水又东流,祁夷水注之。"图四绘祁夷水甚详。灢水东流,图四据《注》绘入了许多北流入灢的支流如石山水、协阳关水、温泉水,而最后接纳一条南流入灢的大支流于延水。《注》文说:"灢水又东,左得于延水口,水出塞外玄柔镇西长川城南小山。"《注》文记叙此水甚详,其上游雁门水所出的雁门山,跨幅绘入图五。

　　图中灢水又接纳一条东流入灢的较大支流涿水,卷十三《灢水》,《经》"又东过涿鹿县北"《注》:"涿水出涿鹿山,世谓之张公泉,东北迳涿鹿县故城南……涿水又东北迳祚亭北,而东北入灢水。"

　　图四最后绘入一条西流入灢的较大支流清夷水(沧河),此水上源有 99 泉,支流繁杂,故图上注记符号甚密。此以下,灢水在梁山与戾陵堰会合,与鲍丘水沟通,见卷十四《鲍丘水》,《经》"又南过潞县西"《注》文。

　　此 2 图旁注引《汉书·地理志》。军都、居庸、且居、涿鹿诸县均是上谷郡属县,上谷郡位于今河北省西北部、山西省和内蒙古自治区的一部分,郡治沮阳,在今河北省怀来县以南。所引蓟县是广阳国属县,广阳国位于今北京市附近,国治蓟,在今北京市内。所引东安阳、平舒、代县、且如、当城诸县,均是代郡属县。

灢灢余沽鲍丘濡五水图六

　　【旁注】班《志》:马邑,师古曰:《晋太康地记》云:秦时建此城,辄崩不成,有马周旋驰走反复,父老异之,因依以筑城,遂名马邑。阴馆,楼烦乡,累头山,治水所出,东至泉州入海,过郡六,行千一百里。沃阳,盐泽在东北。

　　灢余,在昌平州居庸关者,一作温榆、温余、湿余者,皆误。

　　灢,力追反,出阴馆,即此桑乾河,今永定河也。或作灅、湿、温、漯,皆误。

　　灅,力水反,出俊靡,今遵化州之小河。

　　湿,燥立反,涅之或体。

　　温,云南之南盘江。

濡濡余沽鲍丘濡五水图二

灅灅餘沽鮑邱濡五水圖

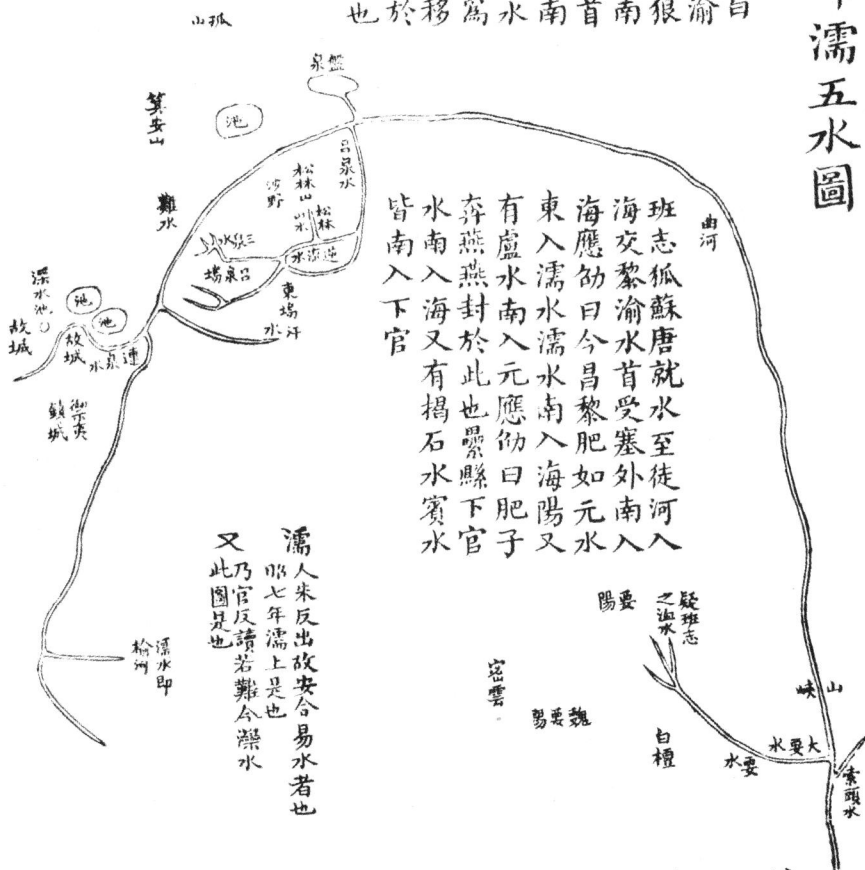

班志遼西臨渝注渝水首受曰
狼東入塞外又有侯水北入渝
蓋班氏誤以濡水寫白狼今濡
欲以自五渡以西寫白狼河
寫渝水也故交黎注言渝水首
受塞外南入海以寫五渡以南
不言其源此班氏之誤鄺氏寫
至海者也而肥如下又有濡水
之曲解遂誤入遼水之下今移
於此篇以見班誤於前鄺誤於
後蓋濡水即渝水今曰灤河也

班志孤蘇唐就水至徒河入
海交黎渝渝水首受塞外南入
海應劭曰今昌黎肥如元水
東入濡水濡水南入海陽又
有盧水南入海元元累縣下官
水濡燕封於此也累縣下官
水南入海又有揭石水賓水
皆南入下官

濡人朱反出故安合易水者也
昭七年濡上吳也
乃官反讀若難今灤水
又此圖是也

其下接下幅

灅灅余沽鲍丘濡五水图一

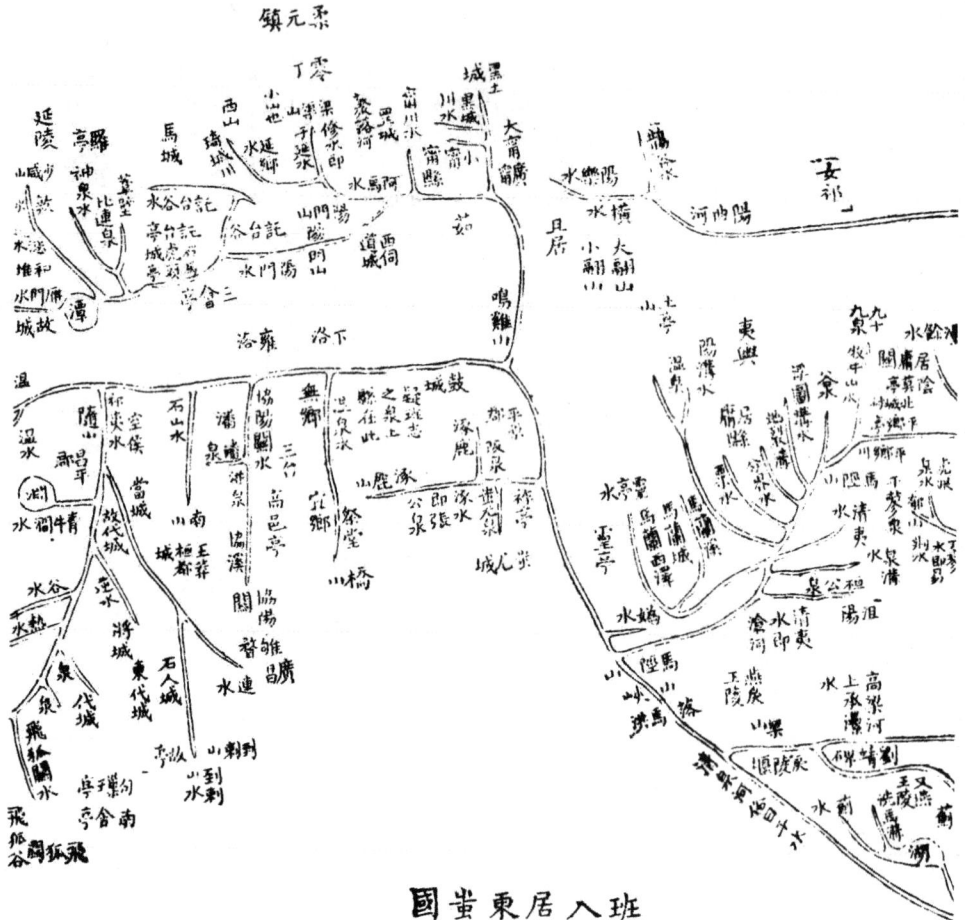

班志郡鄗溫餘水東至路南
入洛按溫當作灅洛當作潞
居庸有關且居樂陽水出東
東入海涿鹿應劭曰黃帝與
蚩尤戰于涿鹿之野薊故燕
國召公所封

灅灅余沽鮑丘濡五水图四

通鑑六十五注曹操紀云鑿渠自呼沱入泒水名
平虜渠又從泃河口鑿入潞河名泉州渠以通海
李賢曰呼沱河舊在饒陽南至曹操因饒河故瀆
決令北注新溝水所以今在饒陽北

班志漁陽沽水出塞外東
南至泉州入海行七百五
十里白檀洏水出北蠻夷

魏武將征蹋頓從泃
口鑿渠逕雍奴泉州
以通河海今無水

灅灖余沽鲍丘濡五水图三

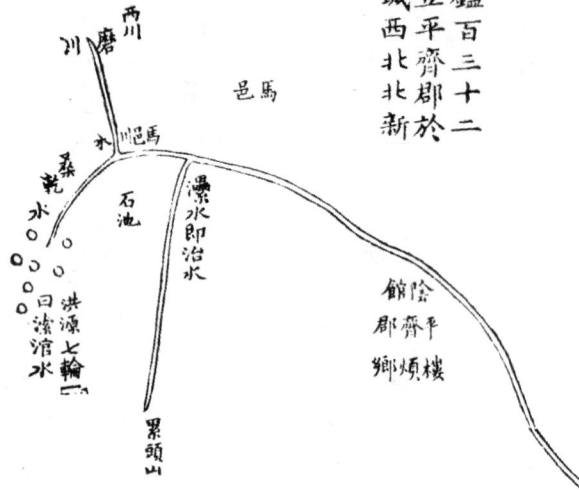

班志馬邑師古曰晉太康地記云秦時建此城輒
崩不成有馬周旋馳走反覆父老異之因依以築
城遂名馬邑陰館樓煩鄉累頭山治水所出東至
泉州入海過郡六行千一百里沃陽鹽澤在東北
灅餘在昌平州居庸關者一作

灅餘溫榆餘灅餘者皆誤
灅力追反出陰館即此桑乾河今
灅邊化州之小河今
灅永定河也或作灅灅溫灅皆誤

溫雲南之
南盤江

灅之省文也灅

灅沖灅也灅

溼之或體

溼燥立反溼

溼正文

灅正文
灅溼之

溼正文

灅溼沽鮑丘濡五水圖六

通鑑百三十二
注立平齊郡於
平城西北北新
城西北

邑馬

乾桑水
磨川西川
水川邑馬

石池

灅水即治水

洪源七輪□
□□滄水

累頭山

陰齊平
館郡樓煩
鄉

灢灢余沽鲍丘濡五水图五

漯,沛漯也,灅之省文。

灅,漯之正文。

溼,湿之正文。

《通鉴》百三十二注:立平齐郡于平城西北北新城。

【解说】此图衔接图五,所绘是灅水源头概况。卷十三《灅水》,《经》"灅水出雁门阴馆县,东北过代郡桑乾县南"《注》:"灅水出累头山,一曰治水……县西北上平,洪源七轮,谓之桑乾水,即漯涫水者也。"同《注》又说:"池东隔水又有一石池,方可五六十步,清深镜洁,不异大池,桑乾自源东南流,右会马邑川水,俗谓之磨川矣。"此图据《注》尽绘无遗。

此图旁注引《汉书·地理志》。马邑、阴馆、沃阳 3 县,均是雁门郡属县,雁门郡位于今山西省北部及内蒙古自治区的一部分,郡治善无,在今山西省左云县以西。

此图又旁注灅余、灅、㶟、湿、温、漯、灅、溼的解说,其中灅余下,"一作温榆、温余、湿余者皆误"。"皆误"一词值得商榷,当是各种版本不同所致。今全祖望五校钞本,七校本,赵一清《水经注释》,戴震《微波榭本》,沈钦韩《水经注疏证》钞本,杨守敬、熊会贞《水经注疏》等均作灅余水;但朱谋㙔《水经注笺》,武英殿本,王先谦合校《水经注》等均作湿余水,《后汉书·王霸列传》引《水经注》作温余水,而当前地图上作温榆河。赵一清《水经注释》对此已有详细考证,可以参阅。

大小辽水图

大小辽水图一

【旁注】班《志》:襄平,有牧师官。无虑,师古曰:即所谓医巫闾。望平,大辽水出塞外,南至安市入海,行千二百五十里。辽阳,大梁水西南至辽阳入辽。居就,室伪山,室伪水所出,北至襄平入梁。番汗,沛水出塞外,西南入海,应劭曰:汗水出塞外,西南入海。沓氏,应劭曰:氏水也,师古曰:凡言氏者,皆谓因之而立名。元菟郡,应劭曰:故真番。朝鲜,胡国。高句骊,辽山,辽水所出,西南至辽队入大辽水,又有南苏水,西北经塞外,应劭曰:故句骊胡。

按临渝、渝水、樢榆水、侯水、女罗故城等,皆误。见濡水图。此别图以识之,盖白狼、渝水,两不相蒙也,原书误。

【解说】此图组共图2幅。据卷十四《大辽水》、《小辽水》两篇绘制,由于此两篇在《水经注》年代是边陲河流,《注》文记叙甚疏,故汪氏又添加了不少当时(清代)地名。大辽水即今辽河,小辽水即今浑河。

此图据《注》绘入大辽水东部(今东辽河)及小辽水。卷十四《大辽水》,《经》"大辽水出塞外卫白平山,东南入塞,过辽东襄平县西"《注》"辽水亦出砥石山",此处图作"卫皋山"不知何据?但注记"即砥石山",系依《注》文。同卷《经》"又东南过房县西"

班志白狼師古曰有白狼山
遼西郡有小水四十八幷行
三千四十六里柳城馬首山
在西南參柳水北入海臨渝
渝水首受白狼東入塞外又
有侯水北入渝

大小辽水图二

大小遼水圖

班志襄平有牧師官無慮師古曰即所謂醫巫閭望平大遼水出塞外南至安市入海行千二百五
十里遼陽大梁水西南至遼陽入遼居就室僞山室所出北至襄平入梁番汗水出塞外西
南入海應劭曰汗水出塞外西南入海沓氏應劭曰氏水也師古曰凡言氏若皆謂因之而立名元
菟郡應劭曰故真番朝鮮胡國高句驪遼山遼水所出西南至遼隊入大遼水又有南蘇水西北經
塞外應劭曰故句驪胡

按臨渝渝水檻榆
水候水女羅故城
等皆誤見濡水圖
此別圖以識之葢
白狼渝水雨不相
蒙也原書誤

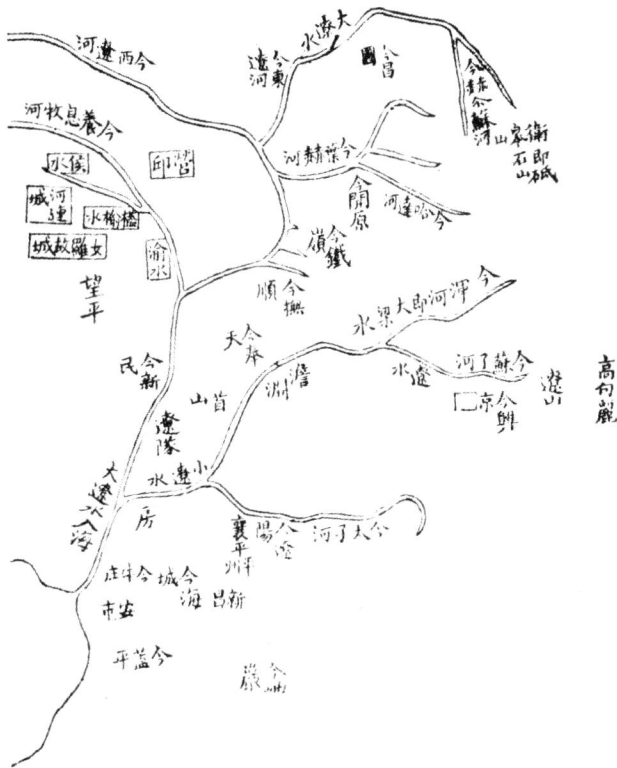

大小辽水图一

《注》："又东北，滥真水出西北塞外，东南历重山，东南入白狼水，白狼水又东北出，东流分为二水，右水……疑即渝水也……渝水南流东屈，与一水会，世名之曰榼伦水，盖戎方之变名耳，疑即《地理志》所谓侯水北入渝者也。"因纸幅不敷，除白狼水、滥真水延伸入图二外，其余均入图无遗。

同卷《小辽水》，《经》"又玄菟高句丽县有辽山，小辽水所出"《注》："水出辽山，西南流迳辽阳县与大梁水会。"又说："小辽水又西南迳襄平县为淡渊。晋永嘉三年涸。小辽水又迳辽队县入大辽水。"图据《注》绘入无遗，由于汪氏又标注了不少今（清代）名，所以注记符号增加较多。

此图旁注引《汉书·地理志》。襄平、无虑、望平、辽阳、居就、番汗、沓氏诸县，均是辽东郡属县，辽东郡位于今辽宁省东部，郡治襄平，即今辽阳市。

大小辽水图二

【旁注】班《志》：白狼，师古曰：有白狼山。辽西郡，有小水四十八，并行三千四十六里。柳城，马首山在西南，参柳水北入海。临渝，渝水首受白狼，东入塞外，又有侯水，北入渝。

【解说】此图主要是大辽水西部（西辽河）。卷十四《大辽水》，《经》"又东南过房县西"《注》："辽水又会白狼水，水出右北平白狼县东南……又西北，石城川水注之，水出西南石城山。"又说："白狼水又东，方城川水注之。"又说："白狼水又东北迳昌黎县故城西……高平川水注之，水出西北平川，东流迳倭城北，盖倭地人徙之。"《注》文又说："白狼水自东北，自鲁水注之。"上列《注》文地名，此图均加入今（清代）名注记。此外，《注》文未曾记及的若干地名如大凌河、小凌河等，此图也按当时地图增入。

此图旁注引《汉书·地理志》。白狼县是右北平郡属县，所引柳城、临榆两县，均是辽西郡属县。

浿水图

【旁注】班《志》：险渎，应劭曰：朝鲜，王满都也，依水险，故名。臣瓒曰：王险城在乐浪郡浿水之东，此自是险渎也。师古曰：瓒说是也。西盖马，马訾水西北入盐难水，西南至西安平入海，过郡二，行二千一百里。乐浪郡，应劭曰：故朝鲜国也。朝鲜，应劭曰：武王封箕子于朝鲜。浿水，水西至增池入海。含资，带水西至带方入海。吞列，分黎山，列水所出，西至黏蝉入海，行八百二十里。

【解说】浿水是《水经注》记载的今域外河流。浿水今属何水，历来很有不同见解，但以今朝鲜半岛大同江最为确切，参阅拙作《水经·浿水篇笺校——兼考中国古籍记载的朝鲜河流》（此文刊载于《朝国研究》，杭州大学出版社1995年出版）。

《浿水》，《经》"浿水出乐浪镂方县，东南过临浿县，东入于海"《注》："许慎云：浿水出镂方，东入海。"又说："战国时，满乃王之，都王险城，地方数千里，至其孙右渠。汉武帝元封二年，遣楼船将军杨仆、左将军荀彘讨右渠，破渠于浿水，遂灭之。若浿水东流，无渡浿之理。其地今高句丽之国治，余访蕃使，言城在浿之阳"。郦道元以"浿水若东流，无渡浿之理"，否定了许慎《说文解字》所谓"东入海"的话。又访问了当时（即北魏）的高句丽使节。所以我在《水经·浿水篇笺校》中得以断定浿水即今大同江。此图据《注》而绘，因《注》文甚简，故全图注记符号不多。

此图旁注引《汉书·地理志》。西盖马、吞列两县，均是乐浪郡属县。乐浪郡位于今朝鲜半岛北部，郡治朝鲜，即今平壤。所引险渎，是辽东郡属县。

旁注"水西至增池入海"，按今本《汉书·地理志》，"增池"作"增地"。

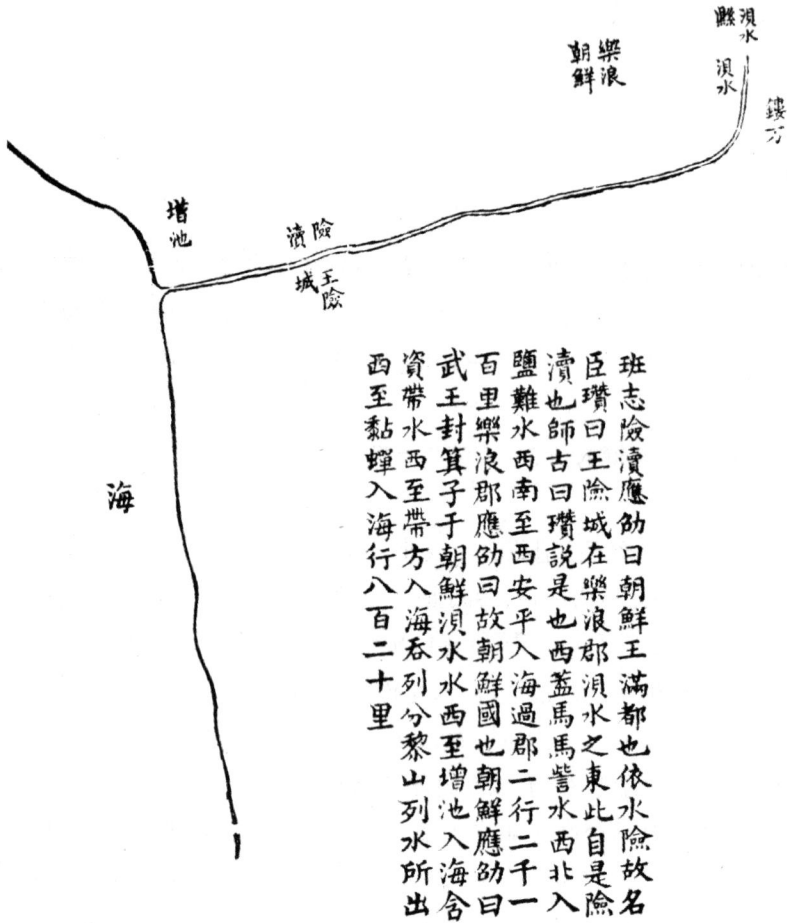

浿水图

洛伊瀍涧穀甘六水图

洛伊瀍涧穀甘六水图一、二

【旁注】班《志》：偃师县，尸乡，殷汤所都。雒阳县，周公迁殷民，是为成周，敬王居之。河南县，故郏鄏地，周武王迁九鼎，周公致太平，营以为都，是为王城，至平王居之。

【解说】此图组共图四幅，包括《水经注》卷十五洛、伊、瀍、涧四水，卷十六穀、甘二水。各水都是洛水支流。今称伊洛河。

图一、图二是互相衔接的整幅，洛水居中，伊水在南，穀水在北。居中的洛水在图二始于黑涧水，卷十五《洛水》，《经》"又东北过宜阳县南"《注》："洛水又东，黑涧水南出陆浑西山，历于黑涧，西北入洛。"图上所绘在黑涧水以北南流入洛水的支流如左涧水、李谷水、蓁水、石头泉等，包括偏东的长涧水和临亭水，也都在这篇《注》之中，同卷《经》"又东北出散关南"《注》中有"惠水右注之，世谓之八关水"一段，其中所有山河城邑如八关泽、散关、白石山、谢水、交触水等等，为数甚多，都逐一入图无遗。同《注》在图中又绘入北流入洛的两条支流："洛水又与虢山水会，水出扶猪之山，北流注于洛水……其山，阴则峻绝百仞，阳则原阜隆平，甘水发于东麓，北流注于洛水也。"此二水之中，甘水是图组列名的河流，所从注记符号比虢水要多。其实《甘水》篇在郦注中只有两条《经》文，《注》文也很简短。《经》"甘水出弘农宜阳县鹿蹄山"《注》内记叙了此

水发源处的纵山和甘掌谷;《经》"东北至河南县,北入洛"《注》内记叙了非山、非山水和甘城,全都绘入图中。

洛水东流,延伸到图一,与其最大支流伊水会合。同卷《经》"又东过洛阳县南,伊水从西来注之"《注》:"洛水又东,合水南出半石之山,北迳合水坞,而东北流注于公路涧……合水北与刘水合,水出半石东山,西北流迳刘聚。"上述《注》文的记叙,都绘入图一洛水与伊水交会之处。此后,在同卷《经》"又东过偃师县南"《注》内,图一据《注》绘入了计素渚、休水、少室山水、大穴口、零星坞、缑氏原等,又有另一条支流郏溪(温泉水)。同《注》的最后一条支流是罗水,此水上游分支甚多,图一均绘入无遗。《洛水》篇的最后一句《经》文是"又东北过巩县东,又北入于河"。在此,图一绘入了《注》文依次记叙的北流入洛的支流明乐泉、浊水、洞水。《注》文最后说"洛水又东北流,入于河",并说此处"谓之洛汭"。图一相应在此图东北一隅绘了一段黄河,以示洛水入河。

图二南翼是伊水,始于马怀桥长水(马怀桥三字注记在图三)。案卷十五《伊水》,《经》"又东北过新城县南"《注》:"马怀桥长水出新城西山……其水又东流入于伊。又有明水,出梁县西狼皋山,俗谓之石涧水也,西北流迳杨亮垒南,西北会康水,水亦出狼皋山。"《注》文又说:"伊水又与大戟水会,水出梁县西,有二源。"此后,《注》文记叙从南北分别注入伊水的支流吴涧水、狂水(包括支流倚薄山水、八风溪水、三交水、湮水)、土沟水、板桥水、厌涧水、来儒(图作"需")水,这些支流,除狂水支流倚薄山水和来儒水的上源绘入图一外,其余均因纸幅不敷绘入图二。

伊水延伸入图一,首先注记提的是伊阙,这是此水流程的一个重要地名。卷十五《伊水》,《经》"又东北过伊阙中"《注》:"伊水又东北入伊阙,昔大禹疏以通水,两山对峙,望之若阙,伊水历其间北流,故谓之伊阙矣。"伊阙即龙门石窟所在之处,是洛阳的一处重要胜迹。

图二北翼,注记符号复杂繁密,此图组列名的其余3水即瀍、涧、穀均在此处。3水之中,瀍水和涧水都是小水,在《水经注》中也是小篇,所以图二仅在西北隅作了注记符号。卷十五《瀍水》,《经》"瀍水出河南穀城县北山"《注》:"县北有晋亭,瀍水出其北梓泽中。"又《经》"东与千金渠合"《注》:"瀍水自千金堨东注,谓之千金渠也。"此图绘入了《注》文的全部记叙。涧水也是一条小水,《经》、《注》都说得非常简略。卷十五《涧水》,《经》"东南入于洛"《注》:"水西北出离山,东南流历郏山,于穀城东而南流注于穀,旧与穀水乱流南入于洛,今穀水东入千金渠,涧水与之俱东入洛矣。"图据此而绘。

穀水其实也是一条洛水的小支流,但是由于它流经王城洛邑和北魏首都洛阳,所以成为卷十六的一个长篇。其中《经》"又东过河南县北,东南入于洛"《注》,长达7000 余字,是《水经注》全书的第一长篇,《注》文详细记叙了这座都城的内外景观,诸凡城垣、门阙、宫殿、园苑、寺院、道路等等,以及榖水在城内外的流程,无不一一列名。但因纸幅不敷,图一所绘甚简,以下另有《洛阳城图》一幅,绘制称详。

图二在洛水支流长涧水及榖水支流涧水之东,注记了一行文字"杨仆家僮所筑散关,障自南山,横洛水,北属于河"。案此文见于卷十五《洛水》,《经》"又东北出散关南"《注》:"洛水自枝渎又东北出关……即《经》所谓散关,鄣自南山,横洛水,北属于河,皆关塞也,即杨仆家僮所筑矣。"

此图旁注引《汉书·地理志》。偃师、雒县、河南、巩县诸县,均是河南郡属县。

洛伊瀍涧榖甘六水图三、四

【旁注】班《志》:黾池县,榖水出榖阳谷,东北至榖城入洛。新安县,《禹贡》涧水在东,榖南入雒。城县,《禹贡》瀍水出瞀亭北,东南入雒。

班《志》:卢氏县,熊耳山在东,伊水出,东北入雒,过郡一,行四百五十里。上雒县,《禹贡》雒水出冢岭山东北,至巩入河,过郡二,行千七十里,豫州川,熊耳、获舆山在东北。

【解说】此 2 图互相衔接,又衔接图二。所绘是洛水、伊水、榖水 3 水上源及其支流。居中的是洛水,此水源远流长,跨图四、图三两幅。余两水均在图三。

卷十五《洛水》首条《经》文"洛水出京兆上洛县讙举山"《注》:"《地理志》曰:洛水出冢岭山。"图四从此始。此后,图按同《注》,先后绘入南流和北流入洛的支流,多为流程不长的小河,计有尸水、乳水、龙余水、元扈水、武里水、门水、要水、却川等,又按《经》"东北过卢氏县南"《注》,绘入陥(汪作"阳")渠水(浮豪水)、三川、卢氏川水、葛蔓谷水。图四终于此。

从图四延伸入图三,洛水支流西起石勒城、高门水,东到共水。按图三同《注》,次第从高门水绘至广由涧水及直谷水。此后,据《经》"又东北过蠡城邑之南"《注》,汇入金门溪水和黍良谷水。据《经》"又东过阳市邑南,又东北过于父邑之南"《注》,绘入太阴溪、白马溪水、昌涧水以至渠谷水。又据《经》"又东北过父阳县南"《注》,绘入湻池、西度水,直至共水。凡《注》文之所记叙,图中无一遗漏。图三至共水而止。

图三南翼为伊水上源及其支流。卷十五《伊水》,《经》"伊水出南阳鲁阳西蔓渠山"《注》:"《山海经》曰:蔓渠之山,伊水出焉。"图从此始,并据《注》绘入发源后的第

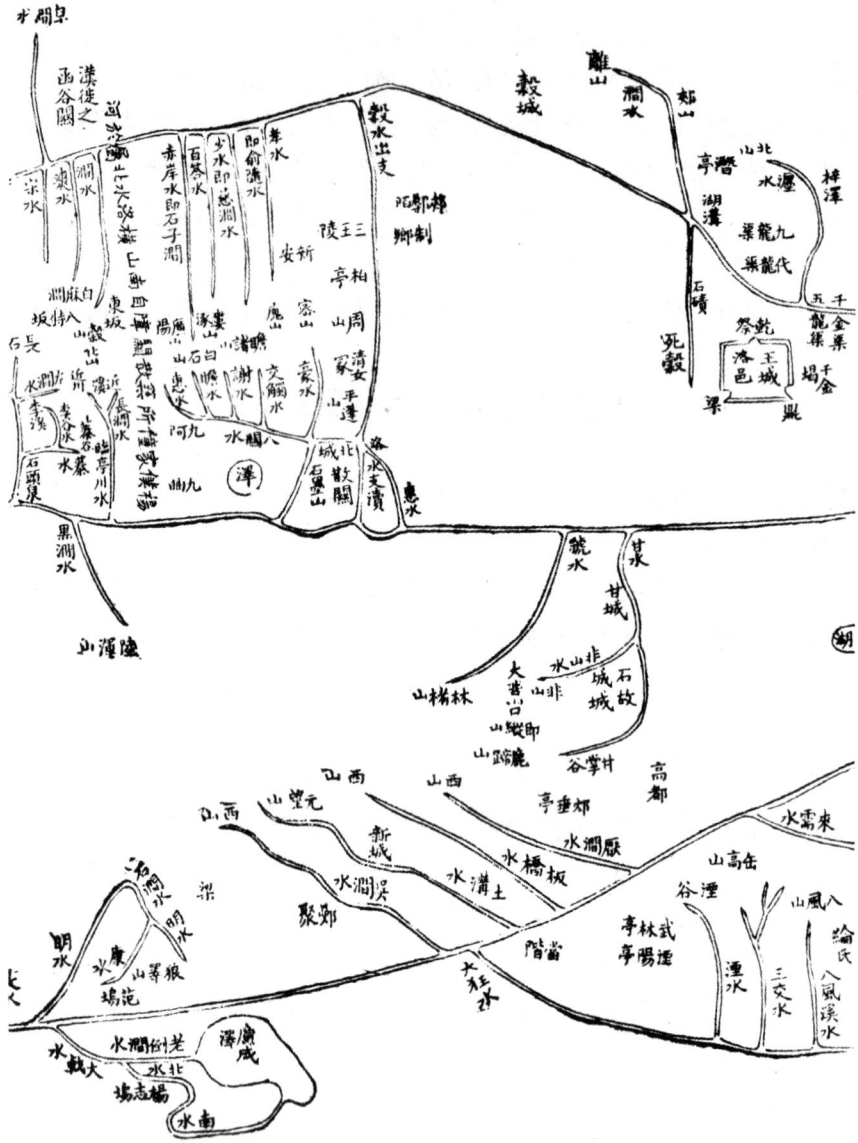

洛伊瀍涧穀甘六水图二

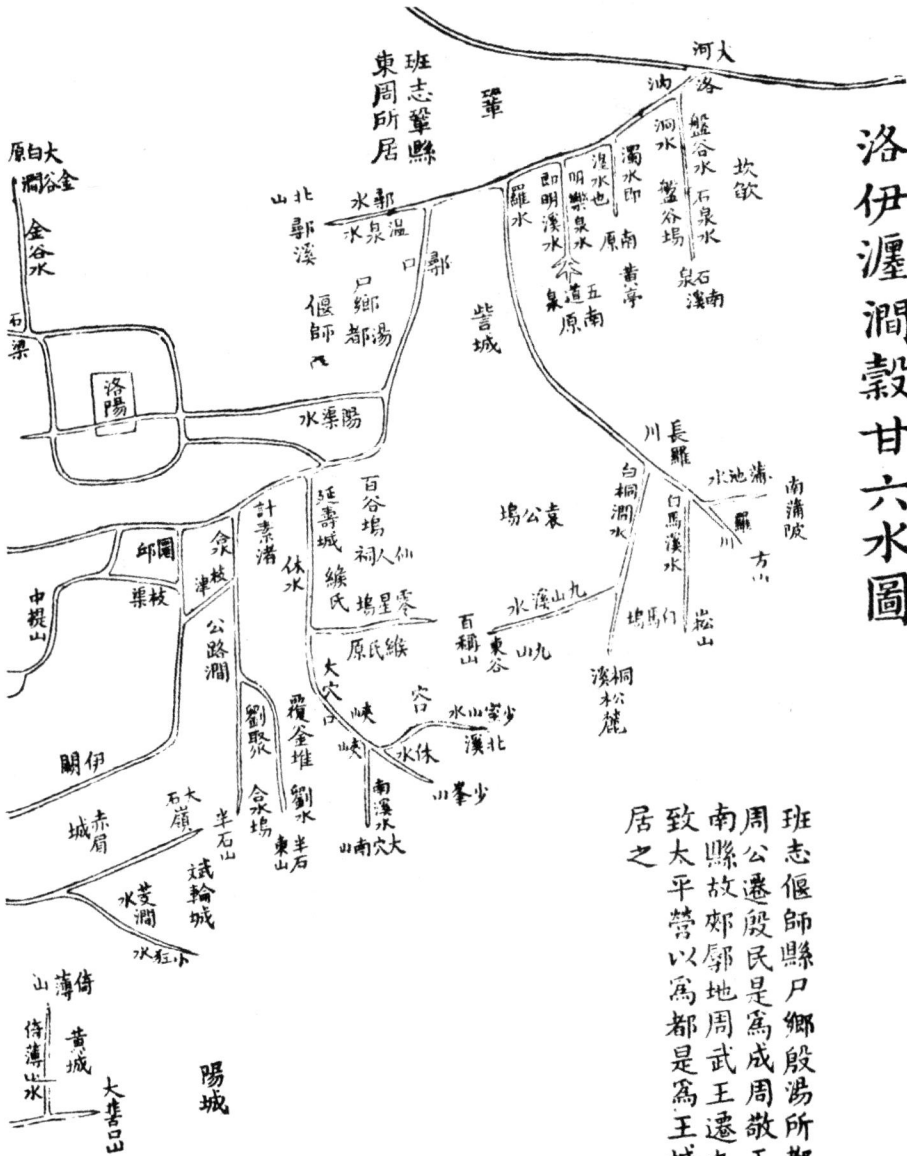

洛伊瀍涧榖甘六水图一

班志盧氏縣熊耳山在
東伊水出東北入雒過
郡一行四百五十里上
雒縣禹貢雒水出冢嶺
山東北至鞏入河過郡
二行千七十里豫州川
熊耳獲輿山在東北

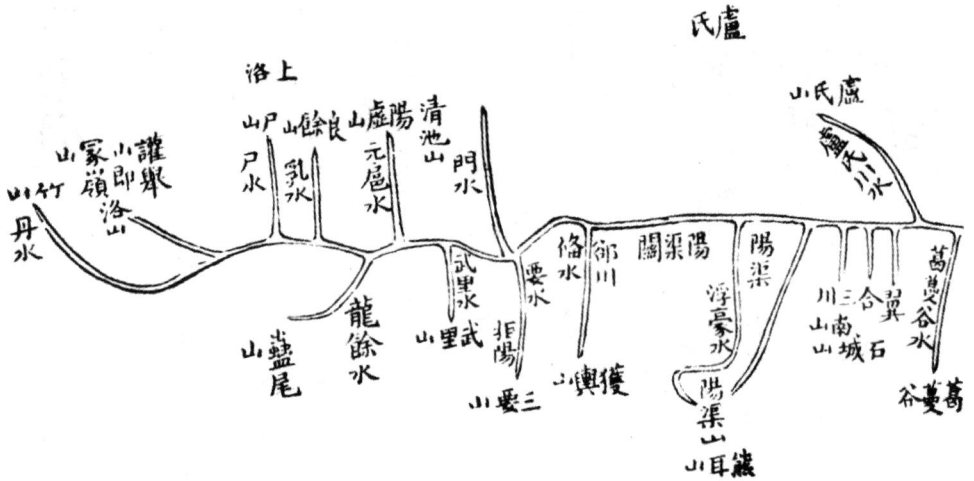

洛伊瀍澗穀甘六水图四

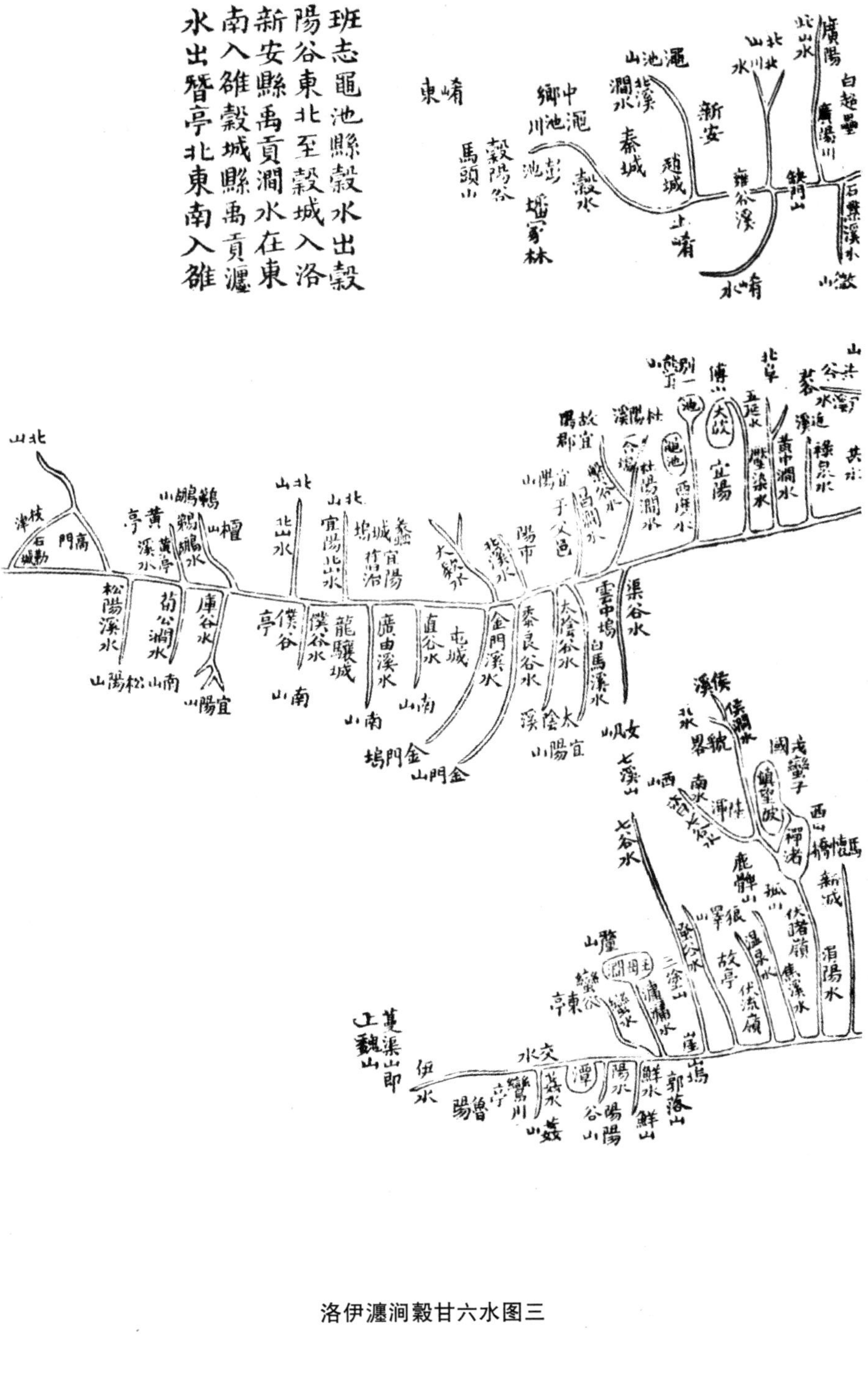

班志䰇池縣榖水出榖
陽谷東北至榖城入洛
新安縣禹貢澗水在東
南入雒榖城縣禹貢瀍
水出䝱亭北東南入雒

东崝

东崝
马头山

中池池
乡川池
穀陽谷
嫭蓂林
彭媚水

澠北溪
澠北澗水
泰城

新安
赵城
上崝
舞谷溪

北山
山川水
北此水

横阳
白起堨
黄瀍川

铁门山
石染溪水
山激

水崝

洛伊瀍涧榖甘六水图三

一条支流蕊水（交水）。接着据《经》"东北过郭落山"《注》，绘入阳水与鲜水。又据《经》"又东北过陆浑县南"《注》绘入潇潇水以至涓水（汪作"涓阳水"），涓水上游多分支，图悉数绘入无遗。图据《经》"又东北过新城县南"《注》，绘至马怀桥长水而止。

　　图三北翼是穀水及其上源，穀水源短，而且《注》文记叙不繁。卷十六《穀水》，《经》"穀水出弘农黾池县南墦塚林穀阳谷"《注》："今穀水出千崤东马头山穀阳谷，东北流历黾池川。"图据《注》绘清其发源及支流，从北溪次第至石默溪水而止。

　　此图旁注引《汉书·地理志》。黾池、新安、卢氏、上雒诸县，均是弘农郡属县，所引穀城，是河南郡属县。

漆浐潏渭四水图(补丰水附)

漆浐潏渭四水图(补丰水附)一、二

【旁注】班《志》:新丰县,骊山在南,故骊戎国。华阴,太华山在南,豫州山。褒惠县,《禹贡》北条荆山在南,下有彊梁原,洛水东南入渭,雍州薮。按汉襄德城在今朝邑西南,而西延及富平界,故荆山洛水同系之。

班《志》:池阳,应劭云:在池水之阳。频阳,应又云:在频水之阳。按池水、频水皆无考,又池阳,嶻嶭山在北,师古曰:俗呼嵯峨山。谷口县,九嵕山在西,有天齐公玉床山。

《通鉴》八四注:刘昫曰:唐泾州良原县,即汉与隋之阴槃县。宋白曰:京兆昭应东十三里有汉新丰故城,亦曰阴槃城,乃汉灵帝末移安定之阴槃,寄理于此也。又百五十一注:后魏太和九年,移阴槃于昭应东三十一里冷水西、戏水东,司马村故城。

班《志》:沂水出蓝田谷,北至霸陵入霸水。按沂水即滋水,注音先历反误。

班《志》:蓝田县山出美玉。

【解说】此图组共图7幅。其中渭水是黄河时最大支流,在《水经注》中也是占3卷(卷十七、十八、十九)的大篇。此外漆、浐、潏(今各本均作"沮")3水都是小水,在卷十六各自成篇。但此3水均在关中平原,所以与渭水合为一个图组。漆水究是何水,历来很有争论。有人认为是渭水支流。滬水与沮水也都是渭水支流,所以图组以渭水为主。图组在列名的4水以外又有"补丰水附"之语。丰水也在这个地区,但为今本郦注所佚,所以补入此处。

图一、图二互相衔接,两图居中的是渭水。图上有平行的两条,其中北翼为渭水,南翼是人工漕渠,在图一与黄河连接处有注记:"汉郑当时所开漕渠。"郑渠即郑国渠,始于秦代,卷十六《沮水》篇有记载。

图二中翼始于景帝陵、秦虎圈及霸水入渭。图据卷十九《渭水》,《经》"又东过长安县北"《注》:"故渠又北分为二渠,东迳虎圈南而东入霸。"又据《经》"又东过霸陵县北,霸水从县西北流注之"《注》:"故渠东南谓之周氏曲,又东南迳汉景帝阳陵南。"这段《注》文详细地记叙了霸水及其上源与支流:"霸者,水上地名也……水出蓝田县蓝田谷。"图上注记符号密集,均按《注》所绘,并无遗漏。《注》文甚长,图二据《注》绘入了鱼池水、始皇冢、石川水、戏水、泠水等,直至白渠。白渠是一条渭水干流以北的人工渠道,《注》文说:"渭水又东得白渠口,大始二年,赵国中大夫白公奏穿渠。引泾水,首起谷口,出于郑渠南,名曰白渠。民歌之曰:田于何所,池阳谷口,郑国在前,白渠起后,即水所始也。"白渠入渭以东,图二据《注》绘入了孤柏原、禹水和灌水等。图二止于此。

图二北翼是泾水和沮水,泾水在《水经注》为夫篇,此图以后有《补泾水图》详绘,所以此处从简。至于沮水,卷十六《沮水》,《经》"沮水出北地直路县,东过冯翊祋祤县北,东入于洛"下,《注》文颇长,图据《注》详绘,从礁石山、檀台川直至"其水东北流,注于洛水也"。由于纸幅不敷,注洛一段,已经绘入图一。这里《经》、《注》所称的洛水,是今陕西省的洛水,一般称为北洛水,与卷十五《洛水》即今河南省的洛水无涉。(北)洛水在今本《水经注》中也是佚篇。故此图以后有《补洛水图》详绘。

渭水干流在图一中始于新郑水和石桥水,均在卷十九《渭水》,《经》"又东过郑县北"《注》中。图据《注》绘入了粮余水、黄酸水直到长涧水等所有支流。在下一条《经》文"又东过华阴县北"《注》中,《注》文说:"洛水入也,阚骃以为漆沮之水也。"此图注记作洛水,说明汪氏不同意阚骃漆沮水之言。卷十九《渭水》的最后一句《经》文是:"东入于河。"《注》文说:"渭水东至船司空入河。"故图一东缘绘了一段黄河,并注记了渭水入何处的船司空之名。

此图旁注引《汉书·地理志》。襄德、频阳、谷口3县,均是左冯翊属县。所引新丰、华阴两县,均是京兆尹属县。

漆浐潴渭四水图（补丰水附）三、四

【旁注】班《志》：鄠县注：丰水出东南，又有滈水，皆北过上林苑入渭。盭屋县注：灵轵渠，武帝穿也。安陵县，师古曰：阚骃以为周之程邑也。

班《志》：霸水，亦出蓝田谷，北入渭，师古：兹水，秦穆公更名，川章霸功，视子孙。

班《志》：美阳县，《禹贡》岐山在西北，中水乡，周太王所邑。郿县，成国渠首受渭，东北至上林入蒙龙渠。漆县，漆水在县西。武功县，斜水出衙领山，北至郿入渭，褒水亦出衙领，至南郑入沔。好畤县，垝山在东，有梁山宫。

班《志》：武功县，太壹山，《古文》以为终南；垂山，《古文》以为惇物。皆在县东。

【解说】此2图互相衔接，并衔接图二，仍以渭水干流为主。图四始于维堆、积石原、郿坞。案卷十七《渭水》，《经》"又东过陈仓县西"《注》："渭水之右，磻溪水注之……北流十二里注干渭，北去维堆城七十里，渭水又东迳积石原，即此原也。"同《注》："渭水又东迳郿县故城南……渭水又东迳郿坞南。"此图均逐一绘入。渭水南北，图上各绘有一条与渭水平行的河渠，北渠，图上注记："魏之成国渠，上承汧水于陈仓县东川灌渭北。"南渠，图上注记："汉武所穿灵轵渠，即韦渠，即汉之成国渠，又称曰成林渠。"此处关于成国渠的注记，见卷十九《渭水》，《经》"又东过霸陵县北，霸水从西北流注之"《注》："渭水又东会成国渠，故魏尚书左仆射魏臻征蜀所开也，号成国渠。"此渠一直平行于渭水以北，包括图三全幅，并延伸到图二、图一。关于灵轵渠的注记，见卷十九《渭水》、《经》"又东过槐里县南，又东，涝水从南来注之"《注》："县北有蒙龙渠，上承渭水于郿县，东迳武功县为成林渠，东迳县北，亦曰灵轵渠。《河渠书》以为引堵水。"这条《注》文中所说的蒙龙渠，起自图四汉成国渠东，在渭水以南平行而东，横贯图四，到图三西缘北入渭。

图四所绘，除了沟通成林渠和渭水的许多支流外，还据卷十八《渭水》经"又东过武功县北"《注》文的记叙，在北翼绘入了树亭川和中亭水两条较大的支流。特别是后者，支流很多，此图均按《注》详绘。卷十八的最后一条《经》文是"又东，芒水从南来流注之"，《注》文记叙了一条北流入渭的芒水，图亦照绘不误。

图四所绘居中的渭水支流止于田溪水，此水见卷十九《经》"又东过槐里县南，又东，涝水从南来注之"《注》，同《注》还涉及另外好几条支流。卷十九《经》"又东，丰水从南来注之"《注》："丰水出丰溪，西北流分为二水，一水东北流为枝津，一水西北流，又北，交水自东入焉，又北，昆明池水注之，又北迳灵台西，又北至石墩，注于渭。"图据

此绘入丰水,也是图组名称下加"补丰水附"4字的缘由。汪氏作此图时或许未曾注意殿本,因朱谋㙔《水经注笺》,全祖望校本以及杨、熊《水经注疏》等,均未及《注》文中这55字这一句,而是从"《地说》云"开始,但殿本已从宋敏求《长安志》补入此55字。《补丰水》从赵一清《水经注释》始,其实丰水是条小支流,殿本补入上述55字后,全篇记叙此水已达150字,已无再补必要。

　　在这条《注》文中,由于渭水流经秦、汉国都,所以《注》文详叙古都旧迹,包括下一条《经》文"又东过长安县北",《注》文记载了古都时许多城垣、宫阙、寺院、胜迹。因为纸幅不敷,图三只是择要绘入了诸如长安城、阿房宫、昆明池、渭桥等等,不及绘入此图的,在以后的《长安城图》中详绘。

　　此图旁注引《汉书·地理志》。鄠县、鳌屋、安陵、美阳、郿县、漆县、武功、好畤诸县,均是右扶风属县。

　　图三旁注引《汉书·地理志》。"秦穆公更名,川章霸功",按"川"字是"以"字之误。

漆浒潚渭四水图(补丰水附)五、六

【旁注】水内曰隩,谓水北;水外曰鞫,谓水南也。

　　《通鉴》百十六注:《地形志》有陇东郡,领泾阳、祖厉、抚夷三县,不详立郡之始,盖苻姚所置也,西魏置陇东于汧源,乃唐陇州地。

　　班《志》:杜阳,杜水南入渭,《诗》:自土漆沮。土,《齐诗》作杜。汧县,汧水出西北,入渭,吴山在西,《古文》以为汧山,雍州山,北有蒲谷乡弦中谷,雍州弦蒲薮。

　　班《志》:平襄,师古曰:阚骃云:故襄戎邑。冀县,《禹贡》朱圉山在县南,梧中聚,师古曰:《续汉郡国志》云:有缇群山、落门聚。勇士,属国都尉治满福。獂道,骑都尉治密艾亭。应劭曰:獂,戎邑也。

　　班《志》:天水郡,师古曰:《秦川地记》云:郡前湖水,冬夏无增减,因以名焉。

　　【解说】此2图互相衔接,并衔接图四。全图仍以渭水为主,并涉及许多支流,注记符号极为繁密。渭水干流在图六始于支流间里溪水和黑水,此两水见于卷十七《渭水》,《经》"又东过豲道县南"《注》:"次东有间里溪水,亦名习溪水,次东有黑水……渭水又东出黑水峡,历冀川。"在同卷《经》"又东过冀县北"《注》中,渭水支流西起温谷水,东到赤蒿水,多达十余条,都逐一入图。赤蒿水以东,《注》文说:"渭水又东与新阳崖水合,即陇水也。"这是一条南流入渭的大支流,上游分成瓦亭水和略阳川水等支

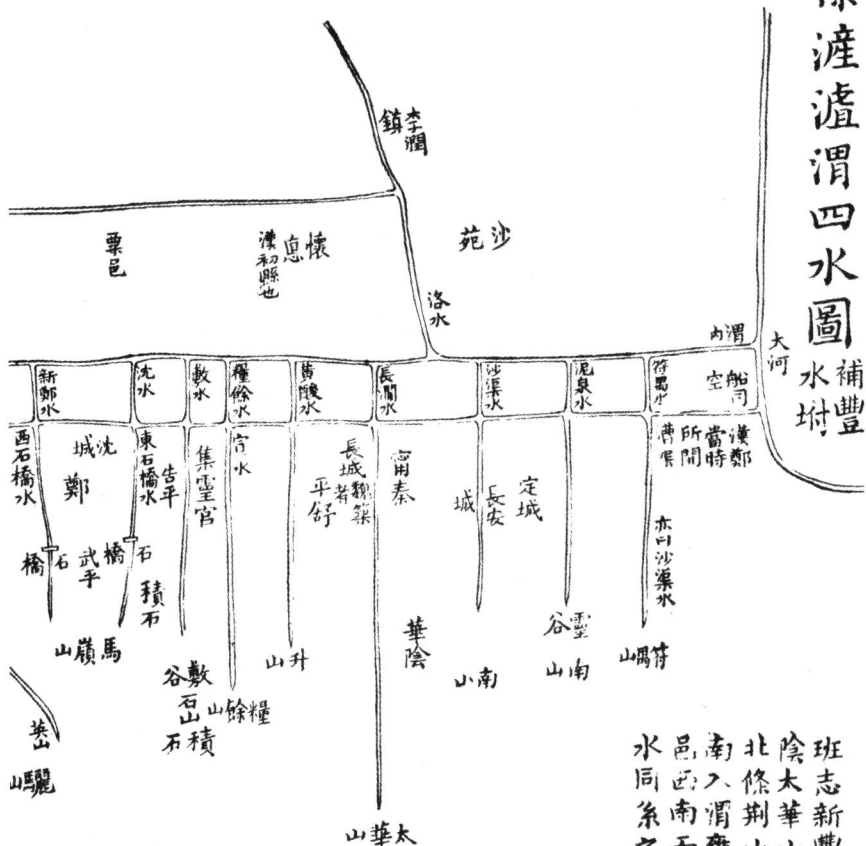

漆沮滤渭四水图（补丰水附）一

班志鄠縣注豐水出東南又有
潏水皆北過上林苑入渭蓋屋
縣注靈軹渠武帝穿也安陵縣
師古曰闞駰以為周之程邑也

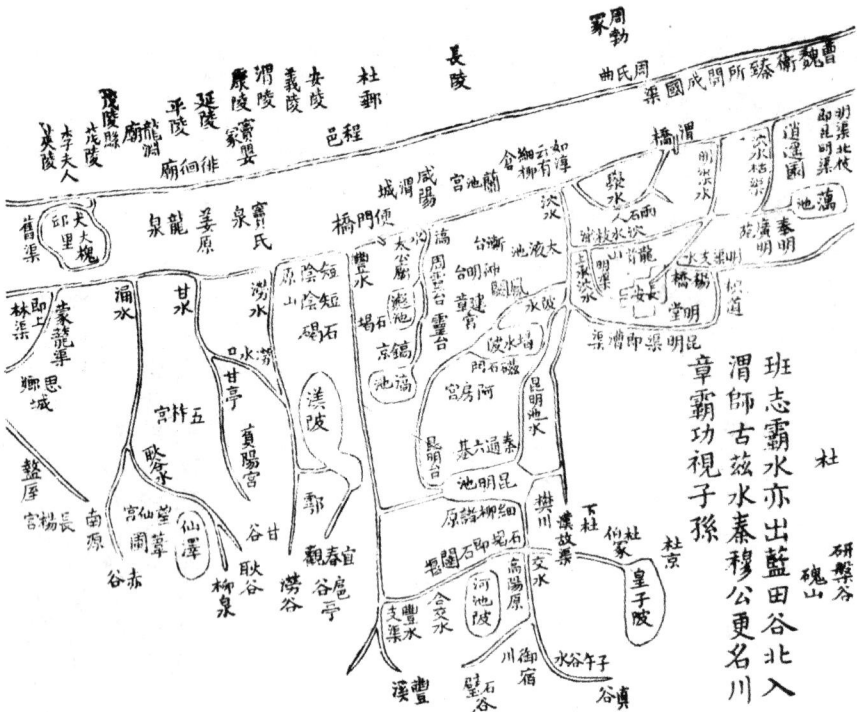

漆沮滬渭四水图（补丰水附）三

漆沮潞渭四水图（补丰水附）二

水內曰隩謂水
北水外曰鞫謂
水南也

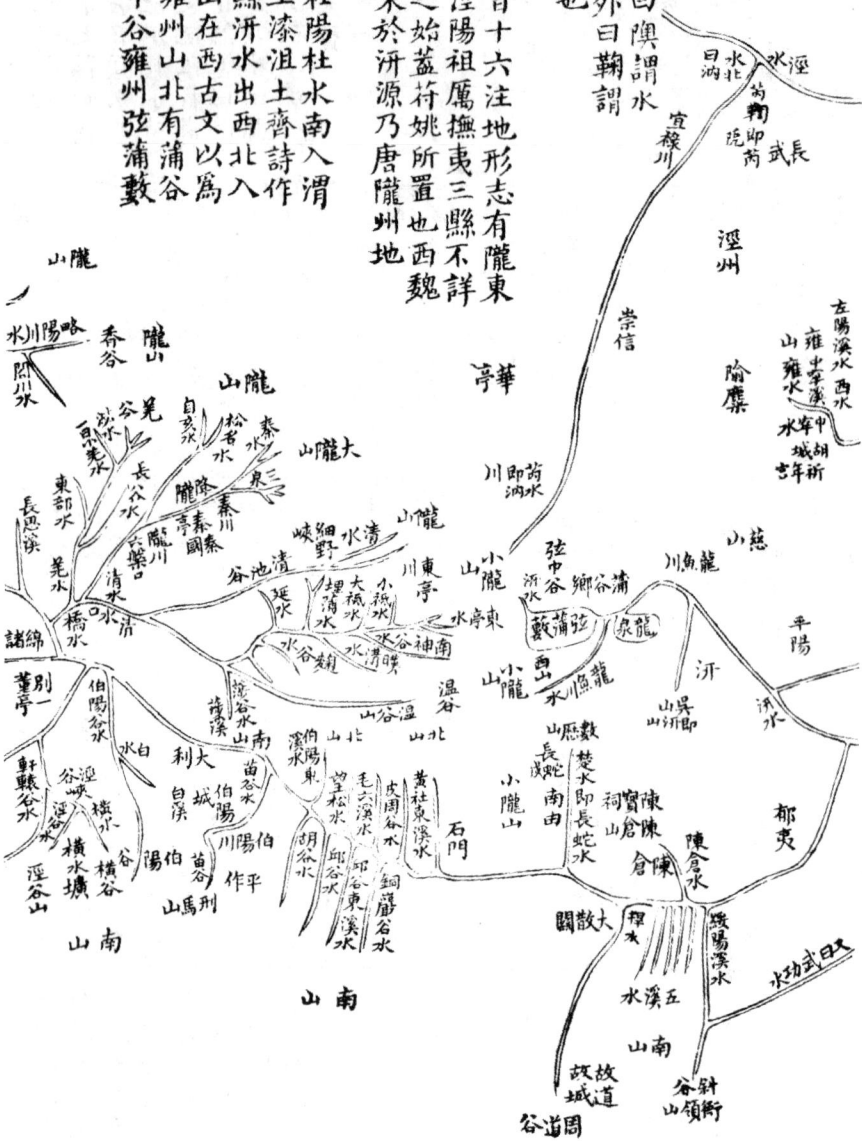

通鑑百十六注地形志有隴東
郡領涇陽祖屬撫夷三縣不詳
立郡之始蓋苻姚所置也西魏
置隴東於汧源乃唐隴州地

班志杜陽杜水南入渭
詩自土漆沮土瘠詩作
杜汧縣汧水出西北入
渭吳山在西古文以爲
汧山雍州山北有蒲谷
鄉弦中谷雍州弦蒲藪

漆沮滻渭四水图（补丰水附）五

班志美陽縣禹貢岐山
在西北中水鄉周太王
所邑鄜縣成國渠首受
渭東北至上林入蒙蘢
渠漆縣漆水在縣西武
功縣斜水出衙領山北
至鄜入渭褒水亦出衙
領至南鄭入沔好畤縣
坂山在東有梁山宮

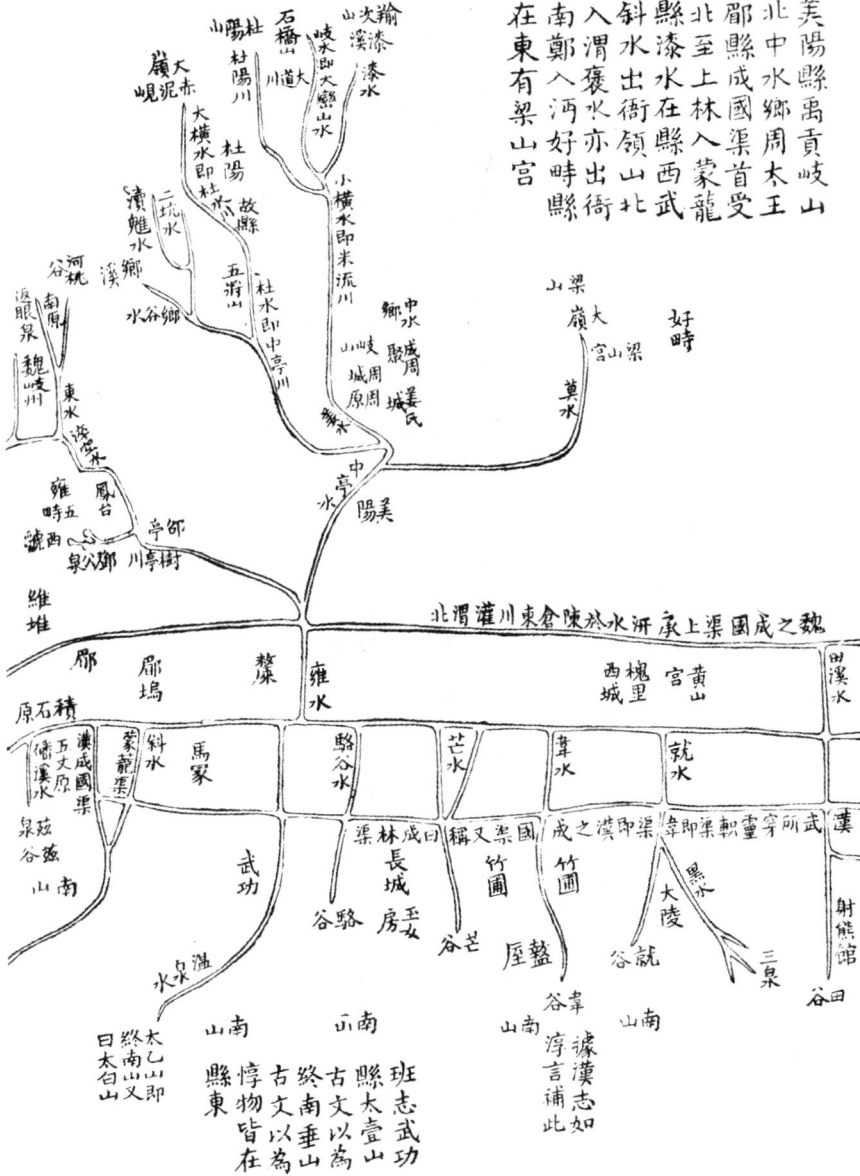

瀚水
山次漆水
岐水即大龤山水
漆溪
石橋山
杜村陽川
山陽杜
大赤
巖峴泥
大横水即杜陽
杜陽
杜陽水即杜
故縣
二流水
潏雏水
河桃
谷南周
返眼泉
魏峴州
五將山
水谷鄉
杜水即中亭川
小横水即米派川
中水
鄉城周聚
山岐城周
原城周姜氏
驎水
東水
浐梁水
雍時五
瀧西
鳳台
邻公鄉
亭邻
川亭樹
維堆
中水
陽美
山梁嶺大
宮山梁
草水
好畤

北渭灌川東倉陳然水沂水承上渠國成之魏

鄜
鄜塢
蔡
雍水
田溪水
西城
槐里
宮黄
山

原石積
漢戍國渠
万丈原
備溪水
蒙蘢渠
斜水
馬家
駱谷水
芒水
耸水
就水

泉兹谷
山南
渠林成日
稱又渠國竹圃
漢之竹圃
成之漢即渠
寺即渠軹靈
穿所武
漢

武功
長城
房安
谷芒
屋盩
大陵
谷就
三泉
谷田
射熊館
黑水

水泉滥
山南
谷駱
山南
谷淳言補此
濠漢志如
山南
山南

太乙山即
終南山又
日太白山
山南
縣東
慛物
皆在
古文以為
終南
垂山
古文以為
山南
縣太壹山
班志武功

漆浐潞渭四水图(补丰水附)四

班志首陽禹貢鳥鼠同穴山在西南渭水所出東至船司空入河過郡四行千八百七十里雍州浸隴西郡應劭曰有隴坻在其西也師古曰隴坻謂隴坂即今之隴山也此郡在隴之西故曰隴西

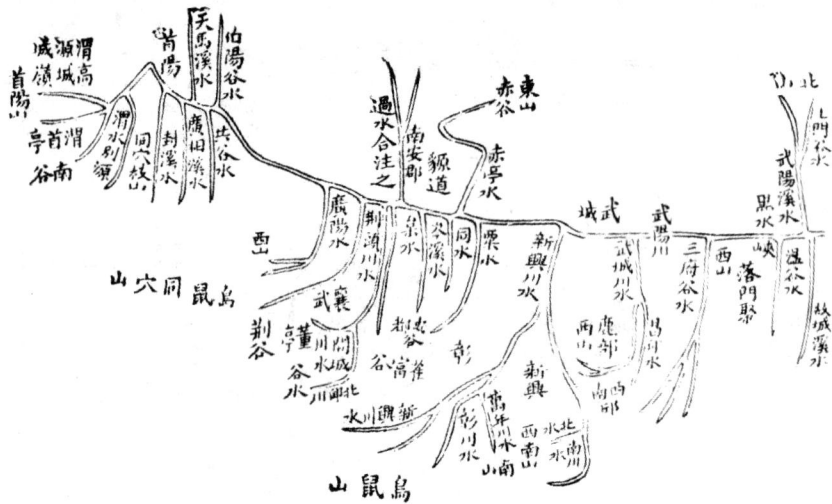

漆沮滬渭四水图(补丰水附)七

班志平襄師古曰闕駰云故襄戎邑
冀縣禹貢朱圉山在縣南梧中聚師
古曰續漢郡國志云有緱羣山落門
聚勇士屬國都尉治滿福貙道騎都
尉治密艾亭應劭曰貔戎邑也

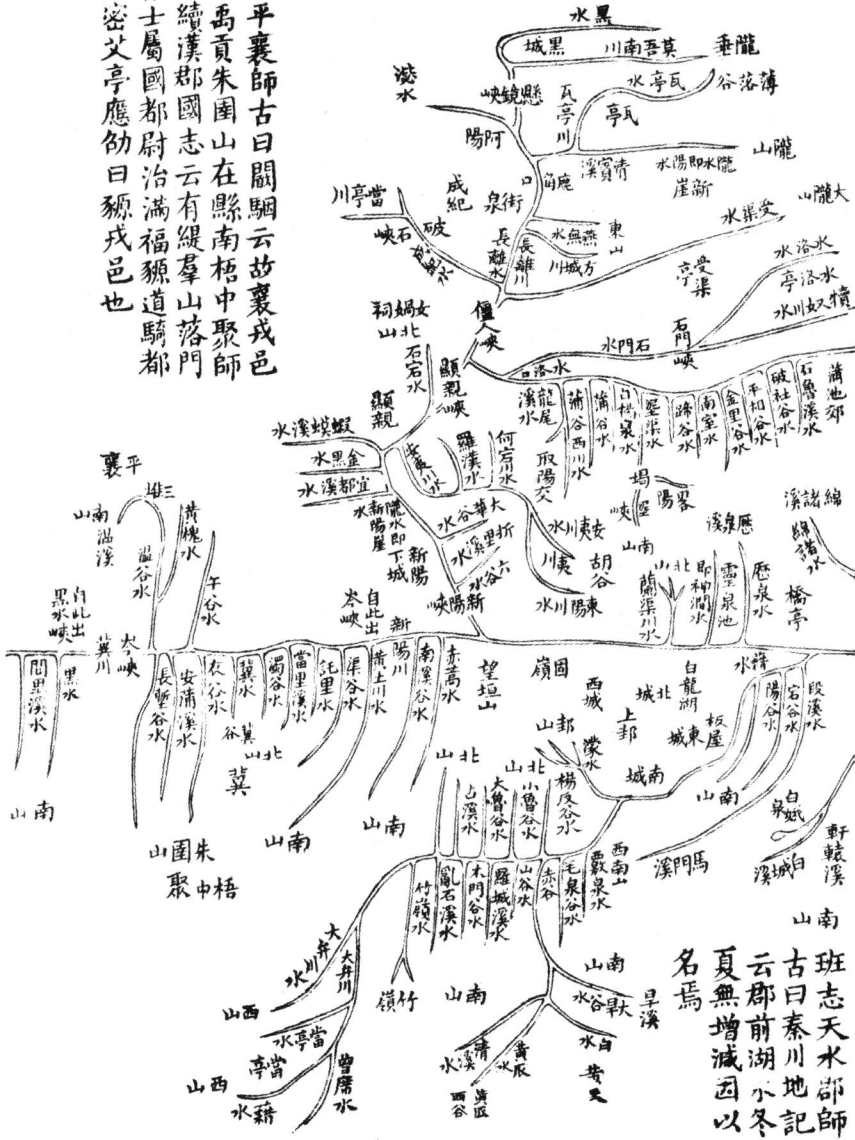

班志天水郡師
古曰秦川地記
云郡前湖水冬
夏無增減因以
名焉

漆沮潞渭四水图（补丰水附）六

流,非常复杂,其中略阳川水上源延伸到图五。在下一条《经》文"又东过上邽县"《注》中,渭水又接纳一条北流入渭的较大支流藉水:"渭水又东南出桥亭西,又南得藉水口,水出西山,百涧声流,总成一川。"整幅图六,除居中的渭水外,北翼和南翼,都是这两条支流的纷歧水系所遍布。

图五始于绵诸、清水口,清水也是南流入渭的较大支流。接着是北流入渭的轩辕谷水和伯阳谷水,自此到《经》"又东过陈仓县西"《注》,南北还有不少支流入渭,图五都详绘无遗。此外,图五东翼还有衔接图四的汧水和雍水源头。至于东北隅与泾水沟通的宜禄川,今本《水经注》已无此水,当在佚篇《泾水》之中,汪氏以后另有《补泾水图》详绘。

此图旁注引《汉书·地理志》。杜阳、汧县两县,均是右扶风属县。所引平襄、冀县、勇士、獂道3县,均是天水郡属县,天水郡位于今甘肃省东部,郡治平襄,在今通渭县以西。

漆浐澅渭四水图(补丰水附)七

【旁注】班《志》:首阳,《禹贡》鸟鼠同穴山在西南,渭水所出,东至船司空入河。过郡四,行千八百七十里,雍州寖。陇西郡,应劭曰:有陇坻在其西也,师古曰:陇坻谓陇坂,即今之陇山也。此郡在陇之西,故曰陇西。

【解说】此图衔接图六,是渭水上源及其支流。卷十七《渭水》,《经》"渭水出陇西首阳县渭谷亭南鸟鼠山"《注》,《注》文作渭首亭,此图从《注》,亦作渭首亭。同《注》支流不少,如封溪水、广相溪水、共谷水、伯阳谷水等,都逐一入图。在此下的两条《经》文,即"东北过襄武县北"及"又东过獂道县南"的《注》文中,记及支流也甚多,从广阳水直到故城溪水,此图都详绘无遗。

此图旁注引《汉书·地理志》。首阳,是陇西郡属县,陇西郡位于今甘肃省西南部,郡治狄道,即今临洮市。

漾羌桓三水图

漾羌桓三水图一

【旁注】《通鉴》八二注:《三秦记》:仇池山在仓、洛二谷之间,常为水所冲激,故下石而上土,形似覆壶。《仇池记》曰:仇池百顷,周回九千四十步,天形四方,壁立千仞,自然楼橹却敌,分置调均,竦立数丈,有逾人力,东西二门,盘道下至上,凡有七里,上则冈阜低昂,泉流交灌,煮土成盐。铎按:此即《诗》所云"至于芞野"也。

【解说】此图组共图 3 幅。漾、羌、桓 3 水,在《水经注》分别编入卷二十、卷三十二、卷三十六 3 卷之中。但其实此 3 水都是今四川省嘉陵江的上流。《水经》与《水经注》由于《禹贡》"嶓冢导漾,东流为汉"的话,把漾水作为汉水的上流,造成错误。今汪图把此 3 水从不同的卷篇中提出来合成一个图组,这是正确的。在《水经注》,漾水是独占 1 卷的大篇,而羌桓两水都是小篇。

图一所绘,是漾水上源及其支流。卷二十《漾水》,《经》"漾水出陇西氐道县嶓冢山,东至武都沮县为汉水"。此文完全遵循《禹贡》,把漾水作为汉水上源。郦道元其实已见其非,却仍未敢远离经书,《注》文说:"汉水有二源,东源出武都氐道县漾山为漾水,《禹贡》导漾东流入汉是也。西源出陇西西县嶓冢山,会白水迳葭萌入汉,始源曰沔。"所以仍是错误的。《注》文又说:"故诸言汉者,多言西汉水至葭萌入汉。"葭萌

是益州之地,所以"西汉水至葭萌"是不错的,而"入汉"显然是由于自从《禹贡》以来的错误影响。但《注》文记叙的此水流路与入江地点,仍然与嘉陵江一致。

图一所绘即是漾水的发源及支流。由于此水独占1卷,《注》文内容丰富,所以图幅的注记附号密集。在上述同条《经》文下,《注》文甚长,记叙的支流极多,图均按《注》详绘无遗,南历汉曲到平阿水而止。

此图西南一隅,是图组列名的桓水的一部分,但卷三十六《桓水》篇内容空泛,所以此处注记符号系按《漾水》,《经》"又东至广魏白水县南,又东至葭萌县,东北与羌水合"《注》文绘制,图中如偃溪水、偃城、五部水等,都不见于《桓水》篇,而是此《注》中记叙的地名。

漾羌桓三水图二

【旁注】铎按:西县即宅西之西,又即我征徂西之西。班《志》:西县,《禹贡》嶓冢山,西汉所出,南入广汉白水,东南至江州入江,过郡四,行二千七百六十里。氐道,《禹贡》养水所出,至武都为汉。羌道,羌水出塞外,南至阴平入白水,过郡三,行六百里。师古曰:《水经》云:羌水出羌中参谷。

【解说】此图衔接图一,所绘是漾水支流嘉陵水(阶陵水)及其上源与支流。按上述《漾水》第一条《经》文下《注》文说:"汉水又南入嘉陵道,为嘉陵水,世俗名之为阶陵水。"此水上源如武植戍水、平夷水、北岈、南岈等,注记符号不少,图均据《注》详绘。嘉陵水以南是桓水,即《经》"又东南至广魏白水县西,又东南至葭萌县,东北与羌水合"《注》:"白水西北出于临洮县西南西倾山。"《注》未提桓水之名,但卷三十六《桓水》,《经》"桓水出蜀郡岷山,西南行羌中,南入于海"《注》:"余按《经》据《书》,岷山、西倾山俱有桓水。桓水出西倾山,更无别流,所导者惟斯水耳。"故汪氏在白水下注记"即桓水"。图内从发源到上游各支流,均按《漾水》篇《注》文绘制。

桓水以南是羌水,《漾水》篇《注》文中有"白水又与羌水合,自下羌水又得其通称矣"之语,但《注》文所叙不及其上源,所以此图系据卷三十二《羌水》,《经》"羌水出羌中参狼谷"《注》的记叙绘制。《注》文说:"彼俗谓之天池白水。"以下从宕婆川直到余城,均据《注》入图。此图的最南一隅是清水,也是羌水的支流之一。

此图旁注引《汉书·地理志》。西县、氐道、羌道3县,均是陇西郡属县。

漾羌桓三水图三

【旁注】班《志》：宕渠，符特山在西南，潜水西南入江，不曹水出东北，南入潜徐谷。按二水未详。又阆中县，彭道将池在南，彭道鱼池在西南。

【解说】此图衔接图一，即漾水干流从平阿水南流一段。沿水支流如强水（汪作"渳"）、阆水、东水、濩溪水、宕渠水等，均见《经》"又东过巴郡阆中县"《注》内。在《经》"又东南过江川县东，东南入于江"《注》内，《注》文记叙了此水的最后一条支流涪水（涪内水）。漾水最后注入大江。此图虽不作说明，但全水流程及最后入江之处，都与嘉陵江基本符合。

此图旁注引《汉书·地理志》。宕渠、阆中两县，均是巴郡属县，巴郡位于今四川省东部及重庆市，郡治江州，在今重庆市北。

鐔按西縣即我宅
西之西又即班
征徂西之西嶓
志西縣禹貢出
冢山西漢所出
南入廣漢白水
東南至江州入
江過郡四行二
千七百六十里
氐道禹貢養水
所出至武都為
漢羌道羌水出
塞外南至陰平
入白水過郡三
行六百里師古
曰水經云羌水
出羌中參谷

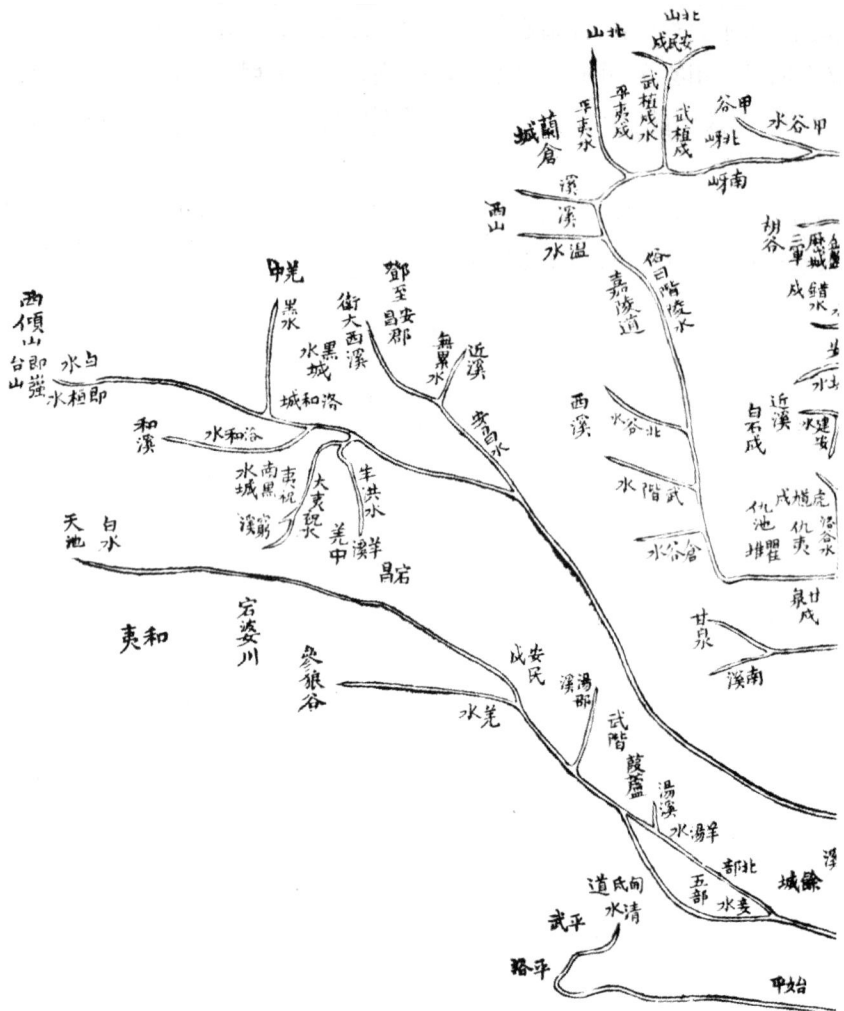

漾羌桓三水图二

漾羌桓三水圖

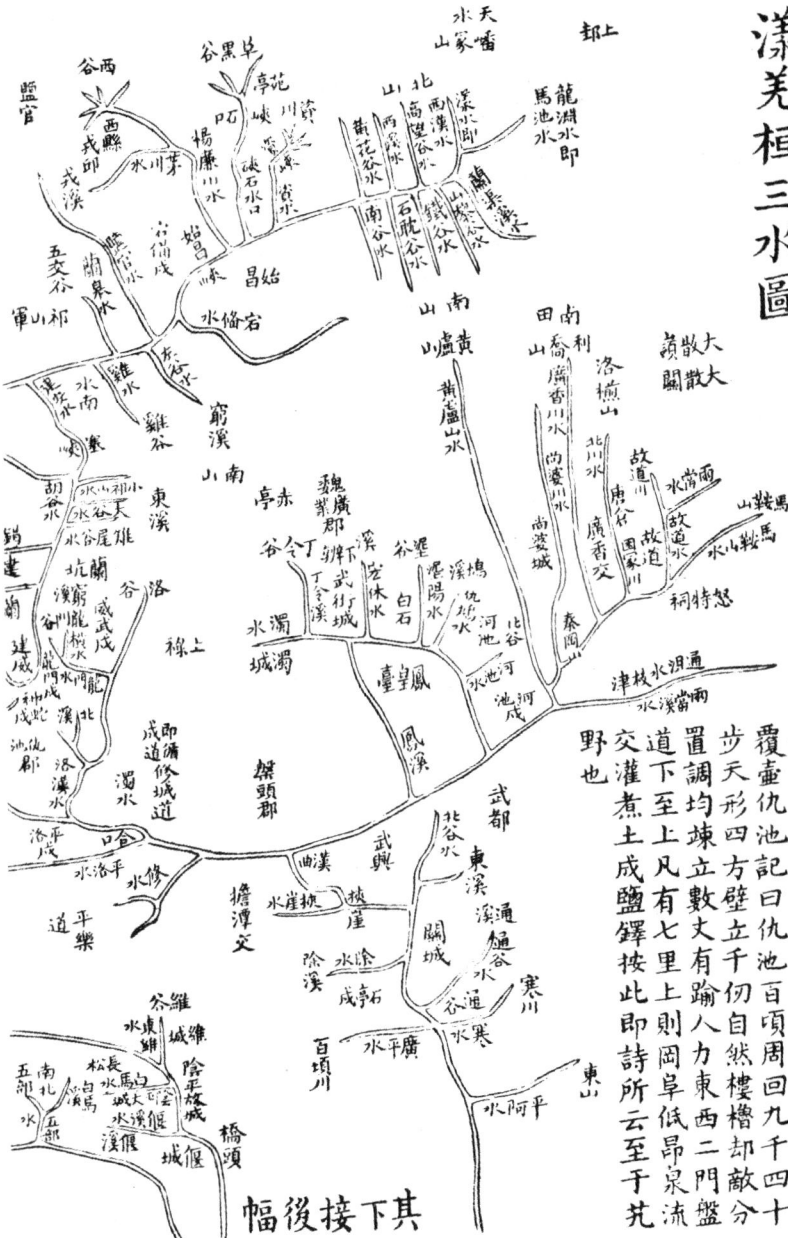

通鑑八二注三秦記仇池山在倉洛二谷
之間常為水所衝激故下石而上上形似
覆壺仇池記曰仇池百頃周回九千四十
步天形四方壁立千仞自然樓櫓却敵分
置調均竦立數丈有蹲人力東西二門盤
道下至上凡有七里上則岡阜低昂泉流
交灌煮土成鹽鐸按此即詩所云至于氐
野也

其下接後幅

漾羌桓三水图一

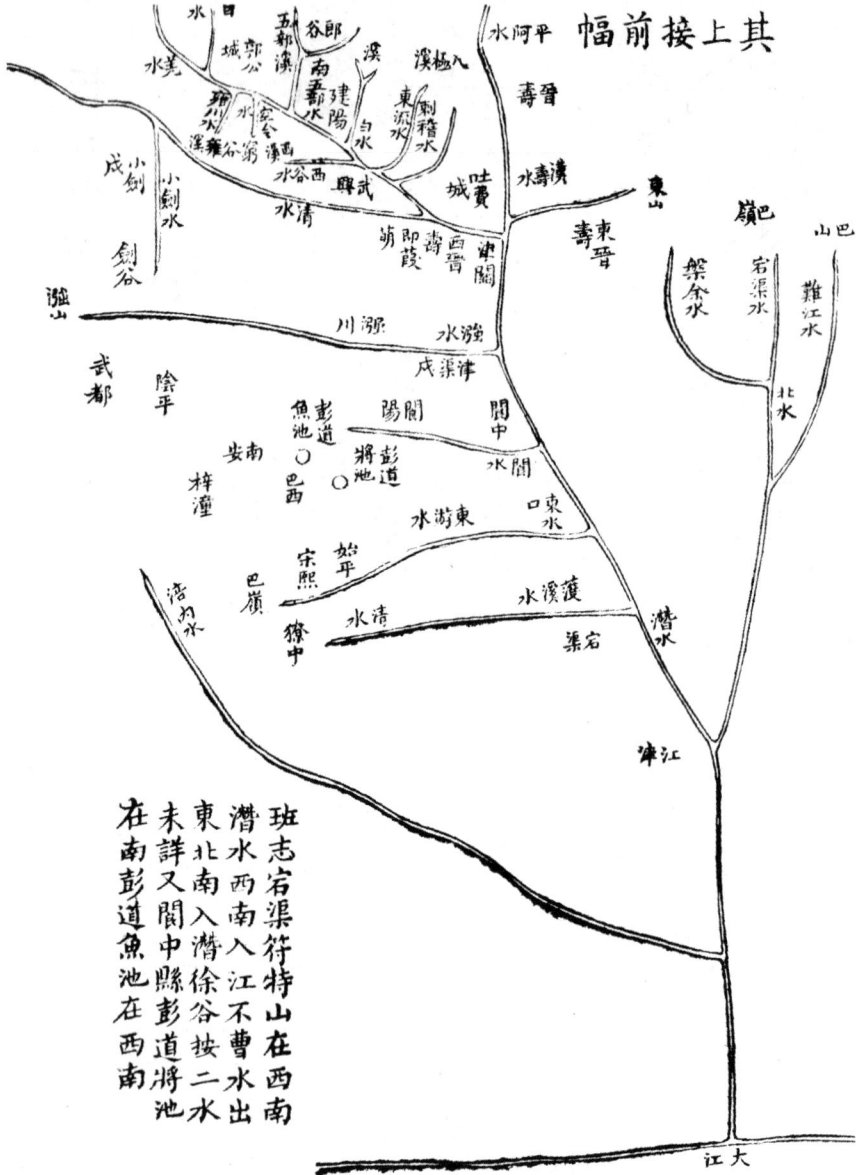

漾羌桓三水图三

汝颍滍瀙灈溹沭七水图

汝颍滍瀙灈溹沭七水图一、二

【旁注】班《志》:阳翟县,师古曰:本禹所受封。瀙强县,应劭曰:瀙水出颍川阳城。汝阳县,应劭曰:汝水出宏农入淮。铜阳县,应劭曰:在铜水之阳。朗陵县,应劭曰:朗陵山在西南。细阳县,师古曰:居细水之阳,细水本出新郪。新阳县,应劭曰:在新水之阳。

按《志》:父城故应国,平舆沈国,阳安道国,安阳江国,吴房房国,南顿顿国,汝阴胡国,上蔡蔡国,新息息国,期思蒋国,弋阳黄国,西平柏国,项项国,陈县故国,舜后胡公所封,为楚所灭,楚顷襄王自郢徙此,固始,师古曰:本名寖邱,孙叔敖所封地。

班《志》:鲁阳县有鲁山,滍水所出,东北至定陵入汝,又有昆水东南至定陵入汝。舞阴县,中阴山,溹水所出,东至蔡入汝。蔡阳,蔡水所出,东入淮。

【解说】此图组共图3幅,都是淮河水系的河流。淮河水系居黄河以南,与古代鸿沟水系相沟通。而黄河在历史上曾经夺淮入海,所以变迁频仍。从《水经》到《水经注》的近300年时期中,《经》、《注》文字中就可以窥及不少变化。我曾撰有《水经注记载的淮河》一文(刊载于《学术界》2001年第1期),可资参考。

此图组收入7条河流,在《水经注》中分别编入3卷,汝水在卷二十一单独成卷。

颍水在卷二十二,与洧、溟、滍、渠共5水合成1卷。潩、潧、濯、㵐、沁5水在卷三十一与洧、涢两水共7水合成1卷。在《水经注》时代,汝水是淮水的一级支流,所以单独成卷,其余各水都与汝水有关,或者就是汝水的支流。汪氏从郦注的不同卷篇中提出此七水合成一个图组,这是活当的。

图一、图二互相衔接。图二北翼是颍水,颍水以南是汝水,从西北向东南,在图一的汝口成入淮。图二中部水系纷歧,从此而南分列潩水、潧水、沁水、㵐水、濯水5水,与颍、汝两水相比,此5水都是小水。图二北端是颍水之源,始于左水、右水和负黍亭。均见于卷二十二《颍水》,《经》"颍水出颍川阳城县西北少室山"《注》中。图中左水以东有潧水注记,亦见于此《注》:"负黍在颍川阳城县西南二十七里,世谓之黄城也,亦或谓是水为潧水,东与右水合。"但此潧水并非此图组上列名的潧水,必须分辨清楚。

颍水以南是汝水,在图二始于潩水,见卷二十一《汝水》,《经》"又东过颍川郏县南"《注》:"汝水又迳郏县故城南……潩水注之。"同《注》还有许多其他支流,图均按《注》逐一绘入。

同卷《经》"又东过定陵县北"《注》:"水右则潩水入焉。"潩水是图组列名的河流,但《汝水》篇仅此一句。图二所绘此水,系据卷三十一《潩水》,《经》"潩水出南阳鲁阳县西之尧山"《注》,此《注》记叙潩水甚详,如"彭水注之,俗谓之小潩水,水出鲁阳县南彭山蚁坞东麓",此图(在图三)即据此绘制。上述《汝水》同《注》之末,《注》文说:"汝水东南迳奇雒城西北……㵐水出焉,世亦谓之大潩水"。潧水也是图组列名的河流,而《汝水》篇亦仅此一句,由于卷三十一《潧水》,《经》"潧水出潧强县南泽中,东入颍"《注》中对此水有较详记叙,图中对潧水的注记符号多从此篇。

《汝水》、《经》"又东南过郾县北"《注》:"汝水又东南流,沁水注之"。沁水也是图组列名的河流,而且较潩、潧两水都源远流长。卷三十一《沁水》,《经》"沁水出沁阴县西北扶予山,东过其县南"《注》中,此图绘制其上源及支流甚详(均在图三)。

《汝水》篇未曾提及图组列名的濯水和㵐水这两条小水,此图是据卷三十一的《濯水》和《㵐水》两篇绘制的,此两篇的记叙也很简单,例如《濯水》篇的《注》文说:"山溪有白羊渊……渊水下合濯水,濯水东迳濯阳县故城西,东流入㵐水。"此图据此而绘,注记附号比较简单。

图一的注记符号远比图二稀疏,其所表述的主要是汝水入淮、颍水入淮及夏肥水入淮。均据《汝水》、《颍水》两篇绘制。

此图旁注引《汉书·地理志》。阳翟、父城两县是颍川郡属县,颍川郡位于今河南省南部,郡治阳翟,即今河南省禹县。所引潧强、汝(女)阳、鲷阳、朗陵、细阳、新阳、平

汝潁滍濦濯瀙潕七水圖

班志陽翟縣師古曰本禹所受封
濦強縣應劭曰濦水出潁川陽城
汝陽縣應劭曰汝水出宏農入淮
銅陽縣應劭曰在銅水之陽朗陵
縣應劭曰朗陵山在西南細陽縣
師古曰居細水之陽細水本出新
鄭新陽縣應劭曰在新水之陽

按志父城故應國平輿沈國陽安道國
安陽江國吳房房國南頓頓國汝陰胡
國上蔡蔡國新息息國期思蔣國弋陽
黃國西平柏國項國陳縣故國舜後
胡公所封爲楚所滅項襄王自郢徙
此固始師古曰本名寑邱孫叔敖所封地

汝颍滍濦濯瀙氵无七水图一

班志雉縣，衡山，澧水所出東至郾入汝。按郾當作鄾。灈陽縣應劭曰灈水出吳房東入瀙也。瀙縣應劭曰慎水出東北入淮。梁縣蟲桑聚秦滅西周徙其君於此。陽人聚秦滅東周徙其君於此。昆陽縣，應劭曰昆水出南陽潁水出陽城，定陵縣，有東不羹襄城有西不羹。舞陽縣有西宗高縣武帝置以漢舞陽縣應劭曰定陵縣，高陵山汝水出東南，奉大室山，是為中岳有太室少室山廟古文以崇高為外方山也。至新蔡入淮過郡四行千三百四十里。

汝穎溵灈溠沇七水图三

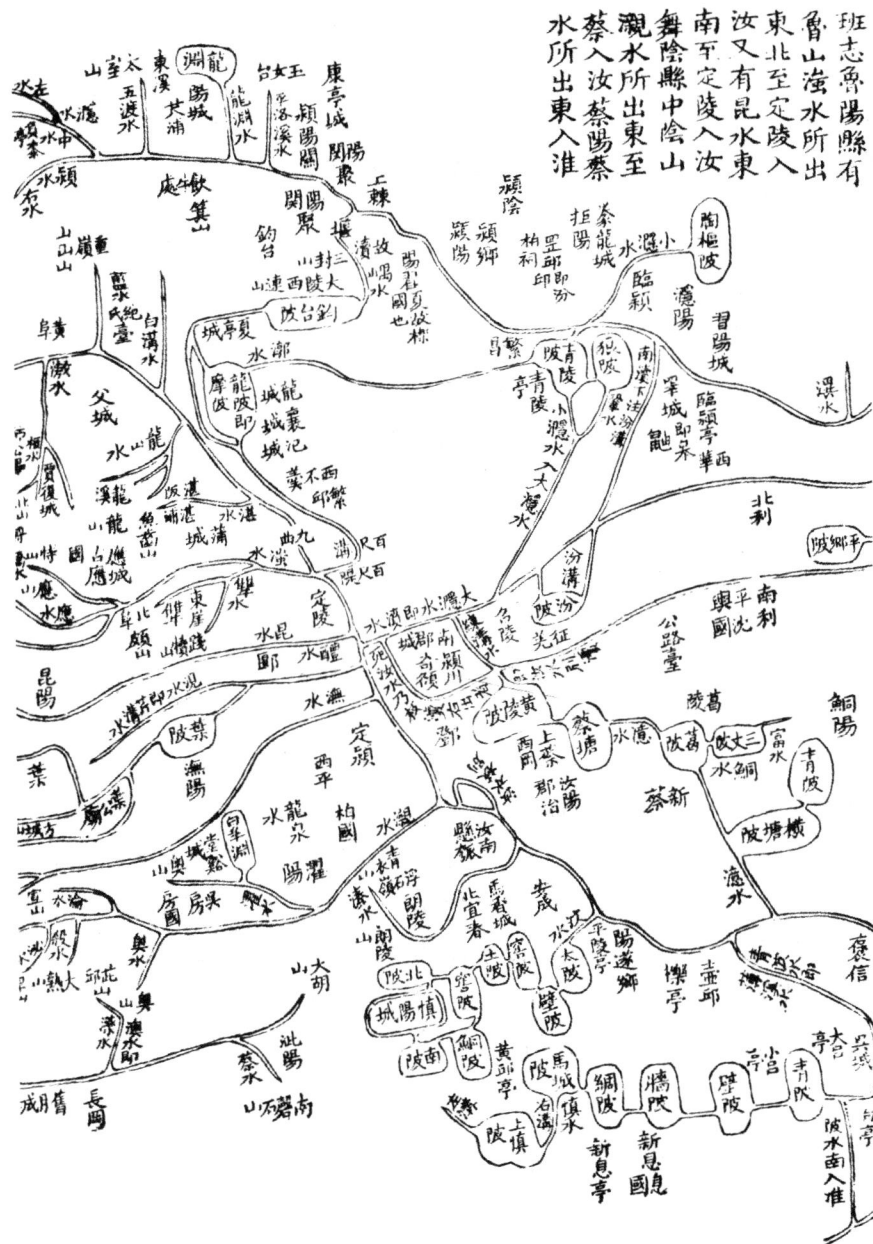

汝颍洧潩灈澺沇七水图二

輿、阳安、安阳、吴房、南顿、汝(女)阴、上蔡、新息、期思、弋阳、西平、项县诸县及侯国均为汝南郡所属,汝南郡位于今河南省东南部及安徽省西北部,郡治平舆,在今河南省平舆县以北。所引陈县是淮阳国属县,淮阳国在今河南省东部,国治陈县,即今淮阳县。

汝颍滍滱灈溵沅七水图三

【旁注】班《志》:雉县,衡山,澧水所出,东至郾入汝。按郾,当作郾。灈阳县,应劭曰:灈水出吴房,东入溵也。慎阳县,应劭曰:慎水出,东北入淮。梁县,悪狐聚,秦灭西周,徙其君于此;阳人聚,秦灭东周,徙其君于此。昆阳县,应劭曰:昆水出南阳。颍阳县,应劭曰:颍水出阳城。定陵县,有东不羹,襄城有西不羹。舞阳县,应劭曰:舞水出南。崇高县,武帝置以奉大室山,是为中岳,有太室、少室山庙,《古文》以崇高为外方山也。定陵县,高陵山,汝水出东南,至新蔡入淮,过郡四,行千三百四十里。

【解说】此图衔接图二,所绘主要是汝水上源及其支流。卷二十一《汝水》,《经》"汝水出河南梁县勉乡西天息山"《注》:"《地理志》曰:出高陵山,即猛山也。亦言出南阳鲁阳县之大盂山,又言出弘农卢氏县还归山。《博物志》曰:汝出燕泉山。并异名也。余以永平中蒙除鲁阳太守,会上台下列《山川图》,以方志参差,遂令寻其源流,此等既非学徒,难以取悉,既在迳见,不容不述。今汝水西出鲁阳县之大盂山蒙柏谷。"所以此水源流是郦氏亲勘所得,图三即据此绘制。汝水上游支流甚多,均在《经》"东南过其县北"《注》中,此图按《注》文逐一绘入,所以图面的注记符号甚密。汝水东流,至《经》"又东南过颍川郏县南"《注》:"汝水又东分为西长湖……汝水又右迤为湖,湖水南北八九十步,东西五百步,俗谓之东长湖。"图三止于此。此图东北隅,有颍水上源的若干注记符号,系据《颍水》篇绘制。南翼又有醴水及沅水上源的注记符号,前者据《汝水》篇绘制,后者据卷三十二《沅水》篇绘制。

此图旁注引《汉书·地理志》。雉县,是南阳郡属县,南阳郡位于今河南省西南部及湖北省西北部,郡治宛县,即今河南省南阳市。所引灈阳、慎阳两县,均是汝南郡属县。所引梁县,是河南郡属县。所引昆阳、定陵、襄城、舞阳诸县,均是颍川郡属县。

洧潧渠水图

洧潧渠水图一

【旁注】班《志》：扶沟，涡水首受狼汤渠，东至向入淮，过郡三，行千里。

【解说】此图组共图 2 幅，包括洧、潧、渠 3 水，都是淮河水系河流，在《水经注》中编入卷二十二。洧水是颍水支流，渠水也是颍水支流，潧水是一条小河，是洧水支流。

图一衔接图二，北为汴水，是蒗荡渠的一段，此图另有专图详绘。南为颍水。洧水从发源（在图二）东流，图一洧水始于洧渊（图二）和龙渊（跨二图）之间的一段。洧渊见《洧水》，《经》"又东南过郑县南，潧水从西北来注之"《注》，龙渊见《经》"又东南过长社县北"《注》。沿河接纳许多支流，在《经》"又东北过习阳城西，折入于颍"《注》中入颍："洧水南出，谓之鸡笼水，故水会有鸡笼口之名矣。洧水又东迳习阳城西，西南折入颍。"

此图洧水以北尚有许多注记符号，多据卷二十二《渠》绘制，别有专图。

此图旁注引《汉书·地理志》。扶沟，是淮阳国属县。

班志密縣故國有
大騩山洧水所出
南至臨潁入潁陽
城縣陽城山洧水
所出東南至長平
入潁過郡三行五
百里陽乾山潁水
所出東至下蔡入
淮過郡三行千五
百里荊州簳

洧潧溱水图二

洧潩㶏水圖

班志扶溝渦水首受狼湯渠東至向入淮過郡三行千里

洧潩㶏水图一

洧濄潩水图二

【旁注】班《志》：密县，故国，有大騩山，潩水所出，南至临颍入颍。阳城县，阳城山，洧水所出，东南至长平入颍，过郡三，行五百里。阳乾山，颍水所出，东至下蔡入淮，过郡三，行千五百里，荆州寖。

【解说】此图衔接图一，除按《注》详绘洧水上源及支流外，图组列名的濄、潩两水也均在此图之中。据卷二十二《洧水》，《经》"洧水出河南密县西南马领山"《注》："水出山下，亦言出颍川阳城山，山在阳城县之东北，盖马领之统目焉。"故图上注记了马领山与阳城山两座山名。《注》文记叙的支流繁多，均一一入图。至《经》"又东过其县南"《注》："洧水又东南，赤涧水注之……洧水又东南流，濄水注之。"濄水在赤涧水以东入洧。此图东南隅是潩水上源及其支流，图据卷二十二《潩水》，《经》"潩水出河南密县大騩山"详绘，下游在陶陂（图一）入颍。《经》"东南入于颍"下没有《注》文，说明郦氏对此没有补充，而图亦照绘。

此图旁注引《汉书·地理志》。密县，是河南郡属县。又引阳城，是颍川郡属县。

渠阴沟汴获睢五水图

渠阴沟汴获睢五水图一

【旁注】班《志》:穀阳,应劭曰:在穀水之阳。浚县,垓下,高祖破项羽,应劭曰:浚水所出,南入淮。蕲县,有垂乡,高祖破黥布。芒县,应劭曰:睢水出焉。城父县,夏肥水东南至下蔡入淮,过郡二,行六百二十里。向县,故国,《春秋》曰:莒人入向,姜姓,炎帝后。下蔡县,故州来国。萧县,故萧叔国,宋别封附庸也。敬邱县,应劭曰:《春秋》:遇于犬邱,明帝更名太邱。酇县,应劭曰:音嵯。师古曰:此县本为酂,应音是也。中古以来,借酇字为之耳。

【解说】此图组共图4幅。5水之中,渠又称渠水,也称渠沙水,是卷二十二中的一个大篇。阴沟水和获水,均在卷二十三,睢水在卷二十四。惟汴水不列入《水经注》卷篇,为汪氏所加。

案汴水之名始于《汉书·地理志》荥阳注:"卞水、冯池皆在西南。"实际上是古代鸿沟水系中的一条小河,是蒗荡渠的支流。后来由于黄河迁徙,鸿沟水系受到干扰,变化无常,汴水就少为人所提,到隋炀帝开通济渠,曾利用从荥阳到开封的这条故道,人们往往把通济渠的东段统称为汴水,汴水一名由是复起。汪氏在图上加上此名,恐亦与此有关。

　　《水经注》全书中记及汴水之名极少,全书仅有 4 处,其中 3 处在卷五《河水》,《经》"又东荥阳县北,蒗荡渠出焉"《注》中:"汉平帝之世,河、汴决坏,未及得修,汴渠东侵,日月弥广。"此处提及"汴"及"汴渠";同《注》:"又自汴口以东,缘河积石,为堰通渠,咸曰金堤",此处提及"汴口";第四处在卷二十二《渠》篇内,但今本郦注已佚此句,为《方舆纪要》所辑录。《方舆纪要》卷四十六《河南一》、颍川引《水经注》:"蒗荡渠自中牟东流,至浚仪县分为两水,南流曰沙水,东注曰汴水。"汪氏列郦注无专篇的汴水于此图组之中,或许就是据此。

　　图一所示,已为各水尾闾。此图南翼是淮水,全图无非是各水入淮情况,图中左侧南翼是渠(沙水),据卷二十二《渠》的两条《经》文:"又东南过龙亢县南"及"又东南过义成县西,南入于淮"下的《注》文:"沙水迳故城北,又东南迳白鹿城而东注也","沙水东流注淮,谓之沙汭"。这就是图上白鹿城和沙等注记符号的依据。沙水入淮以北是涡水入淮。此处涡水,汪图误作涡水。涡水是淮水支流。但《水经注》不列篇目,却见于卷二十三《阴沟水》和卷三十《淮水》之中。《阴沟水》,《经》"又东南至下邳淮陵县,入于淮"《注》:"涡水又东,左合北肥水。……又东入于涡,涡水又东注淮。"图上"涡"、"涡"并见。涡、涡实系同水,但《水经注》内有涡、涡之分,又因不同版本郦注也有涡、涡之异,故未必是图之误。

　　涡水入淮以东是涣水入淮,涣水也是不见于郦注篇目的小水,其名记叙于卷二十三《阴沟水》、卷二十四《睢水》和卷三十《淮水》之中。图中另一条汳水,也是不列于郦注卷篇的小水。《淮水》,《经》"又东过钟离县北"《注》:"汳水东南与涣水乱流而入于淮。"即此图涣水与汳水入淮的依据。此以东,图上的潼水、历涧水、蕲水,都见于《淮水》同《注》。而最偏东的泗水则在下一条《经》文"又东北至下邳淮阴县西,泗水从西北来流注之"《注》中:"淮、泗之会,即角城也。左右两川,翼夹二水,决入之所,谓之泗口也。"

　　此图旁注引《汉书·地理志》。洨县、蕲县、城父、向县、下蔡、萧县、敬邱、鄳县诸县,均是沛郡属县,沛郡位于今安徽省北部,郡治相县,在今安徽省淮北市以西。

渠阴沟汴获睢五水图二、三

　　【旁注】班《志》:砀县,山出文石,应劭曰:碭山在东。甾,故戴国。蒙县,获水首受甾获渠,东北至彭城入泗,过郡五,行五百五十里。睢阳,故宋国,微子所封,《禹贡》盟诸泽在东北。

　　《续汉志》:苦县赖乡,老子所居。

班《志》:苦县,师古曰:《晋大康地记》云:城东有赖乡祠,老子所生地。

班《志》:荥阳县,卞水、冯池皆在西南,有狼汤渠,首受沛,东南至陈入颍,过郡四,行七百八十里,应劭曰:故虢国,今虢亭是也。中牟县,圃田泽在西,豫州薮。阳武县,有博狼沙。开封县,逢池在东北。

【解说】此2图互相衔接,图二衔接图一。

图三西北隅封丘、南沛已列于沛水专图。此以南是浪荡渠,在图中自西北向东南,直到长平死沙,然后在图二西南隅注记:"死沙入颍水。"图三所绘,始于卷二十二《渠》,《经》"渠出荥阳北河,东南过中牟县之北"《注》:"渠水又左迳阳武县故城南,东为官渡水。"渠水自此东流,至《经》"又东至浚仪县"《注》:"秦始皇二十年,王贲断故渠,引水东南出灌大梁,谓之梁沟。"即图上注记的"王贲梁沟"。渠水一支自此折南而东流注者,汪图注记"汴水",这显然是汪氏列汴水入图组之名的重要原因。渠水南流,据同《注》:"渠水于此,有阴沟、鸿沟之称焉。"此后,图按同《注》,渠水会汜水及睢、涣二水,从新沟到牛首乡。同《注》最后说新沟"又东北注渠,即沙水也",从此渠水就称为沙水了。沙水南流,至《经》"又屈南至扶沟县北"《注》:"沙水又南会南水,其水南流又分为二水。"其一即图二在南隅入颍(《注》文在《经》"其一者,东南过陈县北"下),另一条在《经》"又东南过义成县西,南入于淮"《注》下:"沙水又东流注于淮,谓之沙汭。"这在图一中已经说明了。

渠水的东迆一水,即汪图注记的汴水。此水东流,图幅所绘系据卷二十三《汳水》,《经》"汳水出阴沟于浚仪县北"《注》文,诸如沿河的小黄、鸣雁亭、阳乐、外黄(图三止于此),均为这条《经》文下的《注》文所记叙。图二沿河地名如小齐城、大齐城、利望亭直至夏侯坞,也都在同《注》之中。在下一条《经》文"又东至梁郡蒙县,为获水,余波南入睢阳城中"的《注》文中,如图二所绘,包括贯城、大蒙城等均在《注》内,而此水已称获水。以后此图又紧接《获水》,《经》"获水出汳水于梁郡蒙县北"《注》内记叙,如长乐固、蒙泽、空桐泽,直至同篇《经》"又东过萧县南,睢水北流注之"《注》中的西流水而止。

此图在汴水与获水以南,横贯图三、图二两幅的是汜水与睢水。汜水见于卷二十二《渠》,《经》"又东南至浚仪县"《注》:"其水又东北迳中牟县南,又东北径中牟泽与渊水合。"此图睢水以西一段据此,睢水以东部分则见卷二十四《睢水》,《经》"睢水出梁郡鄢县"《注》:"睢水出陈留县西浪荡渠。"从此东流,包括图三中的炎梁陂、白羊陂,均在同《注》之中。东流延续到图二,同篇《经》"东过睢阳县南"《注》内的新城、高乡亭(此下《注》文有记叙睢阳城的大篇文字)、逢洪陂、竹圃、蕲水、芒(县)等,都是此图

渠阴沟汴获睢五水图二

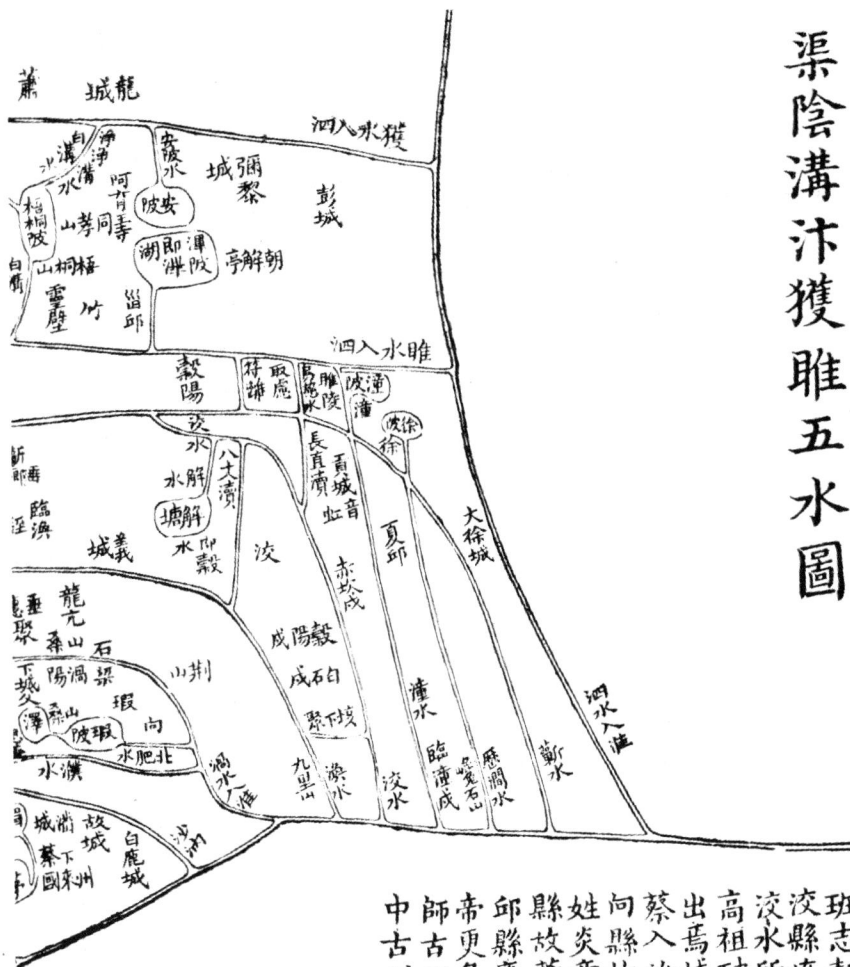

渠陰溝汴獲睢五水圖

班志穀陽應劭曰在穀水之陽
汶縣垓下高祖破項羽應劭曰
汶水所出南入淮蘄縣有垂鄉
高祖破黥布芒縣應劭曰睢水
出焉城父縣夏肥水東南至下
蔡入淮過郡二行六百二十里
向縣故國春秋曰莒人入向姜
姓炎帝後下蔡縣故州來國蕭
縣故蕭叔國宋別封附庸也敬
邱縣應劭曰春秋遇于犬邱明
帝更名此縣本爲鄡縣應劭曰
師古曰音娑鄡縣應劭音是也
中古以來借鄡字爲之耳

渠阴沟汴获睢五水图四

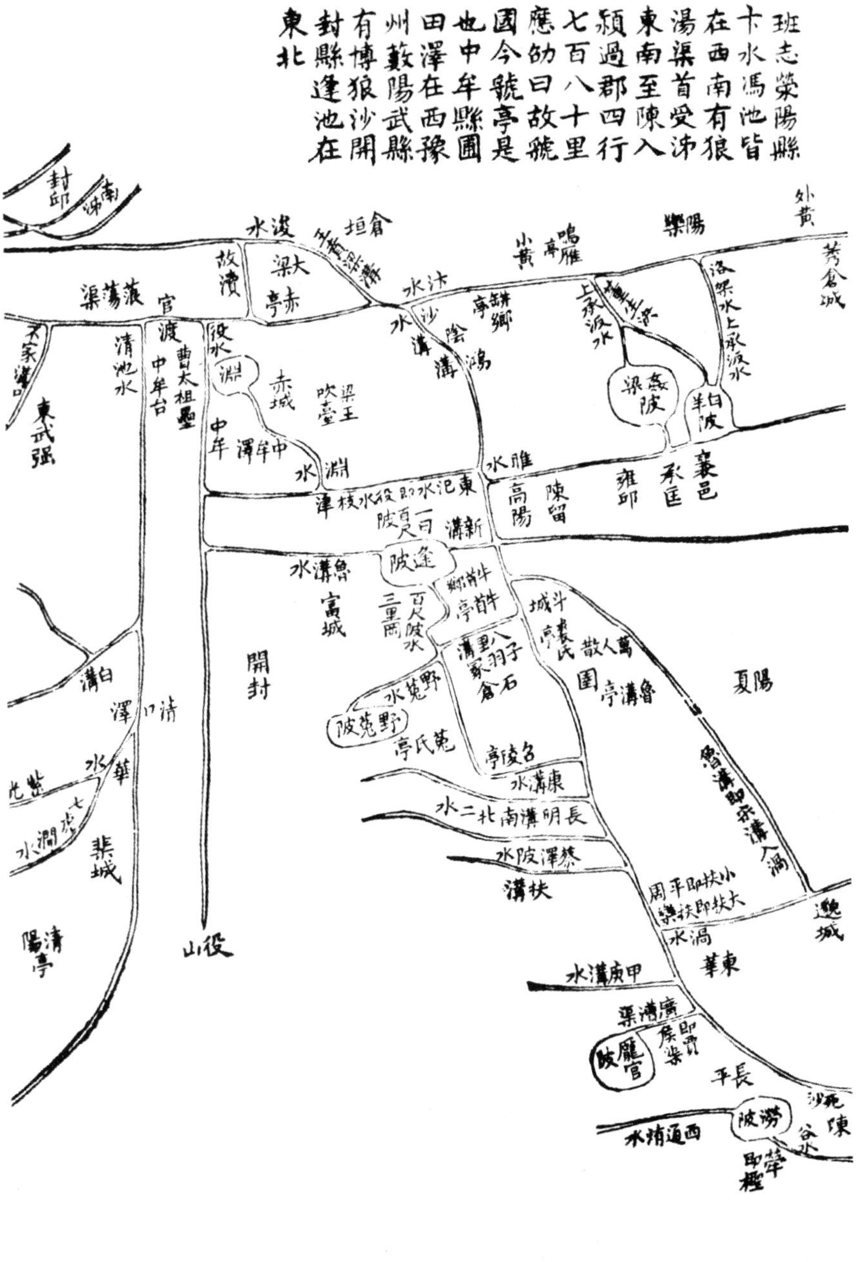

東　有　州　也　園　應　七　東　湯　卞　班
北　博　田　今　今　劭　百　南　渠　水　志
封　狼　澤　中　號　曰　八　至　首　馮　滎
縣　沙　在　牟　亭　故　十　陳　受　池　陽
逢　開　武　縣　圓　是　里　四　入　皆　縣
池　縣　西　故　圍　　　行　　　在
在　　　豫　　　　　　　　　　　西
　　　　　　　　　　　　　　　　南
　　　　　　　　　　　　　　　　有
　　　　　　　　　　　　　　　　狼

渠阴沟汴获睢五水图三

的依据。此水以南,图上还有一条横贯两幅而并未注记河名的河流,其实是鲁沟、新沟、涣水诸水与渠水交错相承的河渠,汪图从简绘作单独一条,也是乱流之中的归纳方法,在现代地图学上称为"地图的综合"。所绘主要据卷三十《淮水》,《经》"又东过钟离县北"《注》:"又东,涣水入焉,水首受浚蓓渠于开封县。"然后东流,按《注》文经郾城、鄢城、亳等,又合蕲水(均在图三),至图一而入淮。

此图最后还有一条渠(沙水)以北的河流是涡水,绘于图三小扶、大扶以南,见卷二十二《渠》,《经》"又屈南至扶沟县北"《注》文之末:"沙水又东南迳大扶城西……涡水于是分焉。"从此延续至图二。又据卷二十三《阴沟水》,《经》"东南至沛,为涡水"《注》,绘入了安平、鹿邑等,从此直到图幅东缘的城父为止。

图二、图三,涉及《水经注》卷篇甚多,水道纷歧,湖陂众多,汪图基本上都据各卷篇《注》文详绘,头绪纷繁,实属不易。

此图旁注引《汉书·地理志》。砀县、蒙县、睢阳3县,均是梁国属县,梁国位于今安徽省北部及河南省东部,国治睢阳,在今河南省商丘市南。所引黄县,是淮阳国属县,淮阳国位于今河南省东部,国治陈县,即今河南省淮阳市。所引荥阳、中牟、阳武、开封诸县,均是河南郡属县。

渠阴沟汴获睢五水图四

【解说】此图与图三衔接。北翼所绘是黄河与济(沛)水(南济)的关系,前面已有专图。与荥泽沟通的北沛、南沛。其"北沛"实系因《禹贡》而误,前面也已有说明。图中荥泽及重泉水、瑟瑟水(殿本作"瀄瀄水")等,均见卷七《济水》,前面也已有专图。图中黄雀沟见于卷七《济水》及卷二十二《洧水》等篇,黄泉亦见《洧水》,都是黄、淮间沟通之水,即古代的鸿沟水系。

图东侧沙冈、圃田泽,不绘符号而用文字注记,这是因为湖泊过多,绘不胜绘之故。案卷二十二《渠》,《经》"渠出荥阳北河,东南过中牟县之北"《注》:"泽在中牟县西,西限长城,东极官渡,北佩渠水,东西四十许里,南北二十许里,中有沙冈,上下二十四浦,津流迳通,渊潭相接,各有名焉:有大渐、小渐、大灰、小灰、义鲁、练秋、大白杨、小白杨、散吓、禹中、羊圈、大鹄、小鹄、龙泽、蜜罗、大哀、小哀、大长、小长、大缩、小缩、伯丘、大盖、牛眼等,浦水盛则北注,渠溢则南播。"

《注》文所列二十四浦,此图全入未漏。

圃田泽以南,图上所绘白沟北水、白沟南水、清阳水,均衔接图三,为清池水上流,与圃田泽同《注》:"渠水又东,清池水注之。"图据此《注》绘制。

汶泗沂洙泗五水图

汶泗沂洙泗五水图一

【旁注】班《志》：奉高，有明堂，在西南四里。博县，有泰山庙，岱山在西北求山上。茌县，应劭曰：茌山在东北。肥成，应劭曰：肥子国。蚖邱，隧乡，故隧国，《春秋》曰：齐人歼于遂。刚县，故阐，应劭曰：《春秋》，秋取谨及阐，今阐亭是也。盖县，临乐于山，洙水所出，西北至盖入池水，又沂水南至下邳入泗，过郡五，行六百里，青州寖。按池当作泗。梁父，以山名县也。南武阳，冠石山，治水所出，南至下邳入泗，过郡二，行九百四十里，应劭曰：武水所出，南入泗。莱芜，《禹贡》汶水出西南入泲，汶水，桑钦所言。钜平，有亭亭山祠，应劭曰：《左氏传》：阳虎入于鄼阳关以叛，今阳关亭是也。牟县，故国，应劭曰：附庸也，师古曰：《春秋》桓十五年，牟人来朝，即此也。蒙阴，《禹贡》蒙山在西南，有祠，颛臾国在蒙山下。乘邱，师古曰：《春秋》庄公十五年，公败宋师于乘邱，即此也。东莞，术水南至下邳入泗，过郡三，行七百二十里，青洲寖，师古曰：即沭水。阳都，应劭曰：齐人迁阳，故阳国是。

【解说】此图组共图7幅。其中汶水在《水经注》卷二十四，泗、沂、洙在卷二十五，沭水在卷二十六。郦注卷二十四、卷二十六均有《汶水》篇，后者为今山东半岛潍水支流，不属于此图组之内。此图组诸水，在当时均属淮河水系河流。其中泗水原是淮河下游最长的支流,沂、沭、洙3水都是汇入此水的淮河二级支流。金章宗明昌五年(南宋绍熙五年,1194年),黄河在阳武决口,夺泗注淮入海,泗水的流路受阻,水流长期阻滞在今山东济宁和江苏徐州之间,逐渐形成了所谓南四湖(南阳湖、独山湖、昭阳湖、微山湖),从此,泗水及其支流与淮水分离。

图一所绘是沂水和沭水的上源及其支流,西翼的沂水由于纸幅关系,所绘仅上源东部。卷二十五《沂水》,《经》"沂水出泰山盖县艾山"《注》:"郑玄云:出沂山……沂水又东迳浮来之山。""郑玄云"以下《注》文是沂水本源,绘于图二。此图所绘仅浮来之山的部分,包括甘水、小沂水,直到同《注》之末的温泉陂,图内均详绘无遗。东翼沭水据卷二十六《沭水》,《经》"沭水出琅邪东莞县西北山"《注》:"大弁山与小泰山连麓而异名也……沭水又东南流,左合岘水,水北出大岘山,东南流迳邳乡东,东南流注于沭水也。"此后据《经》"东南过其县东"《注》,绘入箕山水,又据《经》"又东南过莒县东"《注》,绘入袁公水和浔水。

此图旁注引《汉书·地理志》。奉高、博县、茌县、肥城、蚰丘、刚县、盖县、梁父、南武阳、莱芜、钜平、牟县、蒙阴、乘丘诸县,均是泰山郡属县,泰山郡位于今山东半岛西侧,郡治奉高,在今泰安市以东,所引东莞,是琅邪郡属县,琅邪郡位于今山东半岛西南,郡治东武,即今诸城县。所引阳都,是城阳国属县,城阳国位于今山东半岛西南(不濒海),国治莒县,即今莒县。

汶泗沂洙沭五水图二、三

【旁注】班《志》:卞县,泗水西南至方与入沛,过郡三,行五百里,青州川。按沛,当作沸,菏水也。

班《志》:南平阳,孟康曰:邾庶期以漆来奔,又城漆,今漆乡是。鲁县,伯禽所封。

班志:蕃县,南梁水西至胡陵入沛渠,应劭曰:邾国也。按沛当作沸。

班《志》:薛县,夏车正奚仲所国,后迁于邳,汤相仲虺居之。

班《志》:驺县,故邾国,曹姓,峄山在北,应劭曰:邾文公卜迁于峄者也。

班《志》:郯县,故国,少昊后,盈姓。兰陵,孟康曰:次室亭。下邳,葛峄山在西,《古文》以为峄阳,应劭曰:邳在薛,其后徙此,故曰下,臣瓒曰:有上邳,故曰下也,师古曰:瓒说是。良成,师古曰:《左氏传》所谓晋侯会吴子于良,即此是。朐县,秦始皇立石海上,以为东门阙。开阳,故鄅国。阳都,应劭曰:《春秋》:齐人迁阳是。费县,故鲁季氏邑。缯县,故国,禹后。即邱,孟康曰:古祝邱。祝其,《禹贡》羽山在南,鲧所殛。容邱,祠水东南至下邳入泗,按即治水。曲阳,应劭曰:在淮曲之阳。司吾,应劭曰:

《左传》:吴执锺吾子。任城,故任国,大昊后,风姓。东平陆,应劭曰:古厥国,今有厥亭是。亢父,诗亭,故诗国。汶阳,师古曰:左氏所云汶阳之田也。东平国,初为大河郡。

【解说】此2图衔接图一,其中图二东侧是图一不敷绘制的沂水上源,即上述《注》文"郑玄云:沂水出沂山"一段,包括正源沂山、柞泉、洛预水、桑预水、螳螂水以及偏东的连绵水等,此外还有同《注》在图一不敷绘入的上游支流闾山水(包括许多小支流)和堂阜水(包括许多小支流),又有《经》"东过琅邪临沂县东,又南过开阳县东"《注》中的支流蒙山水。

在沂水的这些上源和支流以西,图二据卷二十五《泗水》及《洙水》绘入泗水和洙水上源及其支流,其中洙水的发源偏北,《经》"洙水出泰山盖县临乐山"《注》:"《地理志》曰:临乐山,洙水所出,西北至盖入泗水。"泗水的发源偏南,《经》"泗水出鲁卞县北山"《注》:"余昔因公事,沿历徐、沇、路迳洙、泗,因令寻其源流,水出卞县故城东南桃墟北。"故此图所绘,是郦氏当年亲自勘察的成果。洙、泗二水上源都有许多支流,所以图上注记符号甚密。《泗水》,《经》"又南过高平县西,洸水从西北来流注之"《注》:"所谓洸水者,洙水也。盖洸、洙相入,互受通称矣。"此处图上注记"洙水入泗"。《经》"菏水从西来流注之"《注》:"菏水即济水之所苴注以成湖泽也,东与泗水合于湖陵县西六十里穀庭城下,俗谓之黄水口。"图二南翼止于此。

图二北翼所绘的是源远流长、支流纷歧的汶水。卷二十四《汶水》,《经》"汶水出泰山莱芜县原山,西南过其县南"及《经》"屈从其西南流"下,由于此水涉及泰山,所以《注》文甚详,汶水上源,名称因地而异,如牟汶、石汶、柴汶等。在《经》"过博县西北"《注》中会淄水,《经》"又西南过蛇丘县南"《注》中会洸水。下游图幅延伸,在图三始于与泲水交会的四汶口,见《经》"又西南过无盐县南,又西北过寿张县北,又西南至安民亭,入于济"《注》:"汶水自桃乡四分,当其派别之处,谓之四汶口。"图三南缘在巨野泽北,注记"汶水入泲"。

此图旁注引《汉书·地理志》。卞县、鲁县、驺县、汶阳,均是鲁国属县,鲁国位于今山东省中部,国治鲁县,即今曲阜市。所引南平阳县是山阴郡属县,山阴郡位于今山东省中部偏西,郡治昌邑,在今巨野县以南。所引郯县、兰陵、良成、朐县、开阳、都阳(汪误"阳都")、费县、缯县、即丘、祝其、容丘、曲阳、司吾诸县,均是东海郡属县,东海郡位于今山东省东南部及江苏省东北部,郡治郯城,在今山东省郯城县北。所引平陆是东平国属县,东平国位于今山东省西部,国治无盐,在今汶上县以北。

汶泗沂洙沭五水图四、五

【旁注】班《志》：凌县，应劭曰：凌水所出，南入淮。

郦《注》又有桐水出容邱至下邳入泗。赵氏谓即祠水。按祠，即治字，即武水也。

班《志》：彭城，古彭祖国。傅阳，故偪阳国，师古曰：《左氏传》所云：妘姓者也。

【解说】此图衔接图一，所绘是沂水与沭水的中下游，东翼为沭水，始于卷二十六《沭水》，《经》"又东南过莒县南"《注》："沭水又南，浔水注之……沭水又南与葛陂水会。"最后在《经》"又南过阳都县，东入于沂"《注》下："粗水又东南，乱于沂而注于沭，谓之粗口，城得其名矣，东南至朐县入游注海也。"图按《注》绘制，但《注》文说"入游注海"，此图注记中漏列游水。

此图西翼为沂水，图幅始于中丘，即卷二十五《沂水》，《经》"南过琅邪临沂县东，又南过开阳县东"《注》："沂水南过中丘城西。"此以下，由于纸幅不敷，西翼向西延伸，与图五衔接，同《注》"有治水注之，水出南武阳县之冠石山"，《注》文又说："故世俗谓此水为小沂水。"这些注记符号均在图五东北隅。沂水从临沂南下，在图五下邳北注入泗水，见《泗水》，《经》"又东南过下邳县西"《注》："泗水又东南迳下邳县故城西，东南流，沂水流注焉。"图五东翼自北向南还有武水，与武原水，据同《注》："武原水又南合武水，谓之泇水，南迳刚亭城，又南至下邳入泗。"图五注记作"泗水亭"，此水即是泗水，南流与获水会，即《经》"又东南过彭城县北"《注》："泗水又南，获水入焉。"泗、获交会后又东南流，图上注记有"吕梁"之名，即《经》"又南过吕县南"《注》："泗水之上有石梁焉，故曰吕梁也……悬涛漰渀，实为泗险。"图四、图五的南翼，连贯二图的河流是淮水，即《经》"又东南入于淮"《注》："泗水又东迳角城北，而东南流注于淮。"

此图旁注引《汉书·地理志》。凌县是泗水国属县，泗水国位于今江苏省北部，国治凌县，在今泗阳县北。所引彭城、傅阳两县，均是楚国属县，楚国位于今江苏省西北部及安徽省的一部分，国治彭城，即今徐州市。

此图旁注："郦注又有桐水出容丘至下邳入泗。"案此文在卷二十五《泗水》，《经》"又东南过下邳县西"下，《注》文说："又有桐水出西北东海容丘县，东南至下邳入泗。"此处旁注引"赵氏"，即赵一清《水经注释》。

汶泗沂洙泗五水图六、七

【解说】此图衔接图五,图幅南翼自西而东横贯两图的为获水,已另有专图。北翼横贯两图的为济(沛)水(南济),也已另有专图。居中而横贯两图的,西起与南济沟通的黄沟(图七),东到泡桥以北,见卷二十五《泗水》,《经》"又东过沛县东"《注》:"黄水注之,黄水出小黄县黄乡黄沟……黄沟又东注大泽,兼葭菼莗葦生焉,即世所谓大荠陂也。"(以上在图七)同《注》又说:"又东,右合泡水,即丰水之上源也。"又说:"又东迳平乐县,左合泡水……世谓之瓠卢沟,水积为渚,渚水东北流,二渠双引,左合沣(汪作"丰")水,俗谓之二泡也,自下,津、泡并得通称矣。"又说:"沣水又东合黄水,时人谓之狂水,盖狂、黄声相近,俗传失实也,自下黄水又兼统称矣。水上旧有梁,谓之泡桥"(以上在图六)。所以此水实为泗水上游的一支。

汶泗沂洙沭五水图二

汶泗沂洙沭五水圖

班志奉高有明堂在西南四里博縣有泰山廟俗山在西北求山上往縣應劭曰莊山在東北肥成應劭曰肥子國蚖邱隧鄉故隧國春秋日齊人殲于遂剛縣故闞應劭曰春秋取讙及闞今闞亭是也蓋入沂水南至臨樂于山洙水所出西北至蓋入池水又沂水南至下邳入泗過郡五行六百里青州寖按池當作泗梁父以山名縣也南武陽冠石山治水所出南至下邳入泗過郡二行九百四十里應劭曰武水所出西南入沭汶水桑欽所言鉅平泗茟無禹貢汶水出左氏傳陽虎入于鄑陽關以叛父有亭亭山祠應劭曰附庸也師古曰春秋今陽關亭是也蒙陰禹貢蒙山在西南有祠顓臾國在蒙邱即此也蒙秋桓十五年車人來朝即此乘邱師古曰春秋莊公十五年公敗宋師于乘邱即也也東莞術水南至下邳入泗過郡三行七百二十里青州濮師古曰即沭水陽都應劭曰齊人遷陽故陽國是

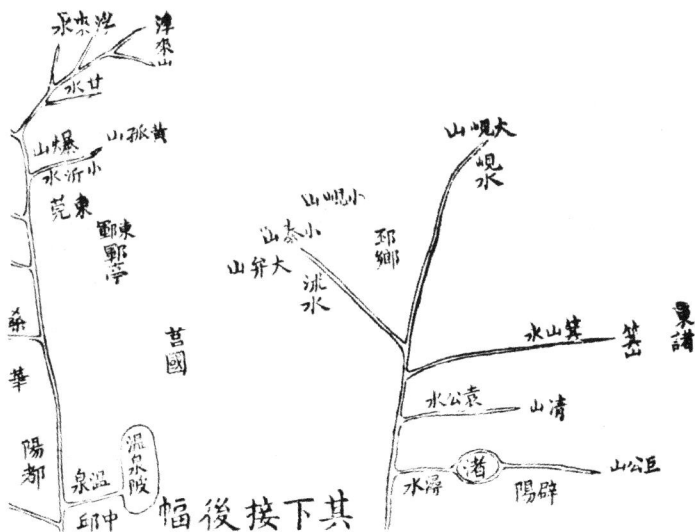

汶泗沂洙沭五水图一

汶泗沂洙沭五水图四

班志郯縣故國少昊後盈姓蘭陵孟康曰次室亭下邳

莒嶧山在西古文以為嶧陽應劭曰邳在薛其後徙此

故曰下邳瓚曰有上邳故曰下也師古曰瓚說是良成

師古曰左氏傳所謂晉侯會吳子于良即此是胸縣泰

始皇立石海上以為東門闕開陽故鄅國陽都應劭曰

泰秋齊人遷陽是費縣故曾季氏邑繒縣故繒國禹所

邱孟康曰古祝邱山在南縣所砸容邱祠

水東南至下邳入泗按禹貢羽山在南縣所任城故國大昊後

陽司吾應劭曰古厥國今有厥亭是亢父詩亭故

風姓吾應劭曰古厥國任陸應劭曰左傳吳執鍾吾子

詩國汶陽師古曰左氏所云汶陽之田也東平國初為

大河郡

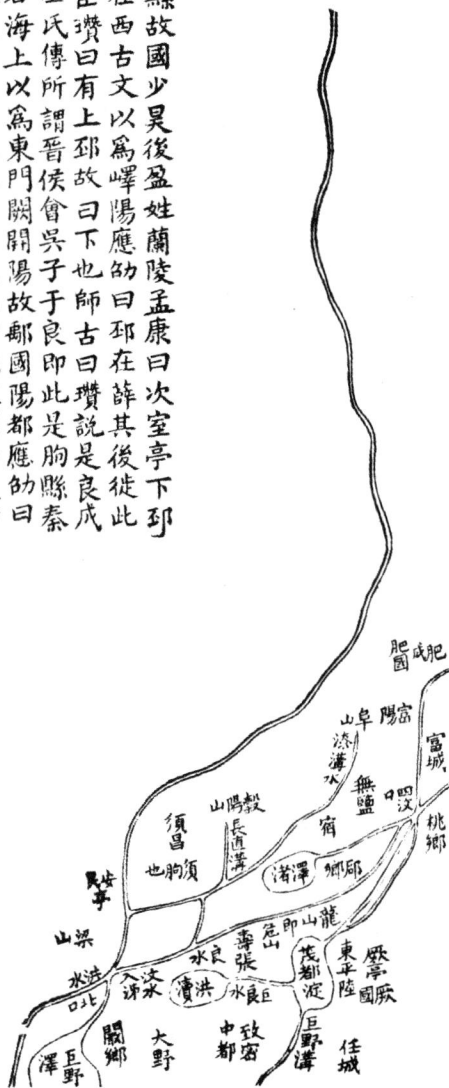

幅後接下其

汶泗沂洙沭五水图三

汶泗沂洙沭五水图六

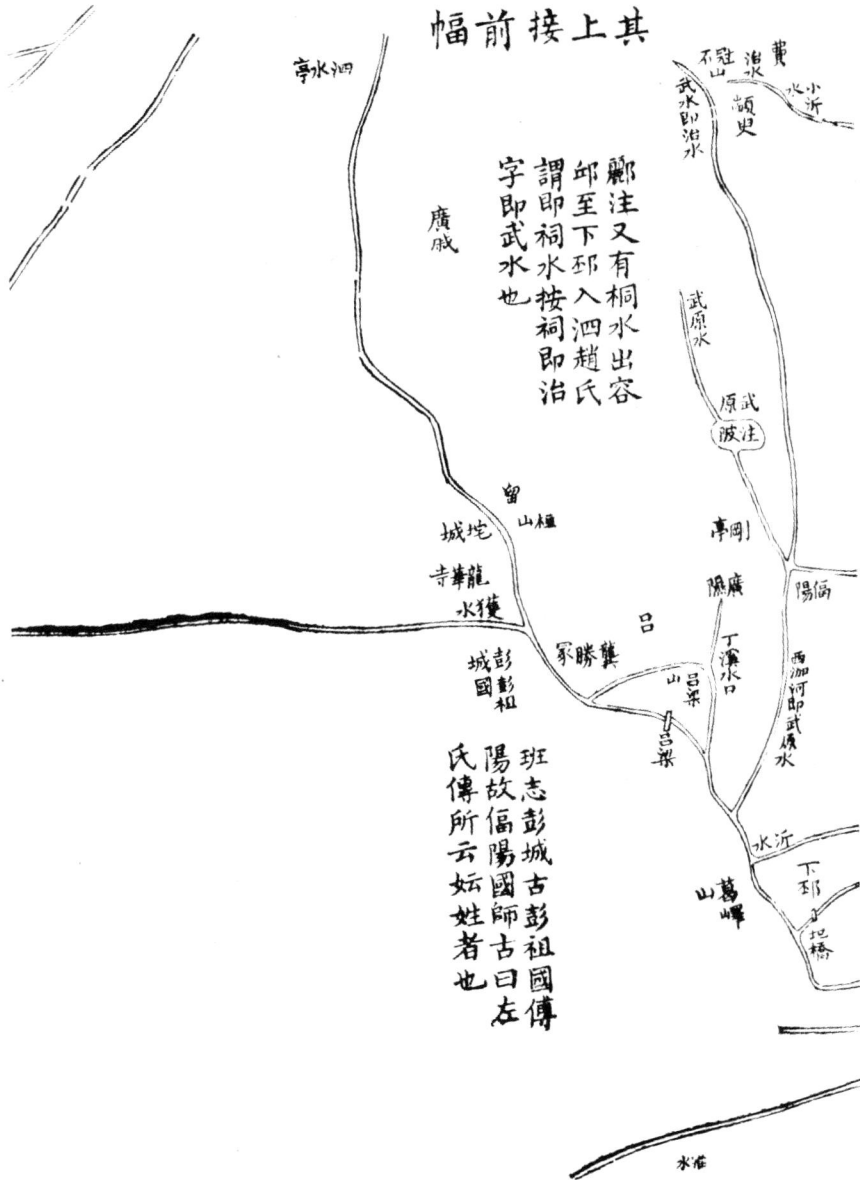

汶泗沂洙沭五水图五

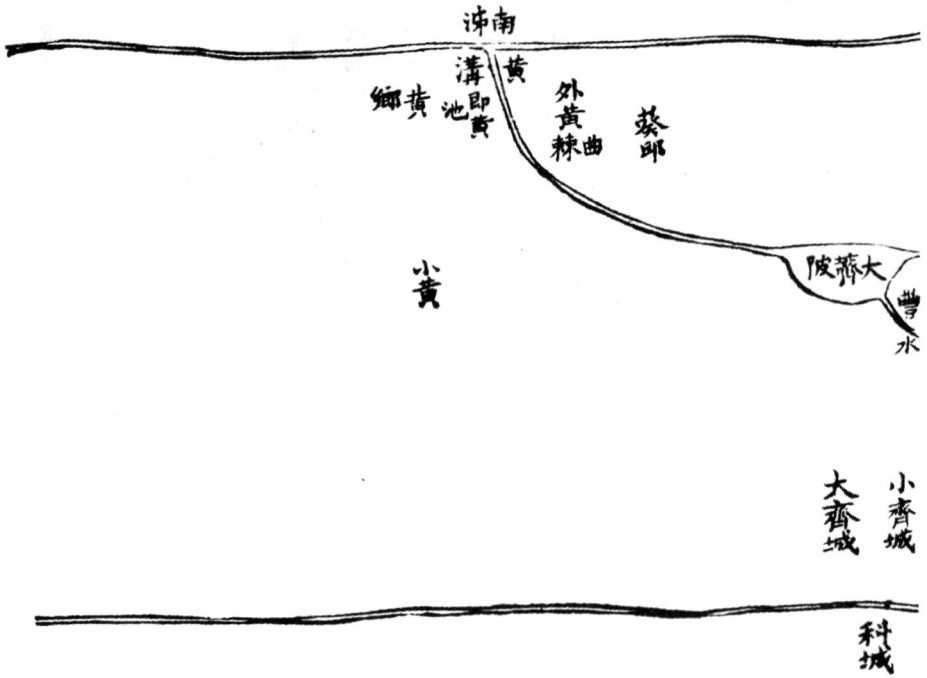

汶泗沂洙沭五水图七

巨洋淄汶潍胶图

巨洋淄汶潍胶图一、二

【旁注】班《志》:东安平,菟头山,女水出,东北至临淄入钜定,孟康曰:纪季以酅入于齐,今酅亭是。平寿,应劭曰:古斟寻。禹后,今斟城是也。寿光,应劭曰:古斟灌,禹后,今灌亭是。朱虚,凡山,丹水所出,东北至寿光入海。东泰山,汶水所出,东至安邱入潍,师古曰:前言汶水出莱芜入沇,今此又言出朱虚入潍,将桑钦所说有异,或者有二汶乎? 按汶水有六,不止二也。灵门,有高柘山、壶山,浯水所出,东北入淮。按当作潍。柜县,根艾水东入海。邞县,胶水东至平度入海。横县,故山,久台水所出,东南至东武入淮。按淮,当作潍。箕县,《禹贡》潍水北至昌都入海,过郡三,行五百二十里,兖州寖。

班《志》:折泉,折泉水北至莫入淮,按莫,当作姑幕,淮,当作潍。椑县,夜头水南至海,无考。

班《志》:莱芜,原山,淄水所出,东至博昌入沇,幽州寖。按淄入海在广饶。剧县,义山,蕤水所出,北至寿光入海,应劭曰:故肥国,今肥亭是。

班《志》:广县,为山,浊水所出,东北至广饶入钜定。临朐,有逢山祠、石膏山,洋水所出,东北至广饶入钜定,应劭曰:临朐山有伯氏骈邑。营陵,臣瓒曰:《春秋》谓之缘陵。安邱,孟康曰:今渠邱是。淳于,臣瓒曰:州国名也,淳于公国之所都。

班志:博昌,时水东北至钜定入马车渎,幽州寖,应劭曰:昌水出东莱昌阳。臣瓒曰:从东莱至博昌,经历宿水,不得至也,取其嘉名尔。师古曰:瓒说是。般阳,在般水之阳。朝阳,在朝水之阳。皆应氏说。临淄,如水西北至梁邹入泲。昌国,德会水西北至西安入如。钜定,马车渎水首受钜定,东北至琅槐入海。桑犊,覆甑山,溉水所出,东北至都昌入海。

【解说】此图组共图2幅,两图互相衔接,是《水经注》记叙的今山东半岛河流,编列于卷二十六。全卷除沭水另有专图,其余5水均在此卷中。这中间,潍水注入小清河,汶水(不同于卷二十四的汶水)注入潍河,其他3水均独流入海。

图二北翼经平州坑(殿本无"坑"字)而东注入海的是济水,见卷八《济水》,《经》"又东北过临济县南"《注》:"济水又东北迳狼牙固而东北流也。"已另有专图。

图二南北流向的最大河流是淄水,见《经》"淄水出泰山莱芜县原山"《注》:"《地理志》曰:原山,淄水所出……东北流迳莱芜谷。"又《经》"东北过临淄县东"《注》:"淄水自山东北流,迳牛山西,又东迳临淄县故城南,东得天齐水口,水出南郊山下,谓之天齐渊。"天齐渊以北,《经》"又东过利县东"之下是一篇长《注》,图二所绘济水与淄水之间的时水(如水),即据此《注》:"又北,时渑之水注之,时水出齐城西北二十五里,平地出泉,即如水也。"同《注》:"时水又东北迳齐利县故城北,又东北迳巨淀县故城北,又东北迳广陵县故城东,东北入淄水。"

"又东过利县东"这条《经》文下的长《注》,还有一段不能入图的内容,即:"阳水又东北流,石井水注入。水出南山,山顶洞开,望若门焉,俗谓是山为礠头山。其水北流注井,井际广城东侧,三面积石,高深一匹有余,长津激浪,瀑布而下,澎濞之音,惊川聒谷,漰湱之势,状同洪河,北流入阳水。余生长东齐,极游其下,于中阔绝,乃积绵载,后因王事,复出海岱,郭金紫惠同石井,赋诗言意,弥日嬉娱,尤慰羁心,但恨此水时有通塞耳。"《水经注》全书记叙及于郦氏本人居止的极少,所以这段文字实在非常难得而重要。石井水绘于图二东侧南丰以南。虽然是一条"时有通塞"的小水,由于郦氏入《注》,汪氏亦据《注》入图。

图一西翼是南北流的巨洋水,因纸幅不敷,此水几条支流的上源,都绘在图二。《经》"巨洋水出朱虚县泰山,北过其县西"《注》:"泰山,即小泰山也。巨洋水,即《国语》所谓具水矣。袁宏谓之巨昧,王韶之以为巨蔑,亦或曰胸渎,皆一水也,而广其目焉。"此水北流,在《经》"又北过临朐县东"《注》中:"熏冶泉水注之,水出西溪,飞泉侧濑,于穷坎之下,泉溪之上,源麓之侧,有一祠,目之为冶泉祠。"如同以上的石井水一样,《注》文在此也有一段郦氏亲历的重要记叙:"先公以太和中作镇海岱,余总角之

年,侍节东州,至若炎夏火流,闲居倦想,提琴命友,嬉娱永日,桂笋寻波,轻林委浪,琴歌既洽,欢情亦畅,是焉栖寄,实可凭衿。小东有一湖,佳饶鲜笋,匪直芳齐芍药,实亦洁并飞鳞,其水东北流入巨洋,谓之熏冶泉。”《水经注》全书中郦氏记叙亲身所历起居风景的,除前述《巨马水》篇中的郦亭沟水一段外,其余二段均在今山东省的河流之上,也是这个地方与《水经注》的缘分。由于纸幅关系,《注》文中的临朐、熏冶泉水、西溪,均绘于图二。汪氏显然也很重视这段文字,所以把“小东有一湖”的“湖”也绘入图中(图一)。同《注》记叙的支流石沟水(洋水)、建德水,也因纸幅,上源均绘于图二。另一条发源于嵫山的康浪水,则在《经》“又北过剧县西”《注》中。同《注》说:“又西北流而注于巨淀矣。”此水入海前,在《经》“又东北过寿光县西”《注》中,又有尧水汇入。最后在《经》“又东北入于海”《注》中,《注》文说:“又东北注于海也。”

在图二巨洋水入海的鱼合口,还有另外一水,见于《经》“巨洋水出朱虚县泰山,北过其县西”《注》:“《地理风俗记》曰:丹山在西南,丹水所出,东入海”;又说“城东北二十里有丹山,世谓之凡山,县在西南,非山也。丹、凡字相类,音从字变也。丹水有二源,各导一山,世谓之东丹、西丹水也”;又说:“又东北出渏薄涧北……而北入丹水,谓之鱼合口,丹水又东北迳望海台东,东北注海”。

图一在丹水以东,又另有一条称为白狼水的小河。《巨洋水》及《淄水》二篇都有记及。《巨洋水》《经》“又东北过寿光县”《注》:“《地理志》:桑犊,北海之属县矣,有覆甑山,溉水所出,北迳斟亭西北合白狼水……溉水又迳寒亭西而入别画湖。”《注》文最后说:“《地理志》曰:莽水自剧东北至寿光入海,沿其迳趣,即是水也。”图一注记“白狼水即溉水”,而据《注》文,又名莽水。

白狼水以东是汶水,《经》“汶水出朱虚县泰山”《注》:“水出县东南峿山”。此水流程不长,《经》“又北过淳于县西,又东北入于潍”《注》:“其城东北,则西川交会也。”汶水在斟灌注入潍水,而潍水在此以前,还有许多支流,《潍水》《经》“潍出琅邪箕县潍山”《注》:“潍水导源潍山,许慎、吕忱云:潍水出箕屋山。《淮南子》曰:潍水出覆舟山,盖广异名也。”同《注》记及支流:“涓水又北注于潍水。”下一条《经》文“东北过东武县西”《注》中,有支流扶淇水、卢水(久台水)入潍。在《经》“又北过平昌县东”《注》中,又有支流荆水、浯水入潍。在《经》“又东北过淳于县东”《注》中:“潍水又北,左会汶水。”最后是《经》“又东北入于海”,这条《经》文下无《注》。

图一东缘是胶水,《胶水》《经》“胶水出黔陬县胶山,北过其县西”《注》:“胶水出五弩山,盖胶山之殊名也。”在《经》“又北过夷安县东”《注》中,《注》文说:“又东北流,左会一水,世谓之张奴水,水发夷安县东南阜下,西北流迳胶阳县注于胶,胶水之左为泽渚,东北百许里,为之夷安潭(汪作“泽”),潭周四十里,亦潍水枝津所注也。”最后在

班志萊燕原
山淄水所出
東至博昌入
淄幽州寰按
沖幽州寰在廣
劇縣義山
饒水所出北
至壽光入海
應劭曰故肥
國今肥亭是
菅

安平

興博

樂安
狼与固

坎皮邱
馬車瀆

高家港邱

琅槐

青城

威城
梁鄒鄒平
於陵

新城

蒲姑
高苑

女西

石井水即
山南

石洋堰
黑水源水門水邢水如坊水渑

臨胊西堨

劇
黃潜溝
桐丘
楊陽自脈水
前山
逄陵
石膏

臺尉巨合
句句野 芹濱水
武原水
土鼓
宿山 博亭
陵東 城即長愚山

女

安平東
昌 甾利
即營
繩水

巨令邱
雞山

譚城
馬耳山
即昌山 盤水
宿山

高陽即
衛邑

莒即費
菟裘邑
德會水即

青州廣
即益都平
逄山
盧

利
樂安

女水
兗邑即
光頭邑

即冶嶺山

即広
菟裘山
陰狼山

驪邑

馬車瀆
柳泉

潍水

漊水
合巨
漊水所
出東
北至
都昌入海

溉水
所出東
北至琅
槐入海
桑瀆
覆甑山

水首受
鉅定東
北至琅
槐入沖

之陽皆
應氏說臨淄
如水西
北至西
安入如
鉅鄉入

昌國德
會水西
北至西
安入如
鉅定馬
車瀆幽州

古曰瓚
說是殷
陽在殷
水之陽
朝陽在
朝水

至博昌
經歷宿
水不得
至也取
其嘉名
爾師

寰應劭
曰昌水
出東萊
昌陽臣
瓚曰從
東萊

班志博
昌時水
東北至
鉅定入
馬車瀆
幽州

昌國

寒泉
天齊淵

昌國

巨洋即
古墨水
即巨洋

臨淄

巾車
門西門
陽中

疑會水即
德會水即
疑水

天齊水

昌國

馬陘

博山

長淄
谷水

谷長
萊燕谷

淄水

阜陽
山即
原山

萊燕
家秦

萊燕
谷水即

牛山

班志廣
縣為山
淄水所
出東北
至

廣饒
入鉅定
臨胊有
逢山祠
石膏

山洋水
所出東
北至廣
饒入鉅
定

應劭曰
臨胊山
有伯氏
駢邑營
陵

臣瓚曰
春秋謂
之緣陵
邱丟康

曰今渠
邱是淳
于臣瓚
曰州國
名

也淳于
公國之
所都

汶水

即

巨洋淄汶潍胶图二

巨洋淄汶濰膠圖

班志東安平莬頭山女水出東北至臨淄
入鉅定孟康曰紀季以鄑入于齊今鄌亭
是平壽應劭曰古紀導禹後今坴城是也
壽光應劭曰古斟灌禹後今灌亭是朱
虛凡山丹水所出東北至壽光入海東
虛乎汶水所出東至安邱入濰師古曰朱
泰山汶水所出東至安邱入濰又言出朱
前言汶水所出東至安邱入濰又言出萊
虛乎按汶水出萊無入冲今此又言出朱
汶入濰將桑欽所說有異或者有二
虛乎按汶水有六不止二也靈門有
高柘山湡水所出東北入海横縣故
當作濰柜縣根艾水東入海郑縣
膠水東至平度入海横縣禹貢濰
久台水所出東南至東武入
淮按淮當作濰箕縣禹貢濰
水北至昌郡入海過郡三行
五百二十里兗州寖
班志折泉折泉當水北至
莫入淮當作濰桿縣姑
淮當作濰桿縣夜頭水
南至海無考

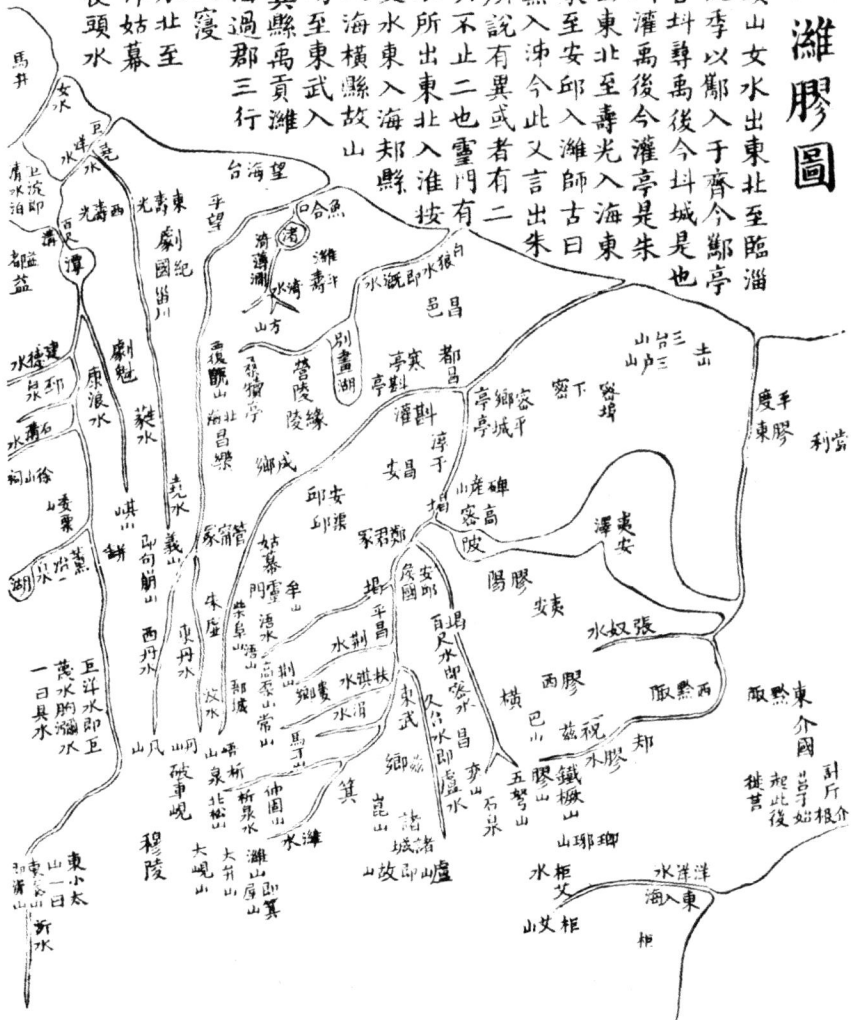

巨洋淄汶潍胶图一

《经》"又北过当利县西,北入于海"《注》中,《注》文引《地理志》"胶水北至平度入海也"。

图一东南隅还有一些注记符号,是今山东半岛另一独流入海的小河,附见于《胶水》,《经》"胶水出黔陬县胶山,北过其县西"《注》:"晏谟、伏琛并云:县有东西二城,相去二十里,有胶水。非也,斯乃拒艾水也。水出县西南拒艾山……又谓是水为洋水矣(汪图衍一"洋"字),又东北流,晏、伏所谓黔陬城西四十里有胶水者也。又东入海。《地理志》:琅邪有柜县,根艾水出焉,东入海,即斯水也。"这条曾被晏谟、伏琛误会为胶水的河流,郦氏作了更正,即拒艾水(又称洋水或根艾水)。

此图图一旁注引《汉书·地理志》。东安平是甾川国属县,甾川国位于今山东半岛东部(不濒海),国治剧县,在今昌乐县以西。所引朱虚、灵门、柜县、邿县、横县、箕县、折泉、椑县诸县,均是琅邪郡属县。所引寿光、平寿两县,均是北海郡属县,北海郡位于今山东半岛东部,北濒渤海,郡治平寿,即今潍坊市。

此图图二旁注引《汉书·地理志》。广县、临淄、昌国、钜定诸县,均是齐郡属县,齐郡位于今山东半岛北部,北濒渤海,郡治临淄,即今临淄区。所引临朐,是东莱郡属县,东莱郡位于今山东半岛东隅,北临渤海,南临黄海,郡治掖县,即今莱州。所引营陵、淳于、安丘、桑犊诸县,均是北海郡属县。所引莱芜是泰山郡属县。所引剧县是甾川国属县。所引博昌是千乘郡属县,千乘郡位于今山东半岛西北部,北临渤海,郡治千乘,在今高青县以东。所引般阳、朝阳两县,均是济南郡属县,济南郡位于今山东省北部,郡治东平陵,在今章丘市以西。

沔涔丹滠钧赣涢庐江
白粉十水图(附滁水补)

沔涔丹滠钧赣涢庐江白粉十水图(附滁水补)一、二

【旁注】班《志》:吴县,故国,周太伯所邑,具区泽在西,扬州薮,《古文》以为震泽,南江在南,东入海,扬州川。曲阿,故云阳。毗陵,季札所居,江在北,东入海,扬州川。师古曰:旧延陵汉改之。无锡,有历山。丹徒,即《春秋》云朱方也。娄县,有南武城,阖闾所起,以侯越。乌程,有欧阳亭。宛陵,彭泽聚在西南,清水西北至芜湖入江。

《通鉴》百六十六注,胡墅在大江北岸,对石头城。按即今浦子口城。

班《志》:居巢县,应劭曰:《春秋》:楚人围巢,巢国也。庐江郡,有楼船官。泾县,韦昭曰:泾水出芜湖。丹阳,楚之先熊绎所封,十八世文王徙郢。按此言误。石城,分江水首受江,东至余姚入海,过郡二,行千二百里。陵阳,桑钦言:淮水出东南,北入大江。芜湖,中江出西南。东至阳羡入海,扬州川。溧阳,应劭曰:溧水所出南湖也。

【解说】此图组共图 12 幅。在《水经注》中,沔水占卷二十七、二十八、二十九三卷,丹水在卷二十,均水(汪作"钧")、粉水、白水均在卷二十九,涢水在卷三十一,滠水、涔水均在卷三十二,赣水、庐江水在卷三十九。

图一、图二互相衔接,所绘是郦注记叙的沔水,从图二到图一横贯两图。在图一东

北隅注记"北江入海"即是此水。《水经注》记叙长江,共3卷,即卷三十三、三十四、三十五,卷名《江水》。但内容仅及今湖北省,以下均在《沔水》篇中记叙,故图一、图二所记之水,其实就是长江从今安徽到江苏的江道。此二图据《注》详绘,无漏无讹。但由于郦道元足迹未到南方,对江南河流知之甚少。他在卷二十九《沔水》,《经》"又东至会稽余姚县,东入于海"《注》文之末,自己承认:"但东南地卑,万流所凑,涛湖泛决,触地成川,枝津交渠,世家分伙,故川旧渎,难以取悉,虽粗依县地,缉综所缠,亦未必一得其实也。"明黄宗羲在《今水经序》中所批评的郦注错误,其实多在此两图之内:"余越人也,以越水证之,以曹娥江为浦阳江,以姚江为大江之奇分,苕水出山阴县,具区在余姚,沔水至余姚入海,皆错误之大者。"

汪氏绘图时对此已稍有改正。例如郦氏在上述同《注》中所说,确如黄宗羲指出:"江水又东迳余姚县故城南⋯⋯江水又东注于海"。而图一所绘北江入海在毗陵(今江苏省常州市)以东,就纠正了郦注的一大错误。此外,由于《禹贡》有"三江既入"的话,《汉书·地理志》为了凑合"三江"之数,就有了南江、中江、北江的名称。图二据《注》在分江水分出一条南江,此南江跨越皖、浙两省间的丘陵地区,到安吉注入太湖。图一注记"南江入也"。这些都是据《注》而绘的其实是无中生有的河流。

此图组题末有"补滁水附"字样,案今本《水经注》无滁水,但《太平寰宇记》卷一二四、《淮南道二》、和州、含山县引《水经注》(《名胜志》卷二〇亦引):"滁水东迳大岘山,西北流大岘亭,即此山也。"赵一清《水经注释》曾以此条佚文及其他资料,撰成《补滁水》一篇,附于卷三十一之末(拙撰《水经注校释》据赵书亦录入此篇)。此图据此补入滁水,从图二东北隅大岘亭起,到图一瓜埠山入江。

此图旁注(图一)引《汉书·地理志》。吴县、曲阿、毗陵、无锡、丹徒、娄县、乌程诸县,均是会稽郡属县,从秦到西汉,会稽郡领域甚大,包括今江苏省南部、浙江省大部、福建省北部以及江西、安徽两省的一部分,郡治吴县,即今苏州市。

图二旁注引《汉书·地理志》居巢是庐江郡属县,庐江郡位于今江西省北部及安徽、湖北两省的一部分,郡治舒县,在今安徽省桐城县以东。所引泾县、芜湖、石城、陵阳、溧阳诸县,均是丹扬郡属县,丹扬郡位于今浙江省西北部,江苏省西南部及安徽省长江以南和江西省的一部分,郡治宛陵,即今安徽省宣城县。

沔涔丹潕钧赣浈庐江白粉十水图(附滁水补)三、四

【旁注】班《志》:彭泽,《禹贡》彭蠡泽在西。鄱阳,武阳乡右十余里有黄金采,鄱水西入湖汉。历陵,傅阳山,傅阳川在南,古文以为傅浅原。余汗,余水在北,至鄡阳入

湖汉。艾县，脩水东北至彭泽入湖汉，行六百六十里。赣县，豫章水出西南，北入大江。新淦，应劭曰：淦水所出，西入湖汉也。南城，盱水西北至南昌入湖汉。建成，蜀水东至南昌入湖汉。宜春，南水东至新淦入湖汉。雩都，湖汉水东至彭泽入江，行千九百八十里。南壄，彭水东入湖汉。安成，庐水东至庐陵入湖汉。

【解说】此2图互相衔接，从图四到图三横贯两图者是《经》、《注》的沔水，实即长江。图三自南而北迳彭蠡泽注入长江的是赣水。案卷三十九《赣水》，《经》"赣水出豫章南野县，西北过赣县东"《注》引《山海经》："赣水出聂都山，东北流注于江，入江彭泽西也。"又说："豫章水右会湖汉水，水出雩都县……湖汉水又西北迳赣县东、西入豫章水也。"聂都山绘于图四，注记"赣水"，湖汉水绘于图三，注记"湖汉水曰东江即贡水"。豫章水（注记"曰西江"）北流，两图据《注》文绘入各支流。最后经彭蠡泽（今鄱阳湖）入江。图据《注》详绘，很少遗漏。

由于与《水经注》一样，《水经》撰者也是北人，不谙南方河流，故有《庐江水》之篇。郦道元无法查实《水经》之误。《经》文说："庐江水出三天子都，北过彭泽西，北入于江。"郦氏其实找不到这条河流，所以写了长篇《注》文，却仅仅记叙了庐山风景瀑布，并不涉此水一语。晚清治郦名家杨守敬在其所撰《山海经汉志庐江水异同答问》（《晦明轩稿》上册）一文中，认为庐江水即今安徽省长江支流清弋江，无疑也是错误的。拙著《郦学札记》中有《庐江水》一篇，指出此水是一条并不存在的河流。拙文说："现在当然不能断定，郦道元当时是否已经知道《水经》庐江水是一条错误的并不存在的河流。按照他作《注》的通例，《经》文如有错误，《注》文总是随即纠谬。但于此水，他既不纠谬，却又避而不谈。说明不管他是否洞悉此水错误，至少他对庐江水是一无所知。"

图一旁注引《汉书·地理志》。彭泽、鄱阳、余汗、艾县、赣县、新淦、南城、建成、雩都、南壄诸县，均是豫章郡属县，豫章郡位于今江西省，郡治南昌，即今南昌市。所引安成县是长沙国属县，长沙国位于今湖南省北部，国治临湘，即今长沙市。

沔涔丹滠钧赣涢庐江白粉十水图（附滁水补）五、六

【旁注】《通鉴》百七十四注：安陆西五十里有漳水。沈括《笔谈》曰：清浊相糅者为章。章，文也，与涢合流，色理如蟠蝀，十里方混，非江汉睢漳之漳也。

《通鉴》百十三注：曲陵，后更为沙羡县治。

《通鉴》百七十五注：自汉口入二百里得涢口，又三百里得涢城，楚邑也，汉安陆县

居之。

班《志》：安陆县，横尾山在东北，《古文》以为倍尾。

班《志》：宜城县，故鄀。襄阳县，应劭曰：在襄水之阳。若县，楚昭王丧吴自郢徙此，后复还郢。竟陵县，章山在东北，《古文》以为内方山。郧乡，楚郧公邑。按如图，章山在西南矣。房陵，淮山，淮水所出，东至中卢入沔。

【解说】此2图互相衔接，图五南翼沙羡以东注记"江水"即长江。案卷二十八《沔水》，《经》"又南至江夏沙羡县北，南入于江"《注》："夏口亦曰沔口矣。"又卷三十五《江水》，《经》"又东北至江夏沙羡县西北，沔水从北来注之"《注》："江水又迳鲁山南，右翼际山也……山左即沔口矣。沔左有却月城。"此图系据《沔水》、《江水》这两条《注》文绘制。

卷二十八《沔水》，《经》"又东南过江夏云杜县东，夏水从西来注之"《注》："即堵口也，为中夏水……沔水又东合巨亮水口，水北承巨亮湖，南达于沔，沔水又东得合驿口。"同《注》又说："沔水又东，谓之横桑，言得昭王丧处也。沔水又东，谓之郑公潭。"又说："沔水又东得死沔。"又说："有溳水出竟陵郡新阳县西河池山……溳水又东南流注宵城县南大湖，又南入于沔水，是曰力口，沔水又东南，溳水入焉"。所有上列《注》文，图五都逐一详绘无漏。

溳水是卷三十一列篇的较大河流，成为图五所绘的沔水主要支流。《沔水》、《经》"溳水出蔡阳县"《注》："溳水出县东南大洪山，山在随县之西南，竟陵之东北"。由于纸幅不敷，溳水的这一上源绘于图六之中。溳水另外还有一源，即《经》"东南过随县西"《注》中的濜水和溠水，前者出于桐柏山，后者出于黄山，也因纸幅而绘于图六。

列入此图组的滶水，其实是溳水的东源，卷三十二《滶水》，《经》"滶水出江夏平春县西"《注》："滶水北出大义山，南至历乡西，赐水入焉，水源东出大紫山。"接着是《经》"南过安陆，入于溳"（《经》下无《注》）。图五绘入此水从发源到入溳的全部流程。

溳水接纳滶水后，在《溳水》、《经》"又南过江夏安陆县西"《注》中接纳随水、富水等支流，最后在《经》"又东南入于夏"《注》中"溳水又南分为二水，东通澨水，西入于沔"。

两图之中，图六显得内容繁复，图幅从西北到东南，绘了沔水及其大小支流的许多注记符号。西北始自柳子山、鸭湖，卷二十八《沔水》，《经》"又东过襄阳县北"《注》："沔水又东合檀溪水（案檀溪水绘在以下图八），水出县西柳子山下，东为鸭湖。"同《注》还有支流襄水。接着是《经》"又从县东屈西南，淯水从北来注之"《注》："襄阳城东有东白沙，白沙北有三洲，东北有宛口，即淯水所入也。"对于这条支流，由于以下尚有专图，所以图六仅绘入了此《注》提及的几处。图又据同《注》绘入了由白水（此白水非此图组列名的白水）和洰水为上源的支流洞水。在《经》"又东过中庐县东，维水出自房陵县维山，东流注之"《注》中，此图又按《注》绘入了浴马港、疎水，在《经》"又南过邔县北"《注》中，又按《注》绘入了支流木里水。《注》文对于邔县的桥梁（木兰桥）、陂池记叙很详，图也一一绘入。《经》"又南过宜城县东，夷水出自房陵，东流注之"《注》："夷水，蛮水也……夷水导源中庐康郎山，山与荆山相邻……夷水又东南与零水合，零水即洰水也。"图六在洰水（轵水）注记："此水俟考。"汪氏无法考证这条有夷水、洰水、零水、轵水等多个名称的河流。实际上是《经》、《注》的错误。此夷水及零水（洰水）很可能就是同卷已经记叙过的筑水。同卷《经》"又南过筑阳县东，筑水出自房陵县，东过其县南流注之"，这样，《水经》记载出自房陵（今湖北省房县）的河流，前后就有筑水和夷水两条，但从古今水道变迁形势考察，导源于房陵的河流，不可能有两条注入沔水的支流。汪氏显然对此煞费揣摩，最后仍无法考实，所以才作了"此水俟考"的注记。

此后，沔水在上述同《注》又接纳敖水和臼水，在《经》"又东过荆城东"《注》中，接纳权水和扬水。扬水是条较大支流，上源发自西京湖，沿途支流湖陂甚多，图据《注》逐一绘入无遗。然后在《经》"又东南过江夏云杜县东，夏水从西来注之"《注》中接纳中夏水，最后在《经》"又南至江夏沙羡县北，南入于江"《注》，即在图五所绘的沔水入江，上面已有说明。

此图图五旁注引《汉书·地理志》。安陆是江夏郡属县，江夏郡位于今湖北省中部、河南省南部，郡治西陵，在今新州县西。图六引《汉书·地理志》，宜城、襄阳、若县三县，均是南郡属县，南郡位于今湖北省西南部、四川省东部和湖南省的一部分，郡治夷陵，在今宜昌市东。所引竟陵是江夏郡属县。所引房陵是汉中郡属县，汉中郡位于今陕西省南部，湖北省西北部，郡治西城，在今安康市西。

沔涝丹潕钧赣泿庐江白粉十水图（附滁水补）七

【解说】此图衔接图六，所绘系夏水与长江交汇概况。夏水在《水经注》有专篇，列入卷三十二，但汪图没有专图，所以此图以夏水为主，算是一种补充。卷三十二《夏水》，《经》"夏水出江津于江陵县东南"《注》："江津豫章口东有中夏口，是夏水之首，江之汜（汪作"沱"）也。"卷三十五《江水》，《经》"又东至华容县西，夏水出焉"《注》："江水左迤为中夏水，右则中郎浦出焉。江浦右迤，南派西屈，极水曲之势，世谓之江曲者也。"此图据此两条《注》文,绘入江、夏交汇关系。

　　此图北缘,有一条连点而成的符号,西起灵溪戍,东到江堤,注记"方城"。见于卷三十一《沘水》,《经》"沘水出沘阳县西北扶予山,东过其县南"《注》:"盛弘之云:叶东界有故城,始犨县东,至潕水,达比阳界,南北联联数百里,号为方城,一谓之长城。"《注》文中对此方城还有许多记叙,如"楚国,方城以为城,汉水以为池"。此图因此重视这项记叙,特加标注。

沔淯丹滽钧赣溳庐江白粉十水图(附滁水补)八

　　【解说】此图也衔接图六。其东南隅在图六中已经绘入,是沔水中游的一段。卷二十八《沔水》,《经》"又南过穀城东,又南过阴县之西"《注》:"沔水东迳穀城南而不迳其东矣,城在穀城山上。"又说:"沔水又东南得洛溪口,水出县西北集池陂。"又《经》"又南过筑阳县东,筑水出自房陵县,东过其县南流注之"《注》:"沔水又南,汎水注之。"又说:"沔水又南迳阙林山东……沔水又南迳筑阳县东,又南,筑水注之。"又《经》"又东过山都县东北"《注》:"沔水北岸数里有大石激,名曰五女激。"此图所绘即此一段,所以注记符号比较简单。

沔淯丹滽钧赣溳庐江白粉十水图(附滁水补)九、十

　　【旁注】班《志》:丹水县,丹水出上雒冢领山,东至析入钧。密阳乡,故商密也。师古曰:钧亦水名。

　　郦云:汎水出梁州阆阳,东迳巴西,历巴渠北新城上庸,东迳汎阳南、学城南,东注沔,曰汎口。按此水无考。

　　班《志》:筑阳县,故穀伯国,应劭曰:筑水出汉中房陵,东入沔。房陵,有筑水,东至筑阳入沔。

　　班《志》:上雒县,甲水出秦岭山,东南至锡入沔,过郡三,行五百七十里。

　　班《志》:旬阳,北山,旬水所出,南入沔。锡县,师古曰:即《春秋》所谓锡穴。

　　【解说】此2图互相衔接,承上图八。从图十到图九,自西而东的主要河流是沔水。图十始于支流直水,在直城南注入沔水。见卷二十七《沔水》,《经》"又东过成固县南,又东过魏兴安阳县南,涔水出自旱山北注之"《注》:"汉水又东合直水,水北出子午谷岩岭下。"从此东流,经千渡、虾蟆颔、汉阳、沔口、彭溪、龙灶(汪均加"滩"字)而到

鱼脯谷口（汪亦加"滩"字），继续东流，在《经》"又东南过西城县南"《注》中，沿流又历鲸滩，经大势、月谷口（汪作"坂"）而达鳢湍（汪"鳢"误"鲸"，并加"滩"），东与旬水（汪作"洵"）"会合，又东与育溪（汪作"淯"）会合，再东流而会合甲水。甲水是条较大的支流，图按《注》详绘此水的上源及各支流。东流又历龙渊而到白石滩。图十止于此。

图九始于长利谷及姚方，也都在上述同《注》之中。接着，沔水与粉水会合，粉水是条小河，但《水经注》卷二十九有此专篇，汪图也列名图组。《粉水》，《经》"粉水出房陵县，东流过郢邑南"《注》："粉水导源东流，迳上粉县，取此水以渍粉，则皓耀鲜洁，有异众流，故县、水皆取名焉。"又《经》"又东过穀邑南，东入于沔"《注》："粉水至筑阳县西，而下注于沔水，谓之粉口。"但据卷二十八《沔水》，《经》"又东过堵阳县，堵水出自上粉县，北流注之"《注》中所说，粉口是粉水注入堵水之处，堵水北流至堵口才注入沔水，图九则据此两处《注》文，把粉口与堵口均绘入图中。又按《沔水》同《注》，绘入涝滩和净滩。又按《经》"又东过郧乡南"《注》，绘入郧乡滩和琵琶谷口。沔水东流，图九按《经》"又东北流，又屈东南，过武当县东北"《注》，绘入沧浪洲、伥子潭、石碛洲和南流入沔的支流平阳川水以及北流入沔的支流曾水。《经》"又东南过涉都城东北"《注》："均水于县入沔，谓之均口也。"此均水，汪图作钧水，吴琯本及何焯本都作沟水。我在《水经注·沔淮之水》（台湾古籍出版有限公司2002年出版）的卷二十九《题解》中说："均水，现不知是何水。《水经注疏》在此篇下按云：《通鉴》齐永元元年注引此亦作'浙'，说见《丹水》篇。《汉志》析县下无钧水，而丹水下有水东至析入钧之文，知本有钧水也。然诊其川流，除《汉志》卢氏之育水外，别无可以当钧水者，故《水经》于浙县变称均（《书》'厥罪惟钧'，钧、均同）水以通之，而郦氏遂于下文明揭之。杨守敬在此所说的'郦氏于下文明揭之'，指《均水》，《经》文'又南当涉都邑北，南入于沔'之下的《注》文说：'均水又南流注于沔水，谓之均口者也。故《地理志》谓之淯水，言熊耳之山，淯水出焉'。说明郦道元和杨守敬都同意《汉书·地理志》之说，认为《水经》均水，就是淯（育）水。但《汉书·地理志》、郦道元和杨守敬等的看法，或许也值得商榷。按行政区划的设置来看，唐朝才在今陕西白河和湖北均县之间的汉江两岸地区设置均州（包括今郧西、郧县、十堰等地）。《水经》既已有均水，说明唐代的均州之名是因均水而来。从地理位置来看，淯水是今唐白河水系的河流，距均州甚远，而且《水经注》别有《淯水》篇，所以均水绝不可能是淯水。据《水经》'均水出析县北山'，《注》文说：'县即析县之北乡，故言出析县之北山也。'按南朝齐的析阳郡，在今河南省西峡县，正是淅川沿岸之地，所以均水应为现在的淅川。"

上述对于均（钧）水的错误，是根据水道形势而提出的，汪图则完全根据《注》文绘制,所以按《注》并无错误。包括另一条图组列名的丹水,卷二十《丹水》,《经》"丹水出京兆上洛县西冢岭山"及《经》"又东南过商县南,又东南至于丹水县,入于均。"图九据此两条《经》文下的《注》实绘,所以对于郦注来说,汪图无讹。

此图南缘尚有汎水和筑水上源,均承图八。

此图图九旁注引《汉书·地理志》。丹水,是弘农郡属县,弘农郡位于今河南省西部和陕西省东南部,郡治弘农,在今灵宝县以北。所引筑阳是南阳郡属县,南阳郡位于今河南省西南部及湖北省西北部,郡治宛县,即今南阳市。图十旁注引《汉书·地理志》。上雒是弘农郡属县,引旬阳是汉中郡属县。

图九旁注引郦注:"汎水出梁州阆阳东迳巴西"句,汪氏案"此水无考"。案此句在卷二十八《沔水》,《经》"又东南过筑阳县东,筑水出自房陵县,东过其县南流注之"《注》中。赵一清《水经注释》认为:"按《寰宇记》房川、房陵县下引《水经注》,汎水作筑水,汎口作筑口。"

沔涔丹澝钧赣涢庐江白粉十水图(附滁水补)十一、十二

【旁注】班《志》:安阳,鸒谷水出西南,北入汉,在谷水出北,南入汉。西城,应劭曰:《世本》:妫虚在西北,舜之居。

班《志》:南郑,旱山,池水所出,东北入汉。沔阳,应劭曰:沔水出武昌,东南入江,如淳曰:此方人谓汉水为沔水。按昌当作都。武都,应劭曰:故白马氐羌,东汉水受氐道水,一名沔,过江夏谓之夏水,入江。天池大泽在县西,师古曰:以有天池大泽,故谓之都。河池,泉街水南至沮入汉,行五百二十里,师古曰:《华阳国志》:一名仇池,地方百顷。沮县,沮水出东狼谷,南至沙羡南入江,过郡五,行四千里,荆州川。

【解说】此图衔接图十,2图互相衔接,所绘为沔水上游。

图十二据卷二十七《沔水》,《经》"沔水出武都沮县东狼谷中"《注》:"沔水一名沮水……导源南流,泉街水注之。"又据卷二十《漾水》,《经》"漾水出陇西氏道县嶓冢山,东至武都沮县为汉水"《注》:"故道水南入东益州之广业郡界,与沮水枝津合,谓之两当溪水,上承武都沮县之沮水渎,西南流,注于两当溪。"图据此注记:"两当溪水通沮水枝津。"

图据《沔水》同《注》,逐一绘入南北支流,其中以褒水为源远流长。图十二所绘至《经》"东过郑县南"《注》中的长柳渡而止。

图十一始于同《注》磐余水,并高桥溪及黑水。至《经》"又东过成固县南,又东过

魏兴安阳县南,洛水出自旱山北注之"《注》:"洛水出西南而东北入汉。"洛水在《水经注》卷三十二有专篇,故汪氏亦以此水入图组,但洛水究是何水,即郦氏本人恐亦不甚了了,我在拙著《水经注·沔淮之水》卷三十二《洛水》的《题解》中说:

"洛水在卷二十七《沔水》篇中已见于《经》文:'(沔水)又东过成固县南,又东过魏兴安阳县南,洛水出自旱山北注之。'这条经文之下,《注》文长达1500余字,但对于洛水,郦道元除'洛水出西南而东北入汉'一句外,没有其他任何解释。现在,卷三十二中洛水专立一篇,《经》文仍说:'洛水出汉中南郑县东南旱山,北至安阳县,南入于沔。'郦道元对它的解释比《沔水》篇为多,如'洛水即黄水也','(成固)城北水旧有桁,北渡洛水','黄水右岸有悦归馆,洛水历其北','洛水北至安阳,左入沔,为洛水口也'。案魏晋安阳县在今陕西石泉县南,在这一带却找不到可以和洛水或称黄水相当的河流。郦道元在《沔水》篇和《洛水》篇中,只字不提《水经》两度指出的洛水发源地旱山。熊会贞在《水经注疏》的《沔水》篇中作了一条按语:'郦氏置旱山不论,隐有不从《经》文之意,正其矜慎处。'所以郦道元对《水经》洛水不可能是存在怀疑的。现在的地图上,在西乡、石泉两县间,汉江的较大支流有牧马河和泾洋河,是否《水经》洛水,不得而知。"

图十一按同《注》至沔水支流洋水入沔的城阳水口而止。

此图图十一旁注引《汉书·地理志》。安阳、西城两县,均是汉中郡属县。图十二引南郑、沔阳两县,亦是汉中郡属县。所引武都、沮县两县,均是武都郡属县,武都郡位于陕西省西南部和甘肃省东部,郡治武都,在今甘肃省西和县以南。

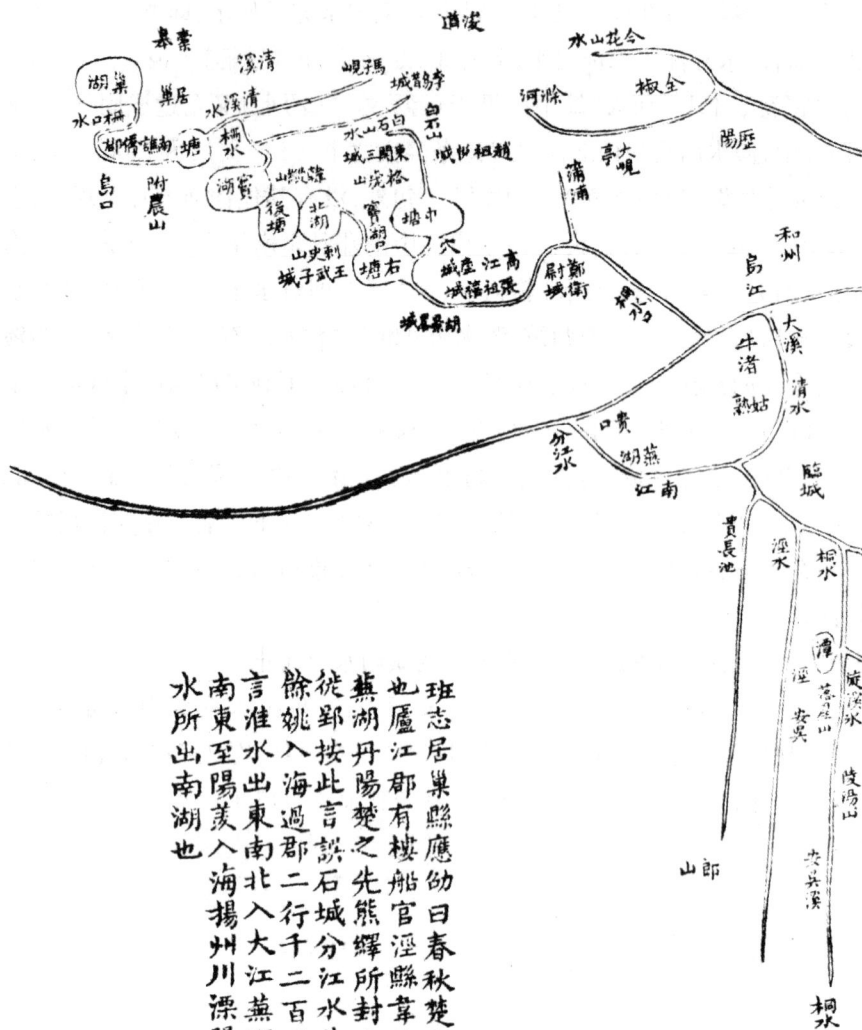

班志居巢縣應劭曰春秋楚人圍巢巢國
也廬江郡有樓船官涇縣韋昭曰涇水出
蕪湖丹陽楚之先熊繹所封十八世文王
從郢按此言誤石城分江水首受江東至
餘姚入海過郡二行千二百里陵陽桑欽
言姚入海南北入大江蕪湖中江出西
南至陽羡入海揚州川溧陽應劭曰溧
水所出南湖也

沔涔丹澴钧赣湏庐江白粉十水图（附滁水补）二

沔浕丹澺钧赣涢庐江白粉十水图(附滁水补)一

史 水修

建昌 水上漅
吴新

东祭 曹蔡 成迣
水渊
舂宁

獲安 水庐
成安 軟南
嶺庚大 水彭
山都厛 水镜

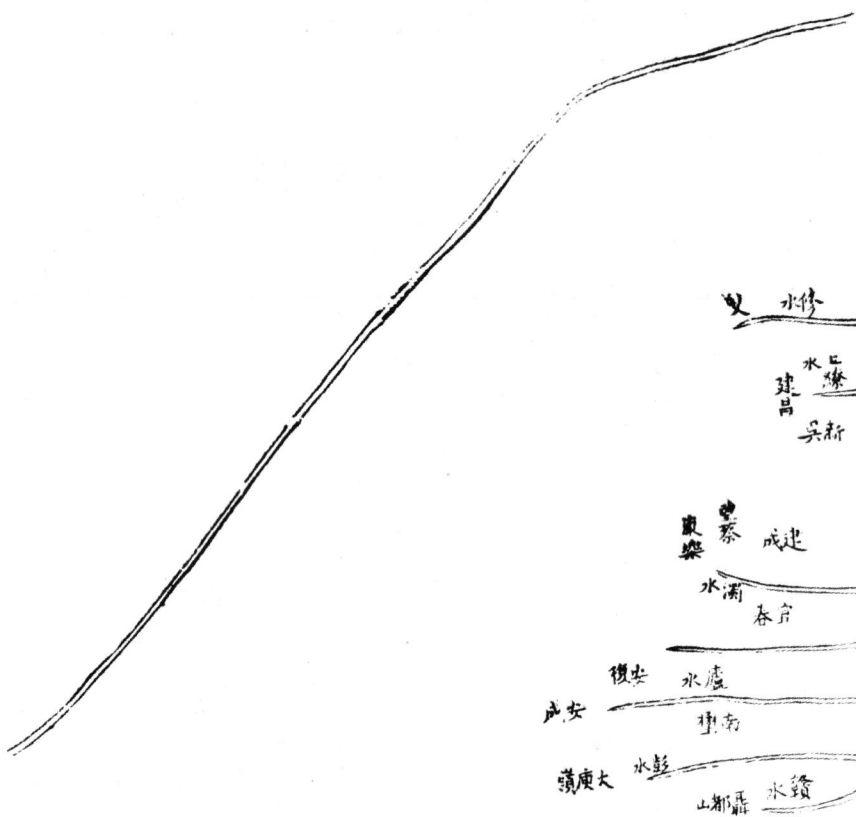

沔溳丹潥钧赣涢庐江白粉十水图(附滁水补)四

班志彭泽禹贡彭蠡泽在西鄙阳武阳

乡右十馀里有黄金采郡水西入湖汉

历陵傅阳山傅阳川在南古文以为傅

浅原馀水东北至彭泽入湖汉行六百六

县脩旸曰淦水所出西南入湖汉也南城

十里赣县豫章水出西南北入大江新

淦水西北至南昌入湖汉建成蜀水东

肝水西北至南昌入湖汉宜春南水东至

至南昌都湖汉零都水东至彭泽入江行千

九百八十里南垫彭水东入湖汉安成

庐水东至庐陵入湖汉

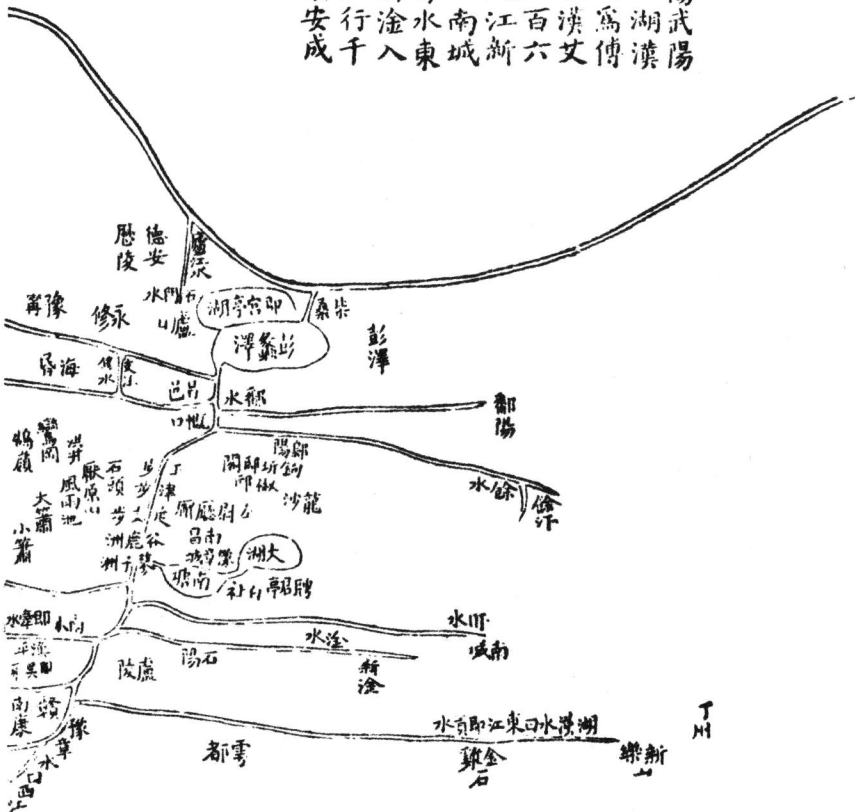

沔涔丹漻钩赣洭庐江白粉十水图（附滁水补）三

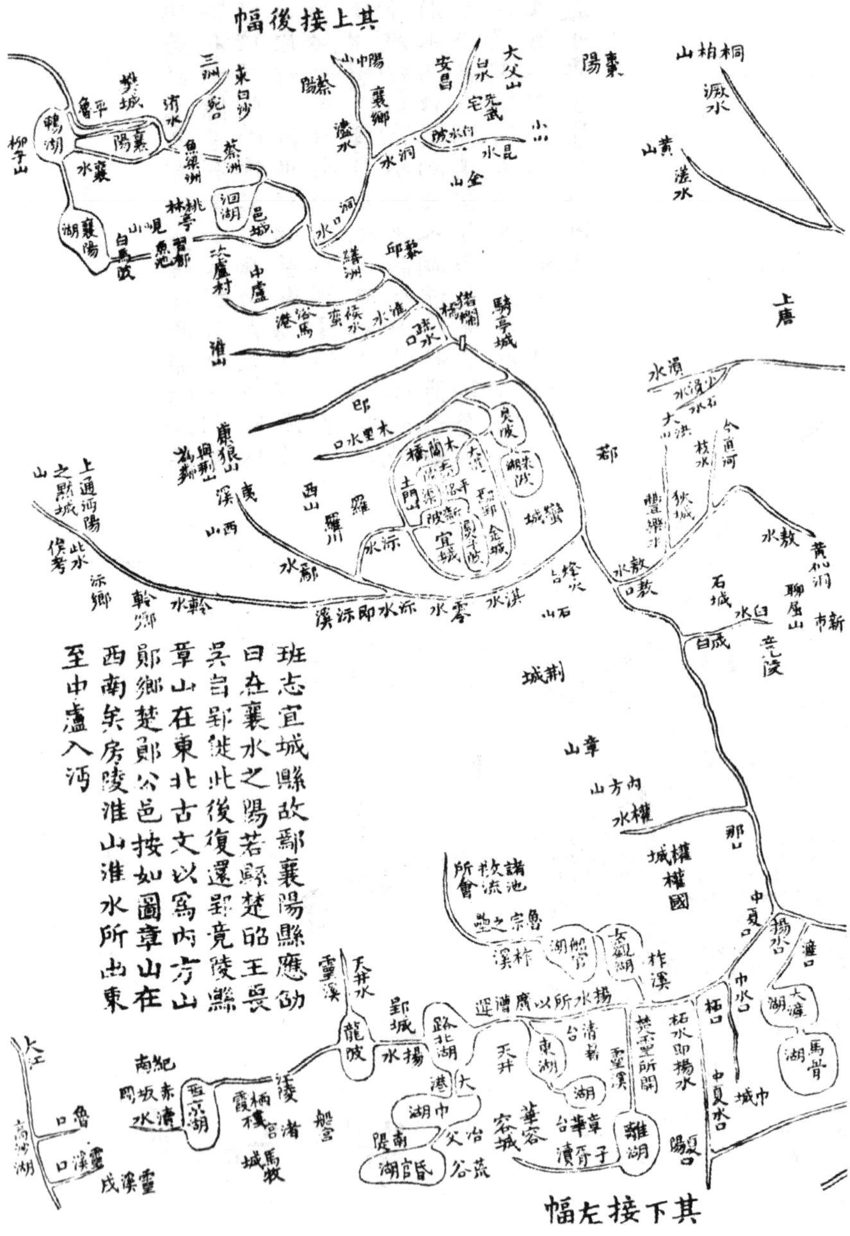
其上接後幅
班志宜城縣故鄢襄陽縣應劭曰在襄水之陽若鄀楚昭王畏吳自郢徙此後復還郢竟陵縣章山在東北古文以爲内方山鄖鄉楚鄖公邑按如圖章山在西南矣房陵淮山淮水所出東至中盧入沔
襄陽
桐柏山
上唐
荊城
章山
其下接左幅

沔涔丹滶钧赣涢庐江白粉十水图(附滁水补)六

沔涔丹澪钧赣涢庐江白粉十水图（附滁水补）五

沔涔丹滠钧赣涢庐江白粉十水图（附滁水补）八

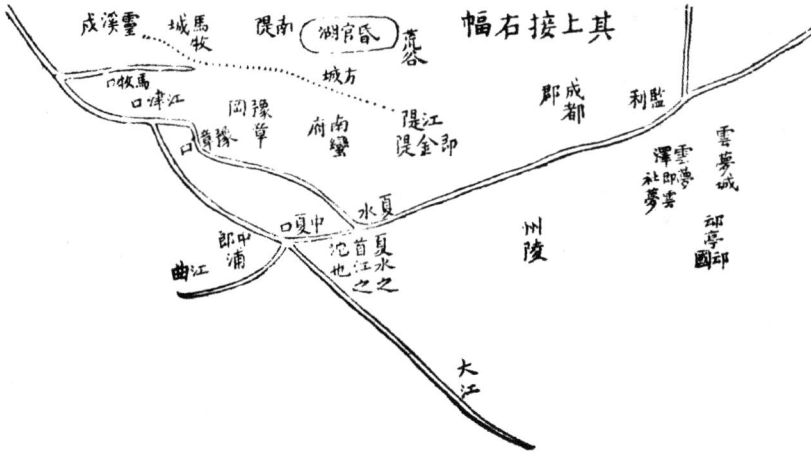

沔涔丹滠钧赣浈庐江白粉十水图（附滁水补）七

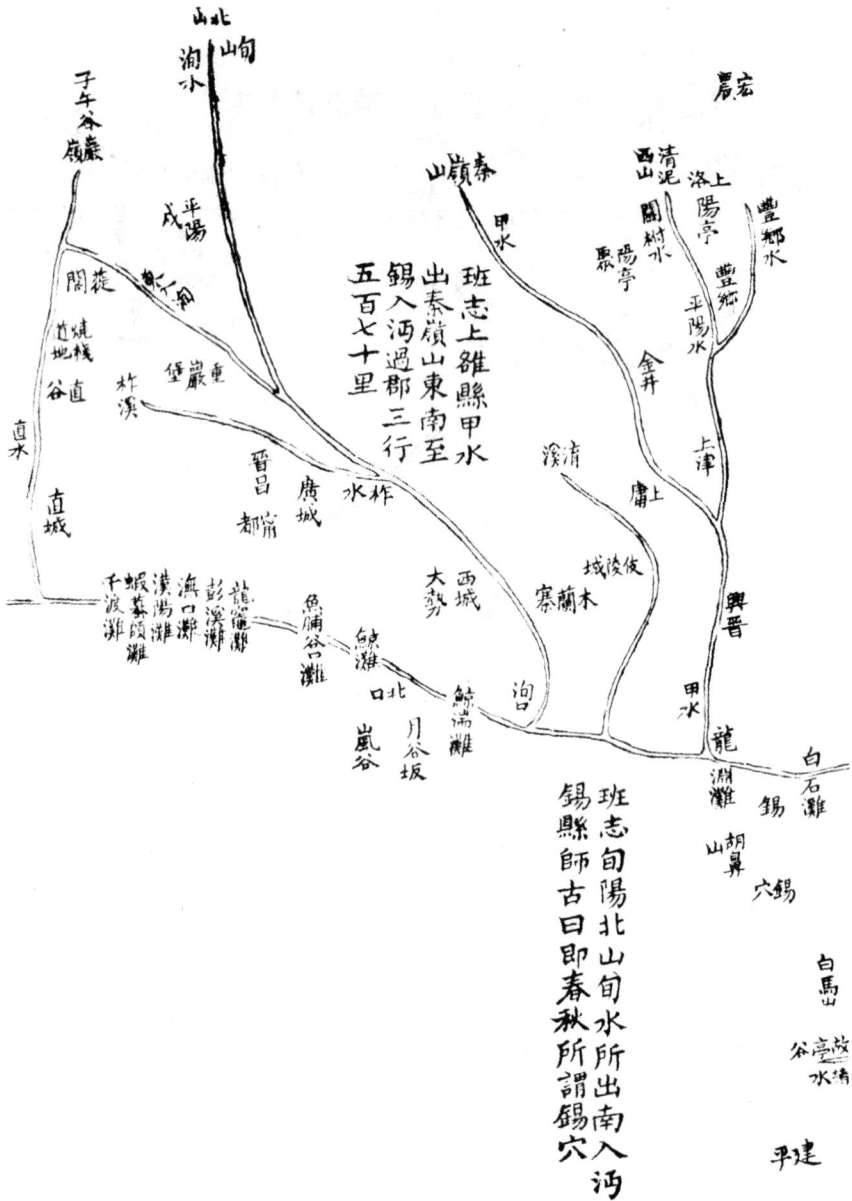

沔涝丹澇钧赣湨庐江白粉十水图(附滁水补)十

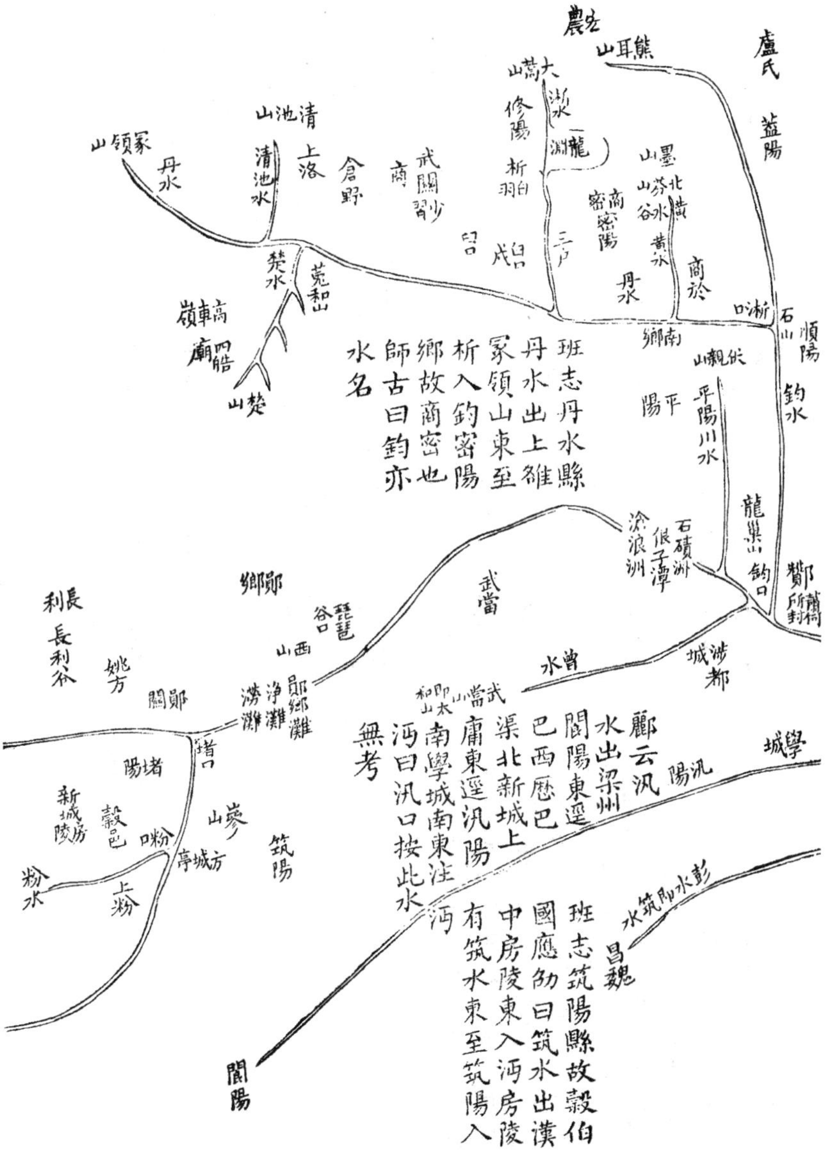

農夫

山耳熊

盧氏　藍陽

大淅山　修陽
淅渊　析羽

山池清　上洛
清池水

山嶺冢　商野　武開郊　丹水
丹水　　倉野　　商密

山墨谷水　黄浈
密　高陽　商密

丹水

商於

口淅　石山　順陽

钧水

嶺軒高臨嶒
楚山
荒和山
楚水
莞和山

水師故鄉古曰钧亦

班志丹水出上雒縣
丹水出密陽山東至

鄉南
陽平　山巘攸
平陽川水

龍巣山　钧口

鄙縣桐析

很子潭　石磧洲
滄浪洲

鄉郇
山西谷　琵琶谷
郇鄉灘　净灘

武當

曾水

淅都

城學　陽汎

利長　長利浴
姚方　關郇

筑陽
筑陽亭城
山穇

郎口　堵陽
殻邑
嘍口粉
上粉

新城陵房
粉水

無考

廳云汎　水出梁州
閻陽水出梁州東遂

筑陽水彭水
昌魏

關陽

當山　柤山
武　渠北新城上
庸東遂汎陽
南學城南東注沔
沔曰汎口按此水

班志筑陽縣故穀伯國應劭曰筑水出護中房陵東入沔有筑水東至筑陽入沔

漾水圖
兩當水以西見

仇池水

斜谷口　太白山　火出長安
小嶺街
褒水　門　五大
赤崖　故道棧
三交

武都
氐都武

丙穴　丙水
門口
女溪
砂　小宛

漖水　山北　清檢
橋　濁平陽
黄沙　中
武庄苓
沮陽
度口水　黄沙水
女郎山
溫泉水　女郎水
褒中都尉
萬石堆
漢廟堆
城　長柳渡
鄭南
廉川
廣水
顏巴

兩棠
故道水　北川水　廉香川水　尚褒山水　黄庐山水
河池
濁水
氐當溪水交津
水通沮
泉街水
嶱狼谷　嶱山
沮水
戍沮
獻咎
城郭　張
白馬戍

塗水口
武庅塁
小城
水洛　西樂　容裘溪水　山南
嶺巴

班志南鄭旱山池水所出東北入漢沔陽應
劭曰沔水出武昌東南入江如淳曰此方人
謂漢水爲沔水按昌當作都武都應劭曰故
白馬氐羌東漢水受氐道水一名沔過江夏
謂之夏水入江天池大澤在縣西古曰沮以
有天池大澤故謂之都河池泉街水南至沮
入漢行五百二十里師古曰華陽國志一名
仇池地方百頃沮水出東狼谷南至沙
羨南入江過郡五行四千里荆州川

沔淯丹潕釣贛涢庐江白粉十水图（附滁水补）十二

沔浕丹澮钧赣浈庐江白粉十水图（附滁水补）十一

湍泚淯三水图

湍泚淯三水图一、二

【旁注】班《志》：比阳,应劭曰:比水所出,东入蔡。按比即泚。

班《志》：复阳县,故湖阳乐乡,应劭曰:在桐柏下复山之阳。湖阳县,故廖国也。春陵县,故蔡阳白水乡。上唐乡,故唐国。朝阳县,应劭曰:在朝水之阳。邓县,故邓国。随县,故国。厉乡,故厉国。平氏县,《禹贡》大复山在东南,淮水所出,东南至淮陵入海,过郡四,行三千二百四十里,青州川。

班《志》：郦县,育水出西北,南入汉。

班《志》：卢氏县,育水南至顺阳入沔,又有湝水,东南至鲁阳,亦入沔,皆过郡二,行六百里。育阳县,应劭曰:育水出宏农卢氏,南入于沔。

班《志》：析县,黄水出黄谷,鞠水出析谷,俱东至郦入湍水,师古曰:鞠水即今所谓菊潭也。博山县,故顺阳,应劭曰:在顺水之阳。棘阳,应劭曰:在棘水之阳。朝阳,应劭曰:在朝水之阳。涅阳,应劭曰:在涅水之阳。宛县,故申伯国,有屈申城,县南有北筮山。育阳,有南筮聚。

【解说】此图组共图2幅,互相衔接。湍水和比水(汪作"泚")在《水经注》卷二十九,淯水在卷三十一。湍水是淯水支流,清水属于今河南南阳盆地南流的唐白河水系。

而比水（殿本等作"比水"，大典本等作"泚水"，汪从大典本）也属这个水系，所以三水合为一个图组。不过上面以沔水为首的十水图组中，列有白水之名而未绘白水，此白水其实也属这个水系，此图已绘入。所以前面十水图组中列白水之名，当是汪氏的疏忽。

图一南翼绘上一段沔水，这是因此图组中三水均以沔水为归宿之故。三水之中，最大的是淯水，上源及其支流绘于图二，《淯水》《经》"淯水出弘农卢氏县支离山，东南过南阳西鄂县西北，又东过宛县南"《注》："淯水导源东流，迳郦县故城北，郭仲产曰：郦县故城在支离山东南。"此处支离山，大典本《水经注》、朱谋㙔《水经注笺》等各本均作攻离山，汪氏亦作攻离山。淯水上源以南，是其支流洱水（肆水）的上源。同《注》："洱水又东南流注于淯水，世谓之肆水……熊耳之山出三水，洱水其一也。"洱水以南，图二按同《注》绘入了淯水的又一支流梅溪水："淯水又南，梅溪水注之，水出县北紫山南。"洱水与梅溪水入淯之处，均在图一。

图二南翼是图组列名的湍水，《湍水》，《经》"湍水出郦县北芬山，南流过其县东，又南过冠军县东"《注》："湍水出弘农界翼望山，水甚清澈……湍水又南，菊水注之，水出西北石涧山芳菊溪……菊水东南流入于湍。"同卷《经》"又东过白牛邑南"《注》中，湍水又接纳支流涅水："湍水东南流，涅水注之，水出涅阳县西北之岐棘山东南。"图据《注》实绘。湍水上源以南，图二绘入了淯水的另一支流朝水，《淯水》，《经》"又南过新野县西"《注》："城西傍淯水，又东与朝水合（淯水合朝在图一），水出西北赤石山，而东南迳冠军县界，地名沙渠。"

上述图二所绘的淯水、洱水、梅溪水、湍水、朝水，都在图一注入淯水，而首先是图一所示北流而南的鲁阳关水。《淯水》首条《经》文下的《注》文说："又东，鲁阳关水注之，水出鲁阳关南分水岭。"图一所绘，除了来自图二的各水入淯外，淯水干流自北而南，沿途所经，亦均按《注》详绘。

图一之中，注记符号特多的是图组列名的比水（汪作"泚"），对于比水。我在所校简化字本《水经注》（浙江古籍出版社 2001 年出版）的《比水》下注释："比水今称唐河，按今天的地图核对，《经》文和《注》文都无不符之处。但《经》文中有一句'泄水从南来注之'的话，郦道元在《注》文中指出并无此水，是《经》文误引了寿春的泚泄。郦道元曾于北魏延昌四年（515）出任过东荆州刺史，在这个地区作过实地考察，所以不致有误。"

卷二十九《比水》，《经》"比水出比阳县东北太胡山，东南流过其县南，泄水从南来注之"《注》："太胡山在比阳北如东三十余里。……应劭曰：比水出比阳县，东入蔡。《经》云：泄水从南来注之，然比阳无泄水，盖误引寿春之泚泄耳。余以延昌四年，蒙除

班志盧氏縣
育水出西北
南入漢

班志盧氏縣育水南至順
陽入沔又有湔水東南至
魯陽亦入沔皆過郡二行
六百里育陽縣應劭曰育
水出宏農盧氏南入于沔

今嵩

盧氏

攻雞水清

熊耳山　　水淄即米沚川　房陽

雉

百章鄉

梅水　溪

紫山　呂城　杜衍

翼望山

芳菊北山

石澗山

芳菊溪水

水淵　酈

楚嶋

赤石山　朝水　沙泉

寇軍

歧糟山

嶋

港卑波

涅陽水

魏武城　女眾

白牛邑

六門堨

穰陂　苑氏

樊氏阪

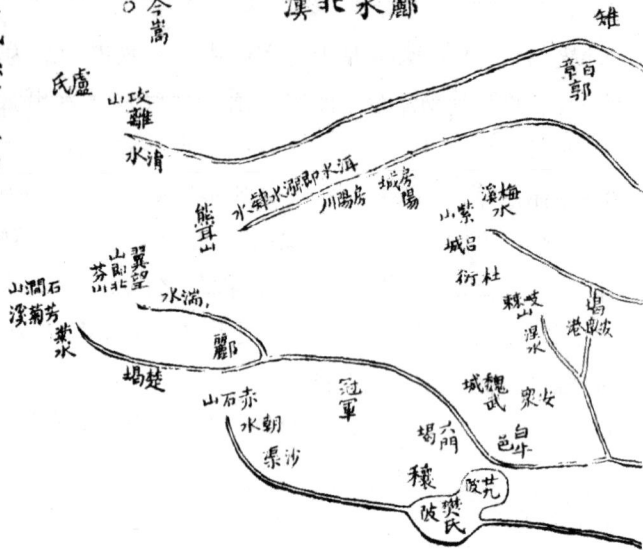

班志析縣黃水出黃谷鞠水出析谷俱東至酈
入湍水師古曰鞠水即今所謂鞠潭也博山縣
故順陽應劭曰在順水之陽棘陽應劭曰在棘
水之陽朝陽應劭曰在朝水之陽涅陽應劭曰
在涅水之陽宛縣故申伯國有屈申城縣南有

北筮山育陽有南筮聚

湍沘淯三水图二

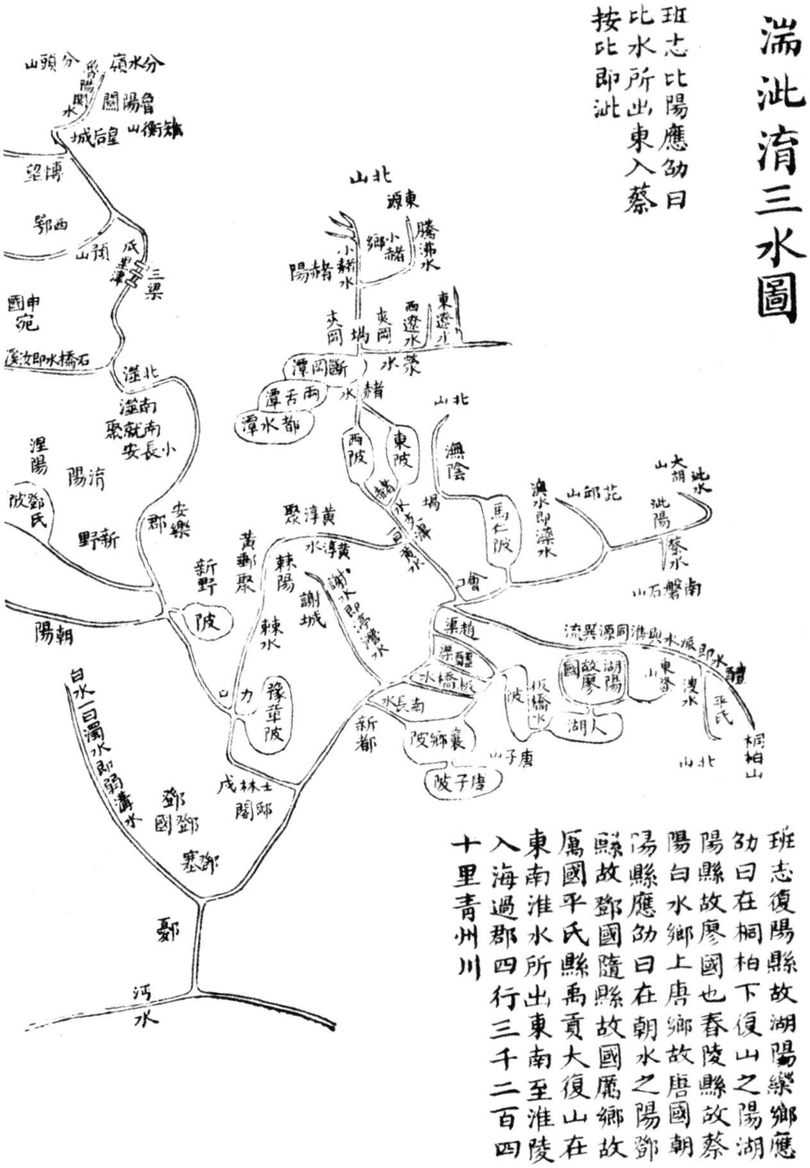

湍沘淯三水圖
班志比陽應劭曰
比水所出東入蔡
按比即沘
班志復陽縣故湖陽鄉應
劭曰在桐柏下復山之陽湖
陽縣故蓼國也舂陵縣故蔡
陽白水鄉上唐鄉故唐國朝
陽縣應劭曰在朝水之陽鄧
縣故鄧國隨縣故國厲鄉故
厲國平氏縣禹貢大復山在
東南淮水所出東南至淮陵
入海過郡四行三千二百四
十里青州川
博望
西鄂
淯陽
涅陽
新野
朝陽
安樂
棘陽
謝城
豫章陂
新都
唐子陂
馬仁陂
北山
東源
西陂
東陂
蔡水
桐柏山
鄧
沔水

湍沘淯三水图一

东荆州刺史,州治比阳县故城,城南有蔡水,出磐石山,故亦曰磐石川,西北流注于比,非泄水也。"汪氏显然重视郦道元亲自所见,故图上已不绘泄水。比水除了其太胡山正源外,同《注》尚有出于桐柏山的醴水(派水),支流与湖陂相间,图均据《注》详绘。最后在《经》"又西至新野县,南入于淯"《注》中:"西南流于新野县,与板桥水合,西南注于比水,比水又西南流,注于淯水也。"

图一所绘,其实还有比水的另一支流堵水(殿本作"堵",汪据别本作"赭"),《淯水》,《经》"又南过新野县西"《注》:"堵水出棘阳县北山,数源并发,南流迳小堵乡,谓之小堵水……东源方七八步,腾涌若沸,故名之沸腾水,南流迳于堵乡,谓之堵水。"同《注》最后说明此水"东南至会口入比"。图均按《注》细绘,包括堵水在会口入比在内。

前已指出在以沔水为首的十水图组中列名而不见的白水,绘入于此图组中的图一,《淯水》,《经》"南过邓县东"《注》:"淯水右合浊水,俗谓之浊沟水,水上承白水于朝阳县。"《白水》在卷二十九自成一篇,该篇《经》"白水出朝阳县西,东流过其县南"《注》:"应劭曰:县在朝水之阳,今朝水迳其北,而不出其南也。盖邑郭沦移,川渠状改,故名旧传,遗称在今也。"所以图虽据《注》而绘,而其实郦氏本人也不知白水所在。我在《水经注·沔淮之水》的《题解》中说:

"白水,《水经》说'白水出朝阳县西,东流过其县南',又说'又东至新野县南,东入于淯'。所以按《水经》,白水也是淯水的支流之一。三国魏朝阳县,在今河南省新野县西南,郦道元在《水经注》中已经说不清这条河流,只是说:'邑郭沦移,川渠状改,故名旧传,遗称在今也。'从今天的地图上看,在新野县附近西南注入白河(《水经注》淯水)的支流不少,例如刀河即是其中之一,但无法肯定哪一条是古代白水。"

此图图一旁注引《汉书·地理志》。比阳、复阳、湖阳、春陵、随县、平氏诸县,均是南阳郡属县。图二旁注所引郦县、育阳、博山、棘阳、朝阳、涅阳、宛县诸县,也均是南阳郡属县。所引卢氏、析县两县,均是弘农郡属县。

淮决沘泄肥施六水图

淮决沘泄肥施六水图一、二

【旁注】班《志》:徐故国,盈姓,至春秋时,徐子章禹为楚所灭。淮浦,游水北入海。射阳,应劭曰:在射水之阳。高山,应劭曰:高山在东南。下相,应劭曰:相水出沛国,故加下。

班《志》:广陵,江都易王非、广陵厉王胥,皆都此。并得鄣郡,而不得吴。江都,有江水祠,渠水首受江,北至射阳入湖。

【解说】此图组共图5幅。6水之中,淮水在《水经注》卷三十单独成卷,其余5水均在卷三十二。5水之中,除施水是长江水系河流外,其余均是淮水支流。

图一、图二互相衔接,两图南翼横贯西东者为长江,北翼横贯西东而曲折者为淮水。图二所绘连接江、淮的河流湖泊,包括注记"吴人所穿"的邗沟(即今大运河的一段),是淮水入江之道。此图西缘从涣水入淮东迤到泗水入淮(泗水口),已见于《渠阴沟汴获睢五水图》一,泗水入淮以东的注记符号见于卷三十《淮水》,《经》"又东过淮阴县北,中渎水出自白马湖,东北注之"《注》:"淮水右岸即淮阴也,城西二里有公路浦。"公路浦以东,同《注》从南至北,记叙了沟通江淮的河湖:"昔吴将伐齐,北霸中国,自广陵城东南筑邗城,城下掘深沟,谓之韩江,亦曰邗溟沟,自江东北通射阳湖,《地理

志》所谓渠水也。西北至末口入淮。"同《注》又说："中渎水自广陵北出武广湖东、陆阳湖西,二湖东西相值五里,水出其间,下注樊梁湖,旧道东北出,至博芝、射阳二湖,西北出夹邪乃至山阳矣。至永和中,患湖道多风,陈敏因穿樊梁湖北口,下注津湖迳渡,渡二十里方达北口,直至夹邪……自广陵出山阳白马湖,迳山阳城西,即射阳县之故城也。"从《注》文说明,邗沟以北沟通江淮的这条水道称为中渎水,图二据《注》绘得十分详细。图一注记"淮水分支为游水",见《淮水》,《经》"又东至广陵淮浦县,入于海"《注》:"淮水于县枝分,北为游水,历朐县与沭合……东北海中有大洲,谓之郁洲。"图一的注记符号十分简单,因为《注》文所叙仅此。

此图图一旁注引《汉书·地理志》。徐县、淮浦、射阳、高山、下相诸县,均是临淮郡属县,临淮郡位于今江苏省北部及安徽省东部的一部分,郡治徐县,在今江苏省泗洪县以南。图二所引江都是广陵国属县,广陵国位于今江苏省高邮湖一带,国治广陵,在今扬州市北。

淮决沘泄肥施六水图三、四

【旁注】班《志》:合肥县,应劭曰:夏水出父城,东南至此与淮合,故曰合肥。按应说误,所言乃夏肥水也。曲阳县,应劭曰:在淮曲之阳。如应言,在淮北也。当涂县,应劭曰:禹所取涂山侯国也,有禹虚。钟离县,应劭曰:钟离子国。寿春邑,楚考烈王自陈徙此。九江郡,有陂官、湖官,指芍陂也。

班《志》:庐江郡,金兰西北有东陵乡,淮水出,庐江出陵阳东南,北入江。应劭曰:故庐子国。按班氏说误。淮当作灌。六县,故国,皋繇后,偃姓,为楚所灭,如谿水首受沘,东北至寿春入芍陂。蓼,故国,皋繇后。安丰,《禹贡》大别山在西南。

班《志》:弋阳县,应劭曰:弋山在西北,故黄国,今黄城是。灊县,天柱山在南,沘山,沘水所出,北至寿春入芍陂。雩娄县,决水北至蓼入淮,又有灌水,亦北至蓼入决,过郡二,行五百一十里。

【解说】此2图互相衔接。图四始于慎水入淮,见卷三十《淮水》,《经》"又东过新息县南"《注》:"淮水又东合慎水。"淮水东流,在同《注》中会合申陂水、窒水、申陂枝水、青陂水、黄水。在下一条《经》文"又东过期思县北"《注》中会合淠水(白鹭水)。在《经》"又东过庐江安丰县东北,决水从北来注之"《注》中会合谷水、决水:润水、穷水(安风水)、安风津(安风水、安风津,殿本作"风",汪据别本作"丰")。上列支流中,决水是列名图组的河流之一,此图据卷三十二《决水》,《经》"决水出庐江雩娄县南大别山"《注》,绘入其上源檀公岘和大别山,又据同卷《经》"又北过安丰县东"《注》绘入其支流灌水、阳泉水,最后据同卷《经》"又北入于淮",绘此水从决口入淮。淮水东流,同卷《经》"又东北至九江寿春县西,沘水、泄水合北注之。又东,颍水从西北来流注之"《注》中,会合沘口、中阳渡和颍口。《注》文不言颍水,因颍水已在卷二十二设篇,汪图也已另有图组,图四止于此。

　　图四所绘的淮水南诸支流中,沘口是沘水入淮之处,沘水是图组列名的河流,此图据卷三十二《沘水》,《经》"沘水出庐江灊县西南霍山东北"《注》,绘其发源,并据此《注》"沘字或作淠,淠水又东北迳博安县,泄水出焉",同卷《经》"淠水又东北分为二水,芍陂出焉"。图四据此在二水之间注记了芍陂。实际上,在此处注记芍陂并不正确,芍陂的确实位置应该在寿春以南,即图三所绘的芍陂。图三所绘,是根据卷三十二《肥水》,《经》"北过其县西,北入芍陂"《注》中所详细记叙的。但是由于《沘水》篇也有芍陂的记载,汪氏在图四也绘了一处芍陂,虽然位置不对,但是据《注》而绘,也属无可厚非。图四芍陂与图三芍陂之间,汪氏以其臆想的 6 条水道沟通,这是根据《肥水》同《注》所说"芍陂渎上承井门,与芍陂更相通注",又说"陂上承渒水于五门亭南,别为断神水……陂有五门,吐纳川流"而设计的。对于芍陂,我曾撰有《我国古代湖泊的湮废及其经验教训》一文,收入于拙著《水经注研究》(天津古籍出版社 1985 年出版),文中附有有比例尺的芍陂地图,可资参考。

　　除了芍陂据《肥水》篇绘制外,图三淮水始于《经》"又东北至九江寿县西,沘、泄水合北注之,又东,颍水从西北来流注之"《注》中的苍陵。又据同卷《经》"又东过寿春县北,肥水从县东北流注之"《注》,绘入肥口、肥水、八公山、鹊甫溪水、洛口、莫邪山等。又据《经》"又东过当涂县北,椴水从西北来流注之"《注》,绘入马头城、沙水(涨蕩渠),荆山、沘水等。

　　图三南部是施水,也是图组列名的河流。据卷三十二《施水》,《经》"施水亦从广阳乡肥水别,东南入于湖"《注》而绘,《注》文最后说:"施水又东迳湖口戍,东注巢湖。"所以施水虽与肥水相通,但最后注入巢阳,属于长江水系河流。

　　此图图三旁注引《汉书·地理志》。合肥、曲阳、当涂、钟离、寿春邑诸县,均是九江郡属县,九江郡位于安徽省今淮河以南、巢湖以北,郡治寿春,即今寿县。图四所引庐江、零娄、灊县,均是庐江郡属县,庐江郡位于今安徽省西南部,郡治舒县,在今庐江县以南。所引六县、蓼县、安丰 3 县,均是六安国属县,六安国位于今安徽省西部,国治 6 县,即今六安市。所引弋阳是汝南郡属县,汝南郡位于今河南省南部和安徽省西北部,郡治平舆,在今河南省平舆县以北。

淮决沘泄肥施六水图五

【旁注】《通鉴》八五注：刘昫曰：义阳，本汉平氏县之义阳乡，魏黄初中分立。义阳县盖治石城，后分南阳立义阳，郡治安昌城，领安昌、平林、平氏、义阳、平春五县。

班《志》：轪县，故弦子国。

【解说】此图与图四衔接，所绘为淮水上游及支流。卷三十《淮水》，《经》"淮水出南阳平氏县胎簪山，东北过桐柏山"《注》："《尔雅》曰：淮为浒，然淮水与醴水同源异导，西流为醴，东流为淮，潜流地下三十许里，东出桐柏之大复山南，谓之阳口。"图据《注》详绘无遗。又据同《注》绘入淮源庙、石泉水和九渡水。淮水又东流，图据《经》"又东过江夏平春县"《注》绘入油水、大木水、浉水、仙居水和谷水。最后据《经》"又东过新息县南"《注》，绘入许多陂湖，如燋陂、上慎陂、中慎陂、下慎陂、申陂，图五止于此。

此图旁注引《汉书·地理志》。轪县是江夏郡属县，江夏郡位于今湖北省中部，郡治西陵，在今新州县西。

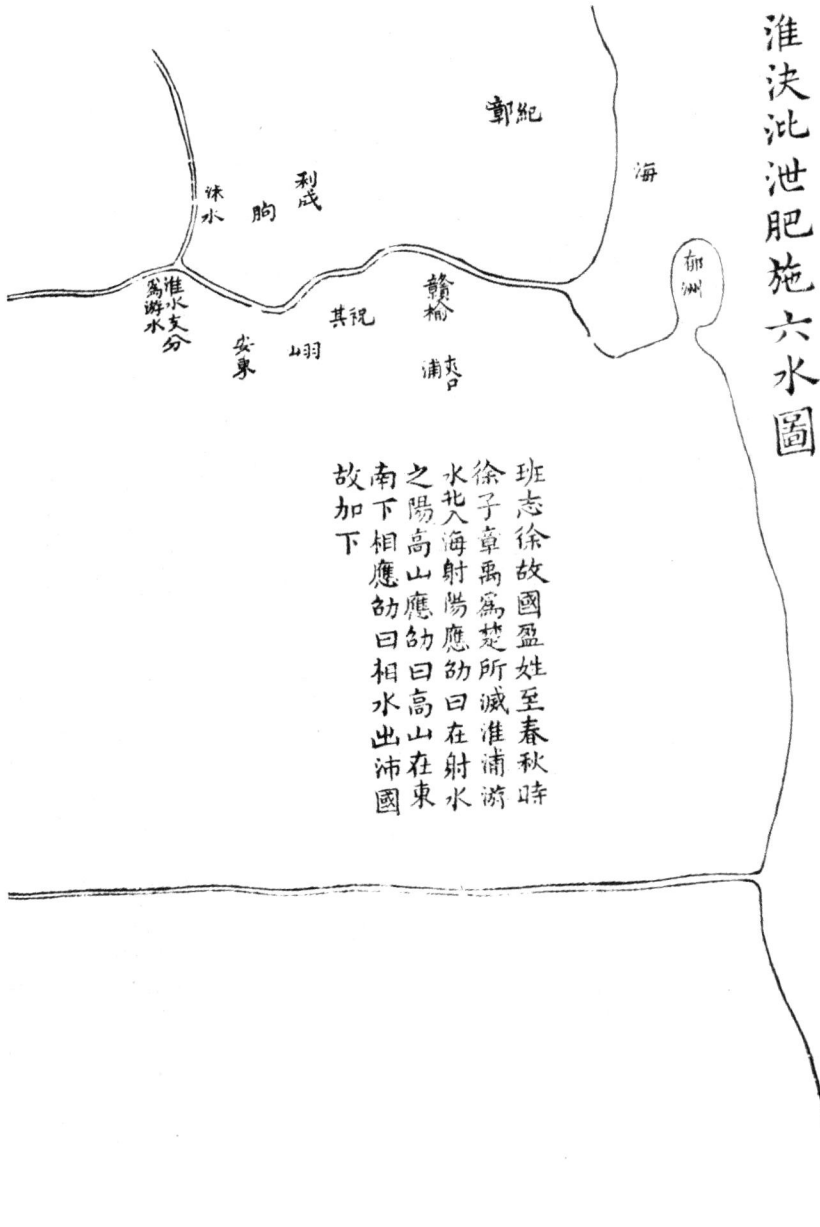

淮决沘泄肥施六水图

海

郭纪

邾洲

利戍

朐

沭水

淮水支分
为游水

安枣

羽岘

其祝

赣榆

浦杏

班志徐故国盈姓至春秋时
徐子章禹为楚所灭淮浦游
水北入海射阳应劭曰在射水
之阳高山应劭曰高山在东
南下相应劭曰相水出沛国
故加下

淮决沘泄肥施六水图一

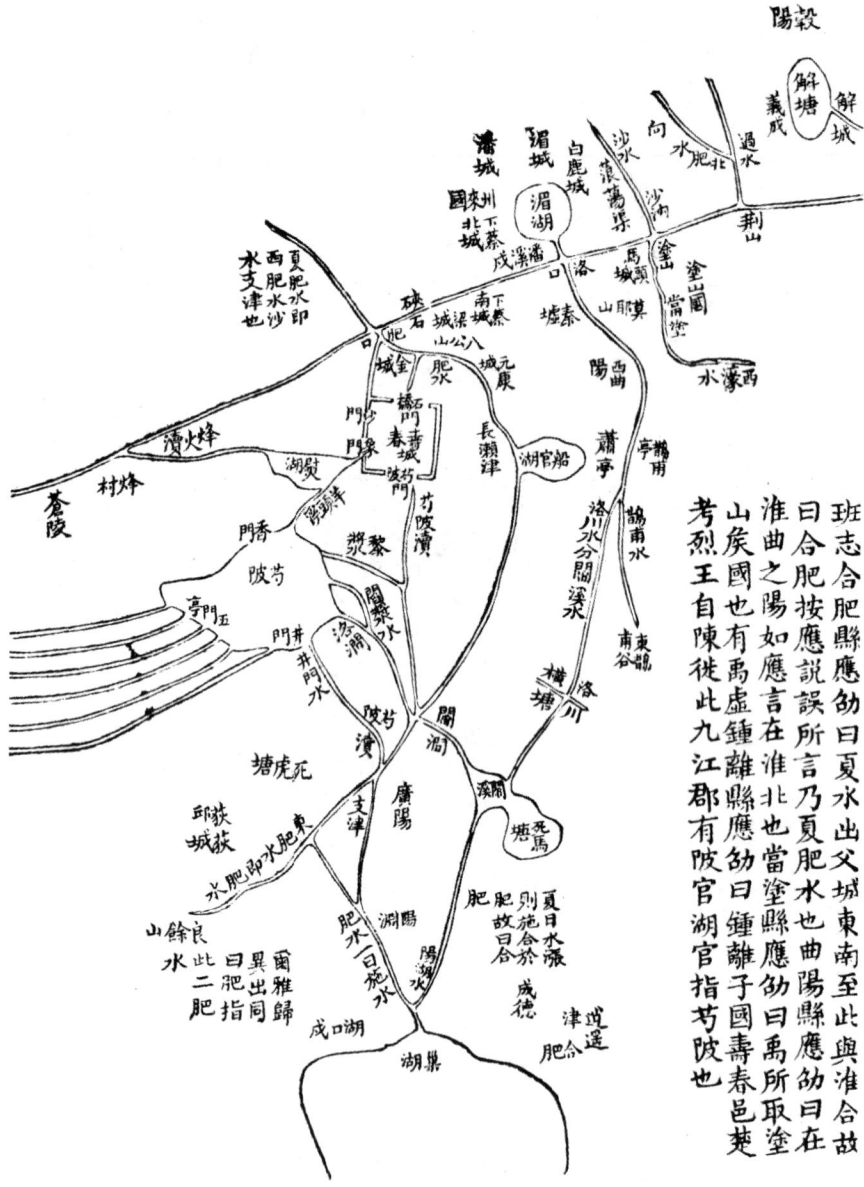

班志合肥縣應劭曰夏水出父城東南至此與淮合故曰合肥按應説誤所言乃夏肥水也曲陽縣應劭曰在淮曲之陽如應言在淮北也當塗縣應劭曰禹所取塗山氏國也有禹虛鍾離縣應劭曰鍾離子國壽春邑楚考烈王自陳徙此九江郡有陂官湖官指芍陂也

淮決汍泄肥施六水图三

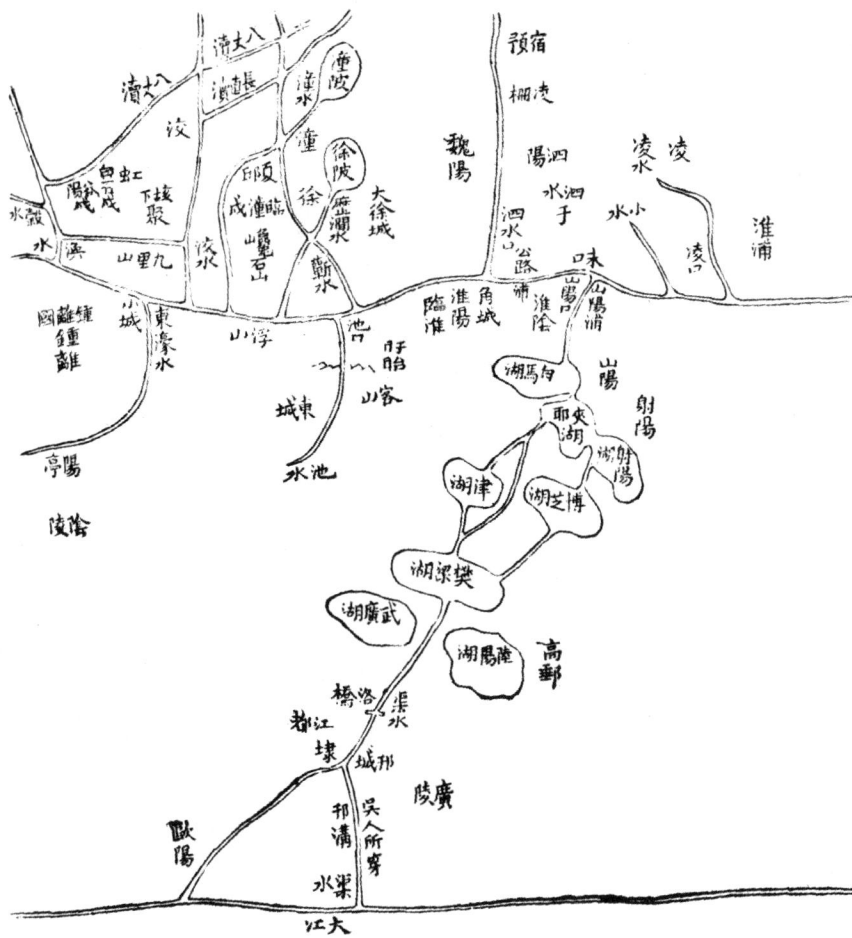

淮决沘泄肥施六水图二

通鑑八五注劉昫曰義陽
本漢平氏縣之義陽鄉魏
黃初中分立義陽縣蓝治
石城後分南陽立義陽郡
治安昌城領安昌平林平
氏義陽平春五縣

淮决沘泄肥施六水图五

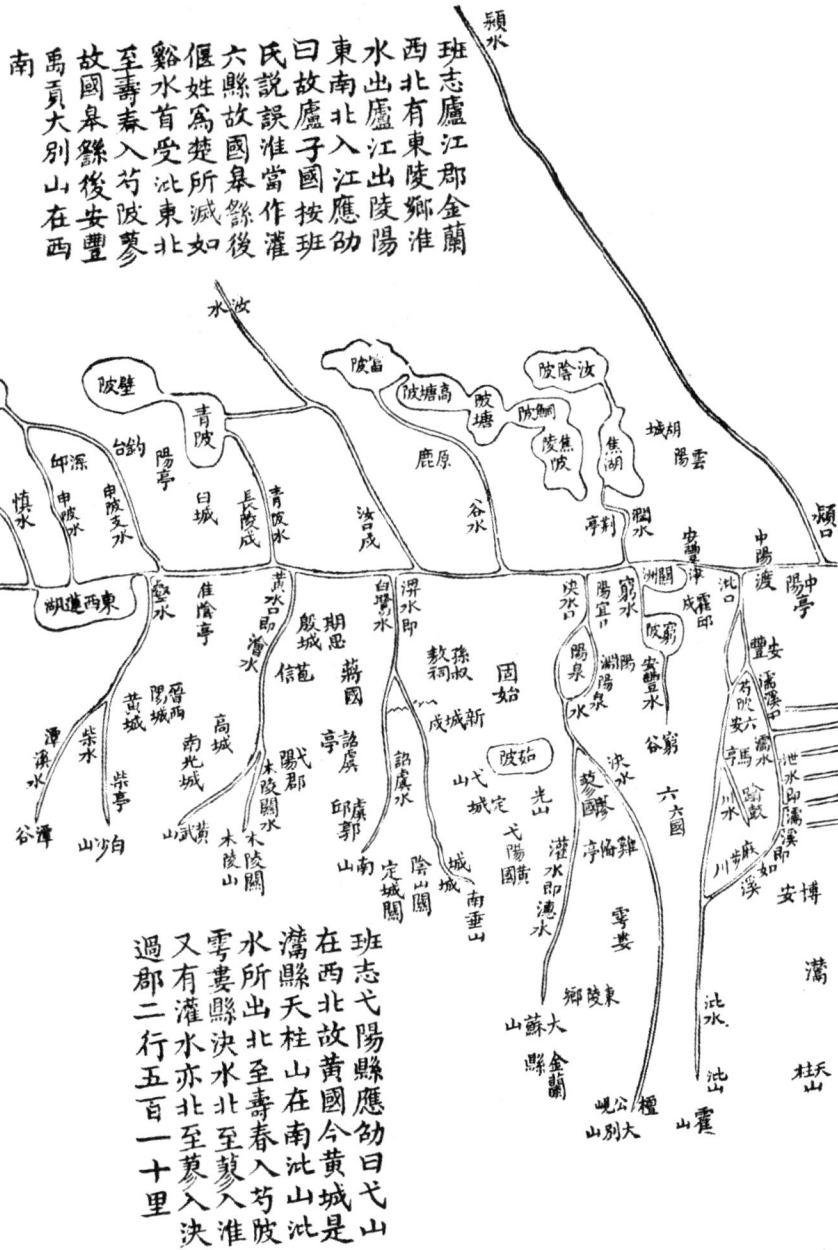

淮决沘泄肥施六水图四

江潜涪梓潼沮漳夏青衣
延江夷油蕲十二水图

江潜涪梓潼沮漳夏青衣延江夷油蕲十二水图一

【旁注】班《志》：寻阳县，《禹贡》九江在南，皆东合为大江。九江郡，应劭曰：江自庐江寻阳分为九，按此皆以湖汉水言也。

【解说】此图组共图13幅，是全图次于黄河的最大图组。图名中首先是长江，《水经注》称为《江水》，在卷三十三、三十四、三十五，共3卷。其余潜水在卷二十九，涪水、梓潼水、沮水、漳水、夏水、蕲水在卷三十二，青衣水、延江水在卷三十六，夷水、油水在卷三十七。

潜水在《经》、《注》之中是不同的两水，但均属嘉陵江，是长江水系河流。涪水、梓潼水、沮水、漳水、夏水，也都是长江水系河流。青衣水是岷江支流，延江水是长江支流，夷水是长江支流，油水也是长江水系河流，但具体河道，今已无法考实，所以此图组均为长江及其支流。

图一据卷三十五《江水》篇的最后两条《经》文绘制。在《经》"又东过蕲春县南，蕲水从北东注之"《注》中，有积布山、土复口（汪作"澓"）、朝二浦（汪"二"作"江"）等，在《经》"又东北过雉县北，利水从东陵西南注之"《注》中，有琵琶山、琵琶湾、富

水、兰溪水口、青林口、青林山、青林湖、利水等。图上注记:"《水经注》自此止"(实应作:"《水经注·江水篇》自此止")、"自此以下接沔水篇文故也"。但此图在此以下尚绘有雷水、大雷口、小雷口等注记符号,今各本已无此,汪氏是据《太平御览》卷六十五、《地部三十》、雷水所引《水经注》而补入,参见我所撰的《水经注佚文》,收入于《水经注研究》。

此图旁注引《汉书·地理志》。寻阳是庐江郡属县。

江潜涪梓潼沮漳夏青衣延江夷油蕲十二水图二、三

【旁注】《陈书》:王琳军至弇口,侯安都释郢州悉众住沌口以御之,则弇水为金水明矣。

《通鉴》百六十三注:《荆湘记》云:金水北岸有汝南旧城,宋白曰:晋汝南郡人流寓夏口,因侨立汝南郡县于潼口。按《地形志》:郢州汝南郡治上蔡。《五代志》:汉东县旧曰上蔡,姚思廉《梁书》:汝南治安陆重城。据此,则此汝南城即汉南城;重城当为潼城之讹,即金水口也,似宜在北岸。又百六十七注:弇口,弇水入江之处正对北岸大军山,弇水其即金水之异名欤?

【解说】此2图互相衔接,所绘为长江干支流。图三长江干流始于卷三十五《江水》,《经》"湘水从南来注之"《注》:"江水又东,右得聂口(汪作"澃"),江浦也,左对聂洲。江水左迳百人山南,右迳赤壁山北……江中有石浮出,谓之节度石,右则涂水注之。"《注》文最后说"江水东迳鸡翅山北,山东即土城浦也",图据《注》详绘无遗。同卷《经》"又东北至江夏沙羡县西北,沔水从北来注之"《注》:"沌水上承沌阳县之大白湖(此湖跨图三、图四两幅),东南流入为沌水,迳沌阳县南,谓之沌口。"这条《注》文甚长,图据《注》逐一细绘,直到李姥浦和峥嵘洲。此以下一条《经》文"又东过邾县南"的《注》文也较长,图据《注》从白虎矶绘至罗洲。罗洲以西,有举水南入江,图三绘入了此水(但因纸幅不敷,其上源绘入图二)。图三至此而止。

图二始于《经》"鄂县北"《注》"江水右得樊口(樊口绘入图三)",又说:"江中有节度石三段……东迳五矶北,有五山,沿次江阴,故得是名矣。"此以下同《注》说:"江水左则巴水注之,水出雩娄县下之灵山,即大别山也,与决水同出一山,故世谓之分水山。"图据《注》绘至黄公九矶。又在下一条《经》文"又东过蕲春县南,蕲水从北东注之"《注》中,图按《注》绘入支流蕲水。蕲水是图组列名的河流,图据卷三十二《蕲水》篇详绘了此水上源及支流,又按《江水》篇同《注》绘至长风口而止。

图三西北隅大白湖以南有夏水,夏水是图组列名的河流,但此水的主要部分绘在图四与图五之中。

江潜涪梓潼沮漳夏青衣延江夷油蕲十二水图四、五

【旁注】班《志》:云杜县,应劭曰:若敖娶于邧,今邧亭是也。

班《志》:江夏郡,应劭曰:沔水自江别至南郡、华容为夏水,过郡入江,故曰江夏。

【解说】此图仍为长江,2 图互相衔接,自西而东横贯 2 图,南翼为长江,北翼为夏水。

长江始于图五景口,卷三十五《江水》,《经》"又东南,油水从东南来注之"《注》:"景口东有沦口,沦水南与景水合,又东通澧水及诸陂湖……故侧江有大城,相承云仓储城,即邸阁也。江水左会高口,江浦也。"图按此《注》细绘。《注》末说:"江水又东迳竹町(汪作"畦")南,江中有观详渡,渡东有大洲,洲东分为爵洲,洲南对湘江口也。"湘江口以南,图仅绘洞庭陂,因为湘水与洞庭湖另有专图,故此处从简。图五绘长江至《经》"湘水从南来注之"《注》中的二夏浦、隐口浦而止。

长江在图四始于同《注》微落山、晖落矶,终于龙穴洲、驾部口,图按《注》详绘无遗。

从图五到图四,长江以北为夏水,图据卷三十二《夏水》篇绘制,又据卷三十五《江水》,《经》"又东南,油水从东南来注之"《注》:"大江又东,左合子夏口……大江又东,左得侯台水口。"到同卷《经》"湘水从南来注之"《注》:"江水又东,左得二夏浦,俗谓之西江口。"图五绘夏水止此。图四则始于《经》"湘水从南来注之"《注》:"濑东有黄金浦、良父口,夏浦也。"直到上述图四与图五界上的大白湖而止。

图四旁注引《汉书·地理志》。云杜是江夏郡属县。

江潜涪梓潼沮漳夏青衣延江夷油蕲十二水图六、七

【旁注】班《志》:江陵县,故楚郢都,楚文王自丹阳徙此,后九世,平王城之。临沮县,《禹贡》南条荆山在东北,漳水所出,东至江陵入阳水,阳水入沔,行六百里。应劭曰:沮水出汉中房陵,东入江。郢县,楚别邑。枝江县,故罗国,江沱出西,东入江。华容县,云梦泽在南,荆州薮,夏水首受江,东入沔,行五百里。高成县,洈山,洈水所出,东入繇,繇水南至华容入江。过郡二,行五百里。按漳水不入阳水也。

班《志》：房陵，东山，沮水所出，东至郢入江，行七百里。

班《志》：夷陵县，应劭曰：夷山在西北。巫县，夷水东至夷道入江。过郡二，行五百四十里。应劭曰：巫山在西南。夷道县，应劭曰：夷水出巫，东入江。秭归县，归乡，故归国，很山出药草。

【解说】此2图互相衔接。图七始于卷三十四《江水》，《经》"又东过巫县南，盐水从县东南流注之"《注》："江水又东，巫溪水注之（此水上源绘于图八）……县之东北三百步有圣泉，谓之孔子泉。"江水东流，图按同《注》绘入巫山、巫峡、新崩滩、石门滩。《江水》篇中最著名的一段"自三峡七百里中……"即在此《注》之中。

图七又据《经》"又东过秭归县之南"《注》，绘入秭归、归乡、丹阳、乡口溪、狗峡、信陵等，又据同卷《经》"又东过夷陵县南"《注》，绘入了东界峡、空泠峡、插灶、流头滩、狼尾滩、人滩、黄牛山、西陵峡、断江、七谷村、郭洲、步阐城、陆抗城、白鹿岩（汪"岩"作"岭"）以及荆门、虎牙。此是长江三峡，也是《江水》篇中的千古文章，图按《注》逐一细绘，故此图至今仍甚有价值。

下一条《经》文："又东过夷陵县北，夷水从很山县南，东北注之。"由于夷水在郦注中另有专篇，所以此《经》下《注》文无一言及于此水。图据卷三十七《夷水》篇绘制。此水今称清江，上源绘在图八，图七据《经》"东南过很山县南"《注》，绘入支流温泉三水和长扬溪，又据《经》"又东过夷道县北"下《注》文，绘入虎滩、釜濑和丹水，最后据《经》"东入于江"《注》"夷水又迳宜都北，东入大江"，图在此注记"宜都"并夷水入江。卷三十四《江水》，《经》"又东过枝江县南，沮水从北来注之"《注》文第一句："江水又东迳上明城北。"图七止于此。

江水东流，图六所绘，始于上述同《注》的江沱，然后是罗国、百里洲、九十九洲，直到同《注》之末："江水又东会沮口。"沮口是沮水入江之处，由于沮水在郦注另有专篇，而其支流漳水也另有专篇，所以《江水》篇此《注》中，只在最后简述一句："楚昭王所谓江、汉、沮、漳，楚之望也。"沮、漳2水，图组都列其名，图六据卷三十二《沮水》篇及同卷《漳水》篇绘入了沮水和漳水。

图六接着按《经》"又南过江陵县南"《注》，绘入了枚回洲、故乡洲、龙洲、宠洲、邴里洲、高沙湖、曾口、燕尾洲和支流灵溪水、马牧口、金堤、奉城而达于豫章口，凡《注》文记叙的地名，不论大小，都一一入图。

豫章口以下，案卷三十五《江水》，《经》"又东至华容县西，夏水出焉"《注》："江水左迤为中夏水，右则中郎浦出焉。"夏水是图组列名而郦注有专篇的河流，上面已有说明。此以下，图据同卷《经》"又东南当华容县南，涌水入焉"《注》，绘入了涌水、涌口等地名。下一条《经》文"又东南,油水从东南来注之",油水是图组有名而郦注设篇的河流。古代油水按今地拟之,或许就是湖北省松滋县以西的界溪河,但这一带河湖港汊甚多,已无法完全考实。图六据卷三十七《油水》篇的《注》文绘入此水。

此图图六旁注引《汉书·地理志》。江陵、临沮、枝江、高成诸县,均是南郡属县。所引房陵是汉中郡属县。图七旁注所引夷陵、秭归两县,均是南郡属县,所引倱山是武陵郡属县,武陵郡位于今湖南省西部及贵州省东部,郡治义陵,在今湖南省溆浦南。

江潜涪梓潼沮漳夏青衣延江夷油蕲十二水图八、九

【旁注】班志:朐忍,容母水所出,南有橘官。按容母水未闻。

【解说】此2图互相衔接,所绘系长江上游干支流。图九始于卷三十三《江水》,《经》"又东至枳县西,延江水从牂柯郡北流西屈注之"《注》中的黄华水口、石城、平洲、和滩及界坛。此后在《经》"又东过鱼复县南,夷水入焉"《注》中,图按《注》绘入将龟溪口及支流南、北集渠、南浦侨县、氾溪口、盘石、羊肠虎臂滩及支流彭溪。江水然后流经瞿巫滩(下瞿滩),与汤溪水会合。图九终于汤口以东的破石滩。

图八始于上述同《注》的故陵,依次为落牛滩、朝阳道口、阳元水、永安宫、八阵图、赤胛山和滟预石。此以下《注》文说:"县有夷溪,即倱山清江也,《经》所谓夷水出焉。"前面已有说明。夷水以下,江水又经白盐崖而到瞿塘滩和黄龛滩("龛"汪作"龙"),在卷三十四《经》,"又东过巫县南,盐水从县东南流注之"《注》中,图八绘至乌飞口而止。

此2图按《注》仍在长江三峡段内,《注》文优美而图甚细致,至今具有价值。

此图图九旁注引《汉书·地理志》。朐忍是巴郡属县,巴郡位于今四川省东部重庆市一部分及湖北、湖南两省的一部分,郡治江州,即今重庆市。

江潜涪梓潼沮漳夏青衣延江夷油蕲十二水图十、十一

【旁注】班《志》:符县,温水南至鳖入黚对水,黚水亦南至鳖入江。汉阳,山关谷,汉水所出,东至鳖入延。朱提,山出银,应劭曰:朱提山在西南。安汉,是鱼池在南。鳖县,不狼山,鳖水所出,东入沅。过郡二,行七百三十里。按沅当作延,声之误。

《通鉴》百十六注:庾仲雍曰:巴郡江州县,对二水口,右则涪内水,左则蜀外水。

班《志》:僰道,应劭曰:故僰侯国也。南广,汾关山,符黑水所出,北至僰道入江,

又有大涉水,北至符入江,过郡三,行八百四十里。

《通鉴》四十五卢水羌胡注:卢溪水出西南,卢川,据《西南夷传》:冉駹东北有黄石、北地、卢水胡,按《湟水篇》有卢溪,在大河以北。此疑今黑水河,在松藩之西,即上流曰马尔隆必拉、雅尔隆必拉者也。

【解说】此 2 图互相衔接,所绘系长江上游。案卷三十三《江水》,《经》"又东南过犍为武阳县,青衣水、沫水从西南来,合而注之"《注》:"江水自武阳县东至彭亡聚……谓之平模水,亦曰外水。"又说:"县南有峨眉山,有濛水(汪作"蒙"),即大渡水也。"图十一始于武阳彭亡聚、平模水、外水、熊耳峡、盐溉、蒙水和大渡水。

此处《注》文有"县治青衣江会,衿带二水矣"语,但图中未绘此水,因此水在图组列名,郦注卷三十六有专篇,故绘于以下图十三之中。

图十一据同卷《经》"又东南过僰道县北,若水、淹水合从西来注之;又东,渚水北流注之"《注》,绘入僰道。僰道以北,图上注记伏犀滩之名,但此名不见于今本郦注,当是按《佩文韵府》卷十四、十四《寒、滩》、伏犀滩所引《水经注》而绘入,说明汪氏编绘此图时曾广辑郦佚,务令今本所佚郦文尽入其图。案《佩文韵府》所引郦注为:"昔有黄牛从僰溪而出,上此崖乃化为石,是名伏犀滩。"(参见拙撰《水经注佚文》)

上述同《注》之末,《注》文有"渚水则未闻也"语。汪氏显然亦不知渚水为何水,故图上注记"渚水注未闻"字样,是其绘图至细之处。同《注》未提若水,这是因为此水在卷三十六设有专篇,图亦据《若水》篇而绘。同卷《经》"又东过江阳县南,洛水从三危山,东过广魏洛县南,东南注之"《注》中,《注》文记叙了支流绵水和大阙、小阙。图十一终于此。

图十始于上述同《注》的樊石滩和大符滩。在《经》"又东过符县北邪东南,鳛部水从符关东北注之"下,图按《注》绘入了支流安乐水。《注》文最后说:"其鳛部水,所未闻矣。或是水之殊目,非所究也。"虽然《经》文提出此水之名,但图从《注》文,未绘鳛部水。

同卷《经》"又东北至巴郡江州县东,强水、涪水、汉水、白水、宕渠水 5 水合,南流注之"《注》:"强水,即羌水也,宕渠水,即潜水、渝水矣。"羌水(见前《漾羌桓三水图》)和潜水都是图组列名而《水经注》有专篇的河流。所以此图对此加以简化,只绘了一条南流入江的支流,注记"五水注之",如前所述,这是符合于现代地图学上所谓"地图的综合"方法的。在下幅(图十二)再作详绘。

同卷《经》"又东至枳县西,延江水从牂柯郡北流西屈流之",图十据此《经》下《注》文依次绘入了巴子梁、黄葛峡、明月峡、鸡鸣峡、文阳滩、黄石、铜柱滩、东望峡、虎顶滩,至盐井溪而止。鸡鸣峡以东是延江水入江之处,但《注》文仅提及涪陵水:"水乃延江之枝津。"这是因为郦注卷三十六有延江水专篇,而此水也列名这个图组。所以图十据《延江水》,《经》"延江水出犍为南广县,东至牂柯鳖县,又东屈北流"《注》而绘,包括此水上源及支流更始水和酉水,都细绘无遗。

图十旁注引《汉书·地理志》。符县、汉阳、朱提3县,均是犍为郡属县,犍为郡位于今四川省西南部、贵州省西北部和云南省东北部一部分,郡治僰道,即今宜宾市。所引安汉是巴郡属县,所引鳖县,是牂柯郡属县,牂柯郡位于今贵州省大部、广西壮族自治区和云南省的一部,郡治鳖县,即今遵义市。图十一旁注引僰道、南广两县,均是犍为郡属县。

江潜涪梓潼沮漳夏青衣延江夷油蕲十二水图十二、十三

【旁注】班《志》:梓潼,五妇山,驰水所出,南入涪,行五百五十里,应劭曰:潼水所出,南入垫江。涪县,应劭曰:涪水出广汉,南入汉。雒县,章山,雒水所出,南至新都谷入湔。

班《志》:绵虒,玉垒山,湔水所出,东南至江阳入江,过郡三,行千八百九十里。

班《志》:江原,鄨水首受江,南至武阳入江。

班《志》,湔氐道,《禹贡》嵋山在西徼外,江水所出,东南至江都入海,过郡七,行八千六百六十里。

班《志》:严道,邛来山,邛水所出,东入青衣。

班《志》:蜀郡,有小江并入,行千九百八十里。郫县,《禹贡》江沱在西,东入大江。临邛,僕干水东至武阳入江,过郡二,行五百一十里。应劭曰:邛水出严道邛崃山,东入青衣。

班《志》:绵竹,紫岩山,绵水所出,东至新都,北入雒。甸氐道,白水出徼外,东至葭萌入汉,过郡一,行九百五十里。白水,应劭曰:出徼外,北入汉。刚氐道,涪水出徼外,南至垫江入汉,过郡二,行千六十九里。蜀郡,《禹贡》桓水出蜀山,西南行羌中,入南海。按此言误。

班《志》:旄牛,鲜水出徼外,南入若水,若水亦出徼外,南至大莋入绳,过郡二,行千六百里。

班《志》:青衣,《禹贡》蒙山溪大渡水,东南至南安入湔。汶江,渽水出徼外,南至南安,东入江,过郡三,行三千四十里,江沱在西南,东入江。按渽当作涐。

【解说】此2图互相衔接,所绘为长江上源及其支流。此图组列名的如潜水、涪水、梓潼水、青衣水,均在此2图中。

图十三北翼为长江上源,据卷三十三《江水》,《经》"岷山在蜀郡氏道县,大江所出,东南过其县北"《注》:"《益州记》曰:大江泉源,即今所闻,始发羊膊岭下,缘崖散漫,小水百数,殆未滥觞矣。"此条《注》文甚长,江源南下,《注》文说:"又西南百八十里至湿坂,江稍大矣。"江水(其实是岷江)南下,在图十二与图十三之间,即天彭阙与玉垒山之间,因都江堰而形成一片水乡泽国,图据《注》详绘无遗。江流南下,至同卷《经》"又东过犍为武阳县,青衣水、沫水从西南来,合而注之"《注》下,在《注》文安汉桥、天社山以南,与前幅即图十、图十一上下衔接。

图十三西翼为图组列名的青衣水上源及支流,图据卷三十六《青衣水》篇绘制,《经》"青衣水出青衣县西蒙山,东与沫水合也"《注》:"县有蒙山,青衣水所发,东迳其县,与沫水会于越巂郡之灵关道。"沫水在《水经注》有专篇,注图也另有图组列入此水。

图十二所绘是图组列名的涪水、梓潼水和潜水。图中北翼西侧为涪水,据卷三十二《涪水》,《经》"涪水出广魏涪县西北"《注》,绘入此水上源及建始水、潺水、五城水等支流。又据同卷《梓潼水》,《经》"梓潼水出其县北界,西南入于涪"《注》绘入此水上源,至五妇水口又会合沈水,同入涪水。图十二东翼为潜水。卷二十九《潜水》,《经》"潜水出巴郡宕渠县"《注》:"潜水,盖汉水枝分潜出,故受其称耳。"由于《经》、《注》潜水相径庭,故图十二有"郦注以此为潜水"及"此疑为注之不曹水"(殿本作余曹水)的注记,此是汪氏的审慎之处。惜图组列名而郦注有专篇的羌水,图中漏列此水注记符号,是其偶疏。

此图图十二旁记引《汉书·地理志》。梓潼、雒县、江原三县,均是广汉郡属县,广汉郡位于今四川省北部,郡治梓潼,即今梓潼县。所引绵虒是蜀郡属县,蜀郡位于今四川省西部,郡治成都,即今成都市。图十三旁注引绵竹、甸氏道、刚氏道等,均是广汉郡属县。所引湔氏道、郫县、临邛、旄牛、青衣、汶江、严道诸县,均是蜀郡属县。

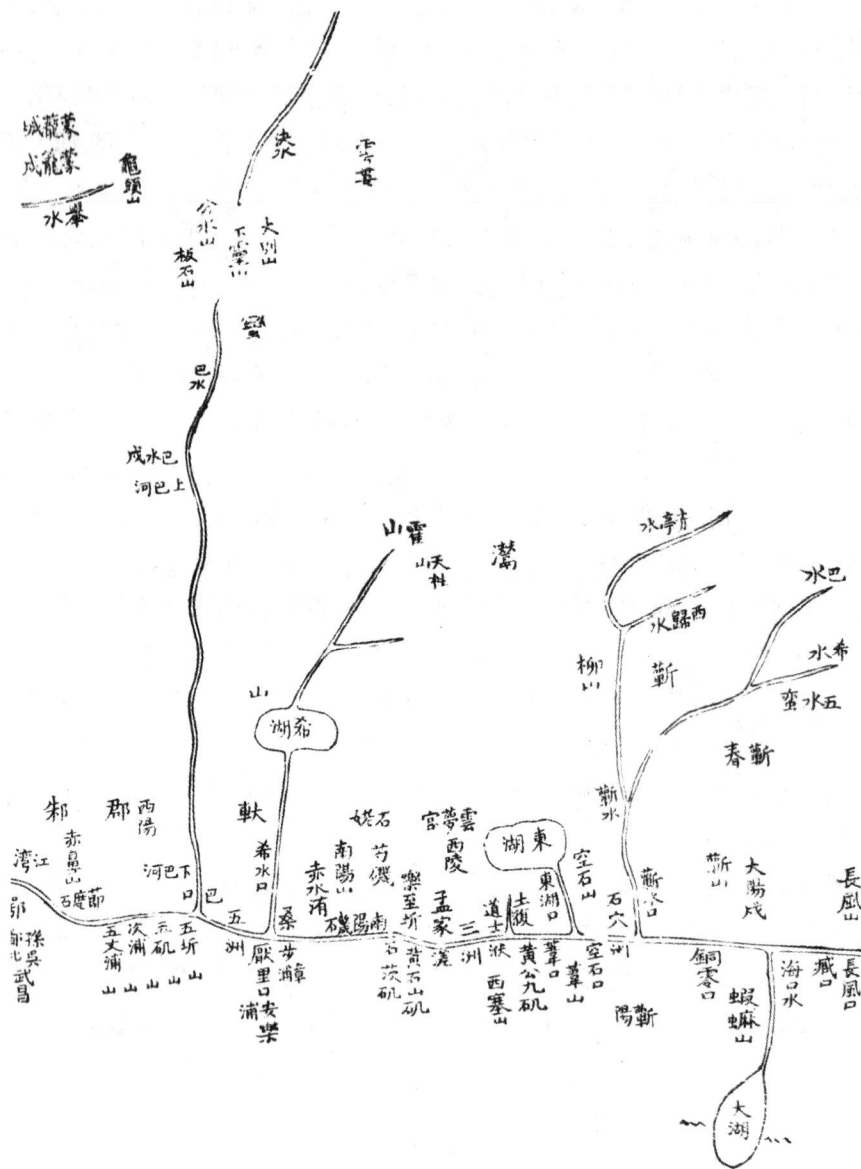

江潜涪梓潼沮漳夏青衣延江夷油蕲十二水图二

江潜涪梓潼沮漳夏青衣延江夷油蕲十二水圖

班志尋陽縣禹貢九江在南
皆東合爲大江九江郡應劭
曰江自廬江尋陽分爲九按
此皆以湖漢水言也

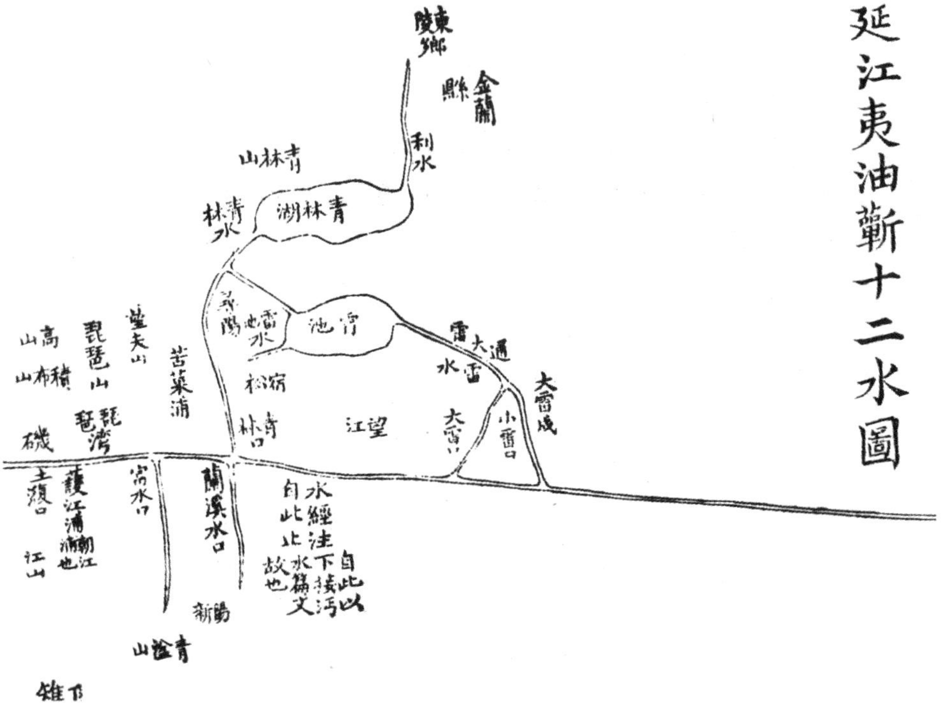

江潜涪梓潼沮漳夏青衣延江夷油蕲十二水图一

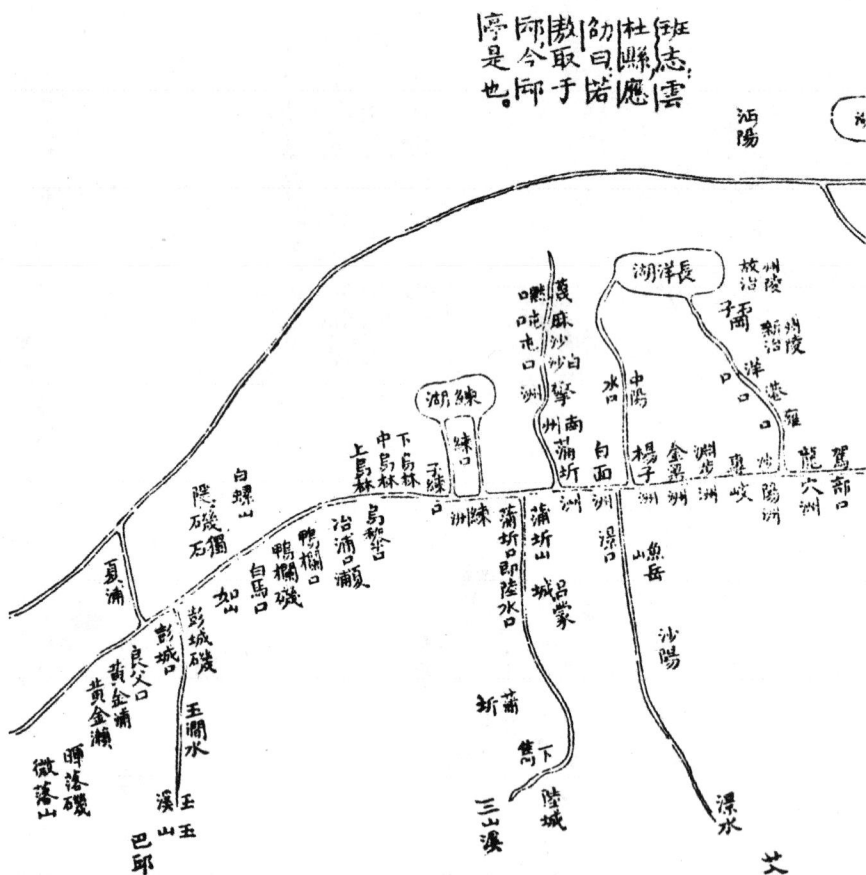

江潜涪梓潼沮漳夏青衣延江夷油蕲十二水图四

陳書王琳軍至弇口戾安都釋邾
州悉衆住沌口以禦之則弇水寫
金水明矣

通鑑百六十三注荆湘記云金水北岸有汝南
舊城宋白曰晉汝南郡人流寓夏口因僑立汝
南郡縣於沌口按地形志郢州汝南郡治上蔡
五代志漢東縣舊曰上蔡姚思廉梁書汝南治
安陸重城據此則汝南城即漢南城重城當
爲沌城之訛即金水也似宜在北岸又百六
十七注弇口弇水其即金水之異名歟正對北岸大軍山

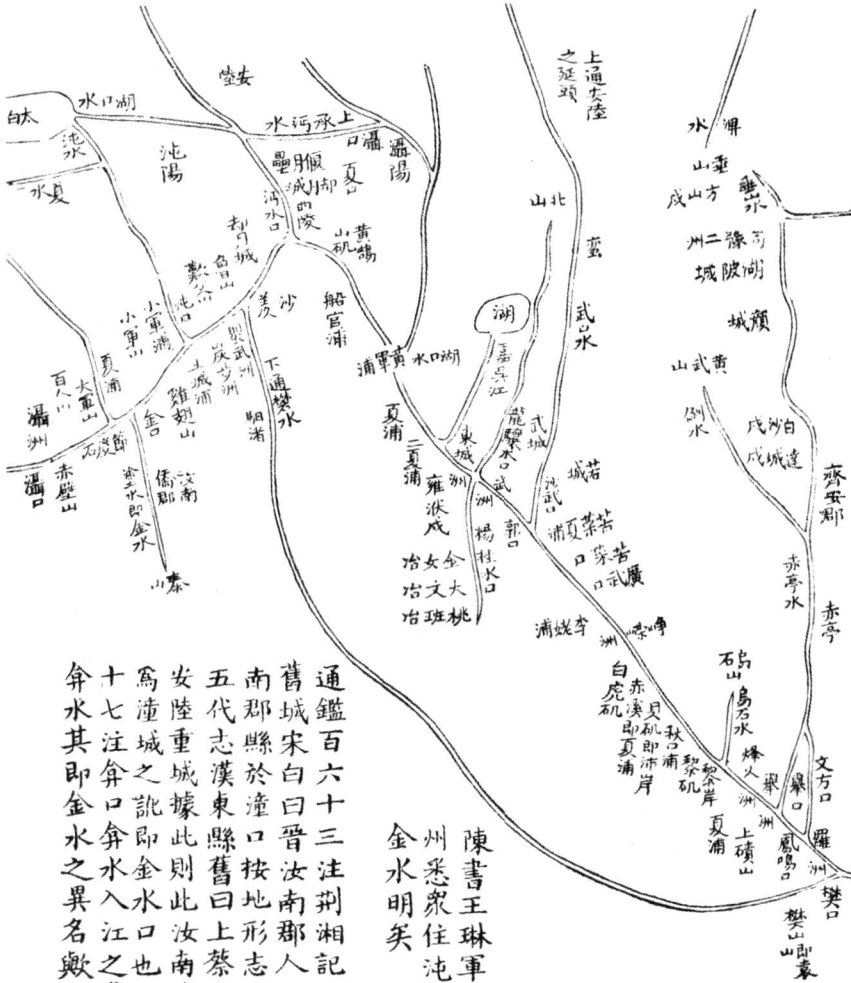

江潜涪梓潼沮漳夏青衣延江夷油蕲十二水图三

班志江陵縣故楚郢都楚文王自丹陽徙此後九世平王城之臨沮縣禹貢南條荊山在東北漳水所出東至江陵入陽水陽水入沔行六百里勸曰沮水出汶山東入沔房陵東入江郢縣楚別邑枝江縣故羅國江沱出西東入華容縣雲夢澤在南荊州藪夏水首受江東入沔房陵縣漳山浣山浣水所出東入縣縣水南至華容入江過郡二行五百里按漳水不入陽水也

班志房陵東山沮水所出東至郢入江行七百里

景山　沮水　沮陽　潼水　荊山　沶鄉　水漳　新城　錫　汶城漶　泉漶　青溪　青山　高安　沶臨　鄉彰章　城驢城麥　烏扶邑　當陽　磨城　昭基楚　城長　沱江　枚江　羅國沱　大江　卅九百里洲　故回洲　枚回洲　龍鄉洲　郢州　高沙洲　昌口　雲溪水　博尾城　馬牧　金閔城　陵江　馬　頤馬　江津戍　鄂　豫章同　豫章口　貝水　夏口　中夏江　夏水浦口　涌口　華容　中郎洲　成高　浣水　浣山　油水　君山　樂鄉　公安　曹公安

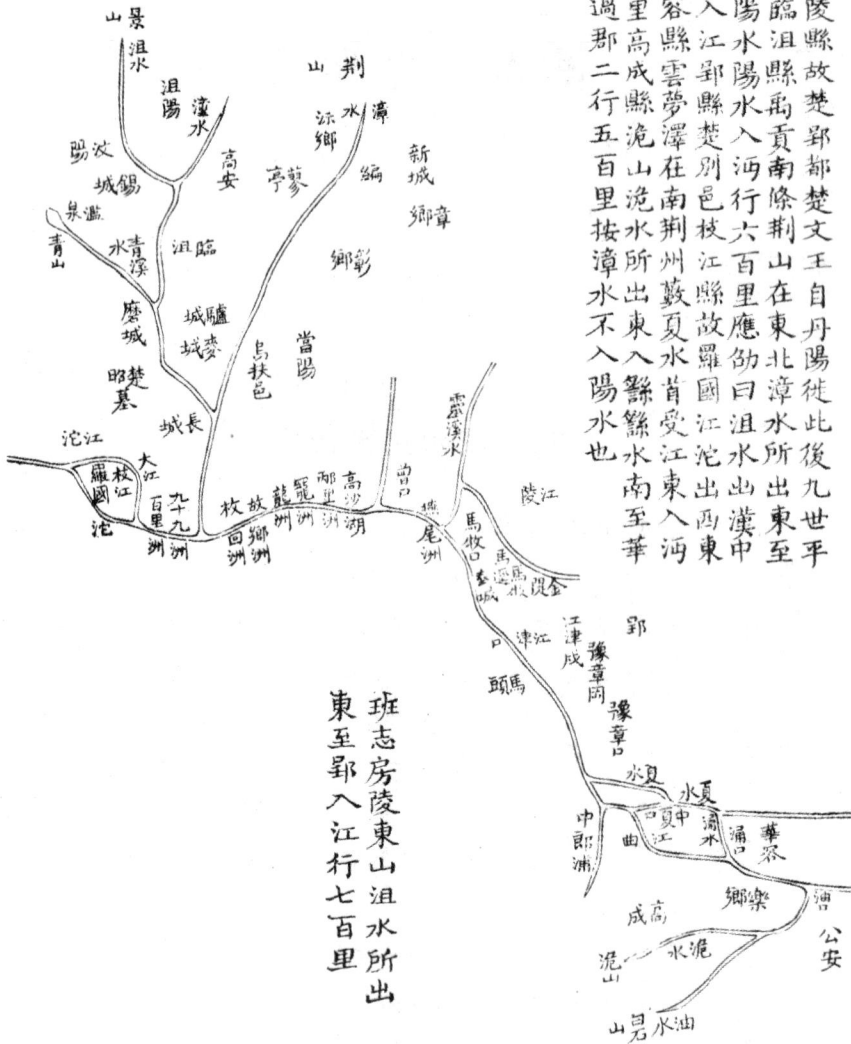

江潛涪梓潼沮漳夏青衣延江夷油蘄十二水图六

班志：江夏郡，应劭曰：沔水自江别至南郡华容为夏水，过郡入江，故曰江夏。

江潜涪梓潼沮漳夏青衣延江夷油蕲十二水图五

江潜涪梓潼沮漳夏青衣延江夷油蕲十二水图八

江潜涪梓潼沮漳夏青衣延江夷油蕲十二水图七

江潜涪梓潼沮漳夏青衣延江夷油蕲十二水图十

江潜涪梓潼沮漳夏青衣延江夷油蕲十二水图九

班志梓潼五婦山馳水所出南入涪行五百五十里應劭曰潼水所出南入墊江涪縣應劭曰涪水出廣漢南入漢雒縣章山雒水所出南至新都谷入湔

汶關 洄龍 防淳 吐谷 陰平道 陷 嘉陵江 今沮水

衡山 涪水 西漢剛氐道 今龍安 文 水月 平陽雒七 州羌道今 戌 水漢今

鹽陵鏡石 建始水 安南東平興 景谷道 今廣元 天銅驛 岡通山 北

班志緜虒玉壘山湔水所出東南至江陽入江過郡三行千八百九十里 山婦五科漳水一日馳水一日五婦水 武都郡漢潼 劍閣 渝水 今茂州 雒相山 紫岩山 綿水 山瀑水瀑亭 州緜今 涪 安萬 慶府 宕渠

水浦 新都成都 武元五城 川漢雒 江北 城五 五婦谷 鄭應 武陽 牛鞞水即綿水 金堂水 金堂 牛鞞今簡州 沈水 籠今漢廣漢雒 涪內水 州合 墊江 資中 班志江原郫水首受江南至武陽入江

幅右接下其

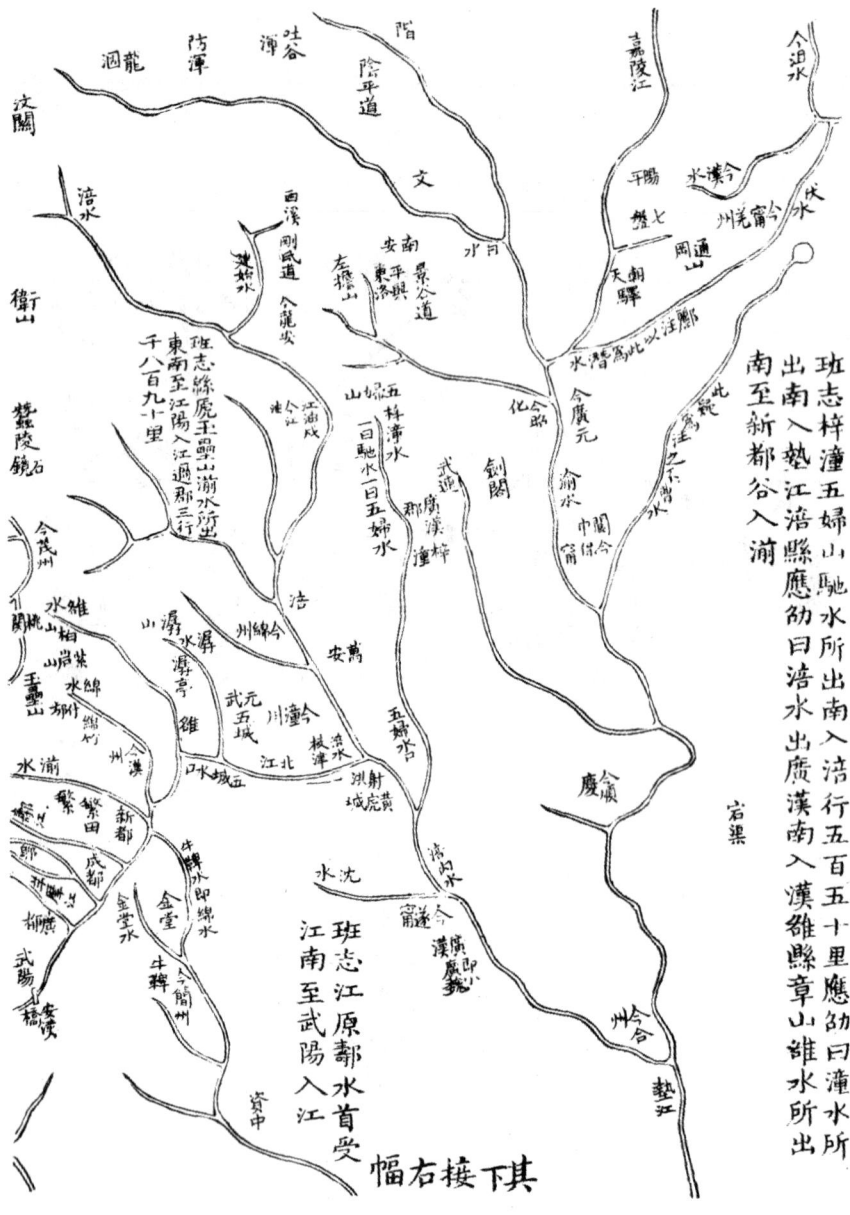

江潜涪梓潼沮漳夏青衣延江夷油蕲十二水图十二

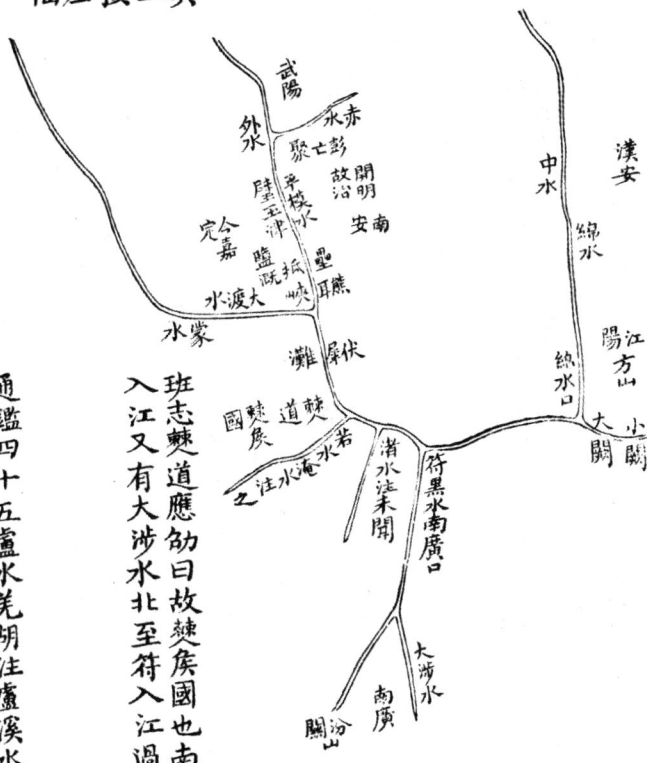

幅左接上其

武陽
外水
赤水
永彭七聚
故治
開明安南
平移水
陸五津
完嘉令
鹽既抵峽
大渡水
蒙水
聖耳灘
伏犀
灘道難
難道國
注水庵水之
若水注開
潜水注未開
符黑水南廣口
漢安
中水
綿水
江方山
陽
絕水口
大關
小關
南廣
大涉水
汾山
關

班志難道應劭曰故難族國也南廣汾關山符黑水所出北至難道
入江又有大涉水北至符入江過郡三行八百四十里

通鑑四十五盧水羌胡注盧溪水出西南盧川据西南夷傳冉駹東
北有黃石北地盧水胡按湟水篇有盧溪在大河以北此疑今黑水
河在松藩之西即上流曰馬爾隆必拉雅爾隆必拉者也

江潜涪梓潼沮漳夏青衣延江夷油蕲十二水图十一

班志縣竹紫巖山縣水所出東至新都北入雒甸氐道
白水出徼外東至葭萌入漢過郡一行九百五十里曰
水應劭曰出徼外北入漢剛氐道涪水出徼外南至墊
江入漢過郡二行千六十九里蜀郡禹貢桓水出蜀山
西南行羌中入南海按此言誤

班志蜀郡有小江井
入行千九百八十里郫
縣禹貢江沱在西東入
大江臨邛僕千水東至
武陽入江過郡二行五
百二十里應劭曰邛水
出嚴道邛崍山東入
青衣

班志瀸氏道禹
貢嶓冢山在西徼
外江水所出東
南至江都入海
過郡七行八十
六百六十里

班志瀸氏道遺
貢嶓冢山

山崐
今馬令篼必拉

今邛令篼必拉

水瀸即水瀓

道靈關
徒令夭
山蒙
瀼瀺
班志嚴道邛
來山邛水所出
東入青衣
嚴道
今瀅縣

河水黑今

河膮水

山汶
坂瀾

保縣
所剗明關
朝
觀坂
天都
灌令成都
汶江白沙水
令文井江

山城青
水邛山
青衣州令雅
青衣江

女王石
原江鄯沙白
臨邛

水鹽

山社天
赤水

山崏
北江
青衣

施牛
溪瀹
沈黎

河塗
今打箭爐
水出徼外南
若水亦
出徼外南至大筰入繩
過郡二行千六百里

班志旄牛鮮
水出徼外南
江入若水亦

班志青衣禹貢蒙山溪
大渡水東南至南安入
湔汶江湔水出徼外南
至南安東入江過郡三
行三千四十里江沱社
西南東入江按湔當
作淲

筰道

河渡大
山崏

江潜涪梓潼沮漳夏青衣延江夷油蕲十二水图十三

湘资沅涟漓溱洭深锺耒澧
洣漉浏㳽十五水图

湘资沅涟漓溱洭深锺耒澧洣漉浏㳽十五水图一、二

【旁注】班《志》:索县,渐水东入沅,应劭曰:顺帝更名汉寿。临湘,应劭曰:湘水出零山。罗县,应劭曰:楚文王徙罗子,自枝江居此。承阳,应劭曰:承水之阳,师古曰:承水原出零陵永昌县,东流注湘也。湘南,《禹贡》衡山在东南,荆州山。茶陵,泥水西入湘,行七百里。按泥当作洣。

班《志》:罗县,师古曰:盛宏之《荆州记》云:县北带泪水,水原出豫章艾县界,西流注湘,沿泪西北去县三十里,名为屈潭,屈原自沉处。

班《志》:益阳,湘山在北,应劭曰:在益水之阳。

班《志》:零阳,应劭曰:零水所出,东南入湘。

班《志》:义陵,鄜梁山,序水所出,西入沅。充县,酉源山,酉水所出,南至沅陵入沅,行千二百里。历山,澧水所出,东至下隽入沅,过郡二,行一千二百里。辰阳,三山谷,辰水所出,南入沅,行七百五十里,应劭曰:辰水所出,东入沅。酉阳,应劭曰:酉水所出,东入湘。

【解说】此图组共图 6 幅,列名达 15 水,为全图列名河流最多的图组。各水在《水

经注》均有专篇,其中湘水、资水、涟水、漓水、溱水在卷三十八,沅水、澧水在卷三十七,㳠水、深水、锺水、耒水、洣水、漉水、浏水、渌水在卷三十九。

此2图互相衔接,从图二到图一西东横亘者为长江,图一以洞庭湖和湖水为主,图幅南缘始于湘、资二水。《湘水》,《经》"又北过罗县西,渌水从东来流注"《注》:"湘水自锡口北出,又得望断浦,湘浦也。"此图绘湘水始于望断浦,据同《注》依次绘入三溪、大对、黄陵亭、二妃庙、白沙城,而渌水在此入湘。渌水是图组列名的河流,图据《渌水》篇绘制。同《注》经决湖、罗汭,此是罗水入湘之处,图按《注》绘入罗水,并包括上游汩水甚详。同《注》在罗汭以下,尚有汩罗戍、磊石山(汪作"累")、苟导泾、青草湖口、劳口(汪作"澇")及同拌口。至下一条《经》文"又北过下隽县西,微水从北来流注"《注》中,湖水注入洞庭湖。《注》文说:"凡此四水,同注洞庭,北会大江,谓之五渚。"

资水在此图中注记甚少,仅有《资水》《经》"东北过邵陵县之北"《注》中的茱萸江3字。又在《经》"又东北过益阳县之北"《注》中有关侯濑3字。从此就合沅水入湖,因《注》文如此,所以图幅简单。图一西隅是沅水和澧水入湖,都据《沅水》、《澧水》二篇的《注》文细绘,此二水上游均在图二。

洞庭湖在《湘水》、《资水》、《澧水》3篇中都有记及,图一所绘是根据记叙最详的《湘水》,《经》"又东过下隽县西,微水从东来流注"《注》:"湖水广圆五百余里,日月若出没于其中……湖中有君山、编山(此山未入图)。"又说:"湖左岸有山,世谓之笛乌石头。"又《经》"又北至巴丘山,入于江"《注》:"山在湘水右岸,山有巴陵故城……城跨岗岭,滨阻三江,巴陵村西对长洲,其洲南分湘浦,北屈大江,故曰三江也。三江所会,亦或谓之三江口矣。"图均据此详绘。

图二除了图组所列河流以外,还有补充前图,即以长江为首的十二水图的作用,因其西翼绘了延江与夷水的各一段。但主要是沅水与澧水的上游,沅水是入湖四水之中次于湘水的大河,此图据《经》"沅水出牂柯且兰县,为旁沟水,又东至镡成县,为沅水,东过无阳县"《注》:"县有龙溪水,南出于龙峤之山。"以下又按《注》依次绘入溇水、序溪、辰水、武溪、施水、酉水、诸鱼水等而至壶头山。又按《经》"又东北过临沅县南"《注》,绘入夷望溪水和关下山。图二绘沅水止于此。

沅水以北为澧水,图据《澧水》,《经》"澧水出武陵充县西,历山东过其县南"下的《注》文详绘无遗,包括支流溇水在内。图二绘澧水至澧阳天门而止。又《澧水》,《经》"又东过作唐县北"《注》中有"澧水入县,左合涔水"之文,此涔水始于图二,在图一作唐入澧。以上以河水为首的九水图中也有涔水,两者是同名异水。

此图图一旁注引《汉书·地理志》。索县、临湘、罗县、承阳、湖南、茶陵、益阳诸县,均是长沙国属县。长沙国位于今湖南省中部,国治临湘,即今长沙市。图二旁注引零阳、义陵、充县、辰阳、酉阳诸县,均是武陵郡属县。武陵郡位于今湖南省西南部及贵州省东部,郡治义陵,在今湖南省溆浦县南。

湘资沅涟漓溱洭深锺耒澧洣漉浏渼十五水图三

【解说】此图衔接图一,为湘、资二水上游,但尚未及源头,而图组列名的浏、涟、洣、耒、漉诸水,也在图中。卷三十八《湘水》,《经》"又东北过泉陵县西"《注》文之末有"湘水又西北得春水口"句,湘水在此图始于此。《经》"又东北过重安县东,又东北过酃县西,承水从东南来注之"《注》"承水出衡阳重安县西邵陵县界邪姜山",图按《注》详绘。又同《注》:"《地理志》曰:郴县有耒水,出耒山,西至湘南西入湘。"此图已有耒水注记,耒水是图组列名之水,在图五才见其详。衡山以北,同卷《经》"又东北过阴山县西,洣水从东南来注之;又北过醴陵县西,漉水从东南来注之。"此处的洣、漉二水都是图组列名而《注》有专篇的河流,图据《洣水》、《漉水》二篇详绘此二水的发源及支流无遗。漉水入湘以后,沿湘尚有支流涟水,此水因郦注另有专篇,故《湘水》篇未有记叙,图据《涟水》篇详绘。

同卷《经》"又北过临湘县西,浏水从县西北流注"《注》中,图按《注》依次绘入了昭山、桔洲、船官、麓山、白露水口、誓口、石棹(汪作"楫")、麻溪水口、三石山而至于浏水口。此处《注》文说:"湘水又迳浏口戍西,北对浏水。"图据《浏水》篇绘入此水从首裨山发源,会合涝溪水而入湘的全程。

同卷《经》"又北过临湘县西,浏水从县西北流注"《注》中,图据《注》绘入了支流沩水,并据同《注》绘入了断口、下营口、鼻洲等。《经》"又北过罗县西,渌水从东来流注"《注》:"湘水自锡口北出,又得望屯浦",图三所绘至此而止,下接图五。

此图西翼是资水上游,因《注》文不繁,图的注记符号也简。唯图因纸幅不敷,尚不及其源,下接图六。

湘资沅涟漓溱洭深锺耒澧洣漉浏渼十五水图四

【旁注】班《志》:无阳,无水首受故且兰,南入沅,行八百九十里。临沅,应劭曰:沅水出牂柯,入于江。故且兰,沅水东南至益阳入江,过郡二,行二千五百三十里,应劭曰:故且兰侯邑也。

【解说】此图衔接图二,所绘是沅水上游发源及其支流。案《沅水》,《经》"沅水出
牂柯且兰县,为旁沟水;又东至镡成县,为沅水,东过无阳县"《注》中,图按《注》绘入了
沅水发源及上游支流,即出于且兰县的无水,又出于岸许山的运水和出于移山的熊溪,
至无口而会合。《注》文甚简,图亦同。

此图旁注引《汉书·地理志》。无阳、临沅两县,均是武陵郡属县,所引故且兰县,
是牂柯郡属县。

湘资沅涟漓溱洭深锺耒澧浀潓浏溾十五水图五、六

【旁注】班《志》:郴县,耒山,耒水所出,西至湘南入湖。耒阳,舂山,舂水所出,北
至酃入湖。过郡二,行七百八十里,师古曰:在耒水之阳也。

班《志》:营道,九疑山在南。泠道,应劭曰:泠水出丹阳宛陵,西北入江。按应说
误,臣瓒纠之是也。

班《志》:零陵,阳海山,湘水所出,北至酃入江。过郡二,行二千五百三十里,又有
离水,东南至广信入鬱,行九百八十里。都梁,路山,资水所出,东北至益阳入沅,过郡
二,行千八百里。

【解说】此2图衔接图三。图五北部是耒水及深水、锺水的上源,中以大庾岭、骑
田岭、都庞岭、萌渚岭、越城岭为分水岭,南部为溱水、洭水、漓水上源。

案《耒水》,《经》"耒水出桂阳郴县南山"《注》"耒水发源于汝成县东乌龙白骑
山",又《经》"北过其县之西"《注》"县有渌水,出县东侠公山"。耒水上源支流甚多,
图据《注》详细绘入无遗,直至同《注》"耒水又西迳华山之阴"。又在《经》"又北过便
县之西"《注》中接纳温泉水,在《经》"又西北过耒阳之东"《注》中接纳肥川,在《经》
"又北过酃县东"《注》中经过酃湖,然后北上衔接图三。

锺水是图组列名的河流,是耒水上游的支流之一,图据《锺水》,《经》"锺水出桂阳
南平县都山,北过其县东,又北过宋渚亭,与灌水合"绘入此水。此外在图组列名的湘
江水系河流还有深水,图据《深水》绘入其源,即图六东南端的卢溪。又《锺水》的上述
《经》文下《注》文说:"璀、桂声相近,故字随读变,《经》仍其非矣。"汪据此在图五西南
隅绘入出于北界山的深水此源。

图五的南部是溱水的上源及其支流,图组列名、《注》中有篇的洭水也是其支流之
一。溱水的中下流,其实就是珠江三大支流之一的北江,但上游支流甚多。《溱水》
《经》"溱水出桂阳临武县南,绕城西北屈东流"《注》中,列举了上源桐柏山、黄岑山、

蓝豪及其发自各源下流诸水,图按《注》逐一详绘无遗。又因洭水在图组列名,故图又据《洭水》篇,详绘此水上源。《经》"东至曲江安聂邑东,屈西南流"《注》中,图据《注》绘入从东北石阎山、大庾岭、凉热山等导源南流的支流,在东溪口会合溱水,南历皋口、太尉二山,经浈阳峡而接纳浈水。又《洭水》《经》"南出洭浦关,为桂水"《注》:"关在中宿县,洭水出关右合溱水,谓之洭口",图据以上《注》文详绘,至此而止。

图六南部是漓水发源及其支流。《漓水》《经》"漓水亦出阳海山"《注》:"湘、漓之间,陆地百余步,谓之始安峤,峤,即越城岭也。"此以后,同《注》之中,漓水先后会合沩水、弹丸溪、洛溪,又历羊濑、鸡濑两山,会合北乡溪水、平乐水,在《经》"南过苍梧荔浦县"《注》中,又会合濑溪水与灵溪水,最后注入鬱水。图六绘漓水止于此。

此图图五旁注引《汉书·地理志》。郴县、耒阳两县,均是桂阳郡属县,桂阳郡位于今湖南省东南部及广东省北部,郡治郴县,即今郴州市。图六旁注引零陵、都梁、营道、泠道诸县,均是零陵郡属县,零陵郡位于今湖南省西南部及广西壮族自治区东北部,郡治零陵,在今广西兴安县以北。

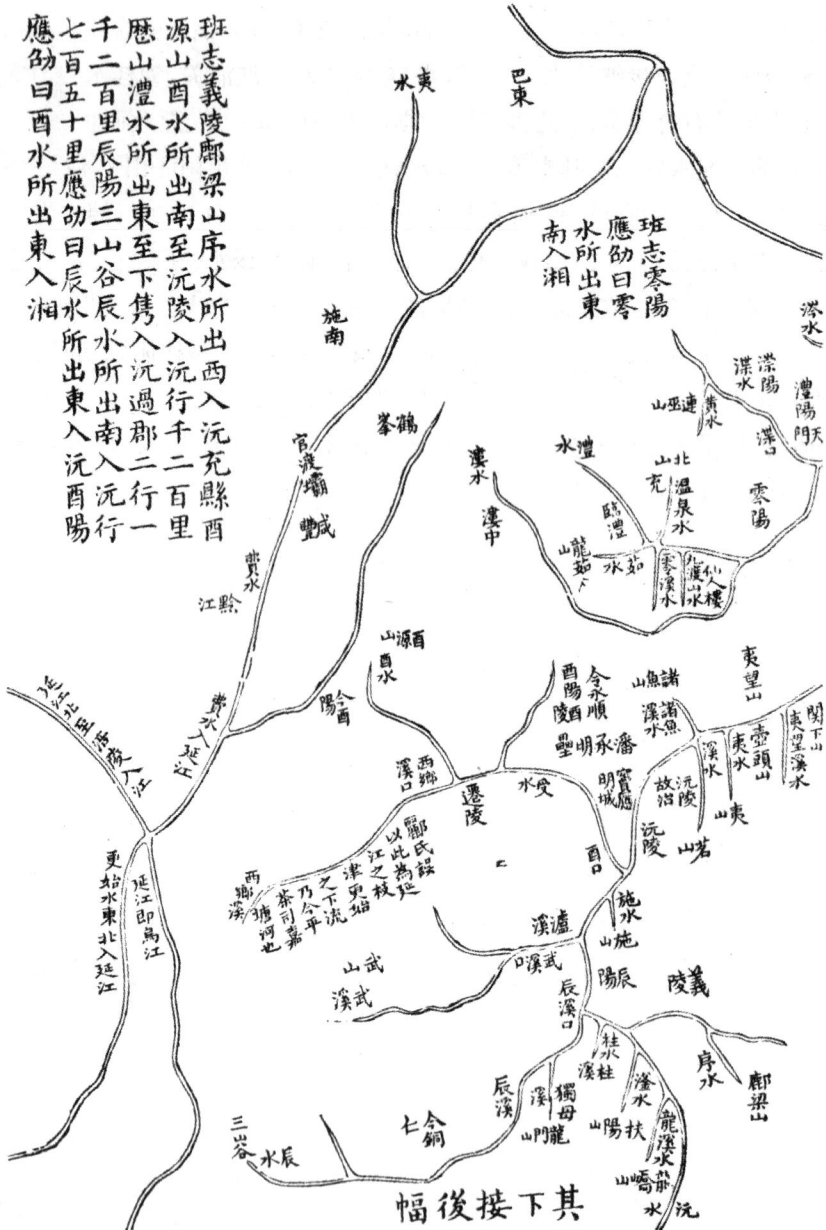

應劭曰酉水所出東入湘
七百五十里應劭曰辰水所出東入沅酉陽
千二百里辰陽三山谷辰水所出南入沅酉陽
歷山澧水所出東至下雋入沅過郡二行一
源山酉水所出南至沅陵入沅行千二百里
班志義陵郎梁山序水所出西入沅充縣酉

湘资沅涟漓溇澋深锺耒澧洣漉浏渫十五水图二

湘资沅涟漓溱洭深锺耒澧浽漉浏渍十五水图一

班志無陽無水首受故且蘭
南入沅行八百九十里臨于沅
應劭曰沅水出牂柯入于江
故且蘭沅水東南至益陽入
江過郡二行二千五百三十
里應劭曰故且蘭侯邑也

湘资沅涟漓溇澬溱深锺耒澧㴷㵲浏溪十五水图四

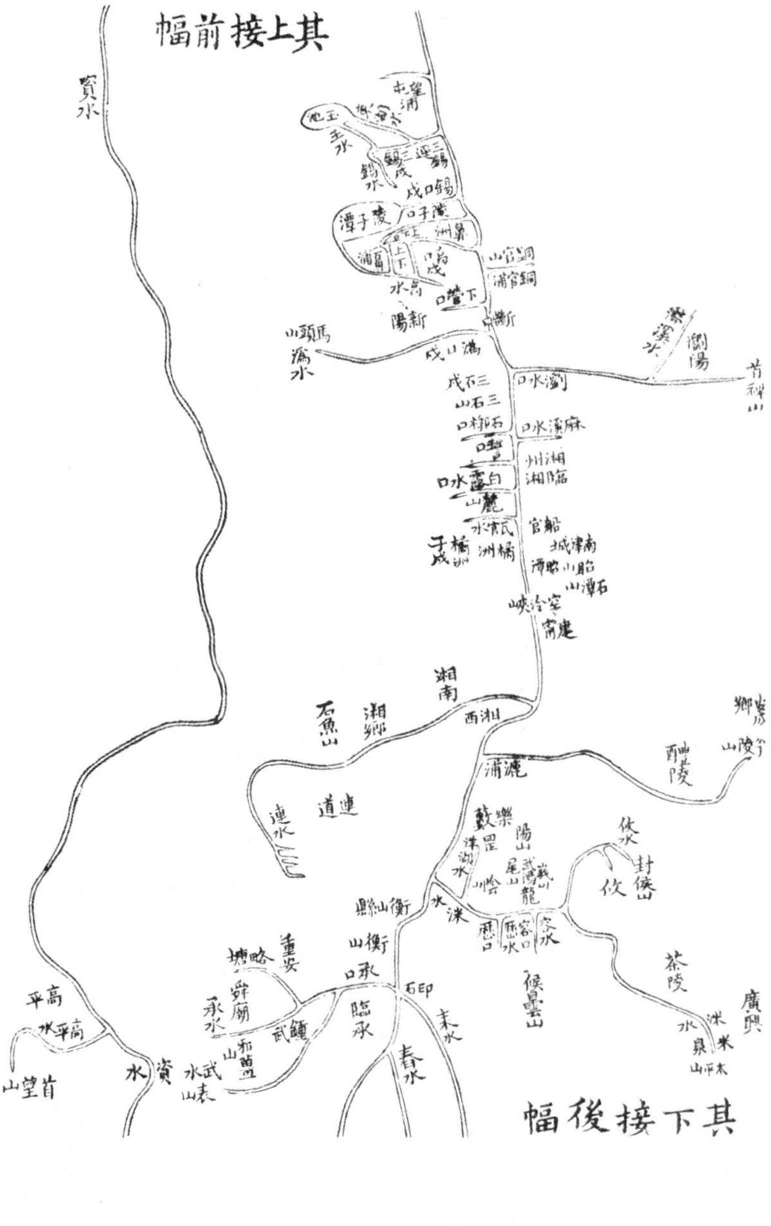

其上接前幅

湘资沅涟漓溇澧深锺耒澧洣漉浏渌十五水图三

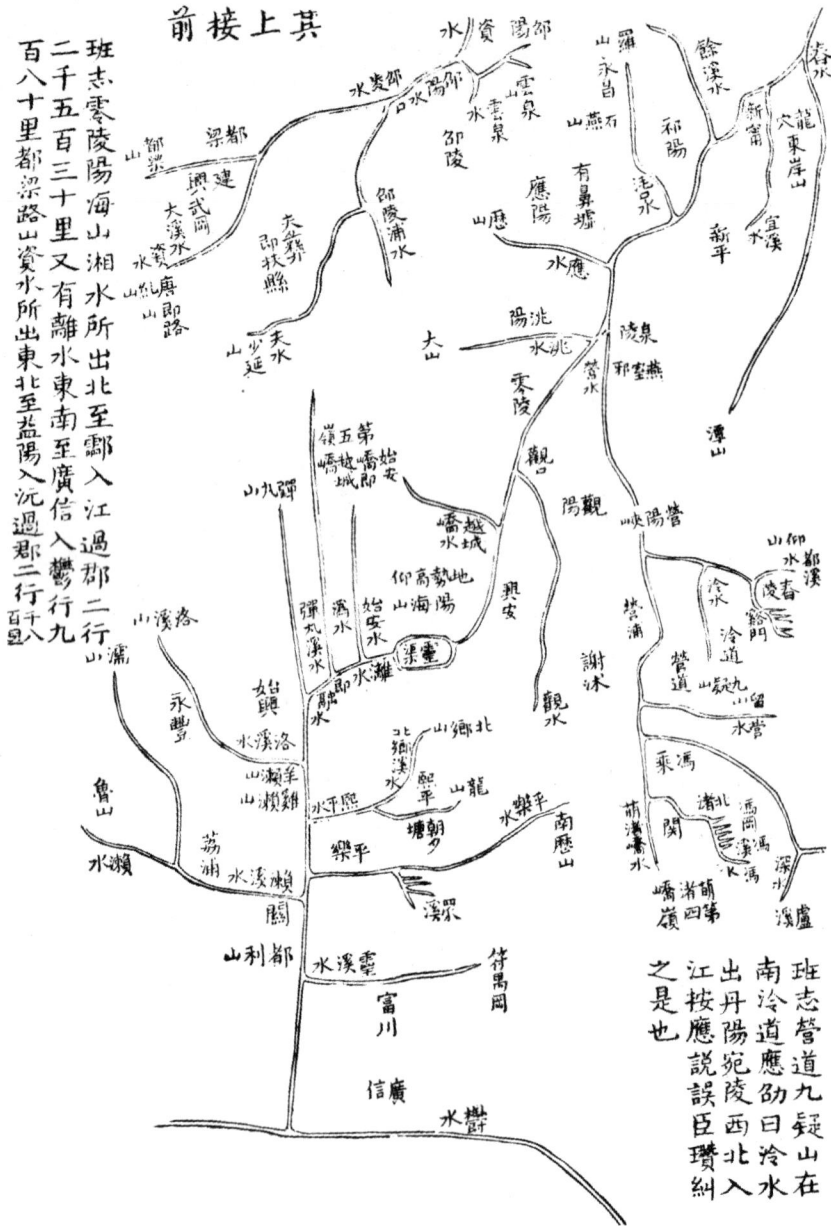

湘资沅澪漓溱洭深锺耒澧涞漉浏淡十五水图六

その前接上其

来水
鄙
鄙湖
来阳
蔡
洲
卢塘
川肜
倈計山
使

班志郴縣耒山耒水所出西至
湘南入湖耒陽春山春水所出
北至鄙入湖過郡二行七百八
十里師古曰在耒水之陽也

山華口栅
温泉水徐汝
溪鄉祁
溪水
口水溪清
侠公山
千秋
晉寧
瀨四十
城汝
慶水泉隂
水黄
水圓
浦田騎驛
水末
山坡黄
食泉
郴
湘陵村
水桂
騎龍山
武第二
重安蓝
蓝水
山界北
水道
平南
白臺山
亭舖
柏紅山
宋清亭
藍水
涑水
水冷
北利水
深水北源
水鍾
都武
山陉
村塘不遷
水東磨
山弭林
泊溷
淹
石靈
潭溪
山石獅黄
山晴嶺黄
嶺大
連台
石關東
東溪前始與
水
山界第三嶺
湖利山
貞溪之崎
蜀水
口水
水精
驛上湧水
聚盧
水溪盧
水坊水渼
陽山
嶢閣水
口水山弭
白屁岡
山嶺雙
山弭水曲
峽澳渼
渼水
陽澳
淵洭口洭
宿中
淵洭關
連峽山
水里一觀
觀峽山
又溱水
南注淵
以入海

湘资沅涟漓溱洭深锺耒澧渼漉浏渼十五水图五

渐江水图

渐江水图一、二

【旁注】《班志》：由拳县，柴辟，故就李乡，吴越战地，应劭曰：古之槜李也。上虞，有仇亭，柯水东入海。海盐，故武原乡。句章，渠水东入海。鄞县，有镇亭、有鲒琦亭，东南有天门水入海，有越天门山。冶县，古闽越地。

《班志》：馀暨，萧山，潘水所出，东入海。山阴，会稽山在南，上有禹冢、禹井，扬州山，越王句践本国，有灵文园。

《班志》：大末，穀水东北至钱唐入江。钱唐，武林山，武林水所出，东入海，行八百三十里。黟县，渐江水出南蛮夷中，东入海。

【解说】此图组共图2幅，2图互相衔接。渐江水即今钱塘江。《水经注》编此水于卷四十。此水之名《水经》称渐江，但《水经注》称浙江。

图二西北隅为此水发源，《经》"渐江水出三天子都"《注》中，《注》文绝不提"三天子都"之名，而是引《地理志》："水出丹阳黟县南蛮中，北迳其县，南有博山。"图二按《注》注记博山及黟（汪作"黝"），同《注》至三十六濑，有源于天目山的桐乡水下注，经严陵濑而至富阳。

图二南翼为支流穀水，《经》"北过余杭，东入于海"《注》："浙江又东北流至钱塘

县,榖水入焉。"郦道元不熟悉南方河流,榖水至钱塘县入浙之语显然错误,已由汪氏在图上改正。但此《注》中"水源西出太末县,是越之西鄙,姑蔑之地也",此语不讹,故图按《注》照绘,并定阳溪水、永康溪水、乌伤溪水在内。同《注》:"浙江迳县,左合余干大溪"(汪"干"作"杭"),图二止于此。

浙江东流,图一始于明圣湖,见同《注》:"县南江侧有明圣湖"。此后沿江地名如灵隐山、武林山、武林水、定山、包山、临平湖、西陵湖等,均按《注》逐一绘入。但南方河川地域郦氏所疏,所以地名往往先后错乱。如浦阳江与上虞江混为一谈之类,在《沔水》图组中已经说明。不过《浙江水》一篇,地理虽多讹误,记叙内容却甚丰富,其所引文献如《会稽记》早已亡佚,而《越绝书》、《吴越春秋》诸书,亦有今本所不见的佚文。汪氏以此等绘于图中,故此图亦属可贵。其中如秦望山、兰亭、五泄等,都是难得资料,此图所绘长湖、大湖,见同《注》"浙江又东,北得长湖口,湖广五里,东西百三十里,沿湖开水门六十九所,下溉田万顷,北泻长江。"这是有关绍兴鉴湖记叙的最早资料。虽然图上位置并非确切,但仍有参考价值。我曾撰有《古代鉴湖兴废与山会平原农田水利》一文(《地理学报》1962年第3期;又收入于《吴越文化论丛》,中华书局1999年出版),并绘有古代鉴湖及其变迁图多幅,可供参考。此外,我又撰有《浙江水注补注》一篇,收入于《水经注研究》。

此图图一旁注引《汉书·地理志》。由拳、海盐、句章、鄞县、冶县、余暨、山阴诸县,均是会稽郡属县。图二旁注所引大末是会稽郡属县,所引黝(殿本作"黟")县是丹扬郡属县。

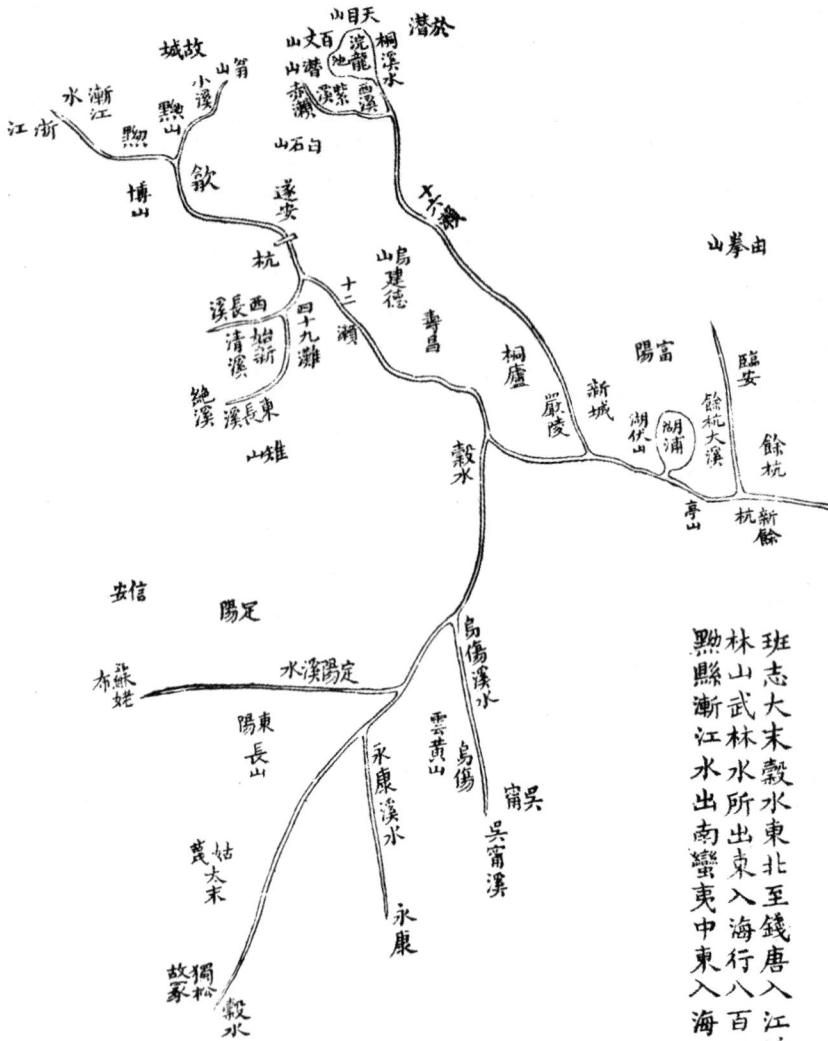

班志大末榖水東北至錢唐入江錢唐武
林山武林水所出束入海行八百三十里
黟縣漸江水出南蠻夷中束入海

浙江水图二

渐江水圖

班志由拳縣柴辟故就李鄉
吳越戰地應劭曰古就李之橋李
也上虞有仇亭柯水東入海
海鹽故武原鄉句章渠水東
入海鄞縣有鎮亭有鮚埼亭
東南有天門水入海有越天
門山治縣古闕越地

禦兒鄉柴碎

仇亭

班志餘暨蕭山潘
水所出東入海山
陰會稽山在南上
有禹冢禹井揚州
山越王句踐本國
有靈文園

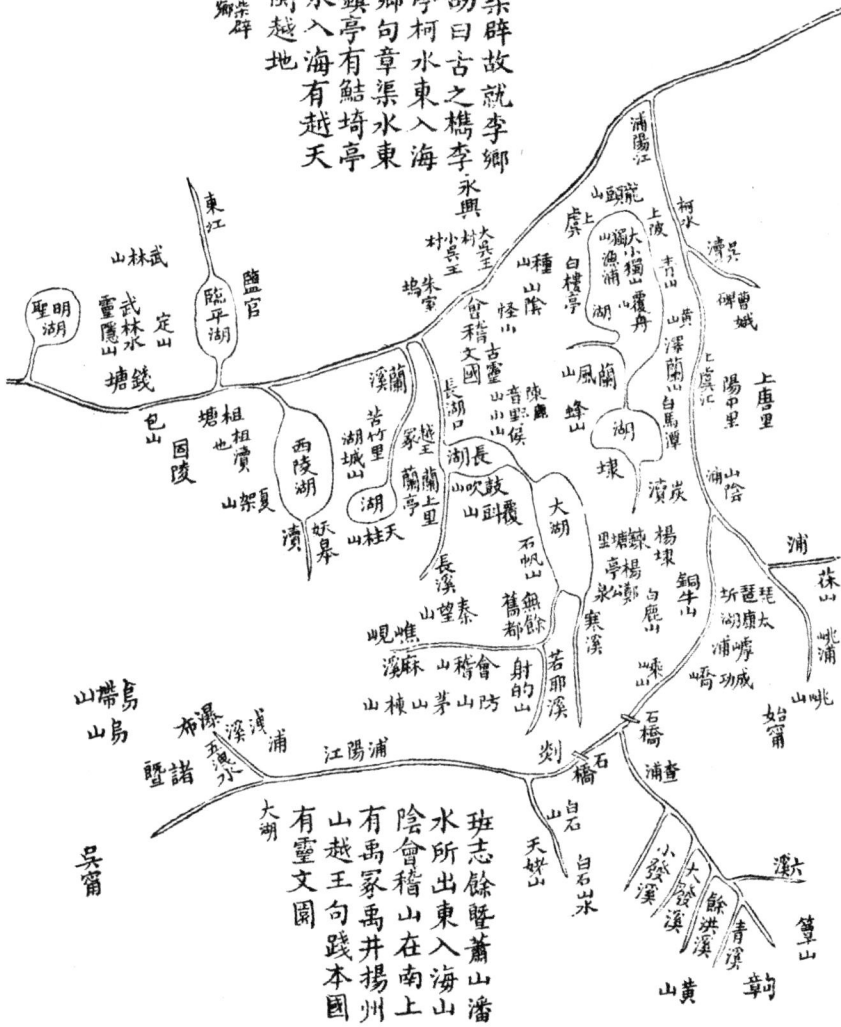

渐江水图一

存温叶榆浪斤江图

存温叶榆浪斤江图一、二

【旁注】班《志》：临武，秦水东南至浈阳入汇，行七百里。桂阳，汇水南至四会入鬱，过郡二，行九百里，应劭曰：桂水所出，东北入湘。含洭，应劭曰："洭水所出，东北入沅。浈阳，应劭曰：浈水出南海龙川，西入秦。按秦今作溱。番禺，尉佗都。中宿，有洭浦官。

班《志》：镡成，康谷水南入海。玉山，潭水所出，东至阿林入鬱，过郡二，行七百二十里，应劭曰：潭水所出，东入鬱。按康谷水未详。鬱林郡，有小谿川水七，并行三千一百一十里。广鬱，鬱水首受夜郎豚水，东至四会入海，过郡四，行四千三十里。中留，师古曰：水名。临尘，朱涯水入领方，又有斤员水，又有侵离水，行七百里。定周，水首受无敛，东入潭，行七百九十里。增食，骊水首受牂柯东界，入朱涯水，行五百七十里。

班《志》：雍鸡，有关，今昆仑关也。谢沐，有关。苍梧郡，有离水关。荔浦，有荔平关。猛陵，龙山，合水所出，南至布山入海。封阳，应劭曰：在封水之阳，临允，牢水北至高要入鬱。过郡三，行五百三十里。

【解说】此图组共图4幅，包括存水、温水、叶榆河、浪水、斤江水5水，均为西南边陲河流。存、温两水在《水经注》卷三十六，叶榆河、浪水在卷三十七，斤江水在卷四十。我在《水经注·长江之水》(台湾古籍出版有限公司2002年出版)一书的卷二十六的《题解》中说:"存水是今北盘江的一段,温水即今南盘江。温水是卷三十六中的最大一篇,其中《经》文'东北入于鬱'之下,《注》文写了六千多字,在《水经注》全书中也算得上一篇长《注》。从《注》文内容来看,此鬱水即今西江支流上源右江,但其下流包括今西江,《注》文也常称鬱水,当然,这其中还有许多错误。"

对于叶榆河,我在简化字本《水经注》卷三十七的《注释》中指出:"《叶榆河》篇,篇名就不同一般,在《水经》全文中,凡河流均称'水',称'河'的只有两条,即卷十四的《沽河》和卷三十七《叶榆河》。但在《水经注》中,'沽河'一名在卷十四《湿余水》、《沽河》、《鲍丘水》三篇之中,均出现过一次,所以虽然郦道元极少用'河'字简称河流,但'沽河'之名,至少是他认可的。至于'叶榆河',郦道元在此篇《注》文和相关的他篇中,均称'叶榆水'绝未使用'叶榆河'之名。前面已经指出,在古代,'河'是黄河的专名,'江'是长江的专名。以后这两个专名作为通名使用,因此,北方河流多称'河',如海河、淮河、泾河、渭河等等;而南方河流多称'江',如珠江、湘江、赣江、钱塘江等等。当然,这种把专名用于通名的习惯,是后来慢慢形成的,所以沽河一名,由于沽河在北方,这或许是一种特例。而叶榆河一名,由于叶榆河在南方,这很可能是《水经》的错误。《汉书·地理志》益州叶榆县说:'叶榆泽在东。'叶榆县在今云南省大理以北洱海沿岸的喜州附近,所以汉叶榆泽就是今洱海。但《水经注》叶榆水,其一部分流程似乎与今元江和越南的红河相合,却又和滇池、温水等相纠缠,所以错误极多,清陈澧在《水经注西南诸水考》已有论及。"

对于斤江水,我在简化字本《水经注》卷四十的《注释》中也指出:"殿本注:'案《汉书》作斤员水。'但卷三十六《温水》篇中《经》文说:'又东至领方县,与斤南水合。'《注》文说:'(临尘)县有斤南水,侵离水,并迳临尘,东入领方县,流注鬱水'。既然郦道元在《温水》篇已经作了说明,而且《经》、《注》相同,所以此处斤江水很可能是以后的传钞错误,原来应作斤南水,斤南水即今西江上流之一的左江。"

对于浪水,我在简化字本《水经注》卷三十七的《注释》中指出:"《浪水》一篇,《经》文和《注》文都有许多错误。从《水经注》内容来看,可以发现整篇是由许多不同的资料拼凑起来的。按《注》文,此水上流指今广西东北的洛清江,中下流则接柳江、黔江和西江。最后有一段即在《经》文'其一又东过县东,南入于海'之下,比较详细地记述了今珠江三角洲。"

图二绘入图组列名的存水和浪水。存水因纸幅不敷在图二中尚不及其源。仅注记:"周水及存水。"见于《存水》《经》"又南至鬱林定周县,为周水"。《注》:"存水又东至鬱林定周县为周水,盖永变名也。"同卷《经》"又北至潭中县,注于潭。"此《经》无

《注》,图据《经》绘至存水在潭中入潭。浪水如上述《经》、《注》均误,汪氏当然也已见及,故图二注记"注所云浪水出焉",以示《注》文之讹。拙著《水经注记载的广西河流》(《广西民族学院学报》1998年第1期)一文中指出:"关于此水,《经》文记及了它的一些别名,如鬱溪、大水等,并记及其下游今珠江三角洲的地情,《注》文开首就记及今广西东隅的苍梧郡治,以下即入于广东省境,直到番禺,所以浪水下游无疑也是今西江。"图二居中横亘西东并衔接图一的是今鬱江和西江,图据《注》并绘入南流入鬱的支流漓水和封水,北流入鬱的牢水,而止于四会。见《洭水》《经》"其一又东过县东,南入于海"《注》:"鬱川分派,迳四会入海也。"清陈澧在其所著《水经注西南诸水考》一书的《序言》中说:"郦道元身处北朝,其注《水经》,北方诸水,大致精确,至西南诸水,则几乎无一不误。"汪氏据《注》而图,虽图中多以当时(清)地名旁注,但原《注》之误,也多未能改正。

图一衔接图二,据《浪水》,《经》"其一又东过县东,南入于海"《注》,绘入了番禺及珠江三角洲景观。又据《经》"其余水又东至龙川,为涅水,屈北入员水"《注》:"浪水枝津衍注,自番禺东历增城县",作为"今东江"绘入图中,又据《经》"员水又东南一千五百里,入南海"《注》:"东历揭阳县,王莽之南海亭,而注于海也。"案揭阳县在今汕头市北,以员水为汀江而入图,此是汪氏的考证,不无参考价值。

此图图一旁注引《汉书·地理志》。临武、桂阳、含洭、浈阳诸县,均是桂阳郡属县。所引番禺、中宿两县,均是南海郡属县,南海郡位于今广东省包括广州市以东的大部及福建省东南一部分,郡治番禺,即今广州市。图二旁注引镡成县是武陵郡属县。所引广鬱、中留、临尘、增食、雍鸡诸县,均是鬱林郡属县,鬱林郡位于今广西壮族自治区东部及贵州省东南部,郡治布山,在今桂平县以西。所引谢沐、荔浦、猛陵、封阳诸县,均是苍梧郡属县,苍梧郡位于今广西壮族自治区东部和广东省西部,郡治广信,即今梧州市。

存温叶榆浪斤江图三、四

【旁注】班《志》:夜郎豚水东至广鬱,应劭曰:故夜郎侯邑。同并,故同并侯邑。

班《志》:铜濑,谈房山,迷水所出,东至谈稿入温。律高,西石空山出锡,东南毕町山出银、铅。

班《志》:镡封,温水东至广鬱入鬱,过郡二,行五百六十里。漏卧,应劭曰:故漏卧侯国。句町,文象水东至增食入鬱,又有卢唯水、来细水、伐水,应劭曰:故句町国。

班《志》:俞元池在南,桥水所出,东至毋单入温,行千九百里,怀山出铜。弄栋,东农山,毋血水出,北至三绛南入绳,行五百一十里。

班《志》:贲古,北采山出锡,西羊山出银、铅,南乌山出锡。毋棳,桥水首受桥山,东至中留入潭,过郡四,行三千一百二十里。

班《志》:西隋,麋水首受徼外,东至麋泠入尚龙谿,过郡二,行千一百六里。都梦,壶水东南至麋泠入尚龙谿,过郡二,行千一百六十里。

班《志》:越嶲郡,故邛都国,有嶲水。遂久,绳水出徼外,东至僰道入江,过郡二,行千四百里。青蛉,临池濞在北,僕水出徼外,东南至来唯入劳,过郡二,行千八百八十里。则禺同山,有金马、碧鸡,应劭曰:青蛉水出西,东入江也。

班《志》:嶲唐,周水首受徼外,又有类水,西南至不韦,行六百五十里。来唯,从蛓山出铜,劳水出徼外,东至麋泠入南海,过郡三,行三千五百六十里。

班《志》:叶榆,叶榆泽在东,贪水首受青蛉,南至邪龙入僕,行五百里。

【解说】此2图互相衔接,又衔接图二。如上述陈澧所说郦注西南诸水"几乎无一不误"。此2图当然存在大量错误。汪氏虽作了不少纠谬措施,但错误仍然满图。

图四西翼为兰仓水,见于卷三十六《若水》,《经》"又东北至犍为朱提县西,为泸江水"《注》:"按永昌郡有兰仓水,出西南博南县。"汪氏绘此图,已把此江从若水(今雅砻江)分离出来,但由于《注》文之误,仍与洱海连在一起。下流注记:"澜沧江入越南为富良江。"此注记亦误(此江实为湄公河上流),说明汪氏对西南河流亦疏。

图四中部自北而南为叶榆河,《经》"益州叶榆河,出其县北界,屈从县东北流"《注》:"县西北八十里,有吊鸟山",又说,"县之东有叶榆泽,叶榆所钟而为此川薮也"。前已说明叶榆泽即今洱海,但此图则二者分离,亦是汪氏之疏。汪氏在叶榆河南流末段注记"西随河",当系据《经》"入牂柯西随县北为西随水,又东出进桑关"《注》:"自西随至交趾,崇山接险,水路三千里,叶榆水又东南绝温水而东南注于交趾。"今从云南到越南,并无这样一条河流,这当然是《经》、《注》之误,而图亦从之而误。

图四东翼绘及温水的一段,当据《温水》,《经》"温水出牂柯夜郎县"《注》:"温水又东南,迳群柯之毋单县……桥水注之,水上承俞元县之南池。"又说:"温水东迳兴古县之毋棳县东……与南桥水合,水出桥山。"图四所及温水仅此一段,其上流从图三而来,在毋棳县会合南桥水后又东流而绘入图三。《温水》一篇,《经》、《注》都错误迭出,但较之《叶榆河》篇,尚有流迹可循。《注》文所叙,与今南盘江最为符合,所以汪氏在图三温水源以下注记:"今南盘江。"我在《水经注记载的广西河流》一文中也指出:"由于《温水》篇的《经》文和《注》文本身存在许多牵强附会,所以要清理此篇头绪,确

班志鐔成康谷水南入海
玉山潭水所出東至阿林
入鬱過郡二行七百二十
里應劭曰潭水所出東入
鬱按康谷水未詳鬱林郡
有小谿川水七并行三千
一百一十里廣鬱水首
受郎豚水東至四會入
海過郡四行四千三十里
中留師古曰水名臨塵朱
涯水入領方又有斤員水
又有侵離水行七百里定
周水首受無欲東入潭行
七百九十里增食驖水首
受牂柯東界入朱涯水行
五百七十里

鐔成
岵山
潭水今福祿江

班志雍雖有關今昆侖關也謝沐
有關蒼梧郡有離水關荔浦有荔
平關猛陵龍山合水所出南至布
山入海封陽應劭曰在封水之陽
臨允牢水北至高要入鬱過郡三
行五百三十里

存温叶榆浪斤江图二

存溫葉榆浪斤江圖

班志臨武秦水東南至湞陽入
匯行七百里桂陽匯水南至四
會入鬱過郡二行九百里應劭
曰桂水所出東北入湘含匯應
劭曰匯水所出東北入沅湞陽
劭曰湞水出南海龍川西入
應劭曰湞水出南海龍川西入
秦按秦今作溱番禺尉佗都中
宿有匯浦官

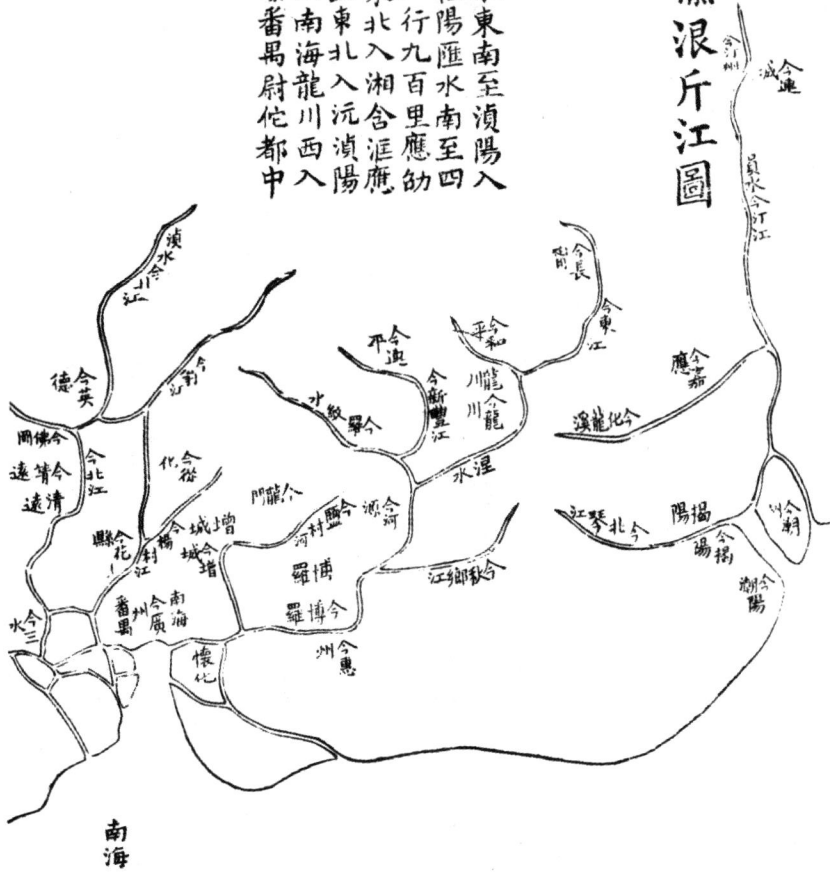

存温叶榆浪斤江图一

班志俞元池在南橋水所出東至毋單入溫行千九百里懷山出銅毋弄棟東農山母血水出北至三絳南入繩行五百一十里

班志賁古北采山出錫西羊山出銀鉛南烏山出錫毋棳橋水首受橋山東至中留入潭過久郡四行三千一百二十里

班志越巂郡故邛都國有篙水遂久繩水出徼外東至熒道入江過郡二行千四百里青蛉臨池瀾在北僕水出徼外東南至來唯入勞過郡二行千八百八十里則毋同山有金馬碧雞應劭曰青蛉水出西東入江也

班志葉榆澤在東貪水首受青蛉南至邪龍入僕行五百里

班志篙唐周水首受徽外又有類水西南至不韋行六百五十里來唯從陸山出銅勞水出徽外東至麋泠入南海過郡三行三千五百六十里

班志西隨麋水首受徼外東至麋泠入一百六十里

班志滕休河水東至毋棳入橋

東南至麋泠入尚龍谿過郡二行千一百六十里都夢羹壷水尚龍谿過郡二行千

今瀾滄江　今蒙衍江　今北江　今元江　類水　今雲龍　今永博　比蘇　不韋山保今永昌　嶲唐　永平南　禁水　南博山　今淮州理大　益州葉榆　鳥山　尹山　雞足山　橫今川　今賓川　今池江　今大姚　姚今大姚　青蛉　今龍川江　姑　復今鎮元　麋今武定　然宵連安　合雲南　江川龍今　雄今龍　今金水河　南府雲建今　僕水今螳螂江　臧今祿豐　柏今雙　今新平　金沙河　古貴安今　唯阿遂今　今滇池　昆澤　梁水今　今昆陽　休水陽今　池休海　南陽　本山俞元今　螺山今　橋水　南橋　梅水今　龍勞同今鳥　今路單　南單　毋鐵今元　合彌今　勒毋掇　毋棳入橋　涂水今普建河　穀昌今富民　收今富民　今滇陽　連然　洞今濛　並自豪

瀾滄江入越南為富良江

存溫叶榆浪斤江圖四

存温叶榆浪斤江图三

实相当困难,但总的说来,以今南盘江最为恰当。"

《温水》篇确实有许多难以清理的问题,例如《经》"东北入于鬱"《注》:"鬱水,即夜郎豚水也……豚水东北流迳谈藁县,东迳牂柯郡且兰县,谓之牂柯水。"图三在此水注记:"今北盘江。"我在《水经注记载的广西河流》一文中说:"牂柯水当今何水?历来说法颇不一致……但总的说来,以今北盘江或北盘江支流之一的蒙江当之,可以差强人意。郑德坤在其《重编水经注图(总图部分)》中,把今北盘江,包括今广西境内的红水河,作为《水经注》牂柯水,这是最适当的。"郑氏此图是上世纪30年代在现代新式地图的基础上绘成的,汪图当然不及郑图,但也可窥及他在缺乏新式地图的条件下殚精竭虑的工作。

图三东南隅绘有斤员水,当系据《温水》,《经》"又东至领方县东,与斤南水合"《注》所绘,《注》说:"县有斤南水、侵离水,并迳临尘,东入领方县,注于鬱水。"斤员水即斤南水,前已说明。

图三北缘绘入延江水上源,此水已见前图,但由于纸幅而不及上源,此图据《延江水》篇而绘。

此2图,由于汪氏均在郦注地名旁标注当时(清)地名,所以注记甚密。

此图图三旁注引《汉书·地理志》。夜郎、同并、镡封、漏卧、句町诸县,均是牂柯郡属县。所引铜濑、律高两县,均是益州郡属县。图四旁注所引俞元、弄栋、贲古、毋棳、嶲唐、来唯诸县,均是益州郡属县。所引遂久、青蛉两县,均是越嶲郡属县,越嶲郡位于今四川省西南部及云南省北部,郡治邛都,即今西昌市。所引都梦,是牂柯郡属县。

图四旁注引《汉书·地理志》。"则禹同山","则"字是"有"字之误。

叶榆鬱水下流图(日南水无可考)

叶榆鬱水下流图(日南水无可考)一、二

【解说】此图组共图五幅,图目后有"日南水无可考"六字注记。日南郡为郦注记叙的最南疆域,但《注》文未及此郡河川。叶榆水及鬱水下流,据《注》皆入交趾,但交趾尚在日南之北,所以汪氏作此六字注记,为的是点明此二水下流是郦注记叙的极南之水。

鬱水在《水经注》中并无专编,但卷三十六《温水》,《经》"东北入于鬱"《注》如前已指出的是郦注中的一个长篇,所以汪氏为此水绘了专图,这也是全图中除了汴水以外的另一条郦注无篇而图组列名的河流。此《注》首句:"鬱水,即夜郎豚水也。"但此后流程,由于《注》文混杂,互相径庭,很难考察其正确流路。《洭水》、《经》"又东至南海番禺县西,分为二,其一南入南海"《注》:"鬱川分派,迳四会入海也。"上述《洭水》篇的两条《注》文,都说明鬱水在今珠江三角洲入海,则鬱水当是今珠江的西江及其上流。但《温水》,《经》"东北入于鬱"下的长篇《注》文中,温水又南流进入今中南半岛越南境内。此《注》末句说:"《山海经》曰:鬱水出象郡而西南注南海,入须陵东南者也。应劭曰:鬱水出广信,东入海。言始或可,终则非矣。"说明郦道元虽然写了此篇《注》文,但是他并不相信《山海经》与应劭的话。不过由于《注》文中有许多鬱水入南的记叙,此图组按《注》作图,所以从对照《注》文来说,依样葫芦,其图不诬。

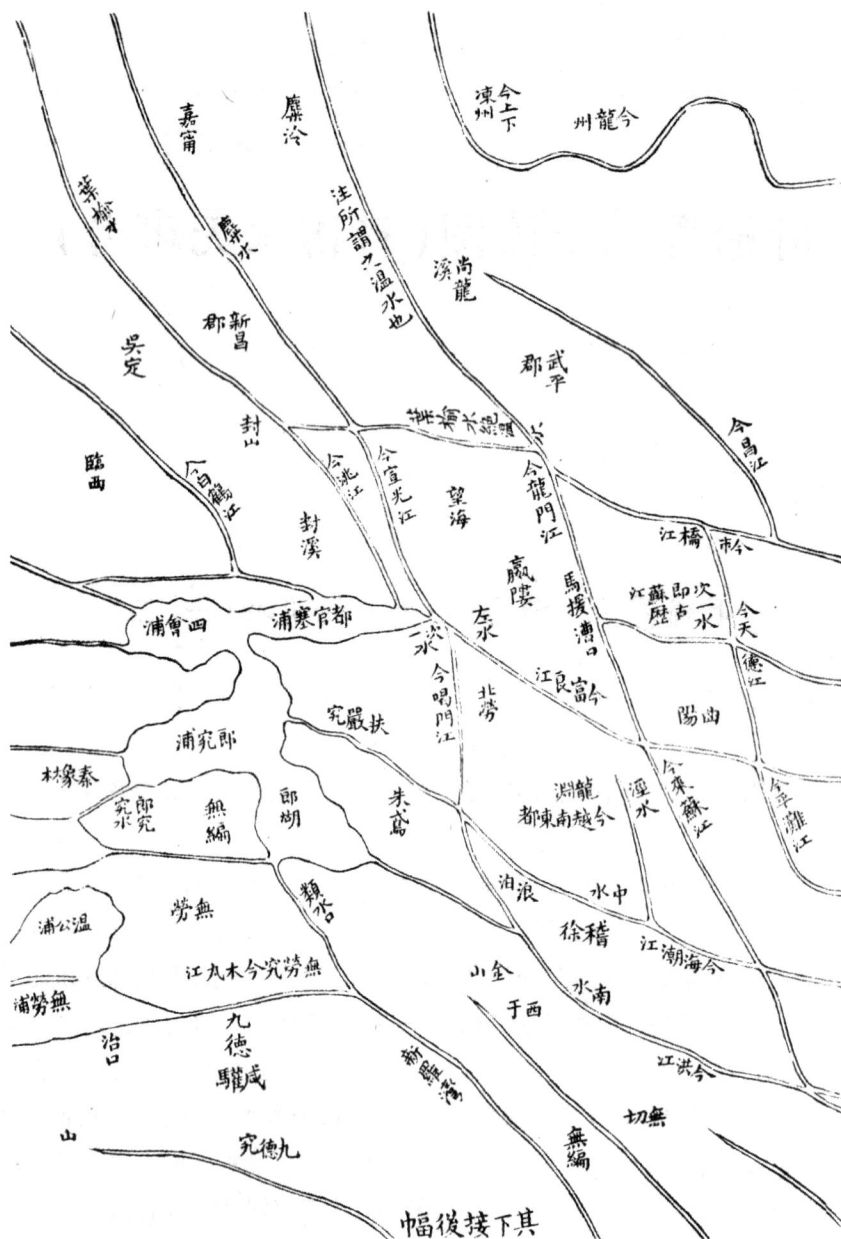

叶榆鬱水下流图（日南水无可考）二

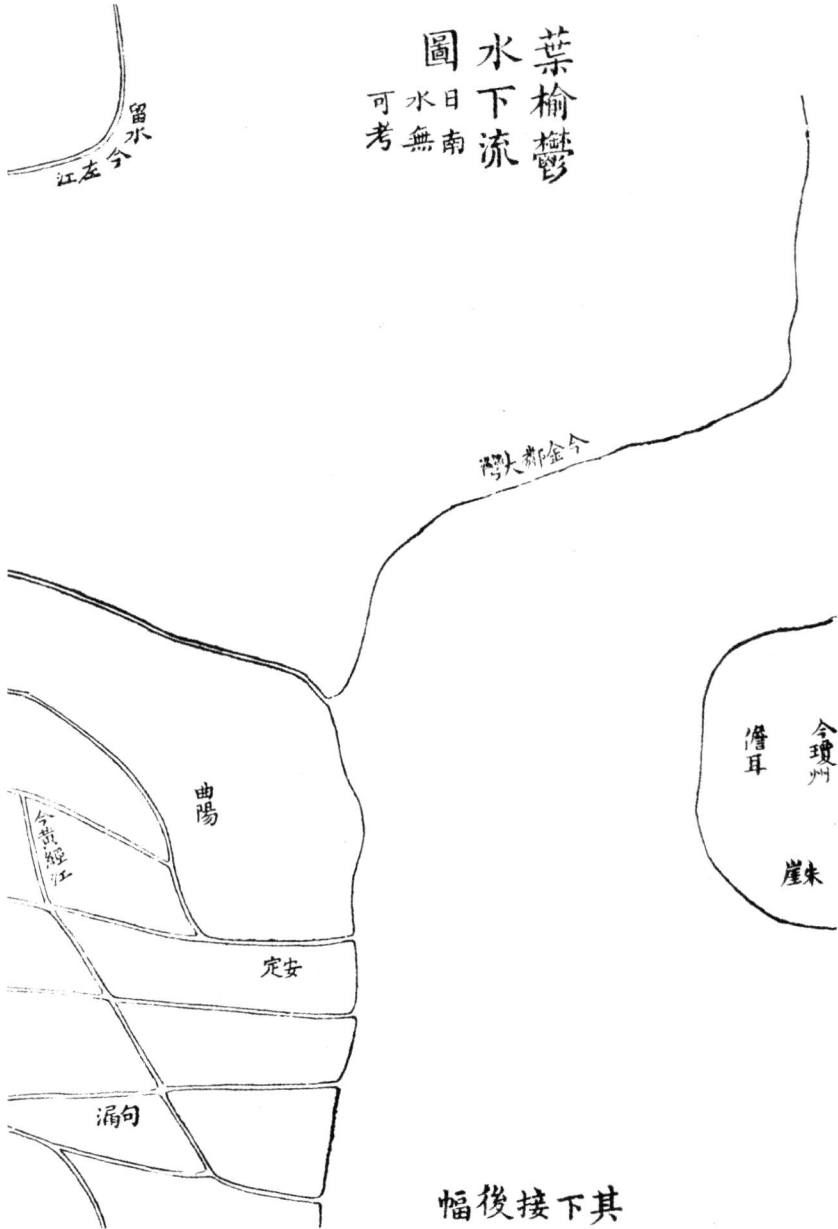

叶榆鬱水下流图（日南水无可考）一

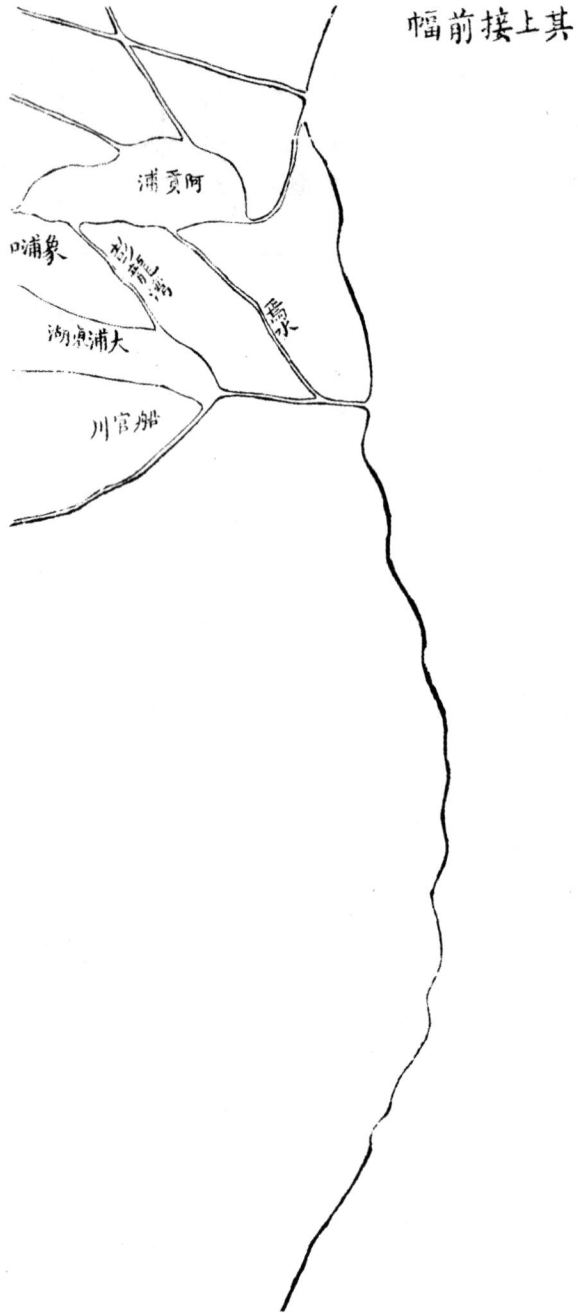

叶榆鬱水下流图（日南水无可考）四

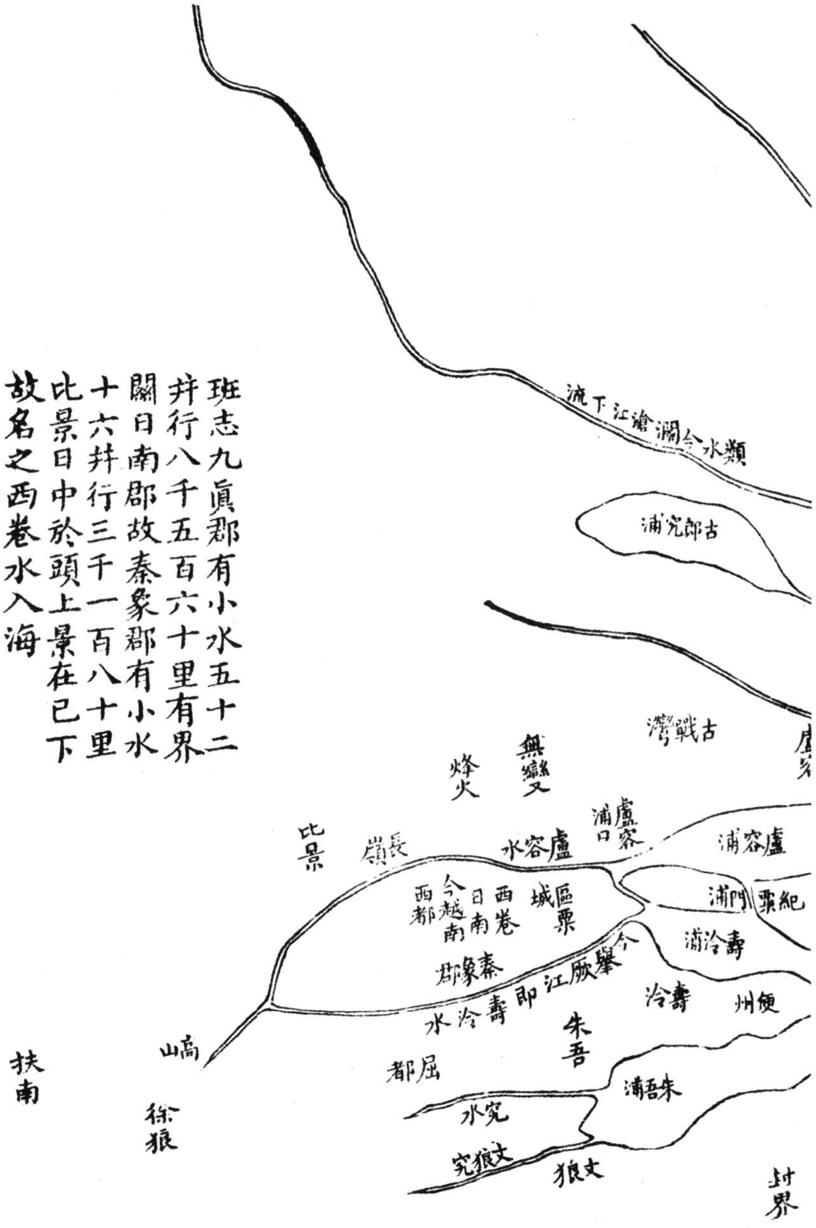
班志九眞郡有小水五十二幷行八千五百六十里有界關日南郡故秦象郡有小水十六幷行三千一百八十里比景日中於頭上景在已下故名之西卷水入海
類水今瀾滄江下流
古郎究浦
古戰灣
烽火
比景
長嶺
盧容水
盧容浦口
盧容浦
今越南都西
日南
西卷
區粟城
秦象郡
今舉廠江即壽泠水
壽泠浦
壽泠
朱吾
屈都
高山
朱吾浦
究水
文狼究
文狼
扶南
徐狼
封界

叶榆虈水下流图(日南水无可考)三

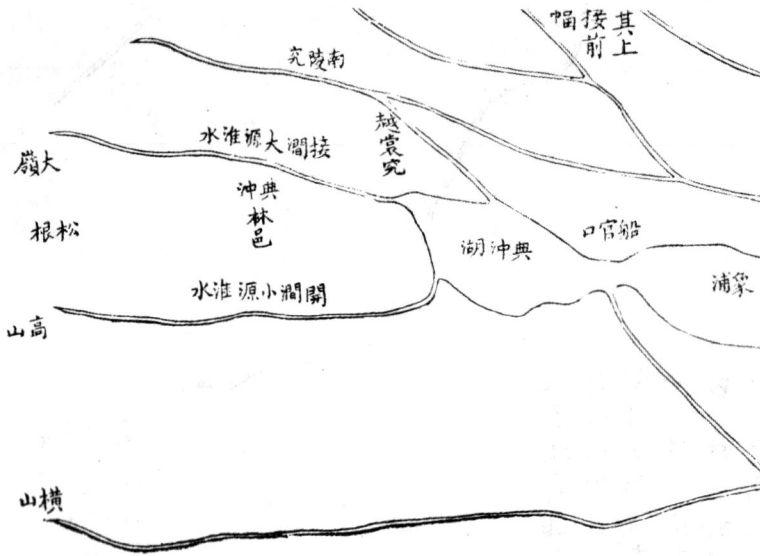

叶榆鬱水下流图(日南水无可考)五

　　此图组 3 幅,系据卷三十六《温水》,《经》"东北入于鬱"及卷三十七《叶榆河》,《经》"过交趾卷泠县北,分为 5 水,络交趾郡中,至南界复合为 3 水,东入海"两条《经》文下的《注》文凑合而成。图二中的所有注记符号,除汪氏加入的今(清)地名外,均见于《温水》和《叶榆河》的上述两条《注》文。图一所绘则为图二诸水入海之处。上述《叶榆河》,《经》有"过交趾卷泠县北"之句,案卷泠县在今越南河内以北,故除留水(跨 2 图)外,各河今均在越南,其中当然有许多错误。留水见《温水》,《经》"东北入于鬱"《注》:"鬱水右则留水注之。"汪氏在此注记:"留水,今左江。"

　　图一东翼所绘是今海南岛一隅,有儋耳和朱崖,汪氏注记"今(清)琼州"。见于《温水》,《经》"东北入于鬱"《注》:"王氏《交广春秋》曰:朱崖、儋耳二郡,与交州俱开,皆汉武帝所置。大海中,南极之外,对合浦徐闻县,清朗无风之日,迳望朱崖州,如囷廪大,从徐闻对渡,北风举帆,一日一夜而至,周回二千余里,迳度八百里,人民可十万余家,皆殊种异类,被发雕身,而女多姣好白晳,长发,美鬓,犬羊相聚,不服德教。"

叶榆鬱水下流图(日南水无可考)三

　　【旁注】班《志》:九真郡有小水五十二,并行八千五百六十里,有界关。日南郡,故秦象郡,有小水十六,并行三千一百八十里。比景,日中于头上,景在己下,故名之,西卷水入海。

　　【解说】此图与图二衔接。此图北翼为类水,汪氏注记:"今澜沧江下流。"案类水见于卷三十六《若水》,《经》"又东北至犍为朱提县西,为泸江水"《注》:"兰仓水又东北迳不韦县与类水合。"除此以外,图中所绘,北起古郎究浦,南到文狼,均见于《温水》《经》"又东北入于鬱"《注》中。

　　此图旁注引《汉书·地理志》。比景,是日南郡属县,日南郡位于今越南东部沿海,郡治西捲,在今越南广治以北。

叶榆鬱水下流图(日南水无可考)四

　　【解说】此图衔接图一,图中地名北起阿贲浦,南到船官川,均见于《湄水》,《经》"东北入于鬱"《注》。

叶榆鬱水下流图(日南水无可考)五

【解说】此图衔接图四,图中地名均见于《温水》,《经》"东北入于鬱"《注》。

若沫淹图(附延江夷水今水道)

若沫淹图(附延江夷水今水道)一

【解说】此图组共图4幅。若水、沫水均是《水经注》卷三十六有专篇的河流,淹水也有专篇,在卷三十七。若水即今雅砻江。《经》、《注》均说若水至僰道入江,僰道即今四川省宜宾市,所以郦注若水实包括雅砻江和雅砻江流入金沙江后直到今宜宾的一段在内。沫水即今大渡河。至于淹水,我在简化字本《水经注》此卷下的《注释》中指出:"淹水是长江水系河流,但《经》文与《注》文记载的淹水并非同一条河流,所以郑德坤《重编水经流图(总图部分)》绘有两条淹水,即《经》淹水、《注》淹水。《经》淹水为今金沙江,是长江的上源。《注》淹水为今普渡河,此河源出洱海,北流在禄劝县以北注入金河江。"

图一所绘属于图组名下所附注的延江夷水今水道附,所以并非郦图。此图北翼为长江,西流东入长江者为夷水,汪氏注记:"今清江。"夷水以南为澧水,澧水以南为沅水,均注入洞庭湖,当是汪氏据当时(清)地图所绘。

若沫淹图(附延江夷水今水道)二、三

【旁注】班《志》:台登,孙水南至会无入若,行七百五十里。定莋,步北泽在南。会

若沫淹图（附延江夷水今水道）二

若沫淹图（附延江夷水今水道）一

其上接右幅

今邛郲
通昭

江欄半今
今汶澧江
川東今琅堂

威宣今遍
宣江

靖宵建
曲靖

繩水今金沙江

水旱
虫水今郎滇河

今前坤河

今安甯河
莋秦

今高山

今盬源

理會今
會愗

今承久逸
北

定莋

駁馬河

今重安河
三繹

今牌隊河

黑山同
金馬翠雞

青蛉今
姚大安
河

拼水今
大水木

今牌渡河
滄水今

涂水今曹渡河

今宥川
臨池澤

淒今
龍川之

穀昌今

嶼島司收
姑牟元
雊定武今

貪水

血母
水

雄今楚
龍郲

棟弄州
今血農
谷田山

今泡江
今賓川

今金水河

嶺易門江
谷南山
今祿盬
裁秦

今溝池
涂

蒙棫河今經村

班志滇池大澤在西滇池澤在西北有
黑水祠秦臧牛闈山即水所出南至雙
柏入僕行八百二十里收靡南山腊涂
水所出西北至越雟入繩過郡二行千
二十里

若沫淹图（附延江夷水今水道）四

班志臺登孫水南至會無若行七百五
十里定𥕢步北澤在南會無東山出碧姑
復臨池澤在南蘇示尼江在西北卬都南
山出銅有卬池澤按尼江未聞

沫水即洓水今大渡河

鮮水今鴉礲江

今打箭爐

汶山今茂
江州

今組石石
谷雜今

鄉𥬠
桑廣

川汶

縣今灌
孫虎

江原欠井江
合崇敢
今武成
會都

社卬州
臨卬
天社山
今雙
武陽

州今雅
攀枝
卬道嚴
水卬道
絚清今
牛旋溪
沈黎
開今榮
州今雅
衣青
平鄉
邛卬義
眉山
眉
今嘉
定
今戟
安南
今嫝
今為
河旁越
馬湖
川沫今
開岩越
臨井
今儵
台登
今雷
波
今微
州
漢陽
今廣南
速笻今
盧水今横江
提朱今屏山
江湖馬
速道蘇今

孫水
大筰
若水
今打冲河
今白長河安寗河
今西昌
蘇示
温水
卬都
藩街
池卬

其下接左幅

若沫淹图(附延江夷水今水道)三

无，东山出碧。姑复，临池泽在南，苏示，尼江在西北，邛都，南山出铜，有邛池泽。按尼江未闻。

【解说】此2图互相衔接，图二为延江水当时（清）水道，所以亦非郦图。

图三据《注》绘入若水及沫水。若水水名注记于金沙江上，而以鲜水当雅砻江。《若水》，《经》"若水出蜀郡旄牛徼外，东南至故关，为若水也"《注》："若水东南流，鲜水注之，一名州江。大度水出徼外，至旄牛道，南流入于若水。"图上注记："沫水即渳水，今大渡河。"按今日地图，水道仍有讹误，但汪氏按郦氏《注》文作图，作为《水经注图》，此图无讹。

此图图三旁注引《汉书·地理志》。台登、定莋、会无、姑复、苏示诸县，均是越巂郡属县。

若沫淹图（附延江夷水今水道）四

【旁注】班《志》：滇池，大泽在西，滇池泽在西北，有黑水祠。秦臧，牛兰山，即水所出，南至双柏入僰，行八百二十里。收靡，南山腊，涂水所出，西北至越巂入绳，过郡二，行千二十里。

【解说】此图与图三衔接，此图主要按图组名称绘入淹水。案卷三十六《若水》，《经》"南过越巂邛都县西，直南至会无县，淹水从东南流注之"《注》："若水又与母血水合，水出益州郡弄栋县东母血谷，北流迳三绛县南，北入绳。"卷三十七《淹水》，《经》"又东南过姑复县南，东入于若水"《注》："淹水迳县之临池泽而东北，迳云南县西，东北注若水也。"临池泽今一般认为是云南省丽江县的程海。图据《注》详绘。此图北绘绳水，南绘叶榆河。其间金马、碧鸡在淹水西，而"今滇池"在淹水东，但错在《经》、《注》，非图之讹。

此图旁注引《汉书·地理志》。滇池、秦臧、收靡诸县，均是益州郡属县。

汉东莱胶东二郡国图

【旁注】班《志》:即墨,有天室山祠。下密,有三台山祠,应劭曰:密水出高密。观阳,应劭曰:在观水之阳。夷安,应劭曰:故莱夷潍邑。莒县,故国,盈姓,少昊后。《续志》:柜县,《地道记》曰:獌养泽在西,幽州薮,有莱山莱王祠。壮武,故夷国,即夷有棠乡,襄六年杜注:棠国也。东安平,有酅亭,《地道记》:有羌头山。

按《隋志》:东莱郡旧置光州,掖县有光水。光,疑尤之误,与屯氏河为毛州同也。《续志》:獌养泽误系柜县。《元和志》:司马懿伐辽东,造大人城于登州西,运粮船从此入。

班《志》:腄县,有之罘山祠,居山上,声洋,丹水所出,东北入海。黄县,有莱山松林莱君祠。临朐,有海水祠。曲成,有参山万里沙祠。阳邱山,治水所出,南至沂入海。不夜,有成山日祠。长广,有莱山莱王祠,奚养泽在西,《秦地图》曰:剧清池,幽州薮。按治当作沽,沂当作计斤。

【解说】此图图名与内容未能完全一致。案东莱郡与胶东国南北毗邻,位于今山东半岛东部,东莱郡全郡濒海,西起平度(今莱州西南,濒莱州湾),东至不夜(今荣成市以北),东南至乳山(今乳山市,濒东海)。胶东国在东莱郡南,不濒海。此图所绘,南及田横岛、石其、琅邪台,均属琅邪郡境域,而图内注记符号仍以河川为主,故图名当作《汉东莱胶东两郡国河川图》。

　　此图旁注引《汉书·地理志》。即墨、下密、观阳、壮武诸县,均是胶东国属县。所引夷安是高密国属县,高密国位于胶东国西南,国治高密,在今高密市以西。所引莒县是城阳国属县,所引东安平是淄川国属县,所引腄县、黄县、临朐、曲成、不夜诸县,均是东莱郡属县。

漢東萊膠東二郡國圖

班志即墨有天室山祠下密有三
台山祠應劭曰窞水出高密觀陽
應劭曰在觀水之陽夷安應劭曰
故萊夷濰邑莒縣故國盈姓少昊
後續志柜縣地道記曰貜養澤在
西幽州蓂有萊山萊王祠壯武故
夷國即夷杜注崇
國也東安平有鄷亭地道記有羌
頭山

按隋志東萊郡舊置光州披
縣有光水光疑尤之誤與屯
氏河屬毛州同也續志貜養
澤誤系柜縣元和志司馬懿
伐遼東造大人城於登州西
運糧船從此入

班志腄縣有之采山祠居山上聲
洋丹水所出東北入海黃縣有萊
山松林萊君祠臨朐有海水祠曲
成有參山萬里沙祠陽邱山治水
所出南至沂入海不夜有成山曰
祠長廣有萊山萊王祠窶養澤在
西秦地圖曰劇清池幽州蓂按治
當作沽沂當作計斤

汉东莱胶东二郡国图

补居延都野黑弱水图

补居延都野黑弱水图一、二

【旁注】班《志》:武威郡,故匈奴休屠王地,姑臧,南山,谷水所出,北至武威入海,行七百九十里。武威,休屠泽在东北,《古文》以为猪野泽。休屠,有熊水障,北部都尉治休屠城。苍松,南山,松陕水所出,北至揟次入海。张掖郡,故匈奴昆邪王地。觻得,千金渠西至乐涫入泽中。羌谷水出羌中,东北至居延入海,过郡二,行二千一百里,应劭曰:觻得渠西入泽羌谷。删丹,桑钦以为道弱水自此,西至酒泉合黎。日勒,都尉治泽索谷。居延,居延泽在东北,《古文》以为流沙。

《注》以此为休屠泽,即为猪野,然又云水流两分,一水北入休屠泽,俗谓为西海,一水又东迳百五十里入猪野,世谓为东海。通谓之都野。据此,又似指朔博泊及剌都克泊者,故并图之于后。

班《志》:乾齐,西部都尉治西部障。

班《志》:居延,师古曰:阚骃云:武帝使路博德筑遮虏障于居延城。

班《志》:酒泉郡,师古曰:旧俗传云:城下有金泉,泉味如酒。禄福,呼蚕水出南羌中,东北至会水入羌谷。

班《志》:天阸,有天阸坂。会水,北部都尉治偃泉障,东部都尉治东部障,师古曰:阚骃云:众水所会,故云会水。

【解说】此图组共图 2 幅。居延、猪野都是湖泽之名，黑水、弱水则是河川之名。《水经注》卷四十有《禹贡山水泽地所在》一篇。对于此篇，我在《水经注·江南诸水》(台湾古籍出版有限公司 2002 年出版)一书，此篇之下的《题解》中说："《禹贡山水泽地所在》这一篇相当杂乱，《经》文写了六十个地名，包括山四十座，泽八处，地五处(流沙地、九江地、东陵地、大邳地、三澨地)，水三条(菏水、益州沱水、荆州沱水)，还有敷浅原和陶丘。其中有不少与以前的《经》、《注》内容重复。郦道元在这六十条中，仅注了二十二条，其余三十八条没有作注。"其实，他作注的各条，《注》文也非常简单。

此图组内居延、都野两地，是此篇少数《经》下有《注》的条目，《经》"都野泽在武威县西北"条下，郦氏作《注》达 500 余字，是此篇中的最长《注》文。《注》文说："县在姑臧城北三百里，东北即休屠泽也。《古文》以为猪野也。其水上承姑臧武始泽，泽水二源，东北流为一水，迳姑臧县故城西，东北流，水侧有灵渊池。"《注》文最后说："谷水出姑臧南山，北至武威入海，屈此水流两分，一水北入休屠泽，俗谓之西海；一水又东迳百五十里，入猪野，世亦谓之东海，通谓之都野矣。"

此图按《注》详绘都野泽，从上游河源支流(图二)到下游经平泽、晏然两亭，在武威北入泽(图一)。凡《注》文所叙，图所绘可谓一字不漏，惟都野泽一名未作注记，而是注记了今(清)名："今哈拉泊亦曰鱼海。"图二又据《经》"流沙地在张掖居延县东北"《注》："居延泽在其县故城东北，《尚书》所谓流沙者也，形如月生五日也。弱水入流沙，流沙，水与沙流行也。"图在居延海下注记："古文以为流沙。""古文"指《古文尚书》。

汪氏由于已经阅及了当时的《皇舆全图》之类，对上述按《注》而绘的都野泽、居延泽两图存疑，故在今哈拉泊左侧旁注："《注》以此为休屠泽，即为猪野，然又云水流两分，一水北入休屠泽，俗谓为西海，一水又东迳百五十里入猪野，世谓之东海，通谓之都野。据此又似指朔博泊及剌都克泊者，故并图之于后。"所以汪又在图二加绘两泽，即东海猪野，西海休屠泽。

此图组名称除补居延都野外，尚有黑、弱两水。案此两水，今本郦注所佚，但《史记索隐》及《尚书正义》诸书尚有引及(详见拙撰《水经注佚文》)，但此图除图二注记及于弱水(今洪水河)外，未见黑水。清赵一清《水经注释》中，曾广搜郦佚及其他古籍所载，附有《补弱水》、《补黑水》各 1 篇，此两篇已录入拙校《水经注校释》之中。

此图图一旁注引《汉书·地理志》。姑臧、武威、休屠、苍松诸县，均是武威郡属

补居延都野黑弱水图二

補居延都野黑弱水圖

班志武威郡故匈奴休屠王地姑臧南山谷水所出北
至武威入海行七百九十里武威休屠澤在東北古文
以爲豬野屠有熊水障北部都尉治休屠城蒼松
南山松陝水所出北至揟次入海張掖郡故匈奴昆邪
王地觻得千金渠西至樂涫入澤中羌谷水出羌中東
北至居延入海過郡二行二千一百里匈奴曰觻得渠
西入澤羌谷刪丹桑欽以爲道弱水自此西至酒泉合
黎日勒都尉治澤索谷居延澤在東北古文以爲
流沙

注以此爲休屠澤
即爲豬野然又云水
流兩分一水北入休
屠澤俗謂爲西海一水又東逕百
五十里入豬野世謂爲東海通
謂之都野據此又似指朔博泊及
剌都克泊者故並圖之於後

齊陶魚海　今哈拉泊

今郭河一曰沙河

武威
晏然亭澤平亭
威宣
河城馬
今石羊河
今黃羊河
清澗水
貲阜沙
揟次
長泉水

今白海
今古浪河
今古浪
今古番土司
城土今連
口今土峽
司土渠城古今

賀蘭山

今吉蘭泰池
臨哈會
公阿拉善
額魯特旗

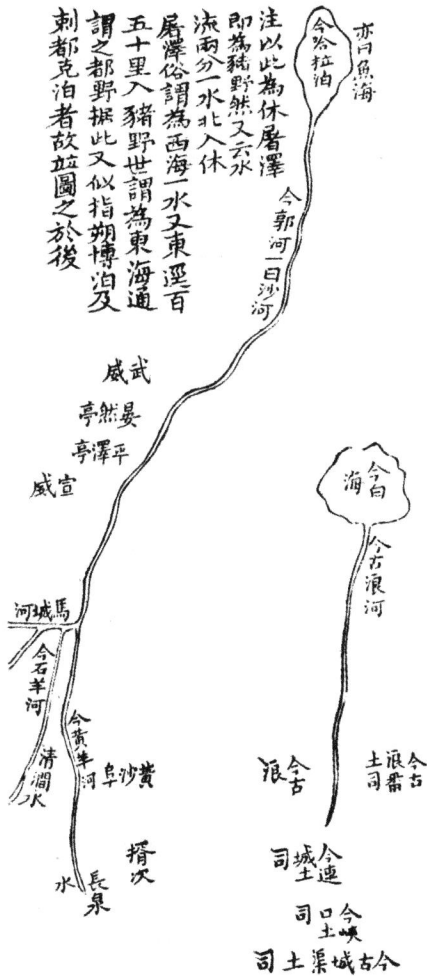

补居延都野黑弱水图一

县,武威郡位于今甘肃省中部及内蒙古自治区一部分,郡治姑臧,即今武威市。所引觻
得、删丹两县,均是张掖郡属县,张掖郡位于今甘肃省河西走廊及内蒙古自治区一部
分,郡治觻得,在今张掖市以北。图二引乾齐、天依、会水、禄福诸县,均是酒泉郡属县,
酒泉郡位于今甘肃省河西走廊及内蒙古自治区一部分,郡治禄福,在今嘉峪关市以东。
所引居延是张掖郡属县。

补洛水图

【旁注】班《志》：归德，洛水出北蛮夷中，入河。有堵苑，白马苑。直路，沮水出东，西入洛。肤施，有五龙山、帝原水。阳周，桥山在南，有黄帝冢。雕阴，雕山在西南。上郡塞外有匈归障。

《隋志》：罗川县有桥山，襄乐县有子午山。按实一山也。

【解说】此图 1 幅，补绘今陕西省渭水支流洛水，通常称此为北洛水，以示与今河南省的洛水区别。(北)洛水篇，如武英殿本《水经注》卷首《校上案语》所说："《元和郡县志》、《太平寰宇记》所引溠沱水、泾水、洛水皆不见于今书。"是今本郦注缺佚之篇。拙撰《水经注佚文》曾收录《渭水》篇下郦佚八十余条，其中佚于(北)洛水者十余条。清赵一清《水经注释》广收郦佚并参以其他古籍中有关(北)洛水的记载，辑为《补洛水注》一篇。又清谢钟英亦辑有《补洛水》一篇，收入于《南菁书院丛书》。此两篇，清王先谦合校本《水经注》均刊入，拙校《水经注校释》录于卷十六《穀水》篇下。

汪氏此图主要据赵一清《补洛水》绘制，始于赵补："白于山，今名女郎山……洛水出于其阳，东注于渭也。"又"东北合马岭水，号白马水"。从此发源后，其沿水支流亦据赵补之文，最后在华阴以北入渭。

此图旁注引《汉书·地理志》。归德、直路两县，均是北地郡属县，北地郡位于今陕西省北部、甘肃省东部及宁夏回族自治区，郡治马领，在今甘肃省庆阳县西北。所引肤施、阳周、雕阴 3 县,均是上郡属县,上郡位于今陕西省北部及内蒙古自治区的一部分,郡治肤施,在今陕西省榆林市以南。

補洛水圖

班志歸德洛水出北蠻夷中入河
有堵苑白馬阺直路沮水出東西
入洛膚施有五龍山帝原水陽周
橋山在南有黃帝冢雕陰雕山在
兩南上郡塞外有匈歸障

隋志羅川縣有橋山襄
樂縣有子午山按實一
山也

补洛水图

补泾水图

【旁注】班《志》：泾阳，开头山在西，《禹贡》泾水所出，东南至阳陵入渭，过郡三，行千六十里，雍州川。师古曰：今此山在灵州东南，土俗语讹，谓之汧屯山。阴密，《诗》密人国，有嚣安亭。马领，师古曰：川形似马领，故以为名。郁郅，泥水出北蛮夷中，有牧师苑官。泥阳，应劭曰：泥水出郁郅北蛮中。略畔道，师古曰：有略畔山，今在庆州界，其土俗呼曰洛盘。

《通鉴》百五十六注：弹筝峡，杜佑云：在百泉县，即汉之朝那县地，《九域志》：谓为都卢峡。

班《志》：枸邑有豳乡，公刘所都。

班《志》：雍县，秦惠公都之。汧县，芮水出西北，东入泾，《诗》芮阸，雍州川也，师古曰：阸，读与鞠同，《诗》"芮鞠之即"，《韩》诗作芮阸。

【解说】此图1幅，补绘今陕西、甘肃两省的渭水支流泾水。泾水如上述也是今本《水经注》的佚篇。拙撰《水经注佚文》中所辑《渭水》篇郦佚中，属于泾水的佚文达10余条。清赵一清及谢钟英各有《补泾水》1篇，均为王先谦合校本《水经注》所收录，拙撰《水经注校释》录入此两篇于卷十九《渭水》篇之下。

汪氏此图主要按赵一清《补泾水》绘制。赵补引郦佚："高山，泾水出焉，东流注于渭。"又说："泾水迳都卢山，山路之内，常有弹筝之声，行者闻之，鼓舞而去。"汪氏此图从高山泾水源,迳弹筝峡,然后与许多支流会合,南流入渭。由于图上注记今(清)名甚多,故图面甚为繁复。

此图旁注引《汉书·地理志》。泾阳、阴密两县,均是安定郡属县,安定郡位于今宁夏回族自治区南部及甘肃省东北部,郡治高平,即今宁夏固原县。所引马领、郁郅、泥阳、略畔道诸县,均是北地郡属县。所引雍县、汧县二县,均是右扶风属县,右扶风属于首都京兆尹近畿,在今西安市以西。

補涇水圖

通鑑百五十六注彈箏峽杜佑云在百泉縣
即漢之朝那縣地九域志謂爲都盧峽

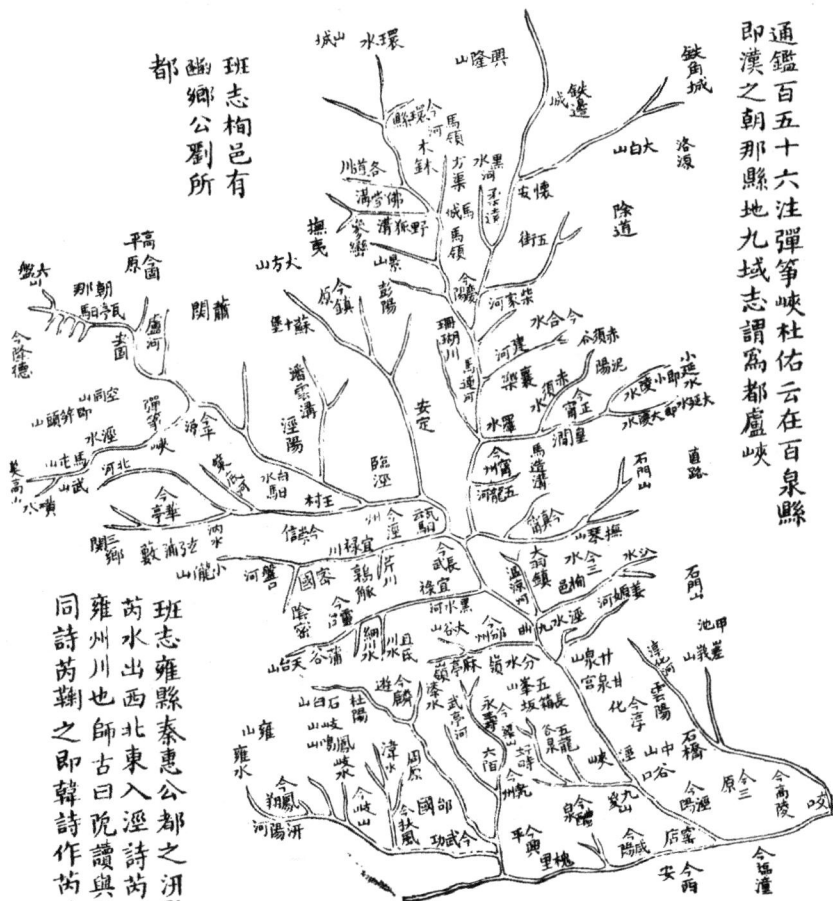

班志涇陽開頭山
在西禹貢涇水所
出東南至陽陵入
渭過郡三行千六
十里今此山在靈州
師古曰今雍州川古
曰汧屯山陰密詩謂
密人國有翼安亭
似卸泥水出北
馬領師古曰川形
郁郅泥水出北
夷中有牧師苑官
泥陽應劭曰泥水
出郁郅到北蠻中有略
道師古曰有略
畔山今在慶州界
其土俗今呼曰洛盤

都
班志枸邑有
幽鄉公劉所

班志雍縣秦惠公都之汧縣
芮水出西北東入涇詩芮阮
雍州川也師古曰阮讀與鞠
同詩芮鞠之即韓詩作芮阮

补泾水图

补滱洛滹沱派滋五水图

补滱洛滹沱派滋五水图一、二

【旁注】《后汉光武纪》注:滹沱旧在饶阳南,曹操决令北注新沟水,所以今在县北。《王霸传》云:下曲阳,河北也,南宫,河南也,指滹沱河也。

班《志》:卤城,滹池河东至参合入滹池别,过郡九,行千三百四十里,并州川。从河东至文安入海,过郡六,行千三百七十里。按从河未闻。

班《志》:上艾县,绵蔓水东至蒲吾入滹沱水。广武县,河主贾屋山在北,师古曰:即夏屋也。按广武今代州西十五里。灵寿,中山,桓公居此,《禹贡》卫水出东北,东入滹沱。南行唐,牛饮山,白陆谷,滋水所出,东至新市入滹池水。

【解说】此图组共图2幅,补绘今本《水经注》亡佚的5水。其中滹沱水为郦佚大篇,见于武英殿本《水经注》卷首《校上案语》。拙撰《水经注佚文》曾辑录上列5水郦佚达40余条。清赵一清《水经注释》广辑郦佚并参以其他古籍记载的有关此5水资料,撰成补此5水文字,其中《补滱水》、《补洛水》2篇录入于拙撰《水经注校释》卷十之下;《补滹沱水》、《补沠(汪作"派")水》、《补滋水》3篇录入于卷十一之下。

此5水均为今海河水系河流,所以汪图以之合成一个图组。而所补主要在图二,图一只是海河水系诸河会合入海,目的是使所补5水有所归宿,而其实与5水无关。

汪图所补主要按赵一清所补各篇绘制,注记符号甚详。图二自北而南有派、滋、洺3水之名,有滏阳河而无滏水。赵补5篇中,以《补溏沱水》最详,其所补文说:"溏沱,大川也,《水经》当自为一篇。"又说,"滋水又东至新市县入溏沱河。"惜此图有滋水、新市等注记,却漏列溏沱河之名,当是汪氏所疏。

此图图二旁注引《汉书·地理志》。卤城是代郡属县,代郡位于今山西省东北部、河北省西部和内蒙古自治区的一部分,郡治代县,在今河北省蔚县以东。所引上艾、广武两县,均是太原郡属县,太原郡位于今山西省中部,郡治晋阳,在今太原市西南。所引灵寿、南行唐两县,均是常山郡属县。

图二旁注引《汉书·地理志》,"广武县,河主",按今本《汉书》,"河主"应作"句注"。

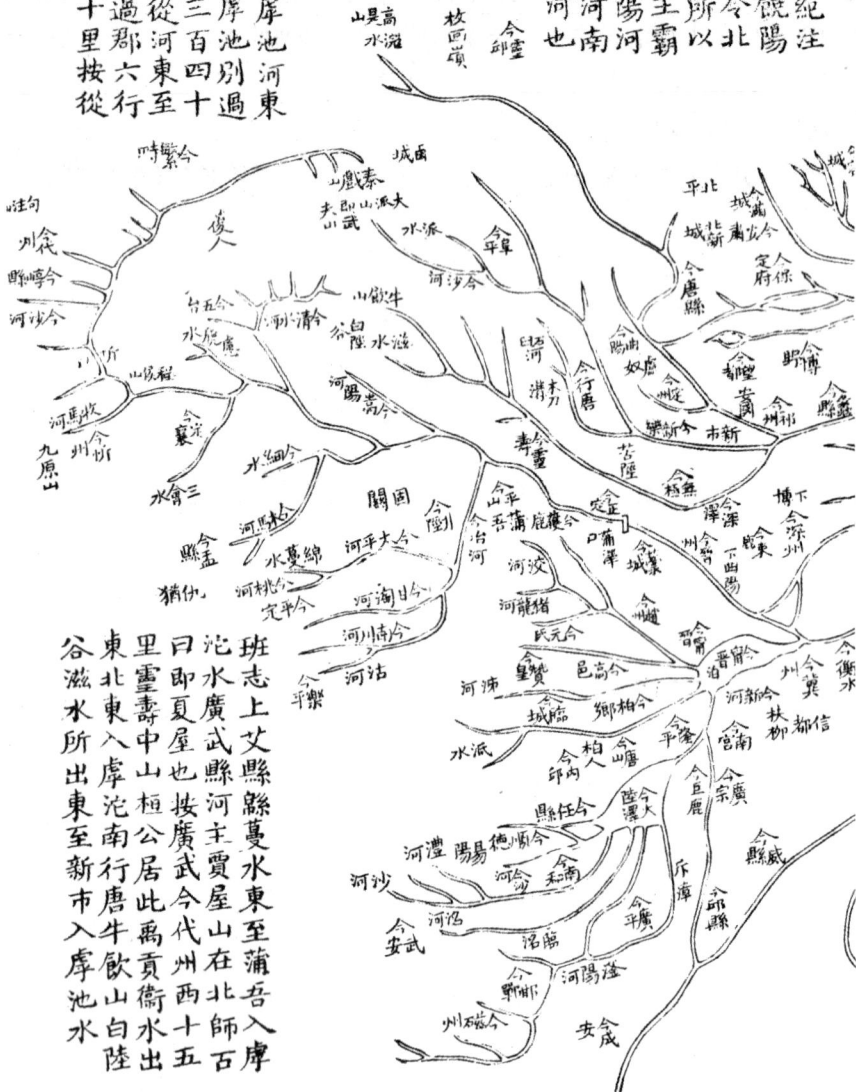

补滋洺溇沱派滋五水图二

补滱洺溏沱派滋五水图一

长安城图

【解说】此图所绘为西汉长安城,系据卷十九《渭水》,《经》"又东过长安县北"下《注》文绘制,此篇《注》文甚长,记叙长安城至为详悉。此图则删繁就简,绘其大概。因如按《注》一一绘入,则决非纸幅能容也。

《注》文说:"渭水东与沋水枝津合,水上承沋水,东北流迳邓艾祠南,又东分为二水……其一水北流注于渭。"又说:"渭水东合昆明故渠,渠上承昆明池东口……又东合沋水,亦曰漕渠。"此图据此绘入沋水及昆明渠水等,围绕长安城四周。《注》文记叙长安城城垣及城内事物始于"十二门"句下,图按《注》详绘"十二门",而宫阙之类则加以删减,仅绘未央宫、长乐宫、桂宫、籍田仓、长安厨官、渐台、仓池等。

圖城安長

渭水

次水枝渠上承沴水

明渠北入渭

亥門　通門　棘門
承露臺　舍客
都門
雍門　光門即　西門即　橫門
門城和　杜門即
門臺
洛門即　朗門即又
廚門即　鵲門即
東城門即宣平
東都門

娀廚官

耤田倉

長倉宮即
清門即
凱門即

北宮　桂宮

漸臺
池倉

出西安貫枝沴上明
東城長渠水承渠

門即便門
尊門即　平門

未央宮　武庫　長樂宮

霸城門即
青門即

橋場

明渠枝水
即漕渠

昆明渠水入明渠其水共漕渠

路即安門門
下即杜門
端門即
鑒門

西水沴於水池明昆承上渠漕即渠明昆

长安城图

洛阳城图

【解说】此图为北魏京城洛阳城，为郦道元所亲眼目睹，所以其《注》文特别详悉。但汪图显然限于纸幅，只能删繁就简。图据卷十六《穀水》，《经》"又东过河南县北，东南入于洛"《注》文绘制，虽然从简，但较之上幅长安城已更为详细。

在洛阳城外围，图按注绘入穀水及其支渠阳渠，并绘穀水入洛、支渠入城等概况，包括沿水桥梁及白马寺。此外，按《长安城图》例，此图据《注》详绘洛阳城12门，在洛阳城内，则绘入北宫、南宫、金镛城、洛阳小城（洛阳垒）四处城内之城，其中北宫与南宫尤为详细，北宫中绘入天渊池、华林园、蓬莱山、景阳山、瑶华宫、茅茨堂等，南宫中绘入崇德殿、谤台等，此外，如《注》文所叙，又择要绘入了铜驼街、太尉坊、永宁寺九级浮图等等，此图为汪图中最详尽的城市地图。

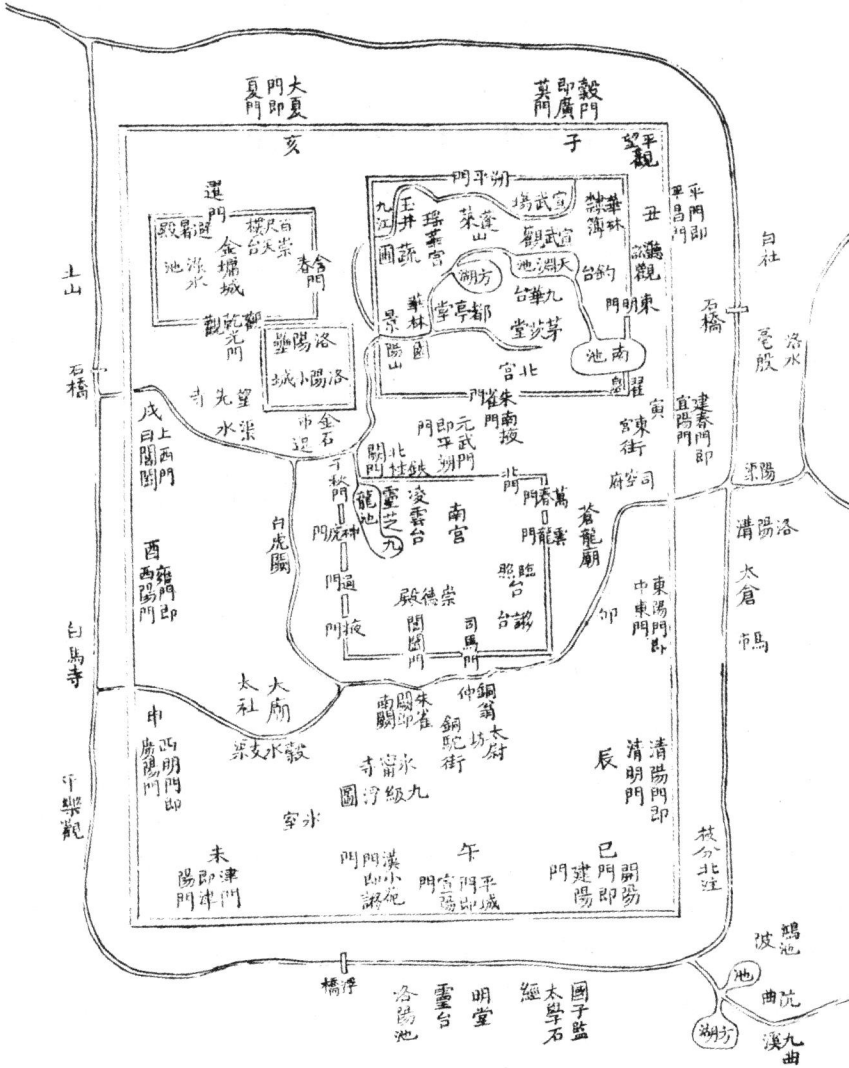

洛阳城图

补邺城图（漳水篇）

【**旁注**】《通鉴》八十八注：中曰铜台，魏武所起，南曰金雀，北则冰井，石虎所增，与此异，疑为是也。

【**解说**】邺城在今河北省临漳县西南，两汉为魏郡郡治，东汉建安十八年（213），曹操为魏公，定都于此。此图据卷十《浊漳水》，《经》"又东出山，过邺县西"《注》绘制。《注》文说："本齐桓公所置也，故《管子》曰：筑五鹿、中牟、邺，以卫诸夏也。"继曹操以后，十六国时，后赵、冉魏、前燕，亦均以此为都。《注》文说："魏因汉祚，复都洛阳，以谯为先人之本国，许昌为汉之所居，长安为西京之遗迹，邺为王业之本基，故号五都也。"所以邺为五都之一，北魏时仍为名城重镇，故郦注对此记叙甚详。《注》文说："魏武又以郡国之旧，引漳流自城西东入，迳铜雀台下，伏流入城东注，谓之长明沟也。"又说，"城有七门。"此图按《注》绘漳水入城，又绘城垣 7 门。特别是著名的 3 台，即铜雀台、金虎台、冰井台，堪称详细。在邺城之外，又按《注》绘入了祭陌、桑梓苑、临漳宫、华林苑等。

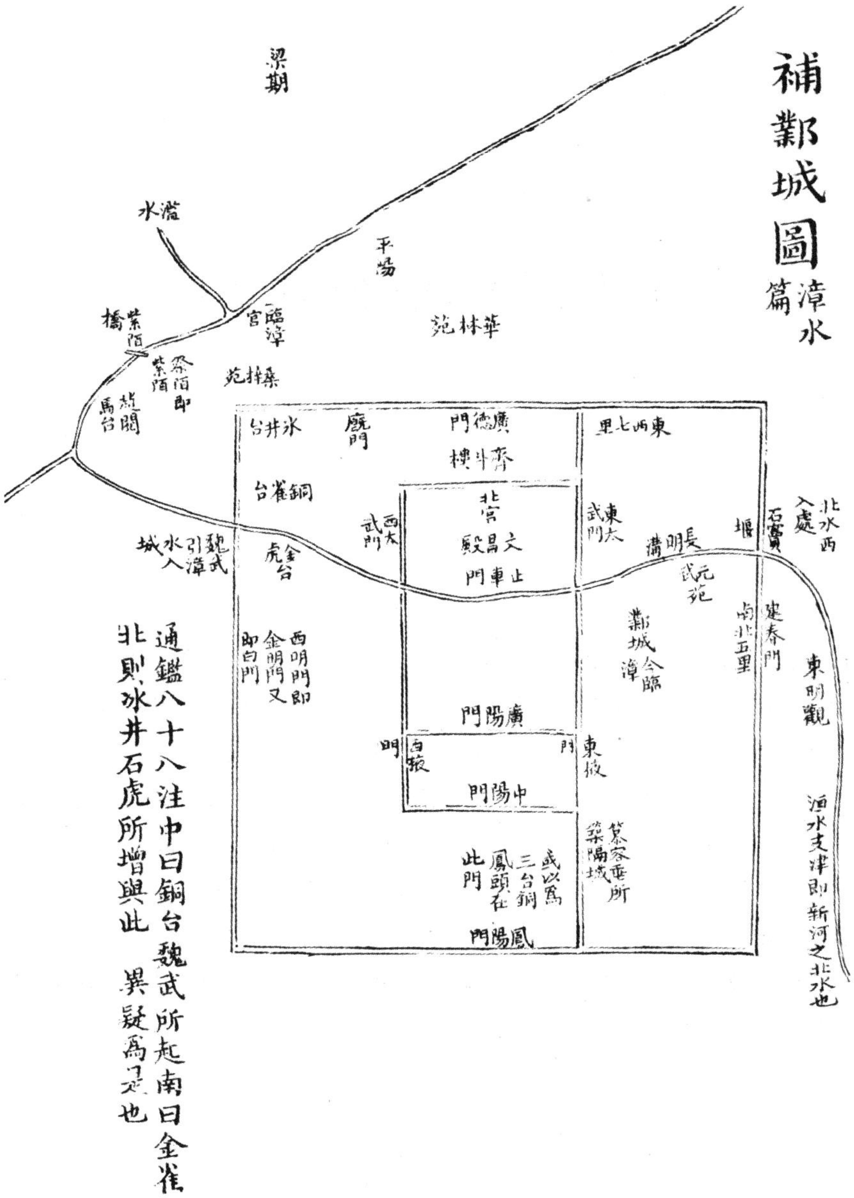
補鄴城圖
漳水篇
梁期
平陽
華林苑
臨漳宮
紫陌橋
紫陌
桑梓苑
冰井台
銅雀台
金虎台
魏武引漳水入城
廣德門
齊斗樓
北宮
文昌殿
止車門
東西七里
東太武門
長明溝
堰
石竇
北水西入處
建春門
南北五里
東明觀
廣陽門
中陽門
鳳陽門
洹水支津即新河之北水也
通鑑八十八注中曰銅台魏武所起南曰金雀北則冰井石虎所增與此異疑爲是也

补邺城图(漳水篇)

补睢阳城图(睢水篇)

【解说】睢阳在今河南省商丘市南,春秋时称商丘,后改睢阳,秦置睢阳县。此图据卷二十四《睢水》,《经》"东过睢阳县南"《注》文绘制。《注》文说:"睢水又东迳睢阳县故城南,周成王封微子启于宋,以嗣殷后,为宋都也。"又说:《汉书·梁孝王传》称,王以功亲为大国,筑东苑,方三百里,广睢阳城七十里,大治宫室,为复道,自宫连属于平台三十余里,复道自宫东出杨之门。"故睢阳在汉代是一处极大都城。此图按《注》在城内绘入了蠡台、虎圈台、雀台、梁王吹台,在城外绘入了兔园、平台等。《注》文又说:"睢水于城之阳,积为逢洪陂,陂之西南有陂,又东合明水,明水上承南大池,池周千步,南流会睢,谓之明水,绝睢注涣。睢水又东南流,历于竹圃。"图据《注》在城南逐条细绘,一笔不苟。

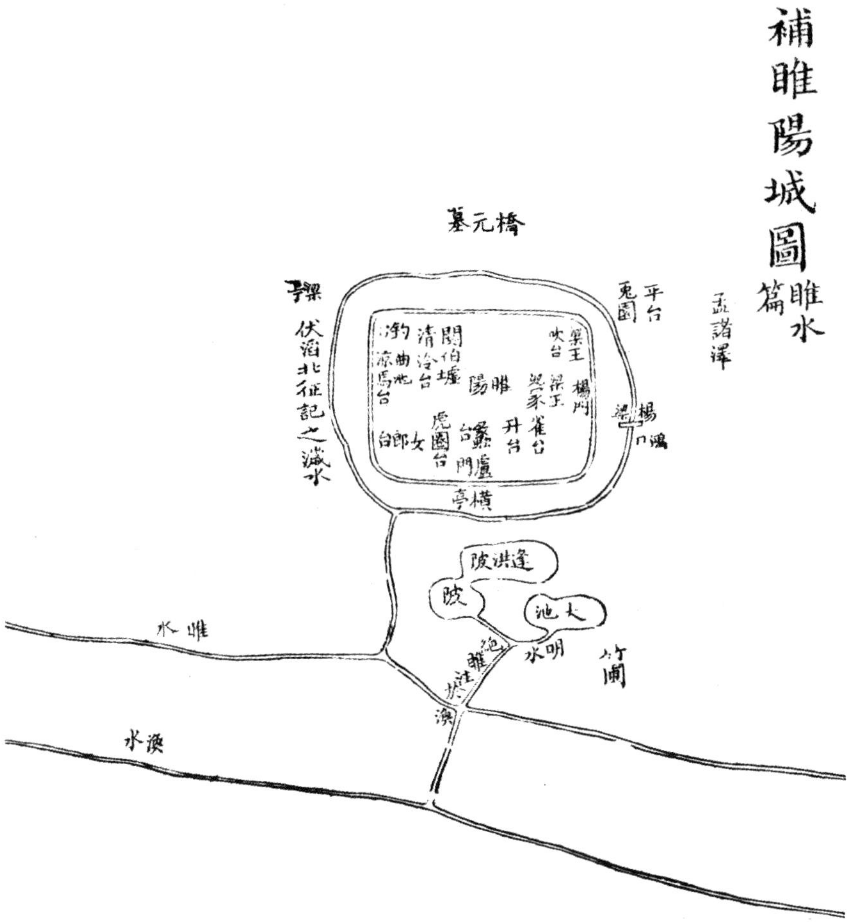

補睢陽城圖篇睢水

墓元橋

孟諸澤

平台
兎園

楊門　巢玉
吹台

揚門遇

清伯塲
關伯塲
清冶台
淘凉馬台
淘曲池台
陽雎
虎園台
女郎台

深玉
睢家雀台
升台

睢城廬門

亭横

陂洪逢
陂

池大

水明

竹圃

伏滔北征記之滅水

水雎

睢注水
澳

水渙

补睢阳城图(睢水篇)

成都桥图

【解说】此图所绘是"成都七桥"。图按卷三十三《江水》,《经》"岷山在蜀郡氏道县,大江所出,东南过其县北"《注》绘制。先按《注》绘了成都城及周边的万顷池、千秋池、柳池、天井池和龙堤池,然后在郫江上绘桥。《注》文说:"西南两江有七桥,直西门郫江上曰冲治桥,西南石牛门曰市桥……大城南门曰江桥,桥南曰万里桥,西上曰夷星桥,下曰笮桥。"又说"又从冲治桥北折,曰长斗桥,城北十里曰升仙桥……李冰沿水造桥,上应七宿。"但图上注记又有永平桥,此桥为《注》文所无,当是汪氏据其他资料所补。

卷三十三《江水》,《经》"又东南过犍为武阳县,青衣水、沫水从西南来,合而注之"《注》:"东流至武阳县注于江,县下江上,旧有大桥,广一里半,谓之安汉桥,水盛岁坏,民苦治功,后太守李严凿天社山,寻江通道,此桥遂废。"此图又据此《注》绘入了武阳、天社山及安汉桥。

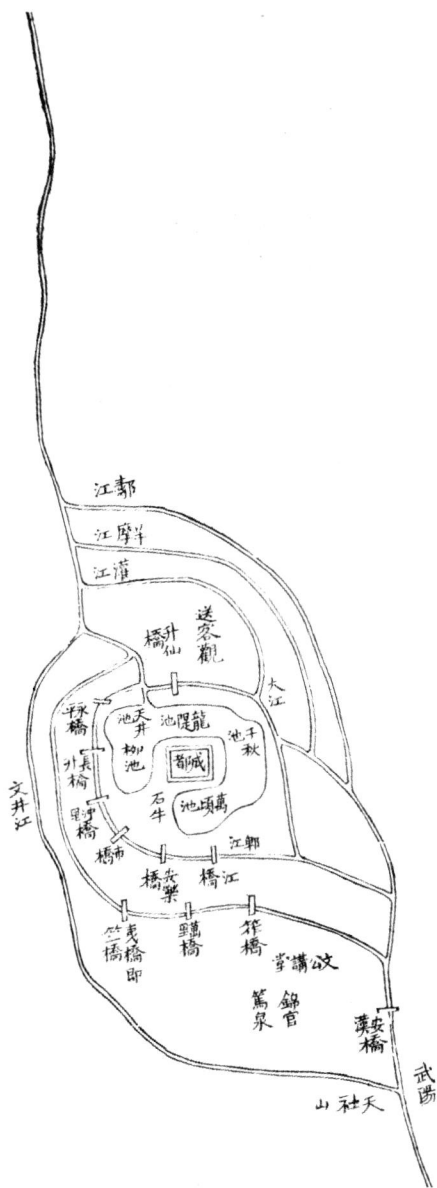

成都桥图

补建康图

补建康图一、二

【**旁注**】据《文选》诗注:有板桥浦,则注文必叙江水迳建康城北也。

【**解说**】此图组共图 2 幅,汪氏于图下注:"据《文选》诗注:有板桥浦,则注文必叙江水径建康城也。"拙撰《水经注校释》卷三十五《江水》卷末《校》:㉕

殿本在此下案云:"案《水经》于沔水内叙其入江之后所过,盖与江水合沔之后,详略两见。今江水止于下雉县,而沔水内订其错简,又东过彭蠡泽,又东过皖南县,又东至石城分为二,其一东北流,又东北出居巢县南,又东过牛渚,又过毗陵县为北江,参以末记《禹贡山水泽地》,北江在毗陵北界,东入于海。下雉县以下大江入海之大略固具,在道元于江水叙次必详悉,自宋时已阙逸矣。"拙著《水经·江水注研究》(《杭州大学学报》哲学社会科学版 1984 年第 3 期,又收入于《水经注研究二集》,山西人民出版社 1987 年出版)云:"卷三十三至三十五这三篇《江水注》记载长江的主要河段,但卷三十五最后只记载到今湖北与江西两省交界处一带的青林湖。以致清代郦学家全祖望怀疑《江水注》原来还有第四篇。他在《水经江水篇跋》中说:江水失去第四篇,而青林湖以下竟无考。"案《江水注》自青林湖以下缺佚甚多,至于郦注原文江水有第四篇,抑或青林湖以下记入《沔水注》,而为《沔水注》所缺佚,今已无从考证。特将散见于古籍之佚文辑录如下,以补《江水注》或《沔水注》之缺。

如上述,我已将历代古籍所引郦佚悉数录入,其中得之于《文选》者8条,未及汪氏所说的"板桥浦"。所以"注文必叙江水迳建康城北"语,无法断定。历来郦学家辑录郦佚者不少,亦都无提出及此者。

此图图二西起采石矶,迄于燕子矶,图一起自燕子矶,迄于下蜀。故其图实为汪氏据当时地图所绘的长江自安徽东隅到南京沿岸图。

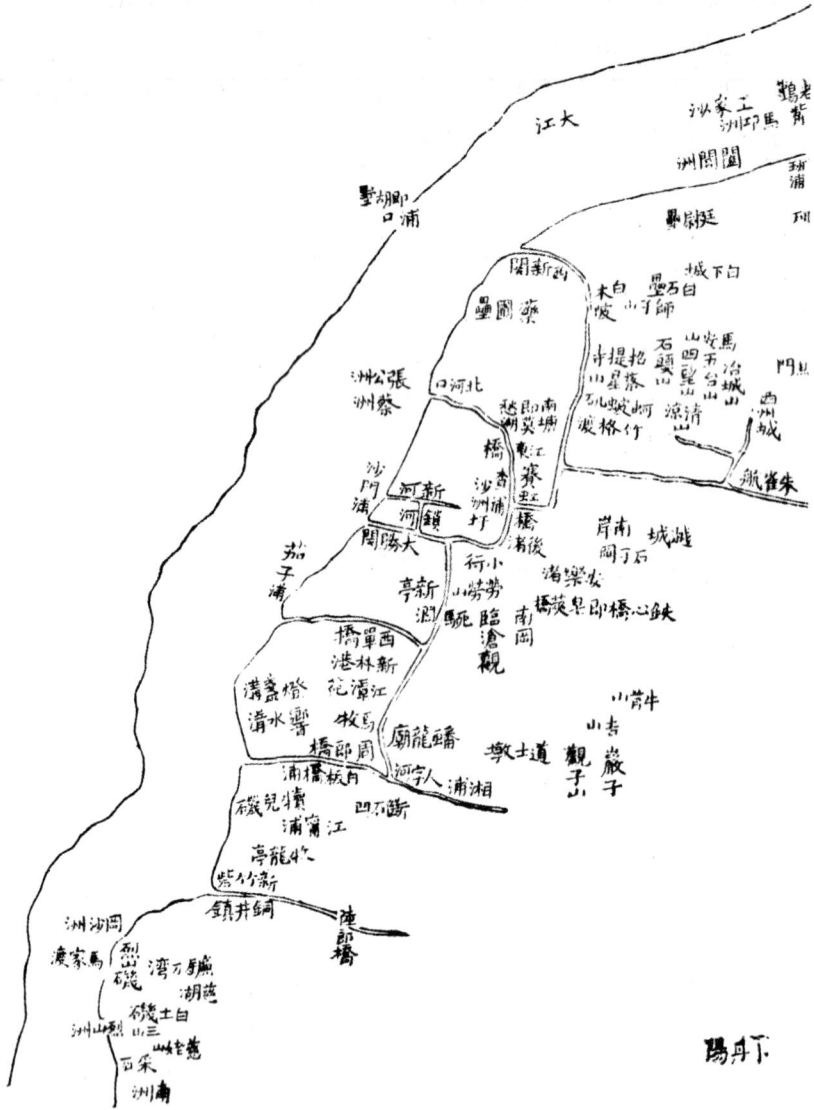

补建康图二

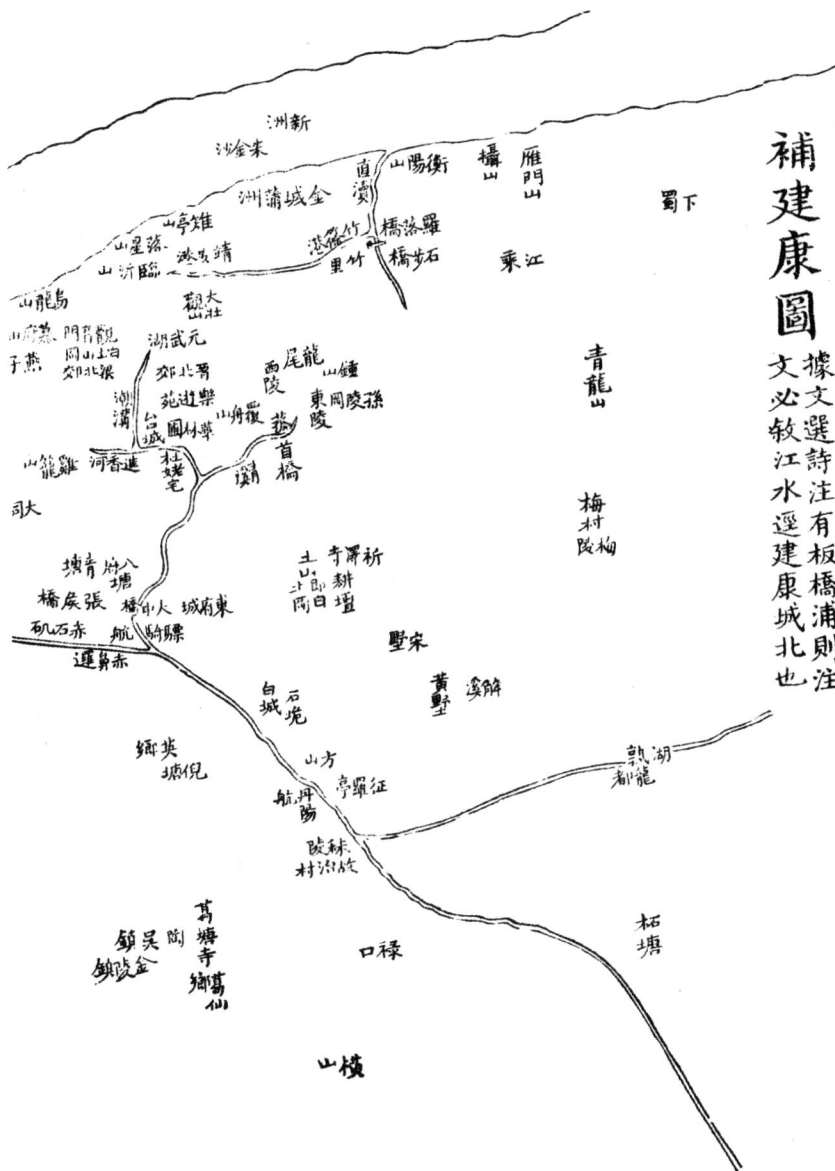

补建康图一

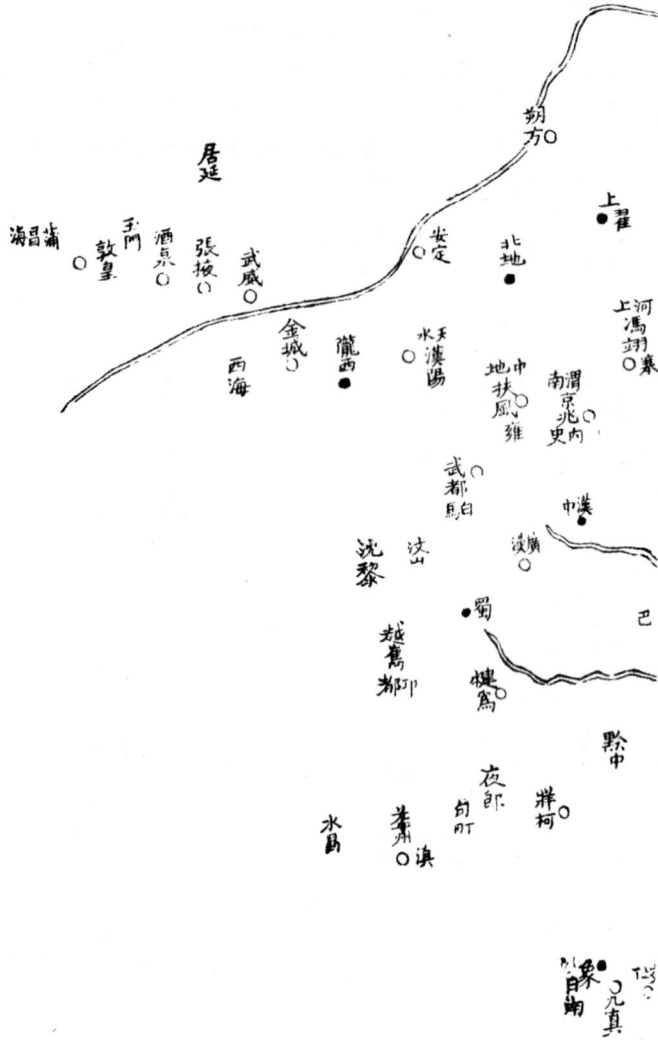

西汉郡国图二

西漢郡國圖

□ 二十國也
● 卅六秦郡也
〇 漢所增郡也

西漢郡國圖一

西汉郡国图

西汉郡国图一、二

【解说】此图组共图 2 幅,绘入秦 36 郡,西汉所增郡及 20 国。汪氏在《水经注图》全图之末加绘此图,其意当在为《水经注》记叙的诸水定位。他在全图的多幅图上作旁注,以《汉书·地理志》郡(国)县为其图定位,而最终加绘此图,其用意都是一样。旧式地图与现代地图不同,只能表示相关位置,但对当时的读者却颇有用处。图首以三种符号表示秦郡、汉郡和汉国,其实就是图例,在当时具有创新意义。

今涑水图

今涑水图一、二

【旁注】合康熙乾隆两《内府舆图》为此,而略附古地名以识之。

【解说】此图组共图 2 幅,汪氏在图名下注:"合康熙乾隆两《内府舆图》为此,而略附古地名以识之。"说明了他作此图的原意,此图是一种今图,以今图略附古地名,犹如古图略附今地名。汪氏意在以此图作为一种古今对照的例子,对当时阅读《水经注图》具有指导意义。

今涑水图二

今涑水图一

蜀升水，升七十四葉，脫「攴」。《選》〈北征賦〉注引《水經》注云「赤」，七

當作外，升水出赤須谷，西南流注羅水。德二

十九葉，外江夏郡，南誤圩，錄須水出

之縣，後屬左馮翊，應劭於此臨晉。十四葉，大字扶下風，各縣尾當補襄，按此

又臨邑下，方字衍，羊字郡，今字注。十七葉，澠上斥章注出活，當治活。廿二葉，梁治

又後脫寫補錄應於此臨晉錄。十四葉，隆字慮注，國注國云，富平西南淇水也。按此水

南當作十八葉，上牂柯郡注，山在在北活，當治活。廿二葉東有蛉，青有鴒，河注有，即東青有鴒，河有注。

及岐，注此當上脫柯今字，注山在在北。

字乃難字之誤，又夾右右字之誤，乃

右字之誤乃

年覆校自記

又夾右

右二十條迤同治元

蒙向爲水經注圖鉤稽羣籍以爲讀唐以前古書者之一
助既罹粵寇焚如棄如乙卯客授績溪追補此卷所居深
谷考證無書舛誤之處良多不免辱承座師益陽　胡先
生深相閔恤必欲存其鴻爪固辭不獲故志其緣起其水
經釋文語稍繁重不敢爲棃棗災也咸豐十年天正晦日

江甯汪士鐸自記

第一葉　平恩之下脫清河二字

三葉　求水之陽　求當作取疑　未聞之訛

十四葉　通鑑十七字下脫十

四十葉　九脫十七字

五葉　牟山誤作字山誤

廿二葉　洹水間延之下訛脫之

四十葉　逢池在東北水東　扶溝滿溝朱渦湖引在水東

至向四十六葉　經季札所居延陵之訛中居江東南左下合漏湖引水湖又曰朱湖引在水

入淮四十六葉

陽四十八葉　云荆城水之左東脫得漣湖水周三四百里經注六十葉

后　记

　　我的《水经注校释》于 1999 年在杭州大学出版社出版，这是一种以殿本为底本而与其他 33 种不同版本作了校勘的本子，是郦学史上参校版本最多的本子。此书的校勘工作其实在上世纪 90 年代前期已经完成，由于手头任务不少，而此稿我认为还需要再作几次校对，所以一直搁在柜里，没有想到出版的事。学校校长沈善洪教授平素过从甚密，常到舍下聊聊，他显然知道我手上有《水经注》书稿，作为一校领导，亟望我的书稿能在自己学校的出版社出版。我向他透露了确有书稿的事实，但古籍校勘非同一般，不允许有一字一词的差错，虽然书稿是我自己亲手誊录，由于缺乏校对时间，所以还不到出版的时候。他深知我工作忙碌，认为校对的事可以由出版社组织内力和延聘外力认真从事，直到我最后认可而付诸出版，诚恳地教促我交出书稿。接着，出版社总编朱宏达教授登门取走书稿，并且由社内外几位擅长古籍校对的名手进行了多次细校，花了近两年时间而最后出版。

　　我出版的《水经注》论文集和点校的版本已逾 20 种，但唯独对《水经注校释》在此旧事重提，这是因为我的所有郦学著述，卷首都有一篇我自撰的序言，只有《水经注校释》没有我为它专作的序言。而现在整理汪士铎《水经注图》，卷首也没有我为这部郦图所作的序言，真是一种巧合。《校释》之所以没有专序，原因之一是书稿尚未考虑出版，而是在校长的教促之下由出版社取走的，当时并未写有序言。校毕出版之前，出版社曾向我索序，我也曾经作过揣摩。但是后来想到，我从事郦学研究已逾半个世纪，要为此书作序,势必要追述一番我的治郦经历,而这种过程,在以前发表和出版的著述中多已论及。为此而写一篇长序,实在浪费篇幅而无必要,所以最后决定以我在《中华文史论丛》(1994年第53辑)发表的《民国以来研究水经注之总成绩》一文代序。原因是,《校释》虽然花了我郦学研究中的大量精力和时间,但其实也只是民国以来学者们辛勤耕耘中的一棵小草。让读者了解近百年郦学研究的进程和成绩,不仅有裨于对郦学研究的通盘认识,而这个前提也有利于读者阅读和使用《校释》。所以在付排以前,我仅写了一篇置于卷末的跋尾,大致叙述了我校勘此书的经过。

现在,对于《水经注图》,我也在这方面作了考虑。经过这半年多时间中我对此图的仔细阅读,并与图幅所及的《水经注》卷篇逐一核对,让我对此图有了全盘的了解,从而对作者的郦学造诣和此图的价值有了与以往很不相同的认识。此图作者汪士铎曾经列入拙作《历代郦学家治郦传略》(《郦学新论——水经注研究之三》),前面已经抄录了《传略》全文。现在,我认为王先谦"精思密致,经纬厘然"的褒语绝不过分,而"然亦颇有讹误,惜其不参绘今地,未为尽善"的话,实在很有斟酌余地。而杨守敬、郑德坤诸家的评论,实在是因为他们没有细读此图所致。所以我认为要对此图作出正确评价,除了全面细读以外,一个重要的先决条件,是在阅读或利用之时,必须与郦注紧密参照。但对于当前的读者来说,除了少数富于郦学素养的学者以外,一般读者对《水经注》其书恐怕还缺乏较深的理解。这样,假使我在卷首作序,势必要对郦注和郦学作一番介绍,而其实,我在以往发表的文章中,就作过这方面的尝试。所以决定不为汪图作序,而在过去的论文中选出一篇作为代序,如同当年的《水经注校释》一样。我对好几篇有关这方面的文章作了比较和考虑,最后才决定以《郦学概论》一文代序。

至于为什么用此文代序,在此细述缘由也嫌冗繁,不妨抄录拙著《郦学新论——水经注研究之三》一书序言中的一段说明:

这次收入《三集》的第一篇论文《郦学概论》,原是我国著名刊物《文史哲》的约稿,我因为该刊是一种综合性的学术刊物,读者面甚广,所以不宜写郦学研究中的一个小题目,考虑之下,就写了这篇或许能适应较多读者的《郦学概论》。却想不到此文发表后不久,就有一位署名为加士的先生,在1987年12月23日的《人民日报·海外版》上以《郦道元水经注的研究》为题,撰文评介。全文第一句说:"陈桥驿最近在《文史哲》(1987年第5期)杂志上撰文《郦学概论》,对历代《水经注》的研究作了一个回顾和总结。"尽管加士先生的全文是把拙作内容作了一个摘要的介绍,但是他的第一句话却是我实在不敢接受的。"回顾"或许可以说,但"总结"则是断乎担当不起的。今年,我又收到《文史哲》主编丁冠之先生4月21日的信,信上说:"杨向奎先生有几次提到您在《文史哲》上发表的文章,有一次信中说,像陈先生那样的文章,没有多年的积累是写不出来的,《文史哲》几年有一篇这样的文章就不错了……"杨先生的推重,当然是前辈学者对后辈的奖掖,不过从我自己在这方面所写的文章中,也确实只有这一篇或能"适应较多读者"。所以我才决定以此文作为卷首的代序。希望这篇代序能让一般读者在阅读或利用汪图时获得一点方便。

我在拙作《水经注校释》卷末的跋尾中曾经指出:"《水经注》一书涉及的方面甚广,时至今日,此书在某种程度上已经成为一种学术界的常用工具书。我们日常阅读学者们的专著和论文,包括自然科学、人文科学和文学等等,都会发现其中引及《水经注》的文字。"在这样的情况下,汪士铎《水经注图》的整理出版,当然可以与《水经注》相得益彰。既然郦注已经成为学术界的常用参考书,则经过我整理解说的汪图,也将和郦注一样,具有广泛的参考价值,所以此图的出版,值得引起学术界特别是郦学界的重视。

对于历来郦学家在《水经注》研究中的绘图业绩,我在《民国以来研究水经注之总成绩》一文中也略有提及:

在《水经注》与地理学的关系中,还有一项重要的内容是地图。郦道元在卷首序言中说道:"今寻图访赜者,极聆州域之说。"又说:"川渠隐显,书图自负。"说明郦氏在注文撰述时是有地图作为依据的。这就是杨守敬在《水经注图·自序》中所说的:"郦氏据图以为书。"历代学者绘制《水经注图》的甚多,从南宋程大昌《禹贡山川地理图》起,清黄仪、董祐诚、汪士铎等,都曾尝试《水经注图》的编绘。但这些地图,或存或佚,其绘制方法,都是旧式的示意图,没有计量价值。民国以前的所有《水经注图》中,当然以杨守敬、熊会贞绘制的为最佳。不过此图以胡林翼于同治二年在湖北刊印的《大清一统舆图》为底,有经线而无纬线,仍以老法把图面分成方块,每方五十里至八十里,计量的准确性不大,按今天的要求仍有很大差距。

民国以后继续绘制《水经注图》的是郑德坤,他的编绘经过,见其 1984 年所撰的《重编水经注总图跋》一文中:"图稿完成于一九三三年夏,当时因篇幅宏巨,制版印刷繁复,又逢日军紧逼平津,余亦应聘回厦门大学执教,该图由哈燕社(按即哈佛燕京学社)保存。不意抗战军兴,举国动荡,绵延十余载,其后哈燕社撤销解散,图稿已不知下落。幸当时绘图员张颐年君因余将离京,特复制总图一纸以赠,藉为合作纪念。"

郑氏上文所说的这幅总图,几经周折,现在已摺附于吴天任《郦学研究史》卷末,名为《郑德坤重编水经注图(总图部分)》。其图系以民国时代的全国地图作底,绘上《水经注》记载的河流,经文与注文记载牴牾的,则经、注所记俱绘,如"经潜水"、"注潜水"、"经淹水"、"注淹水"等,正图以外,并有附图《西域图》、《禹贡图》、《越南图》三幅。郑氏此图由于用具备经纬网格的新式地图作底,在计量价值上当然超过杨、熊旧图,可惜除总图幸存外,其余均已亡佚,这当然是郦学研究中的一种损失。

我抄录上述这一段,主要是为了让读者了解历史上曾经出现过的《水经注图》,从南宋程大昌起直到民国郑德坤,前后一共有6种,这6种郦图的7位作者,拙撰《传略》中均有介绍并及其图,其中除郑图属于现代计量地图,杨、熊图也有一定计量意义外,其余各图包括汪图在内,不论存佚,都是旧式的示意图,由于新式的绘图方法,在康、乾两朝已经引进,所以汪氏自己也知道其图的不足。他在《原武以上今河图一》中作了一条旁注:"凡图,须计里画方,方为致确,然以之为书,则东西可展而南北不能容,若缩本过狭,则注不能尽载,今略举一隅,以见梗概。"他所说的"计里画方,方为致确",其实也是当时的见解,比他后成的杨、熊《水经注图》就采用这种绘制方法,但如我所说:"按今天的要求,仍有很大差距。"所以对于一种古籍,特别是古地图,我们的态度,首先是以存为贵,至于如何利用,如何研究,这是我们后辈学者的事。上述6种郦图中,黄仪、董祐诚两图早已亡佚,程大昌图幸因《永乐大典》的抄存而基本完整,但现存28幅中,完全按《水经注》绘制的仅有3幅。郑德坤图属于新式地图,可惜除了一幅总图以外(此总图后来也收入于拙撰《水经注全译》下册底页,贵州人民出版社1996年出版),其余全部亡佚。所以郦图至今幸存者,惟汪图及杨、熊图两种。后者在若干方面确胜汪图,但流传之本,远较汪图为多,如我在《传略》杨守敬条下所说:"此图今国内藏本已稀,但台湾省及日本,均有复制本流行。"所以历代《水经注图》中,汪图实在是濒于亡佚的稀本,此图的整理出版,不仅是为了学术界披览利用,同时也是对古籍的一种抢救。

前面已经提及,过去若干郦学家对此图的议论,尚有值得斟酌之处。其中郑德坤在其《水经注版本考》(此文附于《水经注引书考》,台湾艺文出版社1974年出版)所说"原为《汉志》而作"的话,实抄自此图胡林翼序(见《水经注图及附录共二卷·解说》),胡氏官场忙人,仅见图幅旁注多列班《志》郡县,并不细察图中河川,因而讹出此语,郑氏则属于以讹传讹。此图旁注引《汉书·地理志》确实甚多,例如《古大河清河入海图七》:"班《志》:随县,故随国,有焦城,故焦国。北虢在大阳,东虢在荥阳,西虢在雍州。"同图:"班《志》:大阳,吴山在西,上有吴城。应劭曰:在大河之阳。"如此等等,不胜枚举。有的图上,因为涉及郡县较多,因而大段引及班《志》,如《巨洋淄汶潍胶图二》引班《志》及于7郡国、14县,达280余字。《汶泗沂洙沭五水图一》引班《志》

及于 3 郡国、16 县,达 300 余字。汪氏常在图幅空处见缝插针地引及班《志》(也有少
数引《资治通鉴》和《元和郡县图志》等的)。骤读令人费解,但若以图中河川与所引班
《志》相核对,就可顿时了解,旁注所引,主要是为图内的注记符号定位。因为图中的
河川湖泽,大多是《水经》时代的状况,从《水经》到《水经注》的不到 300 年之中,有些
河川就已有变迁。河流与行政区划代有变异,而《汉书·地理志》郡县却千古不移,汪
氏以班《志》作旁注,从图集内《汉东莱胶东二郡国图》和《两汉郡国图》中,可以揣摩
其用意。读者按当(清)代的府县位置对照班《志》,从而辨清郦注河川的地理位置。
用一句现代的话说,即是为了让他编绘的地图能够"古为今用"。

　　不过,汪氏旁注引《汉书·地理志》,在文字上并不十分严格。例如《汉志》所列每
一郡(国),除了起首书明此郡(国)的户口数与县数以外,以后就直书如东平陵、邹平、
台、梁邹(均济南郡属县)等等,不加"县"字。但汪图旁注所引,有时不加"县"字,如
贝丘、平原、高唐等等,有时则加"县"字,如濩泽县、弘农县、北屈县等等。特别是单字
县,如灵、鬲、邺、廉等等,旁注均加"县"字。从整理和校勘古籍的要求来说,旁注所
引,或许可称其不够严格。但我认为对此不宜求全责备,尽管旁注抄录《汉志》确实存
在一定的随意性,而其宗旨重在图的实用,以《汉志》郡县为郦注河川定位,这是一种
经过他深思熟虑而确实有效的方法。所以我在解说中,都注明旁注所引《汉志》郡
(国)县在当今的省(区)、县(市)位置所在,这其实就是秉承他的旁注原意。

　　另外需要说明的是,《水经注》是一种版本甚多的古籍。胡适在北京大学 50 周年
校庆时(1948 年 12 月),曾以校长和郦学家的身份,举行过一次《水经注》版本展览,展
出的版本达 41 种之多。而我的《水经注校释》,参校版本达 33 种,其中有好几种是胡
适展览中所未见的。我已经出版的《水经注》校本共有 4 种,除了与段熙仲先生合作
的《水经注疏》(江苏古籍出版社 1989 年出版)外,其余 3 种都是武英殿聚珍本(通称
殿本)。因为我在拙作《论水经注的版本》(原载《中华文史论丛》1979 年第 3 辑,收入
于拙著《水经注研究》,天津古籍出版社 1985 年出版)一文中曾经指出:"殿本的丰硕
成果,别本就无法与之颉颃……殿本以后的不少版本,从疏证上当然比殿本更为详尽,
但在校勘的成就方面,基本上都还是殿本的水平。"汪氏作此图,从其湿余水作灅余
水,沮水瀗作瀗水以及补今本所缺各水如滹沱水、泾水、(北)洛水、滁水等篇来看,赵
一清《水经注释》或许是他参照较多的本子。但从其济水作沛水,在《东汉大河漯沁入
海图五》注记中有"泑水",而旁注"疑当作贳"等来看,说明他还参照了现在已经不见
的别本。在我的解说中,地名均从殿本,凡殿本与汪图地名有差异之处,多在地名下括
注"汪图作某";但有时也从汪图,而括注"殿本作某"。这样做,除了殿本在校勘上的
优越性以外,主要还是因为眼下通行的本子,大多数都是殿本。所以仍然是为了读者

阅读和利用此图的方便。

由于从事历史地理工作多年，还为研究生开设了《历史地图学》课程，我对历史地图一直很有感情。对于郦图，我曾撰写过《编绘出版水经注图刍议》（原载《地图》1986年第2期，收入于拙著《水经注研究二集》，山西人民出版社1987年出版）的文章，当然更所关注。如今以垂老之年整理这样一部濒于亡佚的《水经注图》，实在不胜欣慰。在工作过程中，虽然通过相当仔细地"图"、"注"对照，对此图逐幅（或合幅）作了解说，但是由于《水经注》是一部大书，而此图中的不少图幅，是综合若干卷篇的《注》文绘成，我的解说有顾此失彼或其他疏漏不当之处，还请学术界批评指正。

2002年11月于浙江大学

原著署　（北魏)郦道元

（清)汪士铎绘图

陈桥驿注释

山东画报出版社2003年版